Anette Scharla-Dey / Franz Peter Tschauner

Entdeckertouren mit dem Wohnmobil

Bretagne

Die Anleitung für
einen Erlebnisurlaub

womo®
Der Wohnmobil-Verlag

Die Deutsche Bibliothek – CIP-Einheitsaufnahme

Bibliografische Information der Deutschen Bibliothek

Die Deutsche Bibliothek verzeichnet diese Publikation in der Deutschen Nationalbibliografie.
Detaillierte bibliografische Daten sind im Internet über <http://dnb.ddb.de> abrufbar.

Titelbild: Pointe Saint-Mathieu (Tour 11)
Bild in vorderer Klappe: Plouézec - Pors Pin (Tour 6)

Karten: A. Scharla-Dey/F.P. Tschauner
Fotos: Bildnachweise Seite 400

8. vollständig erneuerte und aktualisierte Auflage 2023

Reihen- und Umschlaggestaltung:
www.martinveicht.de

Druck:
Beltz Grafische Betriebe GmbH, 99941 Bad Langensalza

Vertrieb:
GeoCenter GmbH, 70794 Filderstadt

Herausgeber:
WOMO-Verlag, 36452 Kaltennordheim, OT Mittelsdorf, An der Liethe 4
GPS: N 50°36'38.2" E 10°07'55.6"
0049 (0) 36946-20691
verlag@womo.de
www.womo.de

MIX
Papier | Fördert gute Waldnutzung
FSC® C089473

Autoren-E-Mail: afp@womo.de

ISBN 978-3-86903-108-8

EINLADUNG

Liebe Leserin, lieber Leser,

atemberaubende Ausblicke über kristallklares, in allen erdenklichen Blau- und Grüntönen funkelndes Meer, kilometerlange Sandstrände vom Feinsten, verschwiegene Buchten zwischen bizarr geformten Klippen und in der Sonne rötlich schimmernde Granitfelsen oder Leuchttürme an sturmumtosten Steilküsten. Bunte Fischerboote und schnittige Jachten, die sich im Spiel der Gezeiten mal müde zur Seite neigen oder mit aufrechtem Bug dem Atlantik entgegenstreben, windschiefe Fachwerkhäuser in verwinkelten Gassen vor trutzigen Burgen, mittelalterliche Städte und historische Piratennester hinter meterdicken Mauern und Kathedralen, Kapellen, Calvaire sowie Pfarrbezirke, die von einer langen christlichen Tradition zeugen. Dazwischen eine nicht endend wollende Reihe von Menhiren und Dolmen sowie geheimnisvolle Spuren der Kelten in einer ursprünglichen Landschaft.

Eine kulturelle Gegenwart mit typisch bretonischen Festen, deren Wurzeln weit in die Vergangenheit reichen und deren Erbe auch in Zukunft lebendig gehalten wird. Legenden und uralte Geschichten, die sich im grünen Herzen der Bretagne um Zauberer sowie Feen ranken und mystisch verklärte Orte oder romantische Dörfer mit geduckten Bruchsteinhäusern neben vom Wind geformten knorrigen Bäumen.

Eine facettenreiche Region im äußersten Westen Frankreichs, die vom 2.000 Kilometer langen Küstenwanderweg umschlossen wird und Wanderern, Fahrradtouristen, Wassersportlern und allen anderen Naturliebhabern auch im Landesinneren mit ausgedehnten Heidelandschaften, Höhenzügen, Seen und Flüssen sowie Sümpfen und Salzgärten sowohl ein abwechslungsreiches als auch erholsames Urlaubserlebnis bietet.

Meer und Flüsse sorgen für köstliche Gerichte aus der Fisch- und Meeresfrüchte-Küche und die herzhafte Galette sowie die süße Crêpe passen besonders gut zu einem bretonischen Cidre.

Wenn Ihnen, liebe Leserin, lieber Leser, dies alles gefallen könnte, dann folgen Sie uns in die Bretagne mit einer ungeheuren Fülle an Kultur und Naturschönheiten!

Viele schöne Reiseerlebnisse und eine angenehme Urlaubszeit wünschen Ihnen

Ihre

Anette Scharla-Dey Franz Peter Tschauner

Mont-Saint-Michel

Der Klosterberg gehört zusammen mit der ihn umgebenden Bucht zum UNESCO-Weltkulturerbe und gilt als Wunder des Abendlandes.
Das sagt alles!

Tour 1, Seite 30

Saint-Malo

Stolz reckt die alte Korsarenstadt ihre Stadtmauern über dem Meer empor und sorgt für eine einzigartige Silhouette und Atmosphäre innerhalb der Befestigung.

Tour 3, Seite 59

Dinan

Die mittelalterlich anmutende Stadt mit Fachwerkhäusern und Spitzgiebeln sowie einem kleinen Jachthafen am Ufer der Rance bezaubert uns immer wieder.

Tour 3, Seite 66

Camping Primel-Trégastel

Vor dem Traumplatz am Meer wartet ein kleine Bucht, die Rad- undWanderwege sind abwechslungsreich und die Garantie für wundervolle Sonnenuntergänge ist gegeben.

Tour 7, Seite 157

Vallée des Saints

Mystische, aus Granit gefertigte, von bretonischen Sagen und Legenden inspirierte Riesen schauen sinnierend in die hügelige Landschaft – ein faszinierdes Kunstprojekt!

Tour 8, Seite 166

Enclos Paroissiaux

Der Wettstreit zwischen Dörfern hinterließ prächtige Pfarrbezirke. In Lampaul-Guimiliau gefallen uns der diskrete Außenbereich und die prunkvollen Altären im Inneren.

Tour 8, Seite 180

Meneham

Am Ende der Welt verstecken sich strohgedeckte Häuser hinter gigantischen Felsbrocken und das Meer vor weißen Stränden funkelt in karibischen Farben.

Tour 10, Seite 200

Pointe du Raz

Dort, wo Meer und Land aufeinandertreffen, der Atlantik felsige Küsten umspült, liegen die schönsten Landspitzen, zu denen auch die Pointe du Raz gehört.

Tour 12, Seite 243

Phare d'Eckmühl

Über das einem Schneckenhaus ähnelnde, imposante Treppenhaus führen über 300 Stufen hinauf zu einer der grandiosesten Panoramaaussichten der Bretagne.

Tour 13, Seite 258

Crêpes und Galettes

Von den fluffig, warmen Markenzeichen der Bretagne lassen wir uns gerne verführen – ob in der Crêperie oder bei einem Marktbummel direkt aus der Hand. Einfach köstlich!

Tipps und Info, Seite 378

Inhaltsverzeichnis

Einladung ... 3
Unsere persönlichen Top Ten ... 4
Inhaltsverzeichnis ... 6
Gebrauchsanleitung/Reisegebiet ... 8
Anreise ... 14

Tour 1: Das Tor zur Bretagne ... 18
Vitré – Fougères – Saint-Germain-en-Coglès
Mont-Saint-Michel

Tour 2: Fußfischer, Austern und Steine ... 36
Beauvoir – Combourg – Dole-de-Bretagne
Le-Vivier-sur-Mer – Cancale

Tour 3: An der Smaragdküste ... 54
Saint-Coulomb – Saint-Malo – Dinan
Saint-Cast-le-Guildo – Plévenon – Cap Fréhel

Tour 4: Von Jakobsmuscheln und Pferden ... 80
Plévenon – Erquy – Lamballe – Moncontour - Le Quillio

Tour 5: Im Herzen der Bretagne ... 92
Mûr-de-Bretagne – Plougonver – Belle-Isle-en-Terre – Guingamp

Tour 6: An der Côte du Goëlo ... 106
Châtelaudren – Saint-Laurent-de-la-Mer – Binic – Plouha
Lanloup – Bréhec – Plouézec – Paimpol

Tour 7: Côte Granit Rose und Bucht von Morlaix ... 124
Ploubazlanec – Pontrieux – Tréguier – Plougrescant
Plougasnou – Morlaix

Tour 8: Von Heiligen und Pfarrbezirken ... 162
Poullaouen – Huelgoat – Commana – Landerneau
Lampaul-Guimiliau – Guimiliau – Saint-Thégonnec

Tour 9: Zwiebeln, Natur und ein Knabe ... 184
Carantec – Saint-Pol-de-Léon – Roscoff – Le Folgoët

Tour 10: Legenden am Ende der Welt ... 196
Plounéour-Trez – Plouguerneau – Portsall
Lampaul-Plouarzel – Ploumoguer – Le Conquet

Tour 11: Rade von Brest und Halbinsel Crozon ... 216
Pointe Saint-Mathieu – Brest – Le Faou – Camaret-sur-Mer
Morgat – Telgruc-sur-Mer

Tour 12: Die Kaps der guten Aussichten ... 234
Plomodiern – Locronan – Douarnenez – Plogoff – Audierne
Pont-Croix

Tour 13: Im Pays Bigouden ... 250
Plouhinec – Plomeur – Penmarc´h – Le Guilvinec – Loctudy
Pont-l'Abbé – Quimper

Tour 14: Rendezvous mit Dupin und Gaugin 266
Mousterlin – Concarneau – Trégunc – Névez – Pont Aven
Riec-sur-Bélon – Lorient – Quimperlé

Tour 15: Natur und Megalithkultur 286
Querrien – Le Faouët – Port-Louis – Erdeven – Quiberon
Carnac – Locmariaquer – Auray

Tour 16: Von Stränden, Salz und Torf 308
Vannes – Sarzeau – Pénestin – Piriac-sur-Mer – Guérande
Le Croisic – Saint-Lyphard – La Roche-Bernard

Tour 17: Auf dem Weg in den Zauberwald 340
Redon – Rochefort-en-Terre – La Gacilly – Malestroit
Josselin – Ploërmel – Paimpont

Tour 18: Von der Hauptstadt in die Provinz 360
Trégu – Rennes – Piré-sur-Seiche – La Guerche-de-Bretagne
Le Pertre

Tipps und Infos
Adressen und Telefonnummern für den Notfall 371
Ärztliche Versorgung/Apotheken 371
Baden/Wassersport 372
Campingplätze/Offizielle Wohnmobil-Stellplätze 373
Einreise- und Zollbestimmungen 375
Essen und Trinken/Restaurants 376
Fest- und Feiertage 380
Freies Übernachten/Parken 380
Gas/Tanken 382
Geld 383
Geschichte 384
GPS/Navigation 386
Hunde 387
Internet/Telefon 388
Kartenmaterial/Literatur/Informationen 389
Reisezeit/Klima 389
Sehenswürdigkeiten/Öffnungszeiten 390
Sicherheit 391
Souvenirs 392
Sprache 392
Straßenverhältnisse/Verkehr/Umweltzone 393
Unfall/Panne 397
Ver- und Entsorgung 398
Wandern, Radfahren und weitere Sportarten 398
Bildnachweise 400

Stichwortverzeichnis 400

Tourenübersicht .... hintere Umschlaginnenseite

Karten, Symbole und Kilometerangaben

In der hinteren Umschlagklappe finden Sie eine **Übersichtskarte**, die Ihnen einen ersten Überblick darüber verschafft, in welchem Gebiet Sie sich innerhalb Frankreichs befinden. Zudem können Sie die geografische Lage der Bretagne und unseren Reiseverlauf erkennen. Hier suchen Sie die passende Tour für Ihren Reiseabschnitt und wechseln zur entsprechenden **Tourenkarte**, die jeder einzelnen Tour vorangestellt ist und deren **Symbole** auf der hinteren Umschlagklappe erläutert sind.

Diese zeigt Ihnen alle Stellplätze und die wichtigsten Sehenswürdigkeiten. Suchen Sie Informationen über einen bestimmten Ort, hilft Ihnen auch das **Stichwortverzeichnis**. Wichtige Orte und Sehenswürdigkeiten sind im Text zudem fett gedruckt und somit gut zu finden.

Die **Kilometerangaben** neben den Tourenüberschriften erlauben nur eine erste Orientierung über die Länge der jeweiligen Tour und betreffen die Entfernung ab dem letzten Stell- oder Campingplatz der vorhergehenden Tour bis zum letzten Stell- oder Campingplatz der aktuellen Tour.

Stellplätze, Farben und Stellplatzkästen

In den WOMO-Büchern ab 2018 sehen Sie für **offizielle WOMO-Stellplätze** auf den Karten ein Symbol in Form eines Wohnmobils. In den neueren Büchern ab dem Jahr 2023 bezeichnen wir einen Platz als **WOMO-Parkplatz**, den man als Ausgangspunkt für einen Stadtbummel sowie eine andere Aktivität nutzen kann, der jedoch nicht unter die offizielle Kategorie fällt, aber dennoch als übernachtungsgeeignet erscheint. Sie erkennen ihn auf den Karten an seiner ovalen Form. Diese freien Stellplätze sind eine sensible Sache und wir bitten Sie, sich auf diesen Plätzen besonders rücksichtsvoll anderen Menschen und der Natur gegenüber zu verhalten. Übernachtungsplätze beider Kategorien mit Bademöglichkeit sind mit **blauer Farbe** unterlegt. Wanderparkplätze sind **grün** gekennzeichnet. Stellplätze bei Winzern, an Bauernhöfen *(à la Ferme)* sowie Gaststätten sind **gelb-grün**. Auf Stell- und Parkplätze, denen die gerade genannten Merkmale fehlen weist die Farbe **Gelb** hin. Empfehlenswerte **Campingplätze** werden durch ein **olivgrünes** Zeltsymbol hervorgehoben.

Nur Plätze, die eine Nummer tragen, werden von uns zur Übernachtung empfohlen. Bitte haben Sie trotzdem immer selbst einen Blick auf Verbotsschilder und, je nach Witterungsverhältnissen, auf den Zustand der Zufahrt und des Bodens.

Alle erwähnten Übernachtungs- und Campingplätze sind sowohl in den Touren als auch in den Tourenkarten fortlaufend durchnummeriert.

Besonders sehenswerte Orte und Städte sowie Sehenswürdigkeiten oder erwähnenswerte Ereignisse sind zum schnelleren Auffinden im Text **hellgelb** unterlegt. Wanderungen oder Radtouren, die wir Ihnen besonders ans Herz legen möchten, haben wir **hellgrün** markiert.

Kommen wir nun zu den farbig unterlegten **Stellplatzkästen**, deren Farben Sie bereits kennen. In jedem Kasten finden Sie eine **Kurzbeschreibung** der Gegebenheiten vor Ort und Informationen über die Ausstattung des Platzes insbesondere mit V/E (Ver- und Entsorgung), Strom, Dusche, WC, Müllentsorgung und weiteren Besonderheiten.

Ganz oben im Stellplatzkasten finden Sie für jeden Stell- und Parkplatz die **GPS-Koordinaten** und soweit bekannt die Adresse, sodass Sie Ihr Navigationsgerät entsprechend einstellen können. Schauen Sie trotzdem von Zeit zu Zeit in unsere meist kurzgehaltenen Zufahrtsbeschreibungen, da die vom Navi vorgeschlagene Strecke nicht immer die beste sein muss. Zur Angabe der GPS-Daten gibt es verschiedene Formate. Wir verwenden Grad, Minuten und Sekunden (N 50°36'37.3" E 10°07'56.3"). Dieses Format sollten Sie vor dem Start an Ihrem Navi einstellen. Sie können die Koordinaten unterwegs manuell eingeben oder im **Shop des WOMO-Verlags** (www.womo.de) die GPS-Daten aller Plätze herunterladen.

Die Kapazität von Stellplätzen wird in den Stellplatzkästen unter **Max. WOMOs** erwähnt. Auf WOMO-Parkplätzen ist dies die Anzahl, die unserer Meinung nach den ortsansässigen Bewohnern, anderen Touristen oder der Natur zugemutet werden kann. Während die Angabe bei offiziellen Stellplätzen der tatsächlichen Anzahl der vorhandenen Stellflächen entspricht.

Bei den Campingplätzen und offiziellen Stellplätzen nennen wir immer die uns bekannten **Öffnungszeiten** und bei kostenpflichtigen Plätze den uns bekannten Preis. Da die **Preise** oft einem Wandel unterworfen sind, verzichten wir in der Regel auf die genaue Angabe und weisen lediglich darauf hin, wenn sie anfallen und geben als Anhaltspunkt die Höhe in Form von Euro-Zeichen an:

Stellplätze € bis7,50 Euro €€ bis 12 Euro €€€ ab 12 Euro
Campingplätze € bis 15 Euro €€ bis 25 Euro €€€ ab 25 Euro

Die Angaben gelten jeweils für zwei Personen und ein Wohnmobil, meist werden Strom und/oder Ver- und Entsorgung sowie eine Tourismusabgabe extra berechnet.

Fehlen Preisangaben, sind die Plätze (nicht unbedingt Wasser und Strom) kostenfrei.

Auf die genannten **WOMO-Parkplätze**, die wir aufgespürt haben und die im allgemeinen Sprachgebrauch als freie Stellplätze bezeichnet werden, passen oft nur wenige Fahrzeuge oder wir geben nur wenige an. Diese Plätze können aber auch aus ganz anderen Gründen, zum Beispiel durch eine Bebauung, ganz schnell verschwinden. Auf freien Stellplätzen parken wir grundsätzlich platzsparend, Tisch und Stühle werden nur herausgestellt, wenn genug Raum vorhanden ist und sich niemand gestört fühlt. Selbstverständlich bleiben Markise, Grill, Wäschespinne und Ähnliches eingepackt. Wenn diese Kriterien nicht beachtet werden, ist es unserer Erfahrung nach nur eine Frage der Zeit, wann wir Wohnmobilisten uns unbeliebt gemacht haben und ein Verbotsschild uns zur Weiterfahrt zwingt!

Keiner der in diesem Buch genannten Stellplätze ist dafür geeignet, um sich dort tagelang wie auf einem Campingplatz aufzuhalten und auszubreiten!

Top Ten, Tipps und Infos

Unter den auf Seite vier und fünf dieses Buches genannten **Top Ten** finden Sie unsere ganz persönlichen Lieblingsorte oder Lieblingslandschaften, unsere erfreulichsten Begegnungen sowie beeindruckende Momente und leckere kulinarische Erfahrungen. Die Aufzählung erfolgt nach Touren und ist nicht als Ranking zu verstehen.

Lesen Sie bitte vor Ihrem Einstieg in die einzelnen Reiseetappen zusätzlich unsere allgemeinen **Tipps und Infos** für einen gelungenen Aufenthalt in Paris und an der Loire.

Zum Abschluss

Mit sehr viel Freude und Spaß, aber auch mit Arbeit und Mühe haben wir für Sie die vorliegenden Tourenvorschläge recherchiert. Wir testeten Sehenswürdigkeiten und Aktivitäten vor Ort und teilen unsere Erlebnisse sehr gerne mit Ihnen.

Trotz aller Sorgfalt ist es möglich, dass sich die Gegebenheiten bereits bei Erscheinen dieses Buches verändert haben. Wenn Ihnen Derartiges auffällt, Sie etwas Neues entdecken oder Ihnen etwas besonders gut gefallen hat, würden wir uns über eine entsprechende Nachricht von Ihnen sehr freuen!

Auch wenn Ihnen etwas missfallen hat, lassen Sie es uns bitte ebenfalls wissen. Nur so können wir Ihren WOMO-Reiseführer bei der nächsten Auflage verbessern. Ihre Tipps sowie Anregungen sind uns immer willkommen!

Hierzu können Sie eine entsprechende Notiz im verlagseigenen Forum hinterlassen oder uns direkt per E-Mail unter **afp@womo.de** kontaktieren. Letztere Möglichkeit ist uns die angenehmste, da wir Ihre Informationen dann am besten weiterverarbeiten können. Wir beantworten grundsätzlich alle an uns direkt gerichteten individuellen Schreiben. Sehen Sie es uns bitte nach, wenn dies vielleicht erst nach einigen Wochen oder Monaten geschieht oder wir die Antwort auf eine gut gemeinte Zuschrift im Ausnahmefall auch einmal vergessen!

Informieren Sie sich vor Ihrer Reise unbedingt über Stellplatzsperrungen und ähnliche Veränderungen im **Forum des WOMO-Verlags** unter **www.womo.de** und vermitteln Sie nach Ihrer Reise dort mit eigenen Beiträgen anderen Lesern aktuelle Informationen.

Wir danken Ihnen bereits heute im Voraus für Ihre Mithilfe!

Reisegebiet

Bevor wir Sie auf unsere von ganz persönlichen Wahrnehmungen und Vorlieben geprägte Reise begleiten, möchten wir Ihnen ein wenig über uns gemeinsames Ziel mitteilen.

Die Bretagne erstreckt sich auf einer Fläche von etwa 27.000 Quadratkilometern. Rund vier Millionen Einwohner leben auf der Halbinsel, die wie ein verlängerter Arm Frankreichs 300 Kilometer weit hinaus ins Meer ragt.

Der Ärmelkanal umspült die nördlichen Uferbereiche und der Atlantik brandet an die südlichen sowie nördlichen Gestade. Im Osten verschob sich die Landesgrenze im Laufe der Jahrhunderte von Zeit zu Zeit und verläuft heute vom Mont-Saint-Michel im nördlichen Grenzgebiet zur Normandie bis kurz hinter die Vilaine-Mündung am Atlantik. Hier beginnt das Département Loire-Atlantique (44), das bis zu einer Gebietsreform im Jahr 1981 überwiegend bretonisch war, mit Nantes für Jahrhunderte die Hauptstadt des Herzogtums Bretagne stellte und jetzt zur Région Pays de la Loire gehört.

Heute setzt sich die Bretagne aus den vier Départements Ille-et-Vilaine (35), Côtes d'Armor (22), Finistère (29) und Morbihan (56) zusammen und Hunderte kleiner und größerer Inseln verteilen sich rings um die zerklüftete Küste, an denen helle Sandstrände und schroffe Felsklippen einem ständigen

Ordnungsnummern der aktuellen und des ehemaligen Départements

Wechselspiel unterworfen sind. Dabei bietet sich je nach Gezeitenstand eine völlig veränderte Landschaftsform. Die Bretonen unterscheiden die Regionen in Armor, das Land am Meer, und Argoat, das Land der Wälder im Landesinneren.

Das **Département Ille-et-Vilaine** zeigt sich mit Burgen und hübschen Fachwerkorten am östlichen Festungsgürtel der historischen Bretagne, mit dem „Wunder des Abendlandes", dem Mont Saint Michel, und alten Seefahrerstädten wie Saint-Malo oder mondänen Seebädern wie Dinard sowie der Smaragdküste sehr abwechslungsreich. In Cancale schlürfen wir Austern und in Rennes, heutige Hauptstadt der Bretagne, besuchen wir den zweitgrößten Lebensmittelmarkt Frankreichs oder bummeln durch schmale Fachwerkgassen als auch breite Straßen mit edlen Boutiquen.

Wir durchstreifen das imaginäre Reich von König Artus im Wald von Brocéliande, der in das **Département Morbihan** übergeht. Hier schlängelt sich der Nantes-Brest-Kanal zum Atlantik, bezaubern malerische Dörfer wie Josselin oder Rochefort-en-Terre und versprühen Badeorte an ellenlangen, feinsandigen Stränden jede Menge Urlaubsatmosphäre. Wilde Küsten entfalten vor Quiberon und der Halbinsel Rhys ein einzigartiges Naturschauspiel und nur ein Stückchen weiter begegnen wir den vielen Megalithmonumenten, die in den Steinreihen von Carnac ihren Höhepunkt finden.

Im Argoat, dem Binnenland des **Département Côte d'Armor**, bietet der Guerlédan-See ein großes Freizeitangebot und in mittelalterlichen Städten wie Dinan erschließt sich die Vergangenheit. Im Land am Meer, dem Armor, ist die Bucht von Saint-Brieuc für Jakobsmuscheln bekannt und Natur- und Vogelschutzgebiete oberhalb von Klippen und Sandstränden sowie kleinen Häfen wollen erwandert werden. Dazwischen locken immer wieder fantastische Aussichten wie die vom Fort La Latte oder vom Cap Fréhel. Bevor die Côte Granit Rose ins Blickfeld rückt, bestaunen wir den Bréhat-Archipel mit seiner Hauptin-

sel sowie benachbarten Inseln und Riffen. Den rosafarbenen Felsen um Ploumanc'h verliehen Meer und Wind der letzten 300 Millionen Jahre ihren bizarren Schliff und wenn die Abendsonne die Szenerie in ein mildes Licht taucht, dann ist es fast zu kitschig-schön, um wahr zu sein.

An der Bucht von Morlaix wechseln wir ins **Département Finistère** und damit ans „Ende der Welt“. Von dort kann man meilenweit über das türkisfarbene Meer blicken und wenn die Schwelle vom Ärmelkanal zum Atlantischen Ozean überschritten ist, zeigt sich die Bretagne mit schroffen Felsklippen, einsamen Inseln und Leuchttürmen in der aufgewühlten See von ihrer rauen Seite. Drei Meeresarme – Aber Wrac'h, Aber Benoit und Aber Ildut – graben sich tief in die „Küste der Legenden“ und im Hinterland fasziniert das religiöse Erbe der Bretagne mit umschlossenen Pfarrhöfen und Calvairen. Im grünen Herz der Bretagne, im *Kalon Breizh*, staunen wir im Tal der Heiligen und nicht nur dort über 7.777 Heilige und die große, immer noch vorhandene Spiritualität der Bretonen. Im Wald von Huelgoat und in den Monts d´Arrée wandern wir auf verschlungenen Pfaden, während die Küsten im Südwesten der Bretagne Glücksmomente für Taucher, Segler und Surfer parat halten. Steile Landspitzen wie die Pointe du Raz schließen an weite Sandstrände an und Kunstliebhaber wandeln in Pont-Aven auf den Spuren von Paul Gauguin. Westlich der Loire-Mündung entdecken wir zwischen Schilf und gelben Iris den Naturpark La Grande Brière, das zweitgrößte Moor Frankreichs und erleben, wie das weiße Gold der Salzgärten gewonnen wird.

Durch die mehr als 2.700 Kilometer Küste ist kein Ort mehr als 100 Kilometer vom Meer entfernt und der Golfstrom beschert der Bretagne sowohl milde Sommer als auch milde Winter. In den Mikroklimazonen gedeihen Palmen, Orangen- sowie Zitronenbäume und mit 2.000 Sonnenstunden im Jahr mutet der Süden der Bretagne um den Golf von Morbihan schon fast mediterran an.

Pointe de Minard

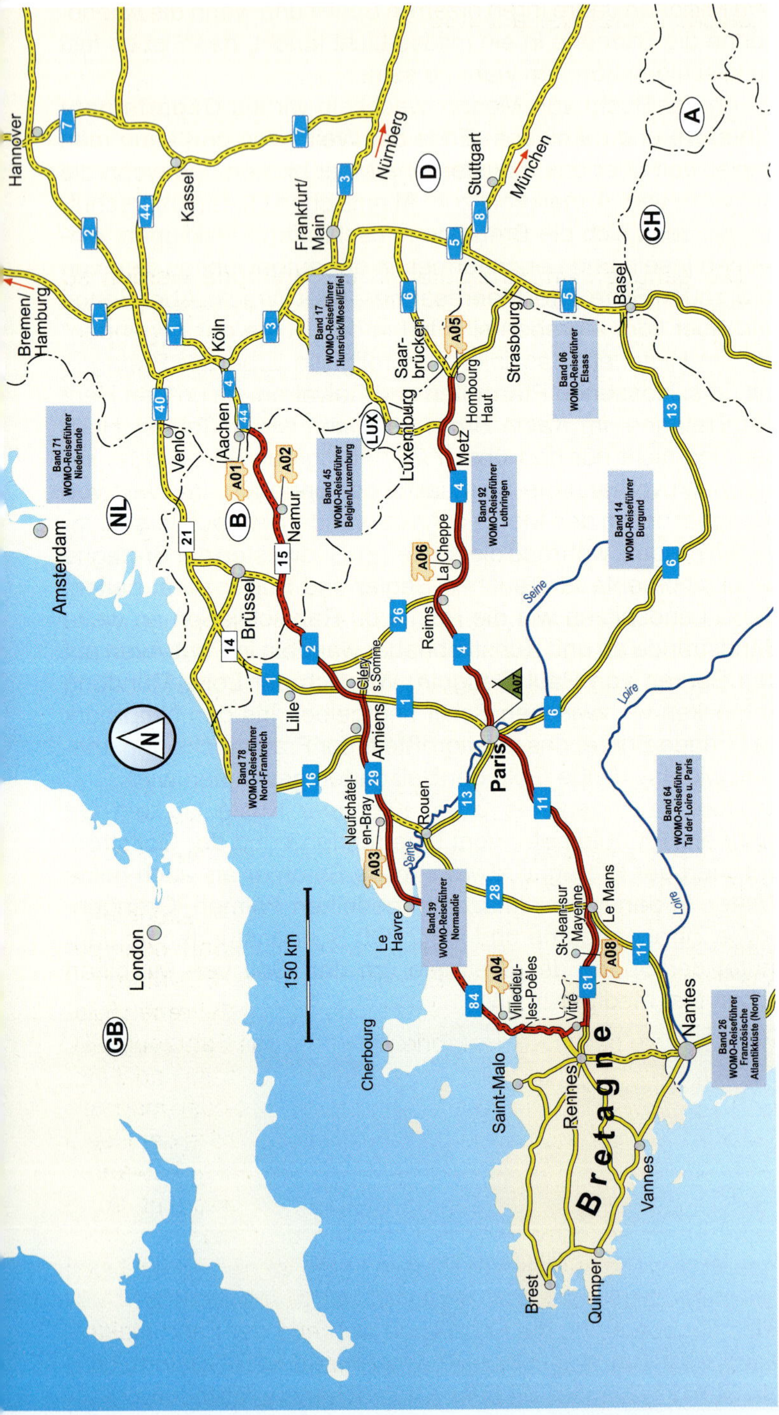
Hannover
Kassel
Frankfurt/ Main
Nürnberg
D
Stuttgart
München
A
CH
Basel
Bremen/ Hamburg
Köln
Aachen
Venlo
NL
Amsterdam
B
Namur
Brüssel
Lille
Band 71 WOMO-Reiseführer Niederlande
Band 17 WOMO-Reiseführer Hunsrück/Mosel/Eifel
Band 45 WOMO-Reiseführer Belgien/Luxemburg
LUX
Luxemburg
Saar- brücken
Homburg Haut
Metz
Strasbourg
Band 06 WOMO-Reiseführer Elsass
Band 92 WOMO-Reiseführer Lothringen
Band 14 WOMO-Reiseführer Burgund
La Cheppe
Reims
Cléry s.Somme
Amiens
Paris
Seine
Loire
Band 78 WOMO-Reiseführer Nord-Frankreich
Neufchâtel- en-Bray
Rouen
Le Havre
Band 39 WOMO-Reiseführer Normandie
Band 64 WOMO-Reiseführer Tal der Loire u. Paris
St-Jean-sur Mayenne
Le Mans
Villedieu- les-Poêles
Vitré
Nantes
Band 26 WOMO-Reiseführer Französische Atlantikküste (Nord)
London
GB
150 km
Cherbourg
Saint-Malo
Rennes
Bretagne
Vannes
Brest
Quimper
A01
A02
A03
A04
A05
A06
A07
A08
7
2
1
44
40
4
3
6
5
8
13
21
15
14
16
29
26
28
11
81
84

Wir starten am östlichen Rand unsers Zielgebietes unweit der N157 etwa 30 Kilometer östlich von Rennes in der mittelalterlichen Vorzeigestadt Vitré.

Je nachdem, aus welchem europäischen Land beziehungsweise aus welcher deutschen Region Sie starten, liegen bis zu unserem ersten Ziel im französischen Vitré jeweils ungefähr 880 Kilometer von Frankfurt am Main, 1.200 Kilometer von Hamburg oder München und um die 1.600 Kilometer von Wien aus vor Ihnen. Aus Bern haben Sie mit knapp 850 Kilometern die kürzeste Anreise vor sich.

Die genauen Anfahrtsrouten in die Bretagne werden so verschieden wie Ihre Ausgangspunkte, Ihre Vorlieben und Ihr Urlaubsverhalten sowie Ihr Zeitbudget sein. Die einen mögen die gemütliche Fahrt auf Landstraßen, die anderen bevorzugen die schnelle Reise auf der Autobahn.

Wer in Deutschlands Westen oder in der Schweiz wohnt, wird die Anreise in die Bretagne durchaus in einem Tag bewältigen können. Wer hingegen aus dem Nordosten oder Norden Deutschlands und Österreich kommt, die geruhsame Fahrt schätzt oder aus Kostengründen die Landstraße benutzen möchte, der könnte eine Übernachtung einplanen.

Bekanntlich führen viele Wege ans Ziel und in Zeiten von Navigationsgeräten, Routenplanern im Internet und Straßenatlanten dürfte Ihrem eigenen Anfahrtsentwurf nichts entgegenstehen – schließlich beginnt der Urlaub schon zu Hause mit der Planung.

Wir möchten Ihnen an dieser Stelle zwei der vielen Möglichkeiten aufzeigen, die Sie schnell an Ihr Urlaubsziel bringen, und nennen einige verkehrsgünstig gelegene Übernachtungsplätze nahe der entsprechenden Routen.

Die Gebühren sind an den mit *Péage* angekündigten Mautstellen entweder bar (Kleingeld bereithalten!) oder per Kreditkarte (keine American Express, oft keine EC-/Maestro-Karte) zu entrichten und berechnen sich nach gefahrenen Kilometern sowie nach der Kategorie, unter die das Fahrzeug fällt. Wohnmobile fallen unter die Klasse 2 (bis 3,5 Tonnen und 3 Meter Höhe) oder Klasse 3 (über 3,5 Tonnen und/oder mehr als 3 Meter Höhe). Rund um die größeren Städte wird in der Regel keine Gebühr erhoben. Das gerade aktuelle Ticket bewahren Sie bitte gut auf – auch wenn es eher selten vorkommt, sollte man es auf Nachfrage vorweisen können, da sonst der höchstmögliche, wenn auch fiktive Preis in Anrechnung gebracht wird *(www.autoroutes.fr)*. In Zukunft sollen die Mautstationen in Frankreich abgebaut und die Fahrzeuge während der Fahrt elektronisch erfasst und so zur Kasse gebeten werden. Bitte informieren Sie sich gegebenenfalls über entsprechende Veränderungen!

Wer genügend Zeit zur Verfügung hat oder Kosten einsparen möchte, benutzt ohnehin die Nationalstraßen (*Route National*). Zu erwähnen ist hierbei allerdings, dass die zahlreichen Ortsdurchfahrten den Fahrspaß oft erheblich schwächen.

Anreise-Variante 1: Aus Nord- oder Mitteldeutschland

In Deutschland von der A44 bei Aachen → Autobahn A3/E40 → Autobahn A15/E42, A7/E42, E19 → Autobahn A2/E19 → Autobahn A1/E15 → Autobahn A29/E44 → Autobahn A13 - Autobahn A84/E401, E3) → Landstraße D794 bis Vitré (von der deutsch-belgischen Grenze etwa 770 Kilometer).

(A01) Offizieller WOMO-Stellplatz:
D-Aachen – Stellplatz Bad Aachen
GPS/Kontakt: N 50°45'40.8" E 06°06'10.9", Branderhofer Weg 11, Telefon 0241/99000991, www.aachen-camping.de.
47 WOMOs, V/E, Strom, Sanitärgebäude, Preis €€€.
Der gepflegte Stellplatz liegt in der **Umweltzone** und ist nur mit grüner Plakette anzufahren!

(A02) Offizieller WOMO-Stellplatz:
B-Namur – Parking Place André Ryckmans
GPS/Kontakt: N 50°28’04.2" E 4°51’00.9", Rue des Souchetes/ Place André Ryckmans, Telefon 03281 246449, www.namurtourisme.be. 8 WOMOs, V/E, Preis €.

(A03) Offizieller WOMO-Stellplatz: F-Neufchâtel-en-Bray Aire de Camping-Car
GPS/Kontakt: N 49°44'15.0" E 01°25'40.0", Rue de la Grande Flandre.
14 WOMOs, V/E, Strom, Sanitärgebäude, Preis €€. **Nur für WOMOs bis max. 8 m Länge!**

(A04) Offizieller WOMO-Stellplatz: F-Villedieu-les-Poêles Aire de Camping-Car
GPS/Kontakt: N 48°50'13.0" W 01°13'27.8".
8 WOMOs, V/E am Parkplatz beim Krankenhaus (N 48°50'30.8" W 01°13'21.7", Rue Jean Gasté), WC.

Anreise-Variante 2: Aus Süddeutschland

In Deutschland von der A6 bei Saarbrücken → Autobahn A320, später A4/E50/E25 → Autobahn A4/E50 → Autobahn A86/N186A → Autobahn A6/E5 → Autobahn A10/E5, E50 →

A11/E50 → Autobahn A81/ E50, später N157 → Landstraße D178 bis Vitré (von der deutsch-französischen Grenze etwa 820 Kilometer).

(A05) Offizieller WOMO-Stellplatz: F-Hombourg-Haut Aire de Camping-Cars
GPS/Kontakt: N 49°07'26.0" E 6°46'43.0"; Rue de Stade.
6 WOMOs, V/E, Strom.

(A06) Offizieller WOMO-Stellplatz: F-La Cheppe – Aire de Camping-Car
GPS/Kontakt: N 49°02'55.5" E 04°29'33.0", Rue du Camp d'Attila.
5 WOMOs, V/E, Strom, WC, etwa 2 Kilometer langer Rundweg mit Infotafeln um eine einstige keltische Siedlung.

(A07)WOMO-Campingplatz: F-Champigny-sur-Marne – Camping Paris-Est****
GPS/Kontakt: N 48°49'45.5" E 02°28'35.8", 110 Boulevard de Alliés, Telefon 0145243000, www.campingchampigny.paris.
Ganzjährig geöffnet, Preis €€€. Auf dem Campingplatz soll die Mitnahme nur eines Hundes gestattet sein.

(A08) Offizieller WOMO-Stellplatz: F-Saint-Jean-sur-Mayenne Aire de Camping-Car
GPS/Kontakt: N 48°07'39.1" W 00°45'06.0"
Rue du Moulin de Boisseau.
20 WOMOs, V/E, Strom, Sanitärgebäude, geöffnet von April – Mitte November, Preis €.

Sollten die vorstehenden WOMO-Stell- und Campingplätze nicht ausreichend sein oder eine andere Route eingeschlagen werden, dann verweisen wir gern auf unsere in der Anreisekarte gekennzeichneten **WOMO-Reiseführer über die Normandie und das Tal der Loire sowie Paris** als auch auf die Reiseführer unserer Autorenkolleginnen und -kollegen. Dort finden Sie weitere Übernachtungstipps und Anregungen für Ihre Reise, die mal näher, mal etwas abseits unserer genannten Anreisewege liegen.

Doch nun genug der Vorrede, denn jetzt soll es endlich losgehen. Wir hoffen, Ihnen einige nützliche und anregende Vorschläge für Ihre Anreise gemacht zu haben, und wünschen Ihnen viel Freude in der Bretagne!

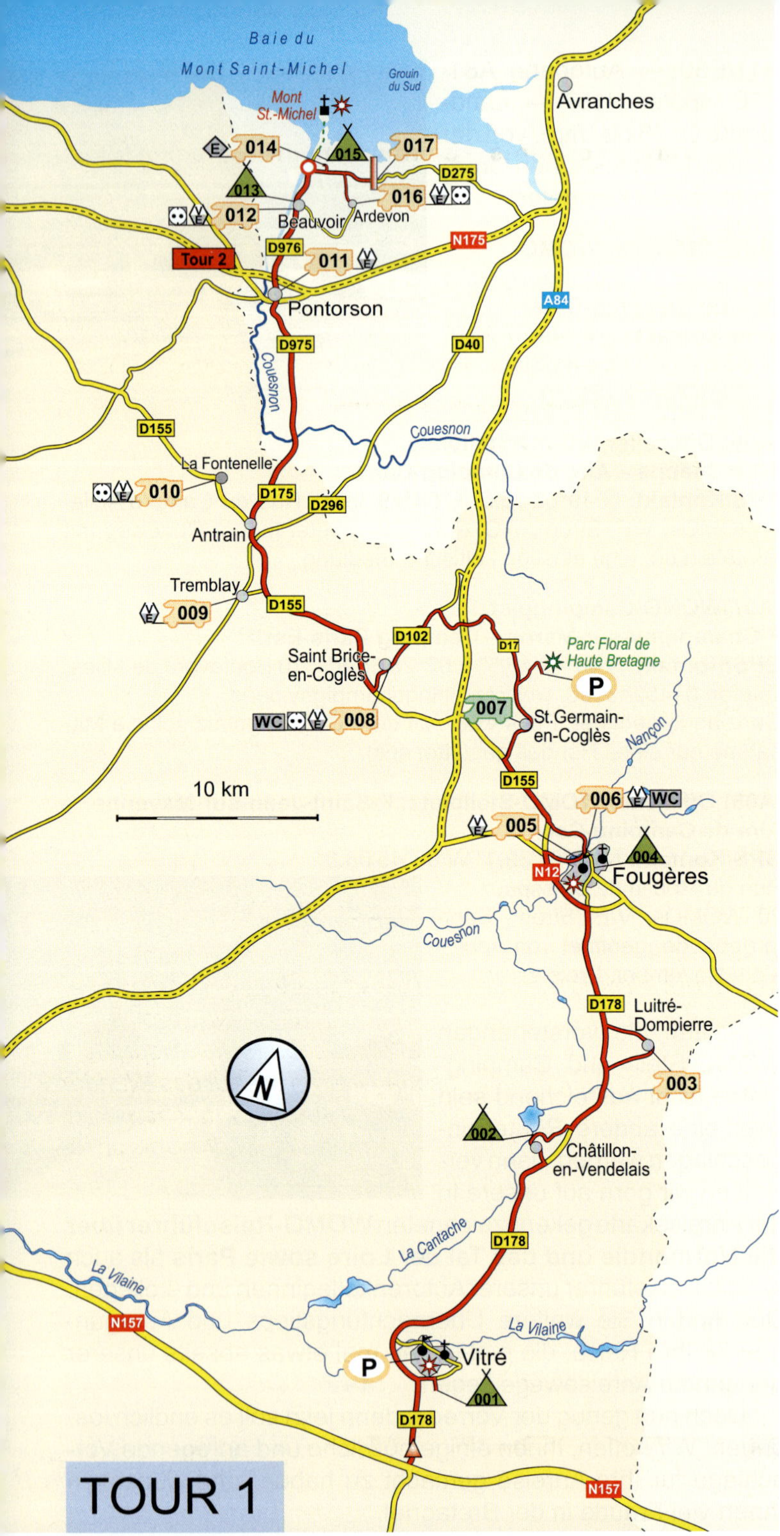
Baie du
Mont Saint-Michel
Grouin du Sud
Mont St.-Michel
Avranches
014
015
017
013
D275
016
012
Beauvoir
Ardevon
N175
D976
Tour 2
011
Pontorson
A84
D975
D40
Couesnon
D155
Couesnon
La Fontenelle
010
D175
D296
Antrain
Tremblay
009
D155
D102
D17
Parc Floral de Haute Bretagne
P
Saint Brice-en-Coglès
007
St.Germain-en-Coglès
WC
008
Nançon
10 km
D155
006
WC
005
004
N12
Fougères
Couesnon
D178
Luitré-Dompierre
N
003
002
Châtillon-en-Vendelais
La Cantache
D178
La Vilaine
N157
La Vilaine
Vitré
P
001
D178
N157
TOUR 1

Tour 1 — 130 km

Vitré – Fougères – Saint-Germain-en-Coglès Mont-Saint-Michel

Stellplätze: Luitré-Dompierre, Fougères, Saint Germain-en-Coglès, St-Brice-en-Coglès, Tremblay, La Fontenelle, Pontorson, Beauvoir, Courtils, Ardevon, Huisnes-sur-Mer.

Campingplätze: Vitré Camping Municipal Saint Etienne, Châttillon-en-Vendailes Camping du Lac, Fougères Camping Municipal de Paron, Beauvoir Camping Aux Pommiers, Courtils Camping Saint-Michel.

Besichtigen: Vitré Altstadt, Musée du Château, Église Notre Dame, Musée Saint-Nicolas; Fougères Château, Musée de la Villéon, Atelier-Musée de l'Horlogerie; Le Chatellier Parc Floral de Haute Bretagne; Mont-Saint-Michel.

Essen: Vitré Restaurant Auberge Le Saint-Louis, Fougères Crêperie Tivabro, Restaurant Le Buffet; Mont Saint Michel Restaurant La Mère Poulard.

Märkte: Vitré Mo/Sa; Fougères Do/Sa, Do; Saint-Brice-en-Coglès Jeden 2.Sonntag im Monat.

Die Flüsse Ille und Vilaine, die sich in Rennes vereinen, stehen Pate für die östlichste Region der Bretagne. Das ***Departément Ille-et-Vilaine*** *besitzt zwar die wenigsten Küstenkilometer doch seine reizvollen Küstenstädtchen, seine winzigen Fischerdörfer und langen Sandstrände heißen uns auf ihre ganz eigene und überzeugend maritime Art willkommen. Daneben erkunden wir in den ersten beiden Touren unserer Rundreise die Schlösser des Hinterlandes, folgen den Spuren von Rittern und entdecken imposante Festungen, die mittelalterlichen Charme versprühen. In den Weiten der Polderlandschaft treffen wir auf das Wunder des Abendlandes, den Mont Saint Michel, und machen erste Bekanntschaft mit der von Geschichten und Mythen durchzogenen keltischen Vergangenheit.*

Mont Saint Michel

Nach der langen Anreise und etlichen Kilometern im Gepäck öffnen wir im Tal der Vilaine unser ganz persönliches Eingangsportal zur Bretagne und erreichen das Zentrum des von starken Festungsmauern umschlossenen Bilderbuchortes **Vitré**. Bevor wir uns in die mit schönen Fachwerkhäusern gesäumten Straßen des Festungsstädtchens begeben, findet das WOMO seine wohlverdiente Ruhe auf dem gepflegten kommunalen Campingplatz.

(001) WOMO-Campingplatz: Vitré – Camping Municipal Saint Etienne***

GPS/Kontakt: N 48°06'33.7" W 01°11'52.4", 109 Boulevard des Rochers, Telefon 0299752528 oder 0612335861, www.mairie-vitre.com.
Öffnungszeit: März - Mitte Dezember.
Ausstattung: V/E, Strom, Waschmaschine und Trockner, Kinderspielplatz, WiFi.
Beschreibung: Der einfache, aber recht nette Platz verfügt über mit Hecken abgeteilte, meist schattige Parzellen unter Bäumen und liegt etwa 2 km südöstlich des Ortszentrums. Direkt vor dem Campingplatz befinden sich separate WOMO-Stellplätze und in der Nähe kann man sich von einer Bushaltestelle mit dem ÖPNV in die Stadt bringen lassen.
Preise: €€.
Zufahrt: Im Ort von der D88 dem Hinweis zum Campingplatz folgen.

Wer näher ans Geschehen heran möchte oder lediglich einen gebührenpflichtigen Stadtparkplatz sucht, wird am Bahnhof (*Gare*) fündig (N 48°07'21.9" W 01°12'43.5", Place de Général de Gaulle. Für lange, breite Fahrzeuge wird es je nach Tageszeit und Belegung des Parkplatzes eng!).

Vitré

Direkt am Bahnhof und neben dem genannten Stadtparkplatz befindet sich das **Office de Tourisme** *(April - Juni/September Mo 14.30 - 17.30 Uhr, Di - Fr 9.30 - 12.30/14.30 – 17.30 Uhr, Sa 10 - 12.30/15 - 17 Uhr, ab Mai Feiertage/Sa/So 10 - 12.30/15 - 17 Uhr, Juli/August Mo - Sa 9.30 - 12.30/14 - 18.30 Uhr, Oktober - März Mo/Di 14.30 – 17.30 Uhr, Mi - Fr 10 - 12.30/14.30 – 17.30 Uhr, Sa 10 - 12.30 Uhr, Place Général de Gaulle, Telefon 0299750446, www.bretagne-vitre.com).*

Blick vom Aussichtspunkt Tertres Noirs

Bereits im 11. Jahrhundert wurde die Fahrt auf der Vilaine sowie die Straße nach Rennes von einer Burg bewacht und Wegezoll kassiert. Im Laufe der Jahrhunderte entstand besonders im 14./15. Jahrhundert durch Neu- und Erweiterungsbauten eine sowohl repräsentative als auch militärische Anlage. Noch immer bieten die Türme, Mauern und Zinnen des heutigen Schlosses einen eindrucksvollen Anblick, der gemeinsam mit den verwinkelten Gassen im ummauerten Altstadtkern, die Stadt zum **mittelalterlichen Vorzeigeidyll** werden lässt.

Vom Schlossplatz gelangen wir über eine Zugbrücke und den mächtigen Torbau zum Innenhof des Schlosses, in dem in drei der sieben trutzigen Türme das **Musée du Château** untergebracht ist. Neben der Stadtgeschichte wird ein Kuriositätenkabinett präsentiert und aus den Fenstern und von den Galerien eröffnen sich immer wieder hübsche Ausblicke auf die Schieferdächer der Altstadt *(Oktober - März, Januar nur in den franz. Schulferien Mo/Mi - Fr 10 - 12.30/14 - 17.30 Uhr, Sa/So Vormittag geschlossen, April - Juni/September 10 - 12.30/14 - 18 Uhr, Juli/ August 10 - 18 Uhr, Führungen möglich, Eintritt, www.chateau.vitre.bzh).*

Ab dem 15. Jahrhundert entwickelte sich ein reger Tuchhandel, der bis nach Indien und Amerika reichte und der Stadt beträchtlichen Wohlstand bescherte. Davon zeugen imposante Handels- und Bürgerhäuser mit buntem Fachwerk und ein Spaziergang durch das Gassengewirr zwischen Schlossplatz und Kirche sollte auf gar keinen Fall im Besuchsprogramm fehlen. An der Südseite der im spätgotischen Stil errichteten **Église Notre Dame** zeigen sich reich verzierte Giebel und eine Außenkanzel, von der während der Religionskriege die Prediger zu den Bürgern sprachen. Mit der Abkehr der Stadtväter vom katholischen Glauben wurde Vitré zu einer Hochburg der protestantischen Hugenotten, von denen jedoch Tausende in der Bartholomäusnacht 1572 ermordet wurden. Nachdem König Heinrich IV. 1598 mit dem Edikt von Nantes für eine Befriedung sorgte, blühte die Stadt kurzfristig erneut auf, aber nur damit es nach der Aufhebung des Ediktes im Jahr 1685 wieder still um sie wurde. Erst ab Mitte des 19. Jahrhunderts kam mit der Eisenbahnverbindung und später mit einem Erstarken der Wirtschaft wieder Schwung in die Gegend.

Wo auch immer mit dem Stadtbummel begonnen wird, reizvolle Fotomotive gibt es zuhauf: unter anderem das Hôtel du Bol d'Or aus dem 15./16. Jahrhundert in der Rue d'en Bas, die auf der Place Saint-Yves mündet, oder die zentrale Altstadtgasse Rue de la Poterie. Von dieser zweigt die einstige Gasse der Gerber, die Rue de la Baudrairie ab, in der sich die Giebel der alten Fachwerkhäuser wie zum Plausch entgegen-

beugen. Zwischendurch bietet sich die Einkehr in einer der zahlreichen Crêperien, Cafés oder Restaurants an, von denen wir das **Restaurant L'Auberge Saint-Louis** gegenüber der Kirche Notre-Dame nennen möchten, das ein feines und erschwingliches Mittagsmenü in angenehmer Atmosphäre offeriert *(Mittags- und Abendmenüs, Mi/So nur mittags, Mo geschlossen, 31 Rue Notre-Dame, Telefon 0299752828, www.auberge-saintlouis.fr)*.

Nordwestlich des Schlosses und auf der anderen Seite des Flusses widmet sich das **Musée Saint-Nicolas** in der Kapelle eines ehemaligen Hospitals aus dem 12. Jahrhundert sakralen Goldschmiedearbeiten *(April - September Do/Fr, 1. und 2. Wochenende im Monat 10 - 12.30/14 - 18 Uhr, Oktober - März an den gleichen Tagen 14 - 17 Uhr, Eintritt)*. Wir folgen von hier der Rue du Rachapt zu Fuß und schwenken dann links in die Chemin des Tertres Noirs, um nach gut 500 Metern den **Aussichtspunkt Tertres Noirs** zu erreichen, von dem wir den wohl schönsten Blick auf das Gesamtensemble von Stadt und Schloss haben.

Durch die flache, ländlich geprägte Gegend mit viel Weideland, kleinen Wäldern und Dörfern fahren wir der nächsten Festungsstadt entgegen.

Fougères gehörte wie Vitré und Orten wie La Guerche-de-Bretagne, Châteaugiron sowie Combourg, die wir später besuchen werden, über die Jahrhunderte zum Festungsgürtel, mit dem die Herzöge der Bretagne ihr Territorium im Osten gegen Frankreich sicherten.

Bevor wir in die Stadt einfahren, notieren wir ungefähr auf der Hälfte des Weges in **Châtillon-en-Vendelais** den von der Landstraße gut ausgewiesenen, einfachen **Camping Les Rives du Lac** [**002:** N 48°13'50.9" W 01°10'45.6", Rue Rouxière, Telefon 0684745824 oder 0299764884, www.chatillon-en-vendelais.fr, Preis €€, einige Tage im Winter geschlossen]. Am Rand des **Étang de Châtillon** gelegen, ist der kleine Campingplatz Ausgangspunkt zum Wandern, Angeln sowie Tretbootfahren und bietet im Sommer Abkühlung im etwa 110 Hektar großen See.

Am Ortsrand von **Luitré-Dompierre** möchten wir einen nachts ruhigen **offiziellen WOMO-Stellplatz** nicht unerwähnt lassen, der sich als Ausgangspunkt für Fahrrad-Touren eignet und sogar eine Verleihstation für E-Bikes bietet [**003:** N 48°17'03.9" W 01°07'14.7", An der D113].

Bald sind wir in **Fougères** und beziehen auf dem Stellplatz direkt am Schloss unser Quartier. Ein weiterer Parkplatz mit Übernachtungsmöglichkeit steht in der Oberstadt zur Verfügung. Wer es lieber etwas grüner und mit freundlichem Empfang bevorzugt, der wird auf dem östlich des Zentrums gelegenen, einfachen **Camping Municipal de Paron** die Erfüllung seiner Wünsche finden [**004:** N 48°21'13.7" W 01°10'54.9", 40 Route de la Chapelle Janson, Mai -September, Preis €€].

(005) Offizieller WOMO-Stellplatz: Fougères – Aire de la Carrière

GPS: N 48°21'20.4" W 01°12'38.8", Boulevard Jacques Faucheux.
Max. WOMOs: 15.
Öffnungszeit: Ganzjährig.
Ausstattung: V/E, Tische und Bänke, Infotafel, Bouleplatz, Müllbehälter.
Beschreibung: Einfacher, teils schattiger, befestigter Parkplatz am Ortsrand in unmittelbarer Nähe zum Schloss. Ebenfalls in der Nähe gibt es einen kleinen See, um den ein Rundweg führt.
Preise: In der Hauptsaison €.
Zufahrt: Im Ort dem WOMO-Piktogramm Parking Château folgen.

(006) Offizieller WOMO-Stellplatz: Fougères – Aire du Jardin des Fêtes

GPS: N 48°21'22.1" W 01°12'08.9", Allée des Angevines.
Max. WOMOs: 15.
Öffnungszeit: Ganzjährig.
Ausstattung: V/E, WC, Müllbehälter, Infotafel.
Beschreibung: Einfacher, teils schattiger, asphaltierter Parkplatz im Ort nahe dem Festplatz.
Zufahrt: Im Ort dem Hinweis Parking du Nançon folgen.

Fougères

Aus der im 11. Jahrhundert in einer Flussschleife des Nançon gegründeten einfachen Burg aus Holz wurde im frühen Mittelalter eine scheinbar uneinnehmbare Festung inmitten eines Sumpfgebietes, deren Verteidigungssystem ständig verbessert wurde. Am Fuße der Burg errichteten Gerber, Weber und Färber ihre Mühlen am Fluss und Händler, Handwerker sowie Kaufleute ließen sich auf dem Hügel oberhalb des Flusstales nieder. Mit der Erfindung des Schießpulvers bemächtigten sich immer wieder neue Herren mit Gewalt der Stadt und die Burganlage wurde mal als Grenzfeste gegen die Bretagne, mal gegen Frankreich genutzt. Wirtschaftlich florierte Fougères seit dem 13. Jahrhundert durch die Weberei, speziell durch die Segeltuchproduktion, die nach Beginn der Dampfschifffahrt durch die Herstellung von Strümpfen und Schuhen abgelöst wurde. Noch heute werden Damenschuhe aus Fougères verkauft und der Tourismus gehört zum wirtschaftlichen Standbein der Stadt.

Ein Rundgang außerhalb des **Château Fougères** verschafft einen ersten Überblick auf die fünf Meter dicke, 30 Meter hohe und 320 Meter lange imposante Ringmauer, die 13 Wehrtürme miteinander verbindet und das Schloss schützt. Wir passieren die Brücke über den Fluss und betreten das alte Bollwerk zwischen den mächtigen Steintürmen hindurch, um Vorwerk, Wohngebäude, eine kleine Kapelle und weitere Türme zu sehen. Unser Besuch verbindet den Einblick in die Burganlage mit der Aussicht vom hohen und mächtigen Melusine-Turm auf Burg und Stadt *(Juni - September 10 - 19 Uhr, Oktober - April Di - So 10 - 12.30/14 - 17.30 Uhr, Mai Di - So 10 - 19 Uhr, Eintritt, Audioguide/App auch in deutscher Sprache im Preis inbegriffen, www.chateau-fougeres.com).*

Im **mittelalterlichen Viertel Saint Sulpice** unterhalb des Schlosses bieten die Gassen rund um die Place du Marchix mit Fachwerkhäusern aus dem 16. Jahrhundert hübsche Fotomotive. Dazwischen erhebt sich die **Église Saint-Sulpice** aus dem 11. Jahrhundert, deren Kirchenschiff aus dem 15./16. Jahrhundert im gotischen Flamboyant-Stil glänzt und in deren holzvertäfeltem Chor aus dem 16. bis 18. Jahrhundert die stillende Marienstatue Notre-Dame-des-Marais zu sehen ist, die wundertätig sein soll und Anlass für den alljährlichen **Pardon** (vergleiche Tour 6, Seite 114) ist. Ganz in der Nähe können wir die **Crêperie Tivabro** empfehlen, die in einem alten Bürgerhaus sehr gute regionale Gerichte anbietet *(Mittags- und Abendmenü, Mi/So Abend/Mo geschlossen, 13 Place du Marchix, Telefon 0299172090).*

Für den Weg hinauf zur Oberstadt, die nach Bränden im 18. Jahrhundert nach Plänen des königlichen Baumeisters wieder aufgebaut wurde, wählen wir den Spaziergang durch den **Jardin Public**, von dem wir eine der besten Aussichten auf die Burg haben. Oben angelangt stehen wir vor der **Église Saint-Léonard** aus dem 15./16. Jahrhundert und möchten das nahe **Musée de la Villéon** in einem schönen Fachwerkhaus aus dem 16. Jahrhundert nicht unerwähnt lassen, welches dem Impressionisten Emmanuel de la Villéon gewidmet ist *(Juni - September Di - So 14 - 19 Uhr, Eintritt, Ermäßigung in Verbindung mit der Schlossbesichtigung)*. Ein Stück weiter beschäftigt sich das **Atelier-Musée de l'Horlogerie** mit dem Uhrmacher-Handwerk und zeigt eine kleine,

Blick zur Oberstadt

aber feine Uhrensammlung (*Mitte Juni - August Di - Sa 9 - 12/14 - 19 Uhr, So/Mo 14 - 18.30 Uhr, Mitte September - Mitte Juni Di - Sa 9 - 12/ 14 - 19 Uhr, Kasse geöffnet bis eine Stunde vor Schließung, Eintritt, www.hautehorlogerie.org*).

Nach den unterschiedlichen aristokratischen Besetzern der Stadt übernahmen die Bürger im 14. Jahrhundert die politische Macht und bauten ein Rathaus sowie einen Glockenturm. Der **Beffroi** ist einer von zwei erhaltenen weltlichen Türmen der Bretagne und ein Symbol für das durch Handel reich gewordene Bürgertum. Der achteckige Granitturm ist mit Wasserspeiern verziert und besitzt eine Flamboyant-Balustrade. Im Zentrum der Oberstadt befinden sich zahlreiche Ladengeschäfte und Cafés sowie Restaurants, von denen das **Le Buffet** neben dem Villéon-Museum ein ordentliches und zudem günstiges Menü anbietet. Der Clou ist das Vorspeisen- und Dessertbuffet (Mittags- und Abendmenü, Fr nur mittags/So geschlossen, 53bis Rue Nationale, Telefon 0299943576). Der Straße folgend treffen wir auf das **Office de Tourisme** (*November - Ostern Mo 14 - 18 Uhr, Di - Sa 10 - 12.30/14 - 18 Uhr, Ostern - Juni Mo - Sa 9.30 - 12.30/14 - 18 Uhr, Juli/August Mo - Sa 9.30 - 13 Uhr/ 14 - 18.30 Uhr, So/Feiertage 10 - 12/14 - 18 Uhr, September - Oktober*

Mo - Sa 9.30 - 12.30/14 - 18 Uhr, 2 Rue Nationale, Telefon 0299941220, www.destination-fougeres.bzh). Wem der Spaziergang von der Unter- in die Oberstadt zu beschwerlich erscheint, der kann in der Saison auf das Touristenbähnchen **Petit Train** zurückgreifen, das ab Schlossplatz in etwa 30 Minuten die beiden Stadtteile verbindet (*Mai - September, Gebühr*).

Wir verabschieden uns von Fougères auf der D155 in nordöstliche Richtung, um von dieser nach **Saint-Germain-en-Coglès** abzubiegen und pausieren am dortigen kleinen Wassergarten der Gemeinde, dem *Jardin de l´Eau*. In einem alten Feuchtgebiet am Zusammenfluss zweier Bäche, führen unterschiedlich lange Lehrpfade und informieren über die Nutzung des Wassers.

(007) Offizieller WOMO-Stellplatz: Saint Germain-en-Coglès Jardin de l´Eau

GPS: N 48°24'11.3" W 01°16'06.7", Le Pont de Fourré.
Max. WOMOs: 2 - 3
Öffnungszeit: Ganzjährig.
Ausstattung: Infotafel, Müllbehälter.
Beschreibung: Der einfache, geschotterte, teils schattige Parkplatz befindet sich am Ortsrand. Eine Bäckerei und kleinere Geschäfte sind etwa 600 m entfernt und am Parkplatz starten Rundwanderwege von 400 bis 1.700 m Länge.
Zufahrt: Im Ort dem WOMO-Piktogramm folgen.

Auf den nächsten Kilometern begeben wir uns auf teils engen Sträßchen, den Hinweisen zum **Parc Floral de Haute Bretagne** folgend, in die augenscheinlich abgeschiedene Gegend um Le Chatellier.

Der rund 20 Hektar große botanische Garten ist jedoch ein unbedingtes Muss für uns und alle Gartenliebhaber (N 48°25'50.2" W 01°15'45.9", Château de la Foltière). Um das Schloss herum wurden Themengärten angelegt, die Frühling, Sommer und Herbst in leuchtenden Farben aufnehmen und die Besucher über Holzbrücken, vorbei an Kaskaden und wundervoll duftenden Gewächsen zum Salon de Thé oder zur Gärtnerei führen. Auch wenn uns die üppige Blumenpracht in ihren Bann gezogen hat, so sollte sie nicht über ebensolche Eintrittspreise hinwegtäuschen *(Juli/August 10.30 - 18.30 Uhr, April - Juni/September 11 - 18 Uhr, März/Oktober/November 14 - 17.30 Uhr, Schließung jeweils 1 Std. später, Eintritt, Hunde gegen Gebühr an der Leine gestattet. www.jardin-garden.com).*

Wir steuern nun das westlich gelegene **Saint-Brice-en-Coglès** an, wo uns an der Polizeistation ein nett angelegter und ruhiger Stellplatz am Ortsrand empfängt.

(008) Offizieller WOMO-Stellplatz: Saint-Brice-en-Coglès – Aire de Camping-Cars

GPS: N 48°24'40.5" W 01°21'45.7", Rue de Normandie/D102.

Max. WOMOs: 9 **Öffnungszeit:** Ganzjährig.
Ausstattung: V/E, Strom, WC, Infotafel, Müllbehälter.
Beschreibung: Der asphaltierte, teils schattige Parkplatz am Ortsrand verfügt über vergleichsweise große, durch Hecken unterteilte Parzellen. Der dahinterliegende Rasenstreifen ist klappstuhlgeeignet. Obwohl nahe der Straße gelegen, ist es in der Nacht ruhig. Etwa 500 m entfernt befinden sich Geschäfte, eine Bäckerei und Restaurants. Im schräg gegenüberliegenden **Office de Tourisme** sind Infos über die Umgebung erhältlich *(November - März Mo - Fr 9 - 12.30 Uhr, April - Juni/September/Oktober Di - Sa 9 - 12.30/14 - 17.30 Uhr, Juli/August Mo - Sa 9.30 - 12.30/14 - 17.30 Uhr, 9 Rue du Souvenir, Telefon 0299978544, www.tourisme-marchesdebretagne.com).*
Zufahrt: Im Ort den WOMO-Piktogrammen folgen.

Die Gebäude des Städtchens bestehen, wie die meisten der Orte auf unserer bevorstehenden Reise durch die Bretagne, hauptsächlich aus dem jeweiligen lokalen Granit, der im 19. Jahrhundert in den umliegenden Steinbrüchen gebrochen wurde. Das wichtigste historische Denkmal des Dorfes ist die Kirche aus dem 18./19. Jahrhundert und ein Spaziergang um und durch die kleine ländliche Stadt ist ein durchaus angenehmes Unterfangen.

Saint-Brice ist ein netter und beschaulicher Etappenort auf dem Weg zum Anziehungspunkt Nummer Eins in der **Bucht von Mont-Saint-Michel**, den man einfach gesehen haben muss und welcher Jahr für Jahr auf seine unzähligen Besucher eine geradezu magische Anziehungskraft ausübt. Die Strecke ist gut ausgebaut, bestens beschildert und in **Tremblay** können wir einen weiteren **offiziellen WOMO-Stellplatz** vermelden [**009:** N 48°25'23.5" W 01°28'14.9", Route de Fougères, V/E, ganzjährig geöffnet]. Im bald folgenden **La Fontenelle** halten wir den nächsten **offiziellen WOMO-Stellplatz** am Friedhof ebenfalls für erwähnenswert [**010:** N 48°27'55.9" W 01°30'18.5", Rue de Chevrigné, V/E, Strom, ganzjährig] und wenig später können wir in der Ferne den pyramidengleichen Mont-Saint-Michel in der gleichnamigen Bucht erkennen.

Ursprünglich zur Bretagne gehörend, ist es der „Sprunghaftigkeit“ des Grenzflusses Couesnon geschuldet, dass der „Heilige Berg“ mittlerweile zur Normandie gehört. Waschechte Bretonen haben den Verlust ihres Klosterberges jedoch bis heute nicht verwinden können und zitieren gerne das Sprichwort: *„Le Couesnon, dans sa folie, mis le Mont Saint-Michel en Normandie“* (Der Couesnon hat in seinem Wahnsinn den Mont-Saint-Michel in die Normandie gebracht).

Der **Mont-Saint-Michel**, dessen Abtei vom goldenen Erzengel Michael gekrönt ist, gehört seit 1979 zum UNESCO Weltkulturerbe und zieht jährlich drei Millionen Besucher aus aller Welt an. Seit 2015 hat er nach jahrelangen Renaturierungsmaßnahmen seinen maritimen Charakter zurückerhalten und der Straßendamm wurde durch eine Stelzenbrücke ersetzt.

An einigen Tagen im Jahr wird der Berg aufgrund des Tidenhubs gar zur richtigen Insel und der Zugang ist für etwa eine Dreiviertelstunde nicht möglich. Einen Überblick über diese Tage sowie eine Gezeitentabelle und vieles andere mehr, findet sich auf der Internetseite des **Office de Tourisme**, das innerhalb der Mauern am Eingang des Klosterberges untergebracht ist *(April - September Mo - So 10 - 18 Uhr, Oktober - März. Mo - So 10 - 17 Uhr, während der Schulferien bis 17.30 Uhr, März 9.30 - 18 Uhr, Grande Rue, Telefon 0233601430, www.ot-montsaintmichel.com)*.

Auch das **Centre d'Information** an den Parkplätzen auf dem Festland ist eine gute Anlaufadresse. Hier kann man sich über den Klosterberg, die Bucht und das angrenzende Gebiet ausführlich informieren *(derzeit täglich 9 - 18 Uhr, www. bienvenueaumontsaintmichel.com, auch in deutscher Sprache)*.

Wer dem Mont-Saint-Michel wie einst die Pilger zu Fuß durch das Watt entgegengehen möchte, sollte das auf keinen Fall auf eigene Faust versuchen! Die Wanderung birgt wegen des enormen Tidenhubs in der Baie du Mont-Saint-Michel viele Gefahren und man sollte sich unbedingt einer geführten Wattwanderung anschließen!

Die Flut kommt mit bis zu 30 Kilometern pro Stunde angerauscht, Priele laufen innerhalb kürzester Zeit voll und schneiden Wanderern den Rückweg zum Ufer ab. Der Seenebel, der eben urplötzlich verschwand und den Blick auf den Berg freigab, kann genauso blitzartig wieder auftreten und zur Orientierungslosigkeit im Watt führen *(Wattwanderungen starten unter anderem direkt am Haupteingang des Mont in der Nähe der Stadtmauer und können beispielsweise unter www.gambettes-enbaie.fr eingesehen sowie gebucht werden).*

Gezeiten

Eines der faszinierendsten Naturschauspiele der Bretagne ist der Wechsel von Ebbe und Flut. Während unserer Reise durch die Bretagne haben wir immer wieder aufs Neue das Gefühl, dass wir innerhalb eines Tages zwei Landschaften an ein und derselben Stelle erleben können – einmal bei **Niedrig-** und einmal bei **Hochwasser** (*basse mer* und *pleine mer*). Die Gezeiten bestimmen die Küstenlandschaft und sorgen für immer neue Überraschungen sowie Perspektiven. So sind Inseln vom Meer umschlungen, doch bei Ebbe zu Fuß erreichbar oder Boote tanzen leise klingend und lustig auf dem Wasser, während sie beim Tiefstand des Meeres wie japsende Fische im braunen Matsch auf der Seite liegen.

Zu verdanken haben wir diesen immer wiederkehrenden Gezeitenrhythmus Sonne und Mond, deren Anziehungs- und Fliehkräfte auf das Wasser der Erde wirken. Etwa alle 12 Stunden und 25 Minuten steigt das Meer an (**Flut** *flot* oder *marée montante*) und wieder ab (**Ebbe** *jusant* oder *marée descendante*), wobei sich die Zeiten (**Tiden**) täglich um 50 Minuten verschieben. Je nach Stand der Gestirne, der Windverhältnisse oder der Wassertiefen und der Küstenlinie gibt es mehr oder weniger starke Gezeiten. Im Frühjahr und Herbst sind die einwirkenden Kräfte sehr ausgeprägt und es kommt bei Neu- und Vollmond zu einem besonders stark strömenden Hochwasser (**Springflut** *vives eaux*).

Die Gezeiten an der Bretagne-Küste fallen nicht überall gleich stark aus. Der zweithöchste **Tidenhub** (*marnage de la marée* oder *amplitude*) der Welt findet sich neben einer Bucht in Kanada am Mont-Saint-Michel, wo die Höhe des Wasserspiegels zwischen Ebbe und Flut um bis zu 15 Meter Höhe und in der Bucht von Saint-Malo immer noch bis zu 13,5 Meter schwankt. Je weiter wir nach Westen kommen werden, desto mehr nehmen die Höhenunterschiede ab. Dort, wo das Küstengewässer des Ärmelkanals in den des Atlantiks übergeht, beträgt er nur

noch die Hälfte und in der Südbretagne wird er noch geringer. Der Gezeitenwechsel ist teilweise 10 bis 15 Kilometer in den Mündungen und Buchten der Flüsse im Landesinneren spürbar, sodass die ein- und ausströmenden Wassermassen mithilfe von Gezeitenmühlen, wie der im Mündungstrichter der Rance (vergleiche Tour 3, Seite 65), zur Energiegewinnung genutzt werden.

Damit der Küstenurlaub aufgrund der Gezeiten – im günstigsten Fall ist der breite Sandstrand bei Flut nur noch so breit wie ein Handtuch – nicht zum Reinfall wird, halten wir einen **Gezeitenkalender** (*tables de marées*) für sehr praktisch. Er ist beispielsweise in den Tourist-Informationen erhältlich oder im Schaukasten der örtlichen Hafenmeisterei ausgehängt. Zusätzlich ist der Marine-Service SHOM (*www.maree.shom.fr*) in englischer und französischer Sprache nutzbar und für Apple- oder Android-Smartphones sind die kostenfreien Apps *marée.info, nautide* sowie *FR Tides* empfehlenswert.

Obwohl wir den Mont-Saint-Michel als einen der Höhepunkte dieser Reise betrachten und uns jedes Mal aufs Neue gar nicht genug an der aus dem morgendlichen Dunst ragenden oder vom milden Abendlicht beschienenen Silhouette des Klosterberges satt sehen können, läuft hier ein gigantischer Touristenrummel ab, der teilweise sogar mit dem Begriff „Abzocke“ umschrieben werden könnte.

Wer sich halbwegs ungestört durch den gleichnamigen Ort bewegen und die magische Aura des Berges spüren möchte, sollte sich am frühen Morgen oder am späten Abend auf den Weg durch die ansonsten mit Besuchern vollgestopften, engen Gassen begeben.

Im Rahmen des Renaturierungsprozesses sind die Anfahrten sowie die Parkplatzsituation klar geregelt. Nachfolgend stellen wir eine Auswahl der offiziellen Übernachtungsplätze vor und sind davon überzeugt, dass jeder seinen Lieblingsplatz in der Nähe, der auch als „Wunder des Abendlandes“ bezeichneten Abtei, findet.

Für den **Tagesbesuch** bietet sich das Parken auf dem Parkplatz P8 an, dessen Gebühr immer für 24 Stunden zu entrichten ist und für Wohnmobile während unserer Recherche bei 18,70 € in der Hochsaison sowie 12,90 € in der Nebensaison liegt.

Wenn man auf die Beförderung mit dem **kostenfreien Shuttle-Bus** zum Klosterberg verzichtet, dann bleibt nur der etwa eine Stunde dauernde Fußweg auf der Stelzenbrücke, die beschauliche, **kostenpflichtige Fahrt mit dem Pferdewagen** oder das Überqueren der Brücke mit dem **Fahrrad** *(Fahrräder sind Mai bis September 10 - 18 Uhr verboten, ansonsten gestattet. Weitere Infos im Centre d'Information, da im Jahr 2022 Überlegungen stattfanden, das Fahrradfahren auf der Brücke zu verändern)*.

Größere **Hunde** sind, wenn man den Besuch des Berges zu den Hauptbesuchszeiten seinem Vierbeiner überhaupt zumuten möchte, im Bus und auf dem Pferdewagen nicht gestattet und können, falls gewünscht, gegen eine Gebühr im Touristeninformationszentrum betreut werden. Kleinere Hunde werden hingegen befördert, vorausgesetzt sie passen in eine Tasche.

Nun aber genug der Vorrede und schnell wieder zur D175 beziehungsweise der D975, auf der wir **Pontorson** erreichen. Der Wechsel der Straßenbezeichnung weist darauf hin, dass wir uns nun in der Normandie befinden.

Für alle, die von hier diesen französischen Landstrich eventuell bereisen möchten, wollen wir nicht unerwähnt lassen, dass wir über die faszinierende und wunderschöne französische Region den **WOMO-Reiseführer Band 39 Normandie** verfasst haben und Sie auch gerne dorthin begleiten würden.

(011) Offizieller WOMO-Stellplatz: Pontorson – Carrefour

GPS: N 48°33'30.2" W 01°30'26.8", Route du Mont-Saint-Michel.
Max. WOMOs: 20 - 30.
Öffnungszeit: Ganzjährig.
Ausstattung: V/E an der Tankstelle, Müllbehälter.
Beschreibung: Der asphaltierte, schattenlose und einfache Parkplatz liegt hinter einem Supermarkt am Ortsrand und ist nachts erstaunlich ruhig. Über den schönen Radweg entlang des Couesnon kann man von hier aus bequem Richtung Klosterberg radeln.
Zufahrt: Die ausgewiesenen Stellplätze befinden sich hinter dem Supermarkt im hinteren rechten Parkplatzbereich.
Hinweis: Die Haltestelle vom kostenlosen, bis ca. 24 Uhr verkehrenden Shuttle-Bus zum Mont-Saint-Michel ist etwa 6 km entfernt. In diese Richtung gibt es eine Busverbindung (der letzter Bus vom Mont-St-Michel verkehrt gegen 18 Uhr).

(012) Offizieller WOMO-Stellplatz: Beauvoir – Aire de Beauvoir

GPS: N 48°35'39.5" W 01°30'45.0", Route du Mont-Saint-Michel.
Max. WOMOs: 150.
Öffnungszeit: Ganzjährig.
Ausstattung: V/E, Strom, WiFi, Tische und Bänke, Müllbehälter.
Beschreibung: Die Parzellen des schön angelegten, geschotterten, schattenlosen und klappstuhlgeeigneten Stellplatzes sind durch Hecken getrennt. Trotz Straßennähe ist der Platz am Ortsrand nachts ruhig und die im Ort befindliche Bäckerei und die Restaurants sind fußläufig zu erreichen. Über den schönen Radweg entlang des Couesnon kann man von hier aus bequem Richtung Klosterberg radeln.
Preise: €€€.
Zufahrt: Im Ort dem WOMO-Piktogramm folgen.
Hinweis: Die Haltestelle vom kostenlosen, bis ca. 24 Uhr verkehrenden Shuttle-Bus zum Mont-Saint-Michel ist etwa 2 km entfernt. In diese Richtung gibt es eine Busverbindung (der letzter Bus vom Mont-St-Michel verkehrt gegen 18 Uhr).

(013) WOMO-Campingplatz: Beauvoir – Camping Aux Pommiers****

GPS/ Kontakt: N 48°35'46.5" W 01°30'44.8", Route du Mont-Saint-Michel, Telefon 0233601136, www.camping-auxpommiers.com.
Öffnungszeit: April - September.
Ausstattung: Indoor-Pool, Bar, Shop, Brötchenservice, Waschmaschine, Wäschetrockner, Fahrradverleih, WiFi.
Beschreibung: Die parzellierten Wiesenplätze sind teilweise schattig und durch Hecken geteilt sowie relativ geräumig. Der Platz liegt im Ort mit Geschäften und Restaurants. Über den schönen Radweg entlang des Couesnon kann man von hier bequem Richtung Klosterberg radeln.
Preise: €€€.
Zufahrt: Im Ort dem Hinweis zum Campingplatz folgen.
Hinweis: Die Haltestelle vom kostenlosen, bis ca. 24 Uhr verkehrenden Shuttle-Bus zum Mont-Saint-Michel ist etwa 2 km entfernt. In diese Richtung gibt es eine Busverbindung (der letzter Bus vom Mont-St-Michel verkehrt gegen 18 Uhr).

(014) Offizieller WOMO-Stellplatz: Le Mont-Saint-Michel – Parkplatz P8

GPS: N 48°36'30.2" W 01°30'28.1"; D776. **Max.WOMOs:** 200.
Öffnungszeit: Ganzjährig.
Ausstattung: Entsorgung, durch Schranke gesichert, Müllbehälter.

Beschreibung: Der asphaltierte für WOMOs reservierte Abschnitt der Großparkplätze liegt außerorts, ist meist schattenlos und verfügt über eine Trennung mit Rasenstreifen. Der maximale Aufenthalt beträgt 48 Stunden. Etwa 400 m entfernt befinden sich eine Bäckerei, Geschäfte und Restaurants.
Preise: €€€/24 Stunden, die immer berechnet werden.
Zufahrt: Von der D275 den Hinweisen zum Parkplatz am Mont-Saint-Michel folgen.
Hinweis: Die Haltestelle vom kostenlosen, bis ca. 24 Uhr verkehrenden Shuttle-Bus zum Mont-Saint-Michel befindet sich in unmittelbarer Nähe.

(015) WOMO-Campingplatz: Le Mont Saint-Michel – Camping du Mont-Saint-Michel

GPS/Kontakt: N 48°36'49.6" W 01°30'36.4", Route du Mont-Saint-Michel, Telefon 0233602210, www.camping-montsaintmichel.com.
Öffnungszeit: Ende März/Anfang April - Ende September/Anfang Oktober.
Eine Reservierung ist dringend zu empfehlen!
Ausstattung: Waschmaschine, Wäschetrockner, WC für Menschen mit eingeschränkter Mobilität.
Beschreibung: Der einfache Campingplatz unter Bäumen ist definitiv die dem Klosterberg am nächsten gelegene Übernachtungsmöglichkeit und befindet sich in unmittelbarer Nähe von Restaurants und Geschäften. Die Wiesenparzellen sind durch Hecken unterteilt.
Preise: €€€.
Zufahrt: Nachdem die großen Parkplätze passiert sind von der D776 Richtung Busparkplatz Le Mont Saint Michel in einer Linkskurve rechts abfahren. Die Sicherheitsbarriere (N 48°36'37.2" W 01°30'35.5") passieren (siehe Hinweis unten) und ca. 500 m später rechts den Hinweisen zum Campingplatz folgen.

Hinweis: Die Einfahrt zum Campingplatz und zur Hotelzone ist nur mit einem obligatorischen, zusätzlich kostenpflichtigen Zugangscode zu befahren, der an der elektronischen Säule im Zufahrtsbereich zahlbar ist (April - September 9,80€/24 Stunden, Oktober - März 5,20€/24 Stunden (Stand 2022/23).Jede Ausfahrt ist kostenpflichtig!
Die Haltestelle vom kostenlosen, bis ca. 24 Uhr verkehrenden Shuttle-Bus zum Mont-Saint-Michel befindet sich in unmittelbarer Nähe.

(016) Offizieller WOMO-Stellplatz: Ardevon – La Bidonnière

GPS: N 48°36'12.9" W 01°28'36.8", Rue de la Rive. **Max. WOMOs:** 45.
Öffnungszeit: Ab Mitte März - Anfang Januar.

Ausstattung: V/E, Strom, manchmal mit Schranke gesichert, einfaches, aber sauberes Sanitärhaus, Tische und Bänke, WiFi, Brötchenservice, Müllbehälter.
Beschreibung: Der meist schattenlose, einfache Stellplatz liegt auf Schotter bzw. Wiese am Ortsrand mit Aussicht über die Wiesen bis zum Mont-Saint-Michel und ist klappstuhlgeeignet.
Preise: €€€.
Zufahrt: Im Ort dem WOMO-Piktogramm folgen.
Hinweis: Die Haltestelle des kostenlosen, bis ca. 24 Uhr verkehrenden Shuttle-Bus zum Mont-Saint-Michel ist etwa 3 km entfernt.

(017) Offizieller WOMO-Stellplatz: Huisnes-sur-Mer Restaurant/Crêperie l´Archange

GPS: N 48°37'06.5" W 01°27'37.4", Rue du Pont Landais.
Max. WOMOs: 4.
Öffnungszeit: Ganzjährig.
Beschreibung: Der einfache Parkplatz liegt außerhalb der Ortschaft an der Straße und über die Wiesen ist der Mont-Saint-Michel zu sehen. Die Gaststätte bietet gute Muschelgerichte an.
Preise: €/24 Stunden.
Zufahrt: Direkt an der D275 gelegen.
Hinweis: Die Anmeldung erfolgt in der Crêperie!

Mont-Saint-Michel

Im Jahr 708 soll der Erzengel Michael dem Bischof Aubert von Avranches dreimal erschienen sein und diesen beauftragt haben, auf dem aus dem Meer ragenden Granitkegel eine Kapelle zu errichten. Die Kirche wurde 709 geweiht und zwei Jahrhunderte später wurde anstelle der Kirche ein Benediktinerkloster gegründet. Im Laufe der folgenden Jahre wurde erweitert sowie angebaut, sodass der gesamte Berg tempelhaft aus den Fluten stieg.

Während des Hundertjährigen Krieges wurde das Kloster festungsartig verstärkt und trotz langjähriger Belagerung, gelang es den Engländern nicht, es zu erobern. Nach der Französischen Revolution wurde das Kloster aufgelöst und zum ausbruchsicheren Gefängnis umgestaltet, das 1863 wieder geschlossen wurde. Erst seit 1969 leben wieder Mönche auf dem Klosterberg, deren Anwesenheit dem Berg trotz des Touristenansturms seinen klerikalen Anspruch erhält.

Über die steil ansteigende Hauptstraße, die weiter oben in eine Treppenanlage übergeht, wird die Abtei erreicht. Zu beiden Seiten der Grande Rue reihen sich Souvenirläden sowie Restaurants aneinander und beim Geschiebe durch die enge Gasse sollte man sich bemühen, zumindest einmal den Blick hoch zu den Fassaden der aus dem 15. bis 16. Jahrhundert stammenden Häuser zu werfen.

Um die Grande Rue zu umgehen, kann man sich auch auf der äußeren Wehrmauer mit fantastischen Ausblicken hinauf zur Klosterpforte bewegen, oder man wählt den Weg über Treppchen und verschlungene Wege auf dem inneren Wehrgang nach oben. Unterwegs stößt man auf **vier private Museen**, kleine Gärten und die **Église Saint-Pierre**, in der Ausstattungsgegenstände der Abteikirche, wie zum Beispiel eine versilberte Statue des Erzengels Michael zum Inventar gehören.

Um das eigentliche **Kloster** zu betreten, muss die stufenreiche und beschwerliche Abteitreppe zur Klosterpforte erklommen werden. Hier beginnen die **Führungen** durch die Räumlichkeiten des Klosters, die jedoch auch auf eigene Faust erkundet werden können. Hierfür lohnt es sich, einen Audioguide in deutscher Sprache dabeizuhaben. Die Besichtigung führt durch ein Labyrinth von Gängen und Treppen der ursprünglich im romanischen Stil erbauten und nach dem Hundertjährigen Krieg im Flamboyant-Stil erneuerten Abtei, die sich dreistöckig an den Granitfelsen schmiegt. Die **Abteikirche** strahlt mit ihren Türmchen und Balustraden eine zum Himmel strebende Leichtigkeit aus, und der eine Rasenfläche mit Brunnen umrahmende Kreuzgang, scheint zwischen Himmel und Meer zu schweben. Daran schließen sich die gotischen Gebäude des Refektoriums, des Kapitelsaals und andere Säle sowie Räumlichkeiten an, die aufgrund ihrer architektonischen Besonderheit als *La Merveille* (das Wunder) bezeichnet werden. Auf der Kirchturmspitze glänzt über allem die goldene Statue des heiligen Michael und scheint symbolisieren zu wollen, dass der Besuch des Klosterberges einfach unumgänglich ist und sich lohnt *(Mai - August 9 - 19 Uhr, letzter Einlass 18 Uhr, September - April 9.30 - 18 Uhr, letzter Einlass 17 Uhr, Eintritt, Führungen möglich, Audioguide)*!

Ein ausgefallenes Erlebnis ist in den Sommermonaten der Besuch des Klosters nach Einbruch der Dunkelheit! Zu musikalischen Klängen und in besonderer Atmosphäre kann man beim **Parcours Nocturne** die beleuchteten Gemäuer der Abtei erkunden *(Juli/Aug. Mo - Sa 19.30 - 24 Uhr, letzter Einlass 23 Uhr, Eintritt. www.abbaye-mont-saint-michel.fr)*.

Von einer der zahlreichen Terrassen erleben wir auf sehr beeindruckende Weise das tägliche Wechselspiel von Ebbe und Flut. Der **größte Tidenhub Europas** sorgt für eine Differenz von bis zu 15 Metern und lässt das Wasser mit bis zu 30 Stundenkilometer Geschwindigkeit um den Klosterberg ansteigen. Der Durchschnitt liegt jedoch bei rund vier Kilometer pro Stunde, was jedoch immer noch dem Tempo eines gehenden Menschen entspricht und, wie bereits erwähnt, beim Betreten des Watts nicht zu unterschätzen ist!

Es fällt uns schwer, in diesem touristisch geprägten, von gastronomischen Angeboten nur so wimmelnden Umfeld eine Restaurantempfehlung abzugeben. Wir wollen nur berichten, dass wir das angeblich beste, aber wohl auch teuerste Omelette der Welt im **Restaurant La Mère Poulard** in unmittelbarer Nähe des einzigen Eingangstores zum Saint-Mont-Michel gegessen haben. Sieht man mal vom wirklich leckeren Omelette in süßer oder salziger Form ab, so ist die Küche als durchschnittlich zu bewerten. Für rund 40 € sollte man sich ein zugegebenermaßen riesiges und luftiges Wunderwerk besonders lange auf der Zunge zergehen lassen. Die Omeletts werden seit 1888 nach gleichem Rezept von livrierten Köchen gekonnt (und ausgesprochen fotogen) in Kupferkesseln geschlagen und auf offenem Feuer zubereitet … aber ganz unter uns: Den Blick in die offene Küche kann man auch von der Straße aus riskieren!!

Der Besuch des Mont-Saint-Michel ist trotz seiner großen internationalen Anziehungskraft immer wieder ein Erlebnis – sowohl aus der Entfernung wie aus der Nähe als auch vor und hinter seinen dicken Mauern. Das Wunder des Abendlandes schafft es somit ohne Mühe direkt in unsere persönlichen **Top Ten**.

Tour 2 — 95 km

Beauvoir – Combourg – Dole-de-Bretagne Le-Vivier-sur-Mer – Cancale

Stellplätze: Sains, Pleine-Fougères, Combourg, Dol-de-Bretagne, Mont Dol, Le Vivier-sur-Mer, Hirel, Cancale.

Campingplätze: Combourg Le Vieux Châtel, Cancale Municipal de la Pointe du Grouin.

Besichtigen: Beauvoir Alligator Bay; Combourg Château; Dol-de-Bretagne Menhir du Champ Dolent, Cathédrale Saint-Samson, Le Cathédraloscope; Mont Dol Windmühle, Le Vivier-sur Mer Maison de la Baie du Mont Saint Michel; Cancale Musée Arts et Traditions Populaires, La Ferme Marine.

Wandern: Mont Dole, Cancale.

Radfahren: Cancale.

Baden: Diverse Strände entlang der Küste.

Essen: Combourg Restaurant Les Terrasses; Dole-de-Bretagne Restaurant La Grabotais; Cancale Restaurant Le Phare, Breizh Café.

Märkte: Combourg Mo, Dol-de-Bretagne Sa, Le Vivier-sur-Mer Di, Cancale So.

Auf dem Rückweg vom Mont-Saint-Michel nach Pontorson ist in **Beauvoir** die **Alligator Bay** für alle Reptilienliebhaber einen Stopp wert. Im Reich der Schildkröten, Eidechsen und natürlich der Krokodile aalen sich die Kriechtiere in der Sonne und lassen sich sogar streicheln. Die Klimabedingungen der jeweiligen Lebensbereiche im afrikanischen Dschungel oder der Wälder Floridas sind im Innenbereich frappierend genau nachempfunden, sodass man meint, tatsächlich dort zu sein *(April - September 10 - 19 Uhr, Oktober/November/Februar/ März 14 - 18 Uhr, Dezember/Januar Sa/So 14 - 18 Uhr, Eintritt. www.alligator-bay.com)*.

Wir verlassen die normannischen Gefilde in südwestlicher Richtung und überschreiten wenig später die unsichtbare Département-Grenze ins Ille-et-Vilaine, um im bretonischen **Sains** zu landen.

Dieses, für die Bretagne so typische Örtchen, bietet nicht wirklich viel, aber der liebevoll gepflegte Stellplatz hat uns öfter als Ausgangspunkt für gemütliche **Fahrradausflüge bis zum Mont-Saint-Michel** oder nach Dol-de-Bretagne gedient.

(018) Offizieller WOMO-Stellplatz: Sains – Aire de Camping Car

GPS: N48°33'11.5"W01°35'09.0", Voie Communale 45.
Max. WOMOs: 8.
Öffnungszeit: Ganzjährig.
Ausstattung: V/E, Strom, Infotafel, Tische und Bänke, Baguette-Automat, Müllbehälter.
Beschreibung: Der geschotterte, teils schattige Platz ist klappstuhlgeeignet und befindet sich im Ort nahe der Straße. Dennoch ist es nachts ruhig.
Preise: €.
Zufahrt: Im Ort dem WOMO-Piktogramm folgen.

Auf dem Weg nach Combourg verzeichnen wir zunächst in **Pleine-Fougères** einen **offiziellen WOMO-Stellplatz** der Betreibergesellschaft AirePark [**019:** N 48°31'48.5" W 01°33'57.8", ganzjährig geöffnet, V/E, Strom, Rue Surcouf] und erreichen später die kleine, durch sein Schloss bekannt gewordene Stadt auf der D796.

(020) WOMO-Campingplatz: Combourg – Le Vieux Châtel**

GPS/Kontakt: N 48°24'16.6" W 01°44'40.3", Avenue de Waldmünchen, Telefon 0299730703, www.camping-combourg.com.
Öffnungszeit: April - Mitte Oktober.
Ausstattung: Cafeteria, Minilädchen, Waschmaschine, Boule- und Spielplatz, WiFi.

Beschreibung: Der einfache, teils schattige, etwas in die Jahre gekommene, städtische Platz befindet sich etwa 1 km vom Ortszentrum entfernt und bietet sich als Ausgangspunkt für Rad- und Wandertouren an.
Preise: €€.
Zufahrt: Im Ort den Hinweisen zum Campingplatz folgen.

Der kleine kommunale Campingplatz liegt am Lac Tranquille, dessen Ufer von hier nicht erreichbar ist. Ein Spaziergang in den Ort führt jedoch am ruhigen See vorbei, in dem sich die Türme und Dächer des mächtigen Schlosses so schön spiegeln. Ein Parkplatz ohne jeglichen Komfort, befindet sich an der Place du Linon nahe der Kirche [**021:** N 48°24'36.3" W 01°44'50.3", Rue Théodore Botrel. V/E am nördlichen Ortsrand beim Intermarché].

Combourg

Im **Château de Combourg** verbrachte **François-René de Châteaubriand** (1768 - 1848) einige Jahre seiner Kindheit. Wir müssen gestehen, dass uns bei diesem Namen zunächst ein saftig gebratenes Rinderfilet in den Sinn kommt und wir abschließend nicht sagen können, ob der französische Politiker und romantische Dichter für den Namen des gleichnamigen Fleischstückes verantwortlich ist.

Um die Kathedrale von Dol und die Unabhängigkeit der Bretagne zu verteidigen, wurde im 12. Jahrhundert mit dem Bau der Festung begonnen, die im 15. Jahrhundert weiter ausgebaut wurde. Seit Châteaubriand das Anwesen bewohnte, gilt das Schloss als Wiege der Romantik, es wurde 1876 vollständig restauriert und wird noch heute von den Nachkommen des Schriftstellers bewohnt. Einige Salons sowie der 25 Hektar große Park können besichtigt werden und machen mit dem Leben des Dichters und Staatsmannes vertraut *(April - Juni/September/Oktober So Nachmittag – Sa 10 - 12.30/14 - 18 Uhr, Juli/August 10 - 12.30/14 - 18 Uhr, Führungen obligatorisch, Eintritt. Der Park ist frei zugänglich, Hunde an der Leine gestattet. www.chateau-combourg.com)*.

Zwischen dem Schloss und der Kirche reihen sich einige schiefergedeckte Häuser aneinander, von denen das **Maison de la Laterne** aus dem 16. Jahrhundert an seinem rückwärtigen spitzen Turm zu erkennen ist. In früheren Zeiten wurden während der in Combourg stattfindenden Messen und im Lichtschein der am Haus hängenden Laternen beziehungsweise Fackeln Besucher von Wachposten inspiziert.

Auf dem Rückweg zum Campingplatz lassen wir uns im **Restaurant** *Château de Combourg*

Les Terrasses nahe der Brücke über den Linon nieder, in dem zwar kein saftiges Châteaubriand, aber andere feine Dinge auf der Karte stehen *(Mittags- und Abendmenüs Mo - So, Mo nur abends, So nur mittags, Fr geschlossen, 2 Place Chateaubriand, Telefon 0299730565, www.hotel-combourg.com)*.

Durch die dem Meer abgetrotzte Polderlandschaft finden wir unseren Weg nach Dol-de-Bretagne. Dort, wo sich die Bucht des Mont-Saint-Michel viel weiter als heute ins Land erstreckte, die Ufer nach und nach versumpften, der Mensch Deiche anlegte und die meist unter dem Meeresspiegel entstehenden Landgebiete entwässerte, um fruchtbares Ackerland zu gewinnen, dort siedelten bereits in viel früheren Zeiten Menschen.

Menhire, Dolmen und Steinkreise

Etwa um 5.000 vor Christus und somit schlappe 2.500 Jahre vor dem Bau der ägyptischen Pyramiden, wurden Menschen in der Bretagne sesshaft, stapelten Steine auf und errichteten für die damalige Zeit riesige Grabgänge. Überall in Europa finden sich Zeichen dieser **Megalithkultur** (griechisch: mega = groß, lithos = Stein), doch in der Bretagne konzentrieren sie sich. Tausende der steinernen Zeitzeugen verteilen sich über das Gebiet und immer wieder stehen wir fragend vor ihnen. Wo kommen sie her? Wer stellte sie auf und für welchen Zweck taten sie es?

Mangels schriftlicher Unterlagen bleibt der Grund, warum die Menschen in der Jungsteinzeit plötzlich auf die Idee kamen, gigantische Bauwerke aus Stein zu errichten, bis heute im Dunklen der Geschichte verborgen. Gesichert ist hingegen, dass die technisch weit fortgeschrittenen Jungsteinzeitler die Steine zum Bau ihrer Grabstätten nutzten. Eines der frühesten und gigantischsten dieser Bauwerke ist der **Cairn** (gälisch: Steinmal) von Barnenez. Das große Grabmal ist vermutlich das älteste in Europa und wurde für Gemeinschaftsbegräbnisse genutzt.

Bei den **Dolmen** (bretonisch: *taol* oder *dol* = Tisch, *men* = Stein) handelt es sich wie bei dem *Table des Marchands* bei Locmariaquer um Einzelgräber, bei denen in der Regel eine steinerne Deckplatte von senkrecht stehenden Steinen getragen wird und somit ein „Steintisch" entsteht. Mehrere Dolmen hintereinander werden als **Allée couverte** (bedeckte Allee) bezeichnet, von denen wir beispielsweise das Langgrab *Mougau-Bihan* bei Commana besuchen werden.

Allée couverte La Roche-aux-Fées

Die Dolmen sind von einer Seite begehbar und es wird vermutet, dass sie unter künstlich angelegten Erd- oder Steinhügeln lagen. Bisher wurden über 1.000 Dolmen in der Bretagne gefunden und die Dichte der Gräber lässt vermuten, dass vermutlich 100.000 Menschen während der Jungsteinzeit in diesem Gebiet lebten. Es kann davon ausgegangen werden, dass die Menschen an den Rändern eines Erdhaufens Löcher ausgehoben haben, um dort die seitlichen Steinplatten einzupassen. Über eine aufgeschüttete Erdrampe wurde dann der Deckstein mithilfe von Baumstämmen auf die Seitensteine gerollt. Danach entfernte man die Erdschicht und im Inneren entstand ein Grabraum. Die irdene Rampe blieb bestehen, wurde über die Deckplatte erweitert und fertig war die letzte Ruhestätte eines Herrschers oder Fürsten.

Mit Rollen, Gleitflächen und Hebeln aus Holz wurden auch die über 6.000 erhaltenen **Menhire** (bretonisch: *men* = Stein, *hir* = lang) errichtet, die aufrecht, meist einzeln im Gelände stehen. Die gewaltigen Hinkelsteine, die Obelix im Comic behaut und während der erst sehr viel später einsetzenden Römerzeit locker-flockig durch die Gegend schleppt, können schon mal wie der *Men er Hroec'h* von Locmariaquer 350 Tonnen auf die Waage bringen. Mittlerweile hat es den 20 Meter hohen Koloss allerdings zu Boden geworfen und zerbrochen, was seinem Gigantentum als größter Menhir der Welt jedoch nicht abträglich ist. Zu den bekanntesten Bauten der Megalithkultur gehören die **Alignements** von Carnac, lange Menhir-Reihen, die im 3. Jahrtausend vor Christus parallel ausgerichtet wurden und in einer oval-runden Form, dem **Cromlech** (bretonisch: Steinkreis) enden.

Im Gegensatz zu den Dolmen, die eindeutig der Begräbniskultur zuzuordnen sind, ist das Wissen um die Menhire und Steinreihen bis heute nicht eindeutig geklärt. Klar erscheint, dass die verwendeten Steine aus Granit- und Sandsteinbrüchen nahe dem Aufstellungsort stammten und mit Holzkeilen sowie mittels großer Temperaturunterschiede zwischen Wasser und Feuer aus dem Gestein gesprengt wurden. Die Ausrichtung nach den Gestirnen, wie zum Beispiel auch im englischen Stonehenge, könnte darauf schließen lassen, dass wir es mit einem großen Kalender zu tun haben. Da jedoch nur etwa ein Drittel der Steine an ihrem ursprünglichen Ort steht, ist der Beweis hierfür schwierig. In früheren Zeiten haben die Menschen etliche Legenden um die Steine gesponnen, die sich zum Teil bis heute hielten und für Gerüchte über Riesen, Hexen, Zauberer und den Teufel sorgten. So können zwei dicht nebeneinanderstehende Menhire schnell mal zu einem Liebespaar werden, die die Hochzeitsnacht nicht abwarten konnten und nun der gemeinsamen Zukunft nur noch versteinert entgegensehen können. Manch einer glaubt an schlichte Grenzmarkierungen oder Landschaftsverschönerungen und heidnische Rituale stehen bei Erklärungsversuchen besonders hoch im Kurs. So schrieb die Bevölkerung den Steinen heilende, vor allem fruchtbar machende Kräfte zu und zu einer richtigen bretonischen Hochzeit gehört es bisweilen heute noch, dass das Brautpaar um einen Menhir tanzt.

Bei Erreichen des 3. Jahrtausends vor Christus wurden die Gemeinschaftsbegräbnisse seltener, die Megalithkultur scheint aus einem großen Verband in kleinere Reiche zu zerfallen. Etwa 1.500 vor Christus ist die Zeit der Megalithen genauso schnell vorbei, wie sie einst begonnen hatte. Menhire wurden abgerissen oder entfernt, um in Häusern, Mauern oder Kirchen verbaut zu werden. Obwohl sich dieses Schicksal über die Jahrtausende fortsetzte, hielt die Bevölkerung im Umkreis der Steine heidnische Rituale ab. Dies war der katholischen Kirche ein Dorn im Auge und so wandelte sie viele der Menhire zu christlichen Heiligtümern um. Sie integrierten sie in Kapellen oder setzten ihnen, wie dem Menhir von Saint-Uzec bei Pleumeur-Bodou, aus Stein gemeißelte Kreuze auf.

Nachdem wir südlich vor Dol dem Hinweis **Menhir du Champ Dolent** gefolgt sind, taucht inmitten der im April gelb blühenden Rapsfelder neben einem Picknickplatz der einem Phallus ähnelnde Stein auf (N 48°32'06.2" W 01°44'20.3", kleine Parkbucht am Straßenrand).

Auf einer Infotafel wird das Aufstellen des Menhirs anschaulich erläutert und wir erfahren, dass er mit 9,30 Meter Höhe, 8,70 Meter Umfang sowie einem Gewicht von 120 Tonnen zu den größten der Bretagne gehört und aus einem vier Kilometer entfernten Granitsteinbruch stammt. Eine bretonische Legende besagt hingegen, dass hier einst ein blutiger Bruderkampf tobte, der nur durch den vom Himmel herabsausenden Steingiganten beendet werden konnte.

Während wir noch überlegen, ob wir an die schnöden Fakten oder doch lieber an die alte Erzählung glauben wollen, rollen wir auch schon in **Dol-de-Bretagne** ein.

(022) Offizieller WOMO-Stellplatz: Dol-de-Bretagne – Aire de Camping-Cars

GPS: N 48°32'49.1" W 01°45'30.8", Rue des Tendières.
Max. WOMOs: 20.
Öffnungszeit: Ganzjährig.
Ausstattung: V/E, Strom.
Beschreibung: Der schattenlose, großzügige Stellplatz liegt im Ort vor dem Campingplatz. Das Ortszentrum befindet mit Geschäften, Restaurants und Bäckerei ist etwa 500 Meter entfernt.
Preise: €€. **Zufahrt:** Im Ort den WOMO-Piktogrammen folgen.

Dol-de-Bretagne

Die für die **Cathédrale Saint-Samson** bekannte ehemalige Bischofsstadt Dol verdankt ihr Bestehen dem Mönch Samson, der zu Beginn des 6. Jahrhunderts aus Britannien kommend in der Nähe an Land ging. Das von ihm gegründete Kloster entwickelte sich zu einem bedeutenden geistlichen Zentrum und der erste bretonische Herzog Nominoë wurde im Jahr 848 hier gekrönt. Die Kathedrale in ihrer heutigen Form wurde an der Stelle der ehemaligen romanischen Kirche im 13. bis 15. Jahrhundert erbaut und ist ein gutes Beispiel gotischer Architektur mit normannischem Einfluss. Sie gehört zu einem der schönsten Gotteshäuser der Bretagne und besticht im Inneren mit einem gotischen Gewölbe, welches das fast 100 Meter lange sowie 21 Meter hohe Kirchenschiff

Grande Rue des Stuarts

überspannt. Das Chorgestühl aus dem 14. Jahrhundert verdient Beachtung und eines der ältesten bretonischen Buntglasfenster aus dem 13. Jahrhundert erzählt die Geschichte von Heiligen. Erwähnenswert ist auch das Grabmal von Bischof Thomas James, das von florentinischen Bildhauern gestaltet wurde und zu den ältesten Renaissance-Grabmälern der Bretagne gehört. Im Innen- und Außenbereich wird ein Brunnen von einer gemeinsamen Quelle gespeist und durch einen unterirdischen Gang verbunden. Nach der französischen Revolution endete die große, eigenständige Kirchengeschichte der Bischofsstadt und Dol gehört seitdem zu den Bistümern Rennes und Saint-Brieuc.

Nur einen Steinwurf von der Kathedrale entfernt liegt **Le Cathédraloscope**, in dem die Geschichte der Kathedrale spannend und professionell dargestellt wird. Die Ausstellung wird von Licht- und Toneffekten untermalt und würdigt die am Bau beteiligten Zünfte, erklärt den Symbolgehalt der Kirchenfenster und dokumentiert die wesentlichen technischen Fortschritte während der Bauzeit *(ab April 10 - 13/14 - 18 Uhr, Juli/August 10 - 18.30 Uhr, Eintritt, Audio-Guide in deutscher Sprache erhältlich, www.cathedraloscope.com)*.

Vor oder nach einem Spaziergang auf der **Promenade Jules Revert** entlang der Stadtmauer verschlägt es uns auf die Hauptstraße **Grande Rue des Stuarts**. Die Lebensader der Stadt hat sich zusammen mit der Rue Le-Jamptel und der Rue Ceinte trotz des unvermeidbaren Autoverkehrs einen mittelalterlichen Charakter erhalten. Die ältesten Fachwerk- und Steinhäuser wie beispielsweise das Haus Nummer 17 in der Grande Rue stammen aus dem 12. Jahrhundert und in der Rue Ceinte lässt es sich im 500 Jahre alten Gebäude des **Restaurant La Grabotais** mit regionalen Produkten vom Holzfeuer vorzüglich und preislich angemessen speisen *(Di - Sa 12 - 14/19 - 21 Uhr, So 12 - 14 Uhr, 4 Rue de Ceinte, Telefon 0299481989, www.restaurant-la-grabotais.fr)*.

Die Hauptstraße, das Herzstück der Stadt, ist nach den schottischen Stuarts benannt, die über Jahrhunderte England, aber auch Frankreich regierten. Wer der französischen oder englischen Sprache mächtig ist, kann auf einem mit Informationstafeln versehenen Rundweg die Stadt erkunden und weitere Informationen im **Office de Tourisme** erhalten *(Juli/August täglich 9.30 - 13/14 - 18 Uhr, September - Juni Mo - Sa 9.30 - 13/14 - 17.30 Uhr, 5 Place de la Cathédrale, www.saint-malo-tourisme.com)*.

Promenade des Remparts de Jules Revert

Auf der **Route de la Baie** soll es nun zügig ans Meer gehen, doch inmitten der Polderlandschaft bremst ein bewaldeter Granitfelsen unsere Fahrt aus und wir biegen zum einsam im flachen Ackerland stehenden und 65 Meter hohen **Mont Dol** ab.

(023) Offizieller WOMO-Stellplatz: Mont Dol

GPS: N 48°34'09.7" W 01°45'52.3", Rue de l'Église Saint-Pierre.
Max. WOMOs: 3 - 5.
Öffnungszeit: Ganzjährig.
Ausstattung: Infotafel, Tische und Bänke, Müllbehälter.
Beschreibung: Der einfache, geschotterte, teils schattige Parkplatz liegt am Ortsrand und bietet sich als Ausgangspunkt für Rad- und Wandertouren an. Der Ort mit einigen kleineren Geschäften und einem Restaurant ist etwa 300 m entfernt.
Zufahrt: Von der D155 auf die D123 in den Ort abbiegen und der Durchgangsstraße rechts ca. 500 m bis zum Parkplatz folgen. Dabei nicht von einem WOMO-Verbotsschild irritieren lassen – es gilt nur für die Fahrt auf den Berg!

Circuit du Tertre

Leichte Wanderung von etwa 4 Kilometern mit teils heftigen An- und Abstiegen und einer grandiosen Aussicht. Durchgängig mit Hinweisschildern beziehungsweise weiß-roten oder gelben Balken markiert.

Wir erreichen den Ausgangspunkt unserer Wanderung, indem wir vom oben genannten Parkplatz in den Ort gehen und an der nächsten Möglichkeit links schwenken, um nach etwa 200 Meter einen weiteren Parkplatz an der Place du Marché zu erreichen. Über eine Treppe gehen wir empor zum alten Pfarrhaus und zur Place de l'Église. Im Inneren der Kirche schauen wir die gotischen Fresken an, bevor wir uns entscheiden müssen, ob wir auf dem asphaltierten Sträßchen den Berg erobern wollen oder dem weiß-rot markierten GR-Weg ein Stück der Durchgangsstraße links bis zur Mairie und dort rechts über den kleinen Parkplatz bergauf folgen. Dieser Fußweg ist ein klein wenig länger und steiler, gefällt uns aber besser.

Auf dem „Gipfel" angelangt, sehen wir einen kleinen Teich, ein **Kreuz**, die **Kapelle Notre-Dame de l'Espérance** sowie zwei **Windmühlen**. Die erste Mühle ist als einzige ihrer Art in der Bucht von Saint Michel noch funktionstüchtig und kann besichtigt werden *(Mai/Juni Sa/So 14 - 18 Uhr, Juli/August täglich 10 - 12/14 - 18 Uhr, freier Eintritt)*, während in der zweiten eine **Crêperie** zu finden ist *(Oktober/November/Februar/März Sa 12 - 21 Uhr, So 12 - 18 Uhr, April - September Mi - So 12 - 21 Uhr, geschlossen in den Schul- bzw. Sommerferien und gegebenenfalls einige Tage im Juni)*.

Um den **Mont Dol**, der bereits den Kelten als Kultstätte diente, ranken sich viele Legenden, in denen meist der Teufel eine tragende Rolle spielte. So soll er hier oben gegen den Erzengel Michael gekämpft haben, der ihn aber kurzerhand den Berg hinunterwarf – vom verzweifelten Festhalten sollen an den Steinen hinter der kleinen Kapelle tiefe Furchen und Kratzspuren zu sehen sein... Viel interessanter ist die **Panoramaaussicht** über das dem Meer abgerungene Land und das Wasser bis zum am nordöstlichen Horizont liegenden Mont-Saint-Michel. Vielleicht haben Sie Lust, und genießen bei einem Picknick in luftiger Höhe die atemberaubenden Aussicht!?

Unser Weg führt geradeaus am Teich und an den Mühlen vorbei und mit gelb/weiß-roter Markierung in Richtung Cancale. Steil abfallend und teils über Stufen gelangen wir wieder ins Tal. Im Ort halten wir uns kurz links und folgen an einer Steinmauer dem Holzschild *Circuit de Tertre* auf einem asphaltierten Weg durch Wiesen und Felder. Nach etwa 750 Meter und hinter einer Rechtskurve knicken wir links und wenig später rechts ab, um die D155 zu erreichen.

Wir überqueren die D155 (linker Hand ist ein schönes reetgedecktes Anwesen zu erkennen) und folgen hinter einem Flüsschen dem bekannten gelben Rundweg-Hinweis links. Auf einem Schotterweg zwischen Wiesen und dem kleinen, träge dahinfließenden Guyoult wandern wir etwa 1,5 Kilometer parallel zur D155. An der ersten Brücke über das Flüsschen gehen wir links, queren die Landstraße, gehen nochmals

links und schwenken nach wenigen Metern rechts zurück in den Ort. An der T-Kreuzung wenden wir uns rechts und haben schon bald den Ausgangspunkt unserer Wanderung erreicht.

Durch das **Marais de Dol**, das einstige vom Meer überflutete und mittlerweile trockengelegte sowie fruchtbare Sumpfgebiet, rollen wir nun dem Meer entgegen. In **Le Vivier-sur-Mer** haben wir es erreicht und wie fast überall am Wasser, und besonders in der Hauptsaison, sind die Park- und Übernachtungsmöglichkeiten für Wohnmobile hier meist reglementiert.

(024) Offizieller WOMO-Stellplatz: Le Vivier-sur-Mer Camping-Car Park

GPS: N 48°36'09.9" W 01°46'21.1", Rue de l'Abri des Flots.
Max. WOMOs: 49.
Öffnungszeit: Ganzjährig.
Ausstattung: V/E, Strom, WiFi.
Beschreibung: Der im Ort gelegene, teils schattige Stellplatz ist durch eine Schranke gesichert. In der Nähe befinden sich Restaurants und Geschäfte.
Preise: Je nach Saison €€ - €€€.
Zufahrt: Im Ort den WOMO-Piktogrammen folgen.

Ganz in der Nähe des Stellplatzes befindet sich der kleine Hafen und die **Maison de la Baie du Mont-Saint-Michel**, in welcher eine Dauerausstellung Interessantes über die Muschel- und Austernzucht preisgibt. Es werden geführte Wanderungen zu Salzwiesen und Sandbänken sowie in die Wattflächen

Blick vom Mont Dol über das Marais

angeboten oder man entdeckt die Landschaft von einem Traktor gezogenen Anhänger aus und besucht dabei eine Fischfarm beziehungsweise die Muschel- und Austernbänke *(Mo - Sa 9 - 13/14.30 - 18 Uhr, So 30 Minuten vor Beginn der Ausflüge, Eintritt. www.maison-baie.com)*.

Pêche à Pied – Fußfischen oder Gezeiten-Fischerei

Nicht nur hier, sondern überall an der Küste sehen wir Einheimische und Sommerfrischler jeden Alters barfuß oder in Gummistiefeln, ausgerüstet mit Fangnetz, Schaufel, Harke, Eimer oder Korb und mit gesenktem Kopf suchend durch das Watt gehen.

Was ursprünglich als beliebte Fischerei-Variante der Bretonen begann, hat sich mittlerweile besonders bei Extrem-Gezeiten im Frühjahr oder Herbst zur Sammelleidenschaft entwickelt. Hunderte von Muschelsuchern schwärmen dann in die vom Meer freigelegten Wattflächen aus und gefährden durch planloses Abräumen des Meeresbodens Flora sowie Fauna in erheblichem Umfang.

Nichtsdestotrotz sollte man sich unter den richtigen Vorzeichen und unter Beachtung einiger wichtiger Kleinigkeiten dieses feucht-fröhliche Vergnügen nicht entgehen lassen! Die örtlichen Tourist-Infos und Gemeindeverwaltungen vermitteln geführte Touren, beraten über die Muschelqualität des Sammelgebietes und informieren über aktuelle Fangverbote oder andere Vorgaben.

Nachdem sich der Fußfischer vor Ort über die Gezeiten orientiert hat, kann er etwa 30 bis 45 Minuten nach dem Niedrigwasser natürlich auch auf eigene Faust losmarschieren. Dies sollte in einer unbekannten Region jedoch aufgrund eventueller Untiefen und der unter Umständen schnell hereinbrechenden Flut nie allein geschehen. Am besten teilt man zuvor einer anderen Person die ungefähre Zeit seiner Rückkehr mit und speichert für alle Fälle die Notrufnummer in seinem Mobiltelefon.

Unterwegs ist darauf zu achten, dass der Sammel- und Jagdtrieb nicht übermächtig wird und man nicht alles mitnimmt, was im Sand so kreucht und fleucht. Auch sollten verschobene oder aufgehobene Steine wieder an ihre ursprüngliche Position zurückgelegt werden. So wird das Absterben unter dem Stein lebender winziger Meeresbewohner verhindert, die wiederum zur Ernährung größerer gehören und durch ihr Fehlen die Nahrungskette unterbrechen würden. Schließlich wollen wir doch nicht zur Verschlimmerung der eh schon zunehmenden Fischarmut beitragen!

Fußfischer am Étel

Dass wir keine Plastikabfälle oder sonstigen Müll im Watt zurücklassen und uns nicht an den Austern- oder Muschelbänken der professionellen Züchter vergreifen, versteht sich ohnehin von selbst!

Wer sich also maßvoll und mit Überlegung am reich gedeckten Meerestisch bedienen möchte, kann sich seine eigene Meeresfrüchteplatte mit Muscheln, Strandschnecken, Pilger- und Venusmuscheln sowie Garnelen und kleinen Taschenkrebsen zusammenstellen. Dabei sollte daran gedacht werden, dass durch Abkochen das Risiko mikrobiologischer Verunreinigungen minimiert wird und dass rohe Schalentiere zeitnah verzehrt werden sollen.

Wer nun gar keine Meeresfrüchte essen mag, der kann sich trotzdem auf die Suche nach ihnen begeben und das rege Leben auf dem Meeresboden betrachten. Überall sind unterschiedlich aussehende Löcher im Sandboden zu finden, die den Muscheln zur Luftzufuhr dienen oder kleine Ringelhäufchen weisen auf Sandwürmer hin, die Nährstoffe aus dem Schlick filtern und die Reste turmartig auf dem Boden zurücklassen.

Insgesamt ein faszinierendes Erlebnis an der frischen Luft, das unbedingt einmal ausprobiert werden sollte!

Mit dem Meer zur Rechten erreichen wir wenig später **Hirel** und notieren hinter dem Ort den nächsten **offiziellen WOMO-Stellplatz** der Betreibergesellschaft Camping-Car Park [**025:** N 48°36'28.7" W 01°49'13.0", Rue du Bord de Mer, V/E, Strom, ganzjährig geöffnet, Preise €€ - €€€].

Auf dem Weg nach Cancale schlagen wir einen Rechtsbogen und können als westlichsten Zipfel der Bucht von Saint Michel bereits die Pointe du Grouin ausmachen. Unterwegs fallen etliche **Parcs à Huîtres** (Austernparks) mit **öffentlichen Verkaufsständen** (*Vente au public/Dégustation*) auf. Die erstandenen Erzeugnisse können beispielsweise auf einem der zahlreichen Park- und Picknickplätze mit Meeresblick oder einem weiteren offiziellen WOMO-Stellplatz sofort verzehrt werden.

Austern – Königin der Muscheln

Bereits zur Römerzeit galten Austern von der Atlantikküste als Delikatesse und bis heute hält sich das unbestätigte Gerücht, dass der weiche Inhalt unter der harten Muschelschale aphrodisierende Wirkung haben soll.

Huitres creuses in Cancale

Bestätigt sind lediglich die fettarmen sowie vitamin- und mineralreichen Eigenschaften der Muschelkönigin, die in unseren Breitengraden ein Hauch von Luxus umschmeichelt. In der Bretagne ist das definitiv anders: Je nach Größe, sie wird in fünf Kategorien von 0 - 5 eingeteilt, kostet das Dutzend Austern zwischen 4 und 9 Euro. Das größte Kaliber kann im Extremfall schon mal 150 Gramm wiegen und einem Durchschnitts-Steak entsprechen! Unserem Gefühl nach, nimmt der Salzgeschmack mit der Größe ab und wer sich auf dem Markt für ein Dutzend entscheidet, bekommt meist eine dreizehnte geschenkt (*Treize à la douzaine*).

Auch wenn wir Austern in der gesamten Bretagne sowie der Normandie finden und sie hier, wie dort für den Austernliebhaber einen Genuss darstellen, stehen insbesondere die Anbaugründe von Cancale für eine ausgewählte Exklusivität. Schon die französischen Könige schickten zweimal pro Woche ihre Boten in die kleine Hafenstadt, um sich die begehrten Schalentiere an den Pariser Hof liefern zu lassen. Der starke Gezeitenunterschied, immerhin beträgt der Tidenhub hier noch 14 Meter, die damit verbundene starke Bewegung des Wassers und dessen Strömung spülen Sand und Schlick von den Austern und sorgen für die Erneuerung des Planktons. So sind ideale Bedingungen für die Zucht der fleischigen Muschel vorhanden und der spezifische Geschmack der Austern von Cancale entsteht.

Austern werden nach ihrer Art unterschieden: Es gibt **Huître Plate** (flache Auster), die auf dem Meeresgrund gesät und mit Schleppnetzen abgefischt werden und **Huître Creuse** (hohle Auster). Mitte des 19. Jahrhunderts waren die natürlichen Vorkommen der flachen Austern vor Cancale fast völlig erschöpft, sodass sie ab 1850 durch die hohlen Austern abgelöst wurden. Diese werden in ihrer „Jugendzeit“ in Taschen auf Drahtzäune, den sogenannten Austernbänken, gesetzt, befestigt und von den Austernzüchtern bei Ebbe gewendet und nach frühestens drei Jahren geerntet. Zwischendurch werden sie öfters aus dem Wasser genommen, um ihre Schließmuskel zu trainieren, damit sie sich nicht mehr im natürlichen Ebbe-Flut-Rhythmus schließen und öffnen und am Ende mehrere Tage geschlossen bleiben. Erst dann können sie den Transport zum Verbraucher lebend und frisch überstehen. Nach der Ernte kommen sie für einige Tage in Klärbecken, in welchem klares Wasser für einen besonders reinen Geschmack sorgen soll. Während im Norden der Bretagne Cancale die Hochburg der Huîtres Creuses ist, so gilt dies im Süden für den Golf von Morbihan. Natürlich werden weiterhin auch

Blick über Cancale zur Pointe du Grouin

flache Austern angeboten, die jedoch ihr Hauptanbaugebiet im kleinen Fluss Belon im südlichen Finistère haben und deshalb als **Belon-Auster** bezeichnet werden.

Welche nun die beste Auster ist, ist eine Frage des Geschmacks, und manch einer wird sich eher schütteln, als die glibberige Masse in den Mund gleiten zu lassen. Vielleicht kostet es den einen oder die andere beim ersten Mal auch ein bisschen Überwindung, das Austernfleisch roh (und noch lebend) aus der Schale zu schlürfen. Der Mut wird mit einem nussigen, leicht nach Meerwasser schmeckenden, und überraschenderweise doch festen Fleisch belohnt.

Vor dem Genuss steht jedoch das Öffnen der fest verschlossenen Muschelschale. Im Restaurant wird das natürlich schon in der Küche erledigt. Wer es selbst versuchen möchte, benötigt dazu ein Austern-Messer, das in jedem Supermarkt oder auf dem Markt zu erstehen ist, und etwas Geschick, um die Schalenhälften zu trennen. Am besten lässt man sich diese Prozedur einmal von einem Austernzüchter (*Ostréiculteur*) zeigen und passt später gut auf, um sich nicht an den Händen zu verletzen. Wenn die obere Deckschale entfernt wurde, trennt man mit einem Messer das weiche Fleisch von der unteren Schale und schlürft diese aus. Meist werden die Austern nur mit einem Hauch Zitrone oder einer Vinaigrette beträufelt. Dazu ein frisches Baguette, Butter und ein trockener Weißwein ... selbst jetzt beim Schreiben dieser Zeilen, riechen wir das Meer und das Wasser läuft uns im Mund zusammen. Einfach köstlich! Austern können aber auch mit feinen Saucen versehen, frittiert oder überbacken sein und das Aroma variiert je nach *Terroirs*. Je nach Anbaugebiet ist sie mal mehr oder weniger fleischig und kann leicht nach Algen oder Haselnuss schmecken.

Bei einem Besuch in der Austernfarm **La Ferme Marine** am südlichen Ortsrand von Cancale kann man bei einer französischsprachigen Führung durch den Betrieb oder im Austernmuseum sehr viel mehr über die Zucht der edlen Muschel erfahren *(im Juli/August werden die Führungen auch in deutscher Sprache angeboten, Termine unter www.ferme-marine.com).*

Beginnen wir mit unserem Austern-Tasting quer durch die Bretagne im sympathischen Fischerdorf **Cancale**, dessen zweites Standbein eindeutig der Tourismus ist. Wer auf Nummer sicher gehen möchte, der stellt sein Wohnmobil gleich auf dem offiziellen Stellplatz ab und nimmt einen Fußweg in den Ort in Kauf. Dort sind die Straßen teils für WOMOs gesperrt und die Parkplätze zwar tagsüber zu nutzen, aber meist kurz und eng oder beides.

(026) Offizieller WOMO-Stellplatz: Cancale – Ville Ballet

GPS: N 48°40'10.6" W 01°51'54.9", 61 Rue des Français Libres.
Max. WOMOs: 50.
Öffnungszeit: Ganzjährig.
Ausstattung: V/E, Strom, Tisch und Bänke, Müllbehälter.
Beschreibung: Der am Ortsrand gelegene, teils schattige und bei Vollbelegung enge Stellplatz befindet sich etwa 350 Meter vom bergab lie-

genden Port de la Houle entfernt. Ins höher gelegene Ortszentrum sind es etwa 900 Meter Fußweg. In der Saison kommt der Bäcker auf den Stellplatz und tagsüber sind Geräusche von der nahen Straße unvermeidbar.
Preise: €€ von Mitte März bis Mitte November, gegebenenfalls außerhalb dieser Zeit geschlossen,
Zufahrt: Im Ort den WOMO-Piktogrammen folgen.

Cancale

Am Ende des Stellplatzes folgen wir dem Hinweis zum **Port de la Houle** und gelangen bergab in den kleinen Hafen, von dem früher die Fischer nach Neufundland aufbrachen und wo ein reges Treiben herrscht. Auf einem restaurierten **Großsegler** kann man noch heute zu Halb- oder Ganztagesfahrten aufbrechen und einiges über die Arbeit der Austern- und Hummerfischer erfahren *(Auskünfte über die Tourist-Info)*.

Bei Ebbe blicken wir auf die freigelegten Austernbänke, die sich immerhin über eine Fläche von rund 400 Hektar ziehen und schlendern entlang des Hafendamms, an dem sich Bars und Restaurants abwechseln. Angebote sowie Preise gleichen sich und wir möchten erwähnen, dass wir im **Restaurant Le Phare** eine qualitativ sehr gute Küche zu einem erstaunlich moderaten Preis genießen konnten *(Mittags- und Abendmenüs, außerhalb der Saison geänderte Öffnungszeiten, 6 Quai Admis en Chef Thomas, Telefon 0299896024, www.lephare-cancale.com)*. Wer Lust auf eine erstklassige Galette oder Crêpe hat, der sollte dem in der Nachbarschaft liegenden **Breizh Café** unbedingt einen Besuch abstatten. In der ersten Etage der Crêperie wird zusätzlich eine mit einem Stern gekrönte, gehobene französisch-japanische Küche angeboten *(Mittags- und Abendmenüs, 6 Quai Admis en Chef Thomas, Telefon 0299896176, www.breizhcafe.com)*.

Zünftiger und deutlich günstiger ist der Besuch bei den **Holzbuden am Ende der Promenade**. Hier gibt es tropffrische Austern in jeglicher Größe von den Austernzüchtern fachgerecht geknackt „auf die Hand" und zum sofortigen Verzehr geeignet. Wir machen es wie die übrigen Besucher und suchen uns ein Plätzchen auf den Bänken, Pollern oder Treppenstufen und schlürfen mit Blick aufs Wasser genüsslich unsere Austern. Und wohin mit den Schalen? Die werfen wir einfach über die Brandungsmauer zurück ins Meer!

Vor oder nach diesem immer wieder gern zelebrierten Urlaubserlebnis führt unser Weg in die Oberstadt. Wir schlendern über den Parkplatz hinter

Abends in Cancale

den Holzbuden und gehen dann links über den Fußweg bergauf bis zum Kriegerdenkmal. Von hier hat man eine schöne **Aussicht** über den Hafen, Teile des Ortes und die Austernbänke und nach etwa 500 Metern erreichen wir über den alten **Zöllnerpfad** die **Pointe du Hock** und gelangen von dort in die Straßen der Oberstadt, die in früheren Tagen den Reedern und gut betuchten Bürgern vorbehalten war.

Austernwäscherinnen vor Saint-Méen

Vom Turm der **Église Saint-Méen** aus dem 19. Jahrhundert bietet sich eine super Aussicht auf das Umland. Ganz in der Nähe befindet sich in der aufgegebenen Ortskirche das **Musée des Arts et Traditions Populaires**. Das Museum dokumentiert die Vergangenheit der örtlichen Fischerei und zeigt eine Ausstellung zur Muschel- und Austernzucht *(Mitte/Ende Juni/Anfang Juli - Mitte September/Anfang Oktober 10 - 12.30/14.30 - 18 Uhr, Eintritt. www.museedecancale.fr)*. An der Straße hinab zum Hafen liegt sich das **Office de Tourisme** *(April - Juni/September - Dezember Mo - Sa 9.30 - 13/14 - 17.30 Uhr, Juli/August täglich 9.30 - 13/14 - 18.30 Uhr, manchmal variieren die Öffnungszeiten allerdings geringfügig, 44 Rue du Port, Telefon 0299896372, saint-malo-tourisme.com)*. **Fahrradfahrer** finden hier ein umfangreiches Angebot und können auf gut markierten Strecken bis 72 Kilometer Länge die Region erkunden.

Am Hafen in Cancale verläuft der **Sentier des Douaniers**, dem wir im Laufe unserer Reise noch öfter begegnen werden. In früheren Zeiten wurde der Zöllnerpfad von Zollbeamten begangen, um die in den vielen, kleinen Buchten agierenden Schmuggler bei ihrem Schwarzhandel zu überwachen. Aus Sicht des Wanderers kann man nur sagen, dass es, zumindest bei schönem Wetter, wahrlich schlechtere Arbeitsplätze gibt. Der Fernwanderweg GR34 ist durchgängig mit weiß-roten Markierungen versehen und führt vom Mont-Saint-Michel bis zum Golfe du Morbihan rings an der bretonischen Küste entlang. Man kann zu tagelangen Etappen aufbrechen oder, wie folgend, ein kleines, aber sehr schönes Teilstück begehen.

Von Cancale zur Pointe du Grouin

Leichte Wanderung von etwa 7 Kilometern Länge mit kleineren An- und Abstiegen. Durchgängig mit der weiß-roten Markierung des GR34 versehen.

Im Hafen von Cancale gehen wir hinter den Dégustation-Buden der Austernzüchter über den Parkplatz und linker Hand hinauf zum Kriegerdenkmal. Über den Wiesenpfad erreichen wir die **Pointe du Hock** und überblicken von hier einen Großteil des Austernparks.

Zwischen steilen Klippen windet sich der Weg mit leichten An- und Abstiegen oberhalb kleiner Felsbuchten und versteckter Ankerplätze bis zur **Pointe du Grouin** und stellt den schönen Küstenabschnitt immer wieder aufs Neue in den Fokus. Blickt man von der **Pointe des Crolles** in östliche Richtung, kann es sein, dass über dem glitzernden Meer der Mont-Saint-Michel wie eine Fata Morgana am Horizont erscheint. Zwischen den zerklüfteten Felsen finden sich zudem geschützte Strände, sodass die Badesachen bei entsprechendem Wetter im Gepäck nicht fehlen dürfen. Zurück geht es auf gleicher Strecke oder man bedient sich des Busses (Haltestelle der Linie 8 an der D201 in der Nähe des nachstehend genannten Parkplatzes).

Kurz vor der Pointe du Grouin notieren wir den schön gelegenen und ordentlichen **Camping Municipal de la Pointe du Grouin**** mit traumhafter Aussicht über das Meer. Von hier kann man zu ausgedehnten **Rad- und Wandertouren** aufbrechen oder mit dem Bus nach Cancale fahren [**027:** N 48°42'14.9" W 01°50'53.3", La Pointe du Grouin/An der D201, Telefon 0299896379, www.cancale-tourisme.fr. Geöffnet Anfang März - Mitte Oktober, Preis €€]. Wer der Landzunge lediglich einen Kurzbesuch abstatten möchte, parkt das Wohnmobil am besten am Straßenrand (N 48°42'19.1" W 01°51'10.8", An der D201).

Etwa einen Kilometer entfernt erhebt sich die **Pointe du Grouin** 50 Meter über den Ausläufern der Bucht von Saint

Auf dem Zöllnerpfad zur Pointe du Grouin

Michel. Das Meer bricht sich an den Felsen des mit Heidekraut bewachsenen Kaps, der Wind pfeift über das Plateau und durch die Meerenge zur vorgelagerten **Île des Landes** gleiten ab und zu Segelboote. Die Insel steht unter Naturschutz und durch das Fernglas können Brandgänse, Kormorane und verschiedene Möwenarten beobachtet werden. Ein lohnender Spaziergang, den man allerdings meist nur zu den frühen Morgen- oder späten Abendstunden allein erleben kann.

Bevor wir über den Zöllnerweg zurück zum WOMO gehen (flotter geht es über die Straße, jedoch ist das Vergnügen nicht halb so schön!), genehmigen wir uns einen Kaffee auf der Terrasse der nahen Gaststätte und genießen dabei ein letztes Mal den Blick über die Bucht von Saint Michel.

Tour 3 60 km

Saint-Coulomb – Saint-Malo – Dinan Saint-Cast-le-Guildo – Plévenon – Cap Fréhel

Stellplätze: Saint-Coulomb, Rothéneuf, Saint-Malo, Dinan, Léhon, Corseul, Ploubalay, Saint-Jacut-de-la-Mer, Saint-Cast-le-Guildo, Saint-Germain-de-la-Mer, Plévenon.

Plage des Chevrets

Campingplätze: Saint-Coulomb Camping des Chevrets, Saint-Malo Camping Municipal de la Cité d'Alet, Dinard Camping du Port Blanc, Taden Camping Municipal International La Hallerais, Fréhel Camping Municipal du Cap Fréhel Camping du Pont de l'Etang.

Besichtigen: Rothéneuf Rochers à Rothéneuf, Saint-Malo Memorial 39/45, Ville Close, Cathédrale Saint-Vincent, Grand Aquarium Saint-Malo, Gezeitenkraftwerk; Pleudihen-sur-Rance Musée de la Pomme et du Cidre; Dinan Stadtbild, Basilique Saint-Sauveur, Musée de Château, Tour de l'Horloge, Maison de la Rance; Léhon Abbaye Saint-Magloire; Corseul Temple de Mars, Centre d'Interprétation du Patrimoine-Coriosolis; Plévenon Fort La Latte, Cap Fréhel.

Wandern: Plévenon Fort La Latte, Cap Fréhel.

Baden: Rothéneuf, Saint-Malo, Saint-Jacut-de-la-Mer, Saint-Cast-le-Guildo und diverse andere Strände.

Essen: Rothéneuf Restaurant Le Benetin; Saint-Malo Le Bistrot de Solidor, Restaurant La Fleur de Sel, Boulangerie Patisserie de la Cathédrale; Dinan Restaurant Atypic, Saint-Cast-le-Guildo Les Halles.

Märkte: Saint-Malo Di/Fr, Saint-Servan Di/Fr, Dinard Di/Do/Sa, Dinan Do, Léhon Sa, Saint-Jacut-de-la-Mer Fr, Saint-Cast-le-Guildo Fr, Mitte Juni - Mitte September Mo.

Auf den folgenden Kilometern werden wir uns vorwiegend an der ***Côte d'Émeraude*** *aufhalten, die sich etwa von Cancale im* ***Département Ille-et-Vilaine*** *westlich bis zum Cap Fréhel im* ***Département Côtes-d'Armor*** *ausdehnt. Die an steilen Felsklippen, Traumstränden und schwindelerregenden Kaps gelegene* ***Smaragdküste*** *erhielt ihren Namen durch das je nach Tageszeit und Sonnenstand in allen erdenklichen Blau- und Grüntönen schimmernde Meerwasser. Wir begegnen faszinierenden Granitskulpturen, besuchen ein altes Seeräubernest hinter hohen Mauern sowie ein mondänes Seebad. Vorbei an einem großen Gezeitenkraftwerk werden wir einen Bogen ins Inland schlagen und eine der ältesten mittelalterlichen Städte der Bretagne aufsuchen, um zum Abschluss dieses abwechslungsreichen Küstenabschnittes an eine der beeindruckendsten bretonischen Festungen sowie eines der meistbesuchten Naturdenkmäler der Bretagne zu gelangen.*

Die Küstenstraße D201 führt uns oberhalb des blau funkelnden Wassers an hübschen Badebuchten vorbei und jeder mag für sich entscheiden, ob und wo er einen Platz für sein WOMO findet. Allerdings sind sehr viele Stichstraßen zum Meer sowie auch die großen Parkplätze an den Stränden Verger und Guesclin für Wohnmobile verboten oder durch Barrieren gesperrt. Nichtsdestotrotz parken hier außerhalb der Saison tagsüber selbst größere Fahrzeuge. Je ferner wir uns von Cancale oder Saint-Malo aufhalten, desto ruhiger wird es in den Buchten, an denen fast überall das Surfen sowie Baden auch bei Flut möglich ist. Im Sommer finden sich hier viele Sonnenanbeterinnen und -anbeter ein und für den längeren Aufenthalt bieten sich mehrere, gut ausgeschilderte Campingplätze an.

Uns gefiel es an der **Plage des Chevrets** in **Saint-Coulomb** sehr gut, zumal wir an diesem Traumstrand den guten **Camping des Chevrets***** nennen [**028:** N 48°41'24.5" W 01°56'27.4", 38 Rue de La Guimorais, Telefon 0299890190, www.campingdeschevrets.fr. Geöffnet Anfang April - Anfang/ Mitte Oktober, Preise €€ bis €€€] und zusätzlich auf einen einfachen Stellplatz ohne Infrastruktur verweisen können.

(029) Offizieller WOMO- Stellplatz: Saint-Coulomb – Aire Naturelle

GPS: N 48°41'23.7" W 01°56'20.5", Rue de La Guimorais.
Max. WOMOs: 16.
Öffnungszeit: Ganzjährig.
Beschreibung: Der außerhalb des Ortes gelegene einfache, schattenlose, befestigte Parkplatz liegt etwa 500 m vom Strand entfernt. In der Nähe befinden sich Wander- und Radwege, ein gutes Restaurant Richtung Strand und eine Crêperie ca. 300 m entfernt im Ort. Dort befindet sich an der Landstraße eine Bushaltestelle, von der es eine Verbindung nach Saint-Malo gibt.
Zufahrt: Von der D201 den Hinweisen zum Campingplatz des Chevrets folgen. Etwa 100 m hinter dem Ort liegt der Stellplatz an der rechten Straßenseite.
Hinweis: Der Campingplatz folgt ca. 250 m später. Ein Parkplatz für kleine (!) WOMOs findet sich der Straße Richtung Strand folgend auf der rechten Seite.

Von hier ist es nur noch ein kurzes Stück bis nach Saint-Malo, an dessen östlicher Stadtgrenze der kleine, adrette Badeort **Rothéneuf** unbedingt einen Aufenthalt wert ist.

(030) Offizieller WOMO-Stellplatz: Rothéneuf – Aire de Les Îlots

GPS: N 48°40'50.3" W 01°57'45.8", Avenue de la Guimorais.
Max. WOMOs: 166.

Öffnungszeit: Ganzjährig, eventuell einige Tage Anfang Januar geschlossen.
Ausstattung: V/E, Strom, WiFi, Kiosk,
Beschreibung: Der meist gut besuchte, wenig schattige Platz befindet sich am Ortsrand mit einer guten Busanbindung nach Saint-Malo und im Sommer auch nach Cancale. Eine Bäckerei liegt in etwa 200 m Entfernung und Geschäfte und Restaurants sind nach rund 500 m Fußweg im Ortszentrum zu erreichen. Die Plage du Havre ist nach ca. 300 m erreicht.
Preise: €€ - €€€, je nach Saison.
Zufahrt: Im Ort dem WOMO-Piktogramm folgen.

Zum einen bietet sich der große Stellplatz für alle diejenigen an, die nicht mit dem Wohnmobil in die alte Seeräuberstadt fahren möchten. Die Haltestelle des regelmäßig verkehrenden Busses der Linie 6 (Stand 2022) liegt genau vor der „Haustür" und man kann entspannt zur Besichtigung der historischen Altstadt aufbrechen. Zum anderen besteht die Möglichkeit von hier einen kleinen Spaziergang zum im Ort ausgeschilderten **Musée Jacques Cartier** zu unternehmen. Das etwa 1,5 Kilometer entfernte Museum ist dem Mann gewidmet, der auf der Suche nach Gold eher zufällig im Jahr 1534 den Seeweg nach Kanada entdeckte und seinen Lebensabend im schönen Manoir de Limoëlou südlich des Ortes verbrachte *(Juni/September Mo - Sa 10 - 12/14.30 - 18 Uhr, Juli/August täglich 10 - 12/14.30 - 18 Uhr, Oktober - April Mo - Sa Führungen 10/15 Uhr, Eintritt. www.musee-jacques-cartier.fr)*.

Der Besuchermagnet von Rothéneuf ist jedoch der Skulpturenpark, der steil über dem nördlichen Klippenrand liegt. Auch wenn es in relativer Nähe einen kleinen Parkplatz gibt, würden wir mit dem Reisemobil aufgrund der engen Straße und der äußerst begrenzten Wendemöglichkeit nicht dorthin fahren und den Fußweg vom vorgenannten Stellplatz bevorzugen.

Rochers à Rothéneuf

Nachdem wir den Eingangsbereich hinter uns gelassen haben und die teils etwas glitschigen Stufen ein Stück zum Strand hinuntergegangen sind, sehen wir erstmal nur Steine und fragen uns einen Moment, warum wir eigentlich hier sind. Nach und nach erkennen wir jedoch die aus dem grau-roten Felsen modellierten Figuren, die diesen Ort so einmalig machen.

Gegen Ende des 19. Jahrhundert erlitt der Gemeindepfarrer Abbé Fouré einen Schlaganfall, blieb halbseitig gelähmt und stumm. In seinem Kummer zog er sich hierher zurück und begann, Figuren und Gegenstände in den Granit zu arbeiten. Bis zu seinem Tode entstanden auf diese Weise über 300 Skulpturen. Zwischen zwei Schluchten, die, einem Abbé würdig, Paradies und Hölle genannt werden, verewigte er mit Hammer und Meißel dämonische Fabelwesen, Jungfrauen, Seeungeheuer, Heilige und allerlei Fantasiefiguren im Stein. Hierzu inspirierten ihn der dörfliche Alltag

und die Legenden um die Piratenfamilien aus dem 18. Jahrhundert. An einigen Steingebilden erkennt man schon Verwitterungsspuren, doch die eigene Fantasie lässt schnell eine neue Figur entstehen, die sich in den skurrilen Reigen der Männer und Frauen, der aufgerissenen Münder und aufs Meer blickenden Köpfe einreiht. Für das Betrachten dieses faszinierenden, rund 500 Quadratmeter großen Reliefs sollte man sich viel Zeit nehmen *(Anfang April - Anfang November, genaue Öffnungszeiten unter www.rochersrotheneufartbrut.com)*.

Das am Skulpturenpark gelegene **Restaurant Le Benetin** bietet eine ausgezeichnete, wenn auch nicht ganz günstige Küche und der Blick von der Terrasse übers Meer hätte sicher auch dem Kanada-Fahrer Cartier gefallen *(Mittags- und Abendmenüs, Telefon 0299569764, www.restaurant-lebenetin.com)*.

Verlässt man die Klippen in westliche Richtung und steigt hinab zum Wasser, dann ist nach rund 500 Metern die **Plage du Val** erreicht. An den 200 Meter langen Strand schließen sich die kleineren Buchten von Nicet und an der **Pointe de la Varde** an.

Auf dem weiteren Weg bis zur historischen Altstadt im Zentrum von **Saint-Malo** erstrecken sich auf rund vier Kilometern weitere Strände, die in der **Grande Plage du Sillon** münden. An der am wenigsten mit Häuserzeilen zugebauten **Plage du Minhic** kann das WOMO auf dem einfachen, an der Straße gelegenen Parking Le Davier abgestellt werden, der zur Not auch als Übernachtungsplatz dienen darf [**031:** N 48°40'25.3" W01°58'51.2", Avenue Colette. Maximaler Aufenthalt 24 Stunden, Busverbindung zur Altstadt].

Die sonstigen Parkmöglichkeiten für den Tagesbesuch sind für Wohnmobile in Saint Malo sehr begrenzt und wenn überhaupt, nur am Straßenrand zu finden. Uns macht die suchende Fahrerei in der Nähe der Altstadt keinen Spaß und meist checken wir lieber gleich auf dem Campingplatz ein. Alternativ ist der einfache, **offizielle WOMO-Stellplatz** Parking Paul Féval zu nennen, auf dem man unbehelligt übernachten darf [**032:** N 48°38'36.6" W 01°59'38.5", Rue Paul Féval, V/E, ganzjährig geöffnet, Preis €€. Der Erwerb des Tickets berechtigt zur kostenlosen Nutzung der Pendelbusse Linie 2/Linie 2 Express für bis zu 5 Fahrgästen zur Altstadt]. Eine weitere Option ist der ganzjährig zugängliche, ebenfalls einfache, offizielle Parking Henri Lemarié [**033:** N 48°39'18.6" W 01°58'25.0", Rue Henri Lemarié. Busverbindung zur Altstadt].

(034) WOMO-Campingplatz: Saint-Malo Camping Municipal de la Cité d'Alet**

GPS/Kontakt: N 48°38'09.3" W 02°01'41.0", Allée Gaston Buy, Telefon 02906302, www.saint-malo-tourisme.com.
Öffnungszeit: Anfang April - Anfang November.
Ausstattung: Picknick-Bereich, WiFi, Spielplatz, Waschmaschine, Wäschetrockner.
Beschreibung: Der recht einfache, aber ordentliche Platz punktet mit seiner Lage und einer tollen Aussicht auf Saint-Malo. Der Strand ist etwa 500 m entfernt und es gibt einen Fuß- und Radweg zur rund 2 Kilometer entfernten Altstadt. Diese kann aber auch mit dem Bus nach etwa 20-minütiger Fahrt erreicht werden.
Preise: €€€.
Zufahrt: Im Ort den Hinweisen zum Campingplatz folgen.

Saint-Malo und die Korsaren

Da wir am Abend in Saint-Malo angekommen sind, haben wir gleich unser Quartier auf dem Campingplatz bezogen. Hier, im **Ortsteil Saint-Servan**, sind die Ursprünge der Stadt zu finden, dessen Bürger von sich behaupten, weder Franzosen noch Bretonen, sondern nur Bürger von Saint-Malo zu sein!

Bereits im 1. Jahrhundert vor Christus befand sich auf der Landzunge ein keltischer Versammlungsort, der später als römische Siedlung Aleth, dem heutigen Saint-Servan, in die Annalen einging. Zu Beginn des 6. Jahrhunderts geht hier der **walisische Mönch Mac Low** an Land, der

Tour Solidor

einer der sieben Gründungsheiligen der Bretagne ist. Malo, wie er auch genannt wird, baute eine Kirche und trieb die Christianisierung voran. Im Laufe der folgenden Jahrhunderte mausert sich Aleth zum Bischofssitz, doch die Raubzüge der Normannen veranlassten die Bewohner Mitte des 9. Jahrhunderts aus Sicherheitsgründen auf die gegenüberliegende, vom Wasser umgebene Felseninsel umzusiedeln: Saint-Malo war geboren.

Aleth wurde jedoch nicht vollständig aufgegeben und besitzt heute einen der größten Sporthäfen der Bretagne. Die rund zwei Kilometer lange **Promenade de la Corniche**, ein Spazierweg oberhalb der Küste, führt vom Campingplatz zu der aus dem 6. Jahrhundert stammenden Ruine der ehemaligen **Kathedrale von Aleth** und zur **Tour Solidor**, einer kleinen Befestigungsanlage mit drei Türmen aus dem 13./14. Jahrhundert. Der Promenadenweg führt außerdem zum **Fort de la Cité** mit dem **Mémorial 39/45**. Es dokumentiert die „Schlacht um Saint-Malo" während des Zweiten Weltkrieges, als die deutsche Wehrmacht ihre Flak-Abwehr von hier koordinierte und die anschließende Eroberung durch die Alliierten *(Juli/August täglich 10.15 – 15 Uhr, 16 Uhr, April - Oktober Di - Sa 14.30 - 15.15 Uhr, 16.30 Uhr, Juni/September Do/So 10.30 Uhr, Eintritt)*. Der weitere Verlauf des Weges an der zerklüfteten Küste eröffnet schöne Aussichten und einen uneingeschränkten Blick auf die hohen Mauern der historischen Altstadt von Saint-Malo.

In der Nähe der Ruine der Kathedrale überbrücken wir in einem Straßencafé die Zeit, bis unser Tisch im gegenüberliegenden **Le Bistrot de Solidor** frei wird und wir dort ein empfehlenswertes Speisenangebot mit Schwerpunkt auf saisonalen Produkten zu uns nehmen können. Dessert-Liebhaber dürfen sich auf Kouign Aman mit Karameleis freuen – einfach verführerisch *(Mi- Fr 12 - 14/19 - 21.30 Uhr, Sa 19 - 21.30 Uhr, 1 Place Saint Pierre, Telefon 0299210487, www.lebistrotdesolidor.com)*.

Am nächsten Morgen nehmen wir den Bus der Linie 8 und fahren bis zur Altstadt (*Intra-Muros*), um zunächst zum **Office de Tourisme** vor der Stadtmauer zu gehen. Das **Freizeit- und Unterhaltungsangebot** ist groß und reicht unter anderem von geführten Küstenspaziergängen sowie Stadtführungen in französischer Sprache über die Vermittlung aller Arten von Wassersportangeboten oder von Fahrrädern. **Bootsausflüge** stehen ganz hoch im Kurs und die Fahrt auf der Rance bis hinauf nach Dinan ist sehr beliebt *(April - Juni/September täglich 9.30 - 13/14 - 18/18.30 Uhr,*

Auch im Winter sehenswert – Weihnachtsmarkt am Château

Juli/August täglich 9.30 - 19.30 Uhr, Esplanade Saint-Vincent, Telefon 0299566699, www.saint-malo-tourisme.com auch in deutscher Sprache).

In der Geschichtserzählung der Stadt waren wir bei deren Gründung stehen geblieben, als sich die Menschen vor den Normannen hinter die neuen wehrhaften Mauern zurückzogen. Da die Ansiedlung aufgrund ihrer Lage und Befestigung nur schwer bis gar nicht einzunehmen war, entwickelte sie sich prächtig und errang sogar ein gewisses Maß an Selbstständigkeit gegenüber der französischen Krone. 1594 ließen sich die Einwohner, die Malouiner, garantieren, dass sie die Stadtflagge höher hängen durften als die französische Fahne und noch heute flattert die Flagge von Saint-Malo über der französischen auf dem Schlossturm.

Ruhm und Wohlstand verdanken Saint-Malo und seine stolze Bevölkerung der Seefahrt. Jacques Cartier, dem wir bereits in Rothéneuf begegneten, entdeckte nicht nur Kanada, sondern legte zweimal den Weg nach Neufundland zurück. Ende des 16. Jahrhunderts beginnen erste malouinische Schiffe mit dem Kapern anderer. Die Zeit der Korsaren begann!

Bis zu diesem Zeitpunkt besaß Frankreich im Gegensatz zu anderen europäischen Staaten keine erwähnenswerte Tradition als Seemacht. Um dies zu ändern, stellte der französische König den Seeleuten einen offiziellen Kaperbrief, den **Lettre de Course**, aus, damit sie auf den Meeren nun alles jagen durften, was reiche Beute versprach. Anders als ordinäre Piraten, die unter der gefürchteten Totenkopfflagge und auf eigene Rechnung unterwegs waren, segelten die malouinischen Kapitäne im Auftrag der Krone, durften ungestraft feindliche Schiffe aufbringen sowie Passagiere für Lösegeldforderungen gefangen nehmen und verschleppen. Der Erfolg der Korsaren lag wohl an der Wendigkeit ihrer Schiffe, die unter weißem Kreuz auf blauem Grund segelten und Mitte des 17. Jahrhunderts ihren Geschäftszweig so ausgebaut und etabliert hatten, dass der König sie aus Dank für die hohe Gewinnbeteiligung teilweise in den Adelsstand erhob. Die Schiffe der Korsaren wurden sogar von eigens hierfür gegründeten Gesellschaften ausgerüstet, deren Mitglieder sich je nach Erfolg oder Misserfolg der Raubtour Gewinn und Verlust teilten. Meist griffen die Korsaren mit zwei oder drei schnellen Seglern ganze Flottenverbände an, enterten die Schiffe und kehrten mit diesen nach Saint-Malo zurück. Nachdem die gekaperte Fracht durch Beamte des Königs taxiert war, wurden Seide, Tücher, Gewürze, andere

Auf der Stadtmauer

Waren und später auch Sklaven verkauft. Gold und Edelmetalle fielen jedoch an die Korsaren. Zu den bekanntesten unter ihnen gehörte René Duguay-Trouin (1673 - 1736), der Rio eroberte und der zur edlen Filmfigur gewordene Robert Surcouf, der „Schrecken der Engländer“. Seine Raubfahrten und der damit verbundene Sklavenhandel machten ihn so reich, dass er sich nach einigen Jahren der Kapertätigkeit zur Ruhe setzen konnte und als einer der angesehensten und wohlhabendsten Reeder Frankreichs 1827 starb.

Mit Surcoufs Tod und mit der Neuordnung Europas nach der napoleonischen Ära endet die für die Stadt so glorreiche Zeit der Korsaren und für den wirtschaftlichen Erfolg sorgt nun der Kabeljaufang vor Neufundland und Labrador. Während des Zweiten Weltkriegs wird Saint-Malo von den Deutschen besetzt, die sich 1944 nach der Invasion der Alliierten in den Festungsmauern verschanzen. Die darauf von alliierten Bombern zu 80 Prozent zerstörte Altstadt wird nach dem Krieg aufwendig und nach alten Plänen akribisch genau im klassizistischen Stil des 18. Jahrhunderts wiederaufgebaut.

Hinter dem teils aus dem 12. Jahrhundert stammenden Stadtwall (*Remparts*) liegt die **Ville Close**, die geschlossene Stadt, die auch **Intra-Muros** (innerhalb der Mauern) genannt wird. Zum Pflichtprogramm eines Besuchs gehört der etwa **zwei Kilometer lange Rundgang auf der Stadtmauer**, der nach unserer Meinung den schönsten Überblick über die restaurierte Seeräuberstadt bietet. Je nach den Gezeiten zeigen sich zusätzlich spektakuläre Aussichten auf Meer, Hafen sowie vorgelagerte Inseln. Alles zusammengenommen macht Saint-Malo zu einem unserer persönlichen **Top Ten**-Ziele.

An der **Porte Saint-Vincent** gelangen wir über einen Treppenzugang auf die meist sehr breite Stadtmauer und gehen in Höhe der Fensterfronten der einstigen Residenzen der Reeder im Uhrzeigersinn weiter. Die **Grande Porte**, der Hauptzugang der Stadt, wurde 1582 erbaut und wird von zwei mächtigen Türmen flankiert. An der **Bastion Saint-Louis** betrachten wir das **Denkmal des Rio-Entdeckers Duguay-Trouin** und blicken über den Handelshafen. Vorbei am südlichen Eingang, der **Porte de Dinan**, sehen wir an der südwestlichen **Bastion Saint-Philippe** über die 520 Meter lange **Môle des Noirs**, die den Hafen vor rauer See schützt. Wir setzen unsere Stadtumrundung bis zur **Bastion de la Hollande** fort, die von drei Kanonen und der Bronzefigur des **Kanada-Reisenden Cartier** „besetzt“ wird. An den folgenden Toren **Porte Saint-Pierre,**

Blick über das Meerwasserschwimmbad zur Petit und Grand Bé

Porte des Bés oder **Porte des Champs-Vauvert** führen Treppen hinab zur Plage de Bon Secours, von der man über die **Passage de Bés** zu Fuß und nur bei Ebbe die Inselchen **Grand und Petit Bé** erreichen kann. Auf der größeren Insel befindet sich das **Grab von Francois-René de Châteaubriand**, der als Kind eines malouinischen Reeders geboren wurde und von dem wir bereits in Combourg hörten. An der nordwestlichen Ecke befindet sich der mittelalterliche Pulverturm **Tour Bidoune** und der in Personalunion tätige Korsar und Reeder **Robert Surcouf** zeigt in einem kleinen Garten mit einer kühnen Armbewegung gen England. Die Nordflanke wird durch die weit vorspringende Bastion **Fort de la Reine** gesichert, auf der wir, genau wie von der folgenden **Porte Saint-Thomas**, einen schönen Blick auf das **Fort National** haben. Das gut erhaltene kleine Fort wurde unter einem Schüler des berühmten Festungsbaumeisters Vauban 1689 erbaut und ist ebenfalls bei Ebbe zu Fuß zu erreichen. Die Zisternen und Wälle sind zu besichtigen *(Öffnungszeiten variabel und beim Office de Tourisme zu erfragen, Eintritt)*. Unser Rundgang endet am **Château**, das im 15./16. Jahrhundert von den bretonischen Herzögen errichtet wurde. Vom fünfeckigen mit vier Türmen versehenen Schloss sollten die nach Unabhängigkeit strebenden Malouins kontrolliert werden und heute residiert hinter den dicken Mauern das Hôtel de Ville.

Der Spaziergang kann anschließend hinter der Stadtmauer zwischen den hohen Häusern fortgesetzt werden. Um uns auch hier einen Überblick zu verschaffen, rollen wir in 30 Minuten mit dem Touristen-Bähnchen **Le Petit Train** durch die Inselstadt *(Erklärungen auch in deutscher Sprache, Gebühr)*.

In den engen Gassen wimmelt es nur so von Menschen und während der Saison ist kaum ein ruhiges Plätzchen zu finden. Wir kommen nicht umhin festzustellen, dass aus dem einstigen Korsarennest ein touristisch bestens aufgestellter Ort geworden ist und den Besuchern nun auf eine andere Art das Geld aus der Tasche gezogen wird. Souvenirläden, edle und weniger edle Boutiquen sowie unzählige gastronomische Betriebe reihen sich zwischen dunklen Granitmauern aneinander und werden von der **Cathédrale Saint-Vincent** überragt. Die ursprünglich über dem angeblichen Grab des Mönchs Malo ab dem 11. Jahrhundert erbaute Kathedrale wurde im Bombenhagel des Jahres 1944 fast restlos zerstört. Nach aufwendigen Rekonstruktionen konnte das neue Gotteshaus 1972 eingeweiht werden und wirkt im Inneren heute zwar mächtig, aber auch recht schmucklos. Ein Bodenmosaik erinnert an die großen Seefahrer der Stadt und in einer nördlichen Seitenkapelle haben Jaques Cartier und René Duguay-Trouin, dessen sterblichen Überreste in Paris entdeckt und hierher überführt wurden, ihre letzte Ruhe gefunden.

Wen nach dieser umfangreichen Besichtigungstour jetzt der „kleine Hunger" übermannt, der sollte rechts vom Haupteingang der Kathedrale der **Boulangerie Patisserie de la Cathédrale** einen Besuch abstatten. Hier stehen Einheimische wie Touristen Schlange, um sich mit Sandwichs, Kouign Aman, Macarons oder anderen feinen Gebäckarten einzudecken *(Di - So 7 - 20 Uhr)*.

Am Westufer der Rance und direkt gegenüber der Festungsstadt liegt **Dinard**, das sich selbst gern als „Nizza des Nordens" bezeichnet. Im Gegensatz zu den in grauem Granit gehaltenen Häusern der Reeder sind es hier die prachtvollen Villen der Belle Époque, die von der Entwicklung des einstigen Fischerdorfes zum hippen Seebad des britischen Aristokraten- und Großbürgertums von 1850 bis etwa der 1930er-Jahre erzählen. Auch wenn die betuchte Gesellschaft danach vermehrt auf die sonnige Mittelmeerküste stand, weht noch heute ein Hauch von britischem Flair über den mondänen Badeort.

Die Parkplatz- und Stellplatzsituation für WOMOs ist auch hier schlecht und wir wählen den Seeweg in die älteste bretonische Sommerfrische. Die Schiffe der **Compagnie Corsaire** starten am südlichen Rand der Ville Close in Saint-Malo nahe der Porte de Dinan und bieten sich für **Angelausflüge** sowie weitere **Bootsausflüge** zu den Inseln, zum Cap Fréhel, nach Cancale oder nach Dinan an *(www.compagniecorsaire.com)*. Wer dennoch einige Tage in Dinard verbringen möchte, hat vom **Camping du Port Blanc***** nicht nur einen direkten Strandzugang, sondern von einigen Plätzen auch einen fantastischen Meerblick [**035:** N 48°38'05.9" W 02°04'41.8", 25 Rue du Sergent Boulanger, Telefon 0299461074, www.camping-port-blanc.com. Geöffnet Mitte/Ende Februar - Mitte November, Preise € - €€€].

Blick über die Mole von Saint-Malo nach Dinard

Dinard

Mehrmals am Tag setzt die Fähre in 10 Minuten nach Dinard über und unterhalb denkmalgeschützter Villen und Luxushotels gehen wir an der **Promenade du Claire de Lune** an Land. Die Mondschein-Promenade gehört zu einem Rundweg und erstreckt sich von der **Plage du Prieuré** mit **Meerwasserschwimmbecken** bis zur **Pointe du Moulinet** und begleitet unter steilen Felsen die letzten Meter der Rance ins offene Meer. Von der Landspitze kann man das prächtige Panorama auf Saint-Malo genießen, anschließend auf dem **Chemin de Ronde** zu weiteren Stränden und Aussichtspunkten weiterwandern oder in noblen Läden shoppen gehen. Die blumengeschmückte Flaniermeile am Fähranleger wird übrigens während der Sommermonate und bei Einbruch der Dämmerung mit dezenter Beleuchtung und leiser Musik gekonnt in Szene gesetzt, sodass ein abendlicher Besuch einen besonderen Reiz ausübt.

Weitere Informationen rund um den schicken Badeort vermittelt das **Office de Tourisme** *(April - Juni/September Mo - Sa 9.30 - 12.30/ 14 - 18 Uhr, Juli/August Mo - Sa 9.30 - 12.45/14 - 18.30 Uhr, So/Feiertage 10 - 12.30/15 - 18.30 Uhr, Oktober - März Di - Sa 9.30 - 12.30/ 14 - 18 Uhr, 2 Boulevard Féart, Telefon 0821235500 (gebührenpflichtig), www.dinardemeraudetourisme.com)*.

Wir verabschieden uns aus Saint-Malo südwärts und folgen der gut ausgeschilderten Zufahrt zum **Grand Aquarium Saint-Malo** (N 48"37'13.8" W 01°59'38.5", Avenue du Général Patton).

Das beliebte als auch spektakuläre Ausflugsziel zieht die ganze Familie in seinen Bann und bietet trotz fehlender deutscher Erklärungen sowie üppigen Eintrittspreisen ein ganz außergewöhnliches Erlebnis. In illuminierten Bassins sind exotische Fische zu sehen, schweben grazile Seepferdchen schwerelos im Wasser und Besucher werden von Haien in einem Ringaquarium umkreist. Kinder werden mit Sicherheit vom versunkenen Piratenschiff begeistert sein und auch Erwachsene gehen staunend durch die thematisch gegliederten Räumlichkeiten *(einige Tage im Januar geschlossen ansonsten täglich 10 - 18 Uhr oder 10 - 19 Uhr geöffnet, Eintritt. Um die oftmals lange Warteschlange an der Kasse zu vermeiden, können Tickets vorab online bestellt werden. www.aquarium-st-malo.com)*.

Unsere Strecke führt uns später über die Staumauer des **Barrage de la Rance** und wir kommen nicht umhin, uns mit dem dortigen Kraftwerk zu beschäftigen.

Usine Marémotrice (Gezeitenkraftwerk)

Wie wir bereits wissen, beträgt der gewaltige Gezeitenunterschied an der bretonischen Küste bis zu 14 Höhenmeter. Seit Jahrhunderten wurde der Tidenhub zum Antrieb von sogenannten Gezeitenmühlen genutzt und in den 1920er-Jahren reiften in Frankreich Pläne, die entstehende Energie in großem Stil auszubeuten. Eine unzureichende Finanzierung und der Zweite Weltkrieg ließen eine Umsetzung jedoch erst im Jahr 1961 zu.

Der enorme Gezeitenwechsel macht sich auch in der breiten Mündung der Rance bemerkbar, die durch einen 750 Meter langen Damm zu einem 22 Quadratkilometer großen See (*Barrage de la Rance*) aufgestaut wird. Je zweimal am Tag strömen die gesamten Wassermengen durch die Schleusentore in jede Richtung und werden so reguliert, dass

Blick von der Staumauer der Rance nach Saint-Malo

sie sowohl bei Ebbe als auch bei Flut 24 Turbinen im Inneren der Staumauer antreiben. Auf diese Weise entstehen pro Jahr etwa 600 Millionen Kilowattstunden Strom, die immerhin den Bedarf einer Großstadt von rund 300.000 Einwohnern decken könnten.

Im einst größten Gezeitenkraftwerk der Welt, mittlerweile ist es durch einen südkoreanischen Bau übertrumpft worden, gibt es ein kleines **Informationszentrum**, in dem ein Modell der Anlage und deren Funktion erklärt werden. Zusätzlich kann ein Blick in den Maschinenraum geworfen werden und es wird Wissenswertes über Flora und Fauna an der Rance vermittelt (*Öffnungszeiten unter www.edf.fr*).

An der Westseite des Damms regeln eine Schleuse und eine Hebebrücke den Schiffsverkehr zwischen Rance und Atlantik und es ist immer wieder interessant, den Schleusendurchgang der Boote zu beobachten.

Das Rance-Tal öffnet uns den Weg in das **Département Côtes-d'Armor** und etwas außerhalb von **Pleudihen-sur-Rance**, aber im Ort gut ausgeschildert, befindet sich das **Musée de la Pomme et du Cidre**, welches über Apfelsorten sowie die Herstellung von Cidre informiert, den man wie Apfelsaft und Calvados aus eigenem biologischem Anbau auch käuflich erwerben kann *(April - Juni/September Mo - Sa 14 - 18.30 Uhr, Juli/August Mo 14 - 19 Uhr, Di - Sa 10 - 12.30/14 - 19 Uhr, Eintritt. www.museeducidre.fr)*.

Im Tal der Rance liegt aber auch das Städtchen **Dinan**, das „einem Schwalbennest gleich, über dem Abgrund klebt". So sah es Victor Hugo und wir meinen, dass Dinan unbedingt einen Platz in unseren persönlichen **Top Ten** verdient.

Der einfache Parkplatz am Fluss nahe dem Hafen ist sicher die erste Wahl, um von dort die idyllischen Gassen in einem der schönsten mittelalterlichen Orte der Bretagne zu besuchen. Auch wenn sie etwas weiter entfernt sind, bieten sich sowohl der Parkplatz in Léhon als auch der gepflegte **Camping Municipal International La Hallerais****** im Nachbarort **Taden** als Alternative für eine ruhige Nacht an [**036:** N 48°28'18.5" W 02°01'23.5", 4 Rue de la Robardais, Telefon 0296391593, www.camping-lahallerais.com. Geöffnet Mitte März – Mitte November, Preise €€ - €€€].

(037) Offizieller WOMO-Stellplatz: Dinan Parking du Port

GPS: N 48°27'15.6" W 02°02'19.2", Rue du Port. **Max. WOMOs:** 38.
Öffnungszeit: Ganzjährig.
Ausstattung: Müllbehälter.
Beschreibung: Der einfache, asphaltierte teils schattige Parkplatz liegt am Ortsrand unter einer Brücke und ist bei Vollbelegung sehr eng. Von hier sind es etwa 300 m steil bergauf ins Zentrum und etwa 200 m

zum Hafen. Nachts ist es sehr ruhig und manchmal machen Pkw tagsüber den WOMOs den Platz streitig. Mit ganz viel Glück ist jedoch die Zufahrt zur Wiese an der Rance geöffnet und dann wird's richtig schön zum Stehen!
Preise: Tagsüber € - €€€, nachts kostenfrei.
Zufahrt: Im Ort dem WOMO-Piktogramm folgen.

(038) Offizieller WOMO-Stellplatz: Léhon – Aire de Camping Cars

GPS: N 48°26'31.3" W 02°02'31.9", Route de la Brancherie.
Max. WOMOs: 6.
Öffnungszeit: Ganzjährig.
Ausstattung: V/E, Müllbehälter.
Beschreibung: Der einfache, asphaltierte meist schattenlose Parkplatz liegt am Ortsrand und über den Fuß- bzw. Radweg sind es entlang der Rance etwa 1 km bis nach Dinan.
Zufahrt: Im Ort dem WOMO-Piktogramm folgen. Am Abzweig zur Abtei den Hinweis P Les Vieilles Tours scharf rechts (!) zur Tennishalle folgen.
Hinweis: Maximaler Aufenthalt 24 Stunden. Samstagvormittag kann es durch den in unmittelbarer Nähe stattfindenden Markt unruhig sein.

Dinan

Das im 11. Jahrhundert gegründete Dinan wuchs recht schnell, als sich am Knotenpunkt einer alten Handelsstraße zahlreiche Kaufleute und Handwerker niederließen. Die Stadtmauer wurde im 13. Jahrhundert angelegt, der Hafen ausgebaut, Jahrmärkte entwickelten sich und ab dem 14. Jahrhundert sorgte eine prosperierende Textilindustrie für Wohlstand.

Als die Hauptstadt der Bretagne 1359 von den Engländern belagert wurde, schlug die Stunde des Landadeligen **Bertrand du Guesclin**, der sich einen Zweikampf mit Thomas von Canterbury lieferte. Der hässlich geratene, aber tapfere Recke Guesclin, der es zuvor nicht einfach im Leben hatte, trug den Sieg davon und sorgte damit für den Abzug des feindlichen Heeres. Wie im Märchen heiratete er anschließend eine schöne, gebildete Frau, machte sich einen Namen als renommierter Feldherr und lebte glücklich bis ans Ende seiner Tage. Aus dieser glorreichen Zeit stammen die **wunderschönen Fachwerkhäuser der anheimelnden Altstadt**, die sich in engen Gassen aneinanderschmiegen und ihre ganze Pracht an den Plätzen entfalten können. Nach der französischen Revolution verliert Dinan einen Teil seiner wirtschaftlichen Bedeutung und heute sind es zum großen Teil wir, die Touristen, die für Leben in den Straßen sorgen.

Vom Stellplatz am Viadukt überqueren wir die Straße und erklimmen über Treppenstufen sowie einen schmalen Pfad den Berg hinauf zur ältesten **Stadtmauer der Bretagne**. Sie stammt teilweise aus dem 13. Jahrhundert, wurde im 16. Jahrhundert erweitert, umschließt die Stadt auf fast 3 Kilometer Länge und kann bei einem Spaziergang begangen werden. Wir befinden uns jetzt auf der **Promenade de la Duchesse Anne**, die den östlichen und damit schönsten sowie aussichtsreichsten Punkt markiert. Westlich schließt sich der **Jardin Anglais** an und dahinter die **Basilique Saint-Sauveur**. Das Gotteshaus wurde vom 12. bis 17. Jahrhundert erbaut, weist eine mit einem spätgotischen Giebel gekrönte Fassade auf und besitzt im Inneren einen barocken Hochaltar. Die Buntglasfenster zeigen Persönlichkeiten des Stadtgeschehens und im nördlichen Querschiff erinnert ein Grabstein daran, dass hier das Herz von Bertrand du Guesclin beigesetzt wurde.

Folgen wir der Promenade im Uhrzeigersinn erreichen wir das wehrhafte **Château de Dinan** aus dem 14./15. Jahrhundert hinter dessen bis zu vier Meter dicken Mauern sich das **Musée de Château** befindet, das sich mit der Stadt- und der Regionalgeschichte befasst *(Juni - September 10 - 18.30 Uhr, Ostern bis Mai/Oktober 13.30 - 17.30 Uhr, Eintritt)*. Direkt daneben schließt sich das **Office de Tourisme** an, welches recht gute Informationen über die Stadt und das Rance-Tal *anbietet (Juli/August Mo - Sa 9.30 - 19 Uhr, So/Feiertage 10 - 12.30/14.30 - 18 Uhr, April - Juni/ September Mo - Sa 9.30/10 Uhr - 12.30/14.30 - 18 Uhr, So 10 - 12.30/ 14.30 - 18 Uhr, Oktober - März Mo - Sa 9.30 - 12.30/14 - 18 Uhr, 9 Rue du Château, Telefon 029687697, www.dinan-capfrehel.com)*. Hier, aber auch am Hafenkai können **Bootsfahrten** durch das ansehnliche Rance-Tal nach Dinard und Saint-Malo gebucht werden oder es wird die **Touristenbahn Le Petit Train** zu den wichtigsten Sehenswürdigkeiten bestiegen *(April - Mitte Oktober Mo - Sa 11 - 17 Uhr, Juli/August 10 - 17 Uhr, Gebühr. Kommentare nur in Französisch und Englisch, www.petit-train-dinan.com)*. Außerdem sind Informationen über verschiedene Feste zu erhalten, wobei die **Fête de Remparts** besonders erwähnenswert ist. Das Stadtmauerfest findet alle zwei Jahre in der zweiten Julihälfte statt und versetzt die Stadt mit historischen Kostümen, Turnieren, Märkten und vielem anderen mehr ins Mittelalter und zieht damit ungeheuer viele Zuschauer an *(www.fete-remparts-dinan.com)*.

Wir spazieren weiter durch die verwinkelten Gassen und erreichen das Wahrzeichen der Stadt, den **Tour de l'Horloge** aus dem 15. Jahrhundert. Der Uhrenturm kann besichtigt werden und bietet eine schöne Panoramaaussicht *(Juli/August Gebühr)*. In einer der Nebengassen

Fachwerkhäuser an der Place des Merciers

im historischen Zentrum wird im **Restaurant La Fleur de Sel** lächelnd eine kreative Küche mit frischen, köstlichen Speisen angeboten *(Mittags- und Abendmenüs, So Abend, Mo/Di außerhalb der Saison und der Ferien geschlossen, 7 Rue Sainte Claire, Telefon 0296851514, www.restaurantlafleurdesel.com).*

Wir bummeln über die Rue de l'Horloge in nördliche Richtung, schauen in die Geschäfte der Glasbläser, Seidenmaler oder Holzschnitzer und können auch das **Restaurant Atypic** empfehlen, dessen Burger, Fleischspieße und Salate uns ebenfalls überzeugen *(Mittags- und Abendmenüs, Mi geschlossen, 14-16 Rue de la Poissonnerie, Telefon 0296805208).* Nur ein Stückchen weiter und schon sind wir in Dinans idyllischster Straße, der **Rue du Jerzual** gelandet. Über Kopfsteinpflaster gelangen wir ziemlich steil bergab durch das gleichnamige Tor aus dem 13. bis 15. Jahrhundert hinunter zum Hafen. Die Gasse ist von hübsch restaurierten Fachwerkhäusern gesäumt und war bis zum Bau des Viaduktes die Hauptverbindung zwischen Ober- und Unterstadt. Heute haben sich hier Kunsthandwerker niedergelassen und das interessanteste Haus hat die Nummer 24. Die **Maison de Gouverneur** stammt aus dem 15./16. Jahrhundert und ist ganz aus Holz gefertigt. Vor der Porte de Jerzual führt rechts (Chemin de Ronde) der Weg hinauf zur Stadtmauer und es eröffnen sich von hier oben schöne Aussichten auf die Dächer und Türme der Stadt.

Am belebten **Hafen** mit einigen Restaurants und Bars angelangt, überspannt ein renoviertes Brücklein die Rance, auf der Jachten und Ausflugsschiffe vertäut sind. Ein besonderes Erlebnis ist die **Flussfahrt** mit dem flachen Motorboot Jaman V. Bei der einstündigen Rundfahrt werden Dörfer und Flusslandschaften kennengelernt, die man nur schwer oder gar nicht mit dem Wohnmobil erreichen kann *(April - August tägl., September Di - Sa 11/14.30/16/17.30 Uhr, bis Mitte Oktober 14.30/16 Uhr, Gebühr. www.vedettejamaniv.com).* Auch ohne Schifffahrt kann man am gegenüberliegenden Ufer einiges über den Fluss und sein Tal in der **Maison de la Rance** erfahren *(Ferien 14 - 18 Uhr, Juli/August 10 - 13/14 - 19 Uhr, Eintritt).*

Nachdem wir uns an den Fachwerkhäusern mit Auskragungen und Torbögen in der Oberstadt und den Reeder- und Kaufmannshäusern am Hafen in Dinan sattgesehen haben, wenden wir uns **Léhon** zu.

Blick über die Rance und den Hafen von Dinan

Entlang der Rance führt ein etwa ein Kilometer langer, schöner Spaziergang in das herausgeputzte Dörfchen, das durch die aus dem 13. und 15. Jahrhundert stammende **Benediktinerabtei Saint-Magloire** bekannt ist. Bereits im 10. Jahrhundert wurde hier ein Kloster errichtet und die aus dem 12. Jahrhundert stammende Kirche mit sehr schönen Buntglasfenstern wurde im 19. Jahrhundert renoviert. Die alte Klosteranlage ist teilweise zerfallen, doch Garten und Kreuzgang strahlen eine Ruhe aus, die in unserer sonst so unruhigen Zeit wohltuend ist *(Juli/August Führungen Mi/So 16 Uhr, Eintritt)*. Über Léhon wacht die Ruine des örtlichen Schlosses, das über einen Fußweg zu erreichen ist.

Nach einem unserer immer wieder erfreulichen Besuche in Dinan peilen wir nun über die D794 das westlich gelegene **Corseul** an.

(039) WOMO-Parkplatz: Corseul – Temple de Mars

GPS: N 48°28'15.4" W 02°08'46.7".
Max. WOMOs: 2.
Öffnungszeit: Ganzjährig.
Ausstattung: Infotafeln, Tisch und Bänke auf dem Gelände.
Beschreibung: Der einfache geschotterte, meist sonnige Parkplatz liegt außerhalb des Ortes in der Nähe von Häusern.
Zufahrt: Von der D794 etwa 2 km südöstlich des Ortes den Hinweisen zum Tempel folgen.

Auf dem gepflegten Gelände erwartet uns mit dem **Temple de Mars** die einzige größere Hinterlassenschaft, die auf die römische Zeit in der Bretagne hinweist. In französischer und englischer Sprache wird uns erklärt, dass wir uns auf dem keltischen Stammesgebiet der Curiosoliten befinden, welches später zur römischen Provinz Gallien gehörte. Das ehemals keltische Heiligtum wurde kurzerhand Mars geweiht und fortan beteten die Römer hier ihren Kriegsgott an.

Im nahen Ort sind beeindruckende Reste der einstigen gallo-römischen Stadt Coriosolis erhalten und frei zugänglich. Im **Centre d'Interprétation du Patrimoine-Coriosolis** können Interessierte der römischen Geschichte museal und gut aufbereitet nachgehen *(Juli/August Di - Fr 14 - 18 Uhr, Sa/So 10 - 13/14 - 18 Uhr, April - Juni/ September/Oktober Di - Fr/So 14 - 18 Uhr Eintritt. www.coriosolis.com)*. Damit man sich mit der Vergangenheit intensiver beschäftigen kann, wird das WOMO am besten am Ortsausgang geparkt (N 48°29'01.1" W 02°10'09.7", Rue César Mulon).

Bevor es uns wieder nah ans Meer zieht, dürfen wir in **Ploubalay** den dortigen, sehr angenehmen, teils schattigen **offiziellen WOMO-Stellplatz** auf dem Gelände des ehemaligen Camping Municipal nicht unerwähnt lassen [**040:** N 48°34' 41.2" W 02°08'30.7", 18 Rue de Chaffaud, V/E, Strom, Sanitärgebäude, ganzjährig geöffnet, Preis €€].

Vorbei an Steinkreuzen sowie einigen Parkplätzen mit Blick aufs Wasser erreichen wir den kleinen Familienbadeort **Saint-Jacut-de-la-Mer**, dessen Gründung auf den irischen Mönch Jacut zurückgeht.

(041) Offizieller WOMO-Stellplatz: Saint-Jacut-de-la-Mer – Aire de Camping Car

GPS: N 48°35'23.1" W 02°11'22.6", Rue de Dinan. **Max. WOMOs:** 60.

Öffnungszeit: Ganzjährig.
Ausstattung: V/E, Müllbehälter.
Beschreibung: Der einfache, schattenlose Stellplatz befindet sich am Ortsrand mit Zugang zum Wasser. Wenn in der Hauptsaison nicht alles mit WOMOs vollgestellt ist, dann ist der Rasenstreifen neben den Fahrzeugen klappstuhlgeeignet. Die Gegend lädt zu Spaziergängen und Radtouren ein und in den Ort muss man mit einem Fußweg von etwa ein km rechnen.
Preise: €.
Zufahrt: Auf der D26 vorbei an der Zufahrt zu einer zusätzlichen V/E-Station in den Ort fahren und ca. 300 m später rechts dem WOMO-Piktogramm folgen.

Der Ort liegt auf einer Landzunge, die östlich von der Mündung des Drouet sowie westlich von der Baie de l'Arguenon umschlossen wird und steil abfallend an der **Pointe du Chevet** im Meer endet. Von hier blickt man zu den vorgelagerten Inseln und zu den Stränden, die bei Flut zum Wassersport einladen und bei Ebbe den Fußfischern reiche Ernte bescheren.

Traber-Training bei Ebbe

Um dies alles und den Ortskern mit Granithäuschen zu erkunden, sollten die **Fahrräder** zum Einsatz kommen oder eine **Wanderung** um die Landspitze geplant werden, da fast alle Parkplätze und ein Teil der Straßen für WOMOs gesperrt sind.

Die Weiterfahrt führt uns an den Mündungstrichter des Arguenon über den die Ruine von **Château du Guildo** wacht (N 48°34'22.5" W 02°12'29.7").

Kurz hinter der Brücke über den Fluss führt eine Straße zu den **Pierres Sonnantes**, aber das Wohnmobil wird am besten bereits vorher auf einem Parkplatz abgestellt (N 48°34'29.1" W 02°12'52.4"). Die Attraktion besteht in einer Anhäufung kleinerer Steine am Flussufer – gelingt es, zwei aus dem gleichen Material aneinander zu schlagen, dann entsteht ein klingender Ton. Wir gestehen, dass uns der nahe Picknickplatz mit Blick auf das am anderen Ufer liegende Schloss eindeutig besser gefällt und auch das **Restaurant Gilles de Bretagne** *(Mittags- und Abendmenüs, Mo/Di geschlossen)* einen Stopp wert ist.

Saint-Cast-le-Guildo besteht aus vier Ortsteilen und gilt als einer der beliebtesten Badeorte der Nordbretagne. Entsprechend lebhaft geht es in der Hauptsaison an den Stränden und am einstigen Fischereihafen, der sich zum ansehnlichen Jachthafen gemausert hat, zu.

Bei unserem Spaziergang oberhalb der Tourist-Info sind wir auf die Säule **La Colonne** gestoßen, die an die Schlacht von Saint-Cast am 1. November 1758 erinnert. Damals standen sich das englische sowie das bretonische Heer gegenüber und den Untergang vor Augen, stimmten die Bretonen ein keltisches Kampflied an. Dies hörten die walisischen Truppenteile des englischen Heeres, in deren Adern ebenfalls keltisches Blut floss, und entschieden sich zum Seitenwechsel – (keltisches) Blut ist eben doch dicker als Wasser. Gemeinsam schlugen sie die Engländer und gewannen die wichtigste Schlacht der Bretonen. Immerhin wurde mit dem Sieg das Ende der jahrhundertelangen Invasionsversuche der Briten eingeläutet.

Die Gegend ist auf Touristen mit Wohnmobilen, Wohnwagen und Zelten eingestellt und neben einigen WOMO-Stellplätzen, gibt es etliche Campingplätze. von denen uns der **Camping Le Châtelet******* oberhalb der nördlich gelegenen Plages de la Pissotte und Fresnaye im Stadtteil L'Isle am meisten angesprochen hat. Über das umfangreiche Freizeitprogramm informiert das **Office de Tourisme** *(Oktober - März Mo - Sa 9.30 - 12.30/ 14 - 17.30 Uhr, April - Juni/September Mo - Sa 9.30 - 12.30/ 14 - 18 Uhr, So 10 - 13 Uhr, Juli/August Mo - Sa 9.30 - 13/ 14 - 19 Uhr, So/Feiertage 10 - 13/15 - 18 Uhr, Place du Général de Gaulle, Telefon 0296418152, www.dinan-capfrehel.com).*

(042) Offizieller WOMO- Stellplatz: Saint-Cast-le-Guildo – Pointe du Bay

GPS: N 48°36'29.1" W 02°13'49.1", Rue de la Pointe du Bay.
Max. WOMOs: 20.
Öffnungszeit: Ganzjährig.
Ausstattung: Infotafel, WC, Müllbehälter.
Beschreibung: Der einfache, asphaltierte, schattenlose Parkplatz befindet sich außerhalb des Ortes neben einem Pkw-Parkplatz und bietet eine grandiose Aussicht auf die Pointe de Chevets. Der GR34 lädt zu Wanderungen ein und die Plage de Pen Guen ist nach etwa 800 m über einen schmalen Pfad bergab erreicht.
Zufahrt: Südlich des Ortes dem Hinweis zur Pointe du Bay folgen.

(043) Offizieller WOMO-Stellplatz: Saint-Cast-le-Guildo – Rue de Brie

GPS: N 48°37'38.1" W 02°15'12.5", Rue de Brie. **Max. WOMOs:** 10.
Öffnungszeit: Ganzjährig.
Beschreibung: Wenig einladender, schattenloser Parkstreifen am Straßenrand, der etwa 200 m vom langen Hauptstrand Grande Plage und ca. 600 m vom Ortszentrum entfernt liegt.
Zufahrt: Im Ort an der D19 gegenüber dem Camping Les Mielles gelegen.
Hinweis: Nur für Fahrzeuge bis 6,50 - 7 Meter Länge.

(044) Offizieller WOMO-Stellplatz: Saint-Cast-le-Guildo – Place du Général de Gaulle

GPS: N 48°37'54.1" W 02 15'30.0", Place du Général de Gaulle.
Max. WOMOs: 5.
Öffnungszeit: Ganzjährig.
Beschreibung: Einfacher, asphaltierter schattenloser Mixed-Parkplatz mit markierten, engen WOMO-Plätzen mitten im Ortszentrum. Die Grande Plage ist ca. 300 m entfernt und das empfehlenswerte **Restaurant Les**

Halles etwa 250 m (*Mittags- und Abendmenüs, 21 Rue du Duc d'Aiguillon, Telefon 0296416501*).
Zufahrt: Der Parkplatz liegt direkt hinter dem ausgeschilderten Office de Tourisme.

(045) Offizieller WOMO-Stellplatz: Saint-Cast-le-Guildo – Parking Sémaphore

GPS: N 48°38'36.2" W 02°14'45.4", Rue de Sémaphore.
Max. WOMOs: 7 - 10.
Öffnungszeit: Ganzjährig.
Ausstattung: Tisch und Bänke, WC, Müllbehälter.

Beschreibung: Der einfache, asphaltierte, schattenlose, teils schräge Parkplatz liegt oberhalb des Ortes mit einer grandiosen Aussicht über die Bucht. Zum Hafen mit Restaurants sind es etwa 400 m Fußweg und ins Ortszentrum rund 1,5 km.
Zufahrt: Alle WOMOs, die schwerer als 3,5 t und breiter als 2,20 m sind, folgen hinter der Tourist-Info der Straße Richtung Saint Cast-Bourg/Isle bergauf bis zur D13. Dort weiter Richtung L'Isle/Le Port de Saint Cast fahren und die blauen Schilder beachten, die auf die Durchfahrt für breite WOMOs und Wohnwagen hinweisen.

Am Friedhof notieren wir eine **V/E-Station** (N 48°37'30.8" W 02°15'56.9", Boulevard de Penthièvre), um später in Matignon die D786 zu erreichen.

(046) Offizieller WOMO-Stellplatz: Saint-Germain-de-la-Mer – La Pointe de Saint Efficace

GPS: N 48°37'21.0" W 02°17'46.9". **Max. WOMOs:** 2.
Öffnungszeit: Ganzjährig.
Ausstattung: Müllbehälter.

Beschreibung: Der einfache Wiesenparkplatz ist teils schattig und schräg. Er liegt außerhalb des Ortes in der Nähe eines Hauses und des Wanderwegs GR34. Folgt man dem Sträßchen zu Fuß, gelangt man hinab zum Meer und ins Vallée du Moulin mit einer Mühle. Bei Niedrigwasser ist die Flussmündung passierbar und auf der gegenüberliegenden Seite führt ein Weg rechts hinauf und durch das pittoreske Mühlental. Hält man sich später rechts, gelangt man wieder in den Ort und von dort zum Parkplatz.
Zufahrt: Von der D786 nach Saint-Germain-de-la-Mer abbiegen und der Durchgangsstraße aus dem Ort hinaus folgen. Vor einer Straßenbarriere rechts dem kleinen Sträßchen und dann dem WOMO-Piktogramm folgen.

Unsere nächsten Ziele sind gar nicht zu verfehlen, denn wir orientieren uns an den Hinweisen **Fort La Latte** und **Cap Frehel**, zwei der meistbesuchten Ausflugsziele der Bretagne. Die Parksituation ist klar geregelt und wer in dieser wunderschönen, aber auch gut besuchten Gegend übernachten möchte, dem bleiben nur die nachstehenden Möglichkeiten.

Zum einen bieten sich die schön gelegenen **Camping Municipal du Cap Fréhel** und **Camping du Pont de l'Etang** sowie ein **offizieller WOMO-Stellplatz** nordwestlich von **Fréhel** an (weitere Angaben hierzu in der folgenden Tour). Zum anderen lockt **Plévenon** mit einem Stellplatz.

(047) Offizieller WOMO-Stellplatz: Plévenon – Aire de Camping-Cars

GPS: N 48°39'21.7" W 02°19'40.3", Route du Cap/D34. **Max. WOMOs:** 50.

Öffnungszeit: Ganzjährig.
Ausstattung: V/E, Müllbehälter, Tisch und Bänke.
Beschreibung: Der einfache, geschotterte, schattenlose Mixed-Parkplatz liegt am nordöstlichen Ortsrand. Im nahen Ortskern befindet sich eine Crêperie/Bistro sowie eine Bäckerei und Fort La Latte sowie Cap Fréhel sind jeweils etwa 3 km entfernt.
Preise: €.
Zufahrt: Im Ort den Hinweisen zum Cap Fréhel und zum Fort La Latte folgen. Der Stellplatz liegt am Ortsausgang rechts.
Hinweis: Der maximale Aufenthalt beträgt 24. Stunden.

Glücklich können sich diejenigen schätzen, die die zwei touristischen Hotspots außerhalb der Hauptsaison besuchen dürfen! Ansonsten muss man sich auf viel Trubel einstellen und die sehr frühe oder sehr späte Gunst der Tages- oder Abendstunden nutzen, um zumindest das **Cap Fréhel** halb-

Blick von Sain-Cast-le-Guildo zu Capf Frehel und Fort La Latte

wegs einsam zu erleben. Uns gefällt die 70 Meter über dem Meer aufragende Landspitze beinahe aus Entfernung am besten, wenn sich deren rötlich gefärbter Stein kontrastreich von den Blau- und Grüntönen des Wassers abhebt. Wir werden uns deshalb zu Fuß dem Cap nähern und verweisen alle, die näher ans Geschehen möchten, auf den ausgeschilderten, gebührenpflichtigen Großparkplatz Cap Fréhel, von dem es noch ein knapper ein Kilometer langer Fußweg bis zur Landspitze ist (N 48°40'51.9" W 02°19'04.5", An der D34A, WOMOs 8 - 22 Uhr, Gebühr).

Wir parken unser Wohnmobil auf dem ebenfalls gebührenpflichtigen und nur tagsüber zu nutzenden Parkplatz am Fort La Latte und gehen etwa 600 Meter bis zum Kassenhäuschen (N 48°39'52.5" W 02°17'35.1", La Latte, WOMOs 8 - 22 Uhr, Gebühr).

Fort La Latte

Wer noch nie vor der im 13. Jahrhundert durch einen Herrn von Goyon erbauten Burg gestanden hat und doch meint, sie zu kennen, dem sei verraten, dass es das Fort bereits zu Filmruhm gebracht hat. Abgesehen von zwei Zugbrücken und dicken Mauern war es sicher auch die exponierte Lage auf der Spitze einer Halbinsel, die an drei Seiten vom anbrandenden Meer umgeben ist, die sich in Abenteuerfilmen immer gut macht.

Bereits im 10. Jahrhundert soll hier eine Burg gestanden haben und nachdem die jetzige Anlage im 14. Jahrhundert mehrmals erweitert, später von Bertrand Duguesclin erobert und wieder zurückgegeben wurde, verließ die Familie des Erbauers ihre Stammburg und zog an den königlichen Hof nach Versailles. Vauban, der grandiose Festungsbaumeister Ludwig XIV., lässt die Burg schließlich wieder aufpeppen und installiert eine Kanonenbatterie. Der Ofen, in dem die Kugeln bis zum Abschuss erhitzt wurden, ist noch heute im Innenhof zu sehen. Vom Bergfried und

den Verteidigungsanlagen wurden die Schiffe aus Saint-Malo vor den Angriffen der Holländer und Engländer geschützt.

Heute gehört Fort La Latte zu den historischen Monumenten Frankreichs und ist in Privatbesitz. Die Aussicht vom **Tour de l'Echauguette** auf den Küstenverlauf ist beeindruckend und, wenn man die umherlaufenden Menschen in kurzen Hosen und mit Handy bewaffnet vergessen machen könnte, dann könnte man meinen, am Horizont würde plötzlich ein Dreimastsegler unter vollen Segeln auftauchen. Neben dem Bergfried sind die Kapelle und das Wachhaus zu besichtigen *(April - September 10.30 - 18 Uhr, Juli/August bis 19 Uhr, Oktober 11 - 17 Uhr, Februar/März 13 - 17 Uhr, Eintritt. Führungen möglich, Anfang August findet im Schloss ein mittelalterliches Fest statt. Hunde an der Leine gestattet. www.de.lefortlalatte.com)*.

In der Nähe des Parkplatzes befindet sich nicht nur ein Restaurant, sondern auch der Einstieg zum Wanderweg GR34.

Vom Fort La Latte zum Cap Fréhel

Leichte bis mittelschwere Wanderung von ca. 10 Kilometer Länge, die auf schmalen, teils steilen Passagen über dem Meer mit grandiosen Aussichten besticht. Durchgängig mit der rot-weißen Markierung des Küstenwanderwegs versehen und nicht zu verfehlen.

Gegenüber dem hinteren Ende des Parkplatzes gehen wir in westliche Richtung durch das Portal des Küstenwanderweges und zwischen Feld sowie grünem Bewuchs mit Ginster, bis wir auf einen Querweg gelangen und uns rechts halten. Durch eine Schneise gelangen wir auf

den Küstenpfad, dem wir links folgen. Der markierte Pfad verläuft meist aussichtsreich hoch oben am Steilufer und von Zeit zu Zeit müssen wir bergab oder bergauf gehen und manchmal steigen wir über Treppenstufen. Kiefern, Ginster, Farn, Fingerhut und Heidekraut bestimmen die fast mediterrane Vegetation und bald haben wir das **Cap Fréhel** mit den gut auszumachenden Leuchttürmen im Blick. Nachdem der höhere Bewuchs weniger wird, windet sich der Weg oberhalb der **Anse des Sévignés** und es bedarf vielleicht ein wenig Schwindelfreiheit. Der Pfad führt ein kurzes Stück ins Inland, um dann an einer Parkbucht anzukommen und etwas breiter zu werden. Nach etwa 500 Metern erreichen wir die **Pointe de Château Renard** und nach weiteren 500 Metern den Vogelfelsen von **La Fauconnière**. Nun ist es nicht mehr weit bis zur äußersten Spitze des **Cap Fréhel** mit beeindruckenden Blicken über die zum Meer abfallenden Felsen.

Nachdem wir uns sattgesehen haben, kehren wir um und wandern zurück zum Ausgangspunkt unserer Wanderung. Keine Angst, der Rückweg wird nicht langweilig, denn nun haben wir Fort La Latte im Focus und die Küstenlandschaft wirkt ganz anders!

Wer nicht wandern möchte und vom Fort La Latte auf der Küstenstraße direkt zum **Cap Fréhel** fährt, sollte ungefähr auf halber Strecke an einer schmalen Parkbucht anhalten – es lohnt sich! Fußwege führen durch den niedrigen Bewuchs Richtung Steilküste, von der sich ein wunderbares Panorama bietet.

Wer dann vom Großparkplatz zum Cap gegangen ist, wird das **Naturerlebnis par excellence** ebenfalls erleben können. Touristen mit Ferngläsern und Teleobjektiven beobachten Hunderte von Seevögeln, von Haubenkormoranen über Silbermöwen bis zu den äußerst seltenen Tordalken, die in den Klippen rund um die Landzunge nisten und geschickt um die Felsen segeln. Je nach Jahreszeit sind es zudem die Farben des gelb leuchtenden Ginsters, das Rosa der Strand-Grasnelken und das Violett des Heidekrauts, welche einem schier die Sprache verschlagen.

Bereits zur Römerzeit wurden auf der Landspitze Leuchtfeuer gezündet, um den Schiffen den Weg durch den Ärmelkanal zu weisen und auch die malouisischen Kapitäne wussten die strategische Lage zu schätzen. Wieder war es Vauban, Baumeister des Sonnenkönigs, der dies ebenfalls erkannte und einen ersten Leuchtturm Anfang des 18. Jahrhunderts errichten ließ. Später wurde dieser mit den aktuellen Techniken ausgestattet und von deutschen Soldaten erst kurz vor deren Kapitulation während des Zweiten Weltkrieges gesprengt. Der Aufstieg über 145 Stufen auf die **Aussichtsplattform** des nächsten Leuchtturms, der aus den 1950er- Jahren stammt, ist lohnenswert! Bei klarem Wetter reicht die atemberaubende Fernsicht über die Kanalinsel Jersey bis ins normannische Cotentin, im Westen bis Paimpol und zur Ile de Bréhat sowie im Osten bis zum Fort La Latte und zur Pointe de Grouin *(April - Anfang November nachmittags, Juli/August auch vormittags, Eintritt)*.

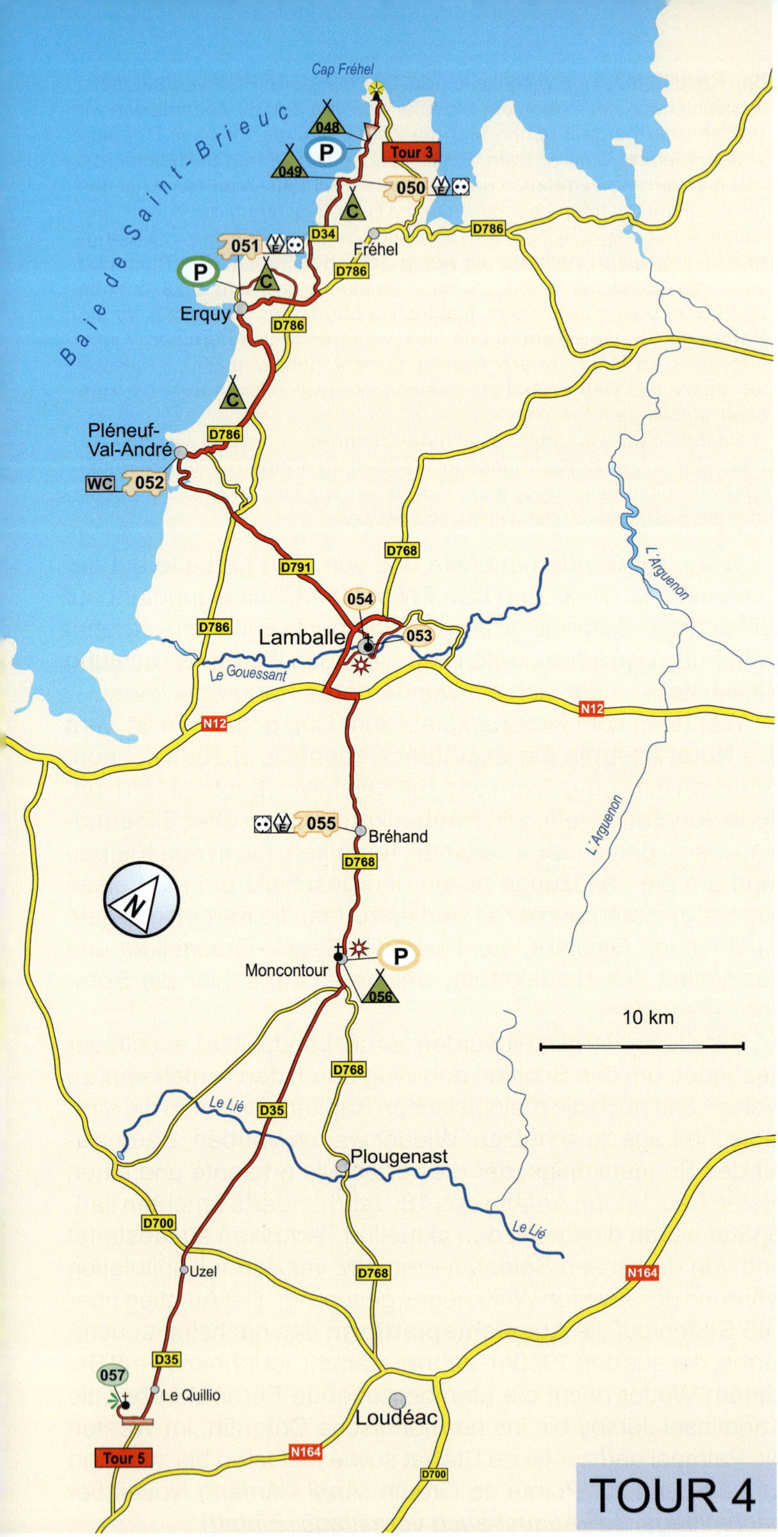
Cap Fréhel
Baie de Saint-Brieuc
Tour 3
048
049
050
051
052
053
054
055
056
057
D34
D786
D791
D768
D35
D700
N12
N164
Fréhel
Erquy
Pléneuf-Val-André
WC
Lamballe
Le Gouessant
L'Arguenon
Bréhand
Moncontour
10 km
Le Lié
Plougenast
Uzel
Le Quillio
Loudéac
Tour 5
TOUR 4

Tour 4 105 km

Plévenon – Erquy – Lamballe Moncontour – Le Quillio

Stellplätze:	Pléhérel, Erquy, Pléneuf-Val-André, Lamballe, Bréhand, Moncontour, Le Quillio.
Campingplätze:	Plévenon Camping Municipal du Cap Fréhel, Fréhel Camping Municipal du Pont d l'Etang, Moncontour La Tourelle Camping.
Besichtigen:	Lamballe Musée Mathurin-Méheut, Musée d'Arts et Traditions Populaires, Collégiale Notre-Dame, Église Saint Martin, Haras National; Moncontour Église Saint-Mathurin, Musée Théâtre du Costume.
Wandern:	Erquy, Pléneuf-Val-André.
Baden:	Pléhérel, Sables-d'Or-les-Pin, Erquy, Pléneuf-Val-André.
Essen:	Erquy Restaurant L'Abri des Flots; Lamballe Crêperie Ty Coz, Boulangerie-Pâtisserie Le Mercier; Moncontour Restaurant Le Chaudron Magique, Restaurant La Mulette.
Märkte:	Pléhérel Plage nächtlicher Markt Mitte August Di, Sables-d'Or-les-Pins Juli/August So, Erquy Sa, Pléneuf Di, Val-André Fr, Dahouet Juni - September Do, Lamballe Do; Moncontour Di.

In dieser und in der nächsten Tour warten die familienfreundlichen, weitläufigen Strände in der ***Bucht von Saint-Brieuc*** *auf uns, die sich vom Cap Fréhel im Osten bis zur Île de Bréhat im Westen erstrecken. Die Küstenlandschaft ist von aufragenden Kaps gekennzeichnet, zwischen denen ehemalige Fischerhäfen zu freundlichen Badeorten avanciert sind, ohne dass ihnen ihre ursprüngliche Identität ganz abhandengekommen ist.*

Ohne maritimen Charme, aber dennoch abwechslungsreich wird sich unsere Reise durch das Landesinnere gestalten, bei der Wassersportler und Wanderer rund um den glitzernden Lac de Guerlédan auf ihre Kosten kommen. Beschaulichkeit finden wir an alten Abteien sowie im kleinsten und gleichzeitig einem der schönsten Dörfer der Region. Von einer der höchsten Erhebungen der Bretagne werden wir die hügelig-fruchtbare Ackerlandschaft betrachten können, um am Ende in einer der kleinen Städte mit Charakter diese Inlandsrunde zu beenden.

Über die Hochebene verlassen wir die aussichtsreiche sowie beliebte Landspitze am Cap Fréhel und rollen durch die Heidelandschaft, die von **Rad- und Fußwegen** durchzogen ist.

Wir notieren in **Fréhel** den sehr einfachen **Camping Municipal du Cap Fréhel**, dessen baumbestandenes Gelände eher einem Stellplatz ähnelt [**048:** N 48°39'51.1" W 02°20'34.0", An der D34, Telefon 0296414334, www.dinan-capfrehel.com. Geöffnet April - Oktober Preise €/€€] und wenig später einen von 8 - 22 Uhr zu nutzenden Parkplatz (N 48°39'46.2" W 02°20'41.5", An der D34). Von hier kann dem Badevergnügen unterhalb der Pointe de la Guette an der **Plage de la Fosse** wunderbar nachgegangen werden.

Im weiteren Verlauf der Küste und an der östlichen Seite der Bucht von Saint-Brieuc setzt sich die Heidelandschaft fort und zwischen vorspringenden Klippen tauchen weite Sandstrände auf, die die Landschaft großrahmiger als an der Smaragdküste wirken lassen. Die Parkplätze sind für Wohnmobile meist nur tagsüber freigegeben, aber für den

Plage de la Fosse

Kurzaufenthalt zum Baden, Radfahren oder Wandern findet sich hier und da auch immer mal wieder ein Plätzchen am Straßenrand. Wer die Umgebung länger genießen möchte, dem bieten sich weitere gut ausgewiesene Campingplätze an, von denen wir den folgenden favorisieren. Der **Camping Municipal du Pont de l'Etang** erstreckt sich über das Dünengelände sowie unter einem Pinienwald und begeistert uns mit seiner Natürlichkeit. Von einigen Parzellen bietet sich sogar ein toller Blick über Strand und Meer [**049:** N 48°39'06.3" W 02°21'23.4", Boulevard de la Manche, Telefon 0296414045, www.camping-frehel.fr. Geöffnet April - Anfang/Mitte November, Preise € - €€].

Über die Straße direkt gegenüber der Zufahrt zum Campingplatz wird ein **offizieller WOMO-Stellplatz** der Betreibergesellschaft Camping-Car Park erreicht [**050:** N 48°39'01.4" W 02°21'08.6", La Ville Oie, www.campingcarpark.com. V/E, Strom, ganzjährig geöffnet, Preise €€ - €€€].

Von der Landstraße hat man die goldgelben Strände am mit Pinien begrenzten kilometerlangen Küstensaum gut im Blick, die, so scheint es jedenfalls, dem aus der Retorte entsprungenen Badeort **Sables-d'Or-les-Pins** seinen Namen geben. Im Hochsommer quillt der Ort von Menschen fast über und die Campingplätze sind ausgebucht, sodass eine rechtzeitige Reservierung unbedingt empfehlenswert ist. Das Angebot der örtlichen Freizeitvergnügungen, zu denen auch ein Casino-Besuch gehören könnte, kennt kaum Grenzen und bei der Auswahl ist das **Office de Tourisme Dinan-Cap Frehél** direkt in **Frehél**, zu dem auch die Büros in Sables-d'Or-les-Pin, Plévenon und Pléhérel gehören, sicher behilflich *(Oktober - März Mo - Sa 9.30 - 12.30/ 14 - 17 Uhr, April - Juni/September Mo - Sa 9.30 - 12.30/ 14 - 18 Uhr, So/Feiertage 10 - 13 Uhr, Juli/August Mo/Di/Do/Fr 9.30 - 12.30, Mi 9.30 - 13 Uhr, Oktober - März Mo - Sa 9.30 - 12.30/ 14 - 17 Uhr, manchmal leicht abweichend, Place Chambly, Telefon 0296415723, www.dinan-capfrehel.com)*. Ganz in der Nähe können wir übrigens die Einkehr im **Restaurant Le Victorine** empfehlen *(Mittags- und Abendmenüs Sa/Fr, sonst nur mittags, Mo geschlossen, Telefon 0296415555, www.levictorine.net)*.

Offizieller Stellplatz Fréhel

Wir verlassen die grandiosen Goldstrände und wenden uns den nicht minder einladenden Stränden von **Erquy** zu. Zehn sind es an der Zahl, doch da meist steile Stichstraßen zu ihnen führen beziehungsweise das Parken zudem nur tagsüber auf während der Saison schnell eng werdenden Flächen gestattet ist, bleibt für den längeren Aufenthalt nur der ausgeschilderte **offizielle WOMO-Stellplatz Le Guen** übrig [**051:** N 48°38'27.0" W 02°27'21.5", Avenue Léon Hamonet, V/E, Strom, Sanitärgebäude, ganzjährig geöffnet, Preise €€€]. Er befindet sich nahe dem **Camping Yelloh Village les Pins****** auf dem Plateau oberhalb des Ortes.

Beim großen **Jakobsmuschelfest** sind allerdings fast alle Übernachtungsregeln außer Kraft gesetzt, es werden zusätzliche Parkflächen ausgewiesen und wir durften auch schon auf dem ansonsten für WOMOs nur tagsüber zu nutzenden Parkplatz am Cap d'Erquy übernachten (N 48°38'27.8" W 02°27'48.9", Rue de Plaine Garenne). Von hier wie von dem oben genannten Platz führen gut markierte Wege zum etwa ein Kilometer entfernten Hafen bergab und Infotafeln zeigen verschiedene Wanderwege auf.

Wer einen Campingplatz am Wasser bevorzugt, dem sei der **Camping La Plage de Saint-Pabu***** angeraten, der südlich von Erquy von der D786 ausgeschildert ist.

Jakobsmuscheln

Der geschützte Hafen in der halbkreisförmigen Bucht von Erquy diente schon den Römern als Landungsplatz und zählt noch heute zu den aktivsten Hafenplätzen. Der Ort gilt als Zentrum der Jakobsmuschel (***Coquille Saint-Jacques***) und die Fischer sorgen für einen Großteil aller französischen Jakobsmuscheln. Im Gegensatz zu Austern und Miesmuscheln wird die Coquille Saint-Jacques nicht gezüchtet, sondern sie wächst in 10 - 100 Meter Meerestiefe. Um den Bestand der begehrten Meeresfrucht zu erhalten, ist die Fangquote reguliert und wird konsequent überwacht. Von Oktober bis April dürfen die Fischer zweimal pro Woche und auch nur für jeweils 45 Minuten mit einem Bodenschleppnetz auf Jagd gehen. Dabei muss die Größe der ausschließlich Plankton verzehrenden Delikatesse mindestens zehn Zentimeter Durchmesser betragen. Die essbaren Bestandteile des Tieres bestehen aus dem dicken, weißen Muskelstumpf (*Noix de Saint Jacques*) und der anhängenden orangefarbenen *Corail*, die fangfrisch oder als tiefgefrorene Ware auf den Märkten oder in Geschäften erstanden werden können.

Es gibt natürlich viele Zubereitungsmöglichkeiten, doch unser **Lieblingsrezept** besteht aus drei bis fünf Jakobsmuscheln pro Portion, die unter Zugabe von etwas Pfeffer, Salz und gegebenenfalls einem Spritzer Zitronensaft maximal drei bis fünf Minuten in Olivenöl leicht gebräunt werden. Dazu ein frischer Salat, Baguette sowie ein Gläschen gekühlter Muscadet und schon ist ein herrliches Sommermahl zubereitet! Bon Appétit!

Wer sich lieber an den gedeckten Tisch setzt, wird im **Restaurant L'Abri des Flots** am Hafen nicht nur im Hinblick auf Jakobsmuscheln gut bedient sein *(Mittag- und Abendmenüs, 68 Rue du Port, Telefon 0296724139, www.labridesflots.fr).*

Die Namensgebung der feinen Muschel reicht bis ins Mittelalter zurück, als die Pilger auf ihrem Weg zum Grab des Apostel Jakobus in Santiago de Compostela die tellerartig gewölbte Muschelhälfte als Essschale nutzten.

Neben Erquy sind auch die Orte Saint-Quay-Portrieux und Paimpol in der Bucht von Saint-Brieuc als größte Jakobsmuschel-Lieferanten in Europa zu nennen, die jeweils im April der edlen Muschel ein eigenes Fest mit Bootsparaden und Konzerten widmen (***Fête de la Coquille Saint-Jacques***).

Im Hafen in Erquy

Der Hafen ist auch An- und Ablegestelle für diverse **Schiffsausflüge** Wer selbst in See stechen möchte, kann sich seinen Wunsch zum Beispiel bei einer Halbtagestour auf den Holzplanken eines Segelschiffes erfüllen *(im Sommer täglich)*. Auskünfte hierüber und über noch viel mehr informiert das **Office de Tourisme** *(April - Juni/September Mo - Sa 9.30 - 12.30/14 - 18 Uhr, Juli/August Mo - Sa 9.30 - 13/14 - 19 Uhr, So/Feiertage 10 - 13/16-18 Uhr, September - März Mo - Sa, außer Do nachmittags 9.30 - 12.30/14 - 17 Uhr, 3 Rue du 19 mars 1962, Telefon 0257252222, www.capderquy-valandre.com).*

In den Sommermonaten ist Erquy ein sehr beliebter Badeort und während der Nebensaison locken die herrlichen **Wanderwege** durch die Heidelandschaft am **Cap d'Erquy**, zu denen natürlich wieder der GR34 gehört. Vom Cap, das besonders gut vom oben genannten Parkplatz zu erreichen ist und mit Sanddünen sowie Felsen aus rosa Sandstein aufwarten kann, eröffnet sich ein schöner Blick aufs Meer und oft genug reicht schon ein kurzer Abstecher, um zu den Stränden zu gelangen.

Am vorläufigen Ende unserer Küstentour gelangen wir nach **Pléneuf-Val-André** mit dem an der Küste gelegenen und fast städtisch wirkenden Seebad Val-André, dem landeinwärts gelegenen Ortsteil Pléneuf sowie dem geruhsamen Hafen Dahouet.

(052) Offizieller WOMO-Stellplatz: Pléneuf-Val-André
Aire de Camping-Cars le Guémadeuc

GPS: N 48°34'58.4" W 02°33'23.0", Rue du Colombier.
Max. WOMOs: 30. **Öffnungszeit:** Ganzjährig.

Ausstattung: WC, Müllbehälter.
Beschreibung: Der am Rand eines Großparkplatzes liegende Stellplatz auf Wiese bietet keinen Schatten, aber ist klappstuhlgeeignet und befindet sich in einem Wohngebiet. Der Fußweg zum Strand beträgt etwa 500 m, ins Zentrum von Val-André etwa 1 km und der Hafen Dahouet liegt südlich des Hügels. Nach der Umrundung des Hafenbeckens können wir die Einkehr im **Restaurant L'Echouage** empfehlen *(Mittags- und Abendmenüs Do - So, 2 Quai du Murier, Telefon 0611223578, lechouage.eatbu.com).* Am nördlichen Rand des Hafenbeckens findet sich an der Hauptstraße eine Bäckerei.
Preise: €€.
Zufahrt: Im Ort den WOMO-Piktogrammen folgen.
Hinweis: Maximaler Aufenthalt 72 Stunden. Das Foto wurde während der Umbaumaßnahmen des Pkw-Parkplatzes aufgenommen.

Mehrere schöne Strände und Spaziergänge sorgen für das nötige Urlaubsfeeling. Vom Stellplatz Richtung Meer gehend wird die **Promenade de la Digue** am Strand erreicht. Vorbei am **Office de Tourisme** gelangen wir zum nördlich gelegenen kleinen Hafen *(April - Juni/September Mo - Sa 9.30 - 12.30/14.30 - 18 Uhr, im September bis 17 Uhr, Juli/August Mo - Sa 9.30 - 12.30/14 - 19 Uhr, So/Feiertage 10 - 12.30/16 - 18 Uhr, Oktober - März Mo - Sa 9.30 - 12.30/14 - 17 Uhr, 1 Rue Winston Churchill, Telefon 0257252222, www.capderquy-valandre.com)*. Oberhalb des Hafens können schöne Spaziergänge auf der **Pointe de Pléneuf** gemacht werden (am besten die Treppe am Ende des Quais benutzen). Vom Aussichtspunkt eröffnet sich ein Blick auf die vorgelagerte Insel und nach weiteren 1,5 Kilometer ist ein knapp vier Kilometer langer, sandiger Strandabschnitt erreicht, der beinahe bis Erquy reicht. Wendet man sich vom Stellplatz kommend an

Promenade de la Digue

Port de la Dahouet

der Promenade links in südliche Richtung wird die **Pointe la Guette** mit Meerblick erreicht und im Anschluss daran der kleine, propere **Port de la Dahouet**, von dem die Fischer bereits im 16. Jahrhundert die Fanggründe vor Neufundland ansteuerten und der heute vorwiegend als Ankerplatz für Sportboote fungiert, deren Besatzungen die gerne umliegenden gastronomischen Angebote annehmen.

Unsere Strecke führt uns nun durch das bäuerlich geprägte Hinterland nach **Lamballe**. Die alte Hauptstadt des Herzogtums Penthièvre liegt abseits der Touristenströme und ist besonders für Pferdefreunde eine Reise wert.

Bei Veranstaltungen rund um den Reitsport oder an Markttagen und bei Konzerten sind die Parkmöglichkeiten in Lamballe arg begrenzt, doch ansonsten findet das Wohnmobil am Ufer des kleinen Flüsschens Gouessant auf dem **Parking Place de Tanneurs** nahe des Altstadtzentrums einen Platz [**053:** N 48°28'13.9" W 02°30'37.5", Rue Paul Langevin] oder auf dem Parkplatz am Stadion.

(054) WOMO-Parkplatz: Lamballe – Parking des Canards

GPS: N 48°28'16.3" W 02°31'24.8", Rue Dorée. **Max. WOMOs:** 3 - 5.
Ausstattung: Müllbehäter.
Beschreibung: Der einfache Großparkplatz ist vorwiegend schattenlos und liegt am Ortsrand nahe des Zentrums mit Geschäften und Restaurants.
Zufahrt: Im Ort den Hinweisen zum Parkplatz des Canards folgen.
Hinweis: Eventuell bei Veranstaltungen nur eingeschränkt zu nutzen oder gesperrt!.

Lamballe

Die Wurzeln der Stadt sind im 6. Jahrhundert zu finden und ihre Blütezeit lag zwischen dem 12. und 15. Jahrhundert, als die Bevölkerung hinter den starken Mauern der strategisch gut gelegenen Festung Zuflucht finden konnte.

Maison du Bourreau

Bereits in den Erbfolgekriegen teilweise zerstört, verlor Lamballe unter Kardinal Richelieu und später während der französischen Revolution seine Bedeutung. Von der kaufmännischen Vergangenheit zeugen über 30 Fachwerkhäuser in der Altstadt, die von Bürgerhäusern aus dem 18. Jahrhundert ergänzt werden. An der zentralen **Place du Martray** fallen die ochsenblutroten Holzbalken der **Maison du Bourreau** auf. In dem aus dem 15. Jahrhundert stammenden Haus mit Butzenscheiben sowie vorkragendem Schieferdach lebte einst der Henker der Stadt, während heute die Gemälde des in Lamballe geborenen Malers Mathurin Méheut im **Musée Mathurin-Méheut** zu sehen sind. Außerdem befindet sich hier das **Musée d'Arts et Traditions Populaires**, in welchem Trachten, Gebrauchsgegenstände, Fotos sowie eine Keramiksammlung präsentiert werden *(15 Place du Champ de Foire, Eintritt. www.musee-meheut.fr).*

Bei einem Stadtspaziergang streifen wir die Stiftskirche **Collégiale Notre-Dame** aus dem 13. Jahrhundert, deren Turm eher an eine Festung als an ein Gotteshaus erinnert und von dessen Aussichtsplattform

Harras National

man einen Blick auf die Stadt werfen kann *(Mai - September, Juli/August Führungen möglich)*. Die **Église Saint Martin** nördlich des Altstadtzentrums und am Haras gelegen stammt aus dem 11. Jahrhundert, wurde später umfassend verändert und zeigt sich heute mit einem romanischen Eingangsportal samt hölzernem Vordach.

Hauptanziehungspunkt Lamballes ist der **Haras National**. Ursprünglich plante Napoléon den Ausbau großer Pferdezuchtanstalten, um die kaiserliche Kavallerie und das öffentliche Transportwesen zu verstärken. Das zweitgrößte Nationalgestüt Frankreichs wurde jedoch erst im Jahr 1825 gegründet und noch heute werden auf 6 Hektar und in ansehnlichen Gebäuden mit rund 400 Hengsten insbesondere bretonische Kaltblüter gezüchtet. Der schwere Typ **Trait Breton** bringt 900 Kilogramm auf die Waage und kann als Zugpferd bis zu 1,5 Tonnen ziehen. Aus der Kreuzung des Trait Breton mit einem Norfolk entstand der leichter gebaute Typ **Postier Breton**, der wendiger sowie schneller ist und bevorzugt als Kutschpferd eingesetzt wird.

Bei einer Führung können unter anderem die Ställe sowie die Sattelkammer mit glänzenden Zaumzeug besichtigt werden. Natürlich kommen die Pferde vom Bretonen, über Vollblüter und Ponys nicht zu kurz und können nicht nur angeschaut, sondern auch gestreichelt werden *(die Öffnungszeiten variieren und sind unter www.haras-lamballe.com oder beim Office de Tourisme verzeichnet, Eintritt)*.

In den Sommermonaten *(Mitte Juli/August 14 - 17.30 Uhr alle 30 Minuten, Gebühr)* können Besucher die Altstadt Lamballes bei einer **Kutschfahrt** entdecken, die durch das **Office de Tourisme** am Eingang des Nationalgestüts vermittelt wird *(April - Juni/September Mo - Sa 10 - 12.30/ 14 - 18 Uhr, Sa/Feiertage 14 - 18 Uhr, Juli/August Mo - So/Feiertage 10 - 18.30 Uhr, September - März Do/Sa 10 - 12 Uhr, Mo -Sa 14 -17.30 Uhr, Place du Champ de Foire, Telefon 0257252222, www.capderquy-valandre.com)*.

In der Tourist-Info ist auch ein Flyer mit verschiedenen **Rundwegen** durch den Ort erhältlich, die beispielsweise zu den alten **Waschhäusern** am Ufer des Gouessant führen. Nach einem Rundgang oder dem Besuch des Haras bietet sich die Einkehr in der gemütlichen **Crêperie Ty Coz** an, die zentral an der Place du Champ de Foire in der Nähe des Gestüts liegt *(Mittags- und Abendmenüs, So/Mo geschlossen, Telefon 0296310358)*. Ganz in der Nähe haben wir uns in der **Boulangerie-Pâtisserie Le Mercier** mit ausgesprochen feinen Leckereien, die vom bunten Macaron über edle Schokoladen und Gebäckstückchen bis zum traditionellen Baguette reichen, eingedeckt.

Südwestlich von Lamballe stoßen wir im freundlichen Ort **Bréhand** auf einen ebensolchen Stellplatz.

(055) Offizieller WOMO-Stellplatz: Bréhand Aire de Camping-Cars

GPS: N 48°24'02.8" W 02°34'39.0", Rue des Ajoncs. **Max. WOMOs:** 4.
Öffnungszeit: Ganzjährig.
Ausstattung: V/E, WC am nahen Sportplatz
Beschreibung: Die einfachen, ausgewiesenen Parkbuchten am Orts- und Waldrand sind teils schattig und asphaltiert. Von hier kann man prima

in Wander- und Radtouren einsteigen und im etwa 500 m entfernten Ortszentrum befinden sich eine Bäckerei, Geschäfte sowie ein Restaurant.
Zufahrt: Im Ort den WOMO-Piktogrammen folgen.

Unser nächstes Ziel gehört zu den kleinen Städten mit Charakter, die in Frankreich als **Petite Cité de Caractère** bezeichnet werden. Der Zusammenschluss, zu dem unter anderem auch das bereits von uns bereiste Combourg gehört, bezeichnet kleine, schöne Orte mit einer begrenzten Einwohnerzahl, die jedoch aufgrund ihres Kulturerbes oder anderer Besonderheiten ihren festen Platz in der französischen Geschichte erhalten haben.

Wenden wir uns also **Moncontour** zu und parken das Wohnmobil auf dem schrägen Parkplatz nordöstlich des alten Zentrums (N 48°21'43.0" W 02°37'43.2", L´Étang Martin). Für den längeren Aufenthalt empfiehlt sich der Campingplatz mit einem separaten Stellplatz für WOMOs.

(056) WOMO-Campingplatz: Moncontour – La Tourelle Camping**

GPS/Kontakt: N 48°21'07.6" W 02°38'14.6", Telefon 0296735065, ww.campinglatourelle.com.
Öffnungszeit: April - September.
Ausstattung: Waschmaschine, Wäschetrockner, Kinderspielplatz, Schwimmbad in der Nähe, ca. 1 km ins Zentrum.
Beschreibung: Vom einfachen Campingplatz mit meist schattenlosen Wiesenplätzen ist es etwa 1 km Fußweg in den Ort. Vor dem Eingang befinden sich drei separate WOMO-Stellplätze und eine V/E.
Preise: €€ - €€€.
Zufahrt: Im Ort den Hinweisen zum Campingplatz folgen.

Moncontour

Hoch über dem Zusammenfluss zweier Flüsse wurde im 11. Jahrhundert auf dem steilen Felsen zum Schutz von Lamballe eine kleine Festung gegründet. Später waren es Hanf und Leinen, die für Wohlstand sorgten und auch das im 14. Jahrhundert verliehene Münzrecht symbolisiert den hohen Stellenwert der Stadt im Mittelalter. Trotz der 1626 von Kardinal Richelieu angeordneten Schleifung der Festung blieben die Stadtmauer und elf von 15 Türmen der ehemaligen Befestigung bis heute erhalten. Dem wirtschaftlichen Abschwung der Textilindustrie im 19. Jahrhundert ist zuzuschreiben, dass es im einstigen Festungsstädtchen ruhig wurde und alles in einen mehr als hundertjährigen Schlaf fiel. Besonders am frühen Morgen oder um die Mittagszeit meint man, beim Rundgang zwischen grauen Granit- und lichten Fachwerkhäusern aus dem 16. und 17. Jahrhundert Hufgetrappel auf den steinernen Gassen zu hören und erwartet jeden Moment einem stattlichen Reitersmann der königlichen Garde gegenüberzustehen.

Bei einem Rundgang durch das Städtchen fällt die aus dem 16. Jahrhundert stammende **Église Saint-Mathurin** mit flämisch beeinflussten Buntglasfenstern auf und nur wenige Meter entfernt wird im **Office de Tourisme** sachkundig über Stadt und Region informiert *(April - Juni/September Di - Sa 10 - 12.30/14 - 17.30 Uhr, September nur Mo geschlossen, Juli/August Mo - Sa 10 - 12.30/14 - 18 Uhr, So 10 - 12.30 Uhr, September - März Di - Sa 10 - 12.30/14 - 17 Uhr, Mo/Do geschlossen, Rue de Bel Orient, Telefon 0296734957, www.tourisme-moncontour.com)*.

In direkter Nähe werden im **Restaurant Le Chaudron Magique** bretonisch-französisch-mittelalterliche Gerichte gekocht, die samstags in mittelalterlichen Kostümen serviert werden *(Mittags- und Abendmenüs, So/Mo geschlossen, abends nur mit Reservierung, Telefon 0296734034, www.le-chaudron-magique.com)*. Alternativ ist das an der Hauptstraße gelegene und sehr empfehlenswerte **Restaurant La Mulette** zu erwähnen *(Mittags- und Abendmenüs, So/Di nur mittags, Mo geschlossen, 14 Rue Neuve, Telefon 0296735037, www.la-mulette.fr)*.

Ein Museumsvergnügen der besonderen Art bietet das **Musée Théâtre du Costume**, in dem eine ehemalige, mittlerweile fast 90-jährige Kostümbildnerin nach 40 Jahren Berufserfahrung Kostüme vom Mittelalter bis heute präsentiert und immer noch sehr engagiert über deren Entstehung berichtet *(Juni - Oktober 14 - 18 Uhr, Eintritt)*.

Südöstlich von Moncontour erreichen wir über Plémy und Uzel den kleinen Ort **Le Quillio**. Hier treffen wir auf einen alten Steinkreis (*Cromlech*), der seit 1926 als *Monument historique* eingestuft ist.

(057) WOMO-Parkplatz: Le Quillio – Chapelle Notre-Dame de Lorette

GPS: N 48°14'33.2" W 02°54'29.8". **Max. WOMOs:** 2.
Ausstattung: Tische und Bänke, Müllbehälter.
Beschreibung: Der einfache Wanderparkplatz befindet sich auf einer Wiese sehr abgelegen des Ortes auf einer Lichtung am Rand eines Wäldchens. Man kann von hier zu ausgeschilderten Wanderungen oder MTB-Touren aufbrechen oder schlicht die Ruhe genießen, die am Wochenende oder an Feiertagen allerdings durch viele Besucher getrübt wird. Etwa 300 m entfernt befindet sich an der Fontaine de Lorette ein Wohnhaus und vom Plateau bietet sich eine schöne Aussicht.
Zufahrt: Von der D35 südwestlich des Ortes den Hinweisen zur N.D. de Lorette folgen.

Tour 5 — 200 km

Mûr-de-Bretagne – Plougonver
Belle-Isle-en-Terre – Guingamp

Stellplätze: Mûr-de-Bretagne, Saint-Aignan, Tregnanton, Quintin, Saint-Connan, Bourbric, Plougonver, Belle-Iles-en-Terre, Louargat, Guingamp.

Campingplätze: Saint-Aignan Campingplatz Merlin les pieds dans l'eau, Quintin Camping Municipal du Lac.

Besichtigen:	Mûr-de-Bretagne Chapelle Ste-Suzanne, Saint-Aignan Musée de l´Électricité, Les Forges des Salles Freilichtmuseum, Saint-Gelven Abbaye de Bon Repos, Quintin Basilika Notre-Dame-de-la-Délivrance, Château de Quintin, Saint-Connan Musée de la Résistance en Argoat, Abbaye de Coat Mallouën; Gurunhuel Calvaire; Loc-Envel Kirche; Guingamp Basilika Notre-Dame-de-Bon-Secours.
Wandern:	Mûr-de-Bretagne, Saint-Aignan, Saint-Gelven, Saint-Connan, Plougonver.
Radfahren:	Mûr-de-Bretagne, Saint-Aignan, Saint-Gelven, Saint-Connan, Plougonver, Belle-Isle-en-Terre.
Baden:	Mûr-de-Bretagne, Quintin.
Essen:	Saint-Gelven Café de l'Abbaye, Plougonver Biscuiterie Menou, Guingamp Crêperie Saint-Yves, Restaurant Le Clos de la Fontaine.
Märkte:	Mûr-de-Bretagne Fr (Sommer); Abbaye de Bon Repos So (Ostern - Allerheiligen); Quintin Di; Bourbriac Di; Belle-Isle-en-Terre Mi; Guingamp Fr/Sa.

Bald sind wir im kleinen Landstädtchen **Guerlédan - Mûr-de-Bretagne** angekommen, das wegen seiner Lage nahe des in die hügelige Landschaft eingebetteten Stausees nicht unerwähnt bleiben soll. Umgeben von alten Bäumen bestimmt die **Chapelle Sainte-Suzanne** den Kirchplatz und davor sowie am Bahnhof können WOMOs zwei **offizielle Stellplätze** finden [**058:** N 48°11'52.9" W 02°59'23.5", Rue de la Gare, WC].

(059) Offizieller WOMO-Stellplatz: Mûr-de-Bretagne – Sainte-Suzanne

GPS: N 48°12'09.4" W 02°59'18.6", Place Sainte-Suzanne.
Max. WOMOs: 3 - 5.
Öffnungszeit: Ganzjährig.
Ausstattung: Infotafel, Tisch und Bänke, Müllbehälter.
Beschreibung: Der einfache, teils schattige, asphaltierte Parkplatz befindet sich im Ort und kann Ausgangspunkt für Rad- und Wandertouren sein.
Zufahrt: Im Ort dem WOMO-Piktogramm folgen.

An der Église Saint-Pierre finden wir das **Office de Tourisme**, das für die gesamte Region um den **Stausee von Guerlédan** zuständig ist *(Di - Fr 9.30 - 12.30/14 - 17.30 Uhr, Sa 9.30 - 12.30 Uhr, Juli/August Mo - Sa 9.30 - 12.30/14 - 18 Uhr, So/Feiertage 9.30 - 12.30 Uhr, 1 Place de l'Église, Telefon 0296285141, www.lacdeguerledan.com)*.

Lac de Guerlédan

Wo sich bis 1930 im Argoat, dem Landesinneren der Bretagne, noch Fuchs und Hase gute Nacht sagten, wurde der Blavet an seinem Oberlauf durch eine 45 Meter hohe und rund 200 Meter lange Mauer gestaut.

Auf diese Weise wird seit diesen Tagen die Kraft aus 55 Millionen Kubikmetern Wasser in einem Kraftwerk zu 25 Millionen Kilowattstunden Strom jährlich umgewandelt. Durch die Flutung des Blavet-Tales wurde nicht nur der Nantes-Brest-Kanal unterbrochen, sondern auch ein ganzes Dorf von den Wassermassen begraben. Für Wartungsarbeiten an der Staumauer wird das Wasser des Sees alle zehn Jahre (zuletzt 2015) komplett abgelassen und die Ruinen der versunkenen Häuser der Schieferarbeiter tauchen wieder auf. Fjordähnlich schmiegt sich der Lac de Guerlédan in die dicht bewaldete Landschaft und in den Buchten mit diversen Wassersportzentren wird das Freizeitvergnügen großgeschrieben. Von hier bieten sich **Kajak-**, **Segel-** oder **Tretbootfahrten** an, **Wasserskier** können entliehen werden oder man geht auf **Fischfang**. Rund um den See führt ein schöner, manchmal sehr anspruchsvoller **Wanderweg** von 40 Kilometer Länge, der in mehreren Tagesetappen bewältigt werden kann und an den sich einige gut ausgeschilderte Rundwege unterschiedlicher Länge anschließen. Auch **Mountainbiker** finden ausgewiesene Strecken, sodass für jede Menge Abwechslung gesorgt ist *(Broschüren mit ausgewiesenen Wanderwegen und MTB-Touren sind im Office de Tourisme in Mûr-de-Bretagne erhältlich)*.

Wir beginnen unsere WOMO-Rundtour an der südöstlichen Seite des Sees, von dem wir allerdings nur etwas mitbekommen, wenn wir über Stichstraßen zu seinen Uferzonen vordringen.

Wir umrunden den Stausee im Uhrzeigersinn und dringen auf der anderen Seite des Blavet kurzzeitig in das **Département Morbihan** vor. Die kleine ansehnliche Ortschaft **Saint-Aignan** bietet einen beliebten Stellplatz neben dem katholischen

Kirchlein aus dem 12. Jahrhundert mit einer aus Holz geschnitzten Jesusfigur und einer Dreifaltigkeitsdarstellung.

(060) Offizieller WOMO-Stellplatz: Saint-Aignan – Aire de Camping-Car

GPS: N 48°10'59.1" W 03°00'46.3", Rue de Guerlédan. **Max. WOMOs:** 10.
Öffnungszeit: Ganzjährig.
Ausstattung: V/E, WC, Infotafeln, Tisch und Bänke, Müllbehälter.
Beschreibung: Der einfache, asphaltierte, teils schattige Parkplatz liegt am Ortsrand. Er muss mit Pkw geteilt werden und ist bei Vollbelegung sehr eng. In der Nähe befindet sich ein kleiner Dorfladen und ein Café/Restaurant. Von hier findet sich ein guter Einstieg in Rad- und Wandertouren.
Zufahrt: Im Ort dem WOMO-Piktogramm bis zur Kirche folgen.

Gegenüber dem Stellplatz informiert das **Musée de l´Électricité** über die Geschichte des Dammbaus sowie die Energieerzeugung und zeigt Turbinen, Pumpen sowie diverse Signalapparate, die eigenständig bedient werden *können (April - Juni/September Mo - Sa 10 - 12.30/14 - 18 Uhr, Juli/August Mo - Sa 10 - 13/14 - 18.30 Uhr, So 14 - 18.30 Uhr, Eintritt. www.musee-electricite-guerledan.com)*.

Im weiteren Verlauf der Durchgangsstraße/D31, die später durch den Wald führt, wird ein Wanderparkplatz nahe der Chapelle Sainte-Tréphine erreicht **[061:** N 48°11'43.4" W 03°01'14.0"]. Wir wenden uns im Ort dem nächster Stopp **Anse de Sordan**, der Bucht von Sordan, zu. Badegäste und Bootsfahrer zieht es gleichermaßen in die kleine Bucht, in der es eine **Verleihstation für Tretboote und Kanus** sowie eine Anlegestelle für **Fahrgastschiffe** gibt. Ebenso sind ein Wanderparkplatz für Tagesbesucher (N 48°11'58.7" W 03°04'12.3"), eine Einkehrmöglichkeit für Hungrige sowie der einfache kleine, dem **Restaurant** zugehörige und schön gelegene **Campingplatz Merlin les pieds dans l'eau** vorhanden** **[062:** N 48°12'05.2" W 03°04'09.6", L'Anse de Sordan, 56480 Saint-Aignan, Telefon 0297275236, geöffnet Mai - September, Gebühr €€, Reservierung empfohlen, www.restaurant-merlin.fr].

Mittlerweile sind wir wieder im **Département Côtes-d'Armor** und erreichen westlich und etwas abseits des Sees mitten im Wald von Quénecan den Weiler **Les Forges des Salles** (N 48°11'56.6" W 03°07'33.9"). Das ehemalige Eisenhüttendorf lebte im 18. und 19. Jahrhundert von einer der größten mit Holz befeuerten Schmieden der Bretagne, in der hochwertiges Eisen und wertvolle Schmiedearbeiten produziert wurden. Das herrschaftliche Haupthaus, die Industrieanlagen, die Unterkünfte der Arbeiter, das Verwaltungsgebäude und die Kantine sowie alle Gebäude, die man sich in einer abgeschiedenen kleinen Welt vorstellen kann, zeugen vom Zusammenleben und von der alten Handwerkskunst. Ein **Freilichtmuseum** der besonderen Art, dessen Besuch sehr empfehlenswert ist *(April - Juni Sa/So/Feiertage, Juli - August täglich jeweils 14 - 18.30 Uhr, Eintritt. www.lesforgesdessalles.fr)*.

Bei der Umrundung des Lac de Guerlédan führt die Straße nun zu einem idyllisch am Blavet, der hier mit dem Kanal Nantes-

Brest identisch ist, gelegenen ehemaligen Zisterzienserkloster (N 48°12'54.1" W 3°07'55.2", Bon Repos).

Abbaye de Bon Repos

Zur pittoresken Beschaulichkeit des im 12. Jahrhundert gegründeten Klosters tragen sicher die Lage am träge dahinfließenden Blavet, eine seiner betagten Schleusen einschließlich des Wärterhäuschens und die alte Steinbrücke über den Fluss bei.

Die Abtei erlebte großen Wohlstand, bevor sie nach der Revolution langsam verfiel und erst nach einer umfangreichen Renovierung der Ruine heute einen passenden Rahmen für zeitgenössische Kunst bietet. Bei einer Besichtigung erstehen die Räumlichkeiten mittels 3D-Technologie auf einem Tablet neu und ermöglichen einen Einblick in längst vergangene Zeiten. Zusätzlich werden die alten Mauern während der Sommermonate illuminiert und ein Sonntagsmarkt bietet eine Auswahl an frischen Produkten *(Ostern - Allerheiligen)*. Ob die Besichtigung der Ruine zum Pflichtprogramm gehören sollte, wagen wir zu bezweifeln – unzweifelhaft schön ist jedoch die Stimmung, wenn man am Ufer des Kanals sein Picknick einnimmt und der Blick übers Wasser auf die alte Abtei fällt oder von der Terrasse des **Café de l'Abbaye** die malerische Aussicht auf die Schleuse genießt. Dieses Wissen teilen wir allerdings mit einer großen Anzahl von Sonntagsausflüglern, die im Hochsommer teils in Bussen angekarrt werden, sich die Füße vertreten und die Picknickbänke sowie Restaurant-Bestuhlung bis zum Abend belegen *(April - Juni/September Di - Fr 10 - 12/14 - 18 Uhr, Sa/So 14 - 18 Uhr, Juli/August täglich 10 - 19 Uhr, einige Tage im Dezember, Eintritt. www.bon-repos.com)*.

Am Nordufer des Lac de Guerlédan notieren wir in **Saint-Gelven** eine ausgeschilderte **V/E-Station** (N 48°13'27.2" W 03°05'44.9") und in **Trégnanton** einen je nach Jahreszeit nicht einladend wirkenden Wanderparkplatz, auf dem die Übernachtung toleriert wird [**063:** N 48°12'41.0" W 03°05'03.6", Trégnanton].

Nach unserer Seeumfahrung durch das hügelige Hinterland befinden wir uns auf dem Weg nach Norden. Von Corlay aus erlauben wir uns einen Abstecher in die ehemalige Festungsstadt **Quintin** zwischen **Armor**, der dem Meer zugewandten Seite der Bretagne, und **Argoat**, dem Landesinneren. Sollte der dortige kleine, einfache **Camping Municipal du Lac**** geöffnet sein, kann unter hohen Pappeln nahe dem Schlossteich nett übernachtet werden [**064:** N 48°24'05.1" W 02°54'24.5", Telefon 0296748401, www.quintin.fr, geöffnet April - Oktober, Preis €]. Ansonsten bietet sich der nahe Stellplatz auch für den Tagesbesuch an.

(065) Offizieller WOMO-Stellplatz Quintin – Aire de Camping-Car

GPS: N 48°24'02.0" W 02°54'18.1", Route de Menhir. **Max. WOMOs:** 10.
Öffnungszeit: Ganzjährig.
Ausstattung: V/E.
Beschreibung: Der einfache, schräge, schattenlose, asphaltierte Parkplatz befindet sich am Ortsrand etwa 500 m vom Ortszentrum entfernt in der Nähe des Schwimmbades.
Preise: €€.
Zufahrt: Im Ort dem WOMO-Piktogramm folgen.
Hinweis: Maximaler Aufenthalt 48 Stunden.

Quintin

Die kleine Stadt mit Charakter liegt etwas verschlafen an dem zu einem See aufgestauten Flüsschen Gouët und verdankt seinen Wohlstand der Weberei.

Das begehrte Leinen aus Quintin hatte einen exzellenten Ruf, war bei den Spaniern sehr beliebt und wurde bis in die Neue Welt exportiert. Noch heute zeugen Fachwerkhäuser aus dem 16. Jahrhundert und elegante Granithäuser aus dem 17./18. Jahrhundert in den engen Gässchen der **Altstadt** vom einstigen Reichtum. Erst im 19. Jahrhundert entstand die **Basilika Notre-Dame-de-la-Délivrance**, deren Inneres eine Marienfigur beherbergt, die besonders von Schwangeren verehrt wird. Hübsch anzusehen sind die Weihwasserbecken aus Riesenmuscheln und im Reliquienschrein wird ein Stück Stoff aufbewahrt, das vom Gürtel Marias stammen soll. Das **Château de Quintin** oder besser die Schlösser stehen oberhalb des Schlossteiches in einem Park, gehen auf einen erstmals im 13. Jahrhundert erwähnten Bau zurück und stammen aus dem 17. und 18. Jahrhundert. Der neuere Teil des Schlosses kann besichtigt werden und zeigt neben den Gartenanlagen, dem Speisesaal und anderen Innenräumen eine Ausstellung zur Stadtgeschichte sowie Porzellan aus Meißen und China *(April - Juni/September 14 - 17 Uhr, Juli/ August 10.30 - 12.30/14 - 18.30 Uhr, Oktober So 14 - 17 Uhr, Eintritt)*.

Unsere Reise durch das Argoat ist jedoch noch nicht beendet und von Corlay setzen wir unseren Weg Richtung Norden fort, um nach einigen Kilometern durch die mit Felsen durchzogene Heckenlandschaft zum ausgeschilderten kleinen See **L'Étang Neuf** abzubiegen.

(066) Offizieller WOMO-Stellplatz: Saint-Connan – L´Étang Neuf

GPS: N 48°25'07.0" W 03°06'29.1", L'Étang Neuf. **Max. WOMOs:** 2.
Öffnungszeit: Ganzjährig.
Ausstattung: V/E, WC, Müllbehälter.
Beschreibung: Der am Ortsrand gelegene einfache, asphaltierte Parkplatz ist meist sonnig und bietet sich als Ausgangspunkt für Rad- und Wandertouren an. Im nahen Museum befindet es ein Restaurant.
Zufahrt: Von der D767 den Hinweisen zum L'Étang Neuf/Musée de la Résistance folgen.
Hinweis: Nur für WOMOs bis maximal 7 Meter Länge.

Bereits an der Zufahrt erinnert die **Stele de Coat Mallouën** an 250 Männer, die sich im Juni 1944 im Wald von Coat Mallouën versammelten, um von hier den Widerstand gegen die deutschen Besatzungstruppen und die Befreiung der Region um Guingamp zu organisieren. Das am Seeufer gelegene **Musée de la Résistance en Argoat** dokumentiert diesen Widerstand in einer Dauerausstellung und zeigt die verschiedenen Formen des Kampfes sowie das Alltagsleben unter der Besatzung *(Ferienzeit Di - Fr 10.30 - 18 Uhr, So 14 - 18 Uhr, außerhalb der Ferienzeit Mi/So 14 - 18 Uhr, Eintritt. www.musee-etangneuf.fr)*.

Vom Parkplatz kann man zu einer **kleinen Wanderung** oder **Radtour**, entlang der Straße und vorbei am oben beschriebenen Denkmal zur unten genannten Abtei starten oder den am Ziel befindlichen Parkplatz mit dem Wohnmobil direkt ansteuern (N 48°24'09.0" W 03 06'23.5").

Neben einigen bewirtschafteten Gehöften ragt noch heute die beeindruckende Ruine der im Jahr 1142 gegründeten **Abbaye de Coat Mallouën** empor. Nach der Blütezeit im 12./13. Jahrhundert teilte die einst mächtige Zisterzienserabtei das Schicksal vieler Klöster und entschwand im Laufe der folgenden Jahrhunderte in die Bedeutungslosigkeit. Die Fassade mit 21 Fenstern wurde im 18. Jahrhundert restauriert und auch die Mauern der ehemaligen Kapelle blieben erhalten.

Durch das verwunschene Tal des Trieux führt unsere Route bis nach Saint-Péver und von dort durch die waldreiche Umgebung nach **Bourbriac**, dessen Ortsmitte wird von einer mächtigen Kirche überragt wird.

(067) WOMO-Parkplatz: Bourbriac – Salle des Forges

GPS: N 48°29'17.3" W 03°11'00.2".
Max. WOMOs: 3 - 5.
Ausstattung: Tische und Bänke, Müllbehälter
Beschreibung: Die zwei einfachen, geschotterten oder asphaltierten und teils schattigen Parkplätze befinden sich außerhalb des Ortes an einem kleinen See. In der Nähe liegt eine Straße und bei Veranstaltungen kann es unruhig sein.
Zufahrt: Im Ort an der Kirche auf der D8 Richtung Guingamp bis zu einem Kreisverkehr fahren und dort den Hinweisen zum Salles des Forges folgen.

Auf unserem weiteren Weg fahren wir entlang welliger Felder und Äcker, die durch Hecken und Wallhecken begrenzt sind.

Bocage

Dieser Landschaftstyp wird in Frankreich als Bocage bezeichnet und wurde erstmals vor etwa 2000 Jahren durch keltische Bauern angelegt.

Die Wälle waren mit verschiedenen Straucharten bewachsen und konnten eine stattliche Höhe von über vier Metern annehmen. Im Laufe der Jahrhunderte ersetzten die Bauern die Wälle häufig durch Eichen und andere Baumarten oder kombinierten alles. Es entwickelte sich eine fast undurchdringliche Barriere, die Wind und Wetter trotzt und noch heute als natürliche Einfriedung in der Viehhaltung dient. Die Heckenlandschaft stellte einen wichtigen Lebensraum für Flora und Fauna dar und bietet Futter für das Vieh.

Inmitten dieser Landschaftsform liegt auf einer Anhöhe die kleine Ortschaft **Gurunhuel**, die nicht weiter erwähnenswert wäre, würden wir hier nicht auf den ersten **Calvaire** unserer Reise treffen. In der Nähe der mit einem Wehrturm versehenen Dorfkirche parken wir das Wohnmobil und betrachten etwas ratlos die leicht verwitterten Steinfiguren der auf dem Friedhof stehenden Kreuzigungsgruppe. In den folgenden Wochen werden wir uns jedoch ausführlicher mit den Kalvarienbergen beschäftigen, ihre Unterschiedlichkeiten erkennen und die Geschichten dahinter verstehen (vgl. Tour 8 Seite 164).

Plougonver ist ein kleines, reizendes Örtchen in der bretonischen Provinz, das mit der **Kirche Saint Pierre** aus dem 15. Jahrhundert aufwarten kann. Zudem gibt es ausgewiesene **MTB-Touren**, unter anderem kann auch auf dem Rundkurs Nummer 15 familienfreundlich um den Ort geradelt werden. Eine schöne **Wanderung** startet ebenfalls in der Ortsmitte. Sie ist etwa sieben Kilometer lang, mit einer gelben Markierung versehen und führt mit einer etwa fünf Kilometer langen Erweiterungsschleife zum **Belvédère** auf dem **Ménez Kéresper** mit einer tollen Rundumsicht. Zur anschließenden Stärkung, oder einfach nur mal so, ist der Besuch der **Biscuiterie Menou** mit einer feinen Auswahl an Keksen angeraten *(10 - 12.30/14 - 18.30 Uhr, So geschlossen. www.biscuiterie-menou.fr)*.

(068) Offizieller WOMO-Stellplatz: Plougonver Aire de Camping-Car

GPS: N48°29'05.1" W 03°22'36.9", Rue du Stade. **Max. WOMOs:** 3-5.
Öffnungszeit: Ganzjährig.
Ausstattung: V/E, Infotafeln, Müllbehälter.
Beschreibung: Der einfache, asphaltierte, teils schattige, leicht schräge Parkplatz befindet sich am Ortsrand etwa 200 Meter von einer Bäckerei entfernt.
Zufahrt: Am östlichen Ortseingang dem WOMO-Piktogramm folgen.

Auf dem Weg nach Belle-Isle-en-Terre genehmigen wir uns einen kleinen Abstecher nach **Loc-Envel**, einem der kleinsten als auch der schönsten Dörfer der Region (N 48°31'00.6" W 03°24'30.2"). Das im 16. Jahrhundert von Benediktinern auf einer Anhöhe erbaute **Kirchlein** gehörte einst zum Lehen von Saint Jacut-sur-Mer und ist dem Heiligen Guérnael, kurz Envel, geweiht. Im Inneren des kleinen Gotteshauses aus Granit

sollte dem gleich hinter dem Eingang liegenden spätgotischen Holzlettner und der fein verzierten Holzdecke Beachtung geschenkt werden. Wer eine 1-Euro-Münze in den im vorderen Kapellenbereich rechts an der Wand angebrachten Automat wirft, erhält sogar eine in deutscher Sprache abgefasste Erklärung zur Kirchengeschichte. Anschließend kann ein Spaziergang durch den nahen und schattigen Forêt-de-Coat-an-Noz unternommen werden.

In **Belle-Isle-en-Terre**, einst Etappenziel der königlichen Boten zwischen Brest und Rennes, bietet sich der Stellplatz am plätschernden Flüsschen als Ausgangspunkt für **ausgedehnte Fahrradtouren** an. Unterschiedliche Schwierigkeitsgrade und Längen von 13,5 bis 73 Kilometer sprechen sowohl Familien als auch Power-Radler an.

(069) Offizieller WOMO-Stellplatz: Belle-Isle-en-Terre – Aire de Camping-Car

GPS: N 48°32'38.4" W 03°23'39.7", Venelle de la Motte.
Max. WOMOs: 12.
Öffnungszeit: April - Oktober.
Ausstattung: V/E, Infotafel, Tische und Bänke.
Beschreibung: Der Stellplatz ist geteilt und bietet zum einen Plätze auf befestigten Boden im Schatten und zum anderen Plätze auf Schotter in der Sonne, die durch noch kleine Hecken getrennt sind. Im nur wenige Minuten entfernten Ortszentrum gibt es ein einfaches gastronomisches Angebot und nach einer Radtour kann das Zweirad an MTB-Waschanlage gesäubert werden.
Preise: €, zu zahlen im Hôtel de Ville.
Zufahrt: Im Ort den WOMO-Piktogrammen folgen.

Von hier sind wir rasch auf der N12 Richtung Osten unterwegs und verlassen sie auch schon wieder bald, um dem höchsten Gipfel der Gegend unsere Aufwartung zu machen. Mit 302 Meter Höhe ist der **Menez-Bré** ein beliebtes Naherholungsziel, auf dessen Plateau die im 16. und 18. Jahrhundert erbaute Kapelle Saint-Hervé zu finden ist. Von hier oben genießen wir die schöne Aussicht auf die hügelige Landschaft und registrieren sehr wohlwollend einen Picknickplatz.

(070) WOMO-Parkplatz: Louargat – Menez-Bré

GPS: N 48°34'36.6" W 03°18'26.4". **Max. WOMOs:** 2 - 3.
Ausstattung: Tische und Bänke, Müllbehälter.

Beschreibung: Die einfache Parkmöglichkeit liegt auf einem Wiesengelände, in der Nähe eines Gelände für Modellflieger. Von hier kann man zu Wander- oder Radrunden aufbrechen.
Zufahrt: Die N 12 Richtung Guingamp an der Abfahrt Louargat/Méné Bré verlassen, die Schnellstraße unterqueren und gleich rechts abbiegen. Dem Sträßchen gut 1 km folgen, um dann rechts den Hinweisen rund 800 m zum Menez-Bré zu folgen. **Bitte diese An- bzw. Abfahrt nutzen, da man es sonst zwangsläufig mit satten 18% Steigung/Gefälle zu tun bekommt!**

Später verlassen wir die N12 abermals, um die an einer alten, strategisch wichtigen West-Ost-Verbindung der Nordbretagne gelegene ehemalige Hauptstadt der Grafschaft Penthièvre zu besuchen. **Guingamp** empfängt mit einem nicht gerade anheimelnden, aber dafür zweckdienlichen Parkplatz und einem ruhigeren **offiziellen WOMO-Stellplatz** im Zentrum [**071:** N 48°33'37.5" W 03°9'13.3", Rue Saint-Sébastien].

(072) Offizieller WOMO-Stellplatz: Guingamp – Parking Vally

GPS: N 48°33'33.4" W 03°08'58.2", Place du Vally. **Max. WOMOs:** 5.

Öffnungszeit: Ganzjährig.
Ausstattung: V/E, WC, Müllbehälter.
Beschreibung: Der einfache, asphaltierte Großparkplatz ist schattenlos und liegt an einer befahrenen Kreuzung im Ort. Eine Bäckerei befindet sich in unmittelbarer Nähe und Geschäfte sowie Restaurants sind gut erreichbar.
Zufahrt: Von der N12 über die D767 und D8 Richtung CENTRE fahren und den Hinweisen zum Parkplatz Vally folgen.
Hinweis: Freitag vormittags aufgrund des Marktes und in der 1. Juli- und 3. Augustwoche wegen Veranstaltungen gesperrt!

Guingamp

Die Stadt oberhalb des Trieux ging im 6. Jahrhundert aus einer Erdhügelburg hervor und wurde im 13. Jahrhundert durch eine Stadtmauer geschützt. Bereits in dieser Zeit war Guingamp, dessen Name im Bretonischen in etwa „weißes Lager" bedeutet, als Wallfahrtsort für die Schwarze Madonna bekannt. Wie viele andere Städte entwickelte sich der Ort prächtig, wurde im Laufe der Jahrhunderte dann aber zerstört, nur um sich später wieder zu erholen und das Spiel von vorne beginnen zu lassen.

Geblieben sind einige herrliche historische Gebäude, besonders um die **Place du Centre**, wo in den Häusern Nummer 32 und 48 im 15./16. Jahrhundert die Stadtkommandanten residierten. Den Platz ziert der **Plomée-Brunnen** mit allerlei Fabelwesen und gegenüber der Place du Vally befinden sich die Reste der **Burg**, die im 15. Jahrhundert entstand und 1626 auf Befehl von Kardinal Richelieu geschleift wurde. Beachtlich ist jedoch nach wie vor die **Basilika Notre-Dame-de-Bon-Secours**, deren Nordwestseite im 13. Jahrhundert im gotischen Stil umgestaltet wurde und deren Türme die Dächer überragt. 1535 brach der südwestliche Turm aufgrund eines Baufehlers in sich zusammen und begrub einen Großteil des Kirchschiffes unter sich. Gerade war ein neues Zeitalter angebrochen und so wurden die Aufbau- sowie Renovierungsarbeiten im damals hypermodernen Stil der Renaissance ausgeführt. Wir betreten die Basilika von der Rue Notre Dame aus, gelangen in die Vorhalle und entdecken hinter einem flackernden Kerzenmeer die lebensgroße und prächtig gekleidete Figur der **Schwarzen Madonna** mit dem Jesuskind. Die Statue soll von Kreuzfahrern aus dem Nahen Osten mitgebracht worden sein. Alljährlich am **ersten Juliwochenende** wird sie noch heute vom Altar geholt, bei einer abendlichen Lichterprozession durch die Straßen getragen und von tausenden Pilgern verehrt.

Bis Mitte des 19. Jahrhundert war der **Pardon** (vgl. Tour 6 Seite 114) von sehr weltlichen Ausschweifungen begleitet, denn in der „Nacht der Vergebung" war alles erlaubt. Der Bischof versuchte mehrfach, die in seinen Augen „unsittlichen Handlungen" zu unterbinden, doch das Verbot war zum Scheitern verurteilt. Inwiefern diese Ausschweifungen noch heute – zumindest öffentlich – zelebriert werden, entzieht sich unserer Kenntnis.

Auf dem Weg zum **Office de Tourisme** *(Di - Sa 10 - 12.30/14 - 18 Uhr, in der Saison auch montags, 2 Place du Champ-au-Roy, Telefon 0296437389, www.ot-guingamp.fr)* streifen wir durch die lebendigen Straßen mit Geschäften und Boutiquen sowie etlichen Lokalen. Hierbei fällt uns die **Crêperie Saint-Yves** positiv auf *(12 - 14/19 - 21 Uhr, So/Mo geschlossen, 27 Rue St Yves, Telefon 0296443118, www.creperie-saint-yves.fr)*. Wenn es gediegener und auch hochpreisiger sein darf, bietet sich die Einkehr in das **Restaurant Le Clos de la Fontaine** an. Regionale Spezialitäten sowie Fischgerichte werden frisch sowie mit feinen Soßen auf den Tisch gebracht und haben uns überzeugt *(12 - 14/18.45 - 21 Uhr, Mo geschlossen, 9 Rue du Général de Gaulle, Telefon 0296213363)*.

Place du Centre

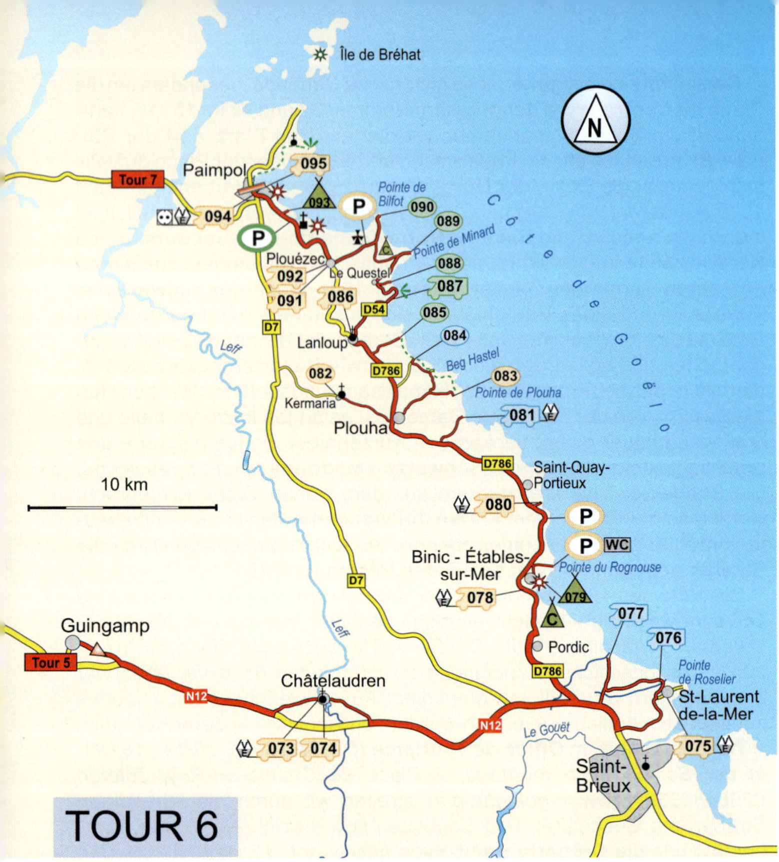

Tour 6 140 km

Châtelaudren – Saint-Laurent-de-la-Mer – Binic Plouha – Lanloup – Bréhec – Plouézec – Paimpol

Stellplätze: Châtelaudren-Plouagat, Saint-Laurent-de-la-Mer, Martin Plage, Tournemine, Binic, Palus Plage, Kermaria, Plouha, Lanloup, Bréhec,Plouézec, Paimpol.

Campingplätze: Châtelaudren Camping Municipal de l'Etang; Binic Camping Panoramic, Camping Municipal Les Fauvettes; Paimpol Camping de Cruckin.

Besichtigen: Châtelaudren Kirche Saint-Magloire, Chapelle Notre-Dame-du-Tertre; Saint-Brieu Cathédrale Saint-Etienne, Muséed'Art et d'Histoire; Binic Musée des Arts et Traditions populaires; Kermaria Chapelle de Kermaria-an-Isquit; Plouézec Moulin de Craca; Paimpol Abbaye de Beauport, Musée de la Mer.

Wandern: Saint Laurent de la Mer, Palus Plage, Plouha, Lanloup, Bréhec, Plouézec, Paimpol (vorwiegend auf dem GR34).

Radfahren: Plouha, Lanloup, Bréhec, Plouézec, Paimpol.

Baden: Plouha, Lanloup, Bréhec, Plouézec, Paimpol.

Essen:	Châtelaudren L'Auberge de Goëlo, Paimpol Restaurant De la Marne, Crêperie L'Escale, Restaurant L'Islandais.
Märkte:	Châtelaudren Mo, Saint-Brieuc Mi/Sa, Binic Do, Plouha Mi, Plouézec Sa, Paimpol Di.

Zwischen Argoat und Armor liegt **Châtelaudren-Plouagat** am Ufer des Flusses Leff. Die einstige Hauptstadt der Region Goëlo gehört zu den **kleinen charaktervollen Städten** und besticht durch ein geschlossenes Stadtbild.

Bereits im Ortsteil Plouagat können wir einen ordentlichen **offiziellen WOMO-Stellplatz** nahe dem Kreisverkehr im Ort verzeichnen [**073:** N 48°32'11.6" W 03°00'04.5", Place du Dix Neuf Mars 1962. V/E, ganzjährig geöffnet].

Im Hauptort befindet sich dann der ausgeschilderte Camping Municipal, der eher einem **offiziellen WOMO-Stellplatz** gleicht, direkt am Ufer eines aufgestauten Sees, um den ein netter Spazierweg führt [**074:** N 48°32'19.1" W 02°58'14.8", Rue de la Gare. V/E, Strom, Sanitärgebäude. Oktober - April geschlossen, Preis € - €€].

Châtelaudren

Der Fluss Leff spielte in der Geschichte der Stadt schon immer eine Rolle. Dank eines ausgeklügelten Systems schützte er das ehemalige Festungsstädtchen und trieb über Jahrhunderte die Mühlräder an. Im 18. Jahrhundert brachte er durch eine große Überschwemmung aber auch Zerstörung und Tod, während er ab 1920 die Turbinen für den Druck der Modezeitschrift Le Petit Echo de la Mode antrieb. Das Magazin und seine Schnittmusterfabrik machten Châtelaudren hinter Paris immerhin zum zweitgrößten Modezentrum Frankreichs.

Markttag in Châtelaudren

Diese Zeiten sind allerdings vorbei und heute residiert unter anderem das **Office de Tourisme** in den Backsteinmauern des alten Industriegebäudes *(Nebensaison Di - Fr 14 - 17.30 Uhr, Schulferien Di - Sa 10 - 12.30/ 14 - 18 Uhr, Juli/August zusätzlich Mo morgens 8 - 13 Uhr Place du Maillet, Telefon 0296797771, chatelaudren-plouagat.fr)*. Bei einem Stadtrundgang sollte der Blick ins Innere der Ortskirche **Saint-Magloire** aus dem 18. Jahrhundert mit Statuen und Altären eines ortsansässigen Holzbildhauers nicht fehlen. Auf dem Hügel eines Stadtteils westlich des Sees befindet sich die aus dem 14. Jahrhundert stammende **Chapelle Notre-Dame-du-Tertre**, die kunsthistorisch als wahres Kleinod gilt und als „Rote Kapelle" bekannt ist. Die rote Farbe dominiert die Holzdecke, die etwa 1460 bis 1480 von Wanderkünstlern bemalt wurde. Die 138 Gemälde zeigen Szenen aus dem Alten und Neuen Testament. Zusätzlich bezaubert eine aus Alabaster gefertigte *Madonna (kostenlose Führungen Juli/August)*.

Im Ortszentrum befinden sich einige Restaurants, von den wir die **L'Auberge de Goëlo** empfehlen können *(Mittags- und Abendmenüs So geschlossen, Mo - Do nur mittags, 1 Rue Saint-Magloire, Telefon 0296743314)*.

Auf der N12 rauschen wir **Saint-Brieuc** der bereits erwähnten gleichnamigen Bucht und somit dem Meer entgegen.

Saint-Brieuc beeindruckt auf den ersten Blick durch zwei mächtige Viadukte, die die tief eingeschnittenen Flusstäler von Gouët und Gouëdic überspannen. Die lebendige Stadt, schreckt uns immer wieder aufs Neue durch die schwierige Parkplatzsuche, die mit einem ausgewachsenen Wohnmobil aus unserer Sicht fast völlig zum Scheitern verurteilt ist. Wir versuchen unser Glück meist am zeitigen Vormittag auf einem der größeren Parkplätze im Zentrum und würden uns freuen, wenn einer unserer Leser eine gute Alternative nennen könnte. Der Stadtbummel durch die engen Gassen nördlich der **Cathédrale Saint-Etienne** offenbart einige hübsche Fachwerkhäuser aus dem Mittelalter sowie der Renaissance und auch der Shoppingbedarf kann gestillt werden.

Plage de Bréhec

Das Bedürfnis nach Kunst und Geschichte wird im **Musée d'Art et d'Histoire** befriedigt *(Di - Sa 10 - 12/13.30 - 18 Uhr, So/Feiertage in den Schulferien 14 - 18 Uhr, Eintritt frei)* und das **Office de Tourisme** beantwortet alle weiteren Fragen zur Stadt sowie der gesamten Bucht *(Mo 13.30 - 18 Uhr, Di - Sa 9.30 - 12.30/13.30 - 18 Uhr, Juli/August Mo - Sa 10 - 13 /14 - 17 Uhr, So 10 - 13 Uhr, 2 Quater Rue des Lycéens Martyrs, Telefon 0296333250, www.baiedesaintbrieuc.com)*.

Diesmal verlassen wir die N12 bereits vor einem Besuch der Département-Hauptstadt, wenden uns **Saint-Laurent** zu und müssen gestehen, dass wir den Aufenthalt am nun folgenden Küstenabschnitt dem Stadtbesuch gegenüber bevorzugen.

Hier wechseln sich Strände, Buchten sowie Felsenklippen ab und vom **Zöllnerpfad** bieten sich nicht nur reizvolle Aussichten aufs Meer, sondern es lassen sich jede Menge Vogelarten beobachten. Im Frühjahr strahlt das Gelb des Rapses mit dem Azurblau des Meeres um die Wette, Fußfischer gehen ihrem Hobby nach und wir genießen bei den Fahrtunterbrechungen immer wieder die **Spaziergänge an den Stränden.**

Um zu den folgenden Stellplätzen zu gelangen, folgen Sie bitte einfach der Reihe nach unseren Zufahrtsbeschreibungen.

(075) Offizieller WOMO-Stellplatz: Saint-Laurent-de-la-Mer – Place F. Guego

GPS: N 48°32'22.8" W 02°43'35.8", Place Fançois Guego. **Max. WOMOs:** 5.

Öffnungszeit: Ganzjährig.

Ausstattung: V/E, Müllbehälter.

Beschreibung: Der einfache, asphaltierte Parkplatz liegt im Ort, ist sonnig und bei Vollbelegung sehr eng. In der Nähe befindet sich eine Bäckerei sowie eine Gaststätte und der Strand ist etwa 500 m entfernt. Mit dem Fahrrad oder zu Fuß ist von hier die nordöstlich gelegene Landspitze Pointe du Roselier mit einer schönen Aussicht auf das Meer (einfache Strecke ca. 3 km) zu erreichen.

Zufahrt: Die N12 an der Abfahrt Saint-Laurent verlassen, in den Ort fahren und dem WOMO-Piktogramm folgen.

(076) Offizieller WOMO-Stellplatz: Martin Plage

GPS: N 48°33'20.6" W 02°43'35.5", Rue de Martin Plage.

Max. WOMOs: 5.

Öffnungszeit: Ganzjährig.

Ausstattung: Tische und Bänke, WC, Müllbehälter.

Beschreibung: Die leicht schrägen, teils schattigen, asphaltierten und ausgewiesenen Plätze liegen am Rand eines Pkw-Parkplatzes.

Der Strand ist etwa 100 m entfernt, es gibt während der Saison eine kleine Gaststätte und von hier ist die Pointe du Roselier nach etwa 1 km Fußweg auf dem Zöllnerpfad erreicht.
Zufahrt: In Saint-Laurent-de-la-Mer der D24 nordwestlich folgen und an einem Kreisverkehr, dem Hinweis Martin (Plage) folgen.

(077) Offizieller WOMO-Stellplatz: Tournemine

GPS: N 48°33'59.3" W 02°46'15.0", Rue Eric Tabarly. **Max. WOMOs:** 10.
Öffnungszeit: Ganzjährig.
Ausstattung: V/E ca. 100 m weiter auf der linken Straßenseite, Tische und Bänke, Müllbehälter.
Beschreibung: Der geschotterte, meist sonnige, einfache Parkplatz ohne Charme befindet sich am Ortsrand und etwa 400 m vom Strand entfernt.
Zufahrt: Im Ort dem WOMO-Piktogramm folgen.

Von Tournemine setzen wir uns auf die D786 und rollen entlang der **Côte du Goëlo** nordwärts. Die bis zu 70 Meter hohe Steilküste gestaltet sich auf ihrem etwa 50 Kilometer langen Verlauf von Saint-Brieuc bis zur Île de Bréhat recht abwechslungsreich und dank dem Golfstrom herrschen hier ähnlich klimatische Bedingungen wie in der Südbretagne. Selbstverständlich finden sich auf dem Küstenplateau immer wieder Campingplätze, die allerdings meist nur während der Hauptsaison geöffnet sind.

Im hübschen Hafenort **Binic** würden wir den am Ortseingang beschilderten **Campingplatz Panoramic***** und noch eher den auf einem Hügel oberhalb eines Strandes gelegenen **kommunalen Campingplatz** dem ausgeschilderten **offiziellen WOMO-Stellplatz** vorziehen, da dieser je nach Witterung oft staubig oder matschig ist **[078:** N 48°36'01.3" W 02°50'08.9", Rue de l'Ic. V/E, ganzjährig geöffnet, Preis €, ca. 500 m ins Zentrum].

(079) WOMO-Campingplatz: Binic – Camping Municipal Les Fauvettes**

GPS/Kontakt: N 48°36'23.4" W 02°49'15.9", 13 Rue des Fauvettes, Telefon 0296736083, www.binic-etables-sur-mer.fr. **Öffnungszeit:** Ende März/Anfang April - Anfang Oktober.

Ausstattung: Kinderspielplatz, WiFi.
Beschreibung: Die Plätze befinden sich auf Wiese oberhalb der Plage l'Avant Port und bieten teilweise Meerblick. Bergab gibt es einen Strandzugang und der Ort ist nach etwa 800 m ebenfalls bergab zu erreichen. **Preise:** €€ - €€€.
Zufahrt: Im Ort der D786 und später dem Hinweis Municipal Les auvettes folgen.

Einst zogen die Fischer zu den reichen Fischgründen nach Neufundland, während es heute die Urlauberscharen sind, die in den Sommermonaten nach Binic ziehen. Gegen Langeweile wird ihnen ja auch eine ganze Menge Unterhaltung geboten und wer sich bei so viel Rummel eher unwohl fühlt, der sollte nach Möglichkeit auf die Vor- oder Nachsaison ausweichen. Die ganze Beschäftigungspalette offeriert das **Office de Tourisme** *(Mo - Fr 9.30 - 12.30 Uhr/13.30 - 17.30 Uhr, Di Vormittag/Do Nachmittag geschlossen, Juli/August Mo - Sa 9.30 - 18.30 Uhr, So/Feiertage 10 - 18 Uhr, 6 Place Le Pomellec, Telefon 0296736012, www.besurmer-tourisme.com)*.

Bei Interesse an der lokalen Kultur kann das kleine **Musée des Arts et Traditions populaires** besichtigt werden, das einen Einblick in die Fischerei sowie den Alltag der Bevölkerung ermöglicht *(Mai - September 14.30 - 18 Uhr, Di geschlossen, Eintritt)*. Der Ort punktet ansonsten durch seine Strände, von denen die südlich des Hafenbeckens gelegene **Plage de la Banche** ein Meerwasserschwimmbad und einen Strandclub vorzuweisen hat. Die nördlich des Hafenbassins angesiedelte **Plage l'Avant Port** wird von Felsen gesäumt. Die hinter der Pointe du Rognouse anschließende **Plage du Corps de Garde** ist über den Küstenwanderweg zu erreichen und wird bei Ebbe vorwiegend von Fußfischern besucht. Wer sich dem letztgenannten Strand mit dem Wohnmobil nähern möchte, findet oberhalb an der **Pointe du Rognouse** einen Tagesparkplatz mit Top-Aussicht (N 48°36'38.5" W 02°48'54.8", Rue Bellevue, WC).

Noch zu **Binic-Étables-sur-Mer** gehörend bietet sich der **Picknickplatz Aire de la Chapelle** hoch über dem Meer an, um die Aussicht über die vorgelagerten Inselchen und die Bucht zu genießen (N 48°37'57.7" W 02°49'23.6", An der D786).

Ausblick von der Chapelle de Notre Dame d'Esperance

Schräg gegenüber führt die Straße zur Plage du Moulin und dem dortigen **offiziellen WOMO-Stellplatz**, den wir der guten Ordnung halber nicht unerwähnt lassen möchten [**080:** N 48°38'11.0" W 02°49'41.0", Avenue de la Plage du Moulin. V/E, ganzjährig geöffnet, Preis €€].

Vom Picknickplatz können wir auch den Hafen des alten Fischerortes **Saint-Quay-Portrieux**, der heute eine beliebte Sommerfrische ist, erblicken. Nachdem wir uns bis zu einem größeren Parkplatz am Hafenbecken „vorgekämpft" haben, müssen wir feststellen, dass wildes Camping untersagt ist. Das allein wäre kein Hinderungsgrund, um sich nicht doch im geschäftigen Städtchen ein wenig umzusehen – da aber zusätzlich ein Taghalteverbot gilt *(15.4. - 15.10. 9 - 20 Uhr)* und wie zur Bestärkung an einem Wohnmobil ein Strafzettel klemmt.Vielleicht hat man dort schlechte Erfahrungen mit Wohnmobilisten gemacht und sieht sich zu diesem Schritt gezwungen.

Wie auch immer die Begründung aussehen mag, das Erlebnis ist eines der wenigen dieser Art und wir hoffen, dass dies auch so bleiben wird! An dieser Stelle deshalb noch einmal die Bitte an alle Vertreter unserer WOMO-Zunft: Verhalten Sie sich bitte rücksichtsvoll gegenüber Mensch und Natur, sodass auch nachkommende WOMO-Besatzungen willkommen sind! Dann werden wir vermutlich auch weiterhin so schöne Plätze nutzen können, wie wir sie im weiteren Verlauf unserer gesamten Reise immer wieder finden werden.

Nach nur wenigen Kilometern auf der D786 ist es auch schon so weit und wir biegen zu einem Ort mit Strandanbindung ab.

(081) Offizieller WOMO-Stellpatz: Palus Plage – Aire de Camping Car

GPS: N 48°40'34.0" W 02°53'07.8", Le Palus. **Max. WOMOs:** 10.

Öffnungszeit: Ganzjährig.
Ausstattung: V/E, Müllbehälter.
Beschreibung: Der einfache Parkplatz auf befestigten Untergrund befindet sich nur wenige Meter vom Strand entfernt sowie in unmittelbarer Nähe eines Restaurants. Auf dem Küstenpfad kann man die Umgebung erkunden und während der Hauptsaison oder bei Vollbelegung wird es auf dem Platz sehr eng.
Zufahrt: Von der D786 den Hinweisen zur Plage du Palus folgen.

In Plouha sollte ein Abstecher nach **Kermaria** drin sein, denn das kleine Örtchen besitzt eine außergewöhnliche Kapelle. Die **Chapelle de Kermaria-an-Iskuit** wurde im Jahr 1240 von Henry d'Avaugour nach einem Kreuzzug gestiftet und im

Holzapostel in der Vorhalle

Laufe der Jahrhunderte mehrfach erweitert. Die Vorhalle zeigt wunderschöne Holzapostel, von denen jedoch einer auf wundersame Weise das Weite gesucht hat. Berühmt ist die Kapelle wegen ihrer etwas verblassten Fresken aus dem 15. Jahrhundert im Mittelschiff, die einen **Danse macabre** zeigen. Beim makabren Totentanz halten sich 47 Personen aus dem Reich der Lebenden und der Toten aus allen Gesellschaftsschichten an den Händen. Sie sollen nicht nur die Menschen aus der damaligen Zeit daran erinnern, dass das Leben vergänglich ist und vor dem Tod alle ohne Standesunterschied oder Ansehen gleich sind *(Di 15 - 17 Uhr geöffnet. Für die übrige Zeit ist eine Telefonnummer an der Tür angeschlagen, über die man den Schlüssel und mit viel Glück sogar eine kurze Führung erhält).*

(082) WOMO-Parkplatz: Kermaria Chapelle de Kermaria-an-Iskuit

GPS: N 48°41'07.5" W 02°58'34.4", An der D21. **Max. WOMOs:** 2 - 3.
Ausstattung: Müllbehälter.
Beschreibung: Der einfache Parkplatz befindet sich am Ortsrand.
Zufahrt: In Plouha am Kreisel Richtung Pléhédel fahren und den Hinweisen zur Chapelle de Kermaria-an-Iskuit folgen.

Am dritten Sonntag im September findet hier der alljährliche **Pardon** statt und es ist an der Zeit, diesen Begriff etwas näher zu erklären.

Pardon

Auch bei uns wird das Wort „Pardon“ schon einmal benutzt, wenn man sich für etwas entschuldigen möchte oder um Verzeihung bittet. Im militärischen Jargon wurde in früheren Zeiten unter Umständen „kein Pardon“ gewährt, wenn der unterlegene Feind nicht auf Gnade hoffen durfte. Umgekehrt konnte natürlich auch „Pardon gegeben“ werden und der Gegner wurde begnadigt.

Etwas Ähnliches müssen wohl auch die Bretonen im Sinn haben, wenn sie sich einmal im Jahr zu Ehren von Maria, der Heiligen Anna oder einem der anderen zahlreichen bretonischen Heiligen auf eine Wallfahrt begeben. Sie bitten um Vergebung ihrer Sünden und um Hilfe gegen Krankheiten oder Schicksalsschläge und, pragmatisch wie Bretonen nun mal sind, für oder gegen alles, was sie gerade bewegt oder bei dem sie nicht erwischt wurden.

Wer das kulturelle und religiöse Traditionsbewusstsein der Bretonen verstehen möchte, der sollte sich das lokale Großereignis einer Pilgerfahrt nicht entgehen lassen. Meist beginnt der Pardon mit einem feierlichen Festgottesdienst, dem eine Prozession folgt. Dabei gehen die Priester, bei großen Pardons auch schon mal der Bischof, voran, dann folgen die Banner-, Kreuz- sowie Statuenträger oder die jeweilige Reliquie und danach schließt sich der Pilgerzug an. Dieser setzt sich aus der örtlichen Gemeinschaft oder, je nach Größe und Wichtigkeit des Pardons, aus Tausenden von Pilgern aus nah und fern zusammen. Es werden Kirchenlieder gesungen und viele Teilnehmer tragen zu diesem besonderen Anlass ihre bretonische Tracht.

Der Ursprung der Pardons liegt bei den sieben heiligen Gründervätern der Bretagne, die im 5. Jahrhundert als Missionare von den Britischen Inseln kamen, die Städte Saint-Brieuc, Saint-Malo, Dol-de-Bretagne, Vannes, Quimper, Saint-Pol-de-Léon und Tréquier gründeten und von dort das Christentum verbreiteten. Bis zum 16. Jahrhundert war es für gläubige Bretonen Brauch, mindestens einmal im Leben auf der **Tro-Breiz** (*Tour de Bretagne*) alle Kathedralen dieser Städte zu besuchen. Zur Belohnung lockte das Paradies, bei Nichterfüllung die Verdammnis. Wer diese 500 bis 600 Kilometer lange Strecke zu Lebzeiten nicht schaffte, durfte die Wallfahrt unter bestimmten Voraussetzungen notfalls auch nach dem Tod im Sarg zurücklegen.

Im Laufe der Zeit bekamen die Pardons einen „weltlichen Touch“ und so gehört heute meist ein bisschen Rummelplatz-Atmosphäre dazu, die bei den größeren Veranstaltungen zum regelrechten Volksfest mutiert.

Die meisten Pardons finden in den Sommermonaten statt und bei der Unmenge von Heiligen ist es schier unmöglich eine komplette Liste zu erstellen.

Deshalb an dieser Stelle ein Überblick über die **wichtigsten und interessantesten Pardons**: Quintin *(2. So im Mai)*, Sainte-Anne-la-Palud, Treguir *(3. So im Mai)*, Saint-Herbot *(Christi Himmelfahrt)*, Penvénan *(Pfingstsonntag)*, Montcontour *(Pfingsten)*, Carantec *(Pfingstmontag)*, Plouguerneau *(letzter So im Juni)*, Le Fauoët *(letzter So im Juni)*, Guingamp *(1. So im Juli)*, Locronan *(2. So im Juli)*, Saint-Jean-du-Doigt (*letzter So im Juni)*, Saint-Anne-d'Auray *(26.07.)*, Sizun *(letzter So im Juli)*, Dinard *(2. So im Aug.)*, Loudéac *(15.08.)*, Perros-Guirec *(15.08.)*, Penmarch *(15.08.)*, Mont-Dol *(15. 08.)*, Pont-Croix *(15. 08)*, Rochefort-en-Terre *(3. So im Aug.)*,Plonévez-Porzay *(letzter So im Aug.)*, Le Falgoët *(1. So im September)*, Carnac *(2. So im September)*, Josselin *(7./8.09.)*, Lamballe *(08.09.)*, Hennebont *(3. So im September)*, Fougères (*1. So im Oktober)*.

Wenden wir uns nach diesem Exkurs wieder Plouha und seiner Umgebung zu. Verlässt man den im Hinterland liegenden stillen Ort Richtung Meer, trifft man auf eine steil abbrechende Felsküste, zwischen deren Klippen sich Buchten und versteckte Naturhäfen schmiegen. Immer wieder führen enge Stichstraßen zu Aussichtspunkten oder Stränden, von denen wir nur einige nennen wollen.

Wir betonen, dass die Straßen zwischen Mauern und Böschungen sehr eng und an Wochenenden oder insbesondere bei Sonnenschein gut befahren sind. Wir sind mit unserem Wohnmobil teilweise an die Grenze des Machbaren gekommen und möchten Ihnen deshalb abraten, die Strecke mit sehr großen Wohnmobile zu befahren!

(083) WOMO-Parkplatz:
Plouha – Pointe de Plouha

GPS: N 48°41'19.2" W 02°53'15.0", Kerouziel. **Max. WOMOs:** 2.
Beschreibung: Der einfache Parkplatz befindet sich außerhalb des Ortes auf dem schattenlosen Plateau über dem Meer und bietet eine schöne Aussicht sowie Anschluss an den Küstenwanderweg.
Zufahrt: Im Ort den Hinweisen La Pointe de Plouha folgen.

Auf dem Küstenwanderweg von der Pointe de Plouha zur Plage Bonaparte

Vom vorgenannten Wanderparkplatz gehen wir auf dem rot-weiß markierten Hin- und Rückweg insgesamt **rund 12 Kilometer**, sind einige Male rauf- und wieder runtergekraxelt, haben eine Menge wunderschöner Eindrücke gesammelt und sind der Meinung, dass man diese Wanderung nicht ausführlich beschreiben muss, da man sich so gut wie nicht verlaufen kann.

Am Ende der Landspitze von **Beg Hastel**, bretonisch für *„Pointe du Château"* (Landspitze des Schlosses), befinden sich die Reste eines Bunkers, der zum Schutz eines kleinen Ankerplatzes errichtet wurde. Direkt gegenüber liegt die Mauve-Insel, die ein Paradies für Seevögel wie die Silbermöwe und den seltenen Austernfischer ist. In den sich anschließenden kleinen Buchten tummelte sich in früheren Zeiten die bretonische Schmugglerszene und unterhielt kleine Ankerplätze. Wenig später stehen wir oberhalb des malerischen Strandes von **Gwin Zegal**, der über einen steilen Fußweg bergab zu erreichen ist und an dem Boote mit Tauen und Ketten an aus dem Wasser ragenden Baumstämmen befestigt sind. Diese alte Form des Ankerplatzes gehört zu den letzten ihrer Art und stammt aus dem 5. Jahrhundert. Nachdem wir den Kiesstrand am ehemaligen **Hafen von Moguer** hinter uns gelassen haben, erreichen wir die Stele nahe der **Plage Bonaparte** und den bei Ebbe weiten Sandstrand (siehe auch weiter unten), von dem es auf gleichem Weg zurück zum Ausgangspunkt an der **Pointe de Plouha** geht.

Bei unserer Wanderung sind uns weitere Parkplätze aufgefallen, von denen wir die beiden folgenden als am besten für Wohnmobile erreichbar einstufen.

(084) WOMO-Parkplatz: Plouha – Port Moguer

GPS: N 48°41'59.7" W 02°54'26.3". **Max. WOMOs:** 2 - 3.

Ausstattung: Wanderweg, Kiesstrand.

Beschreibung: Der schräge, schattenlose, einfache Parkplatz ist geschottert. Ein Teil ist für Fahrzeuge über 2,10 m Höhe und ein zweiter Teil für Fahrzeuge bis 2,10 m Höhe befahrbar.

Zufahrt: Wir halten uns nah wie möglich an der Küstenlinie auf der Route des Falaises und folgen dann dem Hinweis Port Moguer bergab bis zum Parkplatz.

Der folgende Strandabschnitt ist in mehrfacher Hinsicht erwähnenswert. Erstens kann er auch von größeren WOMOs von der D786 direkt angefahren werden und zweitens war hier eine Hochburg der ehemaligen Widerstandsbewegung.

(085) WOMO-Parkplatz: Plouha – Plage Bonaparte

GPS: N 48°42'24.9" W 02°55'26.9". **Max. WOMOs:** 2 - 3.
Ausstattung: Infotafeln.
Beschreibung: Der einfache, schräge, schattenlose und außerhalb des Ortes liegende Parkplatz ist meist voller Pkw und sollte möglichst spät angefahren werden. Der für Hunde verbotene Sandstrand ist durch einen Felsentunnel erreichbar und der Küstenpfad ist Ausgangspunkt für Wanderungen.
Zufahrt: Von der D786 den Hinweisen Plage Bonaparte bergab folgen.

Plage Bonaparte

Zwischen Ende Januar und Anfang August 1944 organisierte das Netzwerk Shelburn gemeinsam mit der Résistance, der französischen Widerstandsbewegung gegen die deutsche Besatzung während des Zweiten Weltkrieges, die Flucht abgeschossener alliierter Piloten. Sie wurden aus verschiedenen Ecken Frankreichs nach Plouha gebracht, um von hier mit Booten über den Ärmelkanal nach England fliehen zu können. 142 Piloten und Agenten gelang so die Flucht, die unter dem Codenamen „Plage Bonaparte“ in die Geschichte einging.

An diese Begebenheit erinnert auch die **Stèle Shelburn**, die oberhalb des Strandes steht und von der man eine herrliche Aussicht auf die Bucht von Saint-Brieuc und die Klippen hat, sowie eine Gedenktafel an den Ruinen der Maison d'Alphonse, dem Treffpunkt der Piloten und Widerstandskämpfer.

Wer während der Fahrt aufmerksam war, wird festgestellt haben, dass wir uns auf der als **La Route des Falaises** oder als **Circuit des Falaises** bezeichneten Strecke befinden, der zwischen Saint-Quay-Portrieux und Paimpol verläuft. Der „Weg der Steilküste“ wird hinter Lanloup sehr viel besser für alle Größen von Wohnmobilen befahrbar und orientiert sich teils an der D54, sodass man ihm nun bedenkenlos folgen kann.

(086) Offizieller WOMO-Stellplatz: Lanloup – Jardin Guy Ropartz

GPS: N 48°42'48.9" W 02°57'49.8", Rue de Saint-Roch. **Max. WOMOs:** 2.
Öffnungszeit: Ganzjährig.
Ausstattung: Tische und Bänke, Infotafel, Bouleplatz, WC, Müllbehälter.
Beschreibung: Der sehr einfache, schattenlose befestigte Parkplatz befindet sich im Ort. Eine Crêperie liegt in unmittelbarer Nähe und der Parkplatz kann Ausgangspunkt für ausgewiesene Rad- und Wandertouren sein.
Zufahrt: Im Ort dem WOMO-Piktogramm folgen.
Hinweis: Maximaler Aufenthalt 24 Stunden.

Die Kirche aus dem 15. Jahrhundert besitzt eine beeindruckende Vorhalle mit zwölf Steinaposteln sowie einer Marienstatue über dem Portal. Im Inneren überraschen kunstvolle Altäre und den Friedhofsbereich ziert ein Steinkreuz aus dem 18. Jahrhundert.

Hinter **Bréhec** folgen wir zuversichtlich dem WOMO-Piktogramm und können wenig später einen Logenplatz auf einem Parkplatz einnehmen.

**(087) Offizieller WOMO-Stellplatz:
Bréhec – Parking de la Corniche**

GPS: N 48°43'44.6" W 02°56'43.8", Route de la Corniche.
Max. WOMOs: 5.
Öffnungszeit: Ganzjährig.
Ausstattung: Tische und Bänke, Müllbehälter.
Beschreibung: Der einfache, außerorts gelegene, schattenlose, teils asphaltierte Parkplatz besitzt abgeteilte Parkbuchten für WOMOs und bietet eine grandiose Aussicht über das Meer und die Bucht von Bréhec. Der Ort ist nach etwa 500 m Fußweg bergab zu erreichen, dort befinden sich einige Gaststätten. Der Küstenpfad bietet sich für ausgedehnte Wanderungen an und die Küstenstraße ist eine beliebte Fahrradstrecke.
Zufahrt: Von der D54 in Brehec der Route de la Corniche folgen und bei Erreichen der Höhe rechts bis zum Parkplatz fahren.

Weitere Parkplätze mit sensationellen Blicken über das Meer folgen und nachdem wir von Plouézec aus in einer kleinen, hübschen Bucht Pause gemacht haben, beeindrucken anschließend die Aussichten von der **Pointe de Minard** und der **Pointe de Bilfot**. Wer auf Wanderungen und/oder Radfahren steht, der kann sich auf dem zerklüfteten Hochplateau 70 Meter über dem Meer so richtig austoben und sollte dabei die An- und Abstiege nicht unterschätzen.

Parkplatz Pors Pin

Wir orientieren uns nach wie vor an der Küstenlinie, der wir so nah wie möglich folgen und uns im Zweifelsfall eher rechts halten, da der Circuit nicht immer eindeutig zu identifizieren ist. Wir durchfahren eine Heidelandschaft mit kleinen Weilern, in denen Häuser von Steinmauern und üppig blühenden Hortensien begrenzt sind.

(088) WOMO-Parkplatz: Plouézec – Pors Pin

GPS: N 48°44'24.6" W 02°56'30.9", Rue de Pors Pin. **Max. WOMOs:** 2.
Ausstattung: Müllbehälter, manchmal ist ein Toilettenhäuschen vorhanden.
Beschreibung: Der einfache, schattenlose, asphaltierte Parkplatz liegt fern des Ortes und oberhalb der der kleinen Kiesbucht. Baden verboten! Auch hier bietet sich ein guter Ausgangspunkt für Rad- und Wanderrunden.
Zufahrt: In Plouézec Le Questel den Hinweisen Pors Pin bergab folgen.

(089) WOMO-Parkplatz: Plouézec – Pointe de Minard

GPS: N 48°45'15.5" W 02°55'52.7".
Max. WOMOs: 3.
Ausstattung: Müllbehälter.
Beschreibung: Einfache, schattenlose, befestigte, teils schräge Parkfläche außerorts mit super Aussicht. Der Küstenpfad verläuft direkt vor der Nase und wer sich an der Pointe links hält, erreicht wenig später einen Zugang zur übernächsten Kiesbucht Porz Donan.
Zufahrt: Vom Circuit des Falaises den Hinweisen zur Pointe Minard folgen.

(090) WOMO-Parkplatz: Plouézec – Pointe de Bilfot

GPS: N 48°46'13.3" W 02°57'04.8".
Max. WOMOs: 5.
Ausstattung: Tische und Bänke, Müllbehälter.
Beschreibung: Auch dieser schattenlose, befestigte Parkplatz liegt außerorts und am Küstenpfad. Die Aussicht ist gigantisch und der Parkplatz so beliebt, sodass wir mit dem WOMO schon aufgrund von „Überfüllung" wegfahren mussten.
Zufahrt: Vom Circuit des Falaises den Hinweisen zur Pointe Bilfot folgen.

Wir folgen dem Circuit des Falaises zurück und später auf der D77 nach Plouézec, sehen unterwegs den passabel wirkenden **Camping Cap de Bréhat****** und folgen einem der Hinweise zur 1844 erbauten **Moulin de Craca** (N 48°45'34.9" W 02°58'25.7", Chemin du Moulin de Craca. Auf dem Parkplatz kann es in der Hauptsaison sehr eng werden!). Die für die Gegend typische Mühle war einst eine von 12 Windmühlen, die für das Mahlen des Mehls für jeweils 300 Personen zuständig waren und zudem den Seefahrern als wichtige Landmarke dienten, bevor diese mit ihren Schonern und Küsten-

Moulin de Craca

motorschiffen in den Hafen von Paimpol einliefen *(Führungen Mitte Juni - Mitte September Mi/So 17 und 18 Uhr, Eintritt. www.moulindecraca.fr).*

In **Plouézec** endet die Felsen-Rundstrecke und der guten Ordnung halber erwähnen wir im Örtchen den zentralen, aber wenig anheimelnden **offiziellen WOMO-Stellplatz** [**091:** N 48°44'51.0" W 02°59'06.7", An der D786, maximaler Aufenthalt 24 Stunden]. Viel netter ist hingegen die zweite Möglichkeit.

(092) Offizieller WOMO-Stellplatz:
Plouézec – Aire de Camping-Car

GPS: N 48°45'13.7" W 02°58'56.2", Place des Droits l'Homme.
Max. WOMOs: 5.
Öffnungszeit: Ganzjährig.
Ausstattung: Infotafel, Müllbehälter.
Beschreibung: Die befestigten Parkbuchten sind teils schattig, liegen im Ort und sind klappstuhlgeeignet. Etwa 500 m entfernt befinden sich an der Kirche eine Bäckerei und ein Restaurant.
Zufahrt: Im Ort dem WOMO-Piktogramm/C.C.A.S.-EDF folgen.
Hinweis: Maximaler Aufenthalt 24 Stunden.

Kurz darauf erreichen wir am Ortseingang von **Paimpol** die **Abbaye de Beauport**, die unbedingt einen Besuch wert ist. Das Wohnmobil kann auf dem ausgeschilderten Busparkplatz oder noch besser auf dem Wanderparkplatz Bois de Beauport geparkt werden (N 48°46'03.2" W 03°01'21.7", Chemin de Kreiz-Brug).

Für den längeren Aufenthalt bietet sich der einfache, aber schön am Meer gelegene **Camping de Cruckin**** an [**093:** N 48°46'11.4" W 03°01'20.3", Rue de Cruckin, Telefon 0296207847, www.camping-paimpol.com. Geöffnet Ende März/Anfang April - September, separate, einfache WOMO-Plätze €€ inklusiv V/E/Strom/Sanitäranlagen].

Abbaye de Beauport

Die Abtei wurde im Jahr 1202 als Prämonstratenserkloster gegründet und galt über Jahrhunderte als religiöses und wirtschaftliches Zentrum der Gegend um Paimpol. Ende des 18. Jahrhunderts wurde der Gründungsorden in der Folge der Revolution aufgelöst, die Ordensbrüder verjagt und die Abtei geplündert sowie gebrandschatzt.

Von der Abtei blieben Reste der Klosterkirche aus dem 13./14. Jahrhundert, das Refektorium und der Fürstensaal erhalten. Zu Beginn des Rundgangs präsentiert eine Ausstellung die Geschichte sowie die Architektur des Anwesens, in dem Konzerte gegeben und wechselnde Veranstaltungen angeboten werden. Die eindrucksvolle Ruine liegt heute sehr malerisch zwischen alten, hohen Bäumen über dem Meer und ein Spaziergang über das Klostergelände komplettiert den Reiz eines Besuches. Zwischen alten Mauern und blühenden Hortensienbüschen bewundern wir unterschiedliche Lichteinfälle, erblicken durch Säulen das strahlend blaue Meer, durchstreifen Kellergewölbe und den Klostergarten mit alten Apfelbäumen *(März/Oktober/November 14 - 18 Uhr, April - Juni/ Allerheiligen 10.30 - 12.30/14 - 18 Uhr, Juli - September 10.30 - 19 Uhr, Informationsblätter in deutscher Sprache, Führungen möglich, Eintritt. www.abbayebeauport.com).*

Nach dem Besuch der immer noch ehrwürdigen Abtei kann die Gegend mit dem Fahrrad erkundet werden. Hierzu bietet sich der **Küstenradweg** an, der hier als **Tour de Manche** und mit **Voie 4** markiert vom Mont Saint-Michel bis nach Roscoff verläuft. Von dort könnte sogar der Ärmelkanal (Manche) überquert werden, um den Süden Englands mit dem Rad zu erkunden. Wer lieber zu Fuß unterwegs ist, findet **Wandermöglichkeiten** im Bois Beauport (etwa 15 Kilometer) oder ausgewiesene, kürzere **Spaziergänge** rund um die Abtei.

Weitere Ideen und noch viel mehr gibt es im **Office de Tourisme** direkt in Paimpol *(Januar - Juni/September - Dezember Mo - Sa 9.30 - 12.30/14 - 18 Uhr, Oktober - März Do* *geschlossen, Juli/Aug. Mo - Sa 9.30 - 19 Uhr, So 9.30 - 12.30/16.30 - 19 Uhr, Place de la République BP 234, Telefon 0296208316, www.guingamp-paimpol.com oder www.ville-paimpol.fr).* Hier sind auch Informationen über die in der nächsten Tour beschriebene **Île de Bréhat** und die Fährverbindung zu dieser wunderschönen Blumeninsel der Bretagne erhältlich. Die Parksituation in Paimpol ist schwierig, sodass wir gezielt einen der beiden nachstehenden Stellplätze anfahren. Beide sind zweckdienlich, aber man steht offiziell und unbehelligt.

(094) Offizieller WOMO-Stellplatz: Paimpol – Aire Chateaubriand

GPS: N48°46'36.9" W 03°02'41.6", Avenue Châteaubriand.
Max. WOMOs: 40. **Öffnungszeit:** Ganzjährig.
Ausstattung: V/E, Strom, Müllbehälter.
Beschreibung: Der geschotterte, meist schattenlose Platz ist mit einer Schranke gesichert und befindet sich im Ort in der Nähe des Bahnhofs. Das Zentrum und der Hafen sind zu Fuß gut zu erreichen
Preise: € - €€.
Zufahrt: Im Ort den Hinweisen nach Lannion/D15 bis zum Parkplatz folgen.

(095) Offizieller WOMO-Stellplatz: Paimpol – Parking Pierre Lotti

GPS: N48°47'03.8" W 03°02'46.2", Rue Pierre Lotti. **Max. WOMOs:** 20.

Öffnungszeit: Ganzjährig.
Ausstattung: Müllbehälter.
Beschreibung: Der einfache schattenlose Parkplatz befindet sich an der Nordseite des Hafens und das Zentrum ist zu Fuß gut erreichbar.
Preise: € (Juni - September 19 - 9 Uhr).
Zufahrt: Im Ort dem Hinweis zum Parkplatz Pierre Lotti folgen.
Hinweis: Im April/Mai einige Tage durch Schausteller belegt und nicht zu nutzen!

Paimpol

Die kleine Hafenstadt ist durch ihre Hochseefischer im 19. Jahrhundert bekannt geworden, die es mit ihren Segelschiffen bis vor Island zum Dorschfang verschlug. Ein halbes Jahr lang wurde gefischt, geschlachtet und eingesalzen bis ein Überangebot an Fischen sowie die Dampfschifffahrt mit großen Schleppnetzen das lukrative Geschäft beendete. Inspiriert durch dieses harte Leben auf See setzte der Schriftsteller Pierre Lotti den Männern in seinem Roman *Les Pêcheurs d'Islande* (Die Islandfischer) ein literarisches Denkmal.

Inzwischen haben Austernzucht, Gemüseanbau, Tourismus und der Jachthafen den traditionellen Fischfang abgelöst und nur das **Musée de la Mer** erinnert noch an die glorreiche Vergangenheit der Islandfischer sowie die Stadtgeschichte *(Das Museum wird umgebaut und soll im Frühjahr 2023 wiedereröffnet werden, Eintritt. 11 Rue de Labenne. www.museemerpaimpol.fr).*

In den Jahren mit ungeraden Endziffern wird an einem Wochenende in der ersten Augusthälfte ein farbenfrohes Fest zu Ehren der traditionellen Seefahrt veranstaltet. Seemannslieder erklingen rund um den Hafen und vermischen sich mit dem Duft von gegrilltem Fisch. Der genaue Termin für das **Festival du Chant de Marin** ist bei der Tourist-Info zu erfragen.

Ein Stadtspaziergang führt uns rund um die Place du Martray in hübsche Gässchen mit gut erhaltenen Fachwerk- sowie Reederhäusern aus dem 15. und 16. Jahrhundert, die noch immer ein wenig vom Flair des alten Fischerdorfes zeugen. Am Hafenbecken klirren Leinen im Wind und hier, aber auch in der lebendigen kleinen Altstadt laden unzählige Läden sowie Galerien zum Stöbern oder Cafés und Restaurants zum Verweilen ein. In einem alten Gasthof am Rand des touristischen Zentrums residiert das **Restaurant De la Marne**, dessen freundliche Bedienung nicht ganz günstig, aber hervorragend zubereitete und vielfach ausgezeichnete Gerichte serviert *(Mittags- und Abendmenüs, 30 Rue de la Marne, Telefon 0296163341, www.hoteldelamarne-paimpol.fr)*. Am Hafenbecken sind es die **Crêperie L'Escale** und das **Restaurant L'Islandais**, in denen man mit Blick aufs Wasser gut und zu zivileren Preisen speisen kann.

Auf dem Küstenwanderweg von Paimpol zum Witwenkreuz

Abwechslungsreiche Wanderung von etwa 12 Kilometer Länge mit rot-weißer Markierung.

Von Paimpol aus starten wir vom Parkplatz Pierre Lotti auf dem Küstenwanderweg GR34 nordwärts zu diesem reizvollen Marsch. Der Weg schlängelt sich mal direkt an der Küste entlang oder verläuft etwas landeinwärts auf wenig befahrenen Straßen. Der **Hafen Pors Even** wird gestreift und bei Niedrigwasser ist die lokale Austernzucht zu erkennen. Ab hier führt der Wanderweg auch wieder direkt an der Küste entlang und nach einiger Zeit erreichen wir die **Chapelle de la Trinité**. Von hier könnten wir direkt zum **Croix des Veuves** aufsteigen, aber wir folgen noch ein wenig dem Küstenpfad. In der Ferne erspähen wir die Île de Bréhat und nach der Umrundung einer Landspitze treffen wir auf eine Asphaltstraße, an der es links ebenfalls zum Witwenkreuz geht. Diesen Weg schlugen zur Zeit der Islandfischer auch die daheimgebliebenen Frauen aus Paimpol und der Umgebung ein, um sorgenvoll Ausschau nach den heimkehrenden Schiffen zu halten. Oft genug blieb der Ehemann auf See zurück und die mittlerweile von Wind und Wetter gezeichnete Mutter-Kind-Statue des Witwenkreuzes erinnert an das Leid der Hinterbliebenen.

Die Aussicht auf die Bucht von Launay und die vorgelagerten Inselchen ist für uns jedoch traumhaft schön und wir trennen uns schweren Herzens, um bergab zur Kapelle zu gelangen und von dort auf gleichem Weg zurück nach Paimpol zu wandern.

TOUR 7
Côte de Granit Rose
Île de Bréhat
Pointe de Pen Lan
Sillon de Talbert
Pointe de l'Arcouest
Ploubazlanec
Paimpol
Tour 6
L'Armor Pleubian
Pleubian
Kermouster
Lézardrieux
Pleudaniel
Le Trieux
Le Leff
Pontrieux
Pointe de Château
Plougrescant
Le Jaudy
Tréguier
La Roche-Derrien
Penvenan
Trélevern
Louannec
Perros-Guirec
Ploumanac'h
Trégastel
Île Grande
Pleumeur-Bodou
Trébeurden
Lannion
Le Léguer
Ruisseau de Kerlouzouen
St-Michel-en-Grève
Plestin-les-Grèves
Pointe de Locquirec
Locquirec
Le Prajou
St-Jean-du-Doigt
Pointe de Primel
Primel-Trégastel
Plougasnou
Le Diben
Rivière de Morlaix
Morlaix
Le Dourduff
Tour 8
10 km
D786
D7
D789
D20
D787
D6
D38
D74
D767
D788
D65
D786
D42
D64
D76
N12
WC

Ploubazlanec – Pontrieux – Tréguier Plougrescant – Plougasnou – Morlaix

Stellplätze: Ploubazlanec, L´Arcouest, Kermouster, L´Armor-Pleubian, Kermagen, Pleubian, Pleudaniel, Pontrieux, La Roche-Derrien, Tréguier, Plougrescant, Trévou-Tréguignec, Perros-Guirec, Trégastel, Pleumeur-Bodou, Lannion, Saint-Michel-en-Grève, Plestin-les-Grèves, Saint-Jean-du-Doigt, Plougasnou, Le Diben, Morlaix.

Campingplätze: L´Arcouest Camping Panorama du Rohou, Lézardrieux CampingMunicipaldeKermaquer,TrestelCampingLeMat, Louannec Camping Municipal Ernest Renan, Île Grande Camping Municipal Dourlin, Saint-Michel-en-Grève Camping Municipal Saint Efflam, Locquirec Camping Municipal du Fond de la Baie, Primel-Trégastel Camping de la Mer.

Besichtigen: Île de Bréhat; L´Armor Pleubian Maison du Littoral; Trédarzec Les Jardins de Kerdalo; Ploëzal Château la Roche Jagu; Tréguier Cathédrale Saint-Tugdual, Maison Ernest Renan; Plougrescant Chapelle Saint-Gonéry, Maison du Littoral; Perros-Guirec Musée de l'Histoire et des Traditions de Basse Bretagne,Église Saint-Jacques; Ploumanac'h Maison Littoral; Trégastel Aquarium Marin, Dolmen de Kerguntuil, Allée Couverte; Pleumeur-Bodou Menhir de Saint-Uzec, Parc du Radôme; Le Prajou Musée Rural du Trégor; Plouezoc'h Cairn de Barnenez; Morlaix Musée de Morlaix, Maison à Pondalez, Maison de la Duchesse Anne.

Wandern: Ploubazlanec,ÎledeBréhat,L´ArmorPleubian,Kermagen, Plougrescant, Perros-Guirec, Ploumanac'h, Île Grande, Primel-Trégastel.

Radfahren: Île de Bréhat und diverse ausgeschilderte Radwege an den Stellplätzen.

Baden: Kermouster, Kermagen, Plestin-les-Grèves und diverse andere Strände entlang der Strecke.

Essen: L´Armor-Pleubian Restaurant Bigouden Blues; Ploëzal Restaurant Le Petit Jagu; La Roche-Derrien Restaurant Le Derrien; Tréguier Auberge du Trégor, Crêperie Dentellière, Restaurant La Table du Marche; Buguélès Restaurant Le Gouermel;Trestel Crêperie Quai des Iles; Perros-Guirec Restaurant La Crémaillière; Île Grande Restaurant-Crêperie Bout'; Le Diben Restaurant L'Abbesse; Le Dourduff en Mer L'Huitrier Baie de Morlaix; Morlaix Restaurant Le Viaduc, Crêperie L'Hermine, Restaurant Le Grand Café de la Terrasse.

Märkte: Lézardrieux Fr, Pleubian Sa, Pontrieux Mo, La Roche-Derrien Fr, Tréguier Mi, Perros-Guirec Mi/Fr, Trégastel Mo, Lannion Di - Sa, Saint-Jean-du-Doigt Do, Plougasnou Di, Morlaix Sa.

In der folgenden Tour werden wir uns der Nordküste der Bretagne zuwenden und in deren Verlauf die **Côte de Granit Rose** *sowie die* **Baie de Morlaix** *bereisen. Die rosa- bis rotbraunen Granitfelsen geben dem Küstenabschnitt seinen Namen und die von Meer und Wind geformten, imposanten Steinansammlungen, die die Fantasie des Betrachters schon immer reizten, prägen diesen außergewöhnlich schönen Naturschauplatz.*

Segler vor der Île de Bréhat

Die letzte Wanderung führte uns bereits zum **Croix des Veuves** und nun erreichen wir mit dem Wohnmobil **Ploubazlanec**, das untrennbar mit dem Schicksal der Islandfischer verbunden ist. Hier wohnte Pierre Loti und hier spielt auch ein großer Teil seines meist auf Tatsachen beruhenden Romans „Die Islandfischer". An die schwere und manchmal todbringende Arbeit weist, neben dem außerhalb des Ortes stehenden Witwenkreuz, die **Mur des Disparus en Mer** auf dem Friedhof mit vielen Gedenktafeln eindrücklich hin – 2.000 Seefahrer aus Paimpol und der Umgebung blieben auf See verschollen. An die Vergangenheit erinnert aber auch das maritime **Centre de Decouverte Maritime Milmarin** nahe dem Friedhof *(April - Juni/ September/Oktober Mi - Fr/So 10 - 12.30/14 - 18 Uhr, Juli/ August täglich außer Sa 10 - 12.30/14 - 18 Uhr, November - März Mi/Fr/So 10 - 12.30/14 - 17 Uhr, 16 Rue de la Résistance, Eintritt. www.milmarin.bzh).*

Neben den im Ort befindlichen offiziellen, sehr schrägen **offiziellen WOMO-Stellplatz-Parkbuchten [096:** N 48°48'02.8" W 03°01'48.5", Cité de Lan ar Mendy] möchten wir den ebenfalls sehr einfachen, leicht schrägen **offiziellen WOMO-Stellplatz** an der Plage de Launay nicht unerwähnt lassen **[097:** N 48°48'29.0" W 03°01'03.1", Rue de Launay Mal Nommé, maximaler Aufenthalt 48 Stunden]. Hinter dem Stellplatz lässt die nur 2,25 Meter breite Zufahrt die Durchfahrt schmalerer WOMOs oder Vans zu, um auf dem dahinterliegenden und wesentlich größeren Parkplatz näher am Strand zu parken.

(098) Offizieller WOMO-Stellplatz: Ploubazlanec – Wasserturm

GPS: N 48°48'21.6" W 03°01'57.0", Chemin de la Croix Saint-Jacques.
Max. WOMOs: 6.
Öffnungszeit: Ganzjährig.
Ausstattung: V/E bereits an der D789.
Beschreibung: Der einfache, schattenlose, geschotterte Parkplatz liegt außerhalb des Ortes in der Nähe von Häusern.
Zufahrt: Kurz vor dem nördlichen Ortsausgang an der beschilderten V/E-Station dem WOMO-Piktogramm folgen.

Wir nähern uns jetzt zügig der Landspitze **Pointe de l'Arqouest**, von der der Blick auf die mit Klippen und Riffen übersäte Bucht und die Inselwelt einfach umwerfend ist. **Wanderer** und **Radfahrer** finden ihre entsprechenden Betätigungsparadiese und können auf den unter gleicher Leitung stehenden Campingplätzen einchecken.

(099) WOMO-Campingplatz: L´Arcouest Camping Panorama du Rohou/Camping du Paou**

GPS/ Kontakt: N 48°49'07.9" W 03°01'01.2", Chemin du Rohou, Telefon 0296558722, www.campingpanorama.com.
Öffnungszeit: Ganzjährig.
Ausstattung: Mini-Lädchen mit täglich frischem Baguette und Croissants.
Beschreibung: Die zusammengehörigen, einfachen Campingplätze sind meist schattenlos und bieten teilweise einen schönen Meerblick. Die Anlegestelle der Schiffe zur Île de Bréhat ist etwa 1 Kilometer entfernt.
Preise: €€.
Zufahrt: Im Ort den Hinweisen zum Campingplatz folgen.
Hinweis: Enge Zufahrt! Längere WOMOs können Probleme bekommen.

Manch einer behauptet, L'Arcouest sei der Landungssteg der Île de Bréhat. Diese Aussage ist bei den regelmäßig an- und ablegenden Schiffen mit ihrer menschlichen Tonnage tatsächlich nicht von der Hand zu weisen und der oft überfüllte Parkplatz auf dem Festland tut sein übrigens, um diese

Aussage zu untermauern.Wie gut, dass es für Wohnmobile extra ausgewiesene Parkmöglichkeiten gibt.

(100) Offizieller WOMO-Stellplatz: L´Arcouest – Parking Île de Bréhat

GPS: N 48°49'12.6" W°03°01'12.4", Route de l'Embarcadère.

Max. WOMOs: 40.
Öffnungszeit: Ganzjährig.
Ausstattung: Müllbehälter.
Beschreibung: Der einfache, teils schattige, befestigte Parkplatz ist mit einer Schranke gesichert und liegt außerorts am Rand der Großparkplätze meist auf Wiesenboden und bietet zum Teil eine wunderschöne Aussicht auf das Meer und die Inselwelt. Auch wenn ein Campingverhalten nicht erwünscht ist, kann der Platz mit ein wenig Glück als klappstuhlgeeignet durchgehen, wenn die Pkw-Kolonnen am Abend abgezogen sind. Von hier können Rad- und Wandertouren beginnen und zur Schiffsanlegestelle und zu einigen Restaurants sind es etwa 500 m Fußweg.
Preise: €€.
Zufahrt: In L'Arcouest den Hinweisen zum Parkplatz folgen. Die Zufahrt ist durch eine Schranke geregelt.
Hinweis: Keine Wohnwagen!

In den Ferien oder an sonnigen Wochenenden haben wir in einer langen Warteschlange anstehen müssen, um einen Platz auf der Personenfähre zur begehrten Blumeninsel zu ergattern: Familien mit Kind und Kegel, bepackt mit Picknickkörben und -taschen, Radfahrer, Wanderer und andere Ausflugsgäste drängeln sich anschließend an Bord und sehen erwartungsfroh ihrem ganz persönlichen Inselerlebnis entgegen. In der Vor- und Nachsaison ist es ruhiger, aber dennoch zieht die Insel ihre Besucher wie ein Magnet an.

Morgenstimmung an der Île de Bréhat

Île de Bréhat

Die 3,5 Kilometer lange und 1,5 Kilometer breite Insel ist autofrei und zu Fuß oder mit dem Fahrrad auf zahlreichen gut markierten Trampelpfaden, Sträßchen und Fahrradwegen zu erkunden. An dieser Stelle sei bereits erwähnt, dass die Schiffspassage allein für das eigene Fahrrad mit 16 € (Stand 2022) zu Buche schlägt und man durchaus überlegen kann, ob das stundenweise Entleihen eines Vélo günstiger sein könnte *(www.velosbrehat.fr)*.

Vom Festland sorgen die Boote der **Vedettes de Bréhat** von L'Arcouest aus für die 10-minütige Überfahrt *(April - September 8.15 - 19.30 Uhr etwa stündlich, Oktober - März wesentlich seltener, Gebühr. Beim Fahrradtransport (siehe oben) muss beachtet werden, dass diese vor 9.30 Uhr auf die Insel und vor 16 Uhr von der Insel gebracht werden. Hunde werden an Bord gegen Gebühr akzeptiert. Bei der Rückfahrt mit einem der letzten Schiff muss man bei Ebbe einen etwa 20-minütig längeren Weg zur Ablegestelle einkalkulieren, www.vedettesdebrehat.com)*.

Das besonders milde und trockene Klima ist für die fast mediterrane Vegetation verantwortlich und es gedeihen Oleander, Mimosen, Agaven, Eukalyptus, Maulbeerbäume und natürlich Hortensien. Von Juni bis September trifft man fast überall auf die Schmucklilie (*Agapanthus*), die als Wahrzeichen der Insel gilt. Früher lebten die Bewohner vom Fischfang oder heuerten auf den Schiffen der Kriegs- beziehungsweise Handelsmarine an, während heute vorwiegend Touristen das Geld auf die Insel spülen.

Eine Inselrunde von der Anlegestelle **Port Clos** kann nach **Le Bourg**, dem größten Ort mit niedrigen Häusern aus Granit sowie einem Kirchlein aus dem 16. Jahrhundert, führen. Nordwestlich findet sich die **Kapelle Saint-Michel** von 1852 auf einer kleinen Anhöhe mit schönem Ausblick. Eine alte Flutmühle ist zu sehen und bei den unzähligen Granitriffen und Inselchen kann man getrost vom Archipel de Bréhat sprechen.

Die Heidelandschaft im Nordteil der Insel, die durch eine Landenge in zwei Teile getrennt und seit dem 18. Jahrhundert durch eine Brücke verbunden ist, wird von zwei Leuchttürmen überragt, davor grasen Schafe oder seltener Kühe und alles lässt ein wenig an Irland denken. Der nördliche **Phare du Paon** kann bestiegen werden und aus der Höhe bietet sich eine grandiose Rundumsicht. Hier ist das Meer schwer zugänglich, aber im Süden gibt es mehrere Strände und kleine Badebuchten – also im Sommer bei Bedarf die Badesachen nicht vergessen. Einkehrmöglichkeiten sind genug vorhanden und wir haben im Garten der **La Potinière de Bréhat** mit Blick auf die Plage du Guerzido schon so manche Stunde vertrödelt (Foto unten).

Fünf unterschiedlich markierte Rundwege können zu kürzeren oder längeren **Wanderungen** kombiniert werden und wer eher aufs **Fahrrad** setzt, für den gibt es die bereits erwähnte Verleihstation vor Ort. Außerdem kann man sich im „**Taxi**", einem von einem Traktor gezogenen Anhänger, über die Insel chauffieren lassen oder man begibt sich auf eine 45-minütige **Inselumrundung mit dem Boot** *(Infos bereits auf dem Festland am Schiffsanleger oder unter www.autourdebrehat.com und bei Vedettes de Bréhat, siehe oben).*

Über all das informiert zusätzlich das **Office de Tourisme** am Dorfplatz in Le Bourg sehr viel ausführlicher und auch der hier ausgehändigte Inselplan kann hilfreich sein *(Di - Sa 10 - 13/14 - 16.15 Uhr, Telefon 0296200415, www.guingamp-paimpol.com).*

Unsere Route führt auf gleichem Weg zurück nach Paimpol, um von dort nach **Lézardrieux** zu fahren. Nach Überqueren des Trieux gelangen wir an einen Kreisverkehr, an dem zum einen der örtliche **Camping Municipal de Kermaquer**** mit einer frei zugänglichen **V/E-Station** ausgeschildert ist [**101:** N 48°46'49.3" W 03°06'58.2", Rue de Kermaquer, Telefon 0296201722, www.mairie-lezardrieux.fr. Geöffnet Mitte Juni - Mitte September, Preis €€].

Zum anderen starten wir von hier zu einer Küstenrundfahrt zwischen den Flüssen Trieux und Jaudy, um zunächst der nördlich gelegenen Landzunge **Sillon de Talbert** entgegenzufahren. Die schöne Strecke führt durch landwirtschaftlich geprägtes Gebiet mit Artischockenfeldern sowie netten Ortschaften und zu einem ersten Stellplatz an einer kleinen Bucht.

(102) Offizieller WOMO-Stellplatz: Kermouster – Île à Bois

GPS: N 48°49'49.4" W 03°04'55.6", Rue de l'Île à Bois. **Max. WOMOs:** 5.
Öffnungszeit: Ganzjährig.
Ausstattung: Müllbehälter.
Beschreibung: Einfacher, geschotterter, teils schattiger Parkplatz außerhalb des Ortes neben einem Pkw-Parkplatz und in unmittelbarer Nähe des Strandes.
Zufahrt: Von der D20 nach Kermouster abbiegen und im Ort den Hinweisen Greve de L'Île à Bois bis zum Parkplatz folgen.
Hinweis: Maximaler Aufenthalt 48 Stunden.

In **L'Armor-Pleubian** finden wir einen weiteren Stellplatz, der sich hervorragend als Ausgangspunkt für eine Wanderung eignet. Wer dieser nicht folgen möchte, aber trotzdem dem **Sillon de Talbert** einen Besuch abstatten möchte, findet einen Tagesparkplatz näher am Geschehen (N 48°51'44.5" W 03°06'08.4", Rue du Sillon de Talbert. Für WOMOs unbedingt empfohlen, da die folgenden Parkplätze verboten und zu eng sind!).

Seealgen und Tang

Am Parkplatz an der Pointe de Pen Lan können wir bei Ebbe gut „erschnuppern", was hier geerntet wird. Der unverwechselbare Geruch von Tang, der in der Botanik zu den Algen zählt, liegt in der Luft und weist darauf hin, dass auf der Halbinsel fast 10.000 Tonnen Algen jährlich gesammelt, getrocknet und unter anderem bei der örtlichen Firma Setalg France verarbeitet werden. Gleich nebenan beschäftigt sich die CEVA mit der Erforschung und der Verarbeitung der Meerespflanzen.

Seetang und Algen wurden in der Bretagne schon früher als Viehfutter eingesetzt. Als Dünger im April oder Herbst ausgetragener Tang bindet die Feuchtigkeit im Boden und der Kaligehalt wirkt sich positiv auf den säurehaltigen Granitboden der Bretagne aus. Die sehr vielfältigen Algen werden in der Seifen- und Glasindustrie verwertet, da aus ihnen unter anderem Kaliumkarbonat, also Pottasche, gewonnen wird. Die besonderen Eigenschaften kommen aber auch in der Medizin bei Thalas-

sotherapien zum Einsatz und werden zur Heilung von Erkrankungen beziehungsweise zur Prävention oder Rehabilitation genutzt. In der Lebensmittelindustrie werden Algen als Gelier-, Binde-, Gleitmittel und Stabilisator eingesetzt und finden sich unter anderem in Suppen, Pudding und Streichkäse.

(103) Offizieller WOMO-Stellplatz: L´Armor-Pleubian – Pointe de Pen Lan

GPS: N 48°51'27.1" W 03°04'43.0", Rue de Pen Lan. **Max. WOMOs:** 4.
Öffnungszeit: Ganzjährig.
Beschreibung: Der einfache Parkstreifen befindet sich außerhalb des Ortes an einem Wendehammer. Von hier kann man bestens in die nachstehende Wanderung einsteigen. Ganz in der Nähe wartet die **Celtic Whisky Distillerie** auf Besucher und im Shop kann der eine oder andere Whisky nicht nur käuflich erworben, sondern auch verkostet werden *(Sommer: Mo - Sa 10 -12.30/14 - 18 Uhr, Winter Mo - Fr 10 - 12/14 - 17 Uhr, www.celtic-whisky-distillerie.fr)*.
Zufahrt: Im Ort zunächst Richtung Sillon De Talbert fahren, dann aber immer auf der D20B bleiben. Die Straße führt später am Wasser entlang und der Parkplatz ist nach knapp 3 km erreicht.
Hinweis: Maximaler Aufenthalt 24 Stunden.

Auf dem Küstenwanderweg zum Sillon de Talbert

Leichte Wanderung von etwa 8 Kilometer Länge, die beliebig erweitert werden kann und vorwiegend mit den weiß-roten GR-Balken markiert ist. **Das Betreten des Sillon de Talbert ist für Hunde von Mitte April bis Mitte September nicht gestattet!**

Vom Parkplatz an der Pointe de Pen Lan führt uns der Fußweg mit der weiß-roten Markierung an der aussichtsreichen Küste entlang bis zur Pointe de Pen Vir. Im weiteren Verlauf haben wir vom flachen Küstenrand einen schönen Blick auf den **Sillon de Talbert**. Hierbei handelt es sich nicht um einen befestigten Deich, sondern um eine geologische Besonderheit. Die etwa 3 Kilometer lange ins Meer hineinragende Landzunge ist nur 35 Meter breit und wurde durch die gegeneinander laufenden Strömungen des Trieux und des Jaudy aus Stein und Kieseln gebildet. Sie bietet nicht nur zahlreichen Vögeln Zuflucht und Spaziergängern einen herrlichen Weg, sondern stellt gleichzeitig einen natürlichen Schutz der Fahrtrinne zwischen Paimpol und der Île de Bréhat dar.

Nachdem wir ein kurzes Stück auf Asphalt gegangen sind, erreichen wir die **Maison du Littoral**, in der über die schmale Landzunge mithilfe wechselnder Fotoausstellungen informiert wird und geführte Exkursionen auf die Landzunge angeboten werden *(www.presquile-de-lezardrieux.com)*.

Nun wollen wir aber auf den sandigen und steinigen Sillon spazieren, Vögel beobachten und bei Ebbe den Fußfischern beim Sammeln zusehen – doch weit gefehlt! Die Landspitze steht unter Naturschutz und die Bestimmungen besagen, dass Hunde um dies Jahreszeit nicht mitgenommen werden dürfen. Da wir von unseren Vierbeinern begleitet werden, verzichten wir auf den Spaziergang, möchten jedoch allen „hundelosen" Wanderern empfehlen, bis zur Spitze zu gehen und das angeblich besondere Gefühl bei diesem Gang zu erspüren.

Danach kann man im **Restaurant Bigouden Blues** mit Meerblick Moules Frites verspeisen oder von den leckeren bretonischen Kartoffeln kosten *(Telefon 0296229497, www.bigouden.blues.free.fr)*. Von hier kann man natürlich nach Belieben dem Küstenweg folgen oder man macht es wie wir und folgt der Straße in den Ort, um bei Erreichen der Hauptdurchgangsstraße links zu schwenken und nach gut 200 Metern, etwa auf Höhe der Post rechts abzubiegen. Das Sträßchen stößt wieder auf den Küstensaum und damit auf den GR-Weg, der uns um die flache Bucht herum zum Ausgangspunkt unserer Wanderung führt.

Für eine Wanderung zum Sillon de Talbert bietet sich aber auch der folgende Parkplatz an, den wir im weiteren Verlauf der D20 Richtung Pleubian anfahren.

(104) Offizieller WOMO-Stellplatz: Kermagen – Plage de Kermagen

GPS: N 48°51'23.1" W 03°08'30.5", Rue de Kermagen.
Max. WOMOs: 20.
Öffnungszeit: September - Juni. Im Juli/August nicht zu nutzen, da Höhenbarriere vorhanden!
Ausstattung: Infotafel.
Beschreibung: Der einfache Wiesenparkplatz liegt außerhalb des Ortes und verfügt über keinen Schatten. Hier starten Rad- und Wanderwege und der Fußweg zum Sillon de Talbert beträgt etwa 4 km. Der Strand ist etwa 200 m entfernt.
Zufahrt: Kurz vor dem Ortsausgang von Saint-Antoine von der D20 den Hinweisen zur Plage de Kermagen folgen.

In **Pleubian** verlassen wir die D20 hinter der Ortskirche mit einer recht interessanten Außenkanzel und halten uns durch die Felder zum Meer hin.

(105) Offizieller WOMO-Stellplatz: Pleubian – Port Béni

GPS: N 48°50'53.2" W 03°10'15.2".
Max. WOMOs: 4.
Öffnungszeit: Ganzjährig.
Ausstattung: Tisch und Bänke, Spielplatz, Müllbehälter.
Beschreibung: Der einfache, schattenlose Parkplatz liegt unmittelbar am Kiesstrand außerhalb des Ortes.
Zufahrt: In Pleubian von der D20 den Hinweisen Port Béni folgen.
Hinweis: Maximaler Aufenthalt 24 Stunden.

Ob man nun nahe der Küste oder zurück und dann über die D20 Richtung Tréguir weiterfährt, sei jedem selbst überlassen.

Inmitten dieser, einem riesigen Gemüsegarten gleichenden, Landschaft mit Artischockenfeldern und Gewächshäusern,

liegt auch eine der schönsten Parkanlagen der Bretagne, wenn nicht sogar Frankreichs (N 48°47'28.5" W 03°13'01.3").

Entlang eines Bachlaufs laden **Les Jardins de Kerdalo**, die Gärten von Kerdalo, in einer hügeligen, romantischen Gartenlandschaft auf 18 Hektar zum Verweilen, Träumen und Genießen ein *(April - September Di - Sa 15 - 19 Uhr. Im Frühjahr können die Öffnungszeiten je nach Blütezeit variieren, Eintritt. www.lesjardinsdekerdalo.com)*.

Bevor wir uns der linken Flussseite des Jaudy zuwenden, wollen wir noch eine Runde entlang des Trieux drehen. In **Pleudaniel** notieren wir einen zweckdienlichen, **offiziellen WOMO-Stellplatz** hinter der Kirche [**106:** N 48°46'07.9" W 03°08'32.0", Place de la Mairie, maximaler Aufenthalt 24 Std.], und rollen dem im Herzen der Region Trégor gelegenen **Château La Roche Jagu** in **Ploëzal** entgegen (N 48°43'57.7" W 03°09'18.1").

Château la Roche Jagu und die Bootsfahrt auf dem Trieux

Im 11. und 12. Jahrhundert wurden zehn Festungen an den Ufern des Mündungsbereiches des Trieux errichtet, von denen heute nur noch das aus dem 15. Jahrhundert erneuerte Schloss erhalten ist.

Über eine schattige Allee gehen wir auf das Eingangsportal zu und in den terrassenförmig angelegten **Schlosspark** hinein. Über 74 Hektar erstreckt sich der eindrucksvolle Park, dessen Besuch für Gartenliebhaber unabdingbar ist. Zu jeder Jahreszeit bieten sich von den Wegen unterhalb der Gebäude immer wieder neue An- und Aussichten: Wir schauen Wasserläufern auf verträumten Teichen zu, queren auf Schrittsteinen Wasserläufe und bewundern die abwechslungsreichen Anpflanzungen *(kostenfreier Zugang das ganze Jahr über, Führungen möglich, www.larochejagu.fr)*.

Das **Schloss** ist zu besichtigen und präsentiert das behagliche Wohnambiente des Adels, das durch Videoeinlagen und wechselnde Ausstellungen zeitgenössischer Künstler ergänzt wird *(Anfang Mai - September/Oktober 10 - 12/14 - 18 Uhr, Juli/August 10 - 13/14 - 19 Uhr, Mitte Oktober - Dezember 14 - 17.30 Uhr, Eintritt)*. Das auf dem wunderschönen Gelände angesiedelte **Restaurant Le Petit Jagu – Salon de Thé** legt einen Schwerpunkt auf saisonale Gemüse aus schlosseigenem, biologischem Anbau sowie auf regionale Speisen und ist mit durchaus akzeptablen Preisen zu empfehlen *(Restaurant meist 12 - 14 Uhr, Salon de Thé 14 - 18 Uhr)*.

Geht man hinunter bis zum Trieux-Ufer, dann trifft man auf den Hafen des Schlosses. Am kleinen Anleger mit dem großen Namen **Port Départemental de la Roche Jagu** legen die **Ausflugsboote des Passeur du Trieux** an, mit denen man von Lézardrieux aus den Trieux befahren kann. Die idyllische Flussfahrt ist mit einem Besuch von Schloss und Park kombinierbar oder man kostet das von den Gezeiten abhängige Schiffsvergnügen länger aus und schippert bis nach Pontrieux beziehungsweise in die andere Richtung *(Hunde an Bord nicht gestattet. Weitere Informationen und Fahrpläne unter www.lepasseurdutrieux.com)*.

Ein paar Kilometer weiter liegt die hübsche Stadt **Pontrieux**, die einmal mehr zu den **Petites Cité de Caractère** gehört.

(107) WOMO-Parkplatz: Pontrieux

GPS: N 48°41'52.2" W 03°09'51.5", Rue de Kerpontou. **Max WOMOs:** 3 - 5.
Beschreibung: Einfacher, nicht sehr einladender Parkplatz, der eher nur für die Ortsbesichtigung geeignet ist. Für den längeren Aufenthalt

bietet sich der ausgeschilderte und auf der anderen Flussseite gelegene **Campingplatz** (www.camping-pontrieux.com) an. Verschiedene Geschäfte, eine Bäcker und Restaurants befinden sich ca. 300 m im Ort.
Zufahrt: Von der D787 im Ort Richtung Plouëc-du-Trieux abbiegen und nach knapp 200 m rechts dem Hinweis zum Parkplatz folgen. **Bitte unbedingt wie beschrieben zum Parkplatz fahren, da man sonst unweigerlich vor einer Bahnunterführung kapitulieren muss!**

Pontrieux

Das Städtchen, das mit vollem Namen ursprünglich *Pont sur le Trieux* (Brücke über den Trieux) hieß, wird auch gern als Klein-Venedig des Trégor bezeichnet.

Im Mittelalter gab es hier einen wichtigen Handelshafen zwischen Argoat und Armor, der längst von einem ansehnlichen Jachthafen abgelöst wurde. Der Ort schmiegt sich in die Flussschleife und besitzt zwei dreieckige, durch eine Reihe hoher Fachwerk- und Granithäuser verbundene Plätze. Das auffälligste Gebäude ist das *Tour Eiffel* genannte Haus am Place le Trocquer mit blauem Fachwerk, das aus dem 16. Jahrhundert stammt. Am Place de la Liberté befindet sich hingegen das **Office de Tourisme** befindet *(April - Juni/September Mo - Sa 10 - 12.30/14 - 18 Uhr, Juli/August zusätzlich So 10 - 12.30 Uhr, Telefon 0296951403, www.guingamp-paimpol.com)*. Hier gibt es beispielsweise Informationen über eine **Schiffsfahrt** auf dem Trieux bis nach Lézardrieux oder zu den 50 **Waschplätzen**, an denen früher Wäsche gewaschen wurde und die sich sehr fotogen entlang des Flusses reihen.

Nach unserem Spaziergang folgen wir dem Hinweis zum Picknickplatz im **Jardin Public**. Hier verspeisen wir mit Blick auf den Fluss im Sonnenschein unser zuvor erstandenes Baguette und schauen den Malern zu, die die idyllischen Fleckchen des sympathischen Ortes auf Leinwand bannen.

Mit **La Roche-Derrien** haben wir nicht nur den Fluss Jaudy, sondern die nächste **kleine charaktervolle Stadt** erreicht, die zusätzlich mit einem offiziellen Stellplatz aufwarten kann.

(108) Offizieller WOMO-Stellplatz: La Roche-Derrien Aire de Camping Car

GPS: N 48°44'49.6" W 03°15'35.0", Rue de Jouet. **Max. WOMOs:** 20.
Öffnungszeit: Ganzjährig.
Ausstattung: V/E, Strom, Müllbehälter.
Beschreibung: Der im Ort gelegene, einfache, meist schattenlose Parkplatz kann bei Sonne staubig und bei Regen sehr matschig sein. Geschäfte, Restaurants und eine Bäckerei befinden sich in der Nähe. Wer eine gute Adresse für das Abendessen sucht, wird im **Restaurant Le Derrien** gut aufgehoben sein. Zuvor kann man seinen Apéro in der **Bar à Vin** einnehmen *(Do - Mo Bar ab 17 Uhr, Restaurant ab 19 Uhr, 1 Place de l'Église, unbedingt telefonisch reservieren unter 0296481354 www.lederrien.bzh).*
Preise: €.
Zufahrt: Im Ort den WOMO-Piktogrammen folgen.

Der Ort entstand im 10. Jahrhundert auf einem Felsvorsprung über dem Jaudy und in der Unterstadt finden sich noch heute mehrere mittelalterliche Fachwerkhäuser, die sich um die **Église Sainte Catherine** aus dem 13. Jahrhundert gruppieren. In der Oberstadt ist es die **Chapelle du Calvaire**, die unseren Blick auf sich zieht und von der man eine schöne Aussicht auf das Jaudy-Tal hat.

Entlang des Jaudy sind wir nun auf dem Weg nach **Tréguier** und registrieren am Supermarkt Super U eine **V/E-Station**, um dann am Ufer des Nebenflusses Guindy einen Parkplatz anzufahren.

(109) Offizieller WOMO-Stellplatz: Tréguier – Bois du Poète

GPS: N 48°47'22.8" W 03°13'55.5", Boulevard Anatole le Braz.
Max. WOMOs: 20. **Öffnungszeit:** Ganzjährig
Ausstattung: Tisch und Bänke, Müllbehälter.
Beschreibung: Der am Ortsrand gelegene, einfache, geschotterte Parkplatz ist teils schattig und befindet sich in der Nähe der nachts ruhigen Straße. Vom in der Hochsaison äußerst beliebten Platz führt ein etwa 400 m langer Fußweg bergauf ins Ortszentrum.
Zufahrt: Auf der D70 am Hafen vorbeifahren und vor der Brücke über den Guindy den Hinweisen zum Bois de Poète oder dem WOMO-Piktogramm folgen.

Tréguier

Zwischen den Flüssen Jaudy und Guindy gründete der Mönch Tugdual im 6. Jahrhundert ein Kloster, das sich schnell zum religiösen Mittelpunkt der Gegend entwickelt.

Der zum Bischof geweihte Tugdual wird einer der sieben Gründungsheiligen der Bretagne und Tréguier damit zu einer der sieben Stationen auf der bretonischen Pilgerreise *Tro Breiz*. Im 9. Jahrhundert wird die Stadt Bischofssitz, ab dem 14. Jahrhundert wachsen der Seehandel und die Buchdruckerkunst. Im Jahr 1500 erschien das *Catholicon*, das erste bretonisch-französisch-lateinische Wörterbuch, und unterstrich neben der religiösen nun auch die kulturelle Bedeutung der Stadt. Die spirituelle Berühmtheit geht aber auch auf den im heutigen Vorort Minihy geborenen Richter Yves Helory zurück, der so segensreich für die Verteidigung der Armen und Benachteiligten wirkte, dass er später als **Saint Yves** zum Schutzpatron der Bretonen und Anwälte avancierte. Am dritten Maisonntag jeden Jahres ehren Juristen aus ganz Europa den Heiligen bei einem **Pardon**. Wir konnten diese Wallfahrt live verfolgen und waren von dem Erlebnis sowie der Spiritualität der Bretonen sehr beeindruckt!

Die Stadt erstreckt sich stufenförmig über hübsche Gässchen und kleine Plätze vom Hafen bis auf den Hügel hinauf. Auch von unserem Stellplatz müssen wir bergauf und durch den **Bois du Poète**, den Dichterwald, erreichen wir die **Cathédrale Saint-Tugdual**, mit deren Bau im 12. Jahrhundert begonnen wurde, und die drei Stilepochen vereint. So ist der viergeschossige Hastings-Turm ein Zeugnis des romanischen Baus, das Mittelschiff und der Chor entstanden im gotischen Stil und die Spätgotik prägt beispielsweise den sehenswerten Kreuzgang. Der Turm aus dem 14. Jahrhundert über der Vierung blieb unvollendet und der dritte, spitze

Fachwerkhäuser an der Place du Martray

Turm, der 63 Meter in die Höhe ragt, stammt aus dem 18. Jahrhundert. Die Kathedrale gehört zu einer der schönsten Frankreichs und nach Durchschreiten des südlichen Glockenportals schauen wir in ein helles und harmonisch wirkendes Inneres, in dem die Kanzel mit Blumenmotiven verziert ist, und das durch die bunten Glasfenster einfallende Licht das aus der Renaissance stammende Chorgestühl beleuchtet. Der Sarg von Saint Yves befindet sich in der Sakristei, die auch den Kirchenschatz beherbergt. Das Grabmahl des Heiligen wurde Anfang des 14. Jahrhunderts in einem Seitenschiff errichtet.

Maison Ernest Renan

Fachwerkhäuser und mit Kopfstein gepflasterte Gassen bestimmen den immer noch mittelalterlich anmutenden Stadtkern um die Place du Martray. In einem Seitengässchen haben wir in einem urigen Haus aus dem 16. Jahrhundert gut und traditionell in der **Auberge du Trégor** gegessen *(Mittags- und Abendmenüs So Abend/Mo geschlossen, 3 Rue Saint Yves, Telefon 0296923234.)*, aber auch die Galettes in der direkt gegenüberliegenden **Crêperie Dentellière** sind nicht zu verachten.

Einem weiteren berühmten Sohn der Stadt ist die **Maison Ernest Renan** gewidmet. Das aus dem 16. Jahrhundert stammende Geburtshaus des Schriftstellers, Orientkenners und Religionswissenschaftlers (1823 - 1892) zeigt sein rekonstruiertes Arbeitszimmer und einige Manuskripte sowie private Exponate *(April - Juni Mo - Fr, Juli/August Mi - So, Sept Mi - So jeweils 10.30 - 12.30/14 - 18 Uhr, Eintritt. www.maison-ernest-renan.fr)*. Wir folgen der Rue Ernest Renan hinab zum Hafen und erspähen eine aus dem 17. Jahrhundert stammende Häuserzeile. Die rechteckigen Türme am Ende der Straße markierten einst das Tor vom Hafen zur Stadt.

In der Nähe des Jachthafens am Jaudy überzeugte uns die Einkehr im **Restaurant La Table du Marche**, in dem der Name Programm ist und marktfrische Produkte auf den Tisch kommen *(Mo - Sa mittags, Do - Sa zusätzlich abends, während der Saison eventuell erweiterte Öffnungszeiten, 30 Rue Saint-André, Telefon 0296929322, www.latabledumarche.fr)* und ganz in der Nähe kann man auch gleich im **Office de Tourisme** vorbeischauen *(Oktober - März Mo - Sa 9.30- 12.30/14 - 17.30 Uhr, April – Juni/September jeweils bis 18 Uhr, Juli/August Mo - Sa 9.30 - 13/14 - 18.30 Uhr, So/Feiertage 10 - 13 Uhr, Port de Plaisance, Telefon 0296922233, www.bretagne-cotedegranitrose.com)*.

Von hier schlendern wir ebenerdig am Jaudy-Ufer zurück zum Stellplatz und genießen noch ein wenig die schöne Umgebung auf dem Picknickgelände im Bois du Poète.

Nachdem wir den Guindy überquert haben, folgen wir dem mit braunen Schildern versehenen **Circuit Touristique du Trégor Côte d'Ajoncs**. Der Name der Küstenregion leitet sich übrigens vom Stechginster (*Ajoncs*) ab und tatsächlich prägen die gelben Blüten im Frühsommer das Bild der Landschaft.

Auf dem weiteren Weg nach **Plougrescant** werfen wir noch einen Blick auf den Jaudy, dessen Mündungsgebiet von unzähligen Inselchen übersät ist. Im Ort selbst kann das Wohnmobil auf einem Parkplatz am **Office de Tourisme** abgestellt werden *(April - Juni/September Mo - Fr 10 - 12.30/14 - 18 Uhr, Mi Nachmittag geschlossen, Juli/August Mo - Sa 9.30 - 12.30/14 - 18 Uhr, So/Feiertage 10 - 13 Uhr, Telefon 0296925683, 42 Hent Sant Gonéry, www.bretagne-cotedegranitrose.com)* oder man nistet sich gleich vor Ort ein.

(110) WOMO-Parkplatz: Plougrescant – L'École

GPS: N 48°50'38.4" W 03°13'48.5", Rue Skol. **Max. WOMOs:** 3 - 5.
Ausstattung: Müllbehälter.
Beschreibung: Der einfache, geschotterte, meist schattenlose Parkplatz befindet sich am Ortsrand und in der Nähe einer Bäckerei und einer Crêperie.
Zufahrt: Der D8 durch den Ort folgen und an der Kirche Saint-Pierre rechts und gleich wieder rechts zum Parkplatz fahren.
Hinweis: Der Parkplatz darf nur außerhalb der Schulzeiten von WOMOs genutzt werden.

Plougrescant

Im 6. Jahrhundert kam der Einsiedler Gonéry mit 72 anderen Mönchen aus England, um die Bretagne zu christianisieren. Einer von ihnen namens Crescant wurde später der Anführer der örtlichen Gemeinde, deren Name um die Silbe *Plou* (bretonisch für Dorf) erweitert wurde und diese Bezeichnung bis heute behalten hat.

Selbstverständlich wurde für eine Kapelle gesorgt, die nach dem heiligen Eremiten **Chapelle Saint-Gonéry** benannt wurde. Der erste Teil wurde im 12. Jahrhundert im romanischen und der zweite Teil Ende des 15. Jahrhunderts im gotischen Stil erbaut. 1612 wurde dann noch eine

Turmspitze aufgesetzt, deren Gebälk sich unter dem Gewicht der Bleiplatten bei Wind und Wetter jedoch seitwärts neigte. Um die Originalität zu erhalten, wünschte sich die Dorfbevölkerung bei den Renovierungsarbeiten in den folgenden Jahrhunderten, dass die Neigung des Turms beibehalten werden sollte.

Neben diesem „Markenzeichen“ sollte dem Inneren des Kirchleins unbedingt Aufmerksamkeit geschenkt werden, denn hier findet sich ein Meisterwerk bretonischer Deckenmalerei. Die Holzdecke aus dem 15. Jahrhundert stammt von einem einheimischen Künstler, der farbenfroh und fantasiereich Szenen der Schöpfungsgeschichte und des Neuen Testaments für die Ewigkeit hinterließ.

Die raue Küstenlandschaft nördlich des Ortes präsentiert sich mit kleinen Strandbuchten oder Fischerorten und natürlich mit den bizarr geformten Felsformationen, für die die Gegend bekannt, man möchte sagen, berühmt ist. Die Park- und Übernachtungsmöglichkeiten sind aufgrund des großen Besucherandrangs für uns reglementiert: **Parkplätze sind tagsüber von Wohnmobilen zu nutzen, für die Nacht haben sie auf einem der Campingplätze zu stehen**. Davon gibt es in der näheren Umgebung drei bestens ausgeschilderte und erreichbare Varianten. Der einfache **Camping de Beg ar Vilin**** liegt etwa zwei Kilometer nordöstlich außerhalb von Plougrescant recht nett am Wasser und ist hinter der Kapelle Saint-Gonéry ausgeschildert *(Geöffnet April - September, Preis €€ - €€€, www.camping.plougrescant.fr)*. Den **Camping Le Varlen***** streifen wir etwa zwei Kilometer außerhalb des Ortes an der Küstenstraße *(Geöffnet April - Oktober, Preis €€ - €€€, www.levarlen.com)* und der **Camping du Gouffre**** ist im weiteren Verlauf der Straße ebenfalls nicht schwer zu finden *(Geöffnet April - September, Preis €€ - €€€, www.camping-gouffre.com)*.

Um den beliebten Küstenbereich zu besuchen, schlagen wir also die östliche Küstenstraße ein und notieren zwei von 9 - 22 Uhr zu nutzende Parkplätze (N 48°51'45.0" W 03°13'14.0", Pors Hir Hent Kericu) sowie (N 48°51'57.9" W 03°13'51.1", Rue Castel Meur).

Verschiedene **Rundwanderwege** laden zur Erkundung der Gegend ein und sind bestens markiert. An erster Stelle ist natürlich der Küstenwanderweg GR34 zu nennen. Die Tourist-Info in Plougrescant oder die Mitarbeiter der Campingplätze händigen an den Rezeptionen die dazugehörigen Wanderkarten oder -pläne aus. Empfehlenswert ist beispielsweise der **Rundwanderweg Balade au Pays des Tors Plougrescant**, der von den zwei erstgenannten Parkplätzen auf rund sechs Kilometern zu den wesentlichen touristischen Höhepunkten führt.

Bei unserer Rundfahrt gelangen wir zunächst in den kleinen Ort **Porz-Hirs**, in dem sich die Häuser zwischen die Felsen schmiegen oder scheinbar mit ihnen verschmelzen, und von dort zu Fuß zum äußersten Punkt der Landzunge, der **Pointe du Château**, vor der sich, einem Gemälde gleichend, ein Inselteppich auf blauem Untergrund ausbreitet.

Wenig später gehen wir vom nächsten Parkplatz zum kleinen Museum in der **Maison du Littoral**, die über Schutzmaßnahmen an der Uferzone informiert *(Mo - Fr 14 - 17 Uhr, im Sommer bis 18 Uhr)*. Am Aussichtspunkt **Le Gouffre**, bestens ausgeschildert und gut zu erreichen, brodelt und gurgelt das Wasser zwischen den Felseinschnitten, die werbewirksam und großartig als Schlund bezeichnet werden.

Der nördlichste Punkt des bretonischen Festlandes markiert den Beginn jenes Felsenmeeres, das die rosa Granitküste, die **Côte de Granit Rose**, berühmt machte. Ganz in der Nähe befindet sich das wohl meistfotografierte Haus der Bretagne, welches sich eingezwängt zwischen zwei Felsen so malerisch fotogen im davorliegenden Salzweiher spiegelt. Für

unseren Privatgebrauch fotografieren wir es natürlich auch, aber vor einer Veröffentlichung in diesem Buch hüten wir uns, denn Madame Hauswirt geht juristisch gegen Publikationen vor. Sei's drum, wir behalten das Häuschen auch so in guter Erinnerung und setzen unseren Weg auf der Küstenstraße fort.

Wer einfach ein Plätzchen sucht, von dem man träumend auf Meer und Granitfelsen schauen kann, der fährt gut 800 Meter hinter der Zufahrt zum Camping du Gouffre geradeaus in eine Sackgasse zum **Kieselstrand Poul Stripo** (N 48°51'39.0" W 03°14'15.2", nur von 9 - 22 Uhr zu nutzen). Der Küstenstraße einen Kilometer folgend wird der nächste **Parkplatz Grand Rocher** erreicht (N 48°51'18.4" W 03°14'49.0", nur von 9 - 22 Uhr zu nutzen).

Entlang des Küstensaums und des **Circuit Touristique** streifen wir den einen oder anderen Tagesparkplatz und können uns an der pittoresken Landschaft gar nicht genug sattsehen. Eine gute Alternative, denn zum Baden sind die Strände nicht wirklich geeignet. Wer darauf dennoch nicht verzichten möchte, sollte bis Buguélès oder Port-Blanc weiterfahren, wo wir für die Nacht ebenfalls auf die teils sehr einfachen Campingplätze verweisen müssen. In **Buguélès** ist dies der **Camping Buguélès** (Geöffnet Juli/August, Preis € - €€, www.camping-portblanc.com), der in unmittelbarer Nähe des Strandes liegt. An der etwa zwei Kilometer entfernten **Plage de Gouermel** haben wir mit Blick auf die weite Bucht im **Restaurant Le Gouermel** vorzüglich gegessen *(Mittags- und Abendmenüs April - September Do - So, März/Oktober/November Fr - So, www.le-gouermel.com, N 48°50'05.6" W 03°15'43.8").*

Am Aussichtspunkt Le Gouffre

Unbedingt erwähnen wollen wir aber auch, dass wir wieder auf schmalen Straßen unterwegs sind. Wenn man jedoch die entsprechende Vorsicht walten lässt, vorausschauend fährt und sich an die vorhandenen Fahrvorschläge für WOMOs hält, dann werden auch größere Fahrzeuge mit den Straßenverhältnissen und dem Gegenverkehr klarkommen!

Wer sich so etwas nicht antun möchte oder genug von der Küstenfahrerei hat, ist sowieso schon längst nach Plougrescant zurückgefahren und in Penvénan gelandet, um von dort **Port-Blanc** anzuvisieren. Der Ort mit dem malerischen kleinen Hafen ist mit mehreren Stränden gesegnet und an der westlich gelegenen **Plage des Dunes** kann man auf dem **Camping Les Dunes** schattenlos und sandig die Zeit verbummeln (Geöffnet April/Mai - Mitte September, Preis € - €€, www.campingportblanc.com).

Kapelle auf dem Felsen La Sentinelle in Port-Blanc

Auf gut ausgebauter Straße rollen wir weiter die Küste entlang und in **Trévou-Tréguignec** auf die schöne **Plage de Trestel** zu.

Zum einen gibt es hier einen **offiziellen WOMO-Stellplatz** der Betreibergesellschaft Camping-Car Park zu vermelden [**111:** N 48°49'08.2" W 03°21'21.9", V/E, Strom, ganzjährig geöffnet, Preis €€] und zum anderen den empfehlenswerten **Camping Le Mat***** [**112:** N 48°49'10.8" W 03°21'14.8", 38 Rue de Trestel, Telefon 0296237152, www.campinglemat.com. Geöffnet April - September, Gebühr €€ - €€€]. Vor Ort gibt es gut markierte **Wanderwege** von 6,5 bis 10 Kilometer Länge und die **Crêperie Quai des Îles** serviert beste Moules Frites und andere Köstlichkeiten.

Gern geben wir an dieser Stelle eine Leser-Empfehlung für den **Camping Les 7 Îles***** in **Trélévern** weiter, auf dem es direkt oberhalb des Strandes liegende Stellplätze gibt, von denen der Blick weit in die wunderschöne Bucht mit Booten und auf die vorgelagerte Inselwelt der Sieben Inseln schweift [**113:** N 48°48'52.7" W 03°23'00.4", Rue Port l'Epine, Telefon 0296917311, www.vacances-seasonova.com. Geöffnet April - September, Preise €€ - €€€].

Bevor wir nach Perros-Guirec einschwenken, möchten wir einen weiteren Campingplatz mit schöner Aussicht nennen, da das Parken in der Stadt und im Nachbarort Ploumanac'h weitgehend untersagt beziehungsweise reglementiert ist.

(114) WOMO-Campingplatz: Louannec Camping Municipal Ernest Renan***

GPS/Kontakt: N 48°47'47.5" W 03°25'37.0", Route de Perros, Telefon 0296231178, www.camping-louannec.fr.
Öffnungszeit: Mitte April - September.
Ausstattung: Imbiss, Shop, WiFi, Bouleplatz, Pool, Waschmaschine und Wäschetrockner, Animationsprogramm im Juli/August.
Beschreibung: Die meist schattenlosen Parzellen auf Wiese liegen teilweise direkt oberhalb des Strandes am Ortsrand und bieten eine schöne Aussicht auf den Hafen von Perros-Guirec.
Preise: €€ - €€€.
Zufahrt: Hinter Louannec direkt an der D6 gelegen.

In **Perros-Guirec** fahren wir zunächst Richtung Centre Ville und dann Richtung Trébeurden/Trégastel, um die für Wohnmobile enge Innenstadt zu umfahren. Am Hafen können WOMOs tagsüber parken (N 48°48'23.5" W 03°26'27.9", An der Kreuzung D788/D786D) und laut Auskunft des Office de Tourisme dürfen auch alle anderen Parkplätze tagsüber genutzt werden, soweit sie keine Höhenbegrenzung oder ein entsprechendes Verbotsschild haben. Im Stadtzentrum ist das Übernachten auf dem engen, **offiziellen WOMO-Stellplatz** am Rand des Pkw-Parkplatz auf derPlace de la France Libre gestattet [**115:** N 48°48'58.7" W 03°26'42.3", Rue Anatole France, WC]. Der Parkplatz ist tagsüber gut belegt und Wohnmobile über 6,50 Meter Länge haben dort oft keine Chance.

Die Bucht von Perros

In **Ploumanac'h** müssen wir für die Übernachtung ebenfalls auf die Campingplätze verweisen und nennen stellvertretend für die anderen den **Camping Le Ranolien******* mit Aquapark, Wellness-Oase, Restaurants, direktem Zugang zum Meer und allem, was der unterhaltungswillige Camper sich so vorstellt (Boulevard du Sémaphore, Telefon 0296916565, www.leranolien.fr. Geöffnet Anfang/Mitte April - September, Gebühr €€ - €€€). Wie uns Leser bestätigten, ein wahres Campingerlebnis!

Tagsüber dürfen Wohnmobile zwei Parkplätze nutzen, von denen wir den zweitgenannten favorisieren. Um diese Plätze zu erreichen, bleiben wir immer auf der D788 Richtung Trébeurden/Trégastel, um hinter der Zufahrt zum Campingplatz Le Ranolien an eine Kreuzung zu gelangen. Links abbiegend sind wir alsbald am ersten Parkplatz (N 48°49'24.8" W 03°28'36.7", Rue de Cribo/Rue des Frères Hurvoy, gestattet 9 - 19 Uhr) und rechts folgen wir einfach dem WOMO-Piktogramm (N 48°49'37.5" W 03°28'40.4", Rue de Ranolien, nicht gestattet von 01.00 (!) - 6.30 Uhr, Gebühr).

Perros-Guirec, Ploumanac'h und der rosa Granit

Wer einen Parkplatz in Perros-Guirec gefunden hat, kann das **Musée de l'Histoire et des Traditions de Basse Bretagne** in einem unscheinbaren Haus am Hafen besuchen, wenn denn der Bedarf an französischen Berühmtheiten und ihrer Geschichte in Wachs groß ist *(Juni/Juli/August 9.30 - 18.30 Uhr, Schulferien/April/Mai/September 10 - 12.30/14 - 17.30 Uhr, Eintritt)*.

Die Stadt hat sich vom kleinen Fischerhafen zu einem der meistbesuchten Seebäder der Bretagne entwickelt und kann mit einigen fast schon mondänen Hotels, Residenzen, Villen und einem Casino aufwarten. Im lebendigen Zentrum laden Geschäfte zum Schauen oder Shoppen ein und natürlich gibt es eine große Auswahl an Restaurants, Crêperien und Cafés.

Das **Office de Tourisme** ist Ansprechpartner und Vermittler für Bootsausflüge, die beispielsweise zu den **Sieben Inseln** führen können *(Mo - Sa 9 - 12.30/14 - 18.30 Uhr, Juli/August Mo - Sa 9 - 19 Uhr So/Feiertage 10 - 13/16 - 18.30 Uhr, Telefon 0296232115, www.perros-guirec.com)*.

Leuchtturm von Mean Ruz

Die der Küste vorgelagerten Les Sept Îles, stellen das älteste Naturschutzgebiet der Bretagne dar, können bei einer zweistündigen Tour von Juni bis September angefahren werden, doch nur auf der Île aux Moines ist ein Landgang möglich. Ansonsten können Seevögel und manchmal Robben beobachtet werden.

Die Tourist-Info bietet zusätzlich gratis Kartenmaterial für kürzere und längere **Rad- und Wanderrouten** und eine Info-Broschüre in deutscher Sprache an. An der zentralen Place de l'Église in der Oberstadt haben wir im **Restaurant La Crémaillière** zu leicht gehobenen Preisen, jedoch vorzüglich in angenehmer Atmosphäre gegessen *(Mittags- und Abendmenüs, Di/Mi geschlossen, Telefon 0296232208)*. Die Besonderheit der nahen **Église Saint-Jacques** besteht aus einem westlichen romanischen Kirchenschiff aus dem 12. Jahrhundert sowie einem weiteren gotischen Schiff aus dem 14. Jahrhundert, die beide aus rosa Granit errichtet sind und damit den unverwechselbaren Hinweis auf das absolut sehenswerte Highlight der näheren Umgebung geben.

Perros-Guirec kann mit einigen Stränden aufwarten. An der **Plage de Trestraou** liegt das Spielkasino und am westlichen Rand beginnt der beschilderte **Sentier des Douaniers** (Zöllnerpfad). Der uns bereits bekannte Küstenweg GR34 erfreut auf etwa 4,5 Kilometer Länge mit etwas ganz Außergewöhnlichem, denn hier türmt sich aus **rosa Granitblöcken und -felsen** ein gigantisch wunderbares Felsenmeer auf. Wer auf eine sich steigernde Dramaturgie des Spazierweges versessen ist, sollte hier mit dem Spaziergang beginnen. Der Beginn des Naturerlebnisses ist bereits recht schön, aber die Höhepunkte der **Granit-Rose-Tour** versammeln sich näher am **Nachbarort Ploumanac'h**, sodass man selbstverständlich auch von dort aus zu dieser einzigartigen Erkundung aufbrechen kann.

Vom letztgenannten Parkplatz schlängelt sich der Weg zwischen Ginster etwa 500 Meter bis zum Küstenpfad und schon stehen wir vor den spektakulären Steinkolossen, die sich kreuz und quer oder ineinander verschachtelt sowie kurz über dem blauen Atlantikwasser stapeln oder einträchtig nebeneinanderstehen. Höhepunkte an diesem Küstenabschnitt sind die Felsformation **Château du Diable** und die aussichtsreiche **Pointe de Squéouel** und mächtige Variationen aus rosa Granit, in denen man meint, verschiedene Figuren zu sehen. Dazwischen kann man über Felsen klettern oder dem Pfad um die nächste Ecke mit weiteren Steinen folgen.

Oratoire Saint-Guirec

Zwischen großen Felsblöcken ragt der **Leuchtturm von Mean Ruz** auf und gegenüber lugt die **Villa Ker Wel** hervor, in der einst der Erbauer des Eiffelturms lebte.

Der Zöllnerpfad führt an der **Maison Littoral** *(Mitte Juni - Mitte September 10 - 13/14 - 18 Uhr)*, in dem über die Entstehung des Felsenmeeres informiert wird, vorbei und führt an die **Plage Saint-Guirec** in Ploumanac'h. Am südlichen Ende der Bucht befindet sich neben einem Hotel die **Chapelle Saint-Guirec** aus dem 13. Jahrhundert, die zu Ehren des im 6. Jahrhundert aus Wales kommenden Heiligen Guirec errichtet wurde. Direkt in der Bucht, und nur bei Ebbe zu Fuß zu erreichen, liegt das **Oratoire Saint-Guirec**. Einem lokalen Brauch folgend haben heiratswillige Mädchen der einstigen Holzfigur des Heiligen mit einer Nadel in die Nase gestochen und damit ihren Wunsch nach einem guten Ehemann unterstrichen. Dieser Vorgang war für die Holznase nicht gerade zuträglich und mittlerweile wird das Oratorium durch eine Steinstatue geziert, die bei genauer Betrachtung jedoch schon wieder recht malträtiert aussieht.

Gegenüber der Bucht thront auf der **Île de Costaérès** das gleichnamige 1892 erbaute Schloss, welches nicht besichtigt werden kann. Es bereichert jedoch die sowieso schon sehr ansehnliche Kulisse beträchtlich und wird bisher in fast jedem deutschen Reiseführer genannt. Interessant ist, dass hier der 1905 mit dem Nobelpreis ausgezeichnete Roman „Quo Vadis" entstanden sein soll und, für deutsche Touristen scheinbar sehr viel wichtiger, der heutige Eigentümer Didi Hallervorden heißt, der sowohl als Schauspieler als auch als Kabarettist in vielen deutschen Wohnzimmern zu Hause ist.

In einem der zahlreichen gastronomischen Betriebe gönnen wir uns eine Stärkung und suchen anschließend den Weg aus dem kleinen Hafenort, der sich zu einem der meistbesuchten Ferienorte an der Granit-Rose-Küste gemausert hat, hinaus zum südöstlich gelegenen Parkplatz. Für die einen ist Ploumanac'h ein touristisches Muss, für die anderen zumindest im Sommer ein Alptraum. Für uns ist das Steinchaos auf jeden Fall im abendlichen Sonnenlicht am schönsten anzusehen! Dann schimmern die Steine tatsächlich überwiegend rosa und nicht wie bei manch anderen Lichtverhältnissen grau-bläulich oder gelblich.

Das Steingebirge der **rosa Granitküste** entstand vor 300 Millionen Jahren, als vulkanisches Magma aus dem Inneren der Erde bis in einen Hohlraum emporstieg. Dort kühlte es nur langsam ab und der entstandene Granit wurde durch die Einwirkung von Wind sowie Wasser langsam freigelegt. Frost und Erwärmung sprengte Felsblöcke vom massiven Untergrund ab und unter dem Zusammenspiel weiterer natürlicher Bedingungen wie Luft, Wasser, Salz und Mineralien entstanden bizarre Formen oder Skulpturen aus Stein und die einzigartige rosa Färbung, die uns heute so fasziniert.

Der Küstenpfad führt selbstverständlich zu weiteren imposanten Felsformationen und man kann zum Beispiel bis ins benachbarte **Trégastel** wandern. Dort befindet sich am schönen Sandstrand von Coz Pors in den riesigen Schildkröten ähnelnden, natürlichen **Grottes du Père Éternel** das **Aquarium Marin de Trégastel**, in dessen Wasserbecken atlantische Meeresbewohner zu Hause sind und die Gezeitenfolge sehr anschaulich dargestellt wird *(April - Juni/September Di - So/ Feiertage 10 - 18 Uhr, Julio/August 10 - 19 Uhr, Oktober - März mit Einschränkungen Di - So 14 - 17.30 Uhr, Eintritt.*

www.aquarium-tregastel.com). Zurück kann man mit dem Bus fahren *(Infos im Office de Tourisme in Perros-Guirec)* oder man bemüht gleich das Wohnmobil, das auf einem tagsüber zu nutzenden Parkplatz abgestellt werden kann (N 48°49'57.1" W 03°30'48.2", Boulevard du Coz-Pors).

In Trégastel befindet sich nahe dem GR34, aber auch nahe an der D788 der **offizielle WOMO-Stellplatz** des Ortes [**116:** N 48°49'27.5" W 03°29'54.8", Rue de Poul Palud, V/E, ganzjährig geöffnet, Preis €€]. Im weiteren Verlauf der Straße erreichen wir das **Office de Tourisme** *(April - Juni/September Mo - Sa 9.30 - 12.30/14 - 18 Uhr, Oktober - März wie vor, jedoch bis 17.30 Uhr, Juli/August Mo - Sa 9.30 - 13/14 - 18.30 Uhr, So/Ferien 10 - 13 Uhr, Place Ste-Anne, Telefon 0296056070, www.tregastel.fr)*.

Nachdem wir Trégastel verlassen haben, weist hinter einer Rechtskurve etwas versteckt ein Hinweis Richtung Lannion und zum **Dolmen de Kerguntuil**. Liebhaber der Megalithkultur dürften Freude an diesem Zeugnis frühgeschichtlicher Besiedlung haben und zusätzlich einen Blick auf die dahinter liegende **Allée Couverte** werfen (N 48°48'43.6" W 03°31'09.4", ziemlich eng zum Parken).

Bald haben wir die **Île Grande** im Blick, die sich jedoch erst auf den zweiten Blick und bei Flut als Insel entpuppt, wenn die Brücke, die das flache, zwei Kilometer lange und ein Kilometer breite Stück Land mit dem Festland verbindet, vom Wasser umspült wird. Der hier gebrochene Granit ist wegen seiner eigentümlich grauen Farbe sehr beliebt und sichert, neben dem Tourismus, das Einkommen der Einwohner. Außer einigen Denkmälern der Megalithkultur besitzt die Insel eine vogelkundliche Station mit Tagesparkplatz (N 48°48'09.9" W 03°34'52.5"), ein langgestrecktes Dorf und zwei Campingplätze. Am westlichen Inselrand gefiel uns der einfache, aber sympathische **Camping Municipal Dourlin**** zwischen den Sanddünen sehr gut [**117:** N 48°47'57.0" W 03°35'01.8", Rue Toul ar Stang, Telefon 0296919241, www.pleumeur-bodou.com. Geöffnet Anfang April - Mitte/Ende September, Preis €€, mit E-Bike-Vermietung]. Wer es noch einfacher mag, der findet vor dem Campingplatz einen **offiziellen WOMO-Stellenplatz** und gegen den Hunger gibt es das **Restaurant-Crêperie Bout' dl'Île** *(Mittags- und Abendmenüs, Telefon 066065295, www.leboutdlile.com).*

Île Grande

Für unsere etwa 7,5 Kilometer lange, leichte Wanderung wird eigentlich keine ausführliche Streckenbeschreibung benötigt, da wir uns einfach am Küstenwanderweg um das Inselchen orientieren.

Wir marschieren vom Campingplatz gegen den Uhrzeigersinn los und kommen zum malerischen Hafen von Saint-Saveur. Ein Kap wird umrundet und mit Blick auf die vorgelagerten Inseln gelangen wir auf dem parallel

zur Straße verlaufenden Wanderweg durch das Dorf und zur D21. Die Straße wird überquert und weiter geht's entlang der Küste auf einem schmalen Sträßchen (eventuell ist bei Hochwasser eine weitere Umgehung im Ort angebracht). Vorbei an einem Parkplatz geht es nun zur Plage de Toul Gwenn und entlang der steinigen Küste und mit schönem Blick aufs Meer zu einer Segelschule. Der Strand am Hafen von Pors Gelin wird passiert und auf ebenem Weg wandern wir zwischen Wasser, grasigen Dünen und Stechginster bis zum Abzweig eines kleinen Weges. Der „Aufstieg" zum Panoramapunkt (immerhin 35 Meter über dem Meer) ist nicht schwer und die Aussicht hübsch. Südlich kann ein kurzer Abstecher zu einem Allée Couverte unternommen werden und ansonsten wird dem Hauptweg gefolgt. Bald ist die ornithologische Station erreicht und von der Pointe de Toul-Ar-Staon bietet sich ein schöner Blick aufs Meer. Durch die Dünenlandschaft sind wir bald wieder am Campingplatz und schauen auf eine kleine, aber feine Wanderung zurück.

Bereits vor der Zufahrt zur Île Grande zweigt die Straße

nach **Pleumeur-Bodou** ab und wenig später zu einem der bekanntesten Menhire der Bretagne (N 48°47'18.8" W 03°32'41.0", Route de Menhir). Die Größe des **Menhir de Saint-Uzec** ist zwar recht beeindruckend, aber die Besonderheit ist in seiner Christianisierung zu finden. Zwischen 4.500 und 2.000 vor Christus aufgestellt, wurde ihm im 17. Jahrhundert im Auftrag der Kirche ein Kreuz in die Spitze geschlagen und die Front mit christlichen Reliefs verziert.

Ganz in der Nähe kann man sich nicht nur mit der Vergangenheit, sondern auch mit der Gegenwart beschäftigen.

(118) Offizieller WOMO-Stellplatz: Pleumeur-Bodou Parc du Radôme

GPS: N48°46'59.5" W 03°31'31.0", Noterigou. **Max. WOMOs:** 20.
Öffnungszeit: Ganzjährig.
Ausstattung: V/E, Strom, Tische und Bänke, WC.
Beschreibung: Die mit Rasengittersteinen befestigten Plätze sind teils schattig und liegen zwischen Radôme und Village Gaulois.
Zufahrt: Von der D788 den Hinweisen zum Parc du Radôme und dem WOMO-Piktogramm folgen.

Parc du Radôme

Am auffälligsten sind die riesige, weiße Kuppel des Radômes und die Antennenschüsseln, die zur **Cité des Télécoms** gehören. Die Kuppel schützt eine Hornantenne von der 1962 die erste interkontinentale Fernsehübertragung über Satellit aus den USA übertragen wurde. Im Telekommunikationsmuseum wird die Geburtsstunde der satellitengestützten Telekommunikation bei einer licht- und tongesteuerten Retrospektive nachempfunden und die Geschichte der Fernmeldetechnik aufbereitet, die sich von den Gründungsvätern Bell und Morse über Optik-Faserkabel unter dem Meer, Satelliten sowie Mobiltelefonen bis zur virtuellen Gegenwart erstreckt. Telekommunikationsgeräte müssen mit Strom versorgt werden, Videospiele sind als virtuelles Double erlebbar und jüngere als auch ältere Besucher werden spielerisch und sehr interessant an eine digitale Welt herangeführt. Toll gemacht, durch deutschsprachige Informationen verständlich und einen Besuch wert *(April - Juni/September Mo - Fr 10 - 18 Uhr, Sa/So 14 - 18 Uhr, Juli/August Mo - So 10 - 19 Uhr, Eintritt. www.cite-telecoms.com)*.

Im nahen **Planetarium** kann eine Reise in die unendlichen Weiten des Alls unternommen werden. Die ständig wechselnden Programme simulieren beispielsweise die Reise durch das Sonnensystem, zeigen eine Sonnenfinsternis oder beschäftigen sich mit dem Urknall *(variable Öffnungszeiten und Programm unter www.planetarium-bretagne.bzh)*.

Die dritte Attraktion erinnert schwer an das von unbeugsamen Galliern bevölkerte Dorf, das im Jahr 50 vor Christus gegen die römischen Eindringlinge Widerstand leistet und in den Asterix-Heften von Goscinny und Uderzo unsterblich wurde. Das „gallische“ Dorf **Village Gaulois** ist so etwas wie ein Abenteuerspielplatz, der fantasievoll, nachvollziehbar und lehrreich die Bau- und Lebensweise der Gallier darstellt *(April - September So - Fr 12 - 18 Uhr, Juli/August 10.30 - 19 Uhr, Infos auch in deutscher Sprache, Eintritt. www.levillagegaulois.org)*.

In Trébeurden ist die rosa Felskulisse nicht mehr ganz so spektakulär, aber die feinen Sandstrände ziehen die Touristen in großer Zahl an. An den schönen Strandstellen prangen meist Verbotsschilder für Wohnmobile und wer das Strandleben teilen möchte, muss auf die Campingplätze zurückgreifen.

In **Lannion** hat uns die D788 wieder und als Ausgangspunkt für das Sightseeing im ehemaligen Handelszentrum am Léguer bietet sich der **offizielle WOMO-Stellplatz An Aod Uhel** an [**119:** N 48°43'53.2" W 03°27'56.0", Quai de Maréchal Foch. Maximaler Aufenthalt 48 Stunden, geöffnet 15.04. - 15.10., ca. 600 m ins Zentrum].

Lannion

Oberhalb des gezeitenabhängigen Wasserlaufs finden sich besonders in der kleinen Gasse Rue des Chapeliers an der Place du Général Leclerc einige alte Fachwerk- sowie Granithäuser und am Donnerstag belebt der große **Markt** die Altstadt. Noch weiter oben führen 140 Stufen (Oder sind es 143 Stufen? Auf alle Fälle erscheint uns die Treppe unendlich!) zur **Église des Brélévenez**, die ursprünglich aus dem 12. Jahrhundert stammt und dem Templerorden gehörte.

Eigentlich ist die Bretagne für ihren Cidre bekannt, aber es werden hier auch sehr viel stärkere Alkoholika gebrannt. Ein gutes Beispiel ist

die **Distillerie Warenhem**, in der bretonischer Whisky hergestellt wird und die besichtigt werden kann *(April - September Führungen 10/11/15/16/17 Uhr auch in deutscher Sprache. Der Shop ist ganzjährig geöffnet, Route de Guingamp/ D786, www.distillerie-warenghem.com)*. Bevor wir uns wieder dem Meer zuwenden, lassen wir uns in der **Crêperie Le Moulin Vert** mit feinen Buchweizen-Pfannkuchen verwöhnen *(Mittags- und Abendmenüs Mo - So, 15 Rue Duguesclin, Telefon 0296379120, www.creperie-lemoulinvert.com)*.

In **Saint-Michel-en-Grève** erwartet uns die **Baie La Lieue de Grève**, um die sich über fünf Kilometer feinster Sandstrand windet. Klar, dass das Dorf im Sommer zum quirligen Badeort wird und über einen außerhalb liegenden, gut ausgestatteten **Campingplatz****** verfügt. Im Ort selbst können wir auf dem Parkplatz hinter der Mairie an der Salle des Fêtes einen **offiziellen WOMO-Stellplatz** ohne besondere Markierung ausmachen [**120:** N 48°41'06.3" W 03°33'54.4", An der D786].

Wer die Weite des Strandes genießen möchte, findet der Straße folgend einen Parkplatz (N 48°40'38.1" W 03°34'15.5", An der D786) und Spaziergänger mit Ambitionen auf einen schönen Ausblick werden ein Stück weiter Richtung Saint-Sébastien ebenfalls fündig (N 48°40'11.0" W 03°35'09.0"). Nachdem vom kleinen Parkplatz der Aussichtspunkt **Grand Rocher** auf einem rund 1,5 Kilometer langen Weg bestiegen wurde, öffnet sich von der 84 Meter hohen felsigen Spitze der Blick über die gesamte Bucht. Wenig später ist der einfache, aber ordentliche **Camping Municipal Saint Efflam** mit separaten WOMO-Plätzen und nahe dem Strand für einen Aufenthalt zu nennen [**121:** N 48°40'06.0" W 03°36'03.0", Rue Lan Carré, Telefon 0296356215, www.camping-municipal-bretagne.com. Bis auf wenige Tage ganzjährig geöffnet, Preis €€].

Wir sind jetzt auf der **Corniche de l'Armorique**, einer Küstenstraße, die herrliche Aussichten und eingestreute Sandbuchten zwischen Felsformationen offerieren soll. Wir peilen Morlaix über die D42 *par la Côte* an und stellen fest, dass wir nur das blaue Meer über den Baumwipfeln erahnen können. Nachdem wir einige Campingplätze hinter uns gelassen haben, dürfen wir endlich die fast ungestörte Sicht aufs Wasser genießen und finden zwei schöne, aussichtsreiche WOMO-Stellplätze.

(122) Offizieller WOMO-Stellplatz: Plestin-les-Grèves Plages des Curés/Roches d'Argent

GPS: N 48°40'52.8" W 03°38'04.7", Route de la Corniche. **Max. WOMOs:** 6.
Öffnungszeit: Ganzjährig.
Ausstattung: WC, Müllbehälter.
Beschreibung: Der in der Nähe von Häusern gelegene, einfache, schattenlose und sehr schräge Parkplatz befindet sich oberhalb zweier Strände. Von hier ist ein acht Kilometer lange Wanderung ausgeschildert.
Zufahrt: Von der D42 den Hinweisen zu den Stränden und dem WOMO-Piktogramm folgen.
Hinweis: Der maximale Aufenthalt beträgt 24 Stunden.

(123) Offizieller WOMO-Stellplatz: Plestin-les- Grèves – Route de la Corniche

GPS: N 48°40'18.6" W 03°38'07.8", Route de la Corniche. **Max. WOMOs:** 6.
Öffnungszeit: Ganzjährig.
Ausstattung: Tisch und Bänke etwas entfernt am Ufer.
Beschreibung: Der einfache, befestigte und schattenlose Parkplatz befindet sich am Ortsrand. Der Wanderweg führt in nördliche Richtung nach ca. 700 m zur gut erhaltenen **Ruine eines römischen Bades** oberhalb des Strandes und an der Straße findet sich nach ca. 300 m eine Crêperie.

Zufahrt: Gut 1 km hinter dem vorgenannten Parkplatz rechts in einer Rechtskurve dem WOMO-Piktogramm ca. 100 m folgen. Die Einfahrt ist eng und beim evtl. Zurücksetzen unübersichtlich. Wir sind ein Stück weitergefahren, haben gewendet und konnten dann besser zum Parkplatz fahren!
Hinweis: Maximaler Aufenthalt 24 Stunden. Bei Vollbelegung (zumal, wenn man den Parkplatz mit Pkw teilen muss) wird es eng und besonders für lange WOMOs fast unmöglich, den Stellplatz zu nutzen! Auf dem folgenden Parkplatz, nicht auf dem Quai, dürfen WOMOs ebenfalls parken.

Direkt hinter der Grenze zwischen den Départements Côtes-d'Armor und Finistère fällt der Blick auf den Fischerei- und Jachthafen von **Locquirec**. Der freundliche Ort wird wegen des milden Klimas in den Sommermonaten zum beliebten Badeort und ist mit mehreren Sandstränden gesegnet. Über das reichhaltige Sport- und Unterhaltungsprogramm informiert das **Office de Tourisme** nahe dem Hafen *(Di - Sa April - Juni/ September, Oktober - März Mo - Sa 9 - 12.30/14 - 17.30 Uhr* *beziehungsweise 18 Uhr, Juli/August Mo - Sa 9.30 - 18.30 Uhr, So/Feiertage 10.30 - 12.30/14 - 17 Uhr, Rue de Pors ar Villiec, Telefon 0298674083, www.baiedemorlaix.bzh).*

An der hübschen **Église Saint-Jacques** aus dem 17. Jahrhundert führt ein gemütlicher Spazierweg zur Landspitze **Pointe de Locquirec** von der man die gesamte Baie de Lannion überblicken kann. Einen guten Ausgangspunkt für die weitere Erkundung der Strände und des umliegenden Hügellandes

bietet der östlich des Ortes direkt am Meer gelegene **Camping Municipal du Fond de la Baie**** mit Kajak- und Fahrradverleih [**124:** N 48°40'51.0" W 03°39'15.0", Route de Plestin/D64, Telefon 0298674085, www.campinglocquirec.com. Ganzjährig geöffnet, Preis €€].

Westlich von Locquirec drehen wir auf die **Route Touristique** ab und bleiben vorerst mehr oder weniger in der Nähe des Meeres. Wie bereits erwähnt, sind wir seit kurzem im **Département Finistère**, wo, wenn es nach den Römern gegangen wäre, das Ende der Welt **Finis Terrae** begann. Wir schlängeln uns gerade entspannt an der Küstenlinie entlang, als die Straße plötzlich einen Knick ins Inland vollführt und wir auf einem Parkplatz landen, von dem man in wenigen Minuten zu Fuß zu einer herrlichen Sandbucht gelangt (N 48°41'19.7" W 03°41'59.9").

In **Le Prajou** befindet sich wenig später das **Musée Rural du Trégor** (N48°41'54.6" W 03°43'33.6"). In dem kleinen Museum wird die kulturelle und landwirtschaftliche Entwicklung der Region dokumentiert und an Mittwochnachmittagen werden alte Berufe vorgestellt (*April - Juni Mi/Fr 14 - 17.30 Uhr, Juli/August Di - So 14 - 17.30 Uhr, Eintritt).*

Wir halten uns immer weiter auf der Küstenstraße, schauen auf grüne Wiesen mit schottischen Highland-Kühen und auf den spiegelglatten Ärmelkanal. Zwischendurch lädt immer mal wieder ein Parkplatz am Straßenrand zum kürzeren oder längeren Aufenthalt ein oder wir schauen fasziniert ins glasklare Wasser, durch das man die Steine auf dem Meeresboden zählen kann.

Stellvertretend für einige Parkplätze sei an dieser Stelle der folgende Picknickplatz genannt [**125:** N 48°42'23.8" W 03°46'00.6", An der D79A].

Kurz danach zweigen wir nach **Saint-Jean-du-Doigt** ab, um der Ortskirche unsere Aufwartung zu machen (N 48°41'40.9" W 03°46'25.6"). Vermutlich würde sich kaum jemand in den Ort verirren, wenn nicht eine ganz besondere Reliquie hier aufbewahrt würde. Seit dem 15. Jahrhundert pilgern die Menschen zum ersten Glied des Zeigefingers von Johannes dem Täufer (manch einer behauptet auch, dass es der Finger eines bretonischen Heiligen sei), der Augenleiden heilen soll. Zu sehen ist sie allerdings nicht und so erfreuen wir uns lediglich am Pfarrbezirk und vermerken, dass am letzten Junisonntag eine große **Wallfahrt** zur Linderung von Augenerkrankungen stattfindet.

Im Nachbarort **Plougasnou** fallen ungeheuer viele Parkplätze auf, von denen einer womo-tauglich ist [**126:** N 48°41'38.5" W 03°47'32.4", Rue Charles de Gaulle, V/E. Maximaler Aufenthalt 48 Stunden].

Das nördlich gelegene und zur Gemeinde Plougasnou gehörende **Primel-Trégastel** eifert in puncto rosa Felsen der Côte Granit Rose nach und lässt sich von einem entsprechenden rötlich schimmernden Felsenmeer umgeben. Besonders in der Vor- und Nachsaison gefällt uns dieses Fleckchen Erde mit den wundervollen Sonnenauf- und -untergängen, der Möglichkeiten für ausgedehnte Wanderungen und Radtouren und dem freundlichen Betreiber des Campingplatzes so gut, dass wir diesen Aufenthaltsort gern in unsere persönlichen **Top Ten** aufnehmen möchten.

(127) WOMO-Campingplatz: Primel-Trégastel – Camping de la Mer**

GPS/Kontakt: N 48°42'51.9" W 03°48'56.0", Rue de Karreg An Ty, Telefon 0298723706, www.camping-plougasnou.fr.
Öffnungszeit: Anfang/Mitte April - September.
Ausstattung: Kleiner Shop mit Baguette-Angebot, Waschmaschine und Wäschetrockner, Spielplatz, Volleyballfeld.
Beschreibung: Der gepflegte, einfache Campingplatz am Ortsrand besitzt, teils leicht schräge Wiesenplätze auf zwei Ebenen, die meist keinen Schatten bieten, und einen direkten Strandzugang. Wander- und Radwege starten in unmittelbarer Nähe und im Ort finden sich einige Restaurants. Uns gefiel es im **Primel Café** auf der anderen Seite der Landzunge an der Plage de Trégastel sehr gut *(3 Place des frères Poupon, Telefon 0298724366).* **Preise:** €€ - €€€.
Zufahrt: Von der D 46 den Hinweisen zum Campingplatz durch den Ort folgen.

Sonnenuntergang an der Pointe de Primel

Von hier ist die **Pointe de Primel** zu Fuß in wenigen Minuten erreicht und natürlich kann daraus eine unendliche Wanderung auf dem GR34 werden. Die vorderste Landspitze schiebt sich keck ins Meer und wurde bereits vor vielen tausend Jahren von Menschen als Ausguck über die Bucht von Morlaix genutzt. Von hier schauen wir bis nach Roscoff und weit übers Meer Richtung England.

Am westlichen Küstenbereich befindet der ehemalige Fischereihafen von **Le Diben**. Am Ortseingang besuchen wir die morbiden Überreste der ausgemusterten, aber dennoch fotogenen Fischerboote auf dem **Schiffsfriedhof**, um anschließend auf deren vergangene Herrlichkeit im nahen **Restaurant L'Abbesse** mit einem Glas Wein anzustoßen *(Mittags- und Abendmenüs außer Mo Mittag, in der Nebensaison Mo Mittag/Mi, 20 Rue de l'Abbesse, Telefon 0298723243, www.autempsdesvoiles.com).*

(128) Offizieller WOMO-Stellplatz: Le Diben – Le Port

GPS: N 48°42'28.1" W 03°49'39.3", Rue Forces Françaises Libres.
Max. WOMOs: 20.
Öffnungszeit: Ganzjährig.
Ausstattung: V/E.
Beschreibung: Der einfache, asphaltierte und schattenlose Parkplatz befindet sich direkt auf einer ehemaligen Kaianlage am Ortsrand und bietet eine schöne Aussicht über die Hafenausfahrt und zur gegenüberliegenden Pointe de Primel. Von hier kann man zu Rad- und Wandertouren aufbrechen.

Preise: €.
Zufahrt: Im Ort dem Hinweis Hafen und dem WOMO-Piktogramm folgen.
Hinweis: Maximaler Aufenthalt 48 Stunden.

Immer an der Küste entlang bahnen wir unseren Weg weiter Richtung Morlaix und steuern unaufhaltsam dem beeindruckendsten und gewaltigsten Überbleibsel der bretonischen Megalithbauten entgegen (N 48°40'01.2" W 03°51'24.4"). Einer unserer Leser machte uns auf den an der Landstraße gelegenen, einfachen, aber empfehlenswerten **Camping de la Baie de Térénz***** aufmerksam und wir geben diesen Tipp an dieser Stelle gerne weiter (Telefon 0298672680, www.campingbaiedeterenez.com, geöffnet April - September, Preis €€).

Cairn de Barnenez

Auf dem höchsten Punkt der Halbinsel Kernéhélen befindet sich das 75 Meter lange, knapp 30 Meter breite und bis zu 9 Meter hohe Hügelgrab aus der Jungsteinzeit, das als ältestes Steinzeitmonument der Welt gilt.

Die Altvorderen wussten um die Besonderheit der Lage über der Bucht und bestatteten ihre Fürsten in diesem aufwendigen Grabmal. Der Cairn besteht aus flach übereinandergestapelten Steinplatten über Dolmen, und was auf den ersten Blick wie aus einem Guss hergestellt aussieht, setzt sich aus zwei aufeinanderfolgenden Cairns zusammen, die zwischen 5.000 und 3.500 vor Christus entstanden sind.

Der ältere Teil besteht aus fünf Grabkammern, die aus dem örtlich gebrochenen dunklen Gestein Dolorit erbaut wurden. Hier schließt sich der zweite Abschnitt mit sieben Grabkammern aus hellerem Granit an. Bei Untersuchungen wurden kaum Knochenfunde gemacht, da diese vermutlich im Laufe der Zeit ins Erdreich sickerten und sich zersetzten. Dagegen fanden sich etliche Tonscherben, die auf die lange Nutzung der Grabkammern deuten, zu denen elf Gänge führen. Zwei Gänge sind für die Besucher geöffnet, doch wer auf Steinritzungen oder ähnliches hofft, wird enttäuscht werden.

Uns hat der Koloss allein durch seine Größe sowie die grandiose Lage auf dem Hochplateau beeindruckt und wenn man die Geschichte reflektiert oder sich zusätzlich für die Megalithkultur interessiert, ist der Besuch vom Cairn de Barnenez ein unbedingtes Muss jeder Bretagne-Reise *(September - April 10 - 12.30/14 - 17.30 Uhr, Mai/Juni 10 - 12.30/ 14 - 18.30 Uhr, Juli/August 10 - 18.30 Uhr, Eintritt. Hunde nicht gestattet. www.barnenez.monuments-nationaux.fr).*

Unser weiterer Weg ist klar vorgegeben und lediglich eine kleine Unterbrechung in **Le Dourduff en Mer** bremst uns kurz aus (N 48°37'45.2" W 03°50'51.2", La Palud). In der **L'Huitrier Baie de Morlaix** erstehen wir ein Dutzend Austern Nummer 1 für vergleichsweise „kleines Geld“, die wir wenig später mit Genuss verspeisen werden *(Di - Sa 9.30 - 12.30/14 - 18 Uhr, www.lhuitrier.fr).*

Kurz darauf fahren wir in **Morlaix** ein und entlang des Hafens am Rievière de Morlaix gelangen wir unter dem das Stadtbild prägenden Viadukt ins Zentrum der Stadt.

(129) Offizieller WOMO-Stellplatz: Morlaix – Parking Rue de Brest

GPS: N 48°34'27.0" W 03°49'55.0", Rue de Brest. **Max. WOMOs:** 9.
Öffnungszeit: Ganzjährig. **Ausstattung:** V/E.
Beschreibung: Der einfache, asphaltierte, meist schattenlose Parkplatz liegt im Ort in unmittelbarer Nähe eines Supermarkts. Das Zentrum ist etwa 300 Meter entfernt.
Zufahrt: Im Ort Richtung Brest/Quimper halten und den Hinweisen Parking Rue de Brest und dem WOMO-Piktogramm folgen.

Morlaix

Bereits im Mittelalter war die Stadt das größte Handelszentrum der Bretagne, dessen Verbindungen später bis nach Übersee reichten. Im 16. Jahrhundert liefen Engländer mit ihren Kriegsschiffen unbemerkt in die Flussmündung sowie den Hafen ein und plünderten unter anderem die Weinkeller. Nach dieser dreisten Attacke mussten die Eindringlinge erst einmal ihren Rausch ausschlafen und die Einwohner konnten sie überraschen und unter dem Schlachtruf *S'ils te mordent, mords les!* (Wenn sie dich beißen, dann beiße sie!) vertreiben.

Ob nun dieses Motto zur Namensgebung der Stadt beigetragen hat oder ob es ein ehemaliges römisches Lager mit der Bezeichnung *mons relaxus* war, bleibt im Nebel der Vergangenheit verborgen. Sicher ist jedoch, dass die Korsaren die günstige Lage des Hafens schätzten und Wohlstand in die Stadt brachten. Im 18. Jahrhundert war es dann der Tabakhandel, der in Form einer Tabakmanufaktur der Westindischen Kompanie und zusätzlich als Handelsmonopol die Geschäfte florieren ließ. Mit Beginn der Industrialisierung verlor Morlaix an wirtschaftlicher Bedeutung und der Tiefpunkt der Stadtgeschichte kam während des Zweiten Weltkrieges, als Alliierte die von deutschen Truppen besetzte Stadt bombardierten und außerdem bretonische Geiseln nach Deutschland deportiert wurden. Ihnen zu Ehren wurde der zentrale Platz in der Ortsmitte in *Place des Otages* (Platz der Geiseln) umbenannt. Hier ist das 292 Meter lange und 62 Meter hohe zweistöckige **Viadukt**, auf dem seit über 150 Jahren die Eisenbahnstrecke Paris - Brest verläuft, als Wahrzeichen der Stadt unübersehbar.

Stadtauswärts rechts befindet sich hinter dem Viadukt das **Office de Tourisme** *(Mo - Sa/Feiertage 10 - 12.30/14 - 17.30 Uhr, im Sommer Mo - So/Feiertage 9 - 18 Uhr, 10 Place de Charles de Gaulle, Telefon 0298621494, www.baiedemorlaix.bzh)*.

Vor dem Viadukt leitet uns eine kleine Gasse an der **Église Saint-Melaine** vorbei, die im 15. Jahrhundert im Flamboyant-Stil errichtet und nach der alliierten Bombardierung erneuert wurde. Schräg gegenüber können wir das **Restaurant Le Viaduc** empfehlen, in welchem sowohl traditionelle Fisch- als auch Fleischgerichte in einer angenehmen Atmosphäre serviert werden *(Mittags- und Abendmenüs, geschlossen Mo, Mi/So abends 3 Rampe Sainte-Mélaine, Telefon 0298632421, www.le-viaduc.com)*. Die nächste quer verlaufende Rue Ange de Guernisac weist schöne alte Häuser mit Fachwerk sowie Schieferschindeln auf und in den gemütlichen Räumen der **Crêperie L'Hermine** werden gute Galettes und Crêpes angeboten *(Mittags- und Abendmenüs, Mi/So geschlossen, Telefon 0298881091)*.

Über die Place des Viarmes gelangen wir zur Place des Jacobins und damit zum **Musée de Morlaix**. Vermutlich wird sich das Museum wieder mit der Stadtgeschichte beschäftigen und Exponate aus den Bereichen Kunst sowie Möbel präsentieren, doch seit Jahren wird hier kräftig umgebaut und restauriert. Die Wiedereröffnung ist nun für 2023 geplant und wir können momentan nur auf die Ausstellungen in der **Maison à Pondalez** verweisen *(April - Oktober Di - Sa 10 - 12/14 - 17 Uhr, Eintritt musee.ville.morlaix.fr)*.

Gehen wir vom Museum ein Stück zurück, gelangen wir durch die Rue de l'Auditoire zur Place Allende. Vom einstigen Marktplatz zweigt die Grande Rue ab, in der besonders die bereits erwähnte Maison à Pondalez hervorsticht. Das Gebäude gehört zu den **Laternenhäusern**, die zwischen dem 14. und 17. Jahrhundert von Tuchhändlern erbaut wurden. Diese Fachwerkhäuser mit Auskragungen zur Straßenseite besaßen einen überdachten Innenhof, der durch einen Kamin geheizt und durch ein Dachfenster beleuchtet wurde. Eine Holztreppe führte in die Obergeschosse und neben der Maison ist als einziger Vertreter dieses Haustyps nur noch die **Maison de la Duchesse Anne** zu nennen. Das Haus in der Rue de Mur zeigt schönes Fachwerk mit kunstvoll geschnitzten Heiligenfiguren und Dämonenfratzen, doch erst im Inneren wird die Schönheit des dreistöckigen Hauses ersichtlich, in dem Anne von Bretagne einst gewohnt haben soll. Die „Laterne" ist hier ein 16 Meter hoher Innenhof mit einem großen Kamin und einer reich verzierten Holzwendeltreppe, die von 11 Meter hohen Pfeilern gestützt wird *(Mai - September Mo - Fr 11 - 18 Uhr, Sa/Feiertage 14 - 18 Uhr, Eintritt)*.

Zum Abschluss unseres Bummels durch Morlaix schlendern wir zurück zum Place des Otages und lassen uns den Café au lait im schönen Ambiente der Belle Époque des **Restaurants Le Grand Café de la Terrasse** munden *(mittags und abends geöffnet, www.legrandcafedelaterrasse.fr)*.

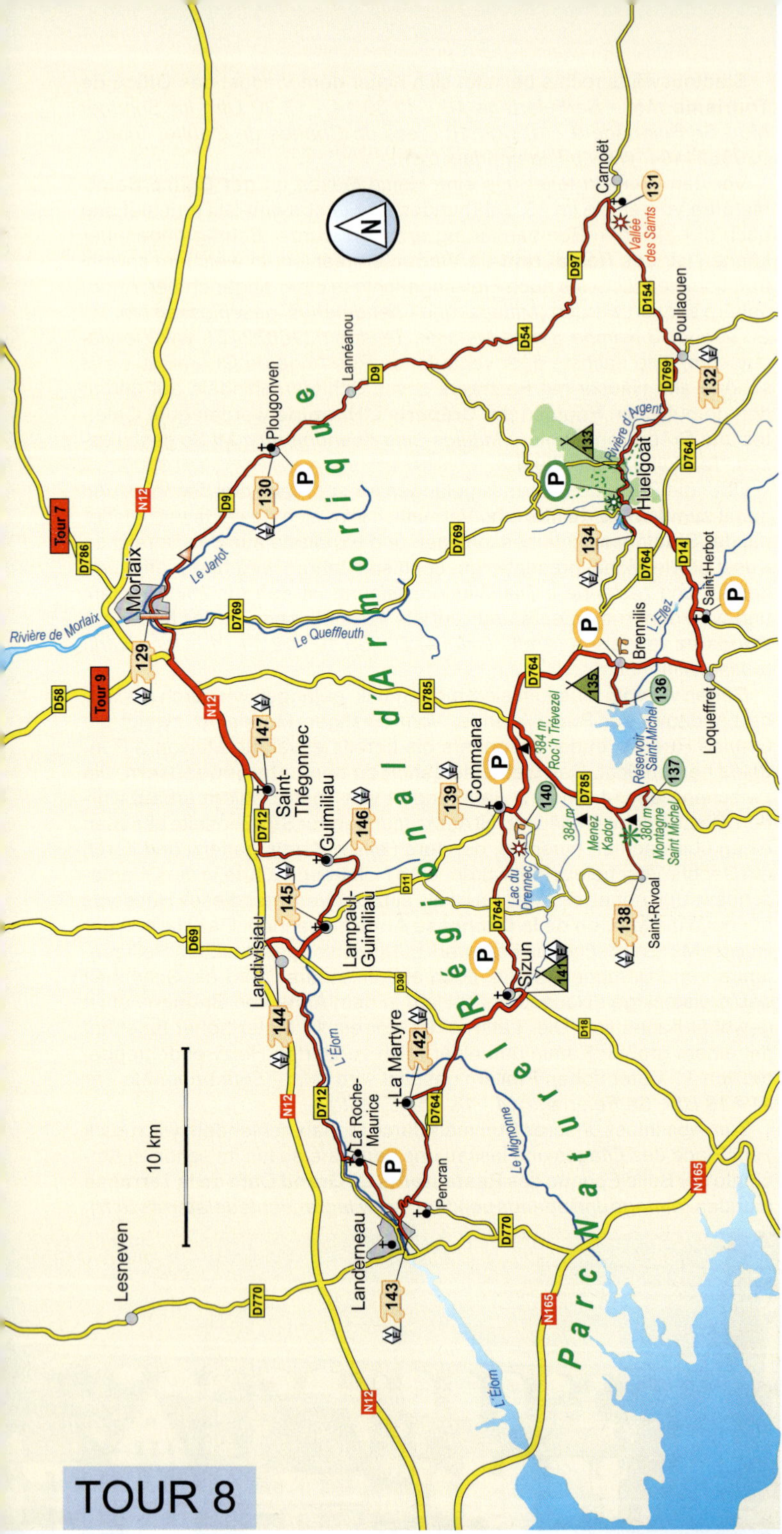
TOUR 8
Parc Naturel Régional d'Armorique
Morlaix
Rivière de Morlaix
Le Jarlot
Le Queffleuth
Plougonven
Lannéanou
Carnoët
Vallée des Saints
Poullaouen
Rivière d'Argent
Huelgoat
Saint-Herbot
Brennilis
L'Ellez
Loqueffret
Réservoir Saint-Michel
384 m Roc'h Trévezel
384 m Menez Kador
380 m Montagne Saint Michel
Commana
Saint-Rivoal
Lac du Drennec
Sizun
Saint-Thégonnec
Guimiliau
Lampaul-Guimiliau
Landivisiau
L'Élorn
La Martyre
La Roche-Maurice
Pencran
Landerneau
Lesneven
La Mignonne
10 km
Tour 7
Tour 9
N12
N165
D9
D54
D97
D154
D769
D764
D14
D785
D786
D58
D712
D11
D69
D30
D18
D770
129
130
131
132
133
134
135
136
137
138
139
140
141
142
143
144
145
146
147
N
P

Tour 8 200 km

Poullaouen – Huelgoat – Commana – Landerneau – Lampaul-Guimiliau – Guimiliau – Saint-Thégonnec

Stellplätze:	Plougonven, Carnoët, Poullaouen, Huelgoat, Nestavel-Braz, Montagne Saint-Michel, Saint-Rivoal, Commana, Mougau-Bihan, La Martyre, Landerneau, Landevisiau, Lampaul-Guimiliau, Guimiliau, Saint-Thégonnec.
Campingplätze:	Huelgoat Camping La Rivière d'Argent, Sizun Camping-Municipal du Gollen, Nestavel-Braz Camping Municipal.
Besichtigen:	Carnoët La Vallée des Saints, Église Saint-Herbot, Pfarrbezirke in Plougonven, Commana, Sizun, La Martyre, Pencran, La Roche-Maurice, Lampaul-Guimiliau, Guimiliau, Saint-Thégonnec.
Wandern:	Carnoët, Huelgoat, Nestavel-Braz, Montagne Saint-Michel.
Baden:	Lac du Drennec.
Essen:	Saint-Rivoal Auberge du Menez, La Roche-Maurice Auberge du Vieux Chateau
Märkte:	Huelgoat Fr, Commana Juli/Aug. Do, Sizun Mi, Landerneau Sa.

In dieser Tour kehren wir vorübergehend dem Meer den Rücken und begeben uns einmal mehr ins Inland, um die spirituelle Seite der Bretagne kennenzulernen und vielleicht ein wenig besser verstehen zu können.

Wir verlassen das Zentrum von Morlaix Richtung Plouigneau, um anschließend Plougonven anzufahren. Wir befinden uns im **Parc Naturel Régional d'Armorique**, einem von zwei bretonischen Naturparks, der auf 125.000 Hektar die landschaftliche, ökologische und kulturelle Vielfalt des **Départements Finistère** von der Küste mit steilen Klippen bis ins geheimnisvolle Landesinnere mit Heide- und Heckenlandschaften und Felsgipfeln verbindet. Mit schönen Aussichten auf bewaldete Hügel und friedlich grasende Kühe auf leicht abfallenden, sattgrünen Wiesen rollen wir dem ältesten bretonischen umfriedeten Pfarrbezirk entgegen und fragen uns, was es wohl mit dieser Bezeichnung auf sich hat.

Enclos Paroissiaux

Der umfriedete **Pfarrbezirk** (*Enclos Paroissial, Plural Enclos Paroissiaux*) bezeichnet zunächst nichts anderes als das Kirchengelände, das von einer Mauer umschlossen ist. Diese kulturhistorisch einmaligen Komplexe sind besonders häufig im Nordwesten der Bretagne zu finden und entstanden zwischen dem 15. und 17. Jahrhundert, als Textilmanufakturen, Schifffahrt und Handel für Wohlstand sorgten. Ein *Enclos Paroissial* besteht aus einer Kirche oder Kapelle, einem Beinhaus, einem Triumphtor, einem *Calvaire*, einem Friedhof sowie einer Mauer, die den Pfarrbereich zum jeweiligen Ort abschließt.

Durch das meist recht aufwendig und prunkvoll gestaltete **Triumphtor** (*Porte Triomphale*) wird der Pfarrhof betreten. Oft muss beim Durchschreiten des Tores eine hohe Steinplatte (bretonisch *Pazenn*) mit einem großen Schritt überwunden werden. Diese sollten nicht nur Hühner und anderes Getier vom geweihten Boden fernhalten, sondern auch scheinbar kleinwüchsigen Dämonen den Zutritt verwehren. Gleichzeitig verließ man mit Überschreiten der Steinplatten die Welt der Lebenden und gelangte ins Reich der Toten.

Auf den im Pfarrbezirk integrierten Friedhöfen herrschte nach einiger Zeit ziemlicher Platzmangel und so wurden die Gebeine der schon länger

Pfarrbezirk Guilmiliau

Verstorbenen kurzerhand ausgegraben und im **Beinhaus** (*Ossuaire*) aufgeschichtet. Die zunächst schlichten Gebäude wurden durch Fensterschlitze belüftet und erst während der Renaissance wurden sie teils prachtvoll erweitert und mit Fensternischen sowie Türmchen verziert. Damals dienten sie zusätzlich als Totenkapelle, während sich heute häufig kleine Museen zur lokalen Kirchengeschichte darin befinden.

Mittelpunkt eines jeden typisch bretonischen Pfarrhofes ist der *Calvaire*, der im deutschen Sprachgebrauch häufig als **Kalvarienberg** übersetzt wird. Diese Bezeichnung ist zumindest irreführend, denn der Begriff leitet sich vom lateinischen Wort *locus calvaire* (Ort des Schädels) ab, also dem Berg Golgatha auf welchem Jesus ans Kreuz geschlagen wurde, und beschreibt einen Hügel mit Kreuzigungsgruppe, zu der Kreuzwegstationen hinaufführen. Die bretonischen *Calvaires* bestehen aus hartem, grauen Granit, aus dem einheimische Steinmetze Szenen und Figuren aus dem Leben, der Passionsgeschichte und der Auferstehung Christi herausarbeiteten. Das Kreuz, oft als Lebensbaum mit Astansätzen zu sehen, wird von den Kreuzen der Schächer eingerahmt und *Ankou*, der bretonische Tod, ist manchmal als knöcherner Sensenmann zu erkennen. Auf Querbalken sind die Trauerenden, meist Maria und der Jünger Johannes, ersichtlich, die durch weitere Figuren in traditioneller Kleidung ergänzt werden. Hierbei ließen die Bildhauer ihrer Fantasie freien Lauf, erschufen Geschichten, von denen sie besonders beeindruckt waren oder verzichteten auf die Darstellung von Personen oder Ereignissen, die sie persönlich für unwichtig hielten. Die Rangordnung der Steinfiguren lässt sich in ihrer Größe erkennen und da der harte Granit schwer zu bearbeiten war, wurden Feinheiten durch Bemalungen akzentuiert. Heute sind die Farben längst verwittert und auch äußere Einflüsse lassen diese Details manchmal vermissen, während andere Episoden erstaunlich gut erhalten sind. Etliche Kapitel wie Marias Vermählung, Anbetung der Hirten, das Abendmahl oder der Judaskuss, die Fußwaschung sowie Grablegung, Auferstehung, und bei einigen *Calvaires* sogar der Eingang zur Hölle als letzte Szene, vervollkommnen neben Aposteln und Ortsheiligen die Darstellungen. Bei manchen Monumenten sind mehr als hundert Skulpturen zu zählen und Ornamente sowie Figurenschmuck komplettieren die bildhauerischen Meisterwerke.

Vermutlich dienten die *Calvaires*, die fast ausschließlich im ländlichen Gebiet zu finden sind, dazu, der Bevölkerung mit anschaulichen Darstellungen den katholischen Glauben nahezubringen. Der Priester zeigte, ähnlich einem Moritatensänger, mit einem Zeigestock auf die Figuren oder Szenen, die in seiner Predigt eine Rolle spielten, sodass auch die leseunkundigen Besucher dem Gottesdienst folgen konnten.

Die **Pfarrkirche** oder **Kapelle** besitzt meist am Südportal eine kleine Vorhalle, in der Skulpturen der zwölf Apostel an ihren Requisiten zu erkennen waren und teilweise noch sind. Über dem Eingang ist die Jungfrau Maria mit dem Jesuskind dargestellt und die hohen Türme der imposanten Kirchen überragen mit Leichtigkeit die Dächer der umliegenden Häuser.

Die Pracht und Größe der Pfarrbezirke sind dem Wettbewerb der Gemeinden zu verdanken, die jede den prächtigsten Sakralbau im umfriedeten Pfarrhof errichten wollte. Wurde in einem Dorf beispielsweise ein Triumphtor errichtet, so machte man sich im anderen Dorf sofort daran, ein besonders prunkvolles Beinhaus oder eine herrliche Kirche zu bauen.

Obwohl sich Tausende von Touristen die Prunkstücke dieses Konkurrenzkampfes Jahr für Jahr anschauen, sind die Pfarrhöfe noch immer Orte der Besinnung, und Rücksichtnahme auf Kirchgänger sollte beim Besuch selbstverständlich sein.

Die schönsten Exemplare des Kirchenwettbewerbs sind die *Enclos Paroissiaux* von Saint-Thégonnec, Guimiliau und Lampaul-Guimiliau.

Machen wir uns also auf, um in **Plougonven** den ältesten Pfarrbezirk zwischen Morlaix und Landerneau zu erkunden. Am besten kann das Wohnmobil auf dem Stellplatz oder an einem der Parkplätze vor oder hinter der Salle des Fêtes geparkt werden (N 48°31'13.2" W 03°42'43.9", Rue de la Montagne).

(130) Offizieller WOMO-Stellplatz: Plougonven – Aire Municipal

GPS: N 48°31'34.3" W 03°43'05.9", Justiçou. **Max. WOMOs:** 2.
Öffnungszeit: Ganzjährig.
Ausstattung: V/E, Tisch und Bänke, Müllbehälter.
Beschreibung: Der einfache, asphaltierte, teils schattige Parkplatz befindet sich am Ortsrand an der Sporthalle und am Sportplatz. Ins Zentrum und zum Pfarrbezirk sind es etwa 800 m Fußweg.
Zufahrt: Am nördlichen Ortseingang dem WOMO-Piktogramm folgen.

Höhepunkt des Pfarrbezirks ist der vier Meter hohe, im Jahr 1554 vollendete **Calvaire**. Auf einem zweistöckigen Sockel gruppieren sich mehr als 100 Figuren in Trachten des 16./17. Jahrhunderts und zwischen den Reichen und Armen kann man den Heiligen Yves ausmachen.

7.777 Heilige

Überall in der Bretagne treffen wir auf Kreuze am Wegesrand, christianisierte Menhire, monumentale Kathedralen und Pfarrbezirke, sodass der Eindruck einer strenggläubigen katholischen Vergangenheit und Gegenwart entsteht.

Von den sieben Gründungsheiligen haben wir bereits erfahren und wissen, dass es sich hierbei um die von den britischen Inseln eingewanderten Missionare Malo, Brieuc, Pol, Tugdual, Samson, Waroc'h und Corentin handelt, die später die ersten Bischöfe der sieben bretonischen Bistümer wurden (**vgl. Tour 6, Seite 114**). Im Laufe der Jahrhunderte kamen weitere Heilige hinzu, die, wie der gerade erwähnte Saint-Yves, als Schutzpatron der Anwälte verehrt werden, oder Saint-Tugen, der die Hand schützend über unsere Zähne hält und Schmerzen vorbeugen soll.

Einige wenige wurden vom Papst in Rom anerkannt, andere nur von den bretonischen Bischöfen und die meisten der insgesamt 7.777 in der Bretagne verehrten Heiligen sind lokalen Ursprungs. Sie wurden ohne kirchlichen Segen von der Bevölkerung in den Heiligenstand befördert und kümmern sich nun um Rheuma, Kinderlosigkeit und andere Probleme des täglichen Lebens. Beliebt ist beispielsweise die Heilige Maria, die Schutzpatronin der Seefahrer. Um in ihrer Gunst zu stehen, werden viele Fensterläden in der Bretagne noch immer in Marias Lieblingsfarbe Blau gestrichen.

Mehr als 1.000 der Heiligen werden sich im Laufe der nächsten Jahre zwischen grünen Hügeln mitten im **Kalon Breizh**, im Herzen der Bretagne versammeln und wir wollen heute schon einmal nach einigen von ihnen schauen.

In südöstlicher Richtung, nahe **Carnoët**, steuern wir das ausgeschilderte La Vallée des Saints an. Zunächst fragen wir uns, was wir in dieser recht verlassenen Gegend überhaupt machen, doch im Nachhinein müssen wir sagen, dass sich dieser Abstecher gelohnt hat. Wir gestehen sogar, dass mittlerweile kein Bretagne-Aufenthalt vergeht, ohne dass wir hier zu einem weiteren beeindruckenden Besuch vorbeischauen.

Die Anlage ist einem permanenten Wandel unterzogen und es entstehen immer wieder neue Statuen, die auf dem Hügel ihren Platz einnehmen.

Vallée des Saints

(131) WOMO-Parkplatz: Carnoët – Vallée des Saints

GPS: N 48°22'18.0" W 03°32'36.0", Quénéquillec. **Max. WOMOs:** 10.
Öffnungszeit: Ganzjährig. **Ausstattung:** Müllbehälter.
Beschreibung: Der einfache, mit Schranke gesicherte, meist schattenlose Parkplatz ist zum Teil sehr schräg und liegt auf einer Wiese außerhalb des Ortes. In unmittelbarer Nähe befindet sich das tagsüber geöffnete Besucherzentrum mit bretonischer Gastronomie und einem Shop.
Preise: €. **Zufahrt:** Den Hinweisen zum Vallée des Saints folgen.

La Vallée des Saints

Polynesien und der südostpazifische Raum haben ihre Osterinseln, die Bretagne die monumentalen Skulpturen ihrer Heiligen!

Das Tal der Heiligen ist ein ungewöhnlicher Ort, der vom Namen abweichend, auf einem Hügel liegt. Das gigantische Projekt soll letztendlich auf acht Hektar Fläche mehr als 1.000 Heilige der Bretagne verewigen und als „Carnac des 21. Jahrhunderts" betrachtet werden. Bis ins Jahr 2022 sind 133 Kunstfiguren, darunter die bretonischen Gründungsheiligen, aus harten Granitblöcken geschlagen worden, die, drei bis vier Meter hoch und bis zu zehn Tonnen schwer, in die Betrachtung der Landschaft versunken zu sein scheinen.

Wir begegnen Heiligen, die im Boot anlanden, wie Asiaten aussehen oder ihren Kopf tragen und unser Spaziergang führt zusätzlich zu einer uralten Hügelburg sowie hinab ins Tal zur Kapelle Saint-Gildas aus dem 16. Jahrhundert. Ein faszinierendes Erlebnis, das mit einem Blick über den weiten Horizont bis zu den Gipfeln der Monts d'Arrée begleitet wird.

Hier finden Veranstaltungen von geführten Wanderungen bis zu Märkten und Führungen statt und im Juni sowie September kann den Bildhauern bei der Arbeit zugesehen werden. Über all dies wird im Besucherzentrum informiert *(Boutique: Januar - März 10.30 - 18 Uhr, April - Juni/September 9.30 - 18.30 Uhr, Juli/August 9.30 - 19 Uhr, Oktober - Dezember 10.30 - 17.30 Uhr, Imbiss: April - Oktober täglich, November - März Sa/So und täglich während der Schulferien außer Mo jeweils ab 11.30 Uhr. Das Gelände ist frei zugänglich, Hunde an der Leine gestattet, www.lavalleedessaints.com).*

Wir empfanden es als besonders schön, am frühen Morgen oder späten Abend, wenn die meisten Besucher das Gelände verlassen haben, oder im Mondlicht zwischen Statuen, die beinahe mystische Atmosphäre zu erleben.

Eine Hommage an den bretonischen Volksglauben und eine beeindruckende Sehenswürdigkeit, für die sich, wie wir finden, ein Umweg lohnt und die unbedingt auf die Liste unserer persönlich **Top Ten** gehört!

Nur wenige Kilometer entfernt gibt es in **Poullaouen** einen schön angelegten Stellplatz, sodass der Abstecher in die tiefste bretonische Provinz auch diesbezüglich lohnenswert ist.

(132) Offizieller WOMO-Stellplatz: Poullaouen – Aire de Camping-Car

GPS: N 48°20'12.2" W 03°38'26.4", Chemin de Petit Train. **Max. WOMOs:** 5.
Öffnungszeit: Ganzjährig.
Ausstattung: V/E, Infotafel, Müllbehälter.
Beschreibung: Der hübsch angelegte Stellplatz am Ortsrand verfügt über eigene Parzellen auf Schotter, ist wenig schattig, aber klappstuhlgeeignet. Das Ortszentrum mit Bäckerei, kleinem Supermarkt und Restaurant ist etwa 300 m entfernt. Von hier kann man zu Wander- und Radtouren aufbrechen.
Zufahrt: Vom Vallée des Saints auf der D54/154 nach Poullaouen fahren. Im Ort am Kreisel der D236 richtig KERGLOFF und nach gut 300 m links dem WOMO-Piktogramm folgen.

Westwärts rollen wir dem **Fôret de Huelgoat** und dem einst von der Holzwirtschaft sowie dem Blei- und Silberabbau existierenden **Huelgoat** entgegen. Heute drückt der Tourismus dem Ort seinen Stempel auf, der dennoch sympathisch an einem See liegt und dessen Name, aus dem Bretonischen übersetzt, „Hochwald“ heißt. In früheren Zeiten gehörte das weitläufige Waldgebiet zum Zauberwald Brocéliande, welchen wir im späteren Verlauf unserer Reise entdecken werden, und der einst das Innere der Bretagne bedeckte.

Heute ist der Wald um Huelgoat stark dezimiert, doch noch immer findet sich hier ein exzellentes **Wandergebiet** und das durch Erosion entstandene **Felsen-Chaos** im Wald nördlich des Ortes nährt nach wie vor die Legenden, die die Besucher aus nah und fern anziehen. Eine der romantischsten, ursprünglich keltischen Sagen handelt von Tristan und Isolde, die unter dem grünen Blätterdach einst turtelnd spazieren gingen.

Für den Aufenthalt in dieser sagenumwobenen Gegend eignen sich der Campingplatz genau wie der Stellplatz und wer lediglich zum Wandern kommt, der findet bereits vor dem Ort einen Wanderparkplatz (N 48°22'00.7" W 03°44'01.8", An der D769A).

(133) WOMO-Campingplatz: Huelgoat Camping La Rivière d'Argent**

GPS/Kontakt: N 48°21'51.6" W 03°43'00.4", La Coudraie, Telefon 0298997250, www.larivieredargent.com.
Öffnungszeit: April - September/Oktober.
Ausstattung: Überdachtes Schwimmbad, Spielplatz, Boule-, Tennis-, Volleyballplatz, Lebensmittelladen, Snackbar, Waschmaschine, Wäschetrockner, Fahrradverleih, Angelmöglichkeit, WiFi.
Beschreibung: Der etwa 2 Kilometer östlich und außerhalb des Ortes, im Wald am Silberfluss gelegene, ordentliche Campingplatz ist ein guter Ausgangspunkt für Rad- und Wandertouren.
Preise: €€ - €€€.
Zufahrt: Den Hinweisen zum Campingplatz folgen.

(134) Offizieller WOMO-Stellplatz: Huelgoat – Aire de Camping-Car

GPS: N 48°21'39.0" W 03°45'22.8", Rue du Géneral de Gaulle.
Max. WOMOs: 40. **Öffnungszeit:** Ganzjährig.
Ausstattung: V/E ca. 100 m oberhalb am Eingang zum **Camping Municipal**, Müllbehälter.
Beschreibung: Der einfache, geschotterte, schattenlose Parkplatz liegt am westlichen Ortsrand an der nachts ruhigen Straße. Hier kann man zu Rad- und Wandertouren aufbrechen und das Ortszentrum mit allem, was das Herz begehrt, ist etwa 600 m entfernt.
Zufahrt: Im Ort den WOMO-Piktogrammen folgen. .

Im verwunschenen Wald von Huelgoat

Mittelschwere Wanderung mit einigen An- und Abstiegen von etwa 9 Kilometer Länge. Es ist auf festes Schuhwerk und Trittsicherheit zu achten!

Vom Stellplatz gehen wir zunächst an den zentralen Platz im Ort zum **Office de Tourisme** und versorgen uns mit einem Wanderplan *(Januar - April/Oktober - Dezember Di - Fr 10 - 12/14 - 17 Uhr Sa 10 – 12 Uhr, Mai/Juni/September Mo - Sa 10 - 12/14 - 17 Uhr, Juli/August Mo - Sa 9.30 - 12.30/13.30 - 17.45 Uhr, So/Feiertage 10 - 12.30 Uhr, 18 Place Aristide Briand, Telefon 0298997232, www.montsdarreetourisme.bzh).* Obwohl der Wanderweg gut markiert ist, behalten wir mit dem Plan die Übersicht über die unzähligen Waldwege und fühlen uns einfach ein wenig sicherer.

An der nordöstlichen Spitze des Sees zeigt eine Wanderkarte den Einstieg in unsere Wanderung. Von hier führt der gelb markierte Weg an der alten Mühle und entlang des Silberflusses zum *Chaos du Moulin*, einem imposanten Felsenlabyrinth. Schilder weisen den Weg zur *Grotte du Diable* und über eine Eisenleiter (Vorsicht glitschig!) erfolgt der Abstieg zwischen riesigen Granitblöcken hinab in die Teufelsgrotte. Hier soll der Teufel der Legende nach einen unsagbar wertvollen Schatz bewachen und wir sind froh, als wir wieder unbeschadet das Tageslicht erblicken. Wenig später sind Steine in einem Halbkreis angeordnet und im Sommer finden im Théâtre de Verdure, dem Freilichttheater, Veranstaltungen statt.

Nach diesem Abstecher führt der beschilderte Weg zum *Roche Tremblante*, einem über 100 Tonnen schweren Granitblock, der durch

seine Lage mit nur geringer Auflagefläche und an der richtigen Stelle berührt, in Schwingungen versetzt werden kann. Nun ja, unsere Bemühungen waren vergeblich und der Brocken rührte sich nicht!

Wieder auf dem Hauptweg bestaunen wir die *Ménage de la Vierge*, den Haushalt der Jungfrau. Inmitten dieser Felsansammlung können wir beim besten Willen keine Haushaltsgegenstände erkennen und müssen uns lediglich entscheiden, ob wir rechts auf der schattigen *Allée Violette* am Flussufer entlang in den Ort zurückgehen oder ob wir dem *Sentiers des Amoureux* tiefer in den Wald folgen wollen.

Klar nehmen wir letzteren Weg, den Liebespfad, und spazieren wie einst Tristan und Isolde leicht aufwärts bis zu einem Hügelkamm. In nördliche Richtung, und links dem Wegweiser folgend, erreichen wir das *Camp d'Artus*. Das angebliche Lager von Artus ist eine etwas zugewucherte Wallanlage und mithilfe einer Infotafel lässt sich eine keltische Siedlung erkennen. Wir marschieren denselben Weg zurück bis zur Wegkreuzung und dort links hinab zur Artus-Grotte und weiter bis zum *Mare aux Sangliers*, dem Wildschweinpfuhl. Neben Artus können wir uns nun auch Asterix und Obelix in dieser von Sagen und Legenden nur so strotzenden Landschaft bei der Wildschweinjagd vorstellen.

Wir queren ein Bächlein und folgen seinem Lauf hinab bis zum **Wanderparkplatz**, den wir bereits genannt haben und von dem man ebenfalls in die Wanderung einsteigen kann. Die D769A wird schräg rechts gekreuzt und auf der *Promenade du Fer à Cheval* geht es über den Silberfluss. Im Hufeisenbogen erreichen wir erneut den Fluss und die Straße, der wir etwa 300 Meter vorbei an einem weiteren Parkplatz folgen. Dann führt uns rechts die weiß-rote Markierung über Stufen zum *Gouffre*, einem tiefen Felsenschlund, in den der Fluss hinabstürzt.

Hinter der Brücke am Gouffre windet sich ein Pfad steil hinauf zum Belvédère, einem Aussichtspunkt hoch über dem *Rivière d'Argent*.

Zurück an der Brücke schlagen wir nun einen schmalen Pfad links des Flusses ein und erreichen ein breites Tal, in dem wir alte Blei- und Silberminen sehen (*La Mine*). Der Fluss wird wieder überquert und im Wald geht es nun steil bergauf. Am Ende des Hohlwegs befindet sich eine stillgelegte Wasserkraftanlage und dahinter windet sich ein schmaler Kanal. Wir folgen dem Weg rechts und kommen immer entlang des Kanals nach etwa 3 Kilometern wieder in Huelgoat an.

Richtung Pleyben verlassen wir den verwunschenen Zauberort, um in **Saint-Herbot** dem gleichnamigen Heiligen des Hornviehs und seiner Kirche die Aufwartung zu machen. Hinter der schmucken Fassade des Gotteshauses ist eine aus dem 16. Jahrhundert stammende Chorschranke mit wunderbaren Schnitzereien zu finden (N 48°19'37.0" W 03°48'33.3").

Westlich von Huelgoat dringen

wir immer weiter in die **Monts d'Arrée**, die höchste Bergkette der Bretagne, vor und sind zu unserem Erstaunen plötzlich an einem Fleckchen Erde, das uns eine ganz andere Seite der Bretagne zeigt.

Kahle Höhenzüge werden nun das Bild bestimmen und um das **Réservoir de Saint-Michel** mit dem angrenzenden sagenumwobenen Moorgebiet **Yeun Elez** haben sich Legenden und Mythen bis heute erhalten. Dolmen und Menhire zeugen von der Vergangenheit, bizarre Felsformationen werden mit kopflosen Riesen verglichen und das Moorgebiet gilt gar als Tor zur Hölle. Auch Ankou, der Tod, soll nachts durch die Dörfer ziehen und weiße Männer sowie Frauen treiben ihr Unwesen.

Von alldem haben wir nichts mitbekommen und sind am nördlichen Ortsausgang von **Brennilis** lediglich auf den **Dolmen Ti ar boudiged** gestoßen (N 48°21'46.1" W 03°50'52.7", Bellevue). Am Ende eines kleinen Parks erstreckt sich das um 3.000 vor Christus datierte Bauwerk, das den Übergang von einem Gangdolmen zur Allée couverte darstellt. Vorsichtig krabbeln wir in das auch als Zwergen- oder Feenhaus bezeichnete Langgrab und entdecken zu unserem Erstaunen ein kleines Sträußchen frischer Blumen. Sollte etwa doch etwas an den alten Geschichten und Sagen dran sein?

Schnell sind wir jedoch wieder in der Gegenwart angekommen, denn in Brennilis stehen die Überreste des ältesten Kernkraftwerk Frankreichs, das bis Mitte der 1980er-Jahre arbeitete und dann abgeschaltet wurde.

Das Réservoir de Saint-Michel diente ursprünglich als Kühlwassersee für das Kraftwerk und bietet heute einer artenreichen Flora und Fauna ein perfektes Rückzugsgebiet. Am See befindet sich der sehr einfache **Camping Municipal*** in **Nestavel-Braz** [**135:** N 48°21'31.8" W 03°52'40.4", Telefon 0298966657, geöffnet Mitte Juni - Mitte September, Gebühr € - €€]. Wenn dieser geschlossen ist, folgt man der Straße vor dem Campingplatz in südliche Richtung zum Barrage Saint-Michel und findet nach etwa 500 Metern einen Wanderparkplatz [**136:** N 48°21'16.7" W 03°52'36.3"].

Von hier kann man in einer Landschaft, die uns an Irland oder Schottland erinnert, auf Wanderschaft gehen und zwischen Heide und Ginster oder felsigen Bergrücken in Gedanken dem Zauber der bretonischen Legenden nachhängen. Der durchaus als schwer einzustufende **Rundwanderweg Circuit du Yeun** hat eine Länge von etwa 15 Kilometern und ist mit einer gelben Markierung versehen. Das Gebiet um das Moor Yeun Elez lässt sich am besten bei einer Wanderung wie der vorstehenden erkunden oder aber man bemüht das Wohnmobil.

Im Sommer 2022 wüteten in den Monts d'Arrée verheerende Brände. Auch wenn sich die Natur hoffentlich bald wieder regeneriert und das Kirchlein auf dem Montagne Saint-Michel unversehrt blieb, ist es möglich, dass man immer noch auf Spuren der Feuer trifft.

Von Brennilis ist die D764 Richtung Morlaix flott erreicht. Wir haben das Gefühl, uns höher als in rund 400 Meter Höhe zu befinden und mit weiten Blicken durchqueren wir das Hochmoor. Die Fahrt wird von einem Wechsel auf die D785 Richtung Quimper unterbrochen und schon haben wir den gezackten Bergrücken des **Roc'h Trévezel** vor uns. Gemeinsam mit dem etwa fünf Kilometer entfernten **Menez Kador** bringt er es auf 384 Meter Höhe und von einem Parkplatz an der Straße kann der windumtoste Felsgrat auf kurzem Wanderweg bestiegen werden.

Unser Ziel ist jedoch der 380 Meter hohe **Montagne Saint-Michel** auf dem die **höchstgelegene Kapelle der Bretagne** bereits von Weitem auszumachen ist (Foto).

(137) WOMO-Parkplatz: Montagne Saint-Michel

GPS: N 48°21'00.6" W 03°56'49.5". **Max. WOMOs:** 2 - 3.
Ausstattung: Infotafel, Müllbehälter.
Beschreibung: Von diesem einfachen, oft windigen, schattenlosen und geschotterten sowie außerhalb eines Ortes gelegenen Parkplatz starten Wanderwege und es gibt eine spektakuläre Aussicht.
Zufahrt: Von der B785 ist der Montagne Saint-Michel ausgeschildert. Nach ca. 500 m ist ein erster und etwa 300 m weiter der finale Parkplatz erreicht.

Bei gutem Wetter kann es passieren, dass man den Gipfel und die kleine Kapelle, die für die Seelen der im Moor Versunkenen erbaut wurde, mit Busladungen von Menschen teilen muss. Trotzdem erklimmen wir die letzten Meter über eine Treppenanlage und mit einem unbeschreiblichen Gipfelgefühl erleben wir die **360 Grad-Panoramaaussicht**.

Ein **offizieller WOMO-Stellplatz** findet sich übrigens im etwa sieben Kilometer westlich gelegenen **Saint-Rivoal** [**138:** N 48°20'58.8" W 03°59'56.0", An der D42, V/E, ganzjährig geöffnet]. Der kleine Ort beheimatet neben der empfehlenswerten **Auberge du Menez** *(Mittags- und Abendmenüs, Mo – Mi geschlossen, Telefon 0298930248)* das **Écomusée des Monts d'Arrée**, in dem noch ein wenig mehr über die wirtschaftliche und kulturelle Entwicklung dieser ungewöhnlichen Gegend zu erfahren ist *(Mitte April - Juni/September - Anfang November So - Fr 11 - 13/14 - 18 Uhr, Juli/August täglich 11 - 13/14 - 19 Uhr, Eintritt, www.ecomusee-monts-arree.fr).*

Nach der „Bergwelt der Bretagne" zieht es uns ins nördlich gelegene **Commana**, wo die **Route des Enclos Paroissaux** beginnt, auf der wir uns zu den umfriedeten Pfarrbezirken begeben, die sich im Élorn-Tal an Herrlichkeiten gegenseitig zu überbieten scheinen.

Commana

In Commana haben wir es mit einer eher kleineren Anlage aus dem 17./18. Jahrhundert zu tun, deren **Triumphtor** von Laternen gekrönt ist und das **Beinhaus** aus dem Jahr 1668 stammt.

Das Innere des Kirchleins Saint-Derrien wirkt durch die reiche Ausstattung und die Altäre fast überladen. Der prunkvolle **Sainte-Anne-Altar** wurde als Wiedergutmachung von den frommen Dorfbewohnern gestiftet, die 1675 den Pfarrer ordentlich verprügelt hatten, nachdem dieser angeblich die Salzstreuer für sich abgezweigt hatte. Sehenswert ist auch das fünfeckige Taufbecken aus dem 17. Jahrhundert, das unter der blauen Holzdecke fast schwerelos, wie mit einer Pagode bedacht, seinen Standort füllt.

Während der Besichtigung steht das Wohnmobil auf dem Parkplatz hinter der Kirche (N 48°24'49.6" W 03°57'20.8", Place de la Mairie) und für eine Übernachtung bietet sich der nette kleine Wiesen-Stellplatz an.

(139) Offizieller WOMO-Stellplatz: Commana – Aire de Camping Car

GPS: N 48°24'59.4" W 03°57'40.7", Rue de Landivisiau. **Max. WOMOs:** 3.
Öffnungszeit: Ganzjährig.
Ausstattung: V/E an der Salle des Sports.
Beschreibung: Der einfache Wiesenparkplatz bietet kaum Schatten und befindet sich am Ortsrand, etwa 400 m vom Zentrum entfernt.
Zufahrt: Im Ort zum Salle des Sports abbiegen und dem WOMO-Piktogramm folgen.

Knapp zwei Kilometer südlich von Commana liegt die **Allée du Mougau-Bihan**, die angeblich zu den schönsten ihrer Art gehören soll. Inmitten grüner Wiesen zeigen sich im Inneren des 14 Meter langen keltischen Langgrabes Einritzungen und auch hier finden wir wieder kleine Blumengaben an uns unbekannte Bewohner des sagenhaften Feenlandes.

(140) WOMO-Parkplatz: Mougau-Bihan – Allée Couverte

GPS: N 48°23'58.9" W 03°58'03.4", Mougau Bihan. **Max. WOMOs:** 2 - 3.
Ausstattung: Tische und Bänke.
Beschreibung: Der einfache, geschotterte, teils schattige Parkplatz liegt außerhalb des Ortes und ist Ausgangspunkt für Rundwanderungen verschiedener Längen.
Zufahrt: Von der D764 den Hinweisen Mougau/allée couverte folgen.

Folgt man dem Sträßchen durch die Wiesen bis zum **Lac du Drennec**, kann der von den Flüssen Élorn und Mougau gespeiste See auf einer **8 Kilometer-Wanderung** umrundet werden. Der Stausee lädt aber auch zum Segeln oder zum Baden an künstlich angelegten Sandstränden ein.

Auf dem Weg nach Sizun streifen wir westlich von Commana die Dependance des **Écomusée des Monts d'Arrée** mit den **Moulins de Kerouat**, in denen das Alltagsleben einer Müllerfamilie aus dem 19. Jahrhundert gezeigt wird *(März - Juni/ bis Mitte September So - Fr 11 - 18 Uhr, Juli/August täglich 11 - 19 Uhr, Eintritt. Das Museum ist aufgrund von Bauarbeiten vorübergehend bis Frühjahr 2024 geschlossen).*

Allée du Mougou-Bihan

Im freundlich-stattlichen **Sizun** fahren wir zunächst an der Hauptsehenswürdigkeit, dem Pfarrbezirk, vorbei, um das Wohnmobil auf einem Parkplatz abzustellen (N 48°24'16.6" W 04°04'39.0", Rue de Cornouaille).

Sizun

Zu Fuß sind wir rasch wieder am **Triumphtor**, das zwischen 1588 und 1590 geschaffen wurde, von drei Calvaire-Kreuzen gekrönt wird und schwer einem römischen Triumphbogen ähnelt.

Früher konnte der Pfarrer von der Balustrade predigen, doch seitdem die Treppe der Straßenverbreiterung weichen musste, findet der Gottesdienst im Kircheninneren von Saint-Sullian statt. Die Decke sollte wegen ihrer geschnitzten Ornamente betrachtet werden und **Altar** sowie **Taufbecken** stammen aus dem 17. Jahrhundert und auch ein **Flachrelief** der Heiligen Genoveva aus dem 15. Jahrhundert ist sehenswert. Im Außenbereich muss noch das **Beinhaus** erwähnt werden, das einem Schrein ähnelt und reich verziert ist. In seinem Inneren ist ein Mini-Museum eingerichtet, das Gegenstände des täglichen Lebens zeigt und Informationen zu den Calvaires bereithält.

In Sizun ist aber auch die **Maison de la Rivière Parc Naturel Régional** beheimatet, die im Flusstal in der Moulin de Vergraon untergebracht ist und sich mit dem Leben am Fluss beschäftigt *(Mo - Fr 10 - 12/14 - 17 Uhr, 3 Rue de l'Argoat, www.maison-de-la-riviere.com)*. Weitere Informationen zur Umgebung sind im **Office de Tourisme** erhältlich *(Juni/September Mo - Fr 10 - 12.30/15 - 18.30 Uhr, Sa 10 - 12.30 Uhr, Telefon 0298688840, www.mairie-sizun.fr)*.

Sizun hat zudem den ausgeschilderten ruhigen, schattigen **Campingplatz Municipal du Gollen**** zu bieten **[141:** N 48°24'01.4" W 04°04'35.4", Le Gollen, Telefon 0298241143, www.mairie-sizun.fr. Geöffnet Mitte April -September, Preis €€]. Bereits an der Zufahrt zum Campingplatz an der D18A befindet sich eine frei zugängliche **V/E-Station**.

Im kleinen Örtchen **La Martyre** erreichen wir einen der ältesten Pfarrhöfe der Region.

(142) Offizieller WOMO-Stellplatz: La Martyre

GPS: N 48°26'56.3" W 04°09'24.5", Route de Ploudiry. **Max. WOMOs:** 5.
Öffnungszeit: Ganzjährig. **Ausstattung:** V/E.
Beschreibung: Der wenig charmante, geschotterte Platz ist teils schattig und liegt am Ortsrand. Vielleicht ist der Parkplatz auf der gegenüberliegenden Straßenseite etwas annehmbarer.
Zufahrt: Im Ort der Durchgangsstraße östlich Richtung Ploudiry bis zum Ortsausgang folgen.

La Martyre

Völlig überdimensioniert wirkt das **Triumphtor** aus dem 16. Jahrhundert mit einer begehbaren Brüstung mitten im kleinen Örtchen und scheint zusätzlich mit dem **Calvaire** verschmolzen zu sein. Die Kreuze entspringen der Balustrade und es ist zu erkennen, dass die Grundlage der Gesamtanlage im Wohlstand des Weilers zu finden ist. La Martyre war vom 14. bis 18. Jahrhundert ein bedeutender Messeort und konnte sich etwas Repräsentatives leisten.

Vielleicht ist die Entstehung einer seltsamen Statue den Messebesuchern zu verdanken, die angeblich sogar aus dem Nahen und Fernen Osten anreisten. Am **Beinhaus** von 1619 prangt eine steinerne Frauenfigur, die mit unverhülltem Oberkörper und einem wie bei einer Mumie umwickelten Unterleib zu sehen ist. Das Geheimnis der rätselhaften Dame, die ihre Hände hinter dem Oberkörper verschränkt ist bis heute nicht gelöst. Beachtenswert ist weiterhin das Spruchband über dem Eingang, das darauf hinweist, dass nach keltischer Tradition die Hölle nicht etwa ein Ort der Hitze und des ewigen Fegefeuers ist, sondern dass Tod und jüngstes Gericht mit einer eisigen Hölle in Verbindung gebracht werden. Die **Pfarrkirche** aus dem 14. und 17. Jahrhundert zeigt verzierte Schnitzereien und die Vorhalle ist mit reichem Figurenschmuck ausgestattet. Im Inneren ziehen farbenfroh bemalte Ornamente den Blick auf sich und die bunten Fenster des Chorraums gelten als Vorbild für die Fenster in La Roche-Maurice.

Im Ort und auch später bei der Überlandfahrt führen uns die Hinweise nach **Pencran**, dessen umfriedeter Pfarrbezirk am südlichen Ortsausgang auf einem Hügel liegt. Dort nehmen wir für den Besuch einen der Parkplätze in Beschlag.

Der Pfarrhof ist von einer Mauer mit sieben Eingängen umgeben und der **Calvaire** mit seinen drei nebeneinanderstehenden Kreuzen fällt im Gegensatz zu La Martyre ländlich bescheiden aus. Das **Beinhaus** von 1594 wurde im Laufe der Jahrhunderte als Rathaus, Schule sowie Laden genutzt und fungiert heute als Gruft. An der Kirche wirkt alles wie zurückgenommen, doch das Eingangsportal der **Vorhalle** ist ein spätgotisches Kunstwerk aus Granit, das mit detailgetreuen Arbeiten überzeugen kann.

Unser nächstes Ziel **Landerneau** liegt im Tal am Élorn, der sich wenig später bei Brest ins Meer ergießt. Für den Tagesaufenthalt und um näher am Geschehen zu sein, kann man sein Glück auf dem gebührenpflichtigen Parkplatz Quai de Léon am rechten Flussufer versuchen. Allerdings kann es bei hohem Verkehrsaufkommen für Wohnmobile eng werden.

(143) Offizieller WOMO-Stellplatz: Landerneau – Aire de Camping-Car

GPS: N 48°26'46.1" W 04°15'28.9", Rue du Calvaire. **Max. WOMOs:** 30 - 40.
Öffnungszeit: Ganzjährig.
Ausstattung: V/E, Tische und Bänke.
Beschreibung: Der mit Schranke gesicherte Stellplatz liegt am Ortsrand nicht gerade zentral, ist aber recht ansprechend mit Hecken abgetrennt und nachts ruhig. Der Fußweg ins Zentrum beträgt etwa 1 Kilometer.
Preise: €€. **Zufahrt:** Am linken Flussufer den WOMO-Piktogrammen stadtauswärts folgen.

Landerneau

Ein touristischer Hotspot ist die einstige Hauptstadt des Léon an der Grenze zur Grafschaft Cornouaille sicher nicht, aber die schönen Renaissance-Bürgerhäuser am mit Blumen gesäumten Hafenkai wirken recht einladend. Vom 16. bis 18. Jahrhundert war die Stadt unter den Fürsten von Rohan ein wichtiger Umschlag- und Lagerplatz im Dunstkreis von Brest und heute ist es der Obst- und Gemüseanbau sowie die Fischzucht, die der Stadt den wirtschaftlichen Nährboden bieten.

Unser Spaziergang führt uns auf die rechte Seite des Élorn, wo sich um die Place du Général de Gaulle nette alte Häuser, darunter die schieferverkleidete **Maison d'Anne** aus dem 17. Jahrhundert, und Geschäfte sowie Boutiquen versammeln. Hier finden wir auch das **Office de Tourisme** (*Oktober - März Di - Sa 9.30 - 12.30/14 - 17.30 Uhr, April - Juni/September Mo - Sa 9.30 - 12.30/14 - 18 Uhr/Feiertage 10 - 13 Uhr, Juli/Aug. Mo - Sa 9.30 - 18.30 Uhr, So/Feiertage 10 - 13 Uhr, Telefon 0298851309, www.pays-landerneau-daoulas.fr*).

Die städtische Besonderheit ist jedoch die **Pont de Rohan**, die in sechs Bögen seit dem Jahr 1510 den Fluss überspannt. Sie gehört zu einer der wenigen europäischen Brücken, die noch mit Wohnhäusern bestanden sind. In einem dieser Häuser offeriert die **Crêperie du Pont** vorzügliche Galettes sowie Crêpes in freundlichem Ambiente und im Sommer kann man die Pfannkuchen auf der schönen Terrasse über dem Fluss einnehmen *(Mittags- und Abendmenüs, So nur mittags, Mo geschlossen, Telefon 0298214020)*. Auf der rechten Élorn-Seite ist die aus dem 16. Jahrhundert stammende **Église Saint-Thomas-de-Canterbury** dem Erzbischof von Canterbury geweiht und die **Église Saint-Houardon** ist vor allem wegen ihrer Vorhalle aus dem Jahr 1604 bekannt.

In **La Roche-Maurice** überragt die **Ruine einer Burg** aus dem 11./12. Jahrhundert den kleinen Ort und hinter der ebenfalls auf dem Hügel liegenden **Église Saint-Yves** bietet sich eine Parkmöglichkeit (N 48°28'24.1" W 04°12'11.7", Allée des Tilleuls, WC).

La Roche-Maurice

Am **Beinhaus** mit einer beeindruckenden Renaissancefassade aus dem Jahr 1640 treffen wir auf Ankou, den Tod, der über dem Weihwasserbecken lauert. Neben dem Beinhaus ragt der Kirchturm fast überdimensional groß auf dem engen Areal in den Himmel empor und ist baugleich jenem in Pencran. Im Inneren der Pfarrkirche fällt der Blick auf ein großes **Chorfenster** aus dem Jahr 1539 und den berühmten **Renaissance-Lettner**, der mit Statuen von Aposteln, Päpsten und Heiligen geschmückt ist. Besondere Beachtung sollte auch das mit dominanten Blautönen wunderschön bemalte Holztonnengewölbe finden.

Die dem Heiligen Yves gewidmete Kirche ist ein herrliches Kleinod am Wegesrand, dem man auf jeden Fall eine Fahrunterbrechung schenken sollte. Sollte es dann gerade Mittagszeit sein und Sie verspüren Lust auf ein feines Menü zu angemessenen Preisen, dann möchten wir Ihnen gern die **Auberge du Vieux Chateau** empfehlen *(Mittags- und Abendmenüs Mo - Fr, außer Feiertagen, 4 Grande Place, Telefon 0298204052, aubergeduvieuxchateau.fr)*.

Wir hörten bereits vom illustren Wettstreit der Orte Lampaul-Guimiliau, Guimiliau und Saint-Thégonnec um den schönsten und prächtigsten Pfarrbezirk und wir fahren nun diesen Höhepunkten unserer Calvaire-Tour entgegen. Doch als ob sich die genannten Dörfer auch vor uns besonders in Szene setzen wollten, erreichen wir in **Landevisiau** erst einmal den Pfarrhof, der sich auf sein Aussehen nun wirklich nicht mit den anderen messen lassen kann. Er musste dem Neubau der Kirche weichen und ist bis auf Turm sowie Vorhalle gänzlich umgestaltet.

Da wir von La Roche-Maurice über die D712 kommen und unser Wohnmobil schwerer als 3,5 Tonnen ist, müssen wir uns durch das Stadtzentrum quälen. Hier stellen wir fest, dass uns auch der **offizielle WOMO-Stellplatz** nicht überzeugen kann und wir ihn lediglich wegen seiner **V/E-Station** an dieser Stelle erwähnen [**144:** N 48°30'36.6" W 04°04'33.0", Place de Kéravel].

Lassen wir also keine weitere Zeit verstreichen und begeben uns und zu dem angeblich **glanzvollsten Pfarrbezirk der Bretagne**. Er hat sich wie alle anderen seiner Art zu einem Statussymbol seiner Zeit entwickelt und noch heute zieht uns die prunkvolle Herrlichkeit des **Enclos Paroissial** in seinen Bann und mit der damit verbundenen Frömmigkeit der Bretonen gehört der umfriedete Pfarrbezirk in unsere persönlichen **Top Ten**.

(145) Offizieller WOMO-Stellplatz: Lampaul-Guimiliau – Aire de Camping-Car

GPS: N 48°29'38.0" W 04°02'18.6", Route de Morlaix. **Max. WOMOs:** 10.
Öffnungszeit: Ganzjährig.
Ausstattung: V/E, Infotafel.
Beschreibung: Der einfache, geschotterte, teils schattigen Parkplatz liegt am Ortsrand. In der etwa 200 m entfernten Ortsmitte gibt es eine Bäckerei und eine Crêperie.
Zufahrt: Auf der D11 in den Ort und Richtung Guimiliau fahren, um anschließend links den WOMO-Piktogrammen folgen.

Lampaul-Guimiliau

Beim Durchfahren des Ortes sahen wir bereits den Zugang zum Pfarrbezirk und nun betrachten wir das schlichte, aus dem Jahr 1668 stammende **Triumphtor** aus der Nähe. Als Besonderheit trägt es, ähnlich

einem Calvaire, drei Kreuze. Der „richtige“, ebenfalls einfach gehaltene **Calvaire** steht auf dem ehemaligen Friedhof, ähnelt einer Säule und an den drei dortigen Kreuzen sehen wir die Schächer sowie Jesus, dessen Blut von zwei Engeln aufgefangen wird. Das im Jahr 1667 errichtete **Beinhaus** diente einst als Grabkapelle und ist heute mit Karten, Informationsbroschüren und Souvenirs bestückt.

Das Prunkstück der Anlage ist die Pfarrkirche Saint-Pol-Aurélien aus dem 16. Jahrhundert, deren Glockenturm eigentümlich stumpf endet. Der einst elegante Turm verlor knapp 20 Meter seiner sonst so eleganten Spitze während eines Blitzeinschlags Anfang des 19. Jahrhunderts.

Nach dem Durchschreiten der gotischen Vorhalle mit 12 Aposteln umfängt uns im Inneren der Kirche zunächst leise umschmeichelnde Musik und dann erblicken wir die Pracht einer der reichsten Kirchenausstattungen der Region. In der farbenfrohen Palette überwiegen die Goldtöne und es überrascht uns eine relative Helligkeit, die alles ins rechte Licht rückt. Ein wundervoller Gesamteindruck!

Auffallend ist der mit Schnitzereien versehene Triumphbalken aus dem 16. Jahrhundert, auf dem Szenen aus dem Leben Jesu dargestellt sind. Ganz besondere Aufmerksamkeit verdienen unter den sechs vielfarbigen Altären der Passionsaltar zur Rechten des Chors sowie der links stehende Altar, der Johannes dem Täufer gewidmet ist. Beide wurden vermutlich im 17. Jahrhundert in der gleichen Werkstatt gefertigt. Links spiegeln sich Episoden aus dem Leben des Johannes wider und ein riesiger Erzengel Michael besiegt den Teufel. Rechts dominiert die vorwiegend in Gold gefasste Passionsgeschichte. Der Taufstein ist von einem bunten mit Figuren besetzten Baldachin bedacht, der von reich dekorierten Säulen getragen wird. Beeindruckend ist die mannshohe Grablegungsgruppe von 1676 aus acht Personen, die halbkreisförmig um den liegenden Jesus stehen. In den Gesichtern ist der fassungslose Schmerz so kunstvoll dargestellt, sodass wir jeden Moment eine herabrinnende Träne erwarten.

Sowohl Lampaul-Guimiliau als auch der nur wenige Kilometer entfernte Nachbarort **Guimilliau** tragen den Namen des Heiligen Miliau in sich, der, nachdem er von seinem Bruder geköpft wurde, sein abgeschlagenes Haupt in der Hand hielt.

(146) Offizieller WOMO-Stellplatz: Guimiliau – Aire de Camping-Car

GPS: N 48°29'11.4" W 03°59'49.4", Rue de Bruyères. **Max. WOMOs:** 10.
Öffnungszeit: Ganzjährig. **Ausstattung:** V/E, Müllbehälter.
Beschreibung: Der einfache, geschotterte, beinahe schattenlose Platz befindet sich am Salle Polyvalente und etwa 200 m vom Ortszentrum mit Pfarrbezirk, Restaurants und Bäckerei entfernt.
Zufahrt: Vom südlichen Ortsrand bis zu einem Kreisverkehr fahren und dort dem Hinweis zum Salle Polyvalente folgen.

Guimiliau

Das kleine Dorf lebt durch und von seinem umfriedeten Pfarrbezirk, der durch ein schlichtes, von steinernen Reitern bewachtes **Triumphtor** aus dem 17. Jahrhundert betreten wird.

Das **Beinhaus** stammt ebenfalls aus dem 17. Jahrhundert und fällt durch seine Außenkanzel auf. Sieben Jahre, von 1581 bis 1588, wurde am sehenswerten **Calvaire** gebaut, gefeilt und gehämmert, bis rund 200 Figuren das Leben und Leiden Jesu darstellten. Einer 3D-Animation gleich, betrachten wir die nicht chronologisch, sondern willkürlich dargestellten Szenen, die unter anderem römische Soldaten in Gewändern späterer

Jahrhunderte zeigen und einen leidenden Jesus begleiten. Das Spektakel betrachten Frauen und Männer, deren Gefühle sich in Stein manifestiert haben und es ist erstaunlich, wieviel wir in ihren Gesichtern lesen können.

Beachtenswert ist die Darstellung über dem Abendmahl. Hier wird die Geschichte von *Katell Gollet* erzählt, die für ihren Liebhaber eine Hostie stahl. Allein der Diebstahl ist schlimm genug, doch da es sich bei dem Liebhaber auch noch um den Leibhaftigen handelt, wird die arme, splitternackte Sünderin seitdem von kleinen Teufeln gepeinigt und in den Höllenschlund gezerrt.

Die **Kirche Saint-Miliau** wurde im 16. Jahrhundert errichtet und im 17. Jahrhundert umgestaltet, sodass sie sich heute in einem Gemisch aus Gotik und Renaissance zeigt und nur der Turm spätgotisch ausfällt. In der Vorhalle versammeln sich zwölf Apostel und das farbig ansprechend gestaltete Innere der zweischiffigen Kirche erstrahlt in bretonischer Renaissance.

Der Weg nach **Saint-Thégonnec** und damit zum letzten Pfarrbezirk dieser Tour ist gar nicht zu verfehlen und schon rollen wir in den Ort hinein.

(147) Offizieller WOMO-Stellplatz: Saint-Thégonnec – Aire de Camping-Car

GPS: N 48°31'20.3" W 03°56'44.4", Avenue de Park an Iliz.
Max. WOMOs: 15. **Öffnungszeit:** Ganzjährig.
Ausstattung: V/E, Tische und Bänke, Müllbehälter.
Beschreibung: Der geschotterte, sonnige Stellplatz ist mit von Hecken getrennten Parzellen im Halbkreis angelegt und etwa 200 m vom Pfarrbezirk entfernt. Er befindet sich im Ort an einer nachts ruhigen Straße. Zeitweise steht gegenüber dem Platz ein sehr beliebter **Imbisswagen**, den auch wir besucht und dessen Angebot für gut befunden haben. Eine rechtzeitige Vorbestellung ist empfehlenswert, da der begrenzte Vorrat schnell ausverkauft ist. Nördlich des Pfarrbezirks ist die **Auberge Saint Thégonnec** eine gute Anlaufadresse und südlich befindet sich eine Bäckerei.
Zufahrt: Im Ort dem WOMO-Piktogramm folgen.

Saint-Thégonnec

Der Pfarrbezirk ist von zwei Seiten zugänglich und wer Wert auf einen opulenten Eingang legt, sollte den *Enclos* von Süden her betreten.

Das **Triumphtor** mit seinen Zinnen und Türmchen stammt aus dem Jahr 1587 und besteht aus vier mächtigen Pfeilern, von denen die beiden mittleren durch Arkaden verbunden sind. Das **Beinhaus** aus dem Jahr 1676 wirkt wie ein Schatzkästchen der Renaissance mit schmalen, hohen Fenstern sowie emporstrebenden Säulen und beheimatet heute ziemlich stilfremd einen Devotionalienladen.

Im Wettstreit mit Guimiliau um den reizvollsten **Calvaire** zog Saint-Thégonnec den Kürzeren, doch der hiesige im Jahr 1610 beendete Bau besticht trotzdem durch seine 40 ausdrucksstarken Figuren. Sehen die

Gesichter glücklich oder leidend aus, handelt es sich um die guten Menschen oder ziehen sie eher Grimassen und gehören zu den Bösen. In einer Nische erkennen wir Saint-Thégonnec mit einem Karren, der vom Teufel gezogen wird. Der Heilige transportierte Steine für den Bau seiner Kirche, als ihm Satan in Wolfsgestalt auflauerte und das Zugpferd verschlang. Doch Saint-Thégonnec zähmte den Wolf und ließ ihn fortan die Steine zur Kirche transportieren, sodass dem Teufel nichts anderes übrigblieb, als beim Bau der Kirche zu helfen.

Der Renaissanceturm der **Pfarrkirche Notre-Dame** entstand zwischen 1599 und 1610 im Wettstreit mit Pleyben. Das Innere zeigt eine Kanzel mit wundervollen Schnitzereien und überzeugt, trotz eines Brandes im Jahr 1998, bei dem einige Kunstwerke unwiederbringlich verloren gingen, mit ihrer prachtvollen barocken Ausstattung. Das durch Buntglasfenster scheinende Licht beleuchtet deckenhohen Altäre und die warmen Farben des Glases finden sich funkelnd auf den Marmorböden und im Kristall der Deckenleuchter wieder. Um dieses von der Sonne ins rechte Licht gerückte Schauspiel zu erleben, bieten sich die Morgenstunden an. Die Triumphpforte hält manch Kenner der Materie für eine der prächtigsten und behauptet, dass Saint-Thrégonnec im gesamten Konkurrenzkampf der Enclos Paroissiaux den Sieg davongetragen habe. Sicher bleibt das eine Frage des Geschmacks und der persönlichen Vorlieben.

Eines ist jedoch unbestritten, die Calvaire, Triumphtore sowie Pfarrkirchen der Bretagne sind etwas ganz Besonderes und Durchreisende sollten sich unbedingt die Zeit nehmen und sie anschauen!

Wenn wir wieder in Morlaix angekommen sind, hat sich der Kreis dieser Rundtour geschlossen und wir werden uns von hier wieder dem Meer zuwenden. Wer erst jetzt in der Stadt mit dem Viadukt einen Zwischenstopp einlegen möchte, den verweisen wir an dieser Stelle auf das Ende der vorangegangenen Tour, in der Morlaix und sein Stellplatz beschrieben werden.

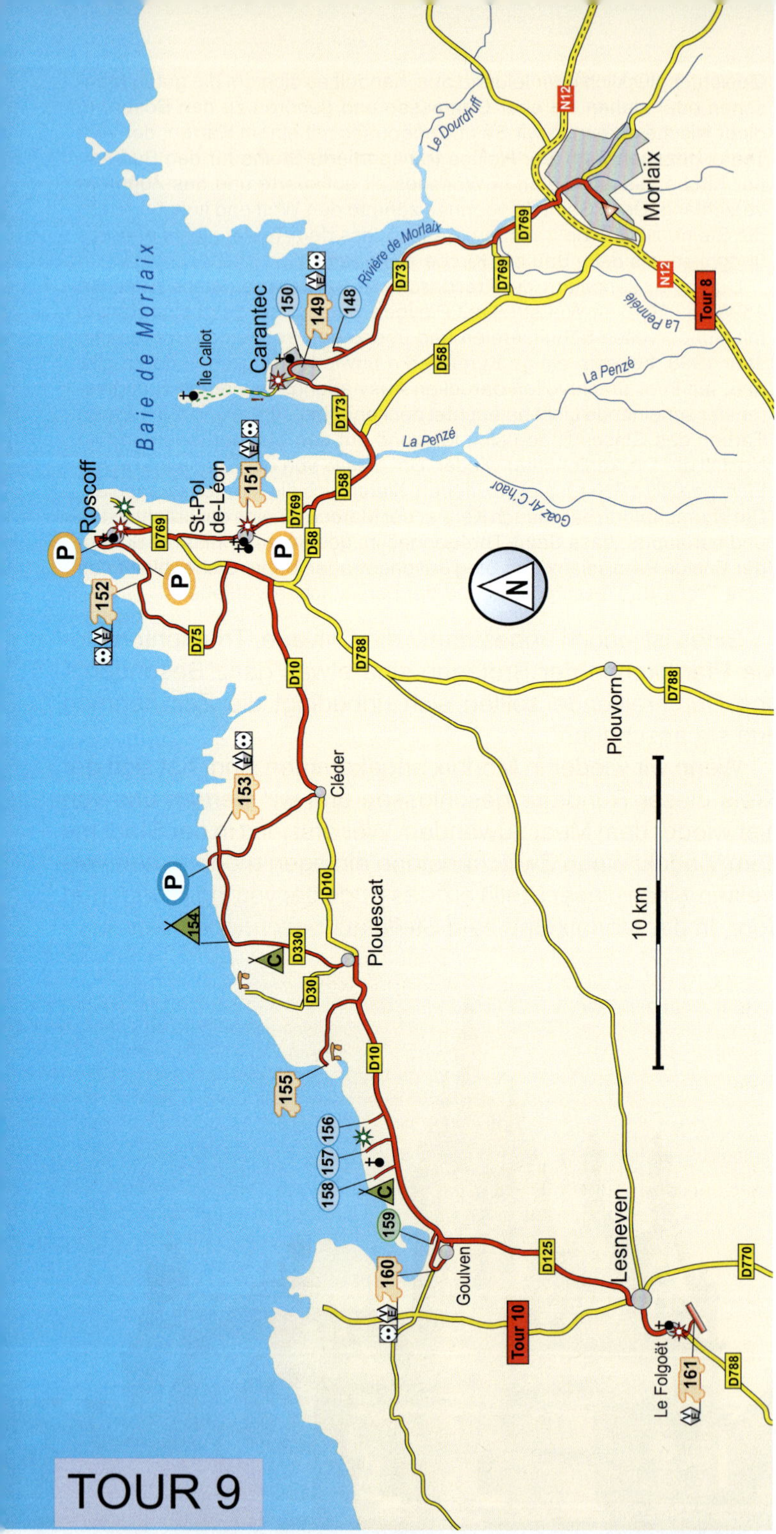
TOUR 9
Baie de Morlaix
Roscoff
St-Pol-de-Léon
Carantec
Île Callot
Morlaix
Rivière de Morlaix
Le Dourduff
La Penzé
Goaz Ar C'haor
Cléder
Plouescat
Plouvorn
Goulven
Lesneven
Le Folgoët
Tour 8
Tour 10
10 km
N
N12
D769
D73
D58
D173
D75
D10
D788
D330
D30
D125
D770
148
149
150
151
152
153
154
155
156
157
158
159
160
161

Carantec – Saint-Pol-de-Léon – Roscoff – Le Folgoët

Stellplätze: Carantec, Saint-Pol-de-Léon, Roscoff, Cléder, Plouescat, Keremma, Goulven, Le Folgoët.

Campingplätze: Camping Municipal de Poulfoën Plouescat.

Besichtigen: Carantec Château du Taureau; Saint-Pol-de-Léon Chapelle du Kreisker, Cathédrale Saint-Pol; Roscoff Jardin Exotique, Maison des Johnnies et de l'Oignon, Église Notre-Dame de Croaz Batz, Île de Batz; Plouescat Menhir Cam-Louis; Keremma Maison des Dunes; Le Folgoët Église Notre-Dame-du-Folgoët, Le Musée de la Basilique et de la Piété Populaire Dame.

Wandern: Île Callot, Île de Batz, Plouescat.

Radfahren: Île Callot, Île de Batz.

Baden: Carantec, Keremma und an diversen Stränden entlang der Strecke.

Essen: Carantec Restaurants Cambuse und L'Abri du Pêcheur, Roscoff Restaurant La Moule au Pot.

Märkte: Carantec Do, Saint-Pol-de-Léon Di, Roscoff Mi, Plouescat Sa.

Entlang des Morlaix-Flusses verlassen wir die Stadt Richtung Roscoff und vertrauen uns dann der D73 entlang der Küste nach **Carantec** an.

Carantec und die Île Callot

Zwischen der Rivière de Morlaix im Osten und der Penzé im Westen erstreckt sich das kleine Seebad, das auch bei Ebbe das Gefühl vermittelt, nicht ganz auf dem Trockenen zu sein. Natürlich werden bei Niedrigwasser die Strände breiter, Inselchen freigelegt und die Boote kippen unbeholfen auf die Seite, aber immer ist weiterhin das Blau des Meeres zu sehen und nie ganz entschwunden. Kleine Badebuchten schmiegen sich in die Steilküste, Spazierwege laden zum Wandern ein und eine gewachsene Bebauung machen den Reiz des Badeortes aus, der im Sommer zugegebenermaßen mit vielen anderen Sommerfrischlern

Chapelle Notre-Dame auf der Île Callot

geteilt werden muss. Neben dem Tourismus gehören die Austernzucht und der Fang von Hummern sowie Langusten zum Haupterwerbszweig der Gemeinde, deren **Office de Tourisme** nahe der Kirche zu finden ist *(Mo - Sa 10 - 18 Uhr, So/Feiertage 10 - 14 Uhr, 4 Rue Pasteur, Telefon 0298670043, www.tourisme-morlaix.bzh)*. Hier können Fahrräder entliehen sowie **Bootsausflüge** in die Bucht von Morlaix oder zur Île de Batz gebucht werden und es gibt Broschüren mit Wandervorschlägen sowie einen Gezeitenplan.

Beim Abfahren unserer Stellplatz-Runde auf der kurvigen Durchgangsstraße sehen wir gepflegte Anwesen, das kleine kompakte Altstadtzentrum und das mit vielen Inselchen bestreuselte Meer.

Die kleinen Halbinseln sowie Aussichtpunkte sind am besten zu Fuß kennenzulernen, aber bei Niedrigwasser wird die **Île Callot** über einen schmalen Damm sogar mit einem motorisierten Fahrzeug erreichbar. In der Hauptsaison sollte die Überfahrt allerdings gut überlegt sein, da der etwa 900 Meter lange Damm zwar gut zu befahren, aber schmal und fast ohne Ausweichstellen ist!

Wir ergattern in der Vorsaison (und dann ist es bereits nicht einfach!) einen Parkplatz am Hafenrand, studieren den aushängenden Gezeitenplan und spazieren hinüber zur Ferieninsel, auf der rund 30, im Sommer fast 1.000, Menschen leben. Der dortige Parkplatz ist tagsüber zu nutzen und es sei noch erwähnt, dass der Damm bis zur Halbflut befahrbar ist und dann vom Wasser völlig überspült wird. Das Umrunden der Insel mit dem **Fahrrad oder zu Fuß** ist möglich, führt an der **Chapelle Notre-Dame** aus dem 16. Jahrhundert vorbei und dauert per pedes etwa eine Stunde.

Immer wieder bietet sich ein schöner Blick auf Carantec sowie seine Inselwelt. Auf einer dieser kleinen Inseln ist das **Château du Taureau** auszumachen, von dessen Befestigungsmauern im 16. Jahrhundert die Hafeneinfahrt von Morlaix insbesondere gegen die englischen Kriegsschiffe verteidigt wurde *(April - September etwa 1-stündige Schiffsfahrt mit Besuch ab Plage du Kélenn, Info beim Office de Tourisme, Gebühr)*.

Nach einem dieser Inselausflüge stärken wir uns auf dem Festland am Hafen im **Restaurant Cambuse** *(Mittags- und Abendmenüs, Mo/Do geschlossen, 7 Rue du Port, Telefon 0298670187)* oder kehren im ebenfalls empfehlenswerten **L'Abri du Pêcheur** ein *(Mittags- und Abendmenüs, Mi geschlossen, Rue du Port, Telefon 0298679632)*.

(148) WOMO-Parkplatz: Carantec – Roch-Glaz

GPS: N 48°39'14.7" W 03°54'08.3", Chemin de Roch-Glaz.
Max. WOMOs: 2 - 3.
Ausstattung: Tische und Bänke, Infotafel, Müllbehälter.
Beschreibung: Der einfache, asphaltierte, teils schattige Parkplatz liegt außerorts nahe des Strandes. Von hier kann man zu Wanderungen aufbrechen oder den Strand besuchen. Dieser muss allerdings, besonders an sonnigen Wochenenden oder in den Ferien, mit vielen Sonnenhungrigen geteilt werden.
Zufahrt: Etwa 600 m hinter dem Ortseingang von der D73 rechts abbiegen und ca. 600 m steil hinab zum Parkplatz fahren.
Hinweis: In den Sommermonaten oder am Wochenende kann es auf dem Parkplatz sehr voll werden.

(149) Offizieller WOMO-Stellplatz: Carantec – Espace Sportif

GPS: N 48°39'34.1" W 03°54'51.2", Rue de Kerrot. **Max. WOMOs:** 6.
Öffnungszeit: Ganzjährig.
Ausstattung: V/E (um die Ecke in der Rue Cst an Dour), Strom, Müllbehälter.

Beschreibung: Die geschotterten, meist sonnigen, für WOMOs reservierten Plätze am Wasserturm befinden sich im Ort. Das Zentrum mit Geschäften und Restaurants ist etwa 1 km entfernt.
Zufahrt: Von der D73 im Ort dem WOMO-Piktogramm folgen.

(150) WOMO-Parkplatz: Carantec – Plage du Kélenn

GPS: N 48°40'07.9" W 03°54'32.8", Square du Grand Saconnex.
Max. WOMOs: 10.
Ausstattung: Bänke, Spielplatz.
Beschreibung: Der einfache Parkplatz liegt in der Nähe eines Strandzugangs. Hier befindet sich auch der Schiffsableger zum Château du Taureau. In unmittelbarer Nähe, aber auch im etwa 600 m entfernten Ortszentrum sind Restaurants und eine Bäckerei zu finden. Schräg gegenüber befindet sich ein weiterer Parkplatz und auch dort haben wir schon Wohnmobile stehen sehen.
Zufahrt: Im Ort den Hinweisen Base Nautique folgen.

Saint-Pol-de-Léon liegt westlich der Penzé-Mündung inmitten von Gemüsefeldern und wir erreichen die Stadt dank ausgezeichneter Beschilderung problemlos. Für die Besichtigung eignet sich der Parkplatz zwischen Office de Tourisme und dem Parkhaus eines Supermarktes (N 48°41'13.4" W 03°59'12.8", Place du Marché. Bitte nur auf dem Schotterparkplatz parken!).

(151) Offizieller WOMO-Stellplatz: Saint-Pol-de-Léon – Aire de Camping-Cars

GPS: N 48°40'57.6" W 03°58'14.5", Quai de Pempoul. **Max. WOMOs:** 20.

Öffnungszeit: Ganzjährig.
Ausstattung: V/E, Strom, Müllbehälter.
Beschreibung: Der mit einem Poller gesicherte, schattenlose, befestigte einfache Parkplatz liegt am Ortsrand an der Straße mit Blick aufs Wasser. In der Nähe gibt es ein Restaurant und das Ortszentrum ist ca. 1,5 km entfernt. Durch die nahe Lage an der Straße kann es tagsüber unruhig sein.
Preise: €€.
Zufahrt: Im Ort den Hinweisen Plages-Port und dann den WOMO-Piktogrammen folgen.

Saint-Pol-de-Léon

Schon aus der Ferne grüßt das Wahrzeichen der Stadt, der 77 Meter hohe Turm der **Chapelle du Kreisker** und überragt damit den Turm der **Cathédrale Saint-Pol** um 22 Meter. Der Ort verdankt seinen Namen dem Heiligen Pol-Aurélien, einem der sieben Gründungsheiligen, die den christlichen Glauben in die Bretagne brachten. Der erste Bischof der Basse Bretagne machte die ehemalige römische Siedlung zu einem religiösen und weltlichen Zentrum.

Chapelle du Kreisker und Cathédrale Saint-Pol

Vom Wohlstand zeugen noch heute die Bürgerhäuser in der Rue du Général Leclerc, die Kirche und Kapelle verbindet. Bei welcher der beiden Gotteshäuser es sich um die **Chapelle du Kreisker** handelt, ist wegen der Höhe des Turms unschwer zu erraten. Sie wurde im 15./16. Jahrhundert nach dem Vorbild der Kirche Saint-Pierre im normannischen Caen errichtet und stand ihrerseits Modell für viele Türme in der Umgegend. Von hoch oben eröffnet sich ein Panoramablick, doch sollte beim Aufstieg beachtet werden, dass sich die rund 170 Stufen sehr eng nach oben winden. Die **Kathedrale** wurde vom 13. bis 16. Jahrhundert errichtet und zählt zu den größten gotischen Bauwerken der Bretagne. Im Inneren besticht das kunstvoll geschnitzte Chorgestühl aus Eiche aus dem 16. Jahrhundert und der prächtige Hauptaltar aus schwarzem Marmor. In einer Seitenkapelle befinden sich die sterblichen Überreste von Saint-Pol und in einer Nische staunen wir über eine Art Wandgrab für 35 Honoratioren der Stadt, deren Schädel, fein säuberlich beschriftet, anzuschauen sind.

Auf dem Weg vom Innenstadtparkplatz ins Ortszentrum kommen wir am **Office de Tourisme** vorbei, dessen Mitarbeiterinnen beim Planen weiterer Aktivitäten sehr hilfsbereit sind *(April - Juni/letzte Woche August - September Mo - Fr 9.30 - 12/14 - 17.30 Uhr, Juli/August Mo - Sa 9.30 - 18 Uhr, So 10 - 12.30 Uhr, Oktober - März Mo - Fr 9.30 - 12/14 - 17.30 Uhr, Place de l'Evêché, Telefon 0298690569, www.roscoff-tourisme.com).*

Die D769 führt uns unbeirrt nach **Roscoff**, das für viele Reisende nur eine Durchgangsstation auf ihrem Weg nach England oder Irland ist. Nur wenige wissen, dass Roscoff neben dem Fährhafen eine ansehnliche historische Altstadt besitzt, durch die man am besten vom Parkplatz Gare SNCF aus bummelt (N 48°43'15.2" W 03°58'57.8", Rue de la Petite Vitesse). Alle anderen Parkplätze sind für Wohnmobile gesperrt oder, wie zum Beispiel der am **Jardin Exotique de Roscoff**, aufgrund der Größe unseres WOMOs, nicht erreichbar. Eventuell kann das Fahrzeug auf einem Parkplatz an der Küstenstraße etwa 2,5 Kilometer südwestlich der Stadt geparkt werden (N 48°42'44.0" W 03°59'56.1", Route du Laber).

Der **offizielle WOMO-Stellplatz** gehört zur Betreibergesellschaft Camping-Car Park und befindet sich ebenfalls südwestlich von Roscoff unweit der Plage de Pouldu und ist etwa 3,5 Kilometer von der Altstadt entfernt [**152:** N 48°42'49.8" W 04°00'31.9", Rue des dentelles, www.campingcarpark.com. V/E, Strom, ganzjährig geöffnet, temporäre Schließzeiten möglich, Preis €€€].

Roscoff

Der Name ist urbretonisch und bedeutet „Hügel". Die Stadt galt einst als gefürchtetes Piratennest und lebte später vom Kolonialhandel sowie vom Gemüseanbau. Letzterer machte die sogenannten **Onion Johnnies** berühmt, die im 19. Jahrhundert zu Fuß oder mit dem Fahrrad beim Direktverkauf in England bretonische Zwiebeln unters Volk brachten. In der **Maison des Johnnies et de l'Oignon** nahe dem Bahnhof wird an die Zwiebelhändler erinnert *(Mitte April - Mitte November sind die Öffnungszeiten vor Ort zu erfragen, Mitte Juni - Mitte September Mo - Mi/ Fr 11 - 12.30/14.30 - 18 Uhr, Do 14.40 - 18 Uhr, Führungen möglich, Eintritt. www.roscoff.fr)*.

Ab Mitte des 19. Jahrhunderts entwickelte sich der Tourismus und im Jahr 1899 eröffnete in Roscoff das erste Zentrum für Thalassotherapie. Rund um den **Vieux Port**, dem alten Hafen, und in den angrenzenden Gassen zeigt die Stadt ihre alte und dem Wohlstand zu verdankende Silhouette mit prächtigen Granit-Häusern, an denen Steinmetze schöne Dekorationen hinterlassen haben. Der Fassadenschmuck der **Église Notre-Dame de Croaz Batz** im gotischen Flamboyant-Stil und des Beinhauses zeigen maritime Züge und ein besonderer Hingucker ist der luftige Glockenturm. Reeder und Korsaren finanzierten ihn Anfang des 16. Jahr-

hunderts und noch heute blicken wir auf fünf, sich nach oben verjüngende Etagen mit Balkons und grazilen Türmchen, die ihresgleichen suchen. In der Rue Amiral-Réveillère Nr. 25 soll Maria Stuart logiert haben, als sie sechsjährig auf der Durchreise zur Verlobung mit François II. gewesen ist. Offiziell bestätigt wurde dies jedoch nie, was hinsichtlich des späteren Schicksals der unglücklichen Königin von Schottland für die Geschichtsschreibung eher nebensächlich ist.

Begleitet wird der Stadtbummel von kleinen Geschäften und Souvenirläden sowie etlichen Cafés und Restaurants. Hierbei sollte **La Moule au Pot** *(Mittags- und Abendmenüs, Mi/Do geschlossen, 13 Rue Edouard Corbière, Telefon 0298193360, www.la-moule-au-pot.business.site)*, das angesagte Muschelrestaurant des Ortes, nicht unerwähnt bleiben. An der Hafenpromenade findet sich das **Office de Tourisme** *(Oktober - März Mo - Sa 10 - 12/14 - 17 Uhr, April - Juni/September Mo - Sa 9.30 - 12/14 - 17.30 Uhr, Juli/August Mo - Sa 9.30 - 18.30 Uhr, So 10 - 16 Uhr, Quai d'Auxerre, Telefon 029861113, www.roscoff-tourisme.com)*. Hier ist richtig, wer nicht nur eine 20-minütige Überfahrt zur dem Festland vorgelagerten **Île de Batz** buchen, sondern eine Besteigung des dortigen 41 Meter hohen **Insel-Leuchtturms** anmelden möchte. Das 3,5 Kilometer lange und 1,5 Kilometer breite Eiland kann zu Fuß oder bei einer **Radtour** auf seinen herrlichen Küstenwegen erkundet werden. Dabei trifft man auf die romantische **Chapelle Saint-Anne** oder kann den exotischen **Jardin Exotice Georges Delaselle** besuchen, der aufgrund des milden Golfstroms ein reizvolles Gartenparadies ist *(April - November 11 - 18 Uhr, Eintritt www.jardin-georgesdelaselle.bzh)*.

In der alten Kulturlandschaft Léon erstreckt sich westlich von Morlaix über Roscoff bis nach Plouescat der **Goldene Gürtel** (*Ceinture dorée*), der intensiv als Gemüseanbauregion genutzt wird. Der Golfstrom sorgt für wenig Frost und geringe Temperaturschwankungen, sodass das Frühjahr eher beginnt und der Herbst später endet. Daraus ergeben sich zwei Ernteperioden pro Jahr aus denen knapp drei Viertel des französischen Blumenkohl-, Kartoffel-, Karotten- und Zwiebelanbaus gedeckt werden. Die im 15. Jahrhundert aus Italien eingeführte Artischocke, einst das wichtigste Gemüse der Region, hat zwar an Bedeutung verloren, wird jedoch immer noch in großem Stil angebaut.

Durch diese von Landwirtschaft geprägte Region fahren wir nach **Cléder**, um auf den nächsten Kilometern einige einladende Küstenabschnitte mit kleinen und größeren, zwischen Felsen liegenden Strandbuchten aufzusuchen. Wir haben mittlerweile „richtiges" **Bretagne-Wetter**: Gerade waren wir noch im Sonnenschein unterwegs, als wir unvermittelt einen Regenschauer abbekommen und ehe wir uns versehen, schiebt sich auch schon die Sonne wieder hinter den Wolken hervor.

Der Wind, der den Regen fast waagerecht trieb, ist nicht mehr spürbar und wir reiben uns verwundert die Augen, als nach einer halben Stunde herrlichstem Sommer-Sonne-Strand-Wetter das Spielchen von vorne beginnt.

(153) Offizieller WOMO-Stellplatz: Cléder – Camping-Car Park

GPS: N 48°41'30.9" W 04°07'10.2", Le Poulennou. **Max. WOMOs:** 33.

Öffnungszeit: Ganzjährig.

Ausstattung: V/E, Strom, WiFi, Müllbehälter.

Beschreibung: Die befestigten, schattenlosen Plätze sind durch eine Schranke gesichert, befinden sich außerhalb des Ortes etwa 100 m von der **Plage der Kervaliou** entfernt. Von Mitte Juni bis Mitte September können wir den nahen einfachen **Camping de Poulennou** ebenfalls empfehlen (www.camping-poulennou.fr). Von hier kann man prima zu ausgedehnten Wander- und Radtouren aufbrechen.

Preise: €€ - €€€.

Zufahrt: In Cléder den Hinweisen La Mer/Campings ca. 4 km durch die Felder folgen und an einem Kreisel Richtung Sibiril abbiegen. Nach gut 500 m zur Plage de Poulennou und zum Stellplatz fahren.

Wer weiter auf der Küstenstraße unterwegs ist, kann vom Tagesparkplatz am nicht weit entfernten **Club Nautique** das Strandleben in vielerlei Hinsicht genießen (N 48°41'39.0" W 04°08'03.4", Duschen, WC). Danach passieren wir mehrere Zufahrten zum Meer, die manchmal in einem Parkplatz enden, und zwei **Campingplätze**. Der erste, **Camping Village de Roguennic****** (www.campingvillageroguennic.com, April - Anfang Oktober), bietet fast alles, was das Camperherz begehrt und der zweite, **Camping Municipal de Poulfoën**, einfach als auch bescheiden auf einem natürlichen Dünengelände gelegen. Die grandiose Aussicht von letzterem Platz ist für uns ein klarer Grund, um ihn dennoch zu unserem Favoriten zu erklären [**154:** N 48°41'15.9" W 04°10'02.1", Rue de Click, Telefon 0645516479 oder 0298696013, www.camping-plouescat.fr, geöffnet Mitte Juni - Mitte September, Preis € - €€].

Ob entlang der Küste oder über die D10, irgendwann ist **Plouescat** erreicht und damit ein Marktflecken, in dem eine **alte Markthalle** mit eindrucksvollem Dachstuhl aus dem 16. Jahrhundert den Platz neben der Kirche schmückt. Obwohl der Ort etwa drei Kilometer im Landesinneren liegt, weist die Gemeinde schöne Sandstrände auf. Megalithdenkmäler, wie der **Menhir Cam-Louis**, etwa drei Kilometer vom vorgenannten Campingplatz entfernt, oder die zerfallene **Allée Couverte** in Pors-Meur, erinnern an die megalithische Vorgeschichte. Die Strände im Um-

kreis von Plouescat eignen sich nur bedingt zum Schwimmen, da sich das Meer bei Niedrigwasser sehr weit zurückzieht.

(155) Offizieller WOMO-Stellplatz: Plouescat – Pors-Meur

GPS: N 48°39'32.1" W 04°13'06.3", Rue de Pen an Theven. **Max. WOMOs:** 5.

Öffnungszeit: Ganzjährig.
Ausstattung: Müllbehälter.
Beschreibung: Der Teil eines einfachen, schattenlosen Parkplatzes befindet sich am Ortsrand nahe der Straße. Einer der zahlreichen Wanderwege führt zu einer nicht weit entfernten Allée Couverte.
Zufahrt: Am westlichen Ortsausgang hinter einem **Supermarkt mit V/E-Station** Richtung Pors-Guen/Camping de la Baie du Kernic abbiegen. Später dem WOMO-Piktogramm am Campingplatz vorbei bis zum kleinen Stellplatz folgen.

Die Strände von Plouescat begeistern uns aufgrund ihrer Natürlichkeit und bieten eine traumhafte Kulisse für lange Spaziergänge oder Wanderungen, die bei Ebbe zu vorgelagerten Inselchen oder in den kleinen Fischerhafen Pors-Guen führen können.

Die bei Niedrigwasser einer Wüstenlandschaft gleichende, geschützte Bucht von Kernic, an der uns die D10 Richtung Goulven/Brest anschließend vorbeiführt, markiert die abrupte Trennung der Felsenküste von einer sich lang hinziehenden Dünenlandschaft, den **Dunes de Keremma**.

Obwohl die alten Villen aus dem 19. Jahrhundert während der Vorsaison sehr verschlafen zwischen hohen Bäumen im Ort **Keremma** vor sich hinträumen, sollten sie uns nicht darüber hinwegtäuschen, dass wir uns in einem ausgesprochen beliebten Sommerquartier befinden. Nutzen wir also die Vorsaison und genießen die erfreulich leeren Bilderbuchsandstrände hinter hohen Dünen, die von den folgenden, momentan nicht reglementierten Parkplätzen gut zu erreichen sind.

Am Strand von Plouescat

(156) WOMO-Parkplatz: Keremma – Ar Mean

GPS: N 48°38'52.9" W 04°14'39.0", Rue de Mean. **Max. WOMOs:** 2 - 3.
Ausstattung: Müllbehälter.
Beschreibung: Der einfache, schattenlose, befestigte Parkplatz liegt außerorts vor der Dünenkette und bietet sich als idealer Ausgangspunkt für Strandspaziergänge an.
Zufahrt: Etwa 100 m hinter dem östlichen Ortseingang bis zum Parkplatz fahren.
Hinweis: In der Hauptsaison ist das Übernachten möglicherweise untersagt.

(157) WOMO-Parkplatz: Keremma – Enez Vihan

GPS: N 48°38'57.8" W 04°15'45.9", Route du Quimperes.
Max. WOMOs: 3 - 5. **Ausstattung:** Müllbehälter.
Beschreibung: Der einfache, schattenlose, befestigte Parkplatz liegt außerorts und bietet sich als idealer Ausgangspunkt für Strandspaziergänge an.
Zufahrt: Etwa 1 km hinter dem vorgenannten Parkplatz bis zum Parkplatz fahren.
Hinweis: In der Hauptsaison ist das Übernachten möglicherweise untersagt.

(158) WOMO-Parkplatz: Keremma – Saint-Guévroc

GPS: N 48°38'53.9" W 04°16'18.4", Route de Gué Vroc **Max. WOMOs:** 3 - 5

Ausstattung: Müllbehälter.
Beschreibung: Der einfache, schattenlose, befestigte Parkplatz liegt außerorts und bietet sich als idealer Ausgangspunkt für Strandspaziergänge und zur kleinen Kapelle von Saint-Guévroc in den Dünen an.
Zufahrt: Etwa 700 m hinter dem vorgenannten Parkplatz bis zum Parkplatz fahren.
Hinweis: In der Hauptsaison ist das Übernachten möglicherweise untersagt.

Nahe dem empfehlenswerten **Camping de Keremma** (April - Mitte September, www.campingdekeremma.fr) informiert die **Maison des Dunes** an der D10 über die unter Naturschutz stehende und sehr zerbrechliche Dünenlandschaft.

Chapelle de Saint-Guévroc

Bevor **Goulven** erreicht ist, kann ein Parkplatz als Ausgangspunkt für Wanderungen ins Naturschutzgebiet genutzt werden [**159:** N 48°37'57.2" W 04°17'51.4", An der D10. Laut Aushang ist das Übernachten von April bis September nicht gestattet] oder man quartiert sich gleich auf der gemeindeeigenen und schön angelegten Aire Naturelle ein.

(160) Offizieller WOMO-Stellplatz: Goulven – Aire Naturelle

GPS: N 48°37'51.6" W 04°18'31.0", Ty Poas. **Max. WOMOs:** 15.
Öffnungszeit: Mitte Juni - Mitte Oktober, manchmal bis Allerheiligen.
Ausstattung: V/E, Strom, Dusche, WC, Tische und Bänke, Infotafel, Müllbehälter.
Beschreibung: Der schön angelegte und gepflegte, teils schattige Stellplatz liegt am Ortsrand. In der Nähe befindet sich die Crêperie Galerie Saint-Goulven.
Preise: €.
Zufahrt: Am Kreisverkehr den Hinweisen zur Aire Naturelle folgen.

Wer Anfang September unterwegs ist, kann von hier über Lesneven einen Abstecher nach **Le Folgoët** einplanen, wenn dort der **zweitgrößte Pardon der Bretagne** stattfindet.

(161) Offizieller WOMO-Stellplatz: Le Folgoët – Aire de Camping-Car

GPS: N 48°33'35.1" W 04°20'04.8", Chemin des Peupliers.
Max. WOMOs: 10.
Öffnungszeit: Ganzjährig.
Ausstattung: V/E, Müllbehälter.
Beschreibung: Der im Ort gelegene, schattenlose, einfache Parkplatz befindet sich in der Nähe einiger Restaurants und einer Bäckerei.
Zufahrt: Im Ort Richtung Centre Ville halten und den WOMO-Piktogrammen oder den Hinweisen Salle Omnisport folgen.

Le Folgoët

Außerhalb der Pardon-Zeit ist es ruhig im kleinen, verträumten Ort, um den sich die folgende Legende rankt. Im 14. Jahrhundert lebte hier ein Waisenknabe mit dem Namen Salaün, der angeblich außer „Ave Maria“ nichts sagen konnte und aufgrund seiner Einfältigkeit zu Lebzeiten verspottet wurde. Nach seinem Tod wuchs auf seinem Grab eine weiße Lilie, deren Blütenblätter die Aufschrift „Ave Maria“ trugen. Nach der Öffnung des Grabes sah man, dass die Blume aus dem Mund des Knaben wuchs, und schon hatten die Bretonen ein neues Wunder, das fortan viele Besucher anzog und zum Bau der **Église Notre-Dame-du-Folgoët** führte.

Soweit die Legende des Knaben, der als Heiliger Salaün bis heute verehrt wird. Wahrscheinlicher ist jedoch, dass die Kirche aufgrund eines Sieges während des bretonischen Erbfolgekrieges im 15. Jahrhundert gestiftet und erbaut wurde. Wie auch immer, der Besuch des Gotteshauses lohnt sich und wir bewundern den gotischen Glockenturm sowie fünf Altäre, einen Lettner im Flamboyant-Stil und die kunstvoll gestalteten Fenster.

Vor der dreibogigen **Chapelle des Pardons** gegenüber der Kirche versammeln sich seit Jahrhunderten die Wallfahrer, zu denen Anfang des 16. Jahrhunderts auch Anne de Bretagne gehörte. Ein Teil ihrer mitgeführten Möbel kann in der ehemaligen Pilgerherberge, dem heutigen **Le Musée de la Basilique et de la Piété Populaire Dame** neben Statuen und bretonischen Trachten angeschaut werden *(Anfang April - Juni/September 14 - 18.30 Uhr, Juli/August 10.30 - 12.30/14 - 18.30 Uhr, Eintritt)*.

Côte des Légendes
Pointe de Pontusval
Chapelle Pol
Brignogan-Plage
Plounéour-Trez
Meneham
Lesneven
Tour 9
La Flèche
Le Quillimadec
Guissény
Le Folgoët
Le Gruanec
Plouguerneau
St-Michel
Phare de l'Île Vierge
Lilia
Aber Wrac'h
Abre Benoît
Pont du Diable
Lannilis
Landeda
Pointe de Penn Énez
Treglonou
Saint-Pabu
Le Garo
Ploudalmézeau
Portsall
Saint-Renan
Argenton
Porspoder
Brélès
Aber Ildut
Lanildut
Menhir de Kerolas
Pointe de Garchine
Plouarzel
Lampaul-Plouarzel
Trézien
Ploumoguer
Pointe de Corsen
Tour 11
Plougonvelin
Pointe de Kermorvan
Le Conquet
Pointe St Martin
10 km

TOUR 10

Plounéour-Trez – Plouguerneau – Portsall Lampaul-Plouarzel – Ploumoguer – Le Conquet

Stellplätze:	Plounéour-Trez, Meneham, Neiz Vran, Guissény, Plouguerneau, Le Grouanec, Lilia, Lannilis, Aber Wrac'h, Landeda, Saint-Pabu, Portsall, Trémazan, Porspoder, Lanildut, Lampaul-Plouarzel, Saint Renan, Trézien, Ploumoguer, Le Conquet.
Campingplätze:	Brignogan-Plage Camping du Phare; Kerlouan Camping Plage de Meneham, Camping Municipal de Rudoloc; Plouguerneau Camping de la Grève Blanche; Landéda Camping Penn Enez, Camping des Abers; Saint-Pabu Camping L´Aber Benoît; Lampaul-Ploudalmézau Camping Municipal Les Dune; Le Conquet Les Blancs Sablons.
Besichtigen:	Brignogan-Plage Menhir Men Marz, Chapelle Pol; Plouguerneau Écomusée des Goémoniers et de l'Algue, Pont du Diable, Le Grouanec Pfarrbezirk, Phare de l'Île Vierge; Aber Wrac'h Abbaye des Anges; Portsall Musée L'Ancre An Eor; Plouarzel Menhir de Kerolas; Trézien Phare de Trézien.
Wandern:	Meneham, Neiz Vran, Plouguerneau, Aber Wrac'h, Landeda, Trémazan, Porspoder, Le Conquet.
Baden:	Guisseny, Saint-Pabu, Porspoder und an diversen Stränden entlang der Strecke.
Essen:	Meneham Auberge de Meneham; Paluden L'Auberge du Pont; Lannilis Maison du Boulanger, Boulangerie Roudat; Aber Wrac'h Restaurant Vioben, Restaurant Le Pot de Beurre; Porspoder Restaurant Le Chenal Lanildut L'Abri Cotier; Le Conquet Restaurant Le Relais du Vieux Port.
Märkte:	Brignogan-Plage Juli/August Fr, Guissény Juli/August Di, Plouguerneau, Lannilis Mi, Porspoder Fr, Lampaul-Plouarzel jeden 2. So im Monat, Saint-Renan Sa, Le Conquet Di.

*Von Le Folgoët finden wir über Lesneven den Weg zurück ans Meer und an die **Côte des Légendes**. Wie Legenden entstehen, haben wir gerade am Beispiel des Heiligen Salaün erfahren und an der Küste der Legenden gibt es davon nicht mehr als an anderen bretonischen Orten. Doch scheinbar lässt sich die Bezeichnung gut vermarkten und die Bocage-Landschaft mit langen Stränden zwischen pittoresken Felsgebilden, sich durchs Heideland ziehenden schmalen Straßen und einsamen Weilern sind ein guter Nährboden für Sagen und Geschichten. Zudem befinden wir uns wie bereits erwähnt im **Département Finistère**. Das Département umfasst große Teile der westlichen Bretagne und reicht von Morlaix an der Nordküste bis nach Pont-Aven an der Südküste. Doch nirgends scheint das*

Sonnenuntergang in Meneham

***Ende der Welt** – **Finis terrae** – näher als in dieser so einsamen bretonischen Gegend, in der bei Sauwetter die Naturgewalten gespenstisch-faszinierend toben und die untergehende Sonne Himmel und Wellen im Westen dramatisch in Szene setzt (www.finistere-tourismus.com).*

Nach einigen Kilometern erreichen wir auf der D770 La Gare und schwenken nach **Plounéour-Trez**, um hinter der Kirche auf die **Route Touristique** zu treffen und dieser zu den Stränden und den Campingplätzen zu folgen.

An der Küstenstraße notieren wir im Vorüberfahren einen nur zweckdienlichen **offiziellen WOMO-Stellplatz** an der Straße vor Häusern, aber mit Seeblick [**162:** N 48°39'03.5" W 04°18'20.7", Route de Beg ar Goaz], um nur wenig später auf den **Camping Slow Village Breizh Légendes** zu treffen [**163:** N 48°39'18.3" W 04°18'07.2", Route de Beg Kuleren, Telefon 298834187, www.slow-village.fr, geöffnet Anfang April - Anfang November, Preis €€€]. Der mit vielen Mobilheimen besetzte Campingplatz punktet durch einige schattenlose, aber mit herrlicher Aussicht versehene Parzellen.

Entlang der Küstenlinie rollen wir **Brignogan-Plage** entgegen. Zwischendurch laden Parkplätze zum Verweilen oder Wandern ein und wir stellen fest, dass die Strände zumindest in der Nebensaison deutlich einsamer werden. Das alte Fischerdorf hat sich zum Badeort gemausert, dessen Häuser sich etwas wirr in der von Felsen durchbrochenen Heidelandschaft verteilen. Im Zentrum des kleinen Ortes halten wir uns westwärts Richtung Menhir/Chapelle Pol und fahren wenig später direkt auf den **Menhir Men Marz** zu (N 48°40'12.7" W 04°20'03.7", Rue de Menhir). Um die heidnischen Geister auf immer und

Menhir Men Marz

ewig ins Nirwana zu schicken, wurde dem acht Meter hohen Menhir ein christliches Kreuz aufs Haupt gemeißelt.

Auf teils enger und ohne Ausweichstellen versehener Straße peilen wir nun die **Chapelle Pol** an, staunen über die scheinbar wahllos in die Landschaft geworfenen Granitfelsen neben Palmen **und raten dringend davon ab, bis zur Kapelle zu fahren**! Das macht aber nichts, denn die Gegend um die **Pointe de Pontusval** ist so traumhaft schön, dass man sich ruhigen Gewissens auf dem gut ausgeschilderten **Camping de la Côte des Légendes***** einnisten kann [**164:** N 48°40'22.3" W 04°19'45.0", Rue Douar ar Pont, Telefon 29834165, www.campingcotedeslegendes.com, geöffnet April - Anfang November, Preis €€€]. Von hier ist die Kapelle etwa 1,5 Kilometer entfernt und ein Abendspaziergang zur Landspitze Pontusval kann sich anschließen. Inmitten beeindruckender Felsen steht hier ein Leuchtturm und der Sonnenuntergang ist an dieser Stelle besonders schön.

Unterwegs sahen wir bereits die Hinweise nach **Meneham/ Kerlouan**, denen wir jetzt konsequent folgen. Bald haben wir wieder den Ärmelkanal zur Rechten und schauen auf die vorgelagerten Inselchen. Zwischen grasbewachsenen Dünen und hinter riesigen, bizarr geformten Felsbrocken durchstreifen wir ein Fleckchen Erde, das unbedingt auf der Roadmap stehen sollte. Eine womospezifische Infrastruktur ist durch den **Campingplatz Plage de Meneham** (Mitte/Ende Mai - Mitte September, www.campingplagedemeneham.com) sowie den wenig später folgenden **offiziellen WOMO-Stellplatz** gewährleistet [**165:** N 48°40'01.4" W 04°21'54.2", Lieu-dit Lestonquet, Telefon 0658486232. V/E/Strom, Dusche, WC, Waschmaschine, Preis €€, ganzjährig geöffnet]. Für den Tagesbesuch in dieser einzigartigen Atmosphäre bietet sich der folgende Parkstreifen an der Straße an (N 48°39'53.6" W 04°22'29.4", Ménez Ham) und schräg gegenüber lässt es sich auf dem sehr einfachen **Camping Municipal de Rudoloc** mit ebenfalls grandioser Aussicht im Sommer gut aushalten (Mitte Juni - August).

Meneham

Strandspaziergänge, Fahrradtouren, Sonnenuntergänge, Wanderungen auf dem Zöllnerpfad oder der vom Sand verschluckte und teilweise wieder freigelegte **Weiler Menez-Ham** versprühen einen Charme, der uns in seinen Bann gezogen hat. Wahrscheinlich ist es die in der Nebensaison tatsächlich spürbare Einsamkeit am Ende der Welt, der herbe Charme der windzerzausten Umgebung und die strahlende Türkisfärbung des Wassers vor weißen, mit Felsen durchsetzten Sandbuchten oder die Mischung von allem, die Meneham in unsere persönlichen **Top Ten** bringt.

In den reetgedeckten Häusern, den **Chaumières des Meneham**, befinden sich Ferienunterkünfte und von Zeit zu Zeit wird das alte Handwerk der Bauern und Fischer vorgeführt. Das kleine **Museum** ist der Geschichte des Dorfes und seiner Bewohner gewidmet und wechselnde Ausstellungen sowie die **Gaststätte Auberge de Meneham** *(10 - 21 Uhr, Di geschlossen, Telefon 298839026, www.aubergedemeneham.com)* runden das Programm ab. Für weitere Unternehmungen an der Côte des Légendes bietet sich der Besuch im **Office de Tourisme** an *(Juni - September Mo - So 10.30 - 12.30/14 - 18 Uhr, So/Feiertage 14 - 18 Uhr, Juli/August täglich 10.30 - 13/14.30 - 19 Uhr, März - Mai/Oktober - Mitte November Mo/Mi/Do/Fr/Sa 10.30 - 12.30/14 - 17.30 Uhr, So/Feiertage 14 - 17.30 Uhr, Mi November - Februar Fr/Sa 10.30 - 12.30/14 - 17.30 Uhr, So 14 - 17.30 Uhr, Telefon 0298839563, www.cotedeslegendes.bzh)*. Das kleine Dorf ist zu jeder Zeit freizugänglich und der Weg führt zu einem zwischen Felsen eingezwängten Wachhaus aus dem 17. Jahrhundert. Wenn wir dann im milden Abendlicht über das Meer schauen, versetzen wir uns leicht gruselnd, und den alten Legenden nachgehend, in eine andere Zeit. Damals sollen Einheimische mit einer Laterne in der Hand zwischen den Dünen spaziert sein, um Schiffe an die Küste zu locken, damit diese zerschellten und aufgebracht werden konnten.

Im weiteren Verlauf wird die Küstenstraße teilweise sehr eng und wir empfehlen, mit größeren Wohnmobilen den direkten Weg nach Kerlouan einzuschlagen und über die D10 nach Guissény zu fahren.

Wir folgen hingegen der Küstenlinie mit feinsandigen Stränden weiter gen Westen und vermerken in dieser wunderschönen Gegend nahe der **Pointe de Neiz-Vran** einen Parkplatz.

(166) WOMO-Parkplatz: Kerlouan – Neiz Vran

GPS: N 48°39'01.8" W 04°25'56.8", Neiz Vran. **Max. WOMOs:** 2 - 3.
Ausstattung: Tische und Bänke, Infotafel, Trockentoilette, Müllbehälter.
Beschreibung: Wenig charmanter, schattenloser, einfacher Parkplatz am Straßenrand mit Aussicht sowie Anschluss an Wander- und Radwege außerhalb des Ortes. Ein Strand befindet sich der Nähe.
Zufahrt: Der Parkplatz liegt hinter dem Campingplatz in einer Linkskurve links der Straße.

Bald haben auch wir die D10 erreicht und notieren in Guissény gleich zwei Stellplatzmöglichkeiten.

(167) Offizieller WOMO-Stellplatz: Guissény – Aire de Camping-Car

GPS: N 48°37'59.1" W 04°24'41.6", Rue de Plouguerneau. **Max. WOMOs:** 8.
Öffnungszeit: Ganzjährig.
Ausstattung: V/E, Strom, Tische und Bänke, Müllbehälter.
Beschreibung: Der schattenlose, befestigte, einfache Parkplatz liegt am Ortsrand an der Straße. Die Ortsmitte mit Restaurants und einer Bäckerei ist etwa 300 m entfernt.
Zufahrt: Im Ort an der abknickenden Vorfahrtsstraße Richtung Plouguerneau fahren. Der Stellplatz liegt rechts am Ortsende.

(168) Offizieller WOMO-Stellplatz: Guissény – Port Curnic

GPS: N 48°38'19.9" W 04°26'44.6", Route du Port. **Max. WOMOs:** 10.
Öffnungszeit: Ganzjährig.
Beschreibung: Der einfache, schattenlose, asphaltierte Parkplatz befindet sich außerhalb des Ortes nahe zweier schöner Sandbuchten. Nach einer Wander- oder Radtour lädt das **Kurnig Kafé** während der Saison zur Einkehr ein. **Zufahrt:** Im Ort an der abknickenden Vorfahrtsstraße den Hinweisen Le Curnic/Le Port folgen.

Weitere Parkplätze und Campingplätze begleiten unseren Weg, sodass jederzeit ein kurzer oder längerer Stopp eingelegt werden kann.

Côte des Abers

Die Küste der Legenden gehört geografisch zur Côte des Abers, die, wie wir bereits bemerkt haben, über endlose Dünen, karge Landschaften und wild aufgetürmte Felsblöcke verfügt sowie viel Wind und Meer zu bieten hat. Um den Reiz des Gebietes zu steigern, werden dem Naturcocktail

Aber Wrac'h

zusätzlich die fjordartigen Abers beigemischt. Der *Aber* (bretonisch-keltisch für Flussmündung) ist ein ehemaliger Flusslauf, der vom Meer überflutet wurde und als gezeitenabhängiger Arm einem Fjord ähnlich weit und tief ins Land einschneidet. Das hügelige Hinterland wird meist zur Getreide- und Viehzucht genutzt.

Aber Wrac'h, **Aber Benoit** und **Aber Ildut** sind die größten der überfluteten Täler, die neben den kleinen Stränden, die oft nicht als *Plage*, sondern als *Grève* bezeichnet werden, und der wilden Felsenküste die Landschaft prägen. Kulturschätze oder - denkmäler suchen wir zwischen der Pointe de Pontusval im Osten und der Pointe Saint-Mathieu im Westen vergebens, sodass weiterhin das Naturerlebnis an erster Stelle steht. Algen und Tang, der Schatz der Region, werden bei Ebbe geerntet und gelten noch heute als traditioneller und nicht unerheblicher Wirtschaftsfaktor. Selbst in der Hochsaison sind die Strände nicht überlaufen und für die Unterhaltung sorgen einige sympathische Provinzstädtchen.

Plouguerneau gehört zu diesen Ortschaften, die sich außerhalb der Saison eine Art Auszeit genehmigen, und in den Sommermonaten mit einem freundlichen Zentrum rund um die Pfarrkirche Saint-Pierre-et-Saint-Paul und einem großen Supermarkt zum Unterhaltungs- und Versorgungsmittelpunkt der zugereisten Badegäste wird. Das kleine, aber interessante **Écomusée des Goémoniers et de l'Algue** beschäftigt sich mit dem Algenhandel und der vielfältigen Anwendung des Seetangs vom 19. Jahrhundert bis heute *(Mitte April - Mitte Mai/ Mitte Juni - Mitte/Ende September Di - So 14 - 18 Uhr, Mitte Mai - Mitte Juni Sa/So 14 - 18 Uhr, Juli/August Do 10.30 - 12.30 Uhr, Führungen Di/Do 14.30 Uhr, Eintritt www.ecomusee-plouguerneau.fr)*.

Neben der Kirche informiert das **Office de Tourisme** über die gesamte Aber-Region *(Oktober - Mitte April Mo - Sa, außer Mi 9.30 - 12.30/14 - 17.30 Uhr, Mitte April - Anfang Juli/Ende August - September Mo - Sa 9.30 - 12/14 - 17.30 Uhr, Fr 9 - 13 Uhr, Juli/August Mo - Sa 9.30 - 12.30/14 - 18.30 Uhr, So/ Feiertage 10.30 - 12.30 Uhr, So 14 - 17 Uhr, 6 Place de l'Europe, Telefon 0298047093, www.abers-tourisme.com)*.

Die offiziellen **WOMO-Stellplätze** im Ort sind eher zweckdienlich, doch zumindest werden sie für unsereins von der Gemeinde bereitgestellt. Sie sind alle kostenfrei und der maximale Aufenthalt ist auf 48 Stunden beschränkt. Der erste befindet sich hinter dem Supermarkt [**169:** N 48°36'23.1" W 04°30'14.9", Place du Verger], der zweite am Complexe Sportif ist recht schräg sowie nur für kürzere WOMOs geeignet [**170:** N 48°36'38.5" W 04°30'21.8", Route de Kerveogan] und der dritte liegt am Kulturzentrum Armorica Espace Culturel [**171:** N 48°36'21.2" W 04°30'33.1", Rue d'Armorique].

Östlich von Plouguerneau befindet sich der Ort **Le Grouanec** mit einem **hübschen umfriedeten Pfarrbezirk** und einer Quelle, die verschiedene Wasserbecken speist.

(172) Offizieller WOMO-Stellplatz: Le Grouanec

GPS: N 48°35'27.1" W 04°27'42.9", An der D32. **Max. WOMOs:** 5.
Öffnungszeit: Ganzjährig.
Ausstattung: Tische und Bänke.
Beschreibung: Der einfache, teils schattige, asphaltierte Parkplatz befindet sich im Ort, nahe der Straße an einem Kinderspielplatz und gegenüber der Kirche.
Zufahrt: Am Kreisverkehr in Plouguerneau östlich nach Le Grounec fahren.
Hinweis: Der maximale Aufenthalt beträgt 48 Stunden.

Südöstlich ist bei Ebbe (ein Gezeitenplan ist beim Office de Tourisme in Plouguerneau erhältlich) **Pont du Diable**, die Teufelsbrücke, über den Aber Wrac'h zu sehen und vom folgenden Parkplatz gut zu Fuß zu erreichen.

(173) Offizieller WOMO-Stellplatz: Plouguerneau – Pont du Diable

GPS: N 48°34'30.0" W 04°28'55.0", Prad Paul. **Max. WOMOs:** 2.
Öffnungszeit: Ganzjährig. **Ausstattung:** Infotafel, Müllbehälter.
Beschreibung: Der einfache, befestigte, teils schräge und schattige Parkplatz befindet sich außerhalb des Ortes. Hier startet ein ca. 6,5 Kilometer langer Rundwanderweg.
Zufahrt: Am Kreisverkehr in Plouguerneau kurzzeitig auf der D32 fahren und dann den Hinweisen Chapelle Saint Paul/Pont du Diable parallel zum Aber Wrac'h bis zum Parkplatz folgen.
Hinweis: Der maximale Aufenthalt beträgt 48 Stunden.

Pont du Diable

Die Brücke soll die älteste der Bretagne sein und natürlich ging es beim Bau mal wieder nicht mit rechten Dingen zu.

Der hier ansässige Müller von Prad Pol war den weiten Umweg zum anderen Flussufer leid und bat den Teufel, ihm beim Bau einer Brücke zu helfen. Der Satan willigte ein und verlangte als Lohn die Seele des ersten Lebewesens, das die Brücke überschritt. Der Handel galt und am nächsten Morgen überspannte die Brücke den Aber. Der gerissene Müller ging jedoch nicht selbst über die Brücke, sondern schickte seine Katze hinüber. Als der Teufel dies sah, schäumte er vor Wut und warf seinen steinernen Hammer voller Wucht in den Boden, sodass er einem Kreuz gleich stecken blieb.

Nachdem wir die 200 Meter vom Parkplatz hinab zur mit Algen bewachsenen Teufelsbrücke gegangen sind und diese überquert haben, finden wir auf der anderen Flussseite das Steinkreuz vor und sind heilfroh, dass vom Satan weit und breit jedoch nichts mehr zu sehen ist.

Bald sind wir zurück in Plouguerneau und starten zur Umrundung der Halbinsel nördlich des Ortes. Über die D32 Richtung Saint-Michel ist der terrassenförmig angelegte **Panorama-Camping de la Grève Blanche**** ausgeschildert, der mit einer herrlichen Lage am gleichnamigen Strand punkten kann [**174:** N 48°37'49.2" W 04°31'25.4", 400 La Grève Blanche - Saint-Michel, Telefon 0298047035, www.camping-greveblanche.com, geöffnet Mitte März - Oktober, Preis €€].

Im weiteren Verlauf der Küstenstraße nähern wir uns dem höchsten Leuchtturm Europas, der auf der kleinen etwa 1,5 Kilometer dem Festland vorgelagerten Jungfraueninsel Nacht für Nacht sein alle fünf Sekunden aufblitzendes Leuchtfeuer 50 Kilometer weit übers Meer schickt. Der **Phare de l'Île Vierge** reckt sich 82,50 Meter in die Höhe, markiert die nordwestlichste Ecke der Bretagne und knapp 400 Stufen führen zu einer der gigantischsten Ausblicke (Allerdings nur bei guter Sicht! Die Besichtigung ist ganzjährig möglich und die Modalitäten in Plouguerneau beim Office de Tourisme zu erfragen).

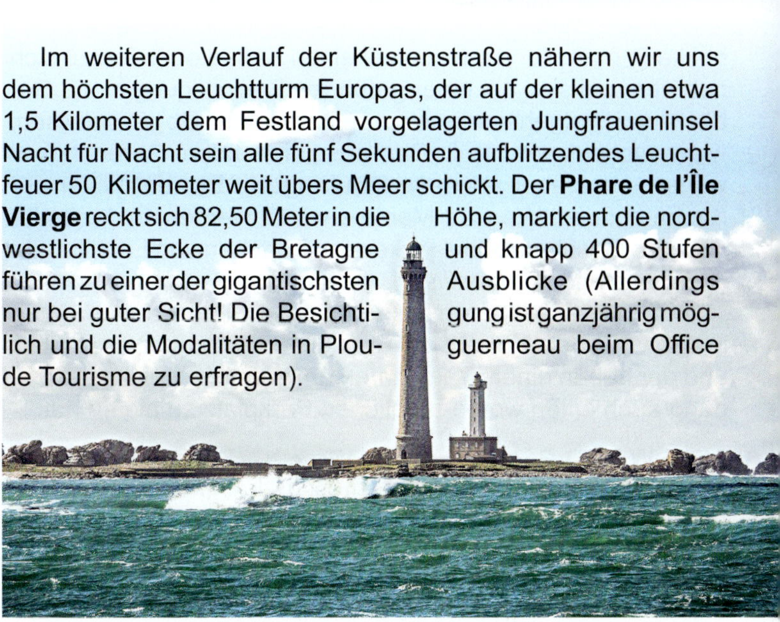

Mittlerweile sind wir im kleinen Hafenort **Lilia** gelandet und folgen den WOMO-Piktogrammen zu einem minderschönen **offiziellen WOMO-Stellplatz** am Salle Polyvalente [**175:** N 48°37'09.4" W 04°33'12.5", Place due Dolmen, V/E, Maximaler Aufenthalt 48 Stunden]. Am westlichen Ortsrand lockt die **Plage de Saint-Cava** nicht nur mit einem Sandstrand, sondern auch mit einem kleinen Parkplatz [**176:** N 48°37'00.5" W 04°33'51.6", Toull Treaz. Nichts für ganz große WOMOs!].

Wir beenden unsere Rundtour und lassen uns von der **Route Touristic Les Abers** nach **Paluden** führen. Zuvor überqueren wir den **Aber Wrac'h**, dessen zwei Kilometer breite „Hexenmündung" (bretonisch *wrac'h*: Hexe) von Felsen und Dünen gesäumt wird, und der sich zehn Kilometer ins Landesinnere zieht.

Am südlichen Ende der Brücke sind wir vor längerer Zeit einmal in der **L'Auberge du Pont** eingekehrt und waren vom Ambiente, der Aussicht und den Fisch- sowie Meeresfrüchtegerichten des Patrons *begeistert (Mittags- und Abendmenüs, So Abend/Mo geschlossen, Telefon 0298041669, www.aubergedupont.com)*.

Wenig später sind wir in **Lannilis**, vermerken einen **offiziellen WOMO-Stellplatz** auf dem P2 am Friedhof [**177:** N 48°34'16.7" W 04°31'16.4", Rue Haie Blanche, Wasser, Bodeneinlass] und einen weiteren **offiziellen WOMO-Stellplatz** an der D13 [**178:** N 48°33'22.6" W 04°30'20.2", Fontaine Rouge, V/E]. Beide Stellplätze sind ausgeschildert und haben uns nicht wirklich überzeugen können. Dafür hat es uns jedoch die **Maison du Boulanger** direkt an der Kirche angetan, in der wir sehr gutes Holzofenbrot erstanden haben. Nebenbei kann man hier noch schnell einen Kaffee oder Tee zu sich nehmen und sich bei einer geführten Besichtigung in die Gebäck- und Brotgeheimnisse einweihen lassen *(Do geschlossen, www.michel-izard.com)*. Der ausgleichenden Gerechtigkeit wegen muss aber auch die **Boulangerie Roudat** hinter der Kirche auf dem Weg zur Mairie erwähnt werden, in der es für unseren Geschmack die leckersten Törtchen von Lannilis gibt *(www.boulangerie-lannilis.fr)*.

Mit unserer essbaren Beute machen wir uns auf den Weg in den Ort **Aber Wrac'h**, der über die D128 schnell erreicht ist und der neben einem Yachthafen am Westufer der Aber-Mündung auch einen womo-tauglichen Parkplatz zu bieten hat.

(179) WOMO-Parkplatz: Aber Wrac'h – Port de Plaisance

GPS: N 48°35'47.2" W 04°33'33.1", An der D128 **Max. WOMOs:** 10.
Ausstattung: Infotafel, Müllbehälter.
Beschreibung: Der einfache, schattenlose Parkplatz im Ort ist meist gut besucht und befindet sich in unmittelbarer Nähe eines Picknickbereichs und des Hafengeländes. Bei Regenwetter kann der Platz ziemlich matschig sein und unter Umständen ist es bei Veranstaltungen laut. In der Nähe befinden sich mehrere Restaurants, von denen wir das edle und hochpreisige **Restaurant Vioben** *(Mittags- und Abendmenüs, Telefon 0298049677, www.vioben.com)* und das **Restaurant Le Pot de Beurre** empfehlen können *(Mittags- und Abendmenüs, Mi geschlossen, Telefon 0298374377, www.restaurant-landeda.com. Unbedingt den bretonischen Eintopf Kig ha Farz probieren, der hier mit Fisch zubereitet wird!)*. Von hier kann man natürlich wunderbar zu Wander- und Radtouren aufbrechen.
Zufahrt: Im Ort vor dem Hafengelände rechts den Hinweisen zum Parkplatz folgen.

Bei unserer Fahrt nach Westen schauen wir über die Engelsbucht, die **Baie des Anges**, an der im frühen 16. Jahrhundert die **Abbaye des Anges** von Anne de Bretagne gestiftet und von Franziskanern errichtet wurde *(Öffnungszeiten und Führungen unter www.abbayedesanges.com)*.

Später schließen sich die **Dunes des Marguerites** an, an deren weißen Sandstränden hinter meterhohen Dünen, schöne Stellen für ein Bad im Meer zu finden sind. Die Halbinsel Saint Marguerite ist aber auch ein abwechslungsreiches **Wandergebiet**, das mit Dünen- und Heidelandschaften, einsamen Stränden und immer wieder mit Aussichten aufs Meer überzeugen kann. Verlaufen ist kaum möglich, denn der GR34 ist bestens markiert und da Saint Marguerite an der breitesten Stelle gerade mal 1.500 Meter misst, kann eine Wanderung fast jederzeit zur Rundtour werden.

An der Spitze der Halbinsel zwischen Aber Wrac'h und Aber Benoit wagt die Landspitze **Penn Énez** den Vorstoß in die türkisblaue See und verfügt hoch über dem Wasser über einen Parkplatz, von dem man zu Fuß oder mit dem Fahrrad tagsüber in das **Naturschutzgebiet** aufbrechen kann (N 48°36'25.3" W 04°35'51.6", Penn Enez).

Zum Übernachten und für den längeren Aufenthalt in dieser begnadeten Region bietet sich der zu **Landéda** gehörende kommunale **Camping Penn Enez** mit teilweise atemberaubenden Blick auf die Küste und relativ großzügigen Plätzen auf Wiese an [**180:** N 48°36'09.5" W 04°35'58.3", 551 Lieu dit Penn-Enez, Telefon 0298895578, www.camping-penn-enez.com, geöffnet Ende Juni - September, Preis €€].

In **Saint-Marguerite** ist der **Camping des Abers****** in einer traumhaften Lage mit Strandzugang und netten Betreibern ebenfalls zu erwähnen [**181:** N 48°35'35.2" W 04°36'11.4", 51 Toull Treaz, Telefon 0298049335, www.camping-des-abers.com, geöffnet Ende April/Mai - September, Preis €€ - €€€]. Der Campingplatz ist von allen Seiten gut ausgeschildert und nicht zu verfehlen.

Baie des Anges

Mit Blick auf die unzähligen im Meer schwimmenden Inselchen und entlang der **Anse de Brouennou** mit vielen Austern- und Muschelbänken vermerken wir immer wieder Parkplätze, von denen man die Gegend gut erkunden kann.

Zurück in Lannilis setzen wir uns auf die D28 Richtung Tréglonou und überqueren das Ende des knapp acht Kilometer langen **Aber Benoît**, der von Seefahrern in stürmischen Zeiten gern als geschützter Naturhafen genutzt wird.

An der westlichen Seite der Aber-Mündung erstrecken sich beim kleinen Ort **Saint-Pabu** die **Dunes de Corn-ar-Gazel** mit weißen Sandstränden. Glücklicherweise hat sich das Dünengelände von der Ölpest nach dem Untergang des Tankschiffes Amoco Cadiz in den 1970er-Jahren wieder erholt, sodass wir ungetrübten Natur- und Badefreuden entgegensehen können. Allerdings ist es nun die große Zunahme von Wohnmobilen, Vans und Kastenwagen, die diese Freuden einschränkt. Viele der schönsten Parkplätze, die wir jahrelang problemlos nutzen konnten, sind mittelweile mit Höhenbarrieren versehen oder zur Nutzung für WOMOs und Vans gesperrt. Die folgenden, noch oder wieder freigegebenen einfachen Parkplätze nennen wir unter Vorbehalt und müssen darauf hinweisen, dass sich die Situation jederzeit erneut ändern kann **[182:** N 48°34'20.6" W 04°37'40.3"] und **[183:** N 48°34'18.8" W 04°38'10.5"]. Wir empfehlen mittlerweile für die Übernachtung und den längeren Aufenthalt die nahen Campingplätze und parken auf den eben genannten Plätzen lediglich tagsüber.

(184) WOMO-Campingplatz: Saint-Pabu – Camping L´Aber Benoît**

GPS/Kontakt: N 48°34'35.5" W 04°37'36.3“, 89 rue de Corn ar Gazel, Telefon 0298897625, www.camping-aber-benoit.com.
Öffnungszeit: April/Mai - Mitte/Ende September.
Ausstattung: Snackbar, kleiner Laden, Fahrradverleih, Waschmaschine und Trockner.
Beschreibung: Der außerhalb des Ortes gelegene einfache Campingplatz verfügt über schattenlose Plätze auf einem Dünengelände, die meist eine schöne Aussicht auf das Meer bieten. In unmittelbarer Nähe befinden sich Strandzugänge und Wanderungen und Radtouren sind möglich.
Preise: €€.
Zufahrt: Im Ort den Hinweisen zum Campingplatz folgen.

Noch einfacher geht es auf dem bereits zu **Lampaul-Ploudalmézau** gehörenden **Camping Municipal Les Dune** zu, der jedoch mit einer traumhaften Lage zwischen den Dünen besticht **[185:** N 48°34'05.4" W 04°39'35.4", 2 Chemin de Dunes, Telefon 0298481429, geöffnet Mitte Juni - Mitte September, Preis €€].

Entlang der Küste schauen wir auf das so schön blau schimmernde und friedliche Meer, auf dem sich im März 1978 die bisher **größte Öltankerkatastrophe Europas** zugetragen hat.

Der zu Ploudalmézeau gehörende kleine Hafen von **Portsall** wurde als erster von einem schwarzen Ölteppich nahezu überrollt, nachdem die Amoco Cadiz an den Riffen vor Portsall zerschellte. Rund 230.000 Tonnen Rohöl verschmutzten Meer und Küste, zerstörten die Existenz von Menschen. Austern- und Fischzucht sowie der Tourismus brachen zusammen und die Flora und Fauna des über 300 Kilometer langen Küstenabschnittes von der Île de Brehat bis zur Pointe de Saint-Mathieu wurde vernichtet. Die Gerichtsprozesse zogen sich etliche Jahre hin und heute müssen Schiffe ab einer Länge von 70 Metern einen Abstand von 13 Kilometer zur Küste einhalten. Die Folgen der Katastrophe sind glücklicherweise nicht mehr wahrnehmbar und lediglich das **Musée L'Ancre An Eor** am Hafen des einstigen Fischortes erinnert an die Tragödie *(Juli/August Mo - Fr 10.30 - 12.30/14 - 17.30 Uhr, www.ploudalmezeau.fr)*.

(186) Offizieller WOMO-Stellplatz:
Portsall – Aire de Camping-Car de Kerros

GPS: N 48°33'57.1" W 04°41'56.2", Rue de Porsguen. **Max. WOMOs:** 50.
Öffnungszeit: Ganzjährig.
Ausstattung: V/E, Strom, Müllbehälter.
Beschreibung: Der mit Schranke gesicherte, geschotterte, schattenlose Platz befindet sich im Ort ohne weitere Infrastruktur. Der Strand ist etwa 200 m entfernt und zum Hafen mit einigen gastronomischen Angeboten ist es etwa 1,5 Kilometer Fußweg.
Preise: €€. **Zufahrt:** Im Ort den WOMO-Piktogrammen folgen.
Hinweis: Für längere WOMOs kann es an der Einfahrt unter Umständen etwas eng werden.

Die D168 führt uns aus dem Ort hinaus und wir schwenken dann auf die D27 Richtung Landuvenez. In Kersaint befahren wir einmal mehr eine **Route Touristique** und staunen erneut über die wunderschöne Landschaft, in der sich vom nächsten Parkplatz in **Trémazan** auf dem **Küstenwanderweg GR34** herrlich wandern lässt [**187:** N 48°33'28.3" W 04°43'12.3", An der D127].

Richtung Argenton folgt nun einer der schönsten Küstenabschnitte mit wunderbaren Ausblicken: Wellen brechen sich, vor der Küste wacht ein Leuchtturm und immer wieder laden Parkplätze zum Anhalten oder Campingplätze zum ängeren Verweilen ein.

Um **Porspoder** herum sehen wir wieder mehr Bebauung, doch ein etwa zwei Kilometer langer **Spaziergang** um die vorgelagerte **Insel Saint-Laurent** vermittelt ein wohltuendes Naturgefühl (allerdings während der Sommermonate aufgrund der vielen erholungssuchenden Menschen nur sehr bedingt!).

(188) WOMO-Parkplatz: Porspoder – Île Saint-Laurent

GPS: N 48°30'59.8" W 04°46'12.4". **Max. WOMOs:** 2 - 3.

Ausstattung: Tische und Bänke (etwas entfernt), Müllbehälter.

Beschreibung: Der einfache, außerhalb des Ortes liegende Parkstreifen zwischen zwei Buchten ist schattenlos und wird tagsüber gut genutzt. In der Nähe befinden sich schöne Sandbuchten. Unter Umständen pfeift hier der Wind ganz ordentlich ums WOMO. Beim oben erwähnten Spaziergang um das Inselchen kann man sich überhaupt nicht verlaufen und wen es mehr in den Ort zieht, der findet dort eine **Biscuiterie** und das **Hotel-Restaurant Le Château de Sable**.

Zufahrt: Von der D27 gegenüber der Biscuiterie rechts über einen Parkplatz fahren und durch die Wiesen dem Sträßchen ca. 600 m bis zum Parkplatz folgen.

Vom nächsten Parkplatz eröffnen sich weite Blicke übers Wasser und die dazugehörige Inselwelt. Wir erspähen den Phare du Four und in der Ferne die Archipele der Île Molène und Île d'Ouessant. Wir könnten stundenlang an solchen Aussichtspunkten den Blick weit übers Wasser schweifen lassen, unseren Gedanken nachhängen und einfach die Seele baumeln lassen.

(189) WOMO-Parkplatz: Porspoder – Pointe de Garchine

GPS: N 48°30'19.7" W 04°46'24.2". **Max. WOMOs:** 2.

Ausstattung: Tische und Bänke, Müllbehälter.

Beschreibung: Der einfache, geschotterte, schattenlose Parkplatz liegt außerhalb des Ortes unmittelbar am Wanderweg GR34 und bietet eine fantastische Aussicht.

Zufahrt: Im Ort nahe der Kirche den Hinweisen zum Table d'Orientation/ Gard Sign folgen.

Wenig später streifen wir einen weiteren unserer Lieblingsplätze, und bitten Sie, diesen Parkplatz pfleglich zu behandeln, damit wir alle noch lange etwas davon haben werden.

Chapelle Saint-Ourzal

(190) WOMO-Parkplatz: Porspoder – Chapelle Saint-Ourzal

GPS: N 48°29'22.9" W 04°45'28.1". **Max. WOMOs:** 2.
Beschreibung: Der einfache, geschotterte, meist schattenlose Parkplatz liegt etwa 1,5 bis 2 Kilometer außerhalb des Ortes an einem Wanderweg direkt neben einer kleinen Kapelle. An dieser vorbei führt ein Fußweg zunächst rechts und dann wieder links hinab in der Ort. Bei Erreichen der Route de Kergoz (Route ist übertrieben, es ist eher ein Weg!) halten wir uns rechts und später an der Route de Kernioual nochmals rechts. Nach insgesamt 1,5 Kilometer stehen wir am **Restaurant Le Chenal** *(Mi/Do/So 10 - 19 Uhr, Fr/Sa 10 - 22.30 Uhr, Telefon 0298895436, www.lechenal.fr)*. Das Essen ist gut und dem Preis angemessen und wer möchte, kann sogar mit dem WOMO bis vor die Tür fahren (N 48°29'04.8" W 04°46'17.0", Rue du Port). Nach einem Glas Roten fällt der Fußweg hinauf zum Parkplatz am Kapellchen besonders beschwingt aus.
Zufahrt: Im Ort nahe der Kirche den Hinweisen zum Table d'Orientation/Gard Sign folgen.

In **Lanildut** haben wir den **Aber Ildut** erreicht, der nur kurz ins Landesinnere flutet und entlang einer Linie vom Rocher du Crapaud, dem Krötenfelsen, über der Hafeneinfahrt bis zur etwa 20 Kilometer entfernten Île Quessant die Grenze zwischen Ärmelkanal und Atlantischem Ozean markiert. Der Hafen ist Frankreichs wichtigster Umschlagplatz für Algen und der Sockel des Obelisken auf der Place de la Concorde in Paris ist aus dem roten Granit der Gegend gefertigt.

(191) Offizieller WOMO-Stellplatz: Lanildut – Parking Les Îles

GPS: N 48°28'16.3" W 04°45'32.5", Route du Crapaud.
Max. WOMOs: 10 - 15. **Öffnungszeit:** Ganzjährig.
Ausstattung: Tische und Bänke in der Nähe, Müllbehälter.
Beschreibung: Der außerhalb des Ortes, oberhalb der Küste gelegene einfache Parkplatz liegt auf Wiese oder Schotter, ist schattenlos und nicht sonderlich charmant. Es ist nicht ganz eindeutig, wo sich der eigentliche Stellplatz befindet. Hier werden Lkw oder Pkw geparkt und in der Nähe befindet sich die **L'Abri Cotier**, in der bei Burger mit Fritten oder Fischgerichten das Treiben im Hafen beobachtet werden kann.
Zufahrt: Kurz hinter dem westlichen Ortseingang den WOMO-Piktogrammen folgen.

Am Nordufer des Abers gelangen wir nach Brélès und dann nach **Lampaul-Plouarzel**. Der Ort ist zweifellos ein beliebtes Sommerferienziel und verfügt über einen ansprechenden, fast naturbelassenen Stellplatz im Dünenbereich.

(192) Offizieller WOMO-Stellplatz: Lampaul-Plouarzel Aire de Camping-Cars

GPS: N 48°26'49.2" W 04°46'38.8", Rue de Beg ar Vir. **Max. WOMOs:** 50.

Öffnungszeit: Ganzjährig.
Ausstattung: V/E, Strom, Tische und Bänke, Dusche, Waschmaschine, Strandzugang, Müllbehälter.
Beschreibung: Der schattenlose, in Terrassen angelegte Platz befindet sich auf teils unebenem Dünenuntergrund am Ortsrand. Er gehört zur Betreibergesellschaft Aire Park und ist mit einer Schranke gesichert. In etwa 500 m Entfernung liegt ein Restaurant und nur einen Steinwurf entfernt die Plage de Porz Gwen. Von einigen Stellplätzen hat man einen schönen Blick aufs Meer und man kann von hier prima zu Wanderungen und Radtouren aufbrechen.
Preise: €€. **Zufahrt:** Im Ort den WOMO-Piktogrammen folgen.

Knapp drei Kilometer im Landesinneren liegt Plouarzel, das uns als Verteilerpunkt dient und in dem wir zunächst Richtung Saint Renan fahren. Kurz hinter dem Ort folgen wir von der D5 dem Hinweis zum **Menhir de Kerolas** (N 48°25'37.8" W 04°40'53.5"). Vom Parkplatz ist der zwölf Meter hohe Koloss nach etwa 200 Metern Fußweg erreicht. Irgendwann im Laufe der Jahrhunderte muss der höchste noch stehende Menhir der Bretagne seine Spitze vermutlich durch einen Blitzeinschlag verloren haben, was jedoch seiner Würde nichts anhaben kann.

Jetzt, da wir schon einmal hier sind, lassen wir es uns nicht nehmen und statten dem sechs Kilometer entfernten **Saint Renan** einen Besuch ab. Das Städtchen hat einige hübsche Fachwerk- und Granithäuser aus dem 16./17. Jahrhundert um den alten schrägen Marktplatz unterhalb der Kirche aus dem 18./19. Jahrhundert und einen recht angenehmen Stellplatz zu bieten. Für den reinen Stadtbesuch eignet sich der große Parkplatz am Espace Culturel (N 48°26'03.1" W 04°37'15.1", Place Guyader). Allerdings kann es auch hier eng werden, wenn Samstagvormittag **einer der größten und schönsten Wochenmärkte im Finistère** stattfindet.

(193) Offizieller WOMO-Stellplatz:
Saint Renan – Aire de Camping-Cars Lokournan

GPS: N 48°26'19.1" W 04°37'50.0", Route de l'Aber. **Max. WOMOs:** 10.
Öffnungszeit: Ganzjährig. **Ausstattung:** V/E, Strom.
Beschreibung: Der einfache, asphaltierte, meist schattenlose Parkplatz befindet sich außerhalb des Ortes direkt vor dem **Camping Municipal** (Mitte Juni - Mitte September, www,saint-renan.fr). Der Fußweg ins Stadtzentrum beträgt etwa 1 Kilometer.
Preise: €€. **Zufahrt:** Im Ort den WOMO-Piktogrammen und den Hinweisen zum Campingplatz folgen.

Flott sind wir wieder zurück in Plouarzel, rollen in den Ort hinein und orientieren uns an den Hinweisen nach Ploumoguer. Natürlich ist somit der kürzeste Weg in den kleinen Ort vorgegeben, doch wir erlauben uns den Umweg entlang der Küste und peilen den noch kleineren Ort **Trézien** an.

Was für ein Blick und welche Freude, als wir feststellen, dass es hier in exponierter Lage auch noch einen sympathischen Stellplatz auf einem Wiesengelände gibt.

(194) Offizieller WOMO-Stellplatz:
Trézien – Aire de Camping-Cars

GPS: N 48°25'19.1" W 04°47'04.9", Route de Ruscumunoc.
Max. WOMOs: 25.
Öffnungszeit: Ganzjährig.
Ausstattung: V/E, Strom, Tische und Bänke, Infotafel, Müllbehälter.
Beschreibung: Die durch Hecken getrennten Wiesenplätze des ehemaligen, am Ortsrand liegenden Campingplatzes sind sonnig und verfügen meist über einen ungestörten Blick auf das Meer. Der Strand ist etwa 200 m entfernt und man kann von hier zu Rad- und Wandertouren aufbrechen.
Preise: €€.
Zufahrt: Entweder mehr oder weniger parallel der Küstenlinie folgen oder von der D28 Richtung Trézien Bourg bis zum Stellplatz folgen.

Das Finistère beherbergt eine der höchsten Konzentrationen von Leuchttürmen in Frankreich und der 37 Meter hohe **Phare de Trézien** kann während der Sommermonate besichtigt werden.

So nah wie möglich hangeln wir uns an der Küste entlang, vermerken weitere große Parkplätze auf dem Plateau und gelangen mit der **Pointe de Corsen** an den **westlichsten Punkt des französischen Festlandes** (N 48°24'53.8" W 04°47'38.0"). Der Parkplatz ist nicht allzu groß und in der Hauptsaison kann es Sinn machen, vom vorgenannten Stellplatz einen Spaziergang auf dem GR34 zum beliebten 40 Meter über den Wellen liegenden Aussichtspunkt zu machen.

Pointe de Corsen

Nach einer ausgedehnten Wanderung auf dem Küstenweg oder nach einer Radtour kann man aber auch getrost in **Ploumoguer** vor Anker gehen und die Beschaulichkeit des Ortes genießen.

(195) Offizieller WOMO-Stellplatz: Ploumoguer – Aire de Camping-Cars

GPS: N 48°24'17.1" W 04°43'27.3", An der D28. **Max. WOMOs:** 30.
Öffnungszeit: Ganzjährig.
Ausstattung: V/E, Strom, WC, Tische und Bänke, Müllbehälter.
Beschreibung: Der teils schattige Parkplatz befindet sich am Ortsrand nahe des Stadions. Der Platz ist durch Hecken und kleinere Bäume aufgelockert und teilweise klappstuhlgeeignet. Das Ortszentrum mit Bäckerei, kleinem Supermarkt und Bar ist etwa 200 m entfernt.
Zufahrt: Im Ort den WOMO-Piktogrammen folgen.

Mit **Le Conquet** und seinen neun Stränden erreichen wir den „Badezuber“ von Brest, was wir unschwer an den riesigen Parkplätzen am 2,5 Kilometer langen Hauptstrand **Plage des Blancs Sablons** erkennen können. Lediglich der Parkplatz P1 sowie der vordere Bereich vom Parkplatz P6 sind für Wohnmobile freigegeben und für den längeren Aufenthalt empfiehlt sich der ausgeschilderte **Camping Les Blancs Sablons**** mit relativ geräumigen Stellplätzen [**196:** N 48°22'02.1" W 04°45'35.2", Route de Kermorvan, Telefon 0298360791, www.camping-blancs-sablons.com, geöffnet April - Mitte Oktober, Preis €€ - €€€]. In der Stadt selbst dürfen wir auf einem Parkplatz für Pkw sowie Wohnmobile parken und übernachten [**197:** N 48°21'38.0" W 04°46'11.5, Rue Général Leclerc, V/E/Strom, WC].

Le Conquet und eine kleine Wanderung um die Pointe de Kermorvan

Hoch über der Mündung des Aber Croaé liegt das einstige Korsarennest, das sich zum beliebten Badeort gewandelt hat. Den Piraten war es wohl auch zuzuschreiben, dass die englische Kriegsmarine Stadt und Hafen im Jahr 1558 komplett niederbrannten, nur die **Maison des Anglais** aus dem 15. Jahrhundert blieb erhalten.

Heute werden im Hafen Muscheln und andere Meeresfrüchte entladen und Fähren bringen Besucher zu den Inseln **Île Molène** und **Île d'Ouessant**. Wer sich auf das einsame raue Eiland Ouessant im offenen Atlantik verschlagen lassen möchte, der kann sich im **Office de Tourisme** nahe dem Stellplatz beraten lassen *(Mo - Sa 9.30 - 12.30/14 - 17 Uhr, Parc de Beauséjour, Telefon 0298896946, www.iroise-bretagne.bzh)*.

Wir gehen vom Parkplatz hinab zur Fußgängerbrücke **Passerelle du Croaé**, auf der wir den Aber überqueren und erklimmen den Hang, um uns am höchsten Punkt links zu halten und zur **Pointe de Kermorvan** zu wandern. In etwa einer Stunde umrunden wir die unter Naturschutz stehende Kermorvan-Halbinsel, an deren Spitze der eckige Leuchtturm weit übers Meer strahlt. Heidekraut und Wiesenflächen überwuchern alte Bunkeranlagen und von den steil abfallenden Felsen ergeben sich Ausblicke bis zur Pointe de Corsen, zu den Inseln und nach Le Conquet. Ein erfreuliches Erlebnis, bei dem man jedoch an Wochenenden oder in der Hauptsaison von vielen Menschen begleitet wird. Auch hier kann man sich nicht verlaufen und der Rückweg zum Stellplatz erfolgt auf dem gleichen Weg. Allerdings sollte man auf dem Küstenpfad trittsicher sein oder stattdessen auf den ausgebauten Wegen bleiben. Nach rund sieben Kilometern sind wir wieder am Stellplatz gelandet.

Ach ja, sollte einen unterwegs der Hunger überkommen, schlendert man einfach an der Hafenmole weiter und kann dann wunderbar im gepflegten **Restaurant Le Relais du Vieux Port** einkehren *(Mittags- und Abendmenüs, 1 Quai du Drellach, Telefon 0298891591, www.lerelaisduvieuxport.com. Unbedingt einen Tisch reservieren!)*.

Tour 11 — 220 km

Pointe Saint-Mathieu – Brest – Le Faou
Camaret-sur-Mer – Morgat – Telgruc-sur-Mer

Stellplätze: Plougonvelin, Porsmilin, Le Minou, Brest, Logonna-Daoluas, Hôpital-Cafrout, Le Faou, Le Fret, Pointe des Espagnols, Camaret-sur-Mer, Morgat, Crozon.

Campingplätze: Landévennec Camping Municipal Le Pal; Lanvéoc Camping Cap-Ouest; Telgruc-sur-Mer Camping Le Panoramic und Camping Pen Bellec.

Besichtigen: Pointe Saint-Mathieu Musée Mémoires 39 - 45; Brest Musée National de la Marine, Tour Tanguy, Musée des Beaux-Arts, Océanopolis; Plougastel-Daoulas Calvaire, Musée de la Fraise et du Patrimoine; Daoulas Abbaye de Daoulas; Landévennec Cimetière des Bateaux, Abbaye Saint Gwénolé; Camaret-sur-Mer Tour Vauban, Chapelle Notre-Dame-de-Rocamadour, Alignements de Lagatjar, Musée Mémorial Penhir; Morgat Grottes Marines de Morgat, Maison des Minéraux.

Wandern: Le Minou, Logonna-Daoluas, Pointe des Espagnols, Pointe des Capucins, Camaret-sur-Mer, Cap de la Chèvre.

Baden: Diverse Strände entlang der Strecke.

Essen: Pointe Saint Mathieu Bistro 1954, Hostellerie de la Pointe Saint Mathieu; Le Minou Restaurant Les Mille et une Lunes; Le Faou Crêperie La Frégate, Morgat Restaurant Saveurs & Marée.

Märkte: Plougonvelin So, Brest Mo - Sa; Plougastel-Daoulas Do, Le Faou jeden letzten Sa im Monat, Crozon Mi.

In Le Conquet fummeln wir uns vorsichtig durch das enge Straßengewirr, bis wir entlang der Küste an die **Pointe Saint-Mathieu** gelangen und einen der dortigen Parkplätze anfahren (N 48°19'53.5" W 04°46'05.2").

Pointe Saint-Mathieu und Musée Mémoires 39 - 45

Etwa 30 Meter über den heranbrandenden Wogen an der steil abfallenden Steilküste finden wir eines der beliebtesten Postkartenmotive der Bretagne, das den Südzipfel der Côte des Abers und gleichzeitig den Beginn der Bucht von Brest markiert.

Bereits im 6. Jahrhundert wurde hier ein Kloster gegründet, in dem angeblich das Haupt des Apostel Matthäus aufbewahrt wurde. Der Beweis für diese Behauptung ist unglücklicherweise mit der Plünderung und Zerstörung der Abtei im 13. Jahrhundert verloren gegangen. Danach wurde

die Anlage im 16. Jahrhundert neu errichtet und erlitt erneuten Schaden während der Französischen Revolution.

Bereits der Glockenturm der Abtei wurde als Leuchtturm genutzt und seit 1865 steht der heutige 54 Meter hohe **Leuchtturm** neben der **Klosterruine**. Nach knapp 170 Treppenstufen kann aus luftiger Höhe bis zur 25 Kilometer entfernten Insel Quessant geschaut werden *(Juli/August 10 - 19.30 Uhr, Nebensaison nur am Sa/So 14 - 18 Uhr, veränderte Öffnungszeiten möglich, Eintritt)*.

Wem die Naturgewalten rund um die Landspitze nicht genügen, der kann zusätzlich beim **Mémorial National des Marins** zu Ehren der gefallenen Seeleute während des Ersten Weltkrieges vorbeischauen.

Wenn möglich sollte der Spaziergang um die Landzunge in der Abenddämmerung stattfinden, denn zu dieser Zeit wird das Leuchtturm-Abtei-Ensemble ins schönste Kameralicht gesetzt! Wer sich zuvor die Zeit mit einem feinem Essen verkürzen möchte, ist sowohl im **Bistrot 1954** mit Blick auf die grandiose Kulisse der Landspitze, als auch in der mit einem Stern gekrönten **Hostellerie de la Pointe Saint Mathieu** bestens aufgehoben *(Mittags- und Abendmenüs, Telefon 0298890019, www.pointe-saint-mathieu.com)*.

Etwa 700 Meter von der Pointe Saint-Mathieu entfernt fällt unwillkürlich ein deutscher Kommandobunker aus dem Zweiten Weltkrieg ins Auge (N 48°20'05.5" W 04°45'42.2"). Im **Musée Mémoires 39 - 45** wird auf fünf Etagen die Geschichte des Krieges anhand des Alltagslebens der deutschen Soldaten, aber auch der Bevölkerung erzählt und dokumentiert *(April - 11. November 10 - 18.30 Uhr, im Juli/August sollte man früh am Morgen oder gegen Abend den Besuch planen, da es sehr voll werden kann, Informationen auch in deutscher Sprache, Eintritt, museememoires39-45.fr)*.

Bald sind wir in **Plougonvelin**. Der Ort zieht sich am Wasser entlang und bietet einige Strände, von denen für uns der Strand unterhalb der Festungsanlage wegen der relativen Nähe zum Stellplatz am interessantesten ist. Vom Stellplatz in exponierter Lage mit einem teilweise phänomenalen Ausblick über das Meer ist das nette, überschaubare alte Ortszentrum am besten mit dem Fahrrad oder bei einem Spaziergang erreichbar.

(198) Offizieller WOMO-Stellplatz: Plougonvelin – Aire de Camping-Car Bertheaume

GPS: N 48°20'15.0" W 04°42'24.5", Rue de Bertheaume. **Max. WOMOs:** 40.

Öffnungszeit: Ganzjährig.
Ausstattung: V/E, Strom, Dusche, WC, Müllbehälter.
Beschreibung: Über den schattenlosen, befestigten Platz am Ortsrand auf dem Küstenplateau oberhalb des etwa 500 m entfernten Forts Bertheaume erhalten wir derzeit unterschiedliche Informationen. Angeblich sei der Platz nicht gepflegt und die Wasser- und Stromsituation schlecht. Zum Zeitpunkt unserer Recherche im Frühjahr 2022 können wir dieser Beschreibung nicht zustimmen und würden den Platz durchaus anfahren. Eine Bäckerei,

Geschäfte und Restaurants befinden sich etwa 1 km entfernt im Ort, der nächste Strand ist etwa 900 m entfernt.
Preise: €€.
Zufahrt: Im Ort den Hinweisen Plage de Bertheaume/Fort und dem WOMO-Piktogramm folgen.

Fort de Bertheaume und Rade de Brest

Das **Fort de Bertheaume** wurde vom Festungsbaumeister Vauban 1689 auf einem bei Ebbe zugänglichen Felsen erbaut und bewachte die Einfahrt zur Bucht von Brest, der **Rade de Brest**. Mit 150 Quadratkilometern Wasserfläche ist die Bucht einer der größten Naturhäfen Europas und bietet seit Jahrhunderten Kriegsschiffen einen geschützten Liegeplatz.

In dieser Tour werden wir die Bucht einmal umrunden und von der Pointe des Espagnols auf der Halbinsel Crozon über die engste Stelle zur Pointe der Portizic westlich von Brest schauen. In den früheren Seefahrerzeiten war die knapp zwei Kilometer breite Einfahrt zu den Häfen gut zu sichern und das Fort de Bertheaume gehörte bereits zu einem der Vorposten. Mittlerweile ist das Fort zur Event-Location mit Konzertveranstaltungen geworden. Dem eigenen Eroberungsdrang kann man im **Kletterpark** am Fort nachgehen und zum Beispiel an den Felsen emporklettern oder mittels einer Seilrutsche mutig und mit Schwung zum Felsen gelangen *(April - September Mindestalter 9 Jahre, Eintritt. www.bertheaume-iroise-aventure.fr).* Wir begnügen uns mit dem einfachen **Festungs-Rundweg**, genießen ganz profan die Aussicht und sind nach einer halben Stunde zurück am Parkplatz vor dem Fort, der tagsüber kostenfrei zu nutzen ist (N 48°20'15.5" W 04°42'06.5").

Die D789 bringt uns zielsicher nach Brest, doch wer zuvor noch einmal vor dem Großstadtgetöse einen Strandtag einlegen möchte, der kann in **Porsmilin** einen Zwischenstopp einplanen.

(199) Offizieller WOMO-Stellplatz: Porsmilin – Aire de Camping-Car Portez

GPS: N 48°21'19.1" W 04°40'20.6", Rue de Portez. **Max. WOMOs:** 8.
Öffnungszeit: Ganzjährig.
Ausstattung: V/E.
Beschreibung: Der oberhalb der Plage de Portez gelegene, einfache Parkplatz ist teils schattig und befindet sich außerhalb des Ortes vor dem **Camping Municipal** (April - Oktober, camping-portez.fr).

Wer günstig steht, erhält die Aussicht auf den etwa 100 m entfernten Strand und das Meer. In der Nähe findet sich eine Gaststätte und Rad- und Wanderwege schließen sich an. Gegen Gebühr und ein freundliches Fragen haben wir auch schon die Duschen auf dem Campingplatz nutzen dürfen.
Preise: €.
Zufahrt: Von der D789 nach Porzh Milin abbiegen und den Hinweisen Camping Municipal/Plage de Porsmilin sowie dem WOMO-Piktogramm folgen.

Eine weitere Unterbrechung genehmigen wir uns an der Landspitze, deren Name uns immer an ein kleines Kätzchen erinnert. Die **Pointe du Petit-Minou** hat natürlich gar nichts mit den Stubentigern zu tun und ist lediglich eine Örtlichkeit mit einem bei Ebbe freigelegten Sandstrand. Bei Flut, und nicht nur dann, klettern wir ein kurzes Stück auf dem **Küstenpfad** östlich **zu einem kleinen Fort und zum Leuchtturm**. Beide

Gebäude sind nicht zu besichtigen, aber die Picknickbänke laden trotzdem zum Verweilen ein. Fort Minou ist auch über ein Sträßchen zu erreichen, doch die Strecke ist eng und am Ende wartet eine ausgesprochen schräge Mini-Parkmöglichkeit am Straßenrand, die im Extremfall so zugeparkt ist, dass man mit dem Wohnmobil arge Probleme beim Wegkommen hat.

(200) WOMO-Parkplatz: Le Minou – Plage du Minou

GPS: N 48°20'29.3" W 04°36'52.4", Route du Minou. **Max. WOMOs:** 2 - 3.
Ausstattung: WC, Müllbehälter.
Beschreibung: Der einfache, schattenlose, asphaltierte Parkplatz ist schräg und befindet sich außerhalb des Ortes nahe einiger Häuser. Über den Küstenwanderweg sind das Fort und der Leuchtturm nach etwa 250 m zu erreichen. In unmittelbarer Nähe lädt das **Restaurant Les Mille et une Lunes** zur Einkehr ein *(Mittagsmenüs Mo - Fr, Abendmenüs Fr/Sa, www.restaurant1001lunes.free.fr)*.
Zufahrt: Von der D789 nach Le Minou abbiegen und bis zum Parkplatz fahren.

Von hier geht es nun schnurstracks nach **Brest**. Die aus Seefahrersicht strategisch günstig gelegene Hafenstadt lässt sich mit dem Wohnmobil schlecht erobern. Am ehesten wird man am Wochenende eventuell eine Parkmöglichkeit auf dem großen Parkplatz am Handelshafen (*Port de Commerce*) finden.

Von dort sind das Schloss nach rund 700 Metern und das Stadtzentrum nach einem guten Kilometer Fußweg jeweils bergauf zu erreichen (N 48°22'54.9" W 04°29'21.9"). Wer sich den ganzen City-Rummel ersparen möchte, aber das am östlichen Stadtrand beheimatete und

Blick von der Pointe de Minou zur Rade de Brest

sehenswerte große Aquarium besuchen möchte, folgt einfach den überall in und rund um die Stadt vorhandenen Hinweisen zum **Océanopolis** [**201:** N 48°23'19.7" W 04°26'07.1", Rue des Cormorans. WC. Nach Rücksprache an der Kasse ist eine Übernachtung gestattet, die Tore werden nachts verschlossen. Von der nahen Bushaltestelle fährt der Bus Nummer 3 ins Stadtzentrum. Eine **V/E-Station** ist an folgenden Koordinaten zu finden N 48°23'35.4" W 04°26'05.2", Rue Eugène Berest].

Brest

Archäologen fanden heraus, dass nach den Phöniziern die Römer hier sesshaft wurden und eine erste Garnison sowie einen Hafen am Élorn anlegten.Während andere Städte durch wirtschaftliche oder kulturelle Einflüsse erstarkten, waren es in Brest immer die militärischen Gegebenheiten, die sowohl für Furore als auch für Zerstörung verantwortlich waren. Die Befestigungsanlagen des hervorragenden Ankerplatzes wurden in den folgenden Jahrhunderten unter den Herrschenden immer wieder erweitert und den jeweiligen Techniken angepasst und natürlich war auch der königliche Baumeister Vauban wieder mit von der Partie. Richelieu machte Brest zum Flottenstützpunkt, der sich unter Marineminister Colbert zum bedeutendsten Kriegshafen Frankreichs entwickelte. Nachdem die französische Kriegsmarine ihre Schiffe rechtzeitig abgezogen hatte und die Hafenanlagen sprengte, nisteten sich 1940 deutsche Truppen in Brest ein. Zum Ende des Zweiten Weltkrieges bombardierten die Alliierten Brest, vertrieben die Besatzer und legten Brest dabei in Schutt und Asche. Nach dem Krieg wurde die Stadt am Reißbrett neu entworfen und statt durch eine hübsche Altstadt flanieren wir heute durch gerade, mehrspurige Straßen mit Gebäuden aus den 1950/60er-Jahren.

Haupteinkaufsader ist die Fußgängerzone Rue de Siam südwestlich vom **Office de Tourisme** *(September - Juni Mo - Sa 9.30 - 18 Uhr, Juli/August Mo - Sa 9.30 - 19 Uhr, So 9.30 - 13 Uhr, Feiertage 10 - 17 Uhr, 8 Avenue Georges Clémenceau, Telefon 0298442496, www.brest-metropole-tourisme.fr)*. Wer am südwestlichen Ende der Rue de Siam nahe des Flusses Penfeld angelangt ist, sollte nach der Seilbahn **Téléphérique de Brest** Ausschau halten. In drei Minuten schwebt man in 70 Meter Höhe über den Fluss zu den Ateliers des Ausstellungsortes **Les Capucins** und kann dabei einen großen Teil Brests überblicken *(Mo - Fr bis 20 Uhr, Sa/So* *bis 19 Uhr, Gebühr. Sa/So ist der Fahrpreis in einem ÖPNV-Multiticket für 1 - 4 Personen inbegriffen. Weitere Infos bei der Tourist-Info).*

Großzügig gestaltete Plätze wie die Place de la Liberté vor dem Hôtel de Ville lassen viel Raum im Stadtbild gewinnen und unzählige gastronomische Betriebe jeglicher Couleur sowie Geschäfte und Boutiquen laden zum Verweilen und Shoppen ein. Fast alle Sehenswürdigkeiten sind in irgendeiner Form mit dem Meer verbunden. Im Château, einem der wenigen erhaltenen historischen Gebäude, ist das **Musée National de la Marine** untergebracht. Das Marinemuseum zeigt maritime Gemälde und Ausrüstungen, Dokumente sowie Schiffsmodelle und widmet sich der Schlossgeschichte *(April - September 10 - 18.30 Uhr, Oktober - März Mi - Mo 13.30 - 18.30 Uhr, Eintritt. www.musee-marine.fr)*. Gegenüber der alten Festung, am westlichen Ufer der Penfeld, beherbergt der originalgetreu wieder aufgebaute **Tour Tanguy** das kleine **stadtgeschichtliche Museum** *(Mitte April - Mitte September 12 - 18 Uhr, Mitte September - Mitte/Ende März jeden Tag außer Fr 14 - 18 Uhr)*. Erwähnenswert ist das **Musée des Beaux-Arts** zwischen Schloss und Rue de Siam, in dem Liebhaber der Malerei vom 17. bis zum 20. Jahrhundert und von zeitgenössischer Kunst auf ihre Kosten kommen *(Di - Sa 10 - 12/14 - 18 Uhr, So 14 - 18 Uhr, Eintritt, www.musee-brest.com)*. Unterhalb des Schlosses beginnt die von Bäumen gesäumte 600 Meter lange Promenadenstraße **Cours Dajot**, von der man einen Blick auf die Hafenanlagen der Stadt hat. An exponierter Lage steht das **Monument Américain**, das an die Landung der Amerikaner während des Ersten Weltkrieges im Jahr 1917 erinnert und welches 1940 von den Deutschen gesprengt, aber 1958 von den Amerikanern erneut aufgebaut wurde.

Die Hafenanlagen werden nach wie vor überwiegend militärisch genutzt und sowohl Handels- als auch Jachthafen spielen eine untergeordnete Rolle.

Hauptanziehungspunkt für Touristen ist das am Jachthafen gelegene **Océanopolis**. Der riesige, einem aus Beton gegossenen Krebs ähnelnde Gebäude bietet auf insgesamt 8.000 Quadratmetern und in verschiedenen Pavillons einen Einblick in die Flora und Fauna des Nordatlantiks. Hierbei stehen interaktive Aktionen im Vordergrund, die kurzweilig, faszinierend sowie interessant ozeanografische und meeresbiologische Themen besucherfreundlich begreifbar machen. Wetter- und Klimaveränderungen werden ebenso wie ökologische Zusammenhänge anschaulich dargestellt und Kinder werden ihren besonderen Spaß im „Streichelzoo“ mit allerlei ungefährlichem Meeresgetier haben. Für den Besuch des Hochseeaquariums und Meeresmuseums sollte man wenigstens einen

Château de Brest

halben Tag einkalkulieren und sich, wenn möglich, den frühen Vormittag oder den späten Nachmittag vormerken *(Die Öffnungszeiten variieren, als Richtwert gilt Mai - Juni/Mitte September - Mitte Oktober Di - So 9.30 - 18 Uhr, Juli/August 9.30 - 19 Uhr, ansonsten laut Homepage, saftiger Eintritt. Um das Schlangestehen zu vermeiden, können Tickets vorab online erworben werden. www.oceanopolis.com)*.

Wir verlassen Brest und gelangen auf die N165 Richtung Quimper, die uns einer Autobahn gleich über den Élorn auf die **Presqu'île de Plougastel** bringt.

Der Calvaire und die Erdbeerhalbinsel

Die fünf Landspitzen der Halbinsel strecken sich wie Finger in die Bucht von Brest, an deren Ufern Fischer der Muschelzucht nachgehen und auf deren fruchtbaren Böden neben Erdbeeren auch Blumen, Tomaten und andere Gemüsesorten reifen.

Der Reiz dieses touristisch wenig erschlossenen Gebietes ist rasch erschöpft und als Höhepunkt ist der **Calvaire** von **Plougastel-Daoulas** zu nennen. Um diesen zu besichtigen, wird das Wohnmobil auf dem wenig einladenden **offiziellen WOMO-Stellplatz** am Complexe Sportif geparkt und man legt die etwa 500 Meter zum Objekt der Begierde zu Fuß zurück [**202:** N 48°22'18.0" W 04°21'52.5", Rue de la Fontaine Blanche].

Vom einstigen Pfarrbezirk ist nur noch der Calvaire erhalten, der jedoch mit über 180 Figuren aus Granit und 20 Szenen den größten der Bretagne darstellt. Vorbild beim Bau in den Jahren 1602 bis 1604 soll der Calvaire von Guimiliau gewesen sein, und wie bei diesem, wird auch hier die Katel Gollet vom Teufel geholt (vgl. Tour 8, S. 183). Im Unterschied zu Guimiliau, wo die steinernen Figuren fast menschliche Züge tragen, finden wir in Plougastel-Daoulas eher ein riesiges Kunstwerkwerk, das fasziniert, aber den verbindenden Aspekt vermissen lässt und unpersönlich bleibt.

Innerhalb Frankreichs spricht man von der Presqu'île de Plougastel auch gern als **Erdbeerhalbinsel**. Nachdem 1715 die Erdbeere ihren Weg vom südamerikanischen Chile nach Europa gefunden hatte, landeten auch einige Exemplare in der Bretagne. In Brest verlor die Tuchindustrie gerade an Bedeutung, als sich die Bauern mit ausgeklügelten Methoden und dank des milden Klimas mit großem Erfolg der Erdbeerzucht widmeten. Die roten Früchtchen fanden besonders in England reißenden Absatz und die Erdbeerbauern verdienten ordentlich. Erst

Mitte des 20. Jahrhunderts kam der Handel und damit die Massenzucht ins Stocken. Seither werden auf den Feldern und in Gewächshäusern vorwiegend Tomaten und Blumen angebaut. Das **Musée de la Fraise et du Patrimoine** im Ort nahe der Kirche beschäftigt sich mit der Geschichte der Erdbeeren und der Ortshistorie samt des Calvaires *(September - Juni Di - Fr 10 - 12/14 - 17.30 Uhr, S/So 14 - 17.30 Uhr, Juli/August Mo - Fr 10.30 - 18.30 Uhr, Sa/So 14 - 18.30 Uhr, Eintritt. www.museefraisepatrimoine.bzh)*.

Auf der N165 halten wir uns weiter südwärts, aber nur um die Schnellstraße recht bald wieder zu verlassen und uns am westlichen Ortsrand von **Daoulas** das einzige romanische Kloster der Bretagne anzuschauen. Das Wohnmobil steht am besten auf dem im ansehnlichen Ort ausgeschilderten Busparkplatz und dann muss der Rest des Weges bergauf zur Abtei zu Fuß zurückgelegt werden.

Ein Spaziergang durch den Klostergarten der **Abbaye de Daoulas** aus dem 6. Jahrhundert verspricht Stille sowie Ruhe und in den Räumlichkeiten um die romanische Kirche und den Kreuzgang aus dem 12. Jahrhundert zeigen wechselnde Ausstellungen sakrale Kunstwerke *(April - Mitte Juni 13.30 - 18 Uhr, Mitte Juni - Ende September 10.30 - 19 Uhr, Anfang Oktober - Anfang Januar Di - So 13.30 - 18 Uhr, Eintritt)*.

Logonna-Daoulas erreichen wir auf der D333 und von dort zwei recht schön gelegene Parkplätze am Rand der Bucht von Brest und eines Ferienwohngebietes. Die Parkplätze eignen sich als Ausgangspunkt für Wanderungen auf dem Küstenwanderweg oder für Radtouren.

(203) WOMO-Parkplatz: Logonna-Daoulas – Grève de Yelen

GPS: N 48°19'15.7" W 04°19'29.6", Route de Yelen. **Max. WOMOs:** 6.

Ausstattung: Infotafel, Müllbehälter.
Beschreibung: Der einfache meist schattenlose, asphaltierte Parkplatz liegt außerhalb des Ortes in der Nähe von Häusern. Die Bucht wird von einem kleinen Kiesstrand begrenzt und während der Saison oder am Wochenende ist es hier recht voll.
Zufahrt: Im Ort Richtung Pointe du Bendy fahren und den Hinweisen zum Camping Le Roz folgen. Hinter der Einfahrt zum Campingplatz links bis zum Parkplatz fahren.
Hinweis: Seit einiger Zeit scheint eine Tafel das Parken von 6 Wohnmobilen zu gestatten. Dabei ist zu beachten, dass die Mobile nicht direkt am Wasser stehen.

(204) WOMO-Parkplatz: Logonna-Daoulas – Pointe de Bendy

GPS: N 48°18'52.6" W 04°19'56.4", Route du Bendy. **Max. WOMOs:** 6.
Ausstattung: Infotafel, Tische und Bänke.

Beschreibung: Der einfache, befestigte, schattenlose Parkplatz befindet sich außerhalb des Ortes in der Nähe von Häusern und zweier Buchten mit kleinem Kiesstrand. Während der Saison und am Wochenende ist hier recht viel los, denn der Parkplatz bietet sich als Ausgangspunkt für Wanderungen und radtouren an.
Zufahrt: Im Ort den Hinweisen bis zur Pointe du Bendy folgen.
Hinweis: Seit einiger Zeit scheint eine Tafel das Parken von 6 Wohnmobilen zu gestatten. Dabei ist zu beachten, dass die Mobile nicht direkt am Wasser stehen.

Zurück in Logonna steuern wir durch ein kleinteiliges Wiesen- und Ackergebiet **Hôpital-Camfrout** an und vermerken dort am Complexe Sportif etwas versteckt eine **V/E-Station** (N 48°19'43.9" W 04°14'41.4", Route de Run Bihan).

Auf halber Strecke zwischen Brest und Quimper liegt die einst wichtige Hafenstadt **Le Faou** am Rivìere du Faou.

(205) Offizieller WOMO-Stellplatz: Le Faou Camping-Car Park Park An Aod

GPS: N 48°17'41.1" W 04°11'12.4, Rue de la Grève. **Max. WOMOs:** 24.
Öffnungszeit: Ganzjährig.
Ausstattung: V/E, Strom, Tische und Bänke, Müllbehälter.
Beschreibung: Der mit Schranke gesicherte, teils schattige Stellplatz liegt am Faou und am Ortsrand. Die Ortsmitte mit Restaurants, Geschäften und Bäckerei ist etwa 500 m entfernt. In unmittelbarer Nähe befinden sich ein Spiel- und ein Skaterplatz.
Preise: €€€. **Zufahrt:** Im Ort den WOMO-Piktogrammen folgen.

Le Faou

Das hübsche Städtchen gehört zu den **kleinen Städten mit Charakter** und gefällt uns mit seinen alten Häusern, deren Schieferfassaden im Sonnenlicht so schön glänzen. Wer vom Stellplatz vorbei an der **Église Saint-Sauveur** zum überschaubaren Ortskern mit netten kleinen Geschäften und dem **Office de Tourisme** *(Juni/September Mo - Fr 9.30 - 12.30 Uhr, Juli/August Mo - Sa 9.30 - 12.30/14 - 18.30 Uhr, So/Feiertage*

10 - 12.30 Uhr, 39 Rue de Général de Gaulle, Telefon 0298810685, www.crozon-tourisme.bzh) schlendert und Hunger verspürt, dem können wir die Einkehr in der **Crêperie La Frégate** empfehlen *(Do - So 12 - 14/ 19 - 22 Uhr, 50 Rue du Général de Gaulle, Telefon 0298810909, Tischreservierung angeraten)*.

Wir befinden uns wieder im **Parc Naturel Régional d'Amorique** und peilen über die D791 mit der kühn geschwungenen Brücke von Térénez über die Aulne **Landévennec** an.

Für den Kurzbesuch bieten sich der große Parkplatz an der Mairie (N 48°17'33.6" W 04°16'05.3", Route Neuve/D60) oder ein weiterer an der Abtei an (N 48°17'22.9" W 04°16'15.3").

(206) WOMO-Campingplatz: Landévennec – Camping Municipal Le Pal

GPS/Kontakt: N 48°17'33.8" W 04°15'54.2", Le Pal, Telefon 0298277265, www.landevennec.fr/camping-municipal.htm.
Öffnungszeit: Mai - September.
Ausstattung: V/E, Strom, Tische und Bänke, Infotafel, Müllbehälter.
Beschreibung: Der sehr kleine, sehr einfache, meist schattenlose Platz auf einem Wiesengelände befindet sich im Ort und liegt hinter einer Hecke unmittelbar am Wasser. Die Sanitäranlagen sind ebenfalls sehr einfach, aber sauber und sollen wohl erneuert werden. Bei Vollbelegung ist es sehr eng und große Wohnmobile werden dann keinen Platz finden.
Preise: €€. **Zufahrt:** Auf der D60 in den Ort fahren, an der Mairie die Straße überqueren und schräg gegenüber den Hinweisen zum Campingplatz hinab zum Wasser folgen.

Landévennec

Bereits vor Erreichen des Ortes zweigen wir zum **Belvédère Cimetière des Bateaux** ab. Von hoch oben schauen wir auf den Schiffsfriedhof der französischen Marine hinab und erspähen einige graue Wracks, die in der Aulne ein letztes Mal vor Anker gingen und ihrem unweigerlichen Verfall entgegensehen.

Nur wenig später erreichen wir den Parkplatz an der **Abbaye Saint Gwénolé** und gehen von diesem hinab zum **Museum**. Im Jahr 485 vom heiligen Guénolé gegründet, entwickelte sich das Kloster in den kommenden 500 Jahren prächtig, bevor es zu Beginn des 10. Jahrhunderts durch die Normannen erstmals geplündert wurde. Es dauerte jedoch nicht lange bis das Klosterleben erneut erblühte, aber nur, um in den folgenden Jahrhunderten immer wieder ordentlich durcheinander gewirbelt zu werden. Mit der Französischen Revolution kam das endgültige Aus und nur wenige Steine der romanischen Klosterkirche aus dem 11. Jahrhundert sind übriggeblieben. Sehr fotogen strecken sich die Mauerreste und Säulenreste auf dem alten Klostergelände in den Himmel und heute gibt es eine neue Abtei, in der Benediktinermönche seit den 1950er-Jahren einen Neuanfang gewagt haben *(Mitte April - Juni/Mitte September - Anfang November Mo - Fr 10.30 - 18 Uhr, Sa/So 10.30 - 13/14 - 18 Uhr, Juli - Mitte September 10.30 - 19 Uhr, Eintritt. www.musee-abbaye-landevennec.fr)*.

Wir sind Anfang April in Landévennec unterwegs und als ob der Schiffsfriedhof als Omen zu sehen ist, präsentiert sich der kleine verschlafene Ort mit einem großen Maß an morbiden Charme. Klappernde Fensterläden an einem geschlossenen Hotel, abblätternde Farbe an noch verlassenen Ferienhäusern ... und doch wiegen sich die Palmen neben dem Dorfkirchlein reizvoll im Wind und geben den Blick auf die Aulne-Mündung frei (Foto links). Wer für solch eine ruhige, fast verwunschene Atmosphäre zu haben ist, der wird auch auf dem sehr, sehr einfachen kleinen Campingplatz direkt am Wasser eine stimmungsvolle Zeit verbringen.

Mit der Überquerung der Aulne auf der Pont de Térénez haben wir auch die **Presqu'île de Crozon** erreicht und lassen uns auf der D791 auf die Halbinsel lotsen.

Presqu'île de Crozon

Die Halbinsel Crozon ist sicher eine der abwechslungsreichsten Landschaften der Bretagne – manch einer behauptet sogar, dass es sich hier um die *Bretagne en miniature* handelt. Einem gewaltigen Kreuz gleichend ragt Crozon mit steilen Klippen, Grotten, windigem Wiesen- und Heideland sowie schroffen Landspitzen weit in den Atlantik hinein und wird dabei von den Buchten von Brest und Douarnenez umfasst.

Von jeher ist die militärische Bedeutung der Halbinsel sehr groß, da sie erst von der Pointe des Espagnols die Überwachung der Meerenge von Brest möglich macht. Hier waren schon die Spanier im 16. Jahrhundert sowie Sébastian Le Prestre de Vauban, der oberste Festungsbaumeister Frankreichs, im 17. Jahrhundert aktiv und auch die deutschen Besatzer hinterließen während des Zweiten Weltkrieges ihre Spuren aus Beton. Es ist also nicht verwunderlich, dass heute die französischen Atom-U-Boote auf der Landzunge Île Longue gegenüber dem Kriegshafen von Brest stationiert sind. Der Marinestützpunkt ist selbstverständlich komplett abgeschirmt und wir können lediglich von Weitem einen Blick auf die großen Einfahrten zu den Bunkern erhaschen.

Viel schöner gestaltet sich die Inselrundfahrt, die uns entgegen dem Uhrzeigersinn zur bereits erwähnten Pointe des Espagnols, der Felsformation Pointe de Penhir und zum Cap de la Chèvre bringen wird. Größere Orte sind Camaret, der ehemals bedeutende Langustenhafen, im Westen und Crozon-Morgat an der Südküste.

Feine Sand- oder grobe Kiesbadestrände sind, meist eingerahmt von hohen Felsen, gleichmäßig an der gesamten Küste verteilt. Manchmal eignen sie sich jedoch nicht zum Baden, da sie als gefährlich ausgewiesen sind und dann sollte man einfach nur die Rundfahrt über die Insel genießen. Am besten lernt man die Naturschönheiten der Halbinsel sowieso bei einer **Wanderung** und einem **Spaziergang** oder einer **Fahrrad-** beziehungsweise **MTB-Tour** zu den vielen Landzungen und Kaps kennen *(www.crozon-tourisme.bzh)*.

In Tal-ar-Groas vermerken wir am Supermarkt eine **V/E-Station** und schwenken wenig später Richtung Camaret *par Route Côtiére* und nach **Lanvéoc**.

(207) WOMO-Campingplatz: Lanvéoc – Camping Cap-Ouest**

GPS/Kontakt: N 48°17'32.4" W 04°27'33.8", 57 Rue de la Grève, Telefon 0298236421 und 0611821302, www.camping-cap-ouest.com.
Ausstattung: Waschmaschine und Wäschetrockner, Brot und Gebäck (nur Juli/August), WiFi, direkter Strandzugang, Tischtennisplatte, Boule-

Platz, Vermittlung von Bootsfahrten, Strandsegeln und Bogenschießen.
Beschreibung: Einfacher, schattenloser, in Terrassen angelegter Wiesenplatz oberhalb der Plage de Lanveoc und unterhalb des Forts mit schönem Blick auf die Rade de Brest. Die Sanitäranlagen sind nicht auf dem neuesten Stand. Der Campingplatz liegt außerhalb des Ortes, ein Restaurant befindet sich in der Nähe.
Zufahrt: Im Ort den Hinweisen zum Campingplatz folgen.

Oberhalb des Campingplatzes liegt ein als militärisches Sperrgebiet ausgewiesenes Fort, an dem wir vorbeispazieren, um zum Aussichtspunkt an der **Pointe de Lanvéoc** zu gelangen. Von hier eröffnet sich der Blick über die Erdbeerhalbinsel bis nach Brest. In der Bucht können wir alte Befestigungsanlagen der Deutschen Wehrmacht, die ab 1942 zum Anlegen von Kriegsschiffen gedacht waren, erspähen. Später wurden sie umgebaut und zur Treibstoffversorgung für NATO-Flugzeuge genutzt. Ab den 1960er-Jahren verlor die Station ihre Bedeutung und wurde 1992 stillgelegt. Außerdem erscheint der U-Boot-Stützpunkt zum Greifen nah.

Weiter geht es nach **Le Fret**, einem kleinen Urlaubsdomizil auf Crozon, von dem es eine **Linienschiffsverbindung nach Brest** gibt und weitere **Bootsausflüge in die Rade von Brest** angeboten werden *(Mitte April - September tägl. morgens und abends, Gebühr. www.lebrestoa.com).* Außerdem sind der recht anständige **Camping Gwel Kaër***** (April - September, www.camping-crozon-bretagne.com) vor der Brücke und der **offizielle WOMO-Stellplatz** der Betreibergesellschaft Camping-Car Park hinter der Brücke direkt am Ortseingang zu erwähnen [**208:** N 48°17'04.2" W 04°30'34.5", Le Sillon, V/E, Strom, ganzjährig geöffnet, Preis €€€].

Über **Roscanvel** steuern wir auf landschaftlich schöner Strecke die **Pointe des Espagnols** an [**209:** N 48°20'21.9" W 04°32'15.7", An der D355. Momentan ist ein maximaler Aufenthalt von 24 Stunden ohne Campingverhalten gestattet!]. Schön ist dieser Parkplatz nicht zu nennen, aber wer's mag, kann hier eine Nacht verbringen und zum Beispiel im frühen Morgengrauen von der Landspitze wie einst die alten Seefahrer und Militärs über die Rade bis nach Brest schauen. Bereits im Jahr 1594 hatten die Spanier diesen hervorragenden Stützpunkt für sich entdeckt und ihn mit einer Bastion zur Kontrolle des Hafens von Brest bestückt.

Blick von der Pointe des Espagnols

Heideflächen, Farne, spärlicher Baumbewuchs und zum Meer abstürzende braun-rot-schwarze Felsen begleiten unseren weiteren Weg bis zur **Pointe des Capucins**. Wer von hier die Aussicht bis zur Pointe Saint-Mathieu oder zum Phare du Petit-Minou genießen möchte, dem bleibt nichts anderes übrig, als sich ein Plätzchen am Straßenrand zu suchen und dann über einen der Trampelpfade zur Landspitze zu gehen. Natürlich kann man auch den **Küstenwanderweg** einschlagen und von der Pointe des Espagnols bis hierher eine etwa **fünf Kilometer lange Wanderung** absolvieren. Die gesamte Küstenlinie ist mit alten Befestigungsanlagen, kleineren Forts und Batterien versehen, sodass der Blick nicht nur von den weiten Aussichten übers Wasser gefangen genommen wird. Wir erspähen unterdessen über die Anse de Camaret die **Pointe de Grand Gouin**, die wenig spektakulär die Nordspitze von **Camaret-sur-Mer** bildet.

(210) Offizieller WOMO-Stellplatz: Camaret-sur-Mer – Aire de Camping-Car

GPS: N 48°16'26.5" W 04°36'31.8", Rue Georges Ancey. **Max. WOMOs:** 85.
Öffnungszeit: Ganzjährig.
Ausstattung: V/E, Strom, mit Schranke gesichert, Müllbehälter.
Beschreibung: Die durch Hecken abgetrennten Parzellen sind schattenlos und durch eine Schranke gesichert. Der Platz liegt am Ortsrand, dessen Mitte und Hafen nach etwa 15 Minuten Fußweg erreicht sind. Hier sind einige Geschäfte, Restaurants und eine Bäckerei zu finden. Von hier kann man zu Wanderungen und Radtouren aufbrechen.
Preise: €€ **Zufahrt:** Im Ort dem WOMO-Piktogramm folgen.

Camaret-sur-Mer

Der einst bekannte Hafen der Langustenfischer und Werftstandort verlor ab Mitte des 20. Jahrhunderts zunehmend an Bedeutung und lebt heute von seinem modernen Jachthafen sowie vom Tourismus. Vom Charme des alten Fischerortes leben zahlreiche Restaurants entlang des Piers und ein Kaffee oder ein Abendessen mit Blick auf den Hafen gestaltet sich recht nett. Am östlichen Ende der Hafenanlagen befindet sich das **Office de Tourisme** *(Juli/August Mo - Sa 9.30 - 13/14 - 18.30 Uhr, So 10 - 13 Uhr, September/Oktober/April - Juni Mo - Sa 9.30 - 12/*

14 - 18 Uhr, November - März Mo - Sa 9.30 - 12/13.30 - 17.30 Uhr, Do nachmittags geschlossen, 1a Rue de 4 Vents, Telefon 0298279360, www.crozon-tourisme.bzh).

Am Ende des Hafendamms Le Sillon, der auf natürliche Weise den Hafen sichert, steht der **Tour Vauban**. Im Jahr 1683 begann der Festungsbaumeister mit den ersten Planungen für einen Verteidigungsturm, der 1694 seine Feuerprobe gegen den Angriff feindlicher Engländer siegreich bestand. Mittlerweile gehört der Turm zum UNESCO-Weltkulturerbe und kann besichtigt werden *(Juni/Juli/August 10 - 13/14 - 18 Uhr, Eintritt)*. Ebenfalls auf dem Sillon befindet sich die **Chapelle Notre-Dame-de-Rocamadour**, die zwischen 1610 und 1683 erbaut wurde.

Neben dem WOMO-Stellplatz wurden 143 von einst 700 Menhiren des Megalithfeldes **Alignements de Lagatjar** neben der Straße wiederaufgerichtet.

Das Hauptpfund der Gegend ist jedoch die Landschaft, die am besten erwandert wird. Direkt vom Stellplatz oder vom nahen **Camping Municipal** kann man zu herrlichen Wanderungen aufbrechen.

Die Kaps von Camaret

Leichte Wanderung von rund 12 Kilometer Länge mit leichten An- und Abstiegen und grandiosen Aussichten.

Vom Stellplatz kommend überqueren wir die D8A und gelangen über die Rue des Menhirs zur D8, die wir ebenfalls queren. Auf der Rue du Kreisker gehen wir entlang von Feldern nach Kermeur. Am Ende der Straße halten wir uns rechts und gehen südlich über die Rue du Kermeur sowie die Route de Lamzoz vorbei an einem kleinen Campingplatz bis zu einem Parkplatz. Dort wenden wir uns rechts und wandern auf dem weiß-rot markierten Küstenwanderweg oberhalb der **Plage de Veryac'h** westwärts. Der Strand lädt zum Baden ein und die **Crêperie Mémé Germaine** zur Einkehr *(während der Saison ab Mittag geöffnet)*. Von hier wandern wir wieder bergauf und über den Küstenweg bis zur **Pointe de Pen Hir**. Aus 70 Meter Höhe bietet sich ein eindrucksvolles Panorama auf die Dünung des Atlantiks und die als **Le Tas de Pois** (Erbsenhaufen) genannten „kleinen" Felshaufen.

Wir lassen das tief unter uns gurgelnde Wasser hinter uns und peilen das **Monument aux Morts** an, das den während des Zweiten Weltkrieges gefallenen Bretonen gewidmet ist. Hier nehmen wir einen der Pfade, die alle mit herrlicher Aussicht nordwärts über dem Meer verlaufen und uns problemlos zum **Musée Mémorial Pointe de Penhir** bringen (N 48°16'03.9" W 04°36'54.3"). Die Ausstellung ist allen zivilen und militärischen Seeleuten gewidmet, die während des Zweiten Weltkrieges auf See geblieben sind *(während der Schulferien 14 - 18 Uhr, Eintritt)*.

Steil geht es nun bergab zur **Plage de Pen Hat**, an der das Baden wegen Treibsand verboten ist. Oberhalb sehen wir die geheimnisvollen

Blick von der Pointe de Touliguet zur Pointe de Pen Hir

Ruinen des Herrenhauses von Pierre Paul Roux, eines französischen Dichters, und am Parkplatz stiegen wir mit der weiß-roten Markierung steil bergauf zu einem Fort aus dem Jahr 1811. Die französische Marine hat das gesamte Gelände der **Pointe de Touliguet** in Beschlag genommen, doch trotzdem genießen wir von hier oben ein Panorama allererster Sahne.

Entlang der Mauer gehen wir auf die andere Küstenseite und dann wieder hinab zur Straße. Irgendwie schlagen wir uns durch die Büsche, treffen wieder auf die Markierung und marschieren links über Wiesen und Heidegebiet leicht bergauf und bergab. Mit hübschen Ausblicken erreichen wir die **Pointe de Grand Gouin**, von der wir ein weiteres Panoramabild über den Atlantik haben. Südwärts orientieren wir uns zunächst etwa 300 Meter an der Küstenlinie und dann rechts bis zu den ersten Häusern. Die Rue Pierre Péron und die folgenden Straßen führen an der Bebauungsgrenze entlang und enden an unserem Ausgangspunkt bei den **Alignements de Lagatjar**.

Nach diesem schönen Aufenthalt am westlichen Ende der Halbinsel steuern wir Crozon entgegen und bewundern unterwegs die weite Bucht der **Anse de Dinan**, die besonders von **Surfern** geschätzt wird. Crozon selbst ist ein aufstrebender Ort, der im Schatten des über die D887 zu erreichenden und sich südlich anschließenden Touristenmagneten **Morgat** steht.

(211) Offizieller WOMO-Stellplatz: Morgat – Camping-Car Park Crozon

GPS: N 48°13'30.9" W 04°30'28.6", Rue de Penfrat. **Max. WOMOs:** 20.
Öffnungszeit: Ganzjährig. **Ausstattung:** V/E, Strom, Müllbehälter.
Beschreibung: Die teilweise sehr engen, schattenlosen Parzellen liegen auf einem einfachen asphaltierten Parkplatz und sind mir einer Schranke gesichert. Der Pluspunkt dieses Platzes liegt in der Nähe zum Ort mit Geschäften, Restaurants und einer Bäckerei. Man kann von hier aus zu Rad- und Wandertouren aufbrechen oder bei der nahen Mietstation ein Fahrrad oder Kajak ausleihen.
Preise: €€ - €€€. **Zufahrt:** Im Ort den WOMO-Piktogrammen folgen.

Morgat

Das kleine Dorf wurde Ende des 19. Jahrhunderts vom Automobilhersteller Armand Peugeot derart „gehypt“, dass sich der abgelegene Fischerort an einem etwa ein Kilometer langen Sandstrand zur ersten Badeadressen der Halbinsel mauserte.

Aus der Gründerzeit sind einige prächtige Villen erhalten, doch die Hauptattraktion sind die kleinen Meeresgrotten am nördlichen Strandende,

die bei Niedrigwasser zu Fuß erreichbar sind, und die größeren, die südlich des Hafens mit dem Boot angefahren werden können. Die eindrucksvollste und größte **Grotte de l'Autel** mit etwa 80 Meter Tiefe und 15 Meter Höhe erhielt ihren Namen durch einen altarähnlichen Felsen (*autel* = Altar) im Inneren, der durch blau-grüne Lichtreflexe begeistert. Mehrere Veranstalter bieten Bootsausflüge zu den **Grottes Marines de Morgat** an *(Mitte Juni - August/September, gezeitenabhängige Fahrten, Gebühr)*. Informationen hierüber und über vieles mehr sind im **Office de Tourisme** am Kreisverkehr erhältlich *(Juli/August Mo - Sa 9.30 - 12.30/14.30 - 19 Uhr, So/Feiertage 14.30 - 18.30 Uhr, Juni/September Mo - Do 9 - 12/14 - 18 Uhr, So 10 - 12/14 - 17 Uhr, Place d'Ys, Telefon 0298272949, www.crozon-tourisme.bzh)*.

Wer nach einer **Bootsfahrt** oder **Wander-** beziehungsweise **Radtour** ein gutes Restaurant sucht, dem empfehlen wir das ebenfalls am Kreisverkehr gelegene **Saveurs & Marée** mit ausgezeichneten Fischgerichten und leckeren Desserts *(Mittags- und Abendmenüs, in der Nebensaison gelten veränderte Öffnungszeiten, Telefon 0298262318, www.saveurs-et-maree.com)*.

Zum Cap de la Chèvre

Ziemlich abgeschieden liegt das **Cap de la Chèvre** knapp acht Kilometer südwestlich von Morgat. Gut ausgeschildert ist es über die D225 durch eine einzigartige Heidelandschaft mit niedrigen Granithäuschen zu erreichen. Klar, dass dieses Naturerlebnis viel besser zu erwandern ist und so kann man vom Hafen in Morgat dem Sentier Cotier, dem **Küstenwanderweg** bis zum Ziegenkap folgen (**Hin- und Rückweg etwa 25 Kilometer** auf gleicher Strecke. Gegenüber der Kassenhäuschen von Vedettes Rosmeur am Ende des Strandes führt der Weg rechts bergan).

Wem das zu weit ist, der kann das WOMO auf halber Strecke in Saint-Hernot nahe der **Maison des Minéraux** stehen lassen *(April - Juni Mo - Fr 10 - 12/14 - 17 Uhr, So 14 - 17 Uhr, Juli - August Mo - So 10 - 19 Uhr, September - Anfang November Mo - Fr 10 - 12/14 - 17 Uhr, So 14 - 17 Uhr, Eintritt, www.maison-des-mineraux.org)*.

Von hier startet der **rund 15 Kilometer lange Rundweg Circuit Cap de la Chèvre**, der auf dem ersten Kilometer Richtung Küste sehr unspektakulär verläuft, doch dann mit beeindruckenden Panoramen glänzt, die einem fast den Atem rauben. Wer die wild zerklüftete etwa 100 Meter hohe Felsenküste bei guten Wetterverhältnissen mit Blick zur rund 17 Kilometer entfernten Pointe du Raz mehr oder weniger allein genießen möchte, der sollte den Besuch am frühen Morgen oder am Abend einplanen. Das gilt natürlich auch für diejenigen, die den Weg mit dem WOMO zurücklegen möchten und dann zudem das schönste Licht an der Landspitze haben (N 48°10'16.0" W 04°33'06.9").

Plage de Trez Bellec

Von Morgat treten wir den Rückweg über Crozon an, vermerken dort einen weiteren **offiziellen WOMO-Stellplatz** der Betreibergesellschaft Camping-Car Park [**212:** N 48°14'53.0" W 04°28'45.6", Rue de Poulpatré, V/E, Strom, ganzjährig geöffnet, Preis €€€] und schon geht es weiter Richtung Quimper.

Wer Lust auf einen Strand- oder Surftag verspürt, biegt nach **Telgruc-sur-Mer** und zur Plage de Trez-Bellec ab. Zum einen kann man das Wohnmobil einfach auf dem Damm oberhalb des Strandes parken und dem Strandvergnügen nachgehen oder man bezieht Quartier auf den umliegenden Campingplätzen, von denen wir einen mit viel Komfort und einen sehr einfachen im Angebot haben.

(213) WOMO-Campingplatz: Telgruc-sur-Mer – Camping Le Panoramic****

GPS/Kontakt: N 48°13'26.1" W 04°22'18.9", 130 Rue de la Plage, Telefon 0298277841, www.camping-panoramic.com.
Öffnungszeit: April - September.
Ausstattung: Außenpool, Restaurant, WiFi, Animationsprogramm, Spiel-, Boule- und Tennisplatz, Fahrradverleih, Fitnessraum, Volleyballfeld, Waschmaschine und Wäschetrockner, Brot und Gebäck sind im Juli/August verfügbar
Beschreibung: Die Wiesenparzellen sind teils schattig, durch Bäume oder Hecken abgetrennt, relativ groß und besitzen zum Teil einen Meerblick. Der Platz liegt außerhalb des Ortes und zum Strand sind es etwa ein Kilometer Fußweg. **Preise:** €€ - €€€.
Zufahrt: Von der D887 den Hinweisen zum Campingplatz folgen.

(214) WOMO-Campingplatz: Telgruc-sur-Mer – Camping Pen Bellec**

GPS/Kontakt: N 48°12'36.4" W 04°22'07.7", Plage de Trez Bellec, Telefon 0298235979 oder 0616550348, www.camping-crozon.fr.
Öffnungszeit: Juni - September. **Ausstattung:** Waschmaschine.
Beschreibung: Der einfache Wiesenplatz liegt außerhalb des Ortes, ist nur durch die Straße vom Strand getrennt und schattenlos. Von hier kann man prima zu Wanderungen oder Radtouren starten und nebenan ist während der Saison eine Bar geöffnet. **Preise:** €€.
Zufahrt: Von der D887 den Hinweisen zum Campingplatz folgen.

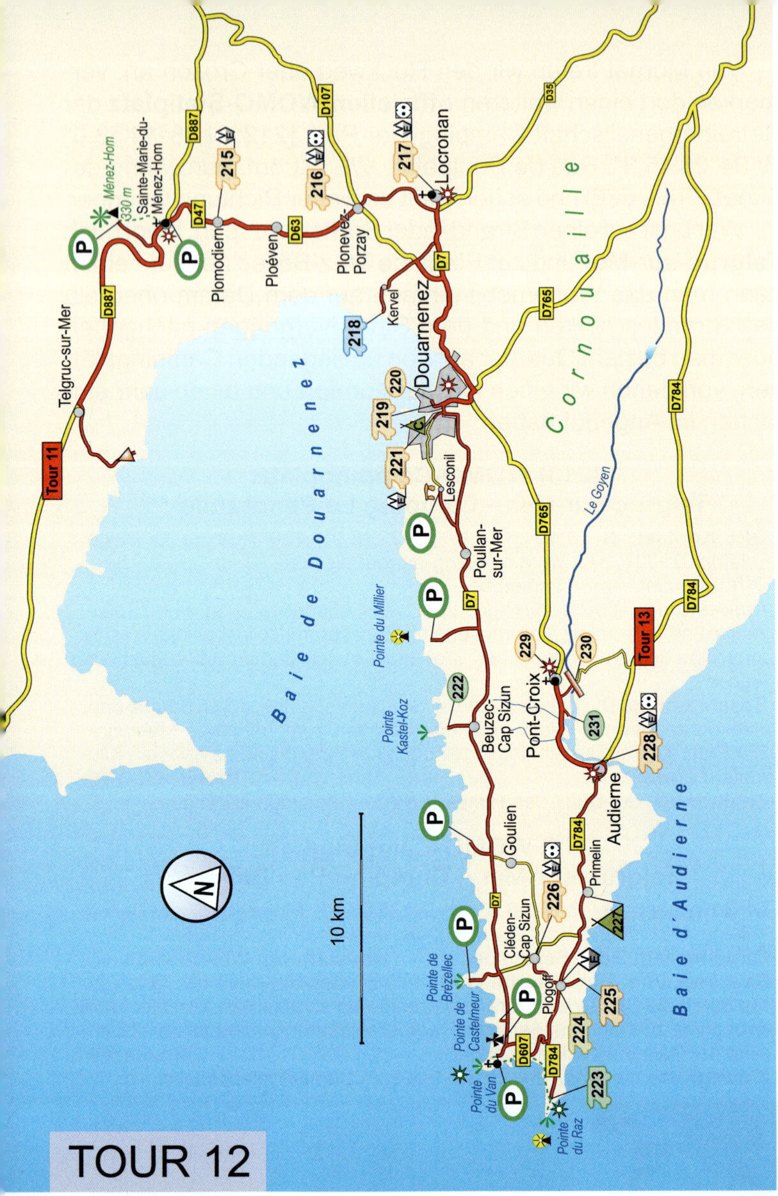

Tour 12 — 130 km

Plomodiern – Locronan – Douarnenez Plogoff – Audierne – Pont-Croix

Stellplätze: Plomodiern, Plonévez-Porzay, Locronan, Kervel Douarnenez, Plogoff, Cléden-Cap-Sizun, Primelin, Audierne, Pont-Croix.

Campingplatz: Plogoff Aire Naturelle de Camping, Primelin Camping Municipal.

Besichtigen:	Locronan Stadtbild und Église Saint-Ronan, Douarnenez, Port-Musée, Lesconil Allée couverte, Audierne Aquashow, Pont-Croix, Église Notre-Dame-de Roscudon, Marquisat.
Wandern:	Ménez-Hom, Pointe du Millier, Beuzec-Cap-Sizun, Pointe du Van/Pointe du Raz.
Radfahren:	Diverse markierte Touren von den Stellplätzen aus.
Baden:	Kervel Isella, diverse Strände entlang der Strecke.
Essen:	Locronan Crêperie Ty Coz, Restaurant Ar Maen Hir; Douarnenez Restaurant La Trinquette; Plogoff Buvette de Pors Théolen, Restaurant L'Etrave; Audierne Boulangerie Ti Forn, Restaurant Orizhon; Pont-Croix Crêperie L'Epoke, Bistro Kom'Home.
Märkte:	Douarnenez Mo - Sa, Plogoff Fr, Audierne Sa, Juli/August auch Mi ab 19 Uhr, Point Croix 1./3./letzter Do im Monat.

Etwa ab hier bis zum Ende des Buches werden wir uns geografisch der bretonischen Südküste widmen. Wir werden das leicht hügelige Landesinnere erleben, in dem die Landwirtschaft überwiegt und sich Quimper für einen Shopping-Tag anbietet. Lange Sandstrände, viele kleine Fischerhäfen und eine abwechslungsreiche Küstenlinie mit überwiegend naturbelassenen Flussmündungen gestalten unsere Reise selbstverständlich auch weiterhin sehr abwechslungsreich. Wir werden einem der in Deutschland bekanntesten französischen Kommissare der neueren Literatur begegnen, auf den künstlerischen Spuren von Paul Gauguin wandeln und die riesigen Megalithfelder von Carnac besuchen. Südlich dem Golf von Morbihan werden wir auf das weiße Gold in den Salzfeldern stoßen und zum Abschluss durch den von Kanälen durchzogenen Naturpark der Grande Brière schippern.

Zunächst bewegen wir uns an der **Côte de Cornouaille**, die im Südosten bis an den Fluss Laïta bei Quimperlé reicht und die vom Namen her an die englische Grafschaft Cornwall erinnert, die in Frankreich ebenso bezeichnet wird. Kein Wunder, begann doch von britischer Seite die Christianisierung des westfranzösischen Festlandes. Zwischen den Buchten von Douarnenez und Audierne besuchen wir in dieser Tour die **Halbinsel Sizun** mit ihren unzähligen Landspitzen, von denen wir zu diesem Zeitpunkt nur die Pointe du Raz nennen wollen.

Nach einem schönen Tag am Meer wollen wir nun jedoch erst einmal hoch hinaus und folgen der D887. Langsam, aber stetig führt die Straße nach oben, die Vegetation ändert sich und die Landschaft wird zunehmend karger. Die letzten zwei Kilometer bis fast auf den Gipfel des **Ménez-Hom** sind gut ausgeschildert und auf breiter Straße gut zu erreichen (N 48°13'06.0" W 04°14'11.1").

Zu Fuß auf oder um den Ménez-Hom

Der 330 Meter hohe erloschene Vulkan ist die weit und breit höchste Erhebung der Bretagne und gut mit dem Wohnmobil zu erreichen. Direkt vor der WOMO-Tür beginnen zahlreiche markierte Wege, die bei der Erkundung der Weiten dieses Berges behilflich sind und die ein Verlaufen fast unmöglich machen – hinauf auf den Berg findet man jederzeit. Wir haben den Berg jedoch auch schon vom Parkplatz in **Sainte-Marie-du-Ménez-Hom** erwandert (N 48°12'07.0" W 04°14'03.0"). Dazu sind wir etwa 500 Meter der D47 zu Fuß gefolgt, um diese am Ende einer Rechtskurve links zu verlassen. Der Weg steigt von hier in etwa 1,5 Kilometer gemächlich bis zum Gipfel an und ist beliebig zu erweitern. Durch den Rundblick ist dann die Orientierung zum Ausgangspunkt gegeben.

Je höher wir kommen, desto mehr eröffnet sich die Aussicht und vom Plateau bestaunen wir den Panoramablick zum Cap de la Chèvre, in die Buchten von Brest und Douarnenez sowie bis zur Île de Sein vor der Pointe du Raz und bis zur Pointe Saint-Mathieu. Grandios und bei optimaler Fernsicht ist ein Abstecher auf den letzten Ausläufer der Montagnes Noires, der Schwarzen Berge, unbedingt empfehlenswert!

Von hier konnte in früheren Zeiten das gesamte Gebiet überwacht werden und die Kelten erkoren den Ménez-Hom zum Kultort, wie noch heute Megalithe und Steinansammlungen bezeugen. Der ehemals heilige Berg ist in unserer Zeit ein beliebtes Ziel von Gleitschirmfliegern.

Unterhalb der Hügelkette ist der umfriedete Pfarrbezirk im bereits erwähnten **Sainte-Marie-du-Ménez-Hom** an der D887 unbedingt einen weiteren Stopp wert, denn in der **Kapelle** staunen wir über die geschnitzten und reich verzierten Altarwände.

Weiter geht es nach **Plomodiern**, wo in der Nähe des Stadions ein nicht mehr als zweckdienlicher **offizieller WOMO-Stellplatz** erwähnt werden sollte [**215:** N 48°11'05.5" W 04°13'41.4", Route de Châteaulin, V/E], während wenig später in **Plonévez-Porzay** die freundlichere Variante eines **offiziellen WOMO-Stellplatzes** nahe der örtlichen Geschäfte und Restaurants auf Besucher wartet [**216:** N 48°07'29.9" W 04°13'27.5", Rue des Eglantines, V/E, Strom].

Nach nur wenigen Kilometern erreichen wir das auf einer Anhöhe liegende, herausgeputzte **Locronan**, das sowohl zu den **kleinen charaktervollen Städten** als auch zu den **schönsten Dörfern Frankreichs** zählt. Das Parken ist momentan tagsüber auf allen Parkplätzen erlaubt, nachts muss das Wohnmobil seinen Platz auf dem offiziellen Stellplatz finden.

(217) Offizieller WOMO-Stellplatz: Locronan – Camping-Car Park

GPS: N 48°05'54.1" W 04°12'43.6", Rue du Prieuré. **Max. WOMOs:** 40.
Öffnungszeit: Ganzjährig.
Ausstattung: V/E, Strom, Infotafel, WC, Müllbehälter.
Beschreibung: Der teils schräge, durch eine Schranke gesicherte Parkplatz befindet sich am Ortsrand. Der Untergrund ist an einigen Stellen asphaltiert und an anderen nur befestigt und einige Plätze liegen unter Bäumen. Die Ortsmitte mit Geschäften und Restaurants ist in wenigen Minuten fußläufig zu erreichen. Von hier kann man zu Wander- und Radtouren aufbrechen. Tagsüber ist es

im Allgemeinen sehr unruhig, aber am Abend, wenn die Menschen- und Blechkarawanen abgezogen sind, wird es ruhig und friedlich.
Preise: €€. **Zufahrt:** Im Ort den WOMO-Piktogrammen folgen.

Locronan

Im 6. Jahrhundert war es der heilige Ronan (*Loc-Ronan*), der das einst keltische Nemeton, eine geweihte Stätte, zum Christentum bekehrte. Das Dorf, ursprünglich erstreckte es sich rund um einen Palast am Fuße des Berges, wurde vermutlich von den Normannen zerstört und die Bewohner ließen sich ab dem 10. Jahrhundert dort nieder, wo Ronan seine erste Einsiedelei hatte. Dieser wollte auf der Anhöhe in Frieden leben, doch ein zänkisches Weib ließ ihn nicht zur Ruhe kommen und er zog weg. Nach seinem Tod in Saint-Brieuc brach in mehreren Gemeinden ein Streit aus, wo der mittlerweile berühmte Ronan beigesetzt werden sollte. Sein Leichnam wurde auf einen Ochsenkarren gelegt und dort, wo das Gespann stehenblieb, sollte der Heilige begraben werden. Wir ahnen es bereits: Die Ochsen hielten an der einstigen Einsiedelei und genau dort befindet sich noch heute die Grabkapelle **Chapelle du Pénity** mit einer Liegefigur Ronans. Seine Reliquien ruhen indes in einem Schrein auf dem Altar.

Da die Herzöge von Cornouaille den Heiligen Ronan verehrten und auch ansonsten sehr frömmig waren, ließen sie eine erste romanische Kirche sowie ein Benediktinerkloster errichten und sorgten im 15. Jahrhundert für den Bau der Klosterkirche **Église Saint-Ronan**. Spätgotisch und mit stumpfem Glockenturm versehen, dominiert das Gotteshaus den Marktplatz und die Nebenstraßen, der unter Denkmalschutz stehenden Altstadt mit Häusern des 16. - 18. Jahrhunderts aus grauem Granit. Die alten Gemäuer, an denen Blauregen rankt sowie Geranien und Hortensien blühen, spiegeln den durch die Segeltuchmacherei gemachten Wohlstand des Ortes wider.

Heute beheimaten das *Bureau de la toile* (Segeltuchkontor), das *Hôtel de la Compagnie des Indes* (Sitz der Ostindischen Handelsgesellschaft) und die Herrenhäuser der Kaufleute, der Anwälte und der Bediensteten des Königs Gaststätten, Bäckereien, Andenkenläden und Kunstgalerien. Anstatt des Segeltuchs gehen jetzt traditionelle Leckereien oder getöpferte Waren, Schnitzereien sowie Seidenmalereien über die Ladentheken und in dem ganz in Granit gehaltenen alten Ortskern werden nach der Entfernung der Straßenschilder immer wieder Kino- und Fernsehproduktionen in einer sehenswerten Originalkulisse gedreht.

Erwähnung finden sollte die **Petite Troménie**, die jeweils am zweiten Sonntag im Juli stattfindet und bei der die Pilger wie einst der heilige Ronan fünf Kilometer meditierend um den Ort ziehen. Bei der **Grande Troménie**, die nur alle sechs Jahre gefeiert wird, und die zu den bedeutsamsten Pardons der Bretagne gehört, werden gar 12 Kilometer abgeschritten, die zu den 12 Gebetsstationen führen. Informationen hierüber und über vieles andere mehr erteilt das **Office de Tourisme** *(April - Juni Di - Fr 10 - 12.30/13.30 - 18 Uhr, So 14 - 18 Uhr, Feiertage bis 17 Uhr, September Mo - Sa 10 - 12.30/13.30 - 18 Uhr, So 14 - 17 Uhr, Juli/August Mo - Sa 10 - 12.30/13.30 - 18 Uhr, So 11 -13/15 - 18 Uhr, Feiertage 14 - 17 Uhr, Schulferien Mo - Fr 10 - 12.30/14 - 18 Uhr, Place de la Marie, Telefon 0298917014, www.locronan-tourisme.bzh).*

Es macht einfach Spaß durch die alten, engen Gassen mit Kopfsteinpflaster zu schlendern. Weniger spaßig ist es, wenn man die Mantel- und Degenfilmidylle mit gefühlten Tausenden von Besuchern teilen muss, sodass ein Besuch am zeitigen Morgen oder am Abend kurz vor Ladenschluss von Vorteil ist. Sehr schmackhaft gegessen haben wir übrigens im **Restaurant Ar Maen Hir** *(Mittags- und Abendmenüs Do/Fr, Di/Mi/So/ nur mittags, Sa nur abends, Mo geschlossen, Rue due Prieuré, Telefon 02555556101837)* und in der **Crêperie Ty Coz**, die zu den besten der Umgegend gehören soll *(Mo/Mi - Fr 12 - 21 Uhr, Di/So 12 - 14.30 Uhr, Sa geschlossen, Place de l'Église, Telefon 0298917079).*

Wer in der **Advents- und Weihnachtszeit** unterwegs ist, sollte wie in so vielen der anderen bretonischen Dörfer und Städte, die Atmosphäre des Weihnachtsmarktes sowie mit festlich geschmückten oder beleuchteten Fassaden erleben.

Nach dem Ausflug ins Mittelalter steht uns der Sinn einmal mehr nach Strand- und Badevergnügen, dem ganz in der Nähe nachgegangen werden kann.

(218) Offizieller WOMO-Stellplatz: Kervel Isella – Plage de Kervel

GPS: N 48°06'55.7" W 04°16'49.5". **Max. WOMOs:** 8.
Öffnungszeit: Ganzjährig.
Ausstattung: Müllbehälter.

Beschreibung: Der abgetrennte Teil eine größeren Parkplatzes befindet sich außerhalb des Ortes in unmittelbarer Nähe des Strandes, teilweise mit Blick auf das Wasser und ist schattenlos. Der Untergrund besteht aus befestigter Wiese und die WOMOS stehen rechts und links der Fahrspur. Während der Saison kann in der nahen Bar eingekehrt werden.
Zufahrt: Von der D7 den Hinweisen zur Plage de Kervel folgen.
Hinweis: Der maximale Aufenthalt beträgt 48 Stunden.

Doch nun auf nach **Douarnenez**. Die Parksituation für Wohnmobile fällt dort recht bescheiden aus, denn der **offizielle WOMO-Stellplatz** nahe dem Museumshafen (*Port-Musée*) entpuppt sich als **Parking Jean Barré** [**219:** N 48°05'30.6" W 04°19'57.1", Rue Jean Barré]. Der einfache Parkplatz ist weder besonders schön, noch ist er für große WOMOs geeignet und zudem oft von anderen Fahrzeugen zugeparkt. Alternativ sind wir der Straße am Wasser und rechts vor den später kommenden Tanks am Hafen etwa 1,5 Kilometer gefolgt und auf den **Parking du Centre** gestoßen. Laut Aussage der Tourist-Info wird hier das Parken und Übernachten ohne Campingverhalten toleriert. **[220:** N 48°05'44.4" W 04°19'38.3", Rue Henri Barbusse].

Außerhalb des Zentrums, direkt neben dem ausgewiesenen **Camping de Trézulien****** (Anfang April - Mitte/Ende September, www.camping-trezulien.com), befindet sich ein zur Betreibergesellschaft Camping-Car Park gehörender, einfacher und nahezu schattenloser **offizieller WOMO-Stellplatz** [**221:** N 48°05'32.1" W 04°21'01.5", 14 Route de Trézulien, V/E, ganzjährig geöffnet, Preis €€]. Von hier beträgt der Fußweg etwa einen Kilometer bis zum Port de Plaisance, an dem Mittwoch- und Samstagvormittags der Markt stattfindet und sich eine Bäckerei befindet. Folgt man dem Wasserlauf etwa 400 Meter in südöstliche Richtung, können die Passerelle Jean Marin überquert und der Museumshafen erreicht werden.

Douarnenez und Kommissar Dupin

Von den beiden oben genannten Parkplätzen ist das **Office de Tourisme** im Zentrum nach wenigen hundert Metern erreicht und wir decken uns mit deutschsprachigen Broschüren ein, die einen Überblick über alle vor Ort möglichen Freizeitaktiven einschließlich der Ansprechpartner geben *(Juli/August 10 - 18.30 Uhr, April - Juni/September/Oktober Mo - Sa 10 - 12.30/14 - 18 Uhr, April - Juni/ September So/Feiertage 10 - 12.30 Uhr, November - März Mo - Sa 10 - 12.30/14 - 17.30 Uhr, 1 Rue du Docteur Mével, Telefon 0298921335, www.douarnenez-tourisme.com)*.

Die gute, vor Sturm geschützte Lage und ergiebige Fischgründe machten Douarnenez über die Jahrhunderte zum wichtigsten Fischereihafen Frankreichs. Heute ist er immerhin noch der sechstgrößte und von der Fischverarbeitung geprägt. Auf dem durchgängig mit einem bronzenen Sardinenemblem im Straßenpflaster markierten **Chemin de la Sardine**, dem Sardinenweg, kann man die Stadt in rund zwei Stunden erkunden und gleichzeitig erfahren, wie es um die Geschichte der Sardinenfischerei bestellt ist (Infotafeln in französischer und englischer Sprache).

Museumshafen

Interessant ist der Museumshafen, **Port-Musée** am **Port Rhu**, in dem die Geschichte der heimischen und internationalen Schifffahrt beleuchtet wird. Im Außenbereich am Kai liegen etwa 20 historische Schiffe, von denen im Sommer vier vom Deck bis zum Laderaum besichtigt werden können *(Hauptsaison 10 - 18 Uhr, Mittlere Saison 10 - 12.30/14 - 18 Uhr, Nebensaison Di - So 13.30 - 17.30 Uhr, Eintritt. www.port-musee.org).*

Der Stadt vorgelagert ist die **Île Tristan**, auf der einst Sagenkönig Marc'h aus der Tristanerzählung residiert haben soll. Wer das Eiland betreten möchte, muss wenigstens eine Stunde lang die Ebbe abwarten (ein Gezeitenplan verrät, wann das der Fall ist).

Über verwinkelte Gässchen, mal bergauf und dann wieder bergab, gelangen wir zum alten **Port du Rosmeur** an der Ostseite der Stadt. Das nostalgische Flair der heute unwirtschaftlichen Hafenzeile mit Restaurants lädt zum Verweilen ein und wir finden mittags unseren Platz im **Restaurant La Trinquette,** in dem wir mit Blick aufs Wasser fein gegrillte Sardinen verspeisen. Vom alten Hafen kann man den Sardinenweg verlassen und eine extra Runde über den Küstenwanderweg **Sentier des Plomarc'h** hoch über dem Meer zur **Plage du Riz** wandern. Auf den rund 1,5 Kilometer trifft man auf einen Kinderspielplatz und ein traditionelles Steindorf.

Wer auf **Kommissar Dupin** steht, dem ist sicher bekannt, dass der Film zum Buch „Bretonische Flut" teilweise in Douarnenez gedreht wurde (vgl. Tour 14, S. 269). Ein beim Office de Tourisme erhältlicher, deutschsprachiger Flyer führt Krimi-Enthusiasten zu den Schauplätzen des fünften Falls, sodass bei dieser Gelegenheit ebenfalls eine Entdeckungsreise durch die Stadt gemacht werden kann. Hierbei gelangen die Spaziergänger auch in den Ortsteil Tréboul mit schicken Villen unter schattigen Pinien und dem beliebten sowie belebten Sandstrand Plage des Sables Blancs.

Wir überqueren den Port Rhu und lassen uns immer weiter westwärts durch mehrere Orte mit recht hübschen Kapellen und Kirchen führen. Kurz vor Poullan-sur-Mer kann man zur **Allée couverte** bei **Lesconil** abbiegen, das insofern erwähnenswert ist, da die normalerweise senkrecht aufgerichteten Tragsteine hier schräg angeordnet sind und sich gegenseitig stützen (N 48°05'28.7" W 04°22'47.7").

Lohnend sind auf unserer Strecke über die **Halbinsel Sizun** die Abstecher zur Küste und zu den Landspitzen, die durch den **Küstenwanderweg** mit immer wieder wechselnden Aussichten auf das Meer erwandert werden können. Gleichzeitig sind etliche **Radwege** und **MTB-Strecken** ausgewiesen, die ebenso kurzweilig durch das Hinterland führen. Für den längeren Aufenthalt sind rechts und links der Straße Campingplätze unterschiedlicher Qualität zu finden. Die Felslandschaft an der 60 bis 80 Meter hohen zerklüfteten Steilküste wird immer

Chapelle Saint-They an der Pointe du Van

dramatischer und findet ihren ersten Höhepunkt an der **Pointe du Van**, die von einem tagsüber zu nutzenden Parkplatz nach etwa 10 Minuten Fußweg erreicht werden kann (N 48°03'34.2" W 04°42'26.2"). Wer den meist überfüllten Parkplatz mit einer offiziell geregelten Übernachtungsmöglichkeit an der bekannteren **Pointe du Raz** meiden möchte und über genügend Zeit verfügt, der sollte die rund fünf Kilometer lange Strecke zwischen den beiden Kaps von hier erwandern – dies ist sowieso die beste Möglichkeit, um die immer wieder grandiosen Aussichten und die bisweilen raue Natur zu genießen!

Das Herz des **Réserve Naturelle de Goulien** liegt bei Beuzec und unter Beachtung ausgeschilderter Verhaltensregeln (beispielsweise dürfen keine Hunde mitgenommen werden!) ist es möglich, einen kleineren Teil ohne Naturführer zu betreten (Infos über geführte Touren sind vor Ort oder im örtlichen Office de Tourisme erhältlich). Das Fahrzeug kann währenddessen auf dem folgenden Parkplatz geparkt werden (N 48°04'38.9" W 04°35'07.3", Kerisit Bian). Wer mit Hunden unterwegs ist, kann diese an der Leine im westlichen Bereich Richtung Pointe de Peharn mit sich führen und wird dort ein unbeschreiblich schönes Naturerlebnis vorfinden.

Vom Parkplatz an der **Pointe du Millier** (N 48°05'38.6" W 04°28'02.8", Route du Millier) kann der gut markierte **neun Kilometer lange Circuit des Korrigans** zu Fuß abgelaufen werden, bei dem man eine Wassermühle, ein Langgrab und die kleine Kapelle von Lescogan streift.

Eine weitere gut markierte **11 Kilometer lange Wanderung** (**Tour de Pointe du Van**), die auch die Parkplätze an den Landspitzen Castelmeur und Van tangiert, startet kurz vor der Pointe de Van an den **Moulins de Trouguer** (N 48°03'28.1" W 04°42'00.4", An der D7). Dort gibt es einen Wanderplan mit Streckenverlauf und Markierungen.

Wenn man vom Parkplatz an der **Pointe de Brezellec** (N 48°04'11.7" W 04°39'53.0") auf dem Küstenpfad zur westlich gelegenen **Pointe du Castelmeur** losmarschiert, trifft man unterwegs auf die versteckt an einem kleinen Hafen liegende

Buvette de Pors Théolen *(Juli/August meist nur ab Nachmittag, Telefon 0298706479)*. Hier nimmt man auf der Terrasse mit hübscher Aussicht eine Erfrischung zu sich oder man kehrt nach dem etwa insgesamt **8 Kilometer langen Spaziergang** (Hin- und Rückweg) an der Landstraße später im für seine formidabel zubereiteten Hummer und Langusten bekannten **Restaurant L'Etrave** ein *(Mittags- und Abendmenüs Do - Mo, An der D7/Krebesquerrien, unbedingt telefonisch reservieren 0298706687, www.etrave-roma.fr)*.

(222) WOMO-Parkplatz: Beuzec-Cap-Sizun – Pointe Kastel-Koz

GPS: N 48°05'04.5" W 04°31'07.3", Route de Kastel-Koz. **Max. WOMOs:** 3 - 5.
Ausstattung: Infotafel, Müllbehälter.
Beschreibung: Der einfache, schattenlose Parkplatz befindet sich außerhalb des Ortes oberhalb des Meeres mit einer schönen Aussicht. Von hier hat man direkten Anschluss an den Küstenwanderweg und das Hinterland kann mit dem Fahrrad erkundet werden.
Zufahrt: Im Ort den Hinweisen zur Pointe de Kastel-Koz folgen.
Hinweis: Jährlich findet hier am 2. Augustwochenende ein internationales Musik- und Folkfestival statt und wir sind hier auch schon im April auf viele junge, friedlich gestimmte Leute gestoßen!
Auch wenn es hier (noch) keine Parkeinschränkungen gibt, sollte man sich im besten Fall diskret verhalten – also kein Campingverhalten an den Tag legen und die Umgebung sauber verlassen!

(223) Offizieller WOMO-Stellplatz: Plogoff – Pointe du Raz

GPS: N 48°02'14.5" W 04°42'50.7", Route de Bestree. **Max. WOMOs:** 40.
Öffnungszeit: Ganzjährig. **Ausstattung:** Müllbehälter.
Beschreibung: Der einfache, schattenlose Parkplatz liegt auf befestigter Wiese, außerhalb des Ortes und ist befestigt. In der Nähe befinden sich neben dem Infozentrum einige Souvenirläden, Cafés und Crêperien. Die Pointe du Raz ist nach etwa 1,5 - 2 Kilometer Fußweg zu erreichen.
Preise: Tagsüber €€, nachts €€€ (die ersten 30 Minuten sind kostenfrei).
Zufahrt: Aus allen Himmelsrichtungen den Hinweisen zur Pointe du Raz folgen und zum Parkplatz fahren.

Wie bereits angedeutet, ist die **Pointe du Raz** (bretonisch: *Beg ar Raz*) ein Highlight jeder Bretagne-Reise – entsprechend groß ist der Andrang aller Arten von Fahrzeugen und jeder Menge Menschen, die auf relativ bequemem, etwa 1,5 Kilometer langem Fußweg vom **Maison de la Pointe du Raz et du Cap Sizun** *(April - September 10.30 - 18 Uhr, Juli/August bis 19 Uhr, Oktober - Anfang November 10.30 - 17.30 Uhr)* zu Fuß oder mit dem Shuttle-Bus (mit Rollstuhlplatz) zum Objekt der Begierde pilgern. Hunde sind auf dem gesamten Gelände der **Grande Site de France**, zu der die Landspitzen Van und Raz gehören, an der Leine zu führen. Aufgrund des Besucherandrangs ist also der Ausflug zum spektakulären Kap aller Kaps deutlich reglementiert. Einen sehr guten Überblick verschafft die folgende Internetpräsenz, die auch in deutscher Sprache abrufbar ist *(www.pointeduraz.com)*.

Anzumerken ist, dass man seinen Besuch nach Möglichkeit auf die frühen oder späten Abendstunden legen sollte, um einigermaßen ungestört die wilde Naturschönheit zu erleben. Dann ist der Ausflug zur atemberaubend schönen Landspitze aber unbedingt empfehlenswert!

Immer wieder zeigt sich die Felsformation von einer anderen Seite – mal liegt sie friedlich im stillen Blau des Atlantiks, mal trotzt sie sturmumtobt und zackig den wilden Brechern oder glänzt im milden Abendlicht – villeicht können Sie nachvollziehen, warum die Pointe du Raz den kleinen Hauch faszinierender als die vielen anderen wunderbaren Landspitzen oder Kaps ist und sie ihren Platz wie selbstverständlich in unsere persönlichen **Top Ten** findet.

Eventuell kann der Besuch durch einen **Bootsausflug rund um Cap Sizun** sogar noch getoppt werden. Im einige Kilometer entfernten Audierne bieten die Skipper Bootstouren an und man kann dabei nicht nur den Leuchttürmen ganz nah kommen oder Wasservögel und Robben beobachten, sondern mit Glück werden die modernen Boote von spielenden Delfinen begleitet. Ein ganz besonderes Erlebnis, das nur bei ruhigem Seegang angeboten wird und, wie in unserem Fall, auf die letzte Minute abgesagt wird, falls sich die Wetterverhältnisse zum Schlechteren verändern sollten. Wir empfanden diese Vorsichtsmaßnahme als sehr beruhigend, denn die sehr starke Meeresströmung vor Ort gilt als gefährlich und es ist uns trotz der Enttäuschung angenehmer, wenn der Veranstalter kein Risiko eingeht *(Infos direkt beim Anbieter **L'Échappée Nautique** 8 Rue Lamartine, Audierne, Telefon 0761952750 im Office de Tourisme. Es werden Touren von 2,4, und 6 Stunden Länge in französischer und englischer Sprache angeboten. www.echappee-nautique.ouibike.net).*

Pointe du Raz und Leuchtturm Phare de la Vielle

Von der Pointe du Van zur Pointe du Raz

Mittelschwere Wanderung von etwa 12 Kilometer Länge mit leichten An- und Abstiegen und phänomenalen Aussichten.

Vom Parkplatz an der Pointe du Van suchen wir in nordwestlicher Richtung zunächst den Weg zur **Pointe du Van**. Ganz vorne auf der Spitze haben wir, bei guter Sicht, einen wunderbaren Panoramablick auf das Cap de la Chèvre, die Pointe de Penhir bei Camaret und ganz im Norden bis zur Pointe Saint-Mathieu. Im Südwesten sehen wir die Pointe du Raz und dazwischen einen Traumstrand, dem wir noch näherkommen werden. Links im Meer sind die Île de Sein und der Leuchtturm La Vieille auszumachen.

Der weiß-rot markierte Küstenpfad führt uns nun leicht südlich zur kleinen **Chapelle Saint-They**, die seit dem 15. Jahrhundert Wind und Wetter trotzt. Der Zöllnerpfad führt aussichtsreich an der Steilküste entlang und wir durchqueren ziemlich steil bergauf und bergab zwei Täler. Die Landschaft ist je nach Jahreszeit mit rosarot schimmerndem Heidekraut bedeckt oder mit gelben Ginsterblüten betupft, während sich die braun-grauen Felsen von den leuchtenden Farben des Meeres absetzen. Von der **Landzunge Le Vorlen** können wir den Blick von einem Kap zum anderen werfen. Mit weiteren An- und Abstiegen gelangen wir zum 300 Meter langen Sandstrand an der **Baie des Trépassés** mit zwei gastronomischen Betrieben.

Um den Namen der „Bucht der Dahingeschiedenen“ rankt sich manch' schaurige Geschichte. Eine davon besagt, dass in keltischer Zeit die Körper der verstorbenen Druiden von hier in einem Boot zur Île de Sein gesegelt wurden, um dort in geweihter Erde bestattet zu werden.

Hinter der Bucht marschieren wir kräftig bergauf und lassen zwei Bunker hinter uns. Der schmale Küstenpfad zieht sich mit herrlichen Aussichten durch das Gelände der Steilküste, bis wir auf den offiziellen Zuweg zur **Pointe du Raz** treffen und diesem rechts folgen. Bei Sturm brechen sich die meterhohen Wellen des Atlantiks an den felsigen Riffen und bearbeiten den Stein so, wie sie es bereits seit Jahrtausenden unaufhörlich tun. In tiefen Spalten schäumt und gurgelt das Wasser und der Blick fällt auf aufgetürmte scheinbar unerschütterliche Felsformationen. Doch auch bei schönem Wetter spüren wir die Urgewalt der Natur um uns herum und erblicken über die zerklüfteten Klippen die Leuchttürme La Vieille und Tévennec. Wenn es immer noch gestattet ist, können ganz Mutige auf einem schmalen Felspfad und mit ganz viel Vorsicht bis an den Abgrund des Kaps klettern. Wir begnügen uns mit der fantastischen Aussicht und treten über den Küstenpfad den Rückweg zur Pointe du Van an.

Auf unserer Sizun-Runde lenken wir das Wohnmobil nun an der Baie des Trépassés vorbei und lassen es nach **Plogoff** rollen. Dabei stellen wir wie so oft bei unserer Reise durch die Bretagne fest, dass auch diese Gegend rund um die Buchten von Douarnenez und Audierne das Potential für die gesamte Urlaubszeit bieten würde.

(224) Offizieller WOMO-Stellplatz: Plogoff Aire Naturelle de Camping

GPS/Kontakt: N 48°02'14.4" W 04°40'51.9", 3 Impasse Kerguidy Izella, Telefon 0298703560 oder 0631780902, www. fermelebars.com.
Max. WOMOs: 12.
Öffnungszeiten: Juni - September.
Ausstattung: V/E, Strom, WC, Dusche, Waschmaschine, Tische und Bänke, Infotafel, Müllbehälter.
Beschreibung: Der kleine Camping à la ferme befindet sich auf Wiese nahe der Straße an einer Bed- & Breakfest-Unterkunft. Der Platz ist meist schattenlos und die Sanitäranlagen etwas veraltet, aber sauber.
Preise: €€€.
Zufahrt: Von der Pointe du Raz kommend im Ort die erste Möglichkeit rechts abbiegen und den Hinweisen Camping folgen.

(225) Offizieller WOMO-Stellplatz: Plogoff – Stade

GPS: N 48°01'56.4" W 04°39'44.6", Rue du Stade. **Max. WOMOs:** 20.
Öffnungszeit: Ganzjährig.
Ausstattung: V/E im Ort bei N 48°02'14.4" W 04°39'55.3", Müllbehälter.
Beschreibung: Der schattenlose, am Ortsrand liegende Parkplatz besteht aus einem einfachen, asphaltierten Teil und einem Wiesenareal mit kleinem Meerblick. Etwa 300 Meter entfernt befinden sich im Ort eine Épicerie sowie eine Crêperie, eine Bäckerei liegt etwa 750 m entfernt an der Hauptstraße Richtung Pointe du Raz. **Zufahrt:** Im Ort von der Durchgangsstraße dem Hinweis Parking Stade folgen.

Ein rund 1,5 Kilometer langer Spaziergang vom letztgenannten Stellplatz führt über die Straße hinab zu einem der kleinen, versteckten Häfen von Plogoff. In **Pors-Loubous** landete während des Zweiten Weltkriegs am 22. Dezember 1940 der englischer Seeoffizier Honoré d'Estienne, um ein Nachrichtennetzwerk gegen die deutschen Besatzer einzurichten. Er wurde jedoch verraten und im August 1941 in Paris erschossen. Eine Gedenktafel erinnert an diesen Zwischenfall.

Ein weiterer **offizieller WOMO-Stellplatz** befindet sich ganz in der Nähe in **Cléden-Cap Sizun** auf einem Großparkplatz [**226:** N 48°02'55.1" W 04°39'00.5", Place du 19 Mars 1962, V/E, Strom]. In **Primelin** ist es der einfache **Camping Municipal de Kermaléro**, der uns in ländlicher Umgebung und mit Hecken abgetrennten Parzellen aufgefallen ist [**227:** N 48°01'31.4" W 04°37'06.1", 21 Route de l'Océan, Telefon 0298748475, www.primelin.fr, geöffnet von Mitte Juni - Mitte/Ende Oktober, Preis €€]. Wer lediglich einen einfachen **offiziellen WOMO-Stellplatz** sucht, der findet diesen ganzjährig und mit V/E-Station und Strom versorgt, direkt vor dem Campingplatz.

Entlang der Mündung des Flusses Goyen erstreckt sich der Fischerort **Audierne**, der recht einladend wirkt und auch bei näherer Betrachtung einen Aufenthalt wert ist.

(228) Offizieller WOMO-Stellplatz: Audierne – Aire de Camping-Car

GPS: N 48°01'37.5" W 04°32'10.2", Rue Lamartine. **Max. WOMOs:** 20.
Öffnungszeit: Ganzjährig.
Ausstattung: V/E, Strom, Müllbehälter.

Beschreibung: Der teils schattige, befestigte Teil eines einfachen Großparkplatzes wird mit Pkw, Bussen sowie Booten geteilt und zieht sich entlang des Flusses. In der Nähe befinden sich ein Skaterplatz und verschiedene Geschäfte, Restaurants und Bäckereien sind etwa 500 m entfernt. Besonders erwähnen möchten wir die **Bäckerei Maison Ti Forn** mit feinen Patisserien und guten Backwaren, mittags kann die frisch zubereitete, leckere Pizza unbesorgt mitgenommen werden *(22 Rue Léon Gambetta, Di geschlossen, www.boulangerie-ti-forn.fr)*.
Preise: €€.
Zufahrt: Im Ort Richtung Douarnenez und dem WOMO-Piktogramm folgen.

Audierne

Der Stellplatz eignet sich bestens als Ausgangspunkt zum Besuch der **Aquashow**, die besonders bei Familien hoch im Kurs steht. Haie, Krustentiere, Kraken, Tintenfische und anderes Meeresgetier tummelt sich in mehr als 50 Aquarien und einem Streichelbecken. Zum Repertoire der insgesamt zweieinhalbstündigen Veranstaltung gehört auch eine 45-minütige Vogelshow mit heimischen Vögeln. Tag- und nachtaktive Raubvögel fliegen nur wenige Zentimeter über die Köpfe der Besucher hinweg und staunend kann man die Unterwasserjagd des Großen Kormorans beobachten *(April - September 10 - 19 Uhr, Oktober - März in den Schulferien 14 - 18 Uhr, Vogelshow April - September 11.45/15.15/17.15 Uhr, Oktober - März 16 Uhr, Führung durch die Aquarien April - September 11 Uhr, Oktober - März 15 Uhr, Eintritt. www.aquarium.fr)*.

Mindestens einmal täglich verkehrt von Audierne aus die **Personenfähre** der Reederei Penn Ar Bed *(Fahrräder/Hunde gestattet)* zur im Atlantik gelegenen kleinen, von Wind und Wetter geprägten **Île de Sein** *(www.pennarbed.fr)*. Weitere Auskünfte erteilt das **Office de Tourisme** *(Mitte/Ende Mai - Anfang Juli/Ende August- September Mo - Sa 9.30 - 12.30/14 - 18 Uhr, Juli/August täglich 10 - 18 Uhr, Oktober - März Mo - Sa*

9.30 - 12.30/14 - 17.30 Uhr, Feiertage 10 - 13 Uhr, 8 Rue de Victor Hugo, Telefon 0809102910, www.capsizun-tourisme.bzh). Wer vom Stellplatz dem Goyen bis zu seiner Mündung in den Atlantik folgt, trifft unterwegs nicht nur auf den kleinen **Jardin Botanique Maurice Fenoux** und an der Grande Plage auf den Leuchtturm, der die Hafeneinfahrt markiert, sondern unterwegs bereits auf das **Restaurant Orizhon**. In farbenfroher, freundlicher Atmosphäre kommt hier eine saisonale, frische Küche aus der lokalen Speisekammer, die es in sich hat und uns überzeugte *(Mittags- und Abendmenüs Juni - September Mo/So geschlossen, Oktober - Mai Di - Sa mittags, Fr/Sa abends, 2 Quai Jacques de Thézac, Telefon 0298701095, www.orizhon-restaurant.fr).*
Ansonsten ist der **Wochenmarkt** eine Erwähnung wert, der besonders für sein Angebot an gerade angelandetem Fisch bekannt ist und der in der **Advents- und Weihnachtszeit** herrlich bunt illuminierte Hafenbereich.

In früheren Zeiten war der mittlerweile stark versandete Goyen noch schiffbar und das vier Kilometer flussaufwärts liegende **Pont-Croix** konnte sich zur damaligen Zeit zu einem florierenden Handelsort entwickeln. Auf dem zentralen Parkplatz am Rande des Espace Culturel können Wohnmobile geparkt werden [**229:** N 48°02'33.6" W 04°29'17.2", Place du 8 Mai 1945. Für WOMOs über 7 Meter Länge kann es unter Umständen eng werden!].

Auch der Parkplatz an der alten Brücke am Goyen ist für Wohnmobile nicht gerade groß bemessen, aber dort haben wir bereits eine ruhige Nacht verbracht.

(230) WOMO-Parkplatz: Pont-Croix – Alte Brücke

GPS: N 48°02'19.0" W 04°29'16.8", Allée Pen ar C'han. **Max. WOMOs:** 2.
Beschreibung: Der einfache, befestigte, schattenlose Parkplatz befindet sich am Ortsrand unterhalb des Ortes am Fluss.

Ins Zentrum mit Bäckerei und Restaurants sind es etwa 400 Meter Fußweg.
Zufahrt: Von Westen auf der D765 in den Ort fahren und sofort rechts auf die D2 Richtung Plouhinec abbiegen. Der Straße hinab zum Goyen folgen und vor der Brücke rechts auf den kleinen Parkplatz fahren.

(231) WOMO-Parkplatz: Pont-Croix – Goyen-Ufer

GPS: N 48°02'20.2" W 04°30'44.5".
Max. WOMOs: 2.
Ausstattung: Tische und Bänke, Müllbehälter.
Beschreibung: Der einfache, befestigte Parkplatz eignet sich als Ausgangspunkt für Spaziergänge entlang des Goyen sowohl nach Audierne als auch nach Pont-Croix (jeweils etwa 2,5 bis 3 Kilometer einfache Strecke).
Zufahrt: Etwa 450 m hinter dem westlichen Ortsausgang links abbiegen und ca. 750 m bis zum Parkplatz fahren.
Hinweis: Enge Zufahrtsstraße ohne Ausweichmöglichkeit und teilweise recht zugewachsen – deshalb eher für schmale Fahrzeuge!

Pont-Croix

Heute zeugen noch die imposante Église **Notre-Dame-de Roscudon** aus dem frühen 13. Jahrhundert mit einem wunderbar verzierten Portal aus dem 14./15. Jahrhundert an der Südseite und eine hübsche Altstadt von den glorreichen Zeiten als Handelszentrum, während es ansonsten in der kleinen Stadt mit Charakter ruhiger geworden ist. In unmittelbarer Nähe der Kirche lohnt sich die Einkehr in der **Crêperie L'Epoke** *(Mittags- und Abendmenüs, Telefon 0298705839)* und nur ein paar Ecken entfernt, ist das kleine Heimatmuseum, **Marquisat** genannt, in einem Adelshaus aus dem 15./16. Jahrhundert untergebracht und zeigt in einer originalgetreu rekonstruierten Umgebung das Leben um das Jahr 1930 *(Mi - Fr 10 - 12/14 - 18 Uhr, Sa 14 - 18 Uhr, So 10 - 12/15.30 - 18.30 Uhr, Eintritt)*. In diesem Zusammenhang sei auch das kleine **Bistro Kom'Home** genannt, in dem uns schräg gegenüber ein einfaches, aber vorzügliches Mittagsmenüs offeriert wird *(Mittags- und Abendmenüs Di - So, 3 Rue de le Prison, Telefon 0665981476, www.komhome.org)*. Von der Place de l'Église führt die Petite Rue Chére und von der Place de la Republique die Grande Rue Chère kopfsteingepflastert und recht pittoresk hinab zum träge dahinfließenden Goyen mit einer alten Brücke und einer der ältesten Gezeitenmühlen der Bretagne *(www.capsizuntourisme.fr)*.

Tour 13 — 135 km

Plouhinec – Plomeur – Penmarc´h Le Guilvinec – Loctudy – Pont-l'Abbé – Quimper

Stellplätze: Plouhinec, Plovan, Plomeur, Saint-Guénolé, Penmarc´h, Kérity, Le Guilvinec, Loctudy, Pont-l'Abbé.

Campingplätze: Plouhinec Campingplatz Kersiny Plage, Plovan Aire naturelle de Camping, Quimper Camping Municipal, Camping Lanniron.

Besichtigen: Plouhinec Centre d'Interpretation du Patrimoine Archéologique, Penhors Musée de l'Amiral, Plovan Ruines de Languidou, Tronoën Calvaire, Saint-Guénolé Musée de la Préhistoire Finistérienne, Penmarc'h Phare d'Eckmühl, Le Guilvinec Haliotika - La Cité de la Pêche, Loctudy Manoir de Kerazan, Pont-l'Abbé Musée Bigouden, Église Saint-Jacques de Lambour, Église Notre-Dame-des Carmes, Quimper Cathédrale Saint-Corentin, Musée des Beaux-Arts, Musée Départemental Breton, Musée de la Faïence, Fayence-Werkstatt, Henriot-Quimper, Jardin de la Retraite.

Baden: Plovan, Kérity, Penmarc´h, Loctudy und diverse andere Strände am Streckenverlauf.

Essen: Kerity Restaurant Le Doris, Penmarc'h Restaurant Lak Atao; Le Guilvinec Restaurant Poisson d'Avril, Restaurant An Atoll; Quimper Crêperie de la Place au Beurre.

Märkte: Plouhinec So, Plomeur Sa, Penmarc'h Mi/Fr, Le Guilvinec Di, Loctudy Di, Pont-l'Abbé Do, Quimper täglich in den Markthallen, Mi/Sa Vormittag.

*In dieser Tour reisen wir durch das ursprüngliche **Pays Bigouden**, das nach den traditionellen Kopfbedeckungen der weiblichen Bewohner dieses Landstrichs benannt ist. Die etwa 30 Zentimeter hohen röhrenförmigen Spitzenhauben, die Bigouden-Hauben, werden an Festtagen teilweise noch heute stolz zur Tracht getragen.*

Das Bigoudenland erstreckt sich zwischen der Bucht von Audierne bis zum Odet und gehörte in Zeiten des erfolgreichen Kabeljaufangs zu den wohlhabendsten Gegenden in der Bretagne. Als die Fischschwärme ausblieben und später die Engländer das Land immer wieder brandschatzten, verarmte die Region zusehends. Geblieben sind ein besonders stolzer Menschenschlag der Bretonen, bis ans Meer bewirtschaftete Äcker und über das Grün der Landschaft verstreute weiße Häuser sowie lange Dünenstrände. Zudem ist zwischen Saint-Guénolé bis Loctudy der Fischfang immer noch einer der Haupterwerbszweige, sodass der Besuch der Fischereihäfen zum Erlebnis werden kann (www.destination-paysbigouden.com).

Von Audierne ist es nur einen Katzensprung nach **Plouhinec**, das sich auf der anderen Seite des Goyen übergangslos anschließt. Im langgezogenen Straßendorf ist an einer Ampel der einfache, aber der uns vielleicht gerade deswegen ansprechende **Camping Kersiny Plage** in aussichtsreicher Lage über dem Atlantik ausgeschildert. Er hat einen direkten Zugang zum Meer mit schönem Sandstrand [**232:** N 48°00'26.0" W 04°30'28.9", 1 Rue Nominoé, Telefon 0298708244, www.kersinyplage.com, geöffnet Mitte/Ende April - Anfang Sept, Preis €€ - €€].

Wer nur einen Tag an der **Plage de Mesperleuc** verbringen möchte, der folgt vom Campingplatz aus der Küstenstraße soweit wie möglich parallel zum Meer in südwestliche Richtung und stößt auf einen für Wohnmobile tagsüber zu nutzenden Parkplatz (N 48°00'13.0" W 04°30'00.0", Rue de Mesperleuc, 8 - 22 Uhr).

Beim weiteren Durchfahren des Ortes erreichen wir das **Office de Tourisme** *(März - Juni/September/Oktober Mo - Fr 9 - 12.30/14 - 18 Uhr, Juli/August Mo - Sa 10 - 12.30/ 13.30 - 18.30 Uhr, So 10 - 12.30 Uhr, November - Februar Mo - Sa 9 - 12/14 - 17 Uhr, Sa 9 - 12 Uhr, Place Jean Moulin, Telefon 0809102910, www.capsizun-tourisme.bzh)* und schwenken vor der Kirche auf die **Route Côtière**, um auf den nächsten Kilometern der Küstenlinie des Pays Bigouden so nah wie möglich zu folgen. Später werden wir uns zusätzlich an der mit einer Sonne markierten **Route du Vent solaire** orientieren.

Um es vorwegzunehmen, die Straße ist gut zu befahren, jedoch sollte man mit Engstellen rechnen und vorausschauend fahren. Die Strecke hat uns landschaftlich bis Le Guilvinec ausgesprochen gut gefallen und wer Zeit hat, sollte unseren Spuren folgen und der Hektik der großen Straßen entfliehen. Wir werden an Parkplätzen vorbeiziehen, die oft mit Höhenbegrenzungen versehen oder aber für Wohnmobile nur tagsüber zu nutzen sind und sich als Ausgangspunkt für **Wanderungen**, **Radtouren** oder einen **Strandtag** eignen.

An der **Plage de Gwendrez** fühlen sich **Surfer** wohl und wenig später kann man hoch über den Wogen des Atlantiks rund um ein Langgrab im **Centre d'Interpretation des Sites Archéologiques de Ménez Dregan** auf prähistorische Spurensuche gehen (*etwa Mitte Mai - Juni So - Fr 13 - 17 Uhr, Juli - Mitte September Mo/Mi/Fr/So 13.30 - 17.30 Uhr Di/Do 10.30 - 12.30 Uhr, Führungen möglich, weitere Infos im Office de Tourisme in Plouhinec Mo - Sa 9.30 - 12.30/14 -17.30 Uhr, Feiertage 9.30 - 12.30 Uhr, Place Jean Moulin, Telefon 0809102910, www.capsizuntourisme.fr)*. Das Gelände auf dem Menez Dregan ist jedoch freizugänglich und wer den Küstenwanderweg südwärts einschlägt, trifft auf weitere megalithische Denkmäler der Alt- und Jungsteinzeit.

Hierzu kann das Wohnmobil auf dem Parkplatz des gut ausgeschilderten Informationszentrum abgestellt werden oder man parkt tagsüber im kleinen Hafen von **Pors Poulhan** und bewegt sich auf dem Küstenpfad nordwärts (N 47°59'10.8" W 04°27'44.1"). Von hier ist auch die im Jahr 1812 erbaute **Wassermühle** von **Tréouzien** auf einem ausgewiesenen Weg nach etwa 700 Metern erreicht, die sich in ein grünes Tal oberhalb des Meeres schmiegt.

An der **Plage de Gored** in **Plozévet** darf dann der **offizielle WOMO-Stellplatz** auf einer schrägen, schattenlosen Wiese mit fantastischem Meerblick auch nachts genutzt werden [**233:** N 47°58'49.8" W 04°26'57.2"].

Später passieren wir die Zufahrt zu einer unserer Lieblingsadressen in puncto frischer Küche mit wundervoller Aussicht, dem **Restaurant Corail** *(Mittags- und Abendmenüs, Telefon 0298708268, www.corail-restaurant.com)*. Wer zum Essen ein Gläschen zu viel konsumiert hat oder schlicht einen einfachen, schattenlosen **offiziellen WOMO-Stellplatz** an einer schönen Bucht sucht, der wird nur 500 Meter entfernt am **Menhir des Droits de l'Homme** fündig [**234:** N 47°57'49.0" W 04°25'23.5"].

In **Penhors** kann die Fahrt bei einem Besuch im **Musée de l'Amiral** unterbrochen werden, in dem man in die Welt der Muscheln eintauchen und geschützte Vogelarten sowie Fossilien betrachten kann *(Mitte März - Anfang November Di - Sa 10.30 - 12/ 14 - 19 Uhr, Juli/August Di - So 10.30 - 13/14 - 19 Uhr, Eintritt. www.museedelamiral.com)* oder nicht weit vom Strand ein Quartier auf dem einfachen, aber ordentlichen **Camping du Littoral***** findet (April - September, www.campinglittoral.net).

Inmitten von Feldern bietet die Gemeinde **Plovan** eine weitere einfache, aber schön gelegene Aufenthaltsmöglichkeit und erlaubt tagsüber zusätzlich das Verweilen auf einem Strandparkplatz (N 47°54'58.8" W 04°22'41.6". Zu diesem Parkplatz erreichen uns immer wieder unterschiedliche Leserinformationen. Manchmal ist das Übernachten rechts vor der Höhenbarriere des Pkw-Parkplatzes möglich, während zu anderen Zeitpunkten die Polizei das Parken nur tagsüber gestattet).

(235) WOMO-Campingplatz:
Plovan – Aire naturelle de Camping

GPS/Kontakt: N 47°55'01.0" W 04°22'29.7", Telefon 0298544207, www.plovan.fr. **Öffnungszeit:** Juni - September.

Ausstattung: Wasser, Strom, einfacher Sanitärcontainer mit Dusche/ WC, Müllbehälter.
Beschreibung: Der einfache, schattenlose, teils schräge Wiesenplatz befindet sich außerhalb des Ortes und etwa 200 Meter entfernt der Plage Ru Vein. Hier ist ein idealer Ausgangspunkt für Rad- und Wandertouren.
Preise: €€.
Zufahrt: Etwa 300 hinter dem nördlichen Ortseingang rechts den Hinweisen Plage de Ru Vein ca. 750 Meter vorbei am Sportplatz folgen.
Hinweis: Die Anmeldung erfolgt nahe der Kirche in der Mairie, 2 Rue de la Marie, 29720 Plovan.

Durch den Ort folgen wir den Piktogrammen zu den **Ruines de Languidou** mit einem Picknickplatz unter Bäumen (N 47°54'48.0" W 04°21'09.6"). Der Parkplatz ist winzig und wer auf einem der zwei vorgenannten Plätze das WOMO stehen lässt, kann den Besuch mit einem Spaziergang von rund zwei Kilometern verbinden. Die malerische Kapelle wurde im 12. Jahrhundert errichtet und zeigt eine schöne Chorrosette aus dem 16. Jahrhundert.

Immer weiter hangeln wir uns nahe der Küste entlang und treffen in der einsamen, fast unbebauten Landschaft auf den **ältesten Calvaire der Bretagne**, der um das Jahr 1450 entstand (N 47°51'23.0" W 04°19'40.3").

Verwittert ist er und die Gesichter der dargestellten Personen sind durch Wind sowie Wetter geglättet und fast unkenntlich gemacht. Und trotzdem hat der Calvaire aufgrund seines Alters etwas Erhabenes und Anziehendes. In zwei Ebenen sind rund

100 Figuren aus einem Granitblock gearbeitet worden und bei genauem Hinschauen, können wir Szenen aus der Passionsgeschichte erkennen. Daneben steht die schlichte **Chapelle Notre-Dame-de Tronoën** mit einem zierlichen Türmchen.

Wenn man schon einmal hier ist, bietet sich der Besuch der **Plage de Tronoën** an. Die etwas derangierte, aber gut zu befahrende Straße führt vom Kirchlein hinunter zum Wasser und endet auf einem tagsüber für Wohnmobile zu nutzenden Parkplatz (N 47°51'08.2" W 04°20'48.0"). Dieser ist nur durch einen breiten Dünenstreifen vom kilometerlangen, teilweise mit Kies unterbrochenen weißen Sandstrand getrennt. Nach Norden schließt sich die **Plage de Kermabec** und nach Süden die **Plage de La Torche** an. Die Traumstrände sind aufgrund der starken Brandung für Badende gefährlich und werden lediglich im Sommer überwacht. Doch für Surfer und Funboarder sind sie die Verheißung pur! Rund um die **Pointe de la Torche** (bretonisch: *Beg an Dorchenn*) trifft sich die internationale Szene zum **Funboard-Festival** sowie zur jährlich stattfindenden Meisterschaft und wer in einem der Surfläden seine Ausrüstung vervollständigen möchte, das richtige Outfit sucht oder bei einer der Surfschulen überhaupt erst einmal in das Metier hineinschnuppern möchte, ist hier genau richtig.

Wer ganz schlicht und einfach nur ein paar Meter durch die Dünen gehen möchte, der wird auf ein Langgrab und alte Bunker treffen. Im Sommer herrscht hier allerdings „Ausnahmezustand“ und möglicherweise ist das Parken auf den zahlreich vorhandenen Parkplätzen dann anders geregelt.

(236) WOMO-Parkplatz: Plomeur – Pointe de la Torche
GPS: N 47°50'15.1" W 04°20'25.3", Pointe de la Torche. **Max. WOMOs:** 20.
Ausstattung: Infotafel, Tische und Bänke, Müllbehälter.
Beschreibung: Der einfache, schattenlose und befestigte Parkplatz befindet sich außerhalb des Ortes und am Rand des Dünengebietes. Zum Strand und der Pointe de la Torche sind es etwa 1 Kilometer Fußweg. In der näheren Umgebung sind einige Gaststätten zu finden und der Park-

platz eignet sich als Ausgangspunkt für Rad- und Wandertouren. Für den längeren Aufenthalt bietet sich der nahe **Camping de la Torche** an (April - Oktober, www.campingdelatorche.fr).
Zufahrt: Im Ort den Hinweisen zur Pointe de la Torche folgen. Der Parkplatz liegt etwas 3 Kilometer westlich des Ortes.
Hinweis: Der maximale Aufenthalt beträgt 24 Stunden.

Hinter der Landspitze schließt sich die **Plage de Pors-Carn** an und wenig später sind wir in **Saint-Guénolé**, das bereits zur Gemeindeverwaltung von Penmarc'h gehört.

Rund um den Sardinenhafen hat sich das Städtchen zur beliebten Sommerfrische entwickelt und bietet einen einfachen Stellplatz. Von hier kann das **Musée de la Préhistoire Finistérienne** nach etwa 600 Meter Fußweg erreicht werden. Das Museum am Ortsrand präsentiert im Inneren die meisten im Finistère gemachten vor- und frühgeschichtlichen Funde und außerhalb des Gebäudes sind einige Menhire, Dolmen und römische Säulen zu sehen *(während unserer Recherche war das Museum geschlossen und wir konnten nicht in Erfahrung bringen,ob es wiedereröffnet wird)*.

(237) Offizieller WOMO-Stellplatz: Saint-Guénolé – Aire du Viben

GPS: N 47°49'25.9" W 04°22'15.7", Rue de Viben. **Max. WOMOs:** 42.
Öffnungszeit: Ganzjährig. **Ausstattung:** Müllbehälter. V/E an der Kläranlage N 47°48'49.4" W 04°21'38.6".
Beschreibung: Der schattenlose, einfache, gekieste Parkplatz befindet sich im Ort nahe der Straße. Die meist nur während der Saison geöffneten Gaststätten und die Plage de Pors Carn sind nach 800 bis 1.000 Meter zu erreichen. Bei Ebbe liegt ein Strand direkt auf der anderen Straßenseite. Natürlich kann man auch von hier zu Rad- und Wandertouren aufbrechen.
Preise: April - Oktober €.
Zufahrt: An der Küstenstraße dem WOMO-Piktogramm folgen.

Vorbei an bizarren Felsformationen, die sich der starken Atlantikdünung standhaft entgegenstellen, gelangen wir an den Hafen und im weiteren Verlauf der Straße zum

Ausblick vom Phare d´Eckmühl

Camping de la Joie, der an diesem Küstenabschnitt als einziger Campingplatz in Wassernähe liegt (April - Mitte September, www.campingdelajoie.bzh).

Die Parkplätze nahe der Küste im Bereich von **Penmarc'h** können lediglich tagsüber bis 19 Uhr genutzt werden und für die Nacht bieten sich der **offizielle WOMO-Stellplatz** an der D785 nordöstlich des Ortes an [**238:** N 47°48'60.0" W 04°19'33.8", Rue de Menez Gad, ganzjährig geöffnet, Preis April - Oktober €, maximaler Aufenthalt 48 Stunden] oder der folgende Parkplatz an.

(239) Offizieller WOMO-Stellplatz: Kérity – Aire de Kérity

GPS: N 47°47'58.3" W 04°20'54.9", Route du Ster Kérety.
Max. WOMOs: 12.
Öffnungszeit: April - Oktober.
Ausstattung: Tische und Bänke.
Beschreibung: Der einfache, schattenlose, befestigte Parkplatz befindet sich am Ortsrand an der Straße. Tagsüber ist es entsprechend unruhig, in der Nacht jedoch ruhig. Direkt hinter der unmittelbar am Parkplatz liegenden Dünenreihe beginnt der Strand und auf Rad- und Wanderwegen kann man prima die Umgebung erkunden. An der etwa 500 Meter entfernten Hafenzeile sind mehrere Gaststätten zu finden und die Meeresfrüchte im **Restaurant - Bar Le Doris** sind uns in guter Erinnerung *(Mittags- und Abendmenüs, www.ledoris.com)*. Zwischen Stellplatz und Hafen zeigt eine Infotafel verschiedene Rad- und Wanderwege auf. Eine Tour kann zum Beispiel zum etwa 2 Kilometer entfernten Leuchtturm führen, in dessen unmittelbarer Nähe wir das **Restaurant Lak Atao** ebenfalls empfehlen können *(12 - 18 Uhr, Telefon 0981344134)*.
Preise: 19 bis 9 Uhr €.
Zufahrt: An der Küstenstraße am östlichen Ortsausgang gelegen.
Hinweis: Der maximale Aufenthalt beträgt 48 Stunden.

Nicht zu übersehen ist das über die Dächer des Ortes hinausragende Wahrzeichen der Region, der 65 Meter hohe **Phare d´Eckmühl** an der **Pointe de Penmarc'h** nebst einem tagsüber zu nutzenden Parkplatz. An diesem Touristenmagnet erster Güte dürfen natürlich diverse Cafés sowie Gaststätten nicht fehlen und in unmittelbarer Nähe befindet sich auch das **Office de Tourisme** *(Anfang April - Juni/September Mo - Sa 10 - 12.30/14 - 18 Uhr, Feiertage 10 - 12.30 Uhr, Juli/August*

Mo - Sa 10 - 19.30 Uhr, So 14 - 19.30 Uhr, Oktober - März Mo - Mi 10 - 12.30 Uhr, Place Maréchal Davout, Telefon 02988237, www.destination-paysbigouden.com). Der Leuchtturm mit grandioser Aussicht fasziniert uns bei gutem Wetter jedes Mal und findet sich deshalb in unseren persönlichen **Top Ten** wieder.

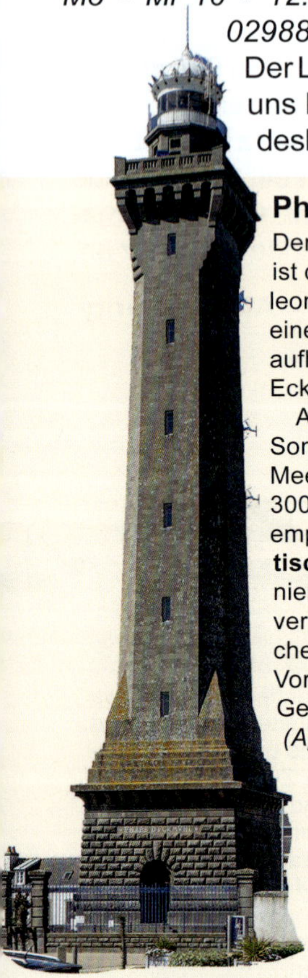

Phare d'Eckmühl

Der deutsche Name des im Jahr 1897 eröffneten Turms ist dem Vater der Stifterin zu verdanken. Dieser napoleonische General gewann im bayerischen Eckmühl eine Schlacht gegen die Österreicher und wurde daraufhin von Bonaparte mit dem Titel eines Fürsten von Eckmühl belohnt.

Alle fünf Sekunden blitzt der weiße Lichtstrahl nach Sonnenuntergang fast 50 Kilometer weit über das Meer und das Bigoudenland. Wer mag, kann die über 300 Stufen des aus Granit bestehenden Bauwerks emporsteigen, um aus luftiger Höhe **eine der fantastischsten Panoramaaussichten** der Bretagne genießen zu können und dabei das mit Opalglasplatten verkleidete, einem schneckenförmigen Kunstwerk gleichende Treppenhaus bewundern. Zudem gibt es im Vorgängerleuchtturm von 1835 ein **Museum**, das der Geschichte der Leuchttürme im Finistère gewidmet ist *(April - Juni/September 10.30 - 18.30, Oktober - Mitte November 14 - 18 Uhr, Juli/Aug. 10.30 - 19.30 Uhr, Di öffentliche Nachtführung 21.30/22.15/23 Uhr, Info und Reservierung unter 0298587287 und natürlich in der Tourist-Info, Eintritt, letzter Einlass 30 Minuten vor Schließung, Hunde nicht gestattet).* Zum Gesamtensemble auf der Landspitze gehören weiterhin ein Sémaphore und die Chapelle Notre-Dame-de-la-Joie.

Richtung Pont-L'Abbé werden Gäste von drei ausgewiesenen **Campingplätzen** unterschiedlicher Ausstattung, aber immer mit Strandanschluss erwartet. Letztere sind an der Ampel in Penmarc'h ausgeschildert und nicht zu verfehlen.

Das nahe **Le Guilvinec** ist ein lebhaftes Städtchen, das sich mit seinen einmal vorhandenen, einmal geschlossenen Stellplätzen schwertut. Zur Zeit unserer Recherche durften wir auf dem zentralen Parkplatz am Hafen, und mit **V/E-Station** bestückt, tagsüber parken (N 47°47'45.2" W 04°16'46.0", Rue Jacques de Thézac), während die Nacht auf dem einfachen, asphaltierten **offiziellen WOMO-Stellplatz** an einem Friedhof verbracht werden muss [**240:** N 47°48'08.2" W 04°16'49.0", Place du Président Salvador Allende, WC, ganzjährig geöffnet, Preis April - November €].

Vom Tagesparkplatz ist es Katzensprung zum Office de Tourisme sowie etwa 400 Meter bis zur Auktionshalle am Fischereihafen.

Le Guilvinec

Wenn man vom Strandleben genug hat und vielleicht den bunten **Wochenmarkt** rund um die Kirche und die Geschäfte in der zweiten Reihe hinterm Hafen besucht hat, dann gehört das Hauptinteresse zweifellos dem aktiven sowie quirligen **Fischereihafen**.

Besonders am späten Nachmittag ist ein Spaziergang entlang der Kaimauern und zur **Aussichtsplattform** an der Fischauktionshalle (*Criée*) ein Erlebnis, wenn man zunächst in großer Entfernung am Horizont ein Fischerboot, dann ein zweites und drittes erspähen kann. Mit einem Mal sind sie da und 15 bis 20 Boote und Schiffe laufen einer Armada gleich im Hafenbecken ein. Dort, wo es eben noch gespenstig ruhig war, herrscht nun geschäftiges Treiben beim Entladen des Tagesfangs. Neben Seezunge, Steinbutt, Seehecht und Rochen oder Makrelen und Seeteufel werden in Le Guilvinec große Mengen Tiefseegarnelen an Land gebracht.

Während wir noch fasziniert dem sehr geregelten Chaos zuschauen, werden wir aufgerufen und können in einem bestimmten Zeitfenster an der sehenswerten **Fischauktion** teilnehmen *(Frühaufsteher können das geführte 3-stündige Spektakel inklusiv Degustation bereits um 5.30 Uhr erleben)*. In der Auktionshalle ist jetzt richtig was los und auch wenn wir nur mühsam die Erklärungen der Guides verstehen, ist die Versteigerung ein tolles Erlebnis! Schaulustige, Großhändler und Kleinkunden verfolgen auf großen Tafeln die computergesteuerte Versteigerung, deren schnellen Ablauf wir erst nach einiger Zeit einigermaßen durchblicken. In kleinen und großen Kisten wird das frisch angelandete Meeresgetier mit und ohne Eis befördert sowie gelagert, bis es den Besitzer wechselt und zu seinen Bestimmungspunkten weitertransportiert wird.

Im Fischereizentrum **Haliotika - La Cité de la Pêche** können wir vor oder nach der Auktion einen Einblick in die Welt der Fischer erhalten, an Bord eines nachgebildeten Hochseetrawlers gehen und den Alltag der Seeleute sowie den Weg der Fische aus dem Meer bis auf den Teller beziehungsweise in die Konservendose kennenlernen *(April/Juli/August Mo - Fr 10 - 19 Uhr, Sa/So 15 - 18.30 Uhr, Mai/Juni/September Mo - Fr 10 - 12.30/14.30 - 18.30 Uhr, weitere Öffnungszeiten auf der Internetpräsenz. Führungen in deutscher Sprache im Juli/August Mo/Do 17.10 Uhr nach Reservierung möglich. Ansonsten in französischer Sprache. Audioguide, Kombikarte mit Auktion möglich, Eintritt. Wir durften unsere Hunde übrigens mit in die Ausstellung nehmen - Nachfragen lohnt sich also! In der Auktionshalle sind Hunde jedoch nicht gestattet. www.haliotika.com)*.

Ankunft der Fischerboote

Das **Bigoudenhäubchen** (*Coiffe bigoudène)*, verdankt seine Entstehung dem subtilen Protest der Bretonen gegenüber dem Sonnenkönig Ludwig XIV. Bekanntlich liebte Ludwig eine prunkvolle Hofhaltung und auch seine zahlreichen Kriege wollten bezahlt werden. Kurzerhand erhöhte der König die Steuern in der fernen Provinz und sorgte mit neuen Abgaben für amtliche Beglaubigungen (Stempel) für besonderen Unmut. Bei der Stempelpapierrevolte (*Révolte du papier timbré*) erhoben sich besonders die Bretonen im Finistère und folgten revolutionären Ideen gegen den König und den Adel. Nach anfänglichen Erfolgen wurde das Bauernheer vernichtend geschlagen und um die Demütigung perfekt zu machen, wurden auf Befehl des Königs die meisten Kirchtürme zwischen Douarnenez und Concarneau geschleift. Doch die Bretonen schlugen auf ihre Weise zurück und kreierten flott eine hohe Spitzenhaube, die selbst dem stärksten Sturm widerstand und den bretonischen Kirchturm symbolisieren sollten.

Anlässlich der 4-tägigen **Fête des Brodeuses**, die alljährlich Mitte Juli zu Ehren der Stickerinnen veranstaltet wird, werden neben Tänzen und Gesängen unzählige Trachten gezeigt. Informationen über das Fest und den Festumzug erteilt das **Office de Tourisme** *(April - Juni/September Mo - Sa 10 - 12.30/14 - 18 Uhr, Feiertage 10 - 12.30 Uhr, Juli/August Mo - Sa 9.30 - 19 Uhr, Oktober - März Mo/Mi/Fr/Sa 10 - 12.30/14.30 - 17.30 Uhr, Do 9.30 - 13.30 Uhr, 11 Place Gambetta, Telefon 0298823799, www.destination-paysbigouden.com)*.

Unser Stadtbummel führt durch enge Gassen zur **Église Saint-Jacques de Lambour,** die an der nördlichen Seite des Meeresarms steht und Ende des 13. Jahrhunderts entstanden ist. Der Kirchturm wurde geschleift und doch glänzt die Fassade immer noch im Stil der Kathedrale von Quimper. Auf der südlichen Wasserseite fällt die **Église Notre-Dame-des Carmes** aus dem 15. Jahrhundert mit einer kunstvoll gearbeiteten Chorrosette ins Auge. Unterhalb der Kirche finden wir das **Monument aux Bigouden**, das ein Mädchen in Tracht und vier trauernde Frauen zeigt, die sich um ihre männlichen Verwandten auf See sorgen.

Unser nächstes Ziel ist **Quimper**, das bretonisch *Kemper* ausgesprochen wird und damit auf den „Zusammenfluss" der Flüsse Steïr und Odet hinweist. Über die D785 ist die Stadt schnell erreicht und wir finden mit viel Mühe einen Parkplatz auf dem Seitenstreifen an der Uferstraße des Odet. Wem dieses Glück nicht beschieden ist, und das ist anzunehmen, visiert gleich die örtlichen Campingplätze an, von denen eine Buslinie ins Zentrum fährt. Am westlichen Ortsrand nahe der Jugendherberge findet sich die einfachere Variante und am Odet im Süden der Stadt residiert die noble Fünf-Sterne-Version, für die man ordentlich löhnen muss, aber fürs Geld auch tatsächlich etwas geboten bekommt.

(244) WOMO-Campingplatz: Quimper Camping Municipal du Bois du Séminaire**

GPS/Kontakt: N 47°59'31.4" W 04°07'14.9", Avenue des Oiseaux, Telefon 0298556109, www.quimper.bzh/389-camping-municipal.htm.
Öffnungszeit: Ganzjährig.
Ausstattung: Außer Sanitärblocks und einer WiFi-Säule nichts.
Beschreibung: Der sehr einfache, teils schattige Campingplatz erinnert eher an asphaltierte Stellplatz-Parzellen und befindet sich am Ortsrand unterhalb eines Wäldchens. Der Bus Linie 1 verkehrt von der nahe Straße alle 10 Minuten ins Zentrum.
Preise: €€. **Zufahrt:** Aus südlicher Richtung kommend von der D 785 den Hinweisen zum Camping Municipal folgen.

(245) WOMO-Campingplatz: Quimper Camping du Domaine de l'Orangerie de Lanniron*****

GPS/Kontakt: N 47°58'45.2" W 04°06'11.9", 87 Allée de Lanniron, Telefon 0298906202, www.camping-lanniron.com.
Öffnungszeit: April - Mitte November.
Ausstattung: Boule- und Golfplatz, Tennis, Pool, Spielzimmer, WiFi, Waschmaschine, Wäschetrockner, Bootsfahrten, Shop, Restaurant und vieles mehr.
Beschreibung: Die unterschiedlich großen, teilweise mit Gartenmöbeln, Kühlschrank und Grill ausgestatteten Parzellen befinden sich im Grünen unter Bäumen am Ufer des Odet auf dem 45 Hektar großen Schloss- und Gartenanwesen, das auch besichtigt werden kann. Zusätzlich finden sich auf dem großen Gelände am Ortsrand Mobil-Homes und Ferienhäuser. Der Bus Linie 1 verkehrt von der nahe Straße alle 10 Minuten ins Zentrum.
Preise: €€€. **Zufahrt:** Aus südlicher Richtung kommend von der D 785 den Hinweisen zum Camping Lanniron folgen.

Quimper, die Stadt Ys und König Gradlon

Einst herrschte **Gradlon** über die mystische **Stadt Ys** in der Bucht von Douarnenez. Mächtige Mauern und Schleusentore schützten die Stadt vor den Wassermassen und die Bewohner lebten gut und scheuten sich auch nicht vor Ausschweifungen. Des Königs Tochter Dahut trieb es besonders weit und ging eine Liebelei mit dem Teufel ein. Unwissend, auf wen sie sich eingelassen hatte, öffnete sie ihm als Liebesbeweis die Schleusentore und eine gewaltige Flut verschlang die Stadt. König Gradlon konnte gerade noch seine Tochter hinter sich aufs Pferd ziehen und fliehen. Doch das Wasser kam näher und eine Stimme befahl ihm, Dahut zu opfern und sich selbst zu retten. So geschah es, der König machte Quimper zur Hauptstadt seines neuen Reiches und ernannte den Eremiten Corentius zum Bischof. Gradlon wird noch heute verehrt und Corentius wurde zum Schutzheiligen der Stadt ernannt. Tochter Dahut lebt übrigens als Nixe weiter und soll noch heute den Seefahrern das Leben schwer machen. Sie singt Lieder und lässt die Glocken der untergegangenen Stadt Ys läuten, um die Menschen ins Verderben zu ziehen ...

Soweit die Legende und nun zu den Tatsachen – bereits die Römer wussten die Lage an zwei Flüssen zu schätzen und gründeten hier eine erste Siedlung mit dem Namen Civitas Aquilonia. Etwa um das Jahr 500 wurde Quimper Hauptstadt der Cornouaille und im 13. Jahrhundert ließen sich Handwerker am Fuße der in Bau befindlichen Kathedrale nieder. Ende des 17. Jahrhunderts entwickelte sich aufgrund der großen Vorkommen von Tonerde der neue Industriezweig der Fayence-Manufaktur, der zwar in kleinerem Rahmen, aber noch immer aktiv betrieben wird.

Das Mittelalter hinterließ auch schöne Spuren und so schlendern die Menschen bis heute gern durch die engen Gassen des alten Quimper. In der verkehrsberuhigten Altstadt neigen sich die Erker der Fachwerkhäuser einander entgegen und nachdem man in Geschäften sowie Boutiquen sein Geld gelassen hat, kann ein Café oder eine der unzähligen Crêperien besucht werden.

Oder man „verirrt“ sich wie zufällig in die **Macaronerie et Pâtisserie de Philomène**, in der die **Macarons**, ein feines buntes Baisergebäck aus Mandelmehl, unbedingt erworben werden sollten. Die Geschichte der zuckersüßen Versuchungen, die meist in kleinen mit Creme gefüllten Doppelscheiben angeboten werden, geht ebenfalls bis ins Mittelalter zurück *(Di - Fr 9 - 19 Uhr, Sa 8.30 - 19.15 Uhr, So 9 - 12.30 Uhr, 13 Rue Kéréon, www.macaron-quimper.com)*. Im dazugehörenden **Salon de Thé** kann man noch schnell eine Kleinigkeiten verzehren, um sich spätestens dann der inmitten der alten Häuser erhebenden **Cathédrale Saint-Corentin** zuzuwenden.

Ab dem Jahr 1240 wurde an ihr vorerst drei Jahrhunderte gebaut, bis Längs- und Querschiff sowie die Türme ihre heutige Gestalt annahmen. Letztere sind vergrößerte Duplikate des Kirchturms von Pont-Croix, der hierfür als Vorbild galt. Bemerkenswert ist, dass die Türme erst 1856 ihre hohen, lichtdurchlässigen Spitzen erhielten, die für die elegante Silhouette verantwortlich sind. Über die Jahrhunderte entstand eine vielseitige Stilmischung von der Hoch- über die Spätgotik bis zum Neoklassizismus mit frühgotischen Elementen. Zwischen den beiden Türmen sehen wir den zu Stein gewordenen Stadtgründer König Gradlon auf seinem Ross und an der Westfassade haben sich die späteren Herrscher der Cornouallie verewigen lassen. Während der französischen Revolution leidet das Gotteshaus und dennoch können wir noch heute die Reliefdarstellungen aus dem Leben des Heiligen Corentius auf der Holzkanzel aus dem Jahr 1679 oder eine Alabasterstatue Johannes des Täufers aus dem 15. Jahrhundert bewundern. In der **Advents- und Weihnachtszeit** wird die Fassade des Gotteshauses zur übergroßen Projektionsfläche, auf der täglich Hunderte Zuschauer mit Musik untermalte Geschichten verfolgen und zwischen den Ständen des Weihnachtsmarktes flanieren.

Bevor wir wieder auf die Place Saint-Corentin treten, schenken wir den leuchtenden Kirchenfenstern noch einen Blick und erspähen später das **Musée des Beaux-Arts** in einem Stadtpalais aus dem 14. Jahrhundert. Das Museum der schönen Künste zeigt Werke aus dem 16. bis 20. Jahrhundert der europäischen Malerei. Ein Saal ist dem Maler und Dichter Max Jacob (1876 - 1944) aus Quimper gewidmet und auch die Schule von Pont-Aven ist mit wichtigen Exponaten vertreten (April - Juni/September/Oktober So - Mo 9.30 - 12/14 - 18 Uhr, November - März 9.30 - 12/14 - 17.30 Uhr, außer So/Di, Juli/August 10 - 18 Uhr, Eintritt).

In der Nähe befindet sich auch das **Office de Tourisme** *(Mo - Sa November -April 9.30 - 12.30/13.30 - 18 Uhr, Mai/Juni 9.30 - 18.30 Uhr, Juli/August 9.30 - 19 Uhr, So/Feiertage 10 - 13/14.30 - 17.30 Uhr, September/Oktober 9.30/10 - 12.30/13.30 - 18/18.30 Uhr, 8 Rue Elie Fréron, Telefon 0298530405, www.quimper-tourisme.bzh. Deutschsprachige Broschüre erhältlich)*. Hier können beispielsweise **Bootsfahrten auf dem Odet** von Quimper bis Bénodet oder **Stadtführungen** gebucht werden.

Südlich der Kathedrale können wir im **Musée Départemental Breton** der Geschichte sowie den Künsten und volkstümlichen Traditionen des Finistère nachgehen *(September - Juni Di - Fr 9.30 - 17.30 Uhr, Sa/So 14 - 17 Uhr, Juli/August 10 - 19 Uhr, Eintritt)* und im **Musée de la Faïence** wird die Geschichte der Keramikkunst über drei Jahrhunderte *geschildert (Mitte April - September Mo - Sa 10 - 18 Uhr, Eintritt)*. Ebenso kann man sich in der benachbarten **Fayence-Werkstatt Henriot-Quimper** informieren und bei der Herstellung sowie der Bemalung zuschauen *(Öffnungszeiten bei der Tourist-Info oder unter www.henriot-quimper.com)*.

Wir streifen weiter durch die Gassen, erspähen an den Fassaden der alten Häuser schöne Schnitzereien und gelangen an die kleine **Place au Beurre**, wo sich einst der Buttermarkt befand. Heute reihen sich hier mehrere gute Crêperien aneinander, von denen wir nur die **Crêperie de la Place au Beurre** in einem windschiefen Fachwerkhaus erwähnen möchten *(Mittags- und Abendmenüs, Hauptsaison täglich durchgehend geöffnet, Telefon 0298954988)*.

Quimper ist aber auch eine Stadt der Gärten und nachdem wir der Gasse an der Tourist-Info ein wenig nördlich gefolgt sind, gelangen wir zum **Jardin de la Retraite**. Im 16. Jahrhundert brachten Seefahrer Pflanzen aus der ganzen Welt mit und zwischen Palmen oder weiteren subtropischen Gewächsen können wir uns vom Besichtigungsprogramm erholen.

Ein Erlebnis der anderen Art ist das **Festival Le Cornouaille**, das das bretonische Bedürfnis nach reicher und vielfältiger Kultur widerspiegelt. Alljährlich Mitte/Ende Juli schlägt dann das Herz der Bretonen im keltischen Rhythmus bei Konzerten, Wettbewerben und natürlich beim sonntäglichen großen Umzug mit traditionellen Trachten *(www.festival-cornouaille.bzh)*.

Rue Kéréon und Cathédrale Saint Corentin zu Weihnachtszeit

TOUR 14
Baie de Concarneau
Quimper
Lorient
Lanester
Concarneau
Quimperlé
Rosporden
Pont-Aven
Riec-sur-Bélon
Moëlan-sur-Mer
Clohars-Carnoët
Le Pouldu
Guidel
Guidel-Plages
Plœmeur
Île de Groix
Névez
Trégunc
Pouldohan
Trevignon
Raguenez
Kerascoët
Port-Manac'h
La Fôret-Fouesnant
Fouesnant
Mousterlin
Pointe de Mousterlin
Bénodet
Tour 13
Tour 15
N165
D790
D769
D783
D24
D44
D45
D34
D145
D177
D77
D162
D306
D224
D152
L'Odet
Le Steïr
Isole
Ster Goz
Aven
Belon
Le Dourdu
Laïta
L'Ellé
Scorff
10 km

Tour 14 200 km

Mousterlin – Concarneau – Trégunc – Névez Pont-Aven – Riec-sur-Bélon – Lorient – Quimperlé

Stellplätze:	La Fôret-Fouesnant, Mousterlin, Concarneau, Trégunc, Névez, Kerascoët, Rospico, Port Manac´h, Pont-Aven, Riec-sur-Bélon, Le Pouldu, Guidel-Plages, Plomeur, Quimperlé.
Campingplätze:	Concarneau Camping Les Prés Verts aux 4 Sardines, Camping Les Sables Blancs; Trégunc Camping Loc´h en Ven; Kerascoët Camping des Chaumièrs; Port Manec'h Camping de Keraeren, Camping Côté Ô Port Manec´h; Riec-sur-Bélon, Camping du Château Bélon; Quimperlé Camping Municipal de Quimperlé.
Besichtigen:	Concarneau Ville Close, Musée de la Pêche, Le Marinarium; Pont-Aven Musée de Pont-Aven; Le Pouldu Maison Musée Gauguin; Lorient Musée Sous-Marin, Cité de la Voile Éric Tabarly, Musée Sous-Marin Flore-S645.
Wandern:	Névez, Pont-Aven.
Baden:	Mousterlin, Lambell, Pouldohan, Pendruc, Névez, Raguenez, Trévignon, Rospico.
Essen:	La Fôret-Fouesnant Restaurant Aux Cerisiers; Concarneau Restaurant L'Amiral; Névez Restaurant Ar Men Du; Pont-Aven Patisserie Maison le Darz, Restaurant Moulin de Rosmadec; Riec-sur-Bélon Huîtriéres du Château de Bélon, Restaurant Chez Jacky, Bistrot de Rosbras, Cidrerie du Pressoir du Bélon; Quimperlé Bistro de la Tour.
Märkte:	La Fôret-Fouesnant So, Concarneau tägl. Markthallen, Mo/Fr, im Sommer auch Fr; Névez Sa; Pont-Aven Di; Riec-sur-Bélon Sa; Quimperlé Di - So.

Bevor wir uns Concarneau zuwenden, wollen wir uns einen langen **Strandspaziergang** gönnen. Hierfür verlassen wir Quimper in südöstliche Richtung und gelangen über den beliebten Urlaubsort **La Fôret-Fouesnant** in den kleineren Ort **Mousterlin**.

Vor einem ausgedehnten Dünengebiet erstrecken sich von der **Pointe de Mousterlin** aus breite, kilometerlange Sandstrände nach Nordwesten und Osten. Das Hinterland ist dem Sumpfland abgerungen und kultiviert worden, sodass man sich auf den Parkplätzen bei Nässe schnell schon einmal festfahren kann. Wir hatten das Glück, dass gerade ein Bautrupp unterwegs war und unser Wohnmobil mit einem seiner Fahrzeuge aus der misslichen Lage ziehen konnte. Die Strände sind allerdings traumhaft und in der Ferienzeit sind die Parkplätze sehr schnell belegt.

(246) Offizieller WOMO-Stellplatz: La Fôret-Fouesnant – Le Nautile

GPS: N 47°54'31.0" W 03°59'06.9", 2 Rue des Cerisiers. **Max. WOMOs:** 10. **Öffnungszeit:** Ganzjährig. **Ausstattung:** V/E, Strom, WiFi, Müllbehälter. **Beschreibung:** Der geschotterte, meist schattenlose, einfache Stellplatz ist mit einer Schranke gesichert und befindet sich im Ort. In der Nähe lädt das **Restaurant Aux Cerisiers** zur Einkehr ein *(Mittags- und Abendmenüs, www.auxcerisiers.com)* und wer bis zur Hauptstraße geht und sich dort etwa 700 m rechts hält, erreicht eine Bäckerei.
Preise: €€ - €€€. **Zufahrt:** Im Ort den WOMO-Piktogrammen folgen.
Hinweis: Maximaler Aufenthalt 15 Tage.

(247) Offizieller WOMO-Stellplatz: Mousterlin – Plage de Kerneuc

GPS: N 47° 51'05.0" W 04°02'47.8", Chemin de Kerneuc.
Max. WOMOs: 40.
Öffnungszeit: Ganzjährig.
Ausstattung: Müllbehälter.
Beschreibung: Der einfache, meist schattenlose Parkplatz auf Wiesen- und Dünenboden befindet sich am Ortsrand hinter Hecken und ist ein idealer Ausgangspunkt für Wanderungen und Radtouren oder einen Tag an den Stränden, die unmittelbar hinter den Düne beginnen. Eine Bäckerei befindet sich etwa 1,5 km entfernt im Ort.
Zufahrt: Im Ort von der D134 den Hinweisen Kerneuc und den WOMO-Piktogrammen. **Hinweis:** Der maximale Aufenthalt beträgt 48 Stunden.

Nach unserer Erholungsphase wenden wir uns vom Strand- dem Stadtleben von **Concarneau** zu. Am zentralen Hafenbecken liegt das **Office de Tourisme** und ist bei einem Stadtspaziergang nicht zu verfehlen *(April - Juni/Sept. Mo - Sa 9 - 18.30 Uhr, So/Feiertage 10 - 13 Uhr, Juli/August 9 - 19 Uhr, Okt. - März Mo - Sa 9 - 12.30/14 - 18 Uhr, Quai d'Aiguillon, Telefon 0298970144, www.deconcarneauapontaven.com. Deutschsprachige Broschüre erhältlich!)*. Dort erzählt man uns, dass jeder zweite deutsche Tourist nach dem in Deutschland bekannten Romankommissar Dupin fragt und so ist es an der Zeit, dem berühmten Herrn auch an dieser Stelle einige Worte zu widmen.

Tatort Bretagne oder auf den Spuren von Kommissar Dupin

Seit einigen Jahren schreibt der deutsche Autor Jörg Bong unter dem Pseudonym Jean-Luc Bannalec sehr erfolgreich Kriminalromane, die in der Bretagne spielen.

Die mittlerweile elf Kriminalfälle sind regelmäßig auf den Bestsellerlisten zu finden und für das Fernsehen wurden zudem zehn Romane an den Originalschauplätzen erfolgreich verfilmt. Zusätzlich sind ein Kochbuch mit Dupins Lieblingsgerichten sowie ein Fotoband mit den aus den Büchern bekannten bretonischen Landschaften im Handel erhältlich.

Mit viel Liebe zum Detail und hervorragenden Ortskenntnissen erzählt Bannalec nicht nur die Geschichte um seinen Hauptprotagonisten Kommissar Dupin, sondern vermittelt den Lesenden viel Wissenswertes über seine Wahlheimat, die Bretagne. Jeder Fall ist einem bestimmten Thema gewidmet und der Autor führt uns zu Paul Gauguin nach Pont-Aven an der bretonischen Südküste, auf die sagenumwobenen Glénan-Inseln, an die rosa Granitküste oder macht uns mit dem Fleur de Sel aus Guérande bekannt und auch der Zauberwald Brocéliande wird zum Tatort. In Douarnenez sind wir Dupin bereits begegnet und in Concarneau ist der Commissaire zu Hause.

Kommissar Dupin hat nahezu die gesamte Bretagne bereist und wer auf seinen Spuren die Tat- und Lieblingsorte besuchen möchte, dem empfehlen wir, die Internetseite des bretonischen Tourismusverbandes aufzurufen. Hier findet sich eine Karte mit allen Schauplätzen der Romane und Urlauber können jede Landspitze, jeden Strand, jedes Café und sogar einige der literarischen Akteure finden *(www.bretagne-reisen.de/inspirationen/routenvorschlaege/auf-den-spuren-kommissar-dupins)*.

Wer in Concarneau auf einen Campingplatz ausweichen möchte, dem geben wir an dieser Stelle gern eine Leser-Empfehlung weiter und verweisen auf den außerhalb der Stadt gelegenen **Camping Les Prés Verts aux 4 Sardines***** mit Strandzugang und Pool [**248:** N 47°53'26.3" W 03°56'18.2", Chemin de Kernous, Telefon 0298970974, www.presverts-campingconcarneau.com, geöffnet Mai - September, Preise €€ - €€€]. Vom ebenfalls nördlich der Stadt gelegenen und mit Pool ausgestatten **Camping Les Sables Blancs****** [**249:** N 47°52'55.7" W 03°55'44.3", 17 Avenue du Dorlet, www.camping-lessablesblancs.com, geöffnet April - Oktober, Preis €€€] ist das Hafenbecken nach etwa einer halben Stunde Fußweg zu erreichen.

(250) Offizieller WOMO-Stellplatz: Concarneau – Aire de Porzou

GPS: N 47°51'48.3" W 03°54'21.0", Allée Jean Bouin. **Max. WOMOs:** 20.
Öffnungszeit: Ganzjährig.
Ausstattung: WC, V/E, Strom, Tische und Bänke, Mülleimer.
Beschreibung: Der einfache, teils schattige und teils schräge, geschotterte und bei Vollbelegung sehr enge Parkplatz befindet sich am Ortsrand

nahe eines Wäldchens und hinter einer Halle. Ein etwa zwei Kilometer Spaziergang auf dem GR34 führt hinab zum Wasser und in nördlicher Richtung entlang der Küstenlinie zu einer **Personenfähre**, die direkt zum rückwärtigen Eingang der Ville Close übersetzt. Zudem fährt der Bus Linie 2 regelmäßig von Le Porzou in der Nähe des Kreisverkehrs zum Hafen/Ville Close.
Preise: 20 - 8 Uhr April - September €, eventuell im Juli/August teurer.
Zufahrt: Von der D322 und den Hinweisen Le Rouz und den WOMO-Piktogrammen folgen. **Hinweis:** Manchmal werden im Sommer weitere Abstellmöglichkeiten für WOMOs auf dem Parkplatz am Cours Charlemagne an der Zufahrt zu diesem Stellplatz ausgewiesen.

Concarneau

Konk Kernew, wie Concarneau im Bretonischen heißt und was so viel wie „sichere Ecke der Cornouaille" bedeutet, wurde im 10. Jahrhundert gegründet und war im Mittelalter eine bedeutende Festung. Diese liegt noch immer auf einer durch eine Brücke mit dem Festland verbundenen Insel und ist einer der Hotspots von Bretagne-Reisenden.

Das Hafenleben wird von Fischerbooten belebt, die darauf hinweisen, dass die Stadt, obwohl die großen Sardinenschwärme seit Anfang des 20. Jahrhunderts ausblieben, immer noch zu den großen Fischereihäfen Frankreichs gehört. Die alljährlich Mitte August stattfindende **Fête des Filets Bleus** erinnert an die einsetzende Armut nach dem Ausbleiben der Fische, als eine Spendenaktion die größte Not der Fischer linderte. Heute ist das Fest der „blauen Netze" eine große Folkloreveranstaltung mit Trachtenumzügen, bretonischen Seemannsliedern und unzähligen Besuchern, die sich an Sardinen und Cidre laben *(www.festivaldesfiletsbleus.bzh)*.

Vom Stellplatz in Le Porzou bummeln wir mit hübscher Aussicht auf das blau schimmernde Meer und die Stadtbefestigung auf dem GR34 zur Anlegestelle der Personenfähre, mit der wir in wenigen Minuten und für einen geringen Obolus von der Wasserseite aus an den rückwärtigen Eingang der **Ville Close** übergesetzt werden. Die „geschlossene Stadt" ist die Keimzelle des heutigen Concarneau und ist, wie schon erwähnt, das touristische Zentrum des Ortes.

Im 14. Jahrhundert wurde Concarneau von den Engländern besetzt und nach deren Vertreibung befestigt. Kein Geringerer als Baumeister Vauban legte auch hier wieder Hand an und modernisierte die Anlage im 17. Jahrhundert. Die meisten schmalen Granithäuschen stammen aus dieser Zeit und heute wird die Reihe der auf engstem Raum zusammengepferchten Souvenirläden von Cafés, Restaurants und Kunsthandwerksläden unterbrochen. Wir haben die Erfahrung gemacht, dass es im Sommer morgens am ruhigsten in den engen, gepflasterten Sträßchen ist. Es ist unerheblich, ob man die Stadtinsel von der Landseite am Uhrenturm oder von der Wasserseite betritt, über Treppenanlagen gelangen wir zu einem Rundgang auf die Stadtmauer. Wir haben uns zuvor einen **Audio-Guide** im Office de Tourisme entliehen und können nun in deutscher Sprache die historisch relevanten Erklärungen abrufen *(Stadtmauer geöffnet 10 - 19 Uhr)*. Gleich hinter dem Stadttor in der Hauptgasse der Ville Clos befinden sich das **Musée de la Pêche**, das die traditionellen Fangmethoden der Fischer zeigt *(Februar - Dezember Di - So 10 - 18 Uhr, Juli/August Mo - So 10 - 19 Uhr, Eintritt, www.musee-peche.fr)* und die **Maison du Patrimoine**, in der Ausstellungen die Stadtgeschichte verdeutlichen *(April - Oktober)*. Außerhalb der Ville Close und am südlichen Zipfel der Kaianlagen befindet sich das Terrarium-Aquarium **Le Marinarium**, das anhand von Ausstellungen, Filmen und diversen Tierarten über die Zusammenhänge und die Biodiversität informiert *(Oktober - Dezember/Februar/März 14 - 18 Uhr, April - Juni/September 10 - 12/14 - 18 Uhr, Juli/August 10 - 19 Uhr, Eintritt, www.stationmarinedeconcarneau.fr)*.

Wem nicht nach einer Fahrt in der **Petit Train** ist *(Anfang April - September, Start am Office de Tourisme, Gebühr)*, der kann zu einer **Flussfahrt** auf dem Odet starten oder sich zu den **Glénan-Inseln** schippern lassen *(Informationen unter www.vedettes-odet.com oder beim Office de Tourisme)*.

Zum Abschluss unseres Besuches in Concarneau lassen wir es uns natürlich nicht nehmen und machen es Kommissar Dupin nach, der nach einem kniffligen Fall Erholung und Ruhe im **Restaurant L'Amiral** nahe der Markthalle findet. Wie der Romanheld bestellen wir ein Entrecôte und schauen mit einem Glas Wein in der Hand von der Terrasse der Brasserie über die Place Jean Jaurés hinüber zur Ville Close *(Ein wenig günstiger, aber immer noch mit „Dupin-Aufschlag" ist das Entrecôte bis 17 Uhr in der Brasserie erhältlich und selbstverständlich gibt es auch andere Speisen. Mittags- und Abendmenüs, 1 Avenue Pierre Guèguin, Telefon 0298605523, www.restaurant-amiral.bzh)*.

Südöstlich erreichen wir das an der D783 gelegene **Trégunc**. Der Ort bietet zum einen eine **V/E-Möglichkeit** am Supermarkt, aber viel interessanter sind die kleineren Buchten und feinen Sandstrände, die sich in den der Gemeinde zugehörigen Dörfern entlang der Küste ziehen. Außer auf den genannten Plätzen ist das Parken im gesamten Küstenbereich in der Zeit von 22 bis 8 Uhr nicht gestattet.

(251) Offizieller WOMO-Stellplatz: Trégunc – Plage de Ster-Greich

GPS: N 47°50'56.4" W 03°53'10.9", Hent Kerbiquet. **Max. WOMOs:** 6 - 8.
Öffnungszeit: Ganzjährig. **Ausstattung:** Müllbehälter.
Beschreibung: Der einfache, schattenlose, befestigte Stellplatzbereich ist von einem Pkw-Parkplatz mit Höhenbarriere abgetrennt und befindet sich

außerhalb des Ortes an einer Bucht.
Zufahrt: Am Supermarkt Richtung Lambell/Pendruc abbiegen und später an einer Stop-Straße rechts abbiegen. Wenig später der Straße Hent Kerbiquet und dann den Hinweisen Plage Ster-Greich folgen.
Hinweis: Maximaler Aufenthalt zwei Nächte.

(252) Offizieller WOMO-Stellplatz: Trégunc – Plage de Pouldohan

GPS: N 47°50'26.4" W 03°53'49.3", Rue de Porz Breign. **Max. WOMOs:** 5.
Öffnungszeit: Ganzjährig. **Ausstattung:** WC, Müllbehälter.
Beschreibung: Der einfache Wiesenparkplatz ist teils schattig, befindet sich am Ortsrand in der Nähe einer Sandbucht (Hunde ganzjährig verboten). Auch hier kann man loswandern oder zu Radtouren aufbrechen. Etwa 800 Meter vor dem hier genannten Parkplatz weist ein WOMO-Piktogramm zu einem weiteren kleinen Parkplatz mit Tischen und Bänken [**253:** N 47°50'40.2" W 03°53'17.9", Route de Pouldohan].
Zufahrt: Wie zum vorgenannten Stellplatz, jedoch an der Stop-Straße nach Pouldohan fahren.
Hinweis: Maximaler Aufenthalt 2 Nächte.

(254) WOMO-Campingplatz: Trégunc – Camping La Plage Loc´h en Ven**

GPS/Kontakt: N 47°50'01.8" W 03°53'29.1", 8 Route du Camping, elefon 0298502620, www.lochven.com.
Öffnungszeit: Mitte Mai - Mitte September.
Ausstattung: Kleiner Laden mit regionalen Produkten und Backwaren, WiFi, Fahrradverleih, Waschmaschine, Wäschetrockner, Boule- und Volleyballplatz, Juli/August Animationsprogramm.
Beschreibung: Die Wiesenstellplätze des Campingplatzes liegen teilweise unter Bäumen in der Nähe einer schönen Sandbucht. Der Küstenwanderweg verläuft nahe des am Ortsrand liegenden Campingplatzes.
Preise: €€ - €€€.
Zufahrt: Wie zum vorgenannten Stellplatz und den Hinweisen zum Campingplatz folgen.

(255) Offizieller WOMO-Stellplatz: Trégunc – Aire de Kerlaëron

GPS: N 47°49'47.1" W 03°53'12.5", Route de Kerlaëron. **Max. WOMOs:** 6
Öffnungszeit: Ganzjährig.
Ausstattung: Tische und Bänke, Müllbehälter.
Beschreibung: Der einfache befestigte Parkplatz auf Wiese ist meist schattenlos und befindet sich oberhalb einer kleinen Sandbucht am Ortsrand, neben einem Pkw-Parkplatz und in der Nähe von Häusern.
Zufahrt: Wie zum vorgenannten Campingplatz, jedoch geradeaus bis zum Wasser fahren und dort links der Straße bis zum kleinen links gelegenen Parkplatz fahren.

(256) Offizieller WOMO-Stellplatz: Trégunc – Aire de Don

GPS: N 47°47'50.2" W 03°49'52.0", Route de Corniche.
Max. WOMOs: 10 - 12.
Öffnungszeit: Ganzjährig.
Ausstattung: Tisch und Bänke.
Beschreibung: Der unmittelbar an der Straße gelegene einfache Teil

eines Parkplatzes ist befestigt und schattenlos. Nach Überqueren der Straße und des Dünengeländes wird die Sandbucht erreicht und der Anschluss an den Küstenwanderweg ist gegeben.
Zufahrt: An der Küstenstraße zwischen Trégunc/Trévignon und Névez zu erreichen.

Von Trégunc ist der Weg nach **Névez** nicht zu verfehlen und wir rollen über die gleichnamige Halbinsel weiteren hübschen Ecken entgegen. Kleine, verstreut liegende Häfen und geradezu paradiesische Strände mit entzückenden Buchten empfangen uns. Dazwischen leuchten blaue Fensterläden an mit Reet oder Schiefer gedeckten Granithäusern. Der Küstenabschnitt zeichnet sich durch Sanftheit und, wenn man so will, durch ein wenig Exotik aus.

Zumindest müssen das die Einwohner von Raguenez aufgrund des türkisfarbenen Wassers und den weißen Stränden so empfunden haben, als sie ihren Strand somit folgerichtig **Plage de Tahiti** nannten. Sehr bretonisch wirkt hingegen die kleine **Bucht von Rospico** mit ihren felsigen Klippen und zwischen alldem tummelt sich auch Kommissar Dupin.

Der Pariser Commissaire, den es in die Bretagne verschlagen hat, liebt den Strand von Tahiti und im **Restaurant Ar Men Du**, oberhalb von Port Raguénez und am westlichen Ende des Strandes gelegen, feierte Dupin sein fünfjähriges Dienstjubiläum und genoss wie wir den Meerblick (N 47°47'19.8" W 03°48'04.3", Rue des Îles). Das Essen ist vorzüglich, die Weine auserlesen, der Service freundlich-aufmerksam und die Preise höher, aber angemessen *(Mittags- und Abendmenüs, Tischreservierung empfohlen unter Telefon 0298068422, www.men-du.com)*.

Cap Raguénez

Wer sein Haupt in der Nähe betten möchte, darf dies in Vans bis zu einer Breite von 1,95 Metern am südlichen Ende der Plage de Tahiti tun [**257:** N 47°47'31.7" W 03°47'22.0", WC. Stand Februar. 2023]. Auf dem weiteren, etwas oberhalb gelegenen Parkplatz durften bisher auch größere Wohnmobile ohne Campingverhalten parken (Stand 2022; wir bitten, die aktuelle Situation vor Ort zu beachten und uns gegebenenfalls über Veränderungen zu informieren).

Ansonsten sind die Parkplätze für Wohnmobile auch in diesem Küstenbereich nur tagsüber zu nutzen und wir verweisen für den längeren Aufenthalt auf die umliegenden Campingplätze und den folgenden Stellplatz.

(258) Offizieller WOMO-Stellplatz: Névez – Stade

GPS: N 47°48'57.0" W 03°47'22.3", Impasse du Stade. **Max. WOMOs:** 20.
Öffnungszeit: Ganzjährig. **Ausstattung:** V/E, Strom.
Beschreibung: Der einfache, schattenlose, asphaltierte Teil eines Großparkplatzes am Stadion befindet sich etwa 600 Meter vom Ortszentrum mit Restaurants, Bäckerei und dem **Office de Tourisme** entfernt.
Zufahrt: Im Ort von der D77 Richtung Port Manec'h dem WOMO-Piktogramm folgen.
Hinweis: Der maximale Aufenthalt beträgt 2 Nächte an derselben Stelle.

Für einen Strandtag bietet sich weiterhin der Tagesparkplatz an der **Plage de Dourveil** an (N 47°47'38.9" W 03°48'36.1", Corniche des Glénan). Von hier schauen wir noch einmal bis zu den im Atlantik liegenden Îles des Glénan, bevor wir zu einem Spaziergang in den nahen Weiler **Kercanic** aufbrechen. Dort und im östlich der Plage de Tahiti gelegenen Dorf **Kerascoët** bezaubern uns die traditionell strohgedeckten Häuser mit ihrem Charme und scheinen uns kurzzeitig in eine andere, beinahe verträumte Welt zu versetzen.

Der hiesige **Camping des Chaumièrs***** empfiehlt sich als Familienplatz mit schöner Lage und beheiztem Pool [**259:** N 47°47'47.9" W 03°46'30.5", Kercascoët, Telefon 0298067306, www.camping-des-chaumieres.com, geöffnet Mitte April - September, Preise €€ - €€€].

Kerascoët

(260) Offizieller WOMO-Stellplatz: Kerascoët Parking du Village

GPS: N 47°47'40.7" W 03°46'33.7", Kerascoët. **Max. WOMOs:** 10.
Öffnungszeit: Ganzjährig.
Ausstattung: Infotafel, Tische und Bänke, WC, Müllbehälter.
Beschreibung: Der ausgewiesene Teil eines Großparkplatzes ist befestigt, meist schattenlos und liegt am Ortsrand. Von hier kann man zu Wander- und Radtouren aufbrechen.
Zufahrt: Von der D77 den Hinweisen Chaumières de Kerascoët folgen und zum Parkplatz am südlichen Ortsrand fahren.
Hinweis: Der maximale Aufenthalt beträgt 24 Stunden.

(261) Offizieller Stellplatz: Rospico – Anse de Rospico

GPS: N 47°47'37.9" W 03°45'57.0". **Max. WOMOs:** 5.
Öffnungszeit: Ganzjährig. **Ausstattung:** Müllbehälter.
Beschreibung: Der einfache, geschotterte Parkplatz liegt an der Straße in der Nähe von Häusern und in unmittelbarer Nähe de Plage de Rospico und eines während der Saison geöffneten Cafés
Zufahrt: Von der D77 den Hinweisen Anse de Rospico bis zum Parkplatz folgen. Im weiteren Verlauf der Straße Richtung Raguenez wird der Parkplatz in Kerascoët ebenfalls erreicht.
Hinweis: Der maximale Aufenthalt beträgt 24 Stunden.

Alle genannten Park- und Stellplätze zwischen der Plage de Don und der Anse de Rospico erschließen sich auch durch den **Küstenwanderweg GR34 auf etwa 7 Kilometer langer, einfacher Strecke**, sodass man auf dem gewundenen Pfad einen abwechslungs- und aussichtsreichen Wandertag einlegen kann. Weitere Freizeitinformationen und eine Übersicht über weitere Campingplätze bietet das **Office de Tourisme** in Névez *(September - Juni Mo - Sa 9.30 - 12.30/ 14 - 18 Uhr, Juli/August Mo - Sa 9.30 - 13/14 - 18 Uhr, So/Feiertage 10 - 13 Uhr, Place de l'Église, Telefon 0298068790, www.deconcarneauapontaven.com).*

Die D77 führt in den beschaulichen Badeort **Port Manec'h** mit kleinen Badehäuschen am feinen Sandstrand.

Auch hier befinden wir uns ein weiteres Mal in „Dupin-Land“, denn von dem Hafenort an der Mündung von Aven und Belon ist der Kommissar besonders angetan.

Recht hat er und zusätzlich wartet auch noch ein Stellplatz unterhalb der Chapelle Saint-Nicolas auf uns. Für den angenehmeren Aufenthalt können wir den sehr einfachen, aber ordentlichen **Camping de Keraeren**** nördlich des Ortes empfehlen [**262:** N 47°48'23.4" W 03°44'51.2",Keraeren, Telefon 0298068038, www.camping-keraeren.fr, geöffnet Mai - September, Preis € - €€]. Komfortabler, und mit beheiztem Pool bestückt, geht es auf dem nahen **Camping Côté Ô Port Manech****** zu [**263:** N 47°48'17.9" W 03°44'43.0", 8 Kercouliou Stang, Telefon 0547743072, www.cote-o.fr, geöffnet April - September, Preise €€ - €€€].

(264) Offizieller WOMO-Stellplatz:
Port Manac´h – Saint Nicolas

GPS: N 47°48'17.8" W 03°44'36.4", Rue de la Plage.
Max. WOMOs: 5.
Öffnungszeit: Ganzjährig.
Ausstattung: Tische und Bänke, Müllbehälter.
Beschreibung: Der teils sehr schräge, teils schattige, einfache und befestigte Parkplatz befindet sich im Ort. Der kleine Badestrand ist etwa 150 m entfernt und über den dort beginnenden Pfad *Sentier André Jolly* entlang der südlichen Küstenlinie gelangt man zum etwa 500 m entfernten Leuchtturm.
Zufahrt: Im Ort von der D77 sollte man den Hinweisen Parking Plage über 3,5t/Busse folgen.
Hinweis: Der maximale Aufenthalt beträgt 24 Stunden.

Würde man dem L'Aven aufwärts folgen, gelangt man unweigerlich nach **Pont-Aven**. Wir bemühen dafür unser Reisemobil und gelangen ebenso in die Stadt, in der wir Monsieur Dupin vorerst Adieu sagen. Erwähnenswert ist an dieser Stelle, dass des Kommissars erster Fall hierher und damit zu Paul Gauguin führte.

Auch hier ist das Parken von Wohnmobilen reglementiert und wir verweisen auf die folgenden, einfachen **offiziellen WOMO-Stellplätze**, auf denen ein Campingverhalten nicht erwünscht ist:

Parking Bel-Air [**265:** N 47°51'25.7" W 03°45'10.1", Rue des Abbès Tanguy. Teilweise sehr schräg und eher nur als Tagesparkplatz zu gebrauchen].

Parking Pontic Malo [**266:** N 47°51'30.8" W 03°45'12.3", Rue de Rustephan. Hinter dem Intermarché mit morgendlichem Lieferverkehr gelegen, Mitte Juni - Mitte September €/Nacht].

(267) Offizieller WOMO-Stellplatz: Pont-Aven – Camping-Car Park Les Quatre Vents

GPS: N 47°51'14.3" W 03°44'36.2"; Rue Louis Lomenech. **Max. WOMOs:** 37.
Öffnungszeit: Ganzjährig. **Ausstattung:** V/E, Strom, WiFi, Müllbehälter.
Beschreibung: Der mit Schranke gesicherte, einfache, asphaltierte, schattenlose Stellplatz befindet sich im Ort etwa 500 m vom Zentrum mit Geschäften und Restaurants entfernt.
Preise: €€ - €€€.
Zufahrt: Im Ortszentrum Richtung Quimperlé fahren und dem WOMO-Piktogramm folgen.

Pont-Aven

Die Kleinstadt ist im doppelten Sinn malerisch. Zum einen wegen ihrer lauschigen Lage am Fluss Aven und zum anderen vor allen Dingen, weil der Maler **Paul Gauguin** den Ort berühmt machte.

Schon bevor es den Künstler nach Pont-Aven zog, waren es ab 1860 englische und amerikanische Maler, die das Örtchen aufgrund der günstigen Lebenshaltungskosten aufsuchten. Im Bois d'Amour, dem Liebenswäldchen hielten sie die idyllische Natur auf der Leinwand fest und die Dorfbewohner wurden im Alltagsleben sowie in ihren Trachten porträtiert. In dieser natürlichen Umgebung mit ihren unverdorbenen Menschen gefiel es Paul Gauguin, zudem begeisterten ihn sowohl Licht als auch Farben und so blieb er. Die Kunstszene logierte in der Pension Gloannec und als Folge intensiver Diskussionen kommt es zur Gründung der innovativen Malschule École de Pont-Aven. Unter Gauguins Einfluss entwickelte sich Pont-Aven ab dem Jahr 1886 in kurzer Zeit zu einem der avantgardistischsten Kunstzentren Frankreichs. Paul Sérusier, Maurice Denis und Émile Bernard scharten sich um ihn und das gesamte bretonische Dorf wurde zum Atelier. Auf der Suche nach neuen Konzeptionen der Kunst, entstand eine Kunstrichtung, die mehr auf Wahrnehmung als auf ein natürliches Abbild aufbaut. Weitere Kunstbeflissene und erste Touristen kommen nun in den äußersten Zipfel der Bretagne, doch Gauguin bringt das weder Berühmtheit noch Geld. Mittellos zieht er erst an die Küste und dann nach Tahiti, wo ihn die Südseebewohner, und wiederum das Licht

WC-Häuschen über dem Aven

sowie die Farben zu den Bildern animieren, die heute in den größten Museen und Privatsammlungen zu Unsummen versichert werden müssen. Einmal noch kommt Paul Gauguin nach Pont-Aven, um ein weiteres Mal desillusioniert in die Südsee zu entschwinden und dort 1903 zu sterben. In der Kunstgeschichte gilt er gemeinsam mit Émile Bernard als Mitbegründer des Synthetismus und wurde Wegbereiter des Expressionismus. Noch heute wird in Pont-Aven gemalt und es scheint nirgends eine größere Dichte an Galerien und Ateliers in Frankreich zu geben.

Vom Liebeswäldchen strömt das Wasser zunächst über die als **Chaos** bezeichneten Felsbrocken im L'Aven und zur **Promenade Xavier-Grallin**. Wir wechseln über versteckte Übergänge die Uferseiten und schlendern an Waschplätzen und ehemaligen Mühlen vorbei. Das angeblich schönste WC- Häuschen der Bretagne befindet sich an der Steinbrücke über den Aven und wenn wir dem Fluss folgen, gelangen wir zum Jachthafen.

Wer mag, kann den Spaziergang am rechten Ufers des Aven auf dem Sentier Côtier zu **einer gut 10 Kilometer langen Wanderung** ausdehnen und dabei Port Manec'h erreichen. Dazwischen wird die alte Gezeitenmühle in Le Hénan und der kleine Hafenort Kerdruc passiert. Der Rückweg erfolgt mit dem Bus über Névez. Hierüber und über noch viel mehr informiert das **Office de Tourisme** *(September - Juni Mo - Sa 9.30 - 12.30/14 - 18 Uhr, Feiertage/So in den Ferien 10 - 13 Uhr, Juli/Aug. Mo - Sa 9.30 - 13/14 - 18.30 Uhr, So/Feiertage 10 - 13 Uhr, 3 Rue des Meunières, Telefon 0298068790, www.deconcarneauapontaven.com)*. Das **Musée de Pont- Aven** widmet sich den schönen Künsten und präsentiert in seinen Sammlungen natürlich auch Werke der Schule von Pont-Aven und dokumentiert sie *(Di - So 10 - 18 Uhr, Juli/August 10 - 19 Uhr, Eintritt. www.museepontaven.fr)*.

Nicht nur Gauguin-Verehrer pilgern durch den im Bois d'Amour beschilderten Weg zur oberhalb des Liebeswäldchen gelegenen **Chapelle de Trémalo**. Die gotische Kapelle aus dem 16. Jahrhundert wurde von Paul Gauguin gerne aufgesucht und im Inneren befindet sich das Original der Jesus-Figur, nach der der Meister seinen berühmten „Gelben Jesus" malte.

Über die Verpflegung muss man sich in Pont-Aven keine Gedanken machen. Ob man nun auf bretonische Kekse steht, Pizza, Galettes und Crêpes, Süßes oder Herzhaftes bevorzugt – keiner wird hier verhungern!

Wer allerdings nach einiger Zeit in Frankreich mal wieder Lust auf ein richtiges Sauerteigbrot verspürt, der findet es in der **Maison le Darz** gegenüber dem Museum. Hierfür ist der deutschstämmige Bäcker und Patissier verantwortlich, der auch süße Versuchungen aus Karamell und Schokolade anbietet *(Mo geschlossen)*. Bei der großen Auswahl an Gaststätten fiel unsere Wahl diesmal auf die mit einem Michelin-Stern gekrönte Küche in der **Moulin de Rosmadec**. Das Restaurant ist das erste, das im Finistère mit einem Stern ausgezeichnet wurde und setzt regionale Produkte und bretonische Meeresfrüchte mit delikaten Aromen gekonnt in Szene *(Mittags- und Abendmenüs Mi - So, Venelle de Rosmadec, Telefon 0298060022, rosmadec.com)*. Dupin Fans werden zumindest einmal einen Blick durch das eiserne Eingangstor und vielleicht sogar einen Blick in das schicke wie auch urige Gebäude-Ensemble werfen wollen, in dem sich der Kommissar in „Bretonische Verhältnisse" mit Frédéric Beauvois trifft.

Zwischen den gezeitenabhängigen Flüssen Aven und Bélon gilt **Riec-sur-Bélon** als Hauptstadt der flachen Belon-Auster, die man hier direkt beim Erzeuger kaufen kann. Es kommen also die Feinschmecker auf ihre Kosten, aber auch die Freunde lieblicher Uferlandschaften und kleiner verborgener Häfen dürften sich wohlfühlen.

Am Bélon

(268) WOMO-Campingplatz: Riec-sur-Bélon – Camping du Château Bélon**

GPS/Kontakt: N 47°49'01.3" W 03°42'34.3", Port de Bélon Rive Droite, Telefon 0298064143, www.belon.bzh. **Öffnungszeit:** April - Mitte November.
Ausstattung: Bouleplatz, Waschmaschine, Wäschetrockner, Spielplatz, Angelmöglichkeit, WiFi.
Beschreibung: Der ruhige, teils schattige Platz auf einer großen Wiese liegt am Ortsrand in der Nähe des Küstenwanderwegs. Auch von hier sind Radtouren in die Umgebung möglich und in den nahen Restaurants werden Austernverkostungen angeboten.
Preise: €€.
Zufahrt: Im Ort den Hinweisen Port de Bélon und zum Campingplatz folgen.

(269) WOMO-Parkplatz: Riec-sur-Bélon – Questelan

GPS: N 47°48'50.4" W 03°42'49.6".
Max. WOMOs: 3 - 5.
Ausstattung: Infotafel mit ausgewiesenen Wanderwegen, Müllbehälter.
Beschreibung: Der einfache, teils schattige, befestigte Parkplatz befindet sich außerorts. Von hier haben wir auf dem **Küstenwanderweg GR34** in nordöstliche Richtung nach etwa ein Kilometer Fußweg das unten genannte Restaurant **Chez Jacky** sowie weitere Austernzuchtbetriebe erreicht. Auf dem Weg ist etwas Trittsicherheit gefragt, die auch auf dem GR34 in südwestliche Richtung angeraten ist. Nach etwa 2,5 Kilometern führt der Pfad an die Pointe de Penquernéo mit alten Festungsüberresten und über die Mündung des Aven ist Port Manec'h zu sehen. Nach weiteren drei Kilometern wird Port de Rosbras erreicht (siehe unten).
Zufahrt: Wie zum vorgenannten Campingplatz, jedoch an einer Weggabelung dem Hinweis Questelan folgen und bis zum Parkplatz fahren.

Auch ohne einen der beiden Plätze für eine Übernachtung zu nutzen, gefällt uns der Ausflug nach **Port de Bélon**. Etwas unterhalb des zum Austernzuchtbetrieb gehörenden Campingplatzes gibt es einen sehr schrägen **Parkplatz**, von dem der **Huîtrières du Château de Bélon** nach nur wenigen Metern erreicht ist. Hier können Austern erworben oder verkostet werden und es werden Führungen angeboten *(10 - 18 Uhr, www.belon.bzh)*.

Einige Gehminuten entfernt befindet sich das **Restaurant Chez Jacky**, in dem sich natürlich ebenfalls alles um die Auster, aber auch um andere Meeresfrüchte dreht *(Mittags- und Abendmenüs April - Oktober, Telefon 0298069032, www.chez-jacky.com)*.

Mit Aussicht auf den Bélon schlürfen wir unsere Austern und lassen uns erklären, dass die Zucht hier bei einer Mischung aus Salz- und Süßwasser auf vier Kilometer Flusslänge beson-

ders gut gelingt. Im Rhythmus der Gezeiten spült das Wasser zweimal täglich um die flachen **Bélon-Austern**, die so beste Bedingungen für ihre Reifung und den typischen Haselnussgeschmack haben.

Dass Port de Bélon neben Cancale der berühmteste Austernort Frankreichs ist, wurde auch Kommissar Dupin erklärt, dem wir immer noch auf der Spur sind. Im Kriminalroman „Bretonischer Stolz" spaziert er am Fluss entlang, an der Landspitze Pointe de Penquernéo wird eine Leiche gefunden und im kleinen nahen Hafenörtchen **Rosbras** verzehrt er Austern im **Bistrot de Rosbras** *(Mo/Di und außerhalb der Saison geschlossen, Telefon 0298069200)*.

Vom oben genannten WOMO-Parkplatz wird der stimmungsvolle Ort, wie bereits beschrieben, auf dem Küstenwanderweg GR34 nach Umrundung der Pointe de Penqueréo nach rund sechs Kilometern erreicht. Wählt man für den Rückweg das etwas verworrene, wenig befahrene Straßennetz, gelangt man nach einer insgesamt **rund 10 Kilometer langen Wanderung** zurück zum Parkplatz. Natürlich kann Rosbras auch mit dem WOMO angefahren werden, das dann auf einem Parkplatz am Ortsrand abgestellt werden kann (N 47°49'15.1" W 03°44'31.0").

Auf dem Weg Richtung Moëlan-sur-Mer streifen wir an der D24 die **Cidrerie du Pressoir du Bélon**, in der wir nach einer Verkostung süffigen Cidre und einen Pommeau in unser Getränkelager wandern lassen *(Mo - Fr 10 - 12/14 - 19 Uhr, Mai - Sept. auch Sa bis 18 Uhr, www.cidre-belon-bretagne.fr)*.

Sollte jemand die Küstenregion um Lorient nicht bereisen wollen, dann ist von hier der direkte Weg nach **Quimperlé** gar nicht zu verfehlen.

Uns treibt jedoch die Neugier weiter und in **Clohars-Carnoët** notieren wir einen wenig anheimelnden **offiziellen WOMO-Stellplatz**, dessen **V/E-Station** jedoch wie gerufen kommt (N 47°47'52.7" W 03°35'07.1", Rue de Quimperlé).

Freunde von Paul Gauguin werden im südwestlich gelegenen Ortsteil **Le Pouldu** nicht nur einen einfachen, aber **offiziellen WOMO-Stellplatz** an den Tennisplätzen finden [**270:** N 47°46'05.4" W 03°33'08.7", Rue Anne de Bretagne, ganzjährig geöffnet, Mai - September Preis €], sondern auch die **Maison Musée Gauguin**. Im Haus der ehemaligen *Buvette de la Plage* ließ sich Paul Gauguin im Jahr 1889 nieder und schmückte, wie auch andere Künstler, Wände, Decken, Türen und Fenster des Speisesaals des heutigen kleinen Museums mit Gemälden *(Hochsaison täglich 10/11 - 18/19 Uhr, Nebensaison Mi - So 10 - 12.30/13.30 - 18 Uhr, Mitte September/Oktober So 14 - 18 Uhr, Oster-/Herbstferien 14 - 18 Uhr, 10 Rue des Grands Sables, maisonmuseegauguin.blogspot.com)*.

Um den Fluss La Laïta überqueren zu können, suchen wir die D224 Richtung Lorient und fahren an die Küste nach **Guidel**. Hier befinden wir uns kurzfristig im Département Morbihan, das in dieser Gegend nicht nur mit herrlichen Sandstränden aufwarten kann, sondern im Anschluss daran einige gut gelegene, für Wohnmobile geeignete und deshalb beliebte Parkplätze nahe am Meer bietet. Für den komfortableren Aufenthalt finden sich mehrere **Campingplätze** entlang der Küstenstraße. Die Strände sind im Sommer bewacht und an allen wird der **Segel- und Surfsport** groß geschrieben. Teilweise sind Duschen und Toiletten vorhanden und über allem wacht eine in Privatbesitz befindliche Festung aus dem 18. Jahrhundert sowie Festungsbauten neueren Ursprungs.

(271) Offizieller WOMO-Stellplatz: Guidel-Plages – École du Voile

GPS: N 47°45'59.0" W 03°31'32.0", An der D152. **Max. WOMOs:** 7.

Öffnungszeit: Ganzjährig.
Ausstattung: Müllbehälter.
Beschreibung: Der einfache, befestigte, schattenlose Parkplatz liegt außerorts hinter dem Centre Nautique. In der Nähe befinden sich eine Gaststätte, ein Skaterplatz und die Strände. Die Umgebung lädt auch zu Rad- und Wandertouren ein.
Zufahrt: Im Ort den Hinweisen nach Guidel-Plages folgen. Bei Erreichen der D152 parallel zum Wasser fahren und dem WOMO-Piktogramm folgen.
Hinweis: Der maximale Aufenthalt beträgt 24 Stunden.

(272) Offizieller WOMO-Stellplatz: Guidel-Plages – Plage du Loch

GPS: N 47°45'23.4" W 03°30'54.7", An der D152. **Max. WOMOs:** 12.
Öffnungszeit: Ganzjährig.
Ausstattung: Müllbehälter.
Beschreibung: Der einfache, befestigte, schattenlose Großparkplatz

bietet einen ausgewiesenen Teil für WOMOs in der Nähe der Straße und außerhalb des Ortes. Der Strand befindet sich direkt auf der anderen Straßenseite und Rad- und Wanderwege schließen sich an.
Zufahrt: Wie zum vorherigen Parkplatz, jedoch der Küstenstraße und dem WOMO-Piktogramm folgen.
Hinweis: Der maximale Aufenthalt beträgt 24 Stunden.

(273) Offizieller WOMO-Stellplatz: Guidel-Plages Fort du Loch

GPS: N 47°45'01.7" W 03°30'21.4", An der D152. **Max. WOMOs:** 20.
Öffnungszeit: Ganzjährig.
Ausstattung: Müllbehälter.
Beschreibung: Der einfache, schattenlose, befestigte Parkplatz befindet sich außerhalb des Ortes hinter einer Hotelanlage. Die Strände sind etwa 300 m entfernt und auch hier schließen sich Rad- und Wanderwege an.
Zufahrt: Wie zum vorherigen Parkplatz, jedoch der Küstenstraße und dem WOMO-Piktogramm folgen.
Hinweis: Der maximale Aufenthalt beträgt 24 Stunden.

(274) Offizieller WOMO-Stellplatz: Plomeur – Golfplatz

GPS: N 47°43'23.9" W 03°28'54.9", Boulevard de l'Atlantique.
Max. WOMOs: 9.
Öffnungszeit: Ganzjährig.
Ausstattung: Müllbehälter.
Beschreibung: Ausgewiesener Teil eine einfachen, schattenlosen, befestigten, außerorts gelegenen Großparkplatzes in der Nähe eines Golfplatzes (www.bluegreen.fr/ploemeur). Der Strand ist etwa 300 m entfernt und auf Rad- und Wanderwegen kann die Gegend erkundet werden.
Zufahrt: Wie zum vorherigen Parkplatz, jedoch der Küstenstraße ca. 3,6 km weiter und dann dem WOMO-Piktogramm zum links gelegenen Parkplatz folgen.
Hinweis: Der maximale Aufenthalt beträgt 24 Stunden.

Wer von hier einen Ausflug in die Stadt mit dem vielversprechenden Namen L'orient, **Lorient**, machen möchte, sei gesagt, dass wir die nach schweren Bombardierungen im Zweiten Weltkrieg am Reißbrett entworfene Stadt aus touristischer Sicht recht unergiebig finden. Trotzdem lohnt sich ein Ausflug zu den Überresten aus der Zeit als Militärhafen, als sich napoleonische und später deutsche Truppen hier niederließen.

Heute ist die von den Deutschen gebaute U-Boot-Basis ein besonderer Anziehungspunkt, der nicht nur für die Schlechtwetterperioden die Besucher von den Stränden lockt. In den

Blick über den Blavet zu den Bunkeranlagen in Lorient

ehemaligen Bunkern im Stadtteil Keroman sind heute drei interessante Museen untergebracht, die durchaus einen Besuch wert sind. Am besten sucht man sich einen Parkplatz rund um die Ausstellungshäuser (N 47°43'56.8" W 03°22'28.7", Rue d'Estienne d'Orves). Diese unterteilen sich in das **Musée Sous-Marin**, in welchem auf die Rettung von U-Boot-Besatzungen eingegangen wird *(Eintritt, Öffnungszeiten unter www.musee-sous-marin.com)* und die **Cité de la Voile Éric Tabarly**. Letzteres widmet sich der Geschichte des Hochseeseglers Tabarly sowie dem französischen Segelsport und ist interaktiv so spannend und informativ aufbereitet, dass der Besuch zu einem Highlight für die ganze Familie werden könnte *(Eintritt, Öffnungszeiten unter www.citevoile-tabarly.com)*. Als dritte Attraktion kann das abgerüstete U-Boot Flore und eine Dauerausstellung im **Musée Sous-Marin Flore-S645** besichtigt werden *(Eintritt, Öffnungszeiten unter www.la-flore.fr)*.

Über die N165 in nordwestliche Richtung steuern nun auch wir **Quimperlé** an, verlassen die Route Nationale Richtung Centre Ville, und vermerken den für drei Mobile ausgewiesenen, offiziellen **WOMO-Stellplatz mit V/E Station** nahe der Laïta [**275:** N 47°51'58.7" W 03°32'36.3", Rue du Viaduc]. Der Stellplatz kann uns nicht begeistern und so suchen wir den Parkplatz Barzaz Breizh/Isole Sainte Croix nahe dem Zentrum, der uns am Wochenende auch schon mal als Übernachtungsplatz gedient hat (N 47°52'26.9" W 03°32'44.5", An der D790 Richtung Le Faouët, Rue Brémond d'Ars). Für den längeren Aufenthalt eignet sich der einfache **Camping Municipal de Quimperlé****, außerhalb der Stadt und ruhig im Grünen gelegen, jedoch besser [**276:** N 47°52'20.9" W 03°34'10.2", 2 Rue de Kermaria, Telefon 0298393130, außerhalb der Saison 0298963747, www.quimperle.bzh, ganzjährig geöffnet, Preis €].

Quimperlé

Der im 6. Jahrhundert gegründete Ort liegt am Zusammenfluss von Ellé und Isole, die hier in die Laïta münden. Beim **Office de Tourisme** am zentralen Kreisel lassen wir uns einen Flyer aushändigen und können das Städtchen ohne großartige Sensationen, aber mit einigen hübschen Ecken kennenlernen *(Oktober - Juni/September Mo - Sa 10 - 13/14 -17.30 Uhr, Juli/August Mo - Sa 9.30 - 18.30 Uhr, So 10.30 - 12.30, 3 Place Charles de Gaulle, Telefon 0298396728, www.quimperle-terreoceane.com)*.

Quimperlé besteht zum einen aus der Unterstadt mit der zwischen Ellé und Isola gelegenen Altstadt, die sich an einen prägnanten Rundbau anschließt. Die **Église Saint-Croix** entstand im 11. Jahrhundert nach dem Vorbild der Kreuzkirche in Jerusalem und gilt, auch wenn der Glockenturm 1848 einstürzte und große Teile der Kirche unter sich begrub, als eines der schönsten romanischen Bauwerke der Bretagne. Chor und Krypta blieben erhalten. Nördlich der Kirche schließt sich die Rue Brémond d'Ars mit einigen alten Fachwerkhäusern und der **Ruine der Église Saint-Colomban** an. Gegenüber verdient **Le Présidial**, das alte Gericht aus dem Jahr 1680, etwas Aufmerksamkeit. Hinter der denkmalgeschützten Treppe werden ab und zu wechselnde Kunstaustellungen präsentiert und wer zwischen zwei Häusern hindurchschlüpft, wird auf die **Maison des Archers**, das Bogenschützenhaus, stoßen.

Durch die engen Gassen erreichen wir die Isole mit einer schönen Promenade und überqueren den Fluss. Schräg gegenüber gelangen wir über die Rue Savary hinauf in die Oberstadt mit der **Église Notre-Dame de l'Assomption**, die im 13. und 15. Jahrhundert gebaut wurde und die Place Gambetta mit Geschäften, Boutiquen und Gaststätten dominiert. Zurück in der Altstadt schauen wir noch im **Bistro de la Tour** an der Markthalle vorbei und lassen uns eine ausgezeichnete Crêpe und einen der sehr guten Weine munden (*Mittags- und Abendmenüs Mo Ruhetag, 2 Rue Dom Morice, Telefon 0298961070)*.

Ruine der Église Saint-Colomban und Église Saint-Croix

TOUR 15
Le Faouët
278
Chapelle Ste-Barbe
Chapelle St-Fiacre
P
Ellé
279
Querrien
277
Le Dourdu
Belon
Isole
N165
D769
D782
Chapelle Notre-Dame
Roches du Diable
281
Kernascleden
Quimperlé
D790
Ellé
Scorff
280
D110
D769
D18
Tour 14
D26
Scorff
Laïta
Plouay
N165
D769
Le Blavet
D26
10 km
N
D769
Scorff
283
282
Hennebont
Lorient
Lanester
D152
N31
Le Blavet
D781
Port-Louis
284
285
Gâvres
286
287
D781
D158
N165
288
L´Étel
Saint-Cado
Étel
289
D16
Belz
290
N165
Erdeven
Alignements des Kerzerho
291
D781
299
Auray
Auray
Plouharnel
D768
Alignements
Tumulus
292
293
296
Carnac
D28
Tour 16
Presqu´île de Quiberon
D768
D781
Côte des Mégalithes
N165
294
La-Trinité-sur-Mer
295
D781
Auray
297
Quiberon
Site des Mégalithes
298
Locmariaquer
Pointe du Conguel

Querrien – Le Faouët – Port-Louis – Erdeven Quiberon – Carnac – Locmariaquer – Auray

Stellplätze: Querrien, Le Faouët, Berné, Hennebont, Port-Louis Riantec, Gâvres, Belz, Étel, Erdeven, Quiberon, Saint-Pierre-Quiberon, Carnac, Locmariaquer, Auray.

Campingplätze: Belz Camping de Saint-Cado, Étel Camping de la Falais, Quiberon Camping Municipal Les Sables Blancs.

Besichtigen: Le Faouët Chapelle Saint-Fiacre, Musée du Faouët, Chapelle Sainte-Barbe; Hennebont Musée d'Hennebont, Basilika Notre-Dame-du-Paradis, Haras National; Lanester Cimetière de Bateaux; Port-Louis Musée National de la Marine, Musée de la Compagnie des Indes; Étel Musée des Thoniers; Erdeven Alignements des Kerzerho; Quiberon Musée de la Chouannerie; Carnac Église Saint-Cornély, Musée de Préhistoire, Site des Mégalithes; Locmariaquer Site des Mégalithes; Auray Église Saint-Gildas, Hafen von Saint Goustan.

Wandern: Locunolé, Berné, Erdeven, Quiberon, Carnac, Locmariaquer.

Baden: Diverse Strände entlang der Strecke.

Essen: Auray Crêperie Saint-Sauveur, Restaurant Le P'tit Goustan,Restaurant Le Chasse-Marée.

Märkte: Le Faouët 3. Mi im Monat, Hennebont Do, Port-Louis Sa, Penthièvre Juli/Aug Mo, Quiberon Juni-September Mi/Sa, Saint-Pierre-Quiberon Do, Carnac Mi/So, Locmariaquer Di/Sa, Auray Mo, Biomarkt Do, Kunstmarkt Juli/Aug im alten Hafen von Saint-Goustan (Info im Office de Tourisme).

Von Quimperlé aus reisen wir nordwärts, tauchen in das hügelig, bewaldete Umland ein und steuern inmitten fruchtbarer Ackerflächen Le Faouët an. Zuvor gibt es einen Stellplatz abseits jeglichen Trubels im kleinen Örtchen **Querrien** zu erwähnen und sagenumwobene Felsformationen stehen zusätzlich auf dem Programm.

(277) Offizieller WOMO-Stellplatz: Querrien

GPS: N 47°57'37.8" W 03°32'21.1", Rue de Saint Thurien.
Max. WOMOs: 3 - 5.
Öffnungszeit: Ganzjährig.
Ausstattung: Müllbehälter.
Beschreibung: Der einfache, geschotterte, teils schattige Parkplatz liegt am Ortsrand des kleinen Örtchen und verspricht einen ruhigen Aufenthalt. In der Nähe befindet sich

eine Bäckerei und Rad- und Wandertouren in die Umgebung sind möglich. **Zufahrt:** Im Ort an der Kirche den WOMO-Piktogrammen bis zum Parkplatz folgen.

Östlich der D790 liegt rund um den Fluss Ellé ein schönes **Wandergebiet** sowie das Naturschutzgebiet **Roches du Diable** (N 47°56'37.8" W 03° 28'25.0", Kerscollier).

Die Legende von Saint-Guénolé, dem Teufel und den Felsen

Das sich auftürmende Granitsteinmeer der Teufelsfelsen birgt, wie könnte es anders sein, wieder eine bretonische Sage, die diesmal von Saint-Guénolé handelt. Der Heilige ließ sich während der Christianisierung hier nieder und übersah, dass die Felsen bereits dem Teufel gehörten. Beim Kampf um die geheimnisvollen Felsformationen siegte Guénolé und benötigte fortan eine Brücke zur Überquerung des Flusses, um auch dort die Worte Gottes zu verkünden. Wie bei der Teufelsbrücke in Plouguerneau, bot Satan auch diesmal seine Hilfe an, und verlangte als Lohn die Seele des ersten Lebewesens, das die durch ihn errichtete Brücke überquerte. Diesmal soll es ein Eichhörnchen gewesen sein, welches Saint-Guénolé als erstes über die Brücke huschen ließ und das den Teufel dermaßen erzürnte, sodass er sich in den Ellé stürzte und dabei eine riesige Kluft schuf.

Um vom Aussichtspunkt einen Blick auf die Teufelsfelsen werfen zu können, folgen wir vom Wanderparkplatz den entsprechenden Hinweisen etwa 500 Meter und schauen auf die beeindruckende Wald- und Felskulisse am rauschenden Fluss, der an dieser Stelle die Départements Finistère und Morbihan trennt.

Der Name des Flusses Ellé soll von Ellez kommen, was so viel wie Hölle bedeutet. Der wilde Fluss tangiert auch **Le Faouët**, den nächsten Ort an unserer Route, und lädt von dort zu schönen Spaziergängen durch schattige Wälder und zu einigen außergewöhnlichen Kapellen ein.

(278) WOMO-Parkplatz: Le Faouët – Parking Salle Polyvalente

GPS: N 48°01'50.8" W 03°29'22.7", Rue des Écoles. **Max. WOMOs:** 2 - 3.
Ausstattung: Müllbehälter.
Beschreibung: Der einfache, asphaltierte Parkplatz ist meist schattenlos und liegt im Ort. Etwa 200 Meter entfernt befinden sich Geschäfte, Restaurants, Bäckerei und Markthalle.
Zufahrt: Im Ort an der Markthalle den Hinweisen Salle des Fêtes.

Le Faouët

Etwa zwei Kilometer südlich des kleinen Provinzstädtchens im Argoat liegt bereits die erste, gut ausgeschilderte **Chapelle Saint-Fiacre** im schönsten Flamboyant-Stil aus dem 15. Jahrhundert mit einem beachtenswerten Glockenturm und schönen Fensterbildern. Höhepunkt ist jedoch der mehrfarbige hölzerne Lettner aus dem Jahr 1480. Das Meisterwerk bretonischer Bildhauerei wird auf Vorder- und Rückseite von biblischen und symbolischen Szenen geschmückt (N 48°00'49.8" W 03°29'15.5", Saint-Fiacre).

Chapelle Saint-Fiacre

In Le Faouët selbst befindet sich eine schöne **Markthalle**, die im 15./16. Jahrhundert aus Tannen- und Eichenholz errichtete wurde und mit ihrer imposanten Größe den Ortsmittelpunkt beherrscht. Nahe der Halle ist das **Office de Tourisme** beheimatet *(April - Juni/September - März Di - Sa 10 - 12.30/14 -17.30 Uhr, November - März Do geschlossen, Juli/ August Mo - Sa 9.30 - 13/14 - 18 Uhr, So/Feiertage 10 - 13 Uhr, 3 Rue de Cendres, Telefon 0297232323, www.tourismepaysroimorvan.com)* und das kleine **Musée du Faouët** beschäftigt sich mit der kulturellen Vergangenheit des Ortes *(April - Juni/September Di - Sa 10 - 12/14 - 18 Uhr, So 14 - 18 Uhr, Juli/Aug. Mo - So/Feiertage 10 - 18.30 Uhr, Eintritt. www. museedufaouet.fr)*.

Etwa drei Kilometer nordöstlich der Stadt befindet sich die reizvolle **Chapelle Sainte-Barbe**, die von der Markthalle in Le Faouët zunächst über die Rue de Halles und dann dem Chemin de Sainte-Barbe folgend in etwa 45 Minuten zu Fuß zu erreichen ist und selbstverständlich auch mit Wohnmobil angefahren werden kann (N 48°02'31.0" W 03°28'52.1").

Chapelle Sainte-Barbe

Etwa 100 Meter über der Schlucht des Ellé klammert sich die zwischen 1489 und 1512 erbaute Kapelle an den Hang einer Schlucht. Eine großrahmige Treppe führt hinab zum einschiffigen Gotteshaus, das ein Landedelmann in Auftrag gegeben haben soll. Dieser wurde von einem Unwetter überrascht und nur das Flehen sowie Beten zur Heiligen Barbe rettete ihn, sodass er später das Kirchlein stiftete. Die Errichtung über dem Talgrund gilt noch heute als Meisterleistung der Bau- und Handwerkskunst und der hübsche Flamboyant-Gotik-Mix wird mit Wasserspeiern, prächtigen Buntglasfenstern und Votivtafeln vortrefflich geschmückt. Unterhalb der Kapelle sprudelt eine Quelle und oberhalb kann die Glocke des Uhrturms geläutet werden.

Wir verabschieden uns in südöstliche Richtung aus Le Faouët und erwähnen im Vorbeifahren einen **offiziellen WOMO-Stellplatz** der Betreibergesellschaft Camping-Car Park im Tal des L'Ellé [**279:** N 48°01'07.0" W 03°28'18.8", Route de Be Er Roch, V/E, Strom, ganzjährig geöffnet, €€ - €€€].

Das nächste Ziel unseres Roadtrips heißt **Kernascléden**. Inmitten der Gemeinde steht das verwitterte Kirchlein, das als **Chapelle Notre-Dame** bekannt ist, von der Familie Rohan gestiftet wurde und mit einem schlanken Turm sowie großen Fensterrosetten ein schönes Beispiel bretonischer Flamboyant-Gotik darstellt (N 48°00'22.3" W 03°19'13.7", Parken am besten am Straßenrand oder in den kleinen Nebenstraßen). Hauptsehenswürdigkeit sind jedoch die Fresken aus dem Jahr 1469/70 im Gewölbe und die im rechten Querschiff freigelegten Teile eines **Totentanzes** sowie die Darstellung der Hölle (vgl. Tour 6, Seite 112 Kermaria).

Südlich des Ortes gibt es die Möglichkeit, auf angenehme Weise länger in der ländlichen Umgebung zu verweilen.

(280) Offizieller WOMO-Stellplatz: Kernascléden – Domaine du Scorff

GPS/Kontakt: N 47°59'52.7" W 03°19'06.1", 8 Canquisquelen. **Max. WOMOs:** 4.
Telefon: 0297282706 oder 0644055831, www.domaine-du-scorff.com.
Ausstattung: V/E, Strom, Duschen, WC, WiFi, Grillmöglichkeit, überdachter und beheizter kleiner Pool (Mitte April - September). Es besteht die Möglichkeit, eine Mahlzeit zu buchen, die dann mit den übrigen Gästen eingenommen wird.
Beschreibung: Die Domaine befindet sich etwa 1 Kilometer außerhalb des Ortes, umfasst ein etwa zwei Hektar großes Gelände mit Gästezimmern, Wohnwagen und Chalets. Die Wiesenstellplätze sind schattig als auch sonnig und etwa 50 Quadratmeter groß. Die Gegend lädt zu Wander- und Radtouren ein und ansonsten kann man hier bei freundlichen Menschen eine erholsame Auszeit nehmen.
Preise: €€€. **Zufahrt:** Im Ort der D178 Richtung Inguiniel und dem WOMO-Piktogramm folgen.

Von hier führt ein Spaziergang oder eine Radtour zur etwa drei Kilometer entfernten **Chapelle Sainte-Anne des Bois** oder man bemüht gleich das Wohnmobil.

(281) WOMO-Parkplatz: Berné – Chapelle Sainte Anne des Bois

GPS: N 47°59'33.8" W 03°20'41.2", An der D110. **Max. WOMOs:** 3 - 5.
Ausstattung: Infotafel, WC, Müllbehälter.
Beschreibung: Der einfache, befestigte, teils schattenlose Wiesenparkplatz befindet sich außerorts, nahe der Straße, bietet eine ganz nette Aussicht und kann Ausgangspunkt für Rad- und Wandertouren sein (Rundwege von 8 oder 14 Kilometer Länge).
Zufahrt: Von der D782 auf die D110 abbiegen und bis zur Kapelle fahren.

Wir folgen der Landstraße und rollen gemächlich ins Blavet-Tal und nach **Hennebont**.

(282) WOMO-Parkplatz: Hennebont – Parking La Poterie

GPS: N 47°48'21.6" W 03°16'53.7", Quai du Pont Neuf. **Max. WOMOs:** 5.
Ausstattung: Müllbehälter.
Beschreibung: Der einfache, schattenlose, befestigte Parkplatz befindet sich am Ortsrand direkt am Blavet. Das Zentrum mit Restaurants, Geschäften und Bäckerei ist 500 bis 700 Meter entfernt. Der Treidelpfad am Fluss bietet sich für Rad- oder Wandertouren an und in nordöstliche Richtung ist das Nationalgestüt nach etwa ein Kilometer erreicht. Wer es etwas komfortabler mag, ist sicher auf dem einfachen **Camping Municipal** am gegenüberliegenden Flussufer besser aufgehoben (April - September, www.hennebont.bzh).
Zufahrt: Am Kreisverkehr an der Blavet-Brücke zwischen Fluss und Stadtmauer bis zum Parkplatz fahren.

(283) WOMO-Parkplatz: Hennebont – Coulée de Blavet

GPS: N47°48'58.3" W3°16'56.7", Rue du Champ de Tir. **Max. WOMOs:** 2 - 3.
Ausstattung: Tische und Bänke, WC, Müllbehälter.
Beschreibung: Der einfache, meist sehr schräge, teils schattige, asphaltierte Parkplatz liegt außerhalb des Ortes am Blavet-Ufer. Auf dem Treidelpfad ist der Ort mit Restaurants, Geschäften und Bäckerei nach etwa zwei Kilometer Fußweg erreicht und das Nationalgestüt ist auch von hier etwa ein Kilometer entfernt. Zudem bietet sich der Parkplatz als Ausgangspunkt für Rad- und Wandertouren an. Vor Ort gibt es einen Food Truck, dessen frisch zubereitete Moules Frites empfehlenswert sind.
Zufahrt: Im Ort den Hinweisen zum Haras National bis zum Ende der Straße und dort rechts sowie den Hinweisen Terrasse du Blavet folgen.

Hennebont

Bereits im 11. Jahrhundert war die Stadt (*hen pont* = alte Brücke) eine wichtige Handelsstadt, die 1250 eine starke Verteidigungsmauer erhielt. Nach einem heftigen Bombardement im Zweiten Weltkrieg blieb nicht mehr viel von der alten Festungsstadt übrig, doch ein Teil der Stadtmauer erstreckt sich noch heute vom Hafen hinauf bis zur Oberstadt.

Nach Restaurierungsarbeiten strahlt die **Porte Broerec'h** wieder im alten Glanz (Foto unten). Im einstigen Haupteingangstor der Stadt wird deren Geschichte dokumentiert und bretonisches Mobiliar sowie traditionelle Trachten vervollständigen das **Musée d'Hennebont** *(Juni - September 10.30 - 12.30/13.30 - 18.30 Uhr, Eintritt)*. Weiter oberhalb fällt der im bretonischen Flamboyant-Stil gehaltene 65 Meter hohe Kirchturm der **Basilika Notre-Dame-du-Paradis** aus dem 16. Jahrhundert ins Auge und ganz in der Nähe wartet das **Office de Tourisme** mit aktuellen Informationen auf *(April - Juni/ September Di - Sa 10 - 12/ 14 - 18 Uhr, Oktober bis 17 Uhr, Juli/Aug. Mo - Sa 9.30 - 13/14 - 19 Uhr, So 9.30 - 13.30 Uhr, 1 Place Maréchal Foch, Telefon 0297847800, www.lorientbretagnesudtourisme.fr)*.

Rund einen Kilometer vom Stadtzentrum entfernt kommen Pferdeliebhaber im Nationalgestüt, dem **Haras National**, auf ihre Kosten. Auf dem Gelände und in den Gebäuden eines ehemaligen Zisterzienserklosters traben und galoppieren bretonische Kaltblüter um die Wette. Beim Besuch der Stallungen und des Museumsbereiches erfahren Interessierte viel Wissenswertes über Pferde und die dazugehörenden Berufe wie die des Sattlers oder des Hufschmieds *(im Allgemeinen 13.30 - 18.30 Uhr, die Vorführungen beginnen gegen 15 Uhr, genaue Uhrzeiten sind unbedingt beim Office de Tourisme oder auf der Webseite des Gestüts zu erfragen, Eintritt. www.haras-hennebont.fr)*.

Wer sich lieber bei Ritterturnieren und anderen Veranstaltungen ins Mittelalter katapultieren lässt, der kann das bei den **Fêtes médievales d'Hennebont** alle zwei Jahre Ende Juli erleben (zuletzt im Jahr 2022, www.medievales-hennebont.com).

Wir verlassen die Stadt Richtung Port-Louis/Quiberon und wer auf Schiffsfriedhöfe steht, der peilt zunächst **Lanester** an. Nach der Überquerung des Blavet folgen wir den Hinweisen zum **Cimetière de Bateaux** (N 47°46'24.3" W 03°18'02.3"). In der Anse de Kerhervy haben viele Schiffe ihren letzten Ankerplatz in einem der größten und bekanntesten Friedhöfe angelaufen. Oft verbietet sich das Ausschlachten der Boote, da bretonische Seeleute glauben, dass ihre Schiffe eine Seele haben. Doch auch diese alte Sitte hilft nichts gegen den enormen Verfall der ehemals stolzen Friedhofsflotte, deren Anblick bei unserem letzten Aufenthalt und besonders bei Ebbe nur noch als traurig beschrieben werden kann. Vielleicht wird es in der Bucht zukünftig wieder mehr Wracks zu sehen geben – wir lassen uns überraschen.

Wenden wir uns also schnell wieder den Lebenden und der ehemaligen Festungsstadt **Port-Louis** zu, in der die meisten Parkplätze für Fahrzeuge über 2,10 Meter Höhe gesperrt sind und alle Stellplätze fest in Händen einer Betreibergesellschaft sind.

(284) Offizieller WOMO-Stellplatz: Port-Louis – Camping-Car Park Côte Rouge

GPS: N 47°42'33.3" W 03°20'34.5", Avenue de la Côte Rouge/D781.
Max. WOMOs: 20. **Öffnungszeit:** Ganzjährig.
Ausstattung: V/E, Strom, Tische und Bänke
Beschreibung: Der mit Schranke gesicherte, geschotterte, schattenlose Stellplatz befindet sich am Ortsrand an der Straße mit Aussicht auf die Baie de Locmalo und einen kleinen Strand. In den Ort sind es zwischen 300 - 1.000 Meter Fußweg.
Preise: €€€.
Zufahrt: Im Ort Richtung Riantec fahren. Bei Erreichen der Uferpromenade links halten und dem WOMO-Piktogramm folgen.

(285) Offizieller WOMO-Stellplatz: Port-Louis – Camping-Car Park Les Remparts

GPS: N 47°42'18.2" W 03°21'21.4", Promenade Henri François Buffet.
Max. WOMOs: 28. **Öffnungszeit:** Ganzjährig.

WOMO-Stellplatz 286

Ausstattung: V/E, Strom.
Beschreibung: Der mit Schranke gesicherte, schattenlose Stellplatz befindet sich auf einem ummauerten Wiesengrundstück. Ein Teil der Parzellen sind durch Hecken getrennt. In den Ort mit Restaurants und Bäckerei sowie zum Port de Plaisance sind es etwa 500 m Fußweg und der Strand liegt gleich hinter der gegenüberliegenden Festungsmauer.

Uns persönlich gefällt es auf dem dritten der Stellplätze, einem mit Hecken unterbrochenen ehemaligen Camping Municipal am besten [**286:** N 47°42'22.0" W 03°21'23.2", Rue des Récollets]. Der Platz liegt unmittelbar neben dem vorherigen Stellplatz, die Preise sind identisch und von hier sind es ebenso etwa 700 Meter bis zur Citadelle mit Museum. Auf dem Gelände finden jedoch 41 WOMOs ihren Platz. Das ist, wie auf den vorherigen Plätzen, recht üppig bemessen, denn bei Vollbelegung geht es auf allen drei Plätzen sehr eng zu.
Preise: €€€.
Zufahrt: Im Ort Richtung Riantec fahren. Bei Erreichen der Uferpromenade rechts halten, der Straße Richtung Port Locmalo und den WOMO-Piktogrammen entlang der Festungsmauer folgen.

Port-Louis

An der Ostseite der Blavet-Mündung errichteten die Spanier im 16. Jahrhundert eine mächtige Zitadelle zum Schutz der Hafeneinfahrt von Lorient. Das strategisch günstig gelegene Fischerdorf hieß damals wie auch der Fluss schlicht Blavet, und wurde erst später zu Ehren König Ludwig XIII. in Port-Louis (Ludwigshafen) umbenannt. Unter Kardinal Richelieu, seines Zeichens Erster Minister unter König Ludwig, sowie in späteren Jahrhunderten wurde die Festung weiter ausgebaut und liegt beeindruckend im Westen der Landzunge.

Ähnlich wie Lorient, wurde Port-Louis im Zweiten Weltkrieg zu großen Teilen zerstört, doch die Zitadelle überstand auch diesen Angriff. Heute befindet sich hier das **Musée National de la Marine**, das zahlreiche Schiffsmodelle präsentiert. Es beschäftigt sich mit der Vergangenheit der Marineschifffahrt und erzählt von archäologischen Schätzen sowie der Seenotrettung *(2. Mai - Juni 10 - 18Uhr, Juli - August 10 - 19 Uhr, Oktober - April 13.30 - 18 Uhr, Eintritt. www.musee-marine.fr)*.

Das wichtigste Museum im Zitadellen-Komplex ist das einzigartige **Musée de la Compagnie des Indes**, welches die Handelsbeziehungen zwischen Frankreich und dem Orient sowie Asien dokumentiert. Hier kann man den großen Handelsgesellschaften des 17. und 18. Jahrhunderts nachspüren, die bei ihren Fahrten kostbare und exotische Waren vom anderen Ende der Welt holten. Ein außergewöhnliches Museum, das uns in seinen abenteuerlichen Bann zieht *(Februar - April/Oktober - Dezember 13.30 - 18 Uhr, Mai - Juni/September 10 - 18 Uhr, Juli/August 10 - 19 Uhr, Eintritt. www.musee.lorient.bzh)*.

Ansonsten ist von der alten Bausubstanz der Stadt nicht viel erhalten geblieben und wer vom Spaziergang auf der 400 Jahre alten Festungsmauer genug hat, der steigt hinab und durchschreitet sie etwa 200 Meter vor der Zitadelle, um sich ein wenig an der **Grande Plage** zu erholen oder in der Strandbar seinen Apéro im milden Abendlicht zu genießen. Anschließend wechseln wir ins angrenzende **Restaurant La Grande Plage** und lassen uns mit Aussicht auf das Meer mit dessen Früchten verwöhnen *(Mittags- und Abendmenüs, Telefon 0297051972 www.restaurantlagrandeplage.com)*. Nahe dem Jachthafen und dem Sportplatz befindet sich das **Office de Tourisme** *(April - Juni/September Di - Sa 10 - 12/14 - 18 Uhr, Juli/Aug. Mo - Sa 9.30 - 13/14 - 19 Uhr, So 9.30 - 13.30 Uhr, 1 Avenue Marcel Charrier, Telefon 0297847800, www.lorientbretagnesudtourisme.fr)*.

Südlich von Port-Louis, und von Plouhinec aus zu erreichen, liegt das kleine Fischerdorf **Gâvres** am Ende einer schmalen, langen Landzunge. Diese trennt auf etwa fünf Kilometer Länge einen Meeresarm vom offenen Atlantik und bietet entlang der Straße parallel zur Küste ebenso lange, wie schöne Sandstrände. Einziger Wermutstropfen ist, dass das Strandgelände teilweise zu einem militärischen Sperrgebiet gehört, auf dem tagsüber Schießbetrieb ist und das nur zu bestimmten Zeiten für die Öffentlichkeit zugänglich ist (N 47°41'06.3" W 03°17'06.1", An der D158. Bitte vor Ort die Hinweise beachten!).

Diesem Umstand ist allerdings auch eine fast unberührte atlantische Küstenflora und -fauna sowie ein relativ geringes touristisches Interesse zu verdanken, sodass es in den kleinen Bars und Crêperien am intimen Hafenbecken eher geruhsam zugeht.

(287) Offizieller WOMO-Stellplatz: Gâvres – Aire de Camping-Car

GPS: N 47°41'42.8" W 03°21'02.9", Rue des Filets Bleus.
Max. WOMOs: 50.
Öffnungszeit: Ganzjährig.
Ausstattung: V/E, Strom, Müllbehälter.
Beschreibung: Der mit einer Schranke gesicherte, einfache, schattenlose und befestigte Stellplatz befindet sich am Ortsrand in unmittelbarer Nähe des Strandes. Fußfischer nutzen das perfekte Terrain, da sich das Meer bei Ebbe sehr weit zurückzieht. Wer sich an den gedeckten Tisch setzen möchte, ist im **Restaurant Le Brise Lame** gut aufgehoben *(Mittags- und Abendmenüs außer Mi, So/Mo nur mittags, 18Bis Avenue des Sardiniers, Telefon 0297822133, www.brise-lame-gavres.fr)*. Während der Hauptsaison, ab etwa Mitte Juni, gilt der Stellplatz als sehr einfacher Campingplatz Les Joncs und das Platzangebot erstreckt sich zusätzlich um den Sportplatz.
Preise: €€.
Zufahrt: Im Ort dem WOMO-Piktogramm beziehnungsweise dem Hinweis zum Campingplatz Les Joncs folgen.

Von Plouhinec nähern wir uns dem **Rivière d'Étel**, der sich, typisch für die Südbretagne und ähnlich dem später folgenden Golf von Morbihan, nicht entscheiden kann, ob er nun Fluss, Meeresarm oder See sein möchte.

Nach der Überquerung der Autobrücke *Pont Lorois* folgen wir in **Belz** der vorgegebenen Strecke für WOMOs, Busse und Lkw nach **Saint-Cado** (N 47°41'00.5" W 03°11'01.8", 22.30 - 9 Uhr parken verboten). Für den längeren Aufenthalt empfehlen wir den schön gelegenen, einfachen **Camping de Saint-Cado****, der eine herrliche Aussicht auf die von den Einheimischen gern als *Ria* (spanisch für Bucht) bezeichnete Wasserfläche bietet [**288:** N 47°40'59.3" W 03°11'16.4", 3 Rue Pen Perleieu, Telefon 0297553198 oder 0649666701, www.camping-saintcado.com, geöffnet April - Mitte Oktober, Preis €€].

Vom Parkplatz folgen wir dem Küstenpfad zu Fuß nordwärts und sehen die durch eine Brücke vom Festland zu erreichende **Île Saint-Cado**.

Die kleine Insel ist dicht bebaut und die Kapelle aus dem 11. Jahrhundert dem Heiligen Cado, der hier einst missionierte, gewidmet. Daneben zieht der Calvaire mit einer breiten Treppe alljährlich die Gläubigen beim Pardon an und bereits vor dem Besuch der Insel ist es ein kleines Fischerhäuschen mit blauen Fensterläden auf einem Mini-Eiland, das begehrlich von unzähligen Kameraobjektiven ins Visier genommen wird (Foto links).

Vom Étel war bereits die Rede und etwa zwei Kilometer nördlich seines Mündungsbereiches in den Atlantik liegt der gleichnamige Ort **Étel**, der Ende des 19. bis Anfang des 20. Jahrhunderts zu den größten Thunfischhäfen Frankreichs zählte. Heute gibt es nur noch wenige Fischer und das sehenswerte **Musée des Thoniers** nahe des Hafens erinnert an die fischreichen Zeiten *(April - Juni/September Di - Fr 10 -12/14 -18 Uhr, Sa/So 14 - 18 Uhr, Juli - August Mo - Fr 10 - 12.30/14.30 - 18.30 Uhr, Sa/So 14.30 - 18.30 Uhr, Mitte Oktober - Mitte Januar Di - So 14 - 18 Uhr, Dezember - Februar 14 - 18 Uhr, zwischenzeitliche Schließtage vorbehalten, Eintritt, www.museedesthoniers.fr)*.

Einen guten Überblick über **Wandermöglichkeiten** in die umliegende Naturlandschaft oder über **Bootsrundfahrten** auf dem Rivière d'Étel und andere Freizeitaktivitäten erhält man im **Office de Tourisme** am Hafen *(April - Juni/September/Oktober Di - Sa 9.30 – 12.30/14 - 18 Uhr, So bis 16 Uhr, Juli/August Mo - Sa 9.30 - 13/14 - 19 Uhr, So 10 - 13/14 - 17 Uhr Uhr, 1 Place des Thoniers, Telefon 0244845656, www.baiedequiberon.de)*.

Eine Wander- oder noch besser eine **Radtour** kann von den folgenden Plätzen an das gegenüberliegende Ufer des Étel und zum **Sémaphore de la Rivière d'Étel** führen. Wir wissen bereits, dass der Étel den Tiden unterworfen ist und beim Gezeitenwechsel strömt das Atlantikwasser mit teils immenser Kraft durch eine als **Barre d'Étel** bezeichnete Engstelle des Mündungsbereichs in die von Inselchen und Halbinseln zergliederte Bucht. Auf beiden Seiten des Flusses erstrecken sich kilometerlange Sandstrände und wer einen Strandtag nahe dem Semaphore in dem als Naturschutzgebiet ausgewiesenen Terrain einlegen möchte, der kann das tagsüber auch vom Wohnmobil aus tun (N 47°38'49.2" W 03°12'48.7", Hundestrand rechts vom Semaphore).

(289) WOMO-Campingplatz:
Étel – Camping Municipal de la Falaise**

GPS/Kontakt: N 47°39'02.4" W 03°12'07.6", 15 Rue de la Barre, Telefon 0297553379, www.camping-etel.fr.
Öffnungszeit: Ganzjährig.
Ausstattung: V/E frei zugänglich, aber bitte an der Rezeption melden, Waschmaschine.
Beschreibung: Der einfache Campingplatz liegt am Ortsrand auf einem

terrassierten Dünengrundstück mit grandioser Aussicht auf die Étel-Mündung. Der Platz hat einen Strandzugang (Hunde auch an der Leine verboten!) und ist etwa 1 Kilometer vom Hafenbereich mit Restaurants entfernt. Auf dem Weg dorthin wartet ein Meerwasserschwimmbecken auf kleine und große Badegäste. Unter Umständen pfeift der Wind hier recht ordentlich und das Gebiet bietet sich für Wander- und Radtouren an (Foto unten).
Preise: €€. **Zufahrt:** Im Ort den Hinweisen zum Campingplatz folgen.

(290) Offizieller WOMO-Stellplatz: Étel

GPS: N 47°38'57.2" W 03°12'06.2", Rue de la Barre. **Max. WOMOs:** 20.
Öffnungszeit: Ganzjährig.
Ausstattung: Wasser, Müllbehälter.
Beschreibung: Obwohl wir den Campingplatz definitiv vorziehen würden, ist der einfache, fast schattenlose und mit einer Schranke gesicherte Platz in der direkten Nachbarschaft in der Hauptsaison brechend voll. Eine Aussicht ist hier nicht vorhanden, aber ansonsten trifft die obige Beschreibung auch hier zu.
Preise: €€, zahlbar am Campingplatz.
Zufahrt: Der Stellplatz liegt rechts hinter dem Campingplatz Richtung Barre d'Étel.

Im nahen **Erdeven** beginnt bereits unsere Megalith-Tour nach Carnac, denn hier durchschneidet die D781 die **Alignements des Kerzerho**, das Menhirfeld von Kerzerho, mit über 1.100 bis zu sechs Meter hohen Menhiren in zehn Steinreihen (N 47°38'05.7" W 03°08'57.1", Rue de Menhirs, Foto rechts).

Wer sich an den Steinen aus der Vorzeit nicht sattsehen kann und zudem die Gegend kennenlernen möchte, für den ist der **acht Kilometer lange Rundwanderweg Le Grand Arc de Mégalithique** bestimmt etwas. Der Weg führt zu weiteren Menhiren und Dolmen rund um Erdeven und den kleinen Ort Crucuno.

Südlich von Erdeven erstrecken sich flache, langgezogene Strände und wer die auch für Radfahrer erquickliche Gegend weiter erkunden möchte, der findet neben dem WOMO-Stellplatz den einfachen, aber passablen **Camping Municipal de Kerhillio***

mit Strandzugang (Mitte Juni - Mitte September, www.erdeven.fr) oder man bucht sich in dem mit beinahe allen Schikanen ausgestatteten **Camping Kerzerho****** ein (Anfang April Mitte/Ende September, www.camping-kerzerho.com).

(291) Offizieller WOMO-Stellplatz:
Erdeven – Aire Camping-Cars de Kerhillio

GPS: N 47°36'51.5" W 03°09'35.7", Boulevard de l´Atlantique.
Max. WOMOs: 25
Öffnungszeit: Ganzjährig.
Ausstattung: V/E, Strom, Müllbehälter.
Beschreibung: Der schattenlose, geschotterte Stellplatz auf befestigtem Untergrund und ein wenig Wiese vor der Aufbautür ist durch eine Schranke gesichert, liegt außerhalb des Ortes und etwa 800 Meter vom Strand entfernt. In der Nähe sind während der Saison einige Gaststätten und ein Fahrrad- und Surfboardverleih zu finden.
Preise: €€ - €€€.
Zufahrt: Knapp 2 km hinter den Alignements de Kerzerho an einem Kreisel rechts den Hinweisen zum Campingplatz Kerhillio ca. 2,5 km folgen.

Bevor wir uns weiteren prähistorischen Steinsetzungen widmen, wollen wir uns zunächst der **Presqu'île de Quiberon** zuwenden, die zu einer der bekanntesten Feriengebiete der Südbretagne gehört und folgen in Plouharnel den Hinweisen **Quiberon**.

Sandstrände am Étel

WOMO-Stellplatz 293

(292) WOMO-Campingplatz: Plouharnel Camping Municipal Les Sables Blancs**

GPS/Kontakt: N 47°34'19.9" W 03°07'37.4", Route de Quiberon, Telefon 0297523715, www.sablesblancsplouharnel.fr.
Öffnungszeit: Ganzjährig.
Ausstattung: Kinderspielplatz, Waschmaschine, kleiner Shop.
Beschreibung: Der weitläufige, schattenlose Wiesenplatz liegt weit außerhalb des Ortes, befindet sich auf einer Landzunge und bietet teilweise Parzellen direkt oberhalb des Sandstrandes.
Über die gleiche Zufahrt (**linke Einfahrt**) ist der zum Campingplatz (**rechte Einfahrt**) gehörende, einfache **offizielle WOMO-Stellplatz** auf Wiese zu erreichen [**293:** N 47°34'20.3" W 03°07'37.4", Route de Quiberon]. Er verfügt über 40 separate Plätze, die sich direkt an eine dem Festland zugewandte Bucht befinden, und eine V/E. Beide Plätze bieten sich als Ausgangspunkt für ausgedehnte Wander- und Radtouren an.
Preise: Campingplatz €€€, separater WOMO-Stellplatz €€€.
Zufahrt: Den Hinweisen Les Sables Blancs sowie den Campingplatz- und WOMO-Piktogrammen folgen.

(294) Offizieller WOMO-Stellplatz: Saint-Pierre-Quiberon – Aire des Camping-Cars

GPS: N 47°30'41.3" W 03°08'18.6", Rue du Stade. **Max. WOMOs:** 20.
Öffnungszeit: Ganzjährig.
Ausstattung: V/E, Strom, WiFi, Müllbehälter.
Beschreibung: Der mit Schranke gesicherte, einfach, asphaltierte, fast schattenlose Platz befindet sich am Ortsrand. Das Zentrum mit Geschäften und Restaurants ist etwa 1,5 bis 2 Kilometer entfernt und von dort kann man zu Wander- und Radtouren aufbrechen
Preise: €€ - €€€.
Zufahrt: Im Ort den WOMO-Piktogrammen folgen.

(295) Offizieller WOMO-Stellplatz: Quiberon – Aire des Camping-Cars

GPS: N 47°29'29.7" W 03°08'21.4", Route de Port Keré.

Max. WOMOs: 65.
Öffnungszeit: Ganzjährig.
Ausstattung: V/E, Müllbehälter.
Beschreibung: Der mit Pollern gesicherte, außerorts gelegene, einfache Platz ist schattenlos und bietet zum Teil Wiesen- als auch geschotterte Plätze, die teilweise über einen Meerblick verfügen. Hinter dem Gelände schließt sich der **Camping Municipal de Kerné** an (Juli/August, www.baiedequiberon.de). Von Mai - September kommt der Bäcker am Morgen und an der Straße verkehrt der Quib'Bus. Selbstverständlich bietet sich auch von hier der Einstieg in Wander- und Radtouren an und der Fußweg ins Ortszentrum beträgt etwa 2,5 Kilometer.
Preise: €€.
Zufahrt: Von der D768 den Hinweisen zur Côte Sauvage und den WOMO-Piktogrammen folgen.
Hinweis: Der maximale Aufenthalt beträgt 3 Tage.

Presqu'île de Quiberon

Wenn man auf der Halbinsel angekommen ist und sich damit arrangiert hat, nicht allein zu sein, dann punktet Quiberon unbestritten mit einer kinderfreundlichen **Ost- und Südküste**.

Die langen Sandstrände sind prädestiniert zum Baden sowie Strandsegeln und neben dem genannten Campingplatz finden sich weitere, meist **2- und 3-Sterne-Campingplätze** mit sehr unterschiedlicher Ausstattung entlang der Küstenlinie. Hier befinden sich windgeschützte Buchten, in denen Anfängern das Surfen erleichtert wird, während geübte Surfer die hohen Wellen des Atlantiks an der **Westküste** bevorzugen dürften.

Die sogenannte **Côte Sauvage** beeindruckt durch bizarre Felsformationen und wenn das aufgewühlte Meer gegen scharfe Klippen brandet und gurgelnd in Grotten oder Felsspalten schäumt, wird einem klar, warum das Baden an der „Wilden Küste" mit tückischen Strömungen und Untiefen sehr gefährlich und für Zwei- sowie Vierbeiner verboten ist (den einzigen **Hundestrand** gibt es übrigens an der Plage du Goviro an der südöstlich gelegenen Pointe du Conguel).

Der Andrang in der Hauptsaison ist groß und bei schönem Wetter haben wir uns auch schon im April über die einzige, einem Nadelöhr gleichende Zufahrtsstraße vom Festland aus zur Halbinsel „eine gefühlte Ewigkeit gestaut". Auf dem Eiland wurde es nicht wirklich besser und seitdem sehen wir zu, dass wir nach Möglichkeit in ruhigeren Jahreszeiten die landschaftlich reizvollen Abschnitte der 14 Kilometer langen und etwa zwei Kilometer breiten Landzunge besuchen.

Die Stellplatzsuche gestaltet sich einfach, da die meisten Parkplätze für Wohnmobile gesperrt sind und wir auf Camping- oder Stellplätze angewiesen sind (in der Nebensaison mag es bei den Parkplätzen Ausnahmen geben). Wenn man sein motorisiertes Fahrzeug nicht viel bewegen möchte, ist die Erkundung der Gegend mit dem **Fahrrad** oder **Motorroller** angesagt, eine **Wanderung** über den Küstenwanderweg eröffnet immer wieder tolle Aussichten und mit dem **Bummelbähnchen Petit Train** kann man die Insel während einer 50-minütigen Rundfahrt rund um die südliche Landspitze kennenlernen *(April - September mehrmals täglich vom Place Hoche in Quiberon, Gebühr)*. Weitere Informationen, auch zu **Bootsausflügen** auf eine der umliegenden Inseln, bietet das **Office de Tourisme** in Quiberon *(April - Juni/1. Woche Juli/September/ Oktober Mo - Sa 9.30 - 12.30/14 - 18 Uhr, So 10 - 13 Uhr, Juli/August Mo - Sa 9.30 - 13/14 - 19 Uhr, So/Feiertage 10 - 13/14 - 17 Uhr, November - März Mo – Sa 10 - 12.30/14 - 17.30 Uhr, Do/So geschlossen, 14 Rue de Verdun, Telefon 0297500784, www.baiedequiberon.de)*.

Côte sauvage - Plage Port Bara

Ein Überfahrt auf die **Belle-Île** mit dem WOMO strapaziert die Urlaubskasse übrigens recht ordentlich, aber ein Tagesausflug als Fußgänger oder Radfahrer ist erschwinglich. Auf der Insel kann beispielsweise der Bus zur Rundfahrt genutzt werden, allerdings sollten Hundebesitzer berücksichtigen, dass große Hunde in diesem nicht gestattet sind.

Ob man seine Quiberon-Rundfahrt mit oder entgegen dem Uhrzeigersinn gestaltet, bleibt jedem selbst überlassen. Kurz nachdem wir die Halbinsel erreicht haben, befindet sich rechts ein Bunker. In diesem ist das **Musée de la Chouannerie** untergebracht. Es dokumentiert den Aufstand der Chouans von 1789 bis 1815, als sich königstreue Katholiken gegen die Erste Französische Republik erhoben *(April - Oktober 10 - 12/14 - 18 Uhr, Februar/März/November während der Schulferien 10 - 12/14 - 18 Uhr, außerhalb der Ferien 14 - 18 Uhr, Dezember/Januar während der Schulferien 10 - 12/14 - 18 Uhr, sonst geschlossen, Eintritt. www.musee-chouannerie-vendee.com)*.

Wenig später wurde an der schmalsten Stelle der Halbinsel im 18. Jahrhundert das strategisch günstig gelegene **Fort de Penthièvre** errichtet, in dem heute die französische Marine ihr Quartier bezogen hat und das von außen besichtigt werden kann. Der kleine Ferienort **Penthièvre** besitzt ausgedehnte Naturstrände mit Dünen, die ein Treffpunkt für Surfer sind.

Südlich der Engstelle gehen die Hauptorte **Saint-Pierre-Quiberon** mit einem Hafenzentrum an der Ostküste und **Quiberon-Centre** im Süden mit dem alten Sardinen- und heutigen Fährhafen Port-Maria sowie dem Port-Haliguen ineinander über. Beide Orte sind in der Ferienzeit Hauptanziehungspunkte der Touristen und bieten ein mannigfaltiges Unterhaltungsprogramm, unzählige Einkehrmöglichkeiten und einige schöne Sandstrände.

In Portivy beginnt die etwa acht Kilometer lange **Côte Sauvage** mit Gischt umbrandeten Felsen. Das Naturschutzgebiet ist ein herrliches Wandergelände, in dem sich der Küstenpfad meist oberhalb der Steilküste windet. Zwischen den aussichtsreichen Landspitzen Pointe du Percho und Pointe Beg er Lan mit dem 1910 erbauten **Schloss Turbault** bieten sich immer wieder schöne Aussichten auf malerische Buchten (mit absolutem Badeverbot!) und flutumspülte Grotten.

Zurück auf dem Festland schlagen wir die Räder nach **Carnac** ein, um uns die wohl weltweit außergewöhnlichste Konzentration von aufgerichteten Steinen anzuschauen, die hier wie Pilze aus dem Boden zu sprießen scheinen (vgl. Tour 2, Seite 39). Das Parken ist auf den öffentlichen Parkplätzen rund um die Steinfelder tagsüber auch für Wohnmobile gestattet und für eine Übernachtung ist der offizielle Stellplatz oder einer der **Campingplätze** anzufahren.

(296) Offizieller WOMO-Stellplatz: Carnac-Kerabus – Aire de Camping-Car

GPS: N 47°35'42.8" W 03°04'31.8", Allée des Alouettes. **Max. WOMOs:** 50.
Öffnungszeit: Ganzjährig.
Ausstattung: Müllbehälter.
Beschreibung: Der einfache, geschotterte, teils schattige Parkplatz liegt außerhalb des Ortes in der Nähe der Alignement du Menéc und dem **Camping Kerabus**** (April - Oktober, www.camping-kerabus.com). Eine **V/E** befindet sich in Carnac-Bourg (N 47°35'06.8" W 03°04'57.6" Square Ilertissen)
Zufahrt: Im Ort Richtung Auray fahren und dann den Hinweisen zum Campingplatz folgen. In einer Rechtskurve geradeaus zum Parkplatz fahren.

Carnac

Wir wollen nicht unerwähnt lassen, dass die sanft abfallenden, feinen **Sandstrände** von Carnac Plage und das milde Klima Carnac bereits seit 1903 zu einem beliebten Badeort machten. Jede Menge **Campingplätze** von luxuriös bis einfach verteilen sich um den Ort, jedoch nicht am Atlantik, die trotz ihrer hohen Preise in der Hauptsaison sehr gut besucht sind. Einen guten Überblick erhält man beim **Office de Tourisme** in Carnac-Bourg nahe dem Square Ilertissen oder online *(April - Juni/September Mo - Sa 9.30 - 12.30/14 - 18 Uhr, So 10 - 13 Uhr, Juli/August Mo - Sa 9.30 - 13/14 - 19 Uhr, So 10 - 13 Uhr, Oktober - März Mo - Sa 14 - 17 Uhr, während der Herbstferien Mo - Fr 9.30 - 12/14 - 17 Uhr, Sa 9.30 - 12.30 Uhr, Place de la Chapelle, Telefon 0297521352, www.carnactourismus.de).* Hier oder auch an den Verkaufsständen an der Maison des Mégalithes können **geführte Touren per Bus, Bummelbähnchen oder Pferdewagen zu den Steinfeldern** und vieles andere mehr gebucht werden.

Im kleinen, aber netten Ortszentrum des alten Carnac-Bourg fällt die **Église Saint-Cornély** auf, die zu den schönsten Kirchen im Morbihan zählt. Der heilige Cornelius wird als Schutzpatron des Hornviehs angesehen und so verwundert es nicht, dass zwei Ochsen seine Statue über dem Eingangsportal umrahmen. Das Innere des Gotteshauses zieren Fresken aus dem Leben des Heiligen und die Kanzel ist kunstvoll aus Schmiedeeisen gearbeitet. Nördlich der Kirche präsentiert das **Musée de Préhistoire** die regionale Geschichte von vor 450.000 Jahren bis ins frühe Mittelalter und widmet sich natürlich ebenso der Megalithkultur *(April - Juni/September Mi - So 10 - 12.30/14 - 18 Uhr, Juli/August 10 - 12.30/14 - 18.30 Uhr, 10 - 12.30/14 - 17.30 Uhr, Oktober 10 - 12.30/ 14 - 17.30 Uhr, November/März Mi - So 14 - 17.30 Uhr, Eintritt. Audioguides in deutscher Sprache verfügbar. www.museedecarnac.com).*

Wer die auf etwa vier Kilometer Länge ausgedehnten Megalithfelder *Ménec, Kermario und Kerlescan* nicht abwandern möchte, der findet beispielsweise am Maison des Mégalithes (N 47°35'26.7" W 03°05'03.2", Route des Mégalithes/D196), auf einem Wanderparkplatz (N 47°35'45.9" W 03°04'18.1", Route des Kerlescan/D196) und wenig später auf einem weiteren Parkplatz die Möglichkeit, das Wohnmobil tagsüber zu parken.

In der **Maison des Mégalithes** bekommen interessierte Besucher einen umfassenden Überblick über die historische Entwicklung und Bedeutung der Megalithfelder und sie können sich auch in deutscher Sprache auf die Besichtigung einstimmen. Da einige Abschnitte der Steinsetzungen durch Zäune abgesperrt sind und nur bei einer Führung (auch in deutscher Sprache) betreten werden können, empfiehlt sich der Kauf eines entsprechenden Tickets *(April - Juni/September 9.30 - 18 Uhr, Juli/August 9.30 - 19 Uhr, Oktober - März 10 - 13/14 - 17 Uhr, Eintritt. Hunde sind auf den umzäunten Steinfeldern nicht gestattet. www.menhirs-carnac.fr).*

Alignements du Ménec

Die Masse der Touristen stürmt zunächst zu den **Alignements du Ménec**, deren elf parallel verlaufende Reihen aus über 1.000 Steinen auf einer Länge von über einem Kilometer und einer Breite von etwa 100 Meter von Ost nach West bis zu einer Höhe von vier Meter anwachsen. Einige 100 Meter weiter folgt mit den **Alignements de Kermario** das nächste Steinfeld, das einige Steine weniger als das vorgenannte besitzt, aber dafür vom Stumpf der alten Moulin de Kermaux von oben besichtigt werden kann. Aus den zehn Reihen sticht der **Géant du Manio,** der Gigant von Manio, mit sechs Meter Höhe besonders hervor.

Gegenüber des östlichen Feldendes führt eine Zufahrt und **Tumulus de Kercado**. Parken kann man auf dem Privatgelände und nach Zahlung eines Obolus sowie rund 200 Meter Fußweg ist der Tumulus erreicht. Auf dem rund 6.000 Jahre alten und gut erhaltenen Grabhügel thront ein kleiner Menhir und ein sechs Meter langer Gang führt in die Grabkammer.

Die etwa 500 Meter weiter an der D196 liegenden **Alignements de Kerlescan** werden am besten bei einem Spaziergang erreicht. Das dritte Steinfeld ist das kleinste, jedoch das am besten erhaltene und zeigt im Anschluss an einen Steinkreis über 500 Felsblöcke in 13 Reihen auf einer Länge von etwa 880 Metern. Nördlich der Steinreihen findet sich ein weiterer *Cromlech* (Steinkreis), der aus 43 Menhiren besteht und rund 1.000 Jahre älter als die Steinreihen ist. Auch wenn man kein bekennender Liebhaber der Megalithkultur ist, ziehen einen die jahrtausendealten steinernen Zeugen der Vergangenheit in ihren Bann und beeindrucken durch ihre stumme Präsenz sowie die weite Dimension.

Weitere prähistorische Monumente finden sich in **Locmariaquer**, das über La Trinité-Sur-Mer mit einem großen Fischerei- und Jachthafen zu erreichen ist. Der große, aber dennoch manchmal volle Stellplatz lässt den in unmittelbarer Nähe befindlichen **Camping Municipal** als Ersatz ins Auge rücken. Gerne erwähnen wir an dieser Stelle aber auch die guten Erfahrungen einer Leserin auf dem ruhigen und schönen, nur 300 Meter vom Strand entfernten **Camping de La Tour**** [**297:** N 47°34'44.8" W 02°58'45.0", 2 Route de Kerinis, Telefon 0297574062, www.camping-delatour.com, geöffnet April - Anfang Oktober, Preis €€].

Auf einem Parkplatz in der Nähe der Site de Mégalithes befindet sich eine V/E-Station. Von dort kann man zu einer Erkundung der steinernen Vergangenheit aufbrechen (N 47°34'20.0" W 02°57'11.0", Voie des Mégalithes). Ein weiterer, in der Nähe liegender Parkplatz ist Fahrzeugen bis zu einer Höhe von 2,10 Meter vorbehalten.

(298) Offizieller WOMO-Stellplatz: Locmariaquer – Aire de Camping La Falaises

GPS: N 47°33'21.7" W 02°56'31.1", Route des Plages. **Max. WOMOs:** 41.
Ausstattung: V/E, Strom, Müllbehälter.
Beschreibung: Der schön angelegte, beinahe schattenlose, mit einer Schranke gesicherte Stellplatz liegt außerhalb des Ortes und gehört zur Betreibergesellschaft AirePark. Die einzelnen Parzellen sind durch Hecken getrennt und verfügen über einen kleinen Rasenplatz. Sie liegen in unmittelbarer Nähe des Strandes und bieten zum Teil eine Aussicht aufs Meer. Der Platz eignet sich hervorragend als Ausgangspunkt für Wander- und Radtouren und in der Ort mit Restaurants ist etwa 2 Kilometer entfernt. Die Strecke zur Site des Mégalithes beträgt etwa 2,5 Kilometer.
Preise: € - €€€.
Zufahrt: Im Ort den Hinweisen Pointe de Kerpenhir und später Camping Municipal La Falaise folgen.

Locmariaquer

Das ehemalige Fischerdorf liegt auf einer Halbinsel am Rande des Golfs von Morbihan zwischen den Flussmündungen von Crac'h und Auray. Von hier bietet sich eine herrliche Aussicht in die Bucht von Quiberon. Die Austernzucht sowie der Tourismus spülen Geld in den Stadtsäckel und das kleine Hafenbecken wird von zahlreichen Fischrestaurants und Crêperien begrenzt.

Nahe dem Hafen befindet sich das **Office de Tourisme**, in dem man sich über die Sehenswürdigkeiten und die Campingplätze informieren kann *(April - Juni/September Mo - Sa 9.30 – 12.30/14 - 18 Uhr, Juli/Aug. Mo - Sa 9 - 13/14 - 19 Uhr, So 10 - 13 Uhr, Oktober während der Herbstferien Mo - Sa 9.30 – 12.30/14 - 18 Uhr, , 1 Rue de la Victoire, Telefon 0244845656, www.baiedequiberon.bzh)*. Hier erhalten wir einen **Wander- und Radwegeplan**, der uns zuverlässig auf acht oder zehn Kilometer Länge um die Halbinsel und zu den Zeugen der Vergangenheit führt. Von denen gibt es hier nämlich eine ganze Menge und sie werden genau wie die Steinfelder von Carnac vom Centre des Monuments Nationaux verwaltet.

In Locmariaquer dominieren drei Megalith-Bauten die Landschaft und sie sind als historische Monumente in der **Site des Mégalithes** umzäunt und nur gegen ein Entgelt zu besichtigen. Das eindrucksvollste Megalithdenkmal ist der **Table des Marchands**. Der „Tisch der Kaufleute", der aber wohl eher den Namen der hier ansässigen Familie Marchand trägt, ist ein etwa 3.500 Jahre altes Familiengrab, das bei seiner Errichtung tatsächlich einem riesigen Tisch ähnelte. Eine knappe vier Meter breite, 5,70 Meter lange und fast eine Meter hohe „Tischplatte" lag in drei Meter Höhe auf wenigen Tragsteinen. Zum Schutz wurde die Begräbnisstätte in den 1930er-Jahren wie einst ein Cairn mit Erdreich und Steinen bedeckt. Das Grab ist durch einen Gang begehbar und mit wunderschönen Gravuren und Reliefs verziert.

Der **Grand Menhir Brisé** war zu seiner Zeit die größte, von Menschen errichtete Stele. Heute liegt der einst 21 Meter hohe und 280 Tonnen schwere Koloss in vier Teile zerbrochen nur wenige Meter neben der Table des Marchands. Auch im Hügelgrab **Tumulus d'Er-Grah** bietet sich ein Einblick in die jungsteinzeitliche Begräbniskultur und der Besuch der außergewöhnlichen Kultstätte dürfte besonders für (Hobby-) Archäologen zu einer wahren Goldgrube werden *(September - April 10 - 12.30/14 - 17.15 Uhr, Mai - Juni 10 - 18 Uhr, Juli - August 10 - 19 Uhr, Eintritt. Hunde nicht gestattet. www.site-megalithique-locmariaquer.fr)*. Vom oben genannten Parkplatz kann der etwa 400 Meter nordöstlich gelegene, eher unspektakuläre **Dolmen Mané-Lud** erreicht werden und die **Tumuli Mané-er-Hroëc'h und Mané Réthual** sind nahe der D781 und in Ortsnähe zu finden.

Östlich des Stellplatzes wacht an der Landspitze **Pointe de Kerpenhir** die Statue **Notre-Dame-de-Kerdro**, gemeinsam mit dem **Leuchtturm von Port-Navalo** auf der anderen Seite des Wassers, über die nur 900 Meter breite Einfahrt zum Golf de Morbihan.

Am Ufer des gleichnamigen Flusses, der auch als Loc'h bezeichnet wird, gelangen wir nach **Auray**. Die Parksituation für Wohnmobil war hier schon länger suboptimal, aber mittlerweile ist sie einfach nur noch schlecht! Es wäre wünschenswert, wenn sich das in Zukunft ändern würde, doch bis es so weit ist, müssen wir uns mit der einzigen für drei (!) WOMOs ausgewiesenen Parkfläche zufrieden geben. Wer ganz viel Glück hat, findet auf einem der wenigen, nicht reglementierten Parkplätze sein Plätzchen, alle andere folgen uns zum einfachen, sehr schrägen **offiziellen WOMO-Stellplatz** auf dem Parking du Centre Ville/Médiathèque i Athéna [**299:** N 47°39'57.4" W 02°59'24.3", Rue Henri Dunant, V/E]. Von hier beträgt der Fußweg ins Zentrum der Oberstadt etwa 500 Meter und bis zum Port Saint-Goustan einen guten Kilometer. Trotz der miserablen Parksituationen statten wir dem Ort gern einen Besuch ab, da er uns immer wieder bezaubert.

Auray

Die Stadt war 1364 Schauplatz des bretonischen Erbfolgekrieges, als die mit den Engländern verbündeten Bretonen über die Franzosen siegten. Gut 400 Jahre später wurden hier nach einem Aufsehen erregenden Prozess knapp 1.000 Chouans hingerichtet. Wie wir seit unserem Besuch in Quiberon wissen, waren das königstreue Bretonen, die gegen die Erste Französische Republik aufbegehrten.

Auray besteht aus einer Ober- und einer Unterstadt, die durch eine Brücke über den Fluss verbunden sind. In der **Oberstadt** stellt die **Place**

Port Saint-Goustan

de la République mit den umliegenden kleinen Geschäften in engen Straßen, dem hübschen Rathaus und den Markthallen den lebendigen Mittelpunkt dar. Auf dem Weg zur **Église Saint-Gildas** mit einem Stilmix aus einer Prise Renaissance und einem Hauch Barock, streifen wir das **Office de Tourisme** *(Juli/Aug. Mo - Sa 9.30 - 13/14 - 19 Uhr, So 10 - 13 Uhr, April - Juni/September Mo - Sa 9.30 - 12.30/14 - 18 Uhr, Oktober Mo - Sa 9.30 - 12.30/14 - 18 Uhr, November - März eingeschränkte Öffnungszeiten, 20 Rue du Lait, Telefon 0297240975, www.auray-tourisme.com).*

Wir gehen vom Rathaus zur Hauptdurchgangsstraße, überqueren diese nach rechts und stoßen auf den Fußweg hinab zum **Port Saint-Goustan** und damit zur **Unterstadt**. Auf dem recht steilen Weg bezaubert nicht nur die Rue du Château mit hübschen Häusern und kleinen Boutiquen, sondern auch die Aussicht auf den mittelalterlichen Hafen, der im 17. Jahrhundert für den Schiffsweg von Nantes nach Spanien von großer Bedeutung wurde. Dahinter gruppieren sich um die **Église Saint-Sauveur** und am Hang schiefe Fachwerkhäuser zum Teil aus dem 15. Jahrhundert und zeugen vom damaligen Wohlstand durch den Handel mit Getreide, Wein, Fisch und dem Salz aus Guérande.

Heute bevölkern Einheimische und Touristen die Lokale am **Quai Franklin**,dessen Namen an den amerikanischen Staatsmann Benjamin Franklin erinnert. Dieser soll bei einer Reise nach Paris hier Zwischenstation gemacht haben, bevor er in der Hauptstadt ein Handelsabkommen in Zusammenhang mit den amerikanischen Unabhängigkeitsbestrebungen aushandelte.

Verdursten und verhungern kann man dank des großen gastronomischen Angebots am alten Hafen kaum und nach einem Rundgang durch die mittelalterlichen Gassen passt die Einkehr in der etwas versteckt liegenden, aber urgemütlichen **Crêperie Saint-Sauveur** (Mittags- und Abendmenüs, Di/Mi geschlossen, 6 Rue Saint-Sauveur, Telefon 0297563553, www.creperie-saint-sauveur-auray.fr).

Auf den Terrassen der Gasthäuser in der ersten Reihe am Hafen wird es dann maritim und man ist manchmal froh, überhaupt einen Platz ergattern zu können. Wenn es klappt, zögern wir nie und lassen uns gerne zu einem Tisch in den **Restaurants Le P'tit Goustan** (Mittags- und Abendmenüs Mo geschlossen, Mi/So nur mittags, Telefon 0297563730, www.restaurantleptitgoustan.com) oder **Le Chasse-Marée** (Mittags- und Abendmenüs, Telefon 0297565046, www.latabledestgoustan.com) führen.

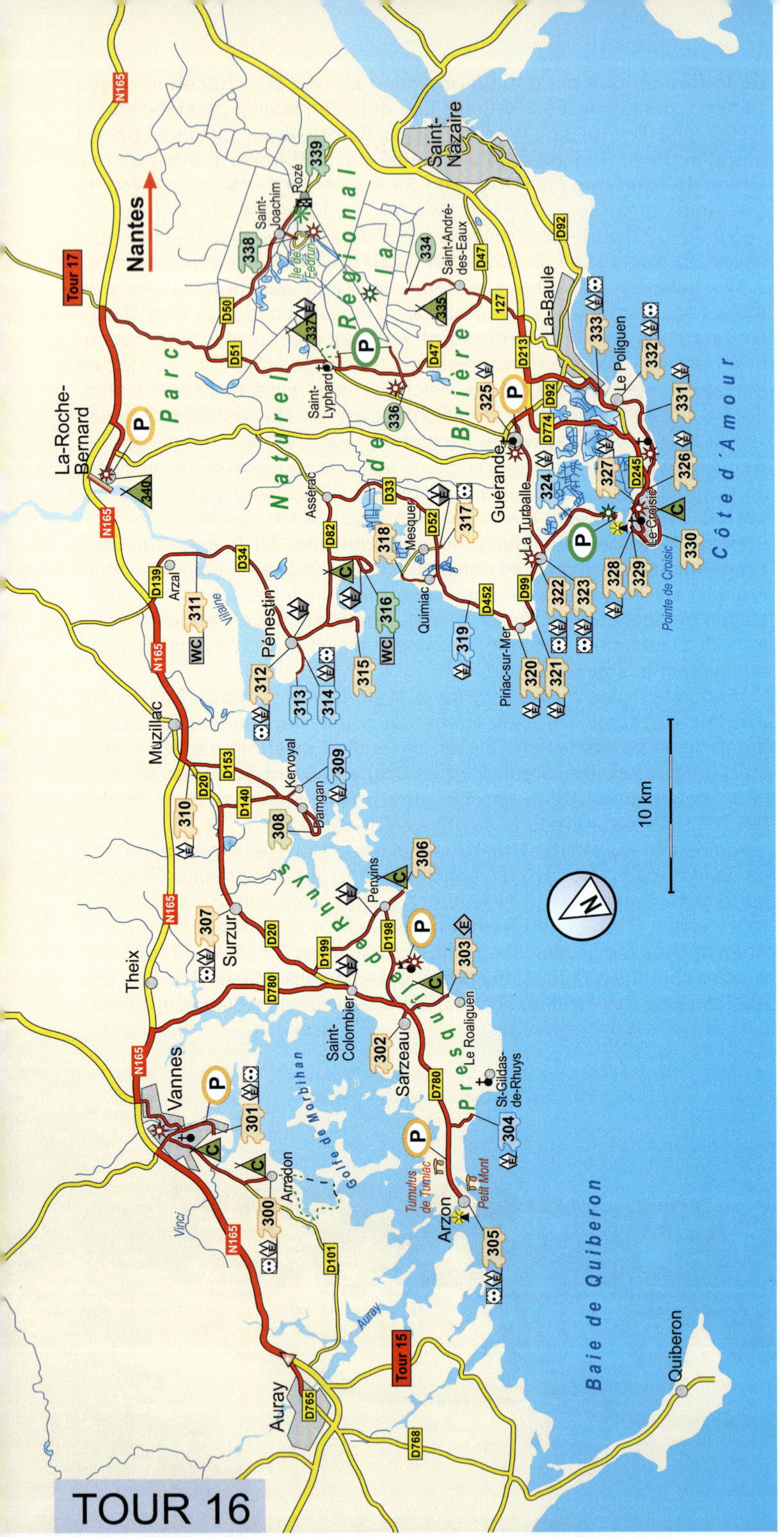
TOUR 16
Nantes
Tour 17
Tour 15
La-Roche-Bernard
Saint-Nazaire
Saint-Joachim
Rozé
Ile de Fédrun
Saint-André-des-Eaux
Saint-Lyphard
La Baule
Le Pouliguen
Le Croisic
Pointe de Croisic
Guérande
La Turballe
Piriac-sur-Mer
Quimiac
Mesquer
Assérac
Pénestin
Arzal
Vilaine
Muzillac
Kervoyal
Damgan
Penvins
Surzur
Theix
Saint-Colombier
Sarzeau
Le Roaliguen
St-Gildas-de-Rhuys
Vannes
Arradon
Golfe de Morbihan
Tumulus de Tumiac
Petit Mont
Arzon
Auray
Vinci
Quiberon
Baie de Quiberon
Côte d'Amour
Parc Naturel Régional de la Brière
Presqu'île de Rhuys
10 km
N165
N165
N165
N165
N165
D50
D51
D47
D47
D92
D92
D213
D774
D245
D33
D52
D82
D34
D139
D99
D452
D153
D20
D20
D140
D199
D198
D780
D780
D101
D765
D768
300
301
302
303
304
305
306
307
308
309
310
311
312
313
314
315
316
317
318
319
320
321
322
323
324
325
326
327
328
329
330
331
332
333
334
335
336
337
338
339
340
127
WC
WC

Vannes – Sarzeau – Pénestin – Piriac-sur-Mer Guérande – Le Croisic – St-Lyphard – La Roche-Bernard

Stellplätze: Arradon, Vannes, Saint Colombier, Sarzeau, Le Roaliguen, Saint-Gildas-des-Rhuys, Arzon, Penvins, Surzur, Kervoyal, Muzillac, Barrage d´Arzal, Pénestin, Assérac, Mesquer, Quimiac, Piriac-sur-Mer, La Turballe, Guérande, Le Croisic, Le Pouliguen, La Baule Escoublac, Saint-André-des-Eaux, Kerhinet, Saint-Joachim, Rozé, La Roche-Bernard.

Campingplätze: Damgan Camping à la Ferme Cosquer, Saint-André-les-Eaux Camping Les Chalands Fleuris, Saint-Lyphard Camping Fleur de Brière, La Roche-Bernard Camping du Pâtis.

Besichtigen: Vannes Jardin aux Papillons, Aquarium de Vannes, Cathédrale Saint-Pierre, Musée des Beaux-Arts, Musée d'Histoire et Archéologique; Presqu'île de Rhuys Tumulus de Tumiac, Petit Mont, Abteikirche, Château de Suscinio; Mesquer/Quimiac Salzgärten; La Turballe Salzgärten, Criée, Musée La Maison de la Pêche; Guérande Musée du Château de Guérande, Collégiale Saint Aubin, Maison des Paludiers, Terre de Sel; Batz-sur-Mer Musée des Marais Salants, Le Grand Blockhaus; Le Croisic Église Notre-Dame-de-Pitié, Océarium, Espace Escargots; Kerhinet Freilichtmuseum; Île de Fedrun Maison de la Mariée; La Roche-Bernard Musée de la Vilaine Maritime.

Radfahren/ Wandern: Arradon, Assérac, Piriac-sur-Mer, La Turballe, La Grande Brière.

Baden: Saint-Gildas-des-Rhuys, Kervoyal, Tréhervé, Pénestin, Quimiac, La Turballe, div Strände entlang der Strecke.

Essen: Arradon Maison Jégat; Vannes Restaurant Le Roscanvec, Restaurant L'Annexe; Quimiac Le P'tit Caboulot; Guérande Salon de Thé Gout'Thé; Saint-André-les-Eaux, Restaurant La Loge Brieronne; Bréca Restaurant Auberge de Bréca; Kerhinet Auberge de Kerhinet; La Roche-Bernard L'Auberge des Deux Magots, Le Sarah B.

Märkte: Arradon Di/Fr; Vannes Di/Mi/Fr/Sa, täglich Halles des Lices, Mi/Sa Place des Lices; Sarzeau Do; Arzon Di, Mai - September Fr; Port-Navalo, Juli/Aug. Mo; Port de Crousty; Damgan Sa; Pénestin So; Piriac-sur-Mer Di/Sa, Juni - September Mo/Mi/Sa; La Turballe Mi/Sa, Juli/Aug. Mi Abend; Guérande Mi/Sa; Le Croisic Di/Sa, Fischmarkt täglich außer Do; Saint-Andre-des-Eaux Di/Fr/So; Saint-Joachim Sa; La Roche-Bernard Do.

Mit Vannes erwartet uns nicht nur die Hauptstadt des Morbihan, sondern eine vielseitige, mittelalterliche und mit purer Lebenslust besetzte Stadt. Leider gestaltet sich die Parkplatzsuche mit einem Wohnmobil ähnlich prekär wie in Auray.

Um der Parkplatznot in Vannes zu entgehen, entscheiden wir uns, **Arradon** anzufahren. Der Ort einen eigenständigen

Besuch wert und bietet gleichzeitig eine gute Ausgangsbasis, ohne Parkplatzsuche nach Vannes zu gelangen.

(300) Offizieller WOMO-Stellplatz: Arradon – Camping-Car Park

GPS: N 47°37'26.3" W 02°49'37.0", An der D127. **Max. WOMOs:** 49.
Öffnungszeit: Ganzjährig.
Ausstattung: V/E, Strom, WiFi, Müllbehälter.
Beschreibung: Der mit einer Schranke gesicherte, befestigte und parzellierte Stellplatz wird teilweise von alten Bäumen beschattet und liegt unmittelbar an der nachts ruhigen Straße sowie neben dem einfachen **Camping Municipal Parc Priol**** (April - September, www.camping-parcpriol.com). Die Gegend ist für Rad- und Wandertouren geeignet und das Ortszentrum mit Geschäften, Restaurants und Bäckerei ist etwa 500 Meter entfernt. Dort, direkt an der Kirche, fährt der **Bus Linie 4** ab, der nach etwa 15 Minuten Fahrzeit am **Place de la République in Vannes** eintrifft und bis auf sonntags regelmäßig zwischen 7.30 - 20.30 Uhr verkehrt.
Preise: €€ - €€€.
Zufahrt: Von der D127 dem Hinweis zum Campingplatz und dem WOMO-Piktogramm folgen.

Der Ort besitzt ein freundliches kleines Zentrum nördlich des Stellplatzes und das **Office de Tourisme** informiert während der Hauptsaison über die Freizeitmöglichkeiten in der Umgebung *(4. Juli - 26. August Mo - Sa 9.30 - 12.30/14 - 18 Uhr, Mi nur nachmittags, Do geschlossen, So 10 - 13 Uhr, 2 Place de l'Èglise, www.golfedumorbihan.bzh).*

Golfe de Morbihan

Einer der Hauptanziehungspunkte ist der etwa einen Kilometer südlich liegende **Port d'Arradon**. Hier starten von April bis September verschiedene **Schiffsrundfahrten** mit **Izenah Croisières** durch die Inselwelt im **Golfe de Morbihan** mit Zwischenstopps auf der L'Île d'Arz oder der L'Île aux Moines. Wer mag, kann die Rundfahrt dort unterbrechen, um einige Stunden auf den Inseln zu verbringen und sich mit einer Navette im Pendelverkehr zurückschippern zu lassen. Vielleicht möchte man sich von der L'Île aux Moines aber auch mit der Navette nach Port Blanc, dem zur Gemeinde Baden gehörenden Hafenörtchen auf dem Festland übersetzen lassen. Letzte Möglichkeit bietet sich für eine Kombination mit dem Fahrrad an, wenn man von Port Blanc für die etwa neun Kilometer lange Rückfahrt zum Stellplatz in Arradon das Zweirad in Anspruch nehmen möchte *(www.izenah-croisieres.com).*

Wir begnügen uns mit einem Spaziergang vom Stellplatz zum Hafen, von dem wir mit der sieben Kilometer langen und vier Kilometer breiten **L'Île aux Moines** die größte Insel im Golf von Morbihan vor uns sehen. Von hier schlendern wir um die Landspitze **Pointe d'Arradon**, erfreuen uns an den im türkisblauen Wasser schaukelnden Booten und schauen in der am Wasser liegenden **Maison Jégat** vorbei. Der Austernzuchtbetrieb arbeitet nach alter Tradition und bietet seine qualitativ hochwertigen *Huîtres creuses* und *Huîtres plates* zum Kauf an *(Mo - Sa 8.30 - 18 Uhr, von Juni - September ist die Terrasse de Dégustation geöffnet 12 - 15/18 - 22 Uhr, 18 Allée de la Pointe).*

Nun aber zur Parkplatzsuche nach **Vannes**, die sich, wie bereits angedeutet, recht schwer gestaltet. Es gibt Höhen-

barrieren oder explizite Verbote, und wenn man meint, man hat endlich einen Platz gefunden, dann entpuppt sich dieser als Busparkplatz (*parking cars*). Wir sind bisher am ehesten noch an der westlichen Seite am Port de Plaisance fündig geworden, wo wir uns meist gerade noch so in eine Lücke quetschen konnten (N 47°38'30.6" W 02°45'40.7", Avenue Maréchal Juin). Auf der gegenüberliegenden Straßenseite Richtung Stadt parken immer mal wieder WOMOs, doch sollte man dabei beachten, dass ein Schild das Parken für Fahrzeuge über 1,80 Meter Breite verbietet. Wenn man schon hier gelandet ist, folgt man von hier der Straße einfach bis zum ausgeschilderten Camping- beziehungsweise Stellplatz, die die einzige Möglichkeit für eine legale Übernachtung bieten. Von hier fährt man dann völlig entspannt mit dem Fahrrad oder mit dem ÖPNV ins Zentrum.

(301) Offizieller WOMO-Stellplatz: Vannes – Camping-Car Park Conleau

GPS: N 47°37'59.9" W 02°46'48.9", Avenue du Maréchal Juin.
Max. WOMOs: 33. **Öffnungszeit:** Ganzjährig
Ausstattung: V/E, Strom, WiFi, Müllbehälter.
Beschreibung: Der durch eine Schranke gesicherte, asphaltierte, schattenlose, einfache Parkplatz liegt neben dem **Flower Camping Le Conleau****** (April - Anfang Oktober, www.vannes-camping.com) am Ortsrand. Von hier kann man mit dem Rad oder dem ÖPNV (Linie 3/D3 verkehrt etwa alle 30 Minuten) ins etwa 4 Kilometer entfernte Zentrum fahren.
Preise: €€ - €€€.
Zufahrt: Im Ort den Hinweisen zum Campingplatz und den WOMO-Piktogrammen folgen.

Vannes

Nachdem der letzte gallische Veneter durch die Römer 56 vor Christus vertrieben wurde, wurde die ehemalige Siedlung Civitas Venetis zum römischen Verwaltungszentrum. Später wird der Ort befestigt und im 5. Jahrhundert Bischofssitz. 851 vereinte der Herzog der Bretagne die

bretonischen Länder zu einem Königreich und machte Vannes zu seiner Hauptstadt. 700 Jahre später wurde die Bretagne ausgerechnet in Vannes wieder Frankreich zugeschlagen und verlor ihre Unabhängigkeit.

Da die Stadt in den folgenden Jahrhunderten an Bedeutung verlor, blieben ihr weitgehende Zerstörungen erspart und wir finden in der heutigen, sich erneut gut entwickelnden Hauptstadt des Département Morbihan eine ansprechende Altstadt vor. Auf unserem Weg vom Parkplatz entlang des Port de Plaisance kommen wir am **Office de Tourisme** vorbei *(September - Juni Mo - Sa 9.30 - 12.30/13.30 - 18 Uhr, Juli/Aug. Mo - Sa 9.30 - 19 Uhr, So/Feiertage 10 - 18 Uhr, Quai Tabarly Rive droite du Port, Telefon 0297472434, www.golfedumorbihan.bzh)*. Hier erhalten wir beispielsweise einen Stadtplan oder können **Schiffsausflüge** in den Golf de Morbihan buchen. So kann man nach Port-Navalo oder Locmariaquer und zu den verschiedenen Inseln im Golf, aber auch im Atlantik beispielsweise zur Belle-Île-en-Mer fahren. Die Überfahrt mit dem WOMO zur „schönen Insel" ist, wie bereits erwähnt, recht teuer, aber ein Tagesausflug als Fußgänger oder Radfahrer ist erschwinglich. Auf der Insel kann der Bus zur Rundfahrt genutzt werden, allerdings sind große Hunde in diesem nicht gestattet.

Unser Stadtrundgang, alternativ kann man auch der **Petit Train** benutzen *(April - Mitte Okt, Place Gambetta, Gebühr)*, beginnt an der schmalen Seite des Hafenbeckens an der Place Gambetta und durch die **Porte Saint-Vincent** aus dem Jahr 1704 gelangen wir in die von Fachwerkhäusern gesäumten Gassen der Altstadt. Vorbei an der Markthalle sind wir schnell an der Place des Lices, auf der im Mittelalter Ritterturniere stattfanden. Um den Platz gruppieren sich prachtvolle Bürgerhäuser und auch in den umliegenden Gassen findet sich viel Fachwerk. Vorkragende Obergeschosse sind von eleganten oder bäuerlichen Holzskulpturen geschmückt und in der Sonne leuchten rote, gelbe oder ockerfarbene Hauswände und Balken.

In unmittelbarer Nachbarschaft der gotischen **Cathédrale Saint-Pierre** aus dem 13. bis 19. Jahrhundert mit sehenswertem Kreuzgang aus dem 16. Jahrhundert befindet sich in der alten Markthalle (*La Cohue*) das **Musée des Beaux-Arts**. Neben Schiffsmodellen und Werken bretonischer Künstler sowie wechselnden Ausstellungen können hier Exponate der Maler Corot, Delacroix und Goya betrachtet werden. Im **Château Gaillard** aus dem 15. Jahrhundert, das mehr einer Burg als einem Schloss gleicht, findet sich mit dem **Musée d'Histoire et Archéologique** das zweite Museum der Stadt. Hier wird die Stadtgeschichte beleuchtet und eine prähistorische Sammlung zeigt Ausgrabungen aus Locmariaquer und Carnac *(beide Museen Juni - September Mo - So, Oktober - Mai Di - So jeweils 13.30 - 18 Uhr, Eintritt)*.

Unser erfreulicher Rundgang durch Vannes mit seinen kleinen Geschäften und unzähligen gastronomischen Angeboten führt uns in die Rue des Halles. Hier finden wir in einem der hübschen Fachwerkhäuser das **Restaurant Le Roscanvec** (Mittags- und Abendmenüs Di - Sa, mehrere Wochen Urlaub übers Jahr verteilt, 17 Rue des Halles, Telefon 0297471596, www.roscanvec.com). Nur wenige Schritte entfernt liegt das **Restaurant L'Annexe**, in dem ebenfalls der Schwerpunkt auf frischen Produkten von lokalen Erzeugern liegt und eine kreative Küche angeboten wird (Mittags- und Abendmenüs, So/Mo geschlossen, Telefon 0297425885, restaurantlannexe.eatbu.com).

Wir halten und nun Richtung Süden, um uns auf der **Presqu'île de Rhuys**, die den Golf von Morbihan zum Atlantik hin trennt, ein wenig umzusehen.

Auf dem Weg zu dieser sichelförmigen Halbinsel stoppen wir kurz in **Saint Colombier**, um eine **V/E-Station** nebst kostenpflichtiger Stellplatzmöglichkeit nahe der Straße zu notieren (N 47°32'48.2" W 02°43'17.3", An der C6).

Wenig später sind wir auch schon in der Kleinstadt **Sarzeau** gelandet, die das Zentrum der Presqu'île de Rhuys bildet und an **Markttagen** (Do) eine lebendige Atmosphäre ausstrahlt. Am zentralen Platz im Ort befindet sich auch das **Office de Tourisme** *(Mo - Sa 9.30 - 12.30/14 - 18 Uhr, Juli/August Mo - Sa 9 - 13/14 - 19 Uhr, So 10 - 13 Uhr, Rue Père Joseph Marie Coudrin, Telefon 0297536969)*. In Arzon (Rond-Point du Crouesty) und Saint-Gildas-Des- Rhuys (Rue Saint-Goustan) sind Depandancen mit leicht veränderten Öffnungszeiten vorhanden (*www.golfedumorbihan.bzh)*.

Das Wohnmobil kann in Sarzeau etwa 500 Meter entfernt vom Office de Tourisme auf den dafür vorgesehenen drei Plätzen geparkt werden [**302:** N47°31'33.5" W 02°45'50.2", Rue du Beg Lann, Zufahrt von der D780 Richtung Parc des Sports]. Bei den folgenden Stellplätzen muss erwähnt werden, dass sie während der Hauptsaison gut gefüllt und dann vor allen Dingen eng sind. Wenn schon eng, dann aber bitte mit direktem Strandzugang, sodass unser favorisierter Stellplatz in Saint-Gildas liegt. Wer lieber auf Campingplätze ausweicht, wird mit unterschiedlicher Ausstattung und Qualität rund um die Halbinsel bedient.

(303) Offizieller WOMO-Stellplatz: Le Roaliguen – Plage de Roaliguen

GPS: N 47°30'00.5" W 02°46'00.7", Rue Pont Neui. **Max. WOMOs:** 10.

Öffnungszeit: Ganzjährig.
Ausstattung: Entsorgung ca. 200 m Richtung **Camping Les Sources** (April - Oktober), dort befindet sich auch ein WC, Müllbehälter.
Beschreibung: Der einfache, schattenlose Stellplatz liegt am Ortsrand in der Nähe eines Campingplatzes und ist etwa 200 Meter vom Strand entfernt.
Preise: €.
Zufahrt: Im Ort den Hinweisen zum Campingplatz und den WOMO-Piktogrammen folgen.
Hinweis: Der maximale Aufenthalt beträgt 48 Stunden.

(304) Offizieller WOMO-Stellplatz: Saint-Gildas-des-Rhuys – Aire de Camping-Car de Kervert

GPS: N 47°31'21.0" W 02°51'31.0", Route du Rohu. **Max. WOMOs:** 40.
Öffnungszeit: Ganzjährig.
Ausstattung: V/E, Müllbehälter.
Beschreibung: Der einfache, geschotterte, teils schattige Platz liegt außerhalb des Ortes in unmittelbarer Nähe des **Camping Municipal de Kerver** (Ende April – September, www.campingkerver.com) und besitzt einen

Strandzugang. Das Ortszentrum ist etwa 3 Kilometer entfernt und das nahe **Restaurant Le Mor Braz** ist eine gute Adresse für die Einkehr *(Mittags- und Abendmenüs, So nur mittags, Di geschlossen, Telefon 0297452147, le-mor-braz.business.site)*. Hier ist ein guter Ausgangspunkt für Rad- und Wandertouren, die nach der Rückkehr in der während der Saison geöffneten **Strandbar Cabane des Poissons Rouges** 500 m südlich des Stellplatzes mit Aussicht aufs Meer enden kann (nur während der Saison geöffnet).
Preise: €€, zu bezahlen auf dem Campingplatz.
Zufahrt: Von der D780 den Hinweisen Campingplatz und den WOMO-Piktogrammen folgen.

(305) Offizieller WOMO-Stellplatz: Arzon – Aire de Camping-Car de Kermor

GPS: N 47°32'20. 2" W 02°52'49.7", Avenue de Kerlun. **Max. WOMOs:** 49.
Öffnungszeit: Ganzjährig. **Ausstattung:** V/E, Strom, Müllbehälter.
Beschreibung: Der mit einem Tor gesicherte, einfache, asphaltierte, meist schattenlose Parkplatz liegt im Ort. Ein Supermarkt befindet sich in 300 m Entfernung, der Strand in 500 m und die recht hübsche Hafenzeile ist nach etwa 1,5 Kilometer erreicht. Auch von hier kann man zu ausgedehnten Rad- und Wandertouren aufbrechen.
Preise: €€.
Zufahrt: Von der D780 den WOMO-Piktogrammen zum Parkplatz folgen.
Hinweis: Der maximale Aufenthalt beträgt 72 Stunden.

Presqu'île de Rhuys

Die Lage der Halbinsel sorgt für mildes Klima sowie eine fast schon mediterrane Vegetation und ist besonders in den Sommermonaten als Sommerfrische sehr beliebt.

Die Nordküste der etwa 25 Kilometer langen Landzunge zeigt sich mit vielen flachen, zerklüfteten Buchten mit unzähligen Austernbänken, während die dem Atlantik zugewandte **Südküste von langen Sandstränden** zwischen felsigen Landspitzen geziert wird. Dazwischen dümpeln Boote in kleinen Häfen und am westlichsten Punkt schickt der wichtige **Leuchtturm von Port-Navalo** sein Leuchtfeuer über die schmale Zufahrt vom Golf de Morbihan bis hinüber nach Locmariaquer, das von hier aus auch bei einer **Schiffstour** zu erreichen ist.

Um die Halbinsel mit ihrem vom Rhythmus der Gezeiten geprägten Leben besser kennenzulernen, bieten sich ausgedehnte **Radtouren oder Wanderungen** auf gut markierten Wegen an. Die D780 ist quasi das Rückgrat der Halbinsel und wer mit dem Wohnmobil unterwegs ist, erreicht von ihr alle genannten Sehenswürdigkeiten sowie Stell- und Campingplätze.

Bei unseren Touren stoßen wir kurz vor **Arzon** auf den 20 Meter hohen, weithin sichtbaren **Tumulus de Tumiac**, der als **Butte de César** (Hügel des Cäsar) in die Geschichte eingegangen ist. Von der Spitze des Erdhügels soll der römische Imperator 56 vor Christus die Seeschlacht gegen die Veneter verfolgt haben (N 47°32'21.5" W 02°52'24.4", An der D780).

Ein weiterer Zeitzeuge aus längst vergangenen Tagen ist der **Petit Mont**, der beispielsweise vom Stellplatz in Arzon nach rund fünf Kilometern in nordwestliche Richtung auf dem Küstenwanderweg zu erreichen ist. Der sechs Meter hohe Cairn steht in Verbindung mit den Ausgrabungen in Locmariaquer und kann besichtigt werden *(April - Juni/ September Di - So 11 - 18.30 Uhr, Juli/Aug. 11 - 18.30 Uhr, 20 Oktober - 4 November Di - So 14 - 18 Uhr, Eintritt).*

Saint-Gildas-des-Rhuys ist eine der ältesten Siedlungen der Halbinsel und wird von einer mächtigen **Abteikirche** überragt. Diese verdankt ihren Ursprung dem Mönch Saint Gildas, der im 6. Jahrhundert über den Atlantik kam und dessen Grab sich unter dem barocken Hauptaltar befindet.

Südöstlich von **Sarzeau** und nur 800 Meter vom Meer entfernt liegt die **Domaine de Suscinio** (N 47°30'56.0" W 02°43'38.8". Hier sind einige Parkplätze für WOMOs ausgeschildert und bisher wurde eine Übernachtung geduldet). Die ehemalige Sommerresidenz der bretonischen Herzöge stammt aus dem 13. bis 15. Jahrhundert, spiegelt den herrschaftlichen Anspruch wieder und wurde nach etlichen Jahren des Zerfalls mit Geldern des Départements aufs Feinste renoviert. Hinter dem Wassergraben liegt die mit sechs Türmen flankierte mächtige Ringmauer der fürstlichen Residenz, in deren Inneren sich heute ein interessantes **Museum** mit interaktiven Angeboten befindet. Neben wechselnden Ausstellungen und einem wunderbaren Rundgang, der auch jüngere Kinder begeistern dürfte, durch die bretonische Geschichte mit ihren Legenden, sollte den freigelegten Mosaikböden in der Schlosskapelle aus dem 13. Jahrhundert besondere Aufmerksamkeit gewidmet werden *(April - Juni/September 10 - 19 Uhr, Juli/August 10 - 20 Uhr, Oktober - Anfang November 10 - 18 Uhr, Eintritt, Hunde an der Leine gestattet. www.suscinio.fr).*

Nach der Schlossbesichtigung umrunden wir die Anse de Suscinio und peilen **Penvins** an. Hier ist es der unendlich lang erscheinende Strand, der zum Sonnenbaden und Faulenzen einlädt. Bei Ebbe zieht es Einheimische, Badegäste und Wohnmobilisten zum Fußfischen unweit der Kapelle vor der **Pointe de Penvins** und zwei **Campingplätze** sowie ein einfacher **offizieller WOMO-Stellplatz** sorgen für Aufenthaltsmöglichkeiten [**306:** N 47°29'50.5" W 02°41'10.1", Chemin du Marais, ganzjährig geöffnet, Preis €, Maximaler Aufenthalt 48 Stunden]. Der angrenzende **Camping La Grée Penvins**** erscheint uns eine gute Alternative zu sein (Juni - Oktober, www.campinglagreepenvins.com).

Im nördlich gelegenen **Surzur** gibt es einen recht schönen, rund 500 Meter vom Zentrum und doch im Grünen verorteten und mit 43 Plätzen bestückten **offiziellen WOMO-Stellplatz** zu erwähnen [**307:** N 47°34'59.0" W 02°37'58.5", du Petit Train, V/E, ganzjährig geöffnet, Preis €€], bevor wir uns wieder südwärts orientieren.

Etwas abseits und trotzdem nicht weniger touristisch angehaucht, können in der Nähe von **Damgan** erholsame Tage verbracht werden. Hierbei heißt es klare Regeln einzuhalten und nachts auf den vorhandenen Camping- beziehungsweise Stellplätzen einzuchecken. Die übrigen Parkplätze sind im Allgemeinen zwischen 23 und 8 Uhr für Reisemobile jeglicher Couleur gesperrt.

(308) Offizieller WOMO-Stellplatz: Damgan – Aire naturelle le Cosquer

GPS/Kontakt: N 47°31'19.4" W 02°36'11.6", Rue du Dendec, Telefon 0297412529, www.aire-naturelle-le-cosquer-camping-a-la-ferme.business.site.
Öffnungszeit: Anfang Mai - Mitte September.
Ausstattung: Kinderspielplatz, Waschmaschine, Bouleplatz.
Beschreibung: Die Wiesenplätze des am Ortsrand gelegenen Bauernhofes sind schattenlos und etwa 1 km vom schönen Sandstrand und 1,5 km vom Ortszentrum entfernt. Rad- und Wanderwege beginnen quasi vor der WOMO-Tür. **Preise:** €€.
Zufahrt: Im Ort den Hinweisen zur Aire Naturelle Cosquer folgen.

(309) Offizieller WOMO-Stellplatz: Damgan – Aire de Camping Cars

GPS: N 47°30'52.0" W 02°33'30.7", Rue des Roseaux. **Max. WOMOs:** 75.
Öffnungszeit: Ganzjährig. **Ausstattung:** V/E, Müllbehälter.
Beschreibung: Der mit Schranke gesicherte, einfache, asphaltierte, meist schattenlose Parkplatz befindet sich außerorts und nur durch die Straße und

einem Pkw-Parkplatz von der sandigen Grande Plage de Kervoyal getrennt. Manchmal kommt während der Saison der Bäckerwagen vorbei und Rad- und Wanderwege schließen sich an. Das Ortszentrum ist etwa 1,5 km entfernt.
Preise: €€. **Zufahrt:** Im Ort den WOMO-Piktogrammen folgen.

In **Muzillac** kommt uns der Supermarkt Super U wie gerufen, denn hier können wir nicht nur die Vorräte auffüllen, sondern die **V/E-Station** nutzen und auf dem etwas zurückliegenden Parkplatz bei Bedarf nächtigen [**310:** N 47°33'37.3" W 02°30'42.7", Rue des Silènes]. Wenig später sind wir in Arzal, um von hier unseren Einstieg für einen Aufenthalt auf der Halbinsel von Guérande zu finden.

Presqu'île de Guérande

Ursprünglich war der größte Teil des Gebietes zwischen der Loire- und der Vilaine-Mündung mit Wasser bedeckt, aus denen lediglich die Île de Fédrun und die Halbinsel von Le Croisic emporschauten. Durch tektonische Verschiebungen hob sich der Meeresboden und es entstand im Wesentlichen sumpfiges Marschland, das bei Flut noch heute bei Le Croisic vom Meerwasser überspült wird. Im Osten entwickelte sich ein Torfmoor, welches heute als **Parc Naturel Régional de Brière** eine besondere Anziehungskraft hat und seit jeher als **Pays Noir** (Schwarzes Land) bezeichnet wird. Im Westen, also dort, wo das Meer im Gezeitenrhythmus auf Land trifft, die Flüsse zusätzlich für Wasserzufuhr sorgen und durch ihre Strömungen kleine Kanäle bilden, sind in den flachen, salzigen Sümpfen ideale Voraussetzungen für die Salzgewinnung vorhanden. Aufgrund dieses Umstandes erhielt der Landstrich den Namen **Pays Blanc** (Weißes Land). Wir werden auch wieder auf kilometerlange Sandstrände treffen oder an der ungeschützten Halbinsel von Le Croisic von zerklüfteten Klippen auf den Atlantik schauen können.

Auf der Strecke nach Pénestin wird die Vilaine kurz vor ihrer Mündung zum **Barrage d'Arzal** gestaut, an dessen Ufern ein großer Jachthafen entstanden ist. Hier starten **Ausflugsschiffe** zur Fahrt auf der Vilaine nach La Roche Bernard *(vgl. S.338. Bei einer Kombitour kann die kleine Stadt mit Charakter auch noch gleich mit der Petit Train erkundet werden. Weitere Angebote und Abfahrtspläne direkt im Büro der Vedettes Jaunes gegenüber dem Stellplatz oder unter www.vedettesjaunes.com).*

(311) Offizieller WOMO-Stellplatz: Barrage d´Arzal – Port de Plaisance

GPS: N 47°30'05.2" W 02°22'48.4", An der D139. **Max. WOMOs:** 15.
Öffnungszeit: Ganzjährig.
Ausstattung: Müllbehälter, WC auf der gegenüberliegenden Seite, das jedoch nicht zur Ver- und Entsorgung bestimmt ist.
Beschreibung: Der einfache, asphaltierte, schattenlose Parkplatz liegt im Ort direkt an der nachts fast ruhigen Straße. In der Nähe befinden sich Restaurants, ein Baguette-Automat, diverse Geschäfte, Waschmaschine und Trockner sowie ein Bootsverleih.
Zufahrt: Von der D139 kurz vor dem Überqueren der Vilaine an einem Kreisel rechts den Hinweisen zum einfachen Parkplatz folgen.
Hinweis: Der maximale Aufenthalt beträgt 72 Stunden (Stand 2022). Im gesamten Jahr 2022 wurde auf dem Parkplatz gebaut und es schien, als ob Strom, Wasseranschlüsse und eine Schranke installiert werden sollten. Möglicherweise ist der Stellplatz mittlerweile nicht mehr kostenfrei.

Nachdem wir den Fluss auf der Hebebrücke überquert haben, steuern wir auf direktem Weg **Pénestin** an. Rund um den Ort warten zehn Sandstrände vom Feinsten, von denen die **Plage La Mine d'Or** mit ihren ockerfarbenen Klippen besonders zu erwähnen ist. Wie der Name verrät, wurde hier bis zum Ende des 19. Jahrhundert tatsächlich nach Gold gesucht und wenn die Abendsonne auf die Felsen fällt, dann leuchten sie in den schönsten Farben.

An der **Pointe du Bile** südlich des Ortes zieht sich das Wasser bei Ebbe unglaublich weit zurück, sodass die trockengelegten Strandabschnitte bei Fußfischern äußerst beliebt sind. Die WOMO-Stellplatz-Szene ist fest in der Hand von Betreibergesellschaften und alternativ sind nur die umliegenden Campingplätze zu erwähnen, da die sonstigen Parkplätze mit Höhenbarrieren versehen sind. Über die umfangreichen Freizeitmöglichkeiten vom **Gleitschirmfliegen,** über **Segeln** und **Kajakfahren** bis zu ausgewiesenen **Wanderstrecken** oder 11 gut markierten **Radwegen** von 9 bis 22 Kilometer Länge informiert das **Office de Tourisme** *(November - April Di - Sa 10 - 12.30/14 - 17 Uhr, April - Juni/Oktober Mo - Sa 10 - 12.30/ 14 - 18 Uhr, So 10 - 13 Uhr, Juli/August Mo - Sa 9.30 - 13/ 14.30 - 18.30 Uhr, So 10 - 13 Uhr, Allée du Grand Pré, Telefon 0244243444, Infobroschüren auch in deutscher Sprache,*

www.labaule-guerande.com). Hier befindet sich auch eine **V/E-Station** (N 47°28'51.7" W 02°28'24.9") und wir finden, dass sich in dieser Region Fahrräder bewähren, da die Stellplätze recht weit ab vom Geschehen liegen.

(312) Offizieller WOMO-Stellplatz: Pénestin – Camping-Car Park Salle des Sports

GPS: N 47°28'44.2" W 02°28'46.0", Allée des Sports. **Max. WOMOs:** 38.
Öffnungszeit: Ganzjährig.
Ausstattung: V/E, Strom, WiFi, Müllbehälter.
Beschreibung: Der mit einer Schranke gesicherte, asphaltierte, schattenlose Platz liegt am Ortsrand und etwa 500 m vom Ortszentrum mit Restaurants und Bäckerei entfernt. Rad- und Wanderwege sind vorhanden.
Preise: €€€. **Zufahrt:** Im Ort den Hinweisen zum Complex Sportif folgen.

(313) Offizieller WOMO-Stellplatz: Pénestin – Camping-Car Park Plage La Source

GPS: N 47°28'54.0" W 02°29'23.7", Le Boronce. **Max. WOMOs:** 14.
Öffnungszeit: Ganzjährig. **Ausstattung:** Tische und Bänke.
Beschreibung: Der mit einer Schranke gesicherte, schattenlose, einfache, auf einer (bei Regen sehr nassen) Wiese liegende Platz verfügt über keinen Schatten und liegt außerhalb des Ortes. Einzige Pluspunkte sind die Rad- und Wanderwege und der etwa 300 m entfernte schöne Strand. Das Ortszentrum ist etwa 1,5 km entfernt.
Preise: €€.
Zufahrt: Im Ort am Kreisel von D34 auf die D201 Richtung Assérac abbiegen, nach einem guten Kilometer dem Hinweis Plage de la Source folgen.

(314) Offizieller WOMO-Stellplatz: Pénestin – Aire de Camping-Cars de la Mine d'Or

GPS: N 47°28'13.6" W 02°29'10.35", Allée des Coquelicots.
Max. WOMOs: 24. **Öffnungszeit:** Ganzjährig
Ausstattung: V/E, Strom, WiFi, Müllbehälter.
Beschreibung: Der mit Schranke gesicherte, befestigte und beinahe schattenlose Platz befindet sich am Ortsrand nahe der Straße. Der Strand ist etwa 300 m entfernt und es gibt Rad- sowie Wanderwege, einen Fahrradverleih als auch Spiel- und Minigolfplatz. Das Ortszentrum ist etwa 2 km entfernt.
Preise: €€€.
Zufahrt: Von Pénestin Richtung Poudrantais fahren und dem WOMO-Piktogramm folgen.

(315) Offizieller WOMO-Stellplatz: Pénestin – Camping-Car Park Le Béchet

GPS: N 47°26'52.3" W 02°29'18.8", Route des Trois Îles. **Max. WOMOs:** 18.
Öffnungszeit: Ganzjährig. **Ausstattung:** Müllbehälter.
Beschreibung: Der einfache Wiesenparkplatz ist schattenlos, liegt außerhalb des Ortes und ist mit einer Schranke gesichert. Der Strand ist etwa 300 m entfernt und es gibt Wander- und Radwege. **Preise:** €.
Zufahrt: Der Stellplatz liegt im Süden der Halbinsel und am besten folgt man den Hinweisen zum **Campingplatz Les Îles******* (ganzjährig geöffnet, www.camping-des-iles.de).
Hinweis: Ein weiterer offizieller Stellplatz soll etwa 800 m nordwestlich an der Straße entstanden sein. Wir kennen ihn nicht und würden uns über aktuelle Informationen freuen.

Mittlerweile nähern wir uns **Assérac**, überschreiten die Grenze zum **Département Loire-Atlantique** und verlassen damit verwaltungspolitisch die Bretagne. Nichtsdestotrotz bleiben wir im alten bretonischen Kulturbereich, denn erst die Gebietsreform in den 1960er-Jahren ordnete das Département mit Nantes, der ehemaligen Hauptstadt der Bretagne, aus ökonomischen Erwägungen dem Pays de la Loire zu. Bis heute sind die historischen Verknüpfungen so eng, dass nicht nur die Bretonen, sondern sogar viele Franzosen Nantes und sein Umland zur Bretagne zählen. Wir bemerken den Wechsel lediglich an der veränderten Straßenbezeichnung und rollen nun auf der D82 weiter. Auch hier hat man natürlich an uns WOMO-Fahrer gedacht und noch bevor wir Assérac erreichen, können wir auf den ersten Stellplatz verweisen.

(316) Offizieller WOMO-Stellplatz: Assérac – Pen-Bé

GPS: N 47°25'52.0" W 02°27'06.5" Chemin de la Marché aux Bœufs.
Max. WOMOs: 10.

Öffnungszeit: Ganzjährig.
Ausstattung: Trockentoilette, Müllbehälter.
Beschreibung: Der einfache, befestigte, schattenlose Parkplatz befindet sich außerhalb des Ortes und etwa 200 m vom Strand entfernt. Es gibt ausgewiesene Rad- und Wanderwege und während der Saison kommt der Bäckerwagen. Bei Vollbelegung ist der Platz hoffnungslos überfüllt.
Zufahrt: Von der D82 Richtung Pen-Bé abbiegen und dem WOMO-Piktogramm folgen. Es wird der **Campingplatz l'Étoile de Mer**** (Mai - September, www.camping-etoile2mer.com), mit einer öffentlich zugänglichen **V/E-Station** [N 47°25'53.2" W 02°26'46.0"] passiert. Dahinter links und gleich wieder rechts bis zum Parkplatz fahren.
Hinweis: Der maximale Aufenthalt beträgt 48 Stunden.

Wir umrunden die Bucht von Pen-Bé und gelangen nach **Mesquer/Quimiac**. Im nördlichen Teil der Halbinsel von Guérande überwiegen wiederum feine Sandstrände und in der so typischen Bocage-Landschaft treffen wir das erste Mal auf die Salzgärten, deren Ernte, das berühmte Fleur de Sel, an kleinen Verkaufsständen am Straßenrand verkauft wird.

Der erste Stellplatz liegt auf einer großen Wiese und hat keine Aussicht, während man vom zweiten Stellplatz den Blick schweifen lassen kann, jedoch an der Straße zum Stehen kommt. Über alle Freizeitaktivitäten wie beispielsweise den **Besuch der Salzgärten im Marais du Més** informiert das **Office de Tourisme** *(Anfang November - Ende März/Anfang April Di - Sa 10 - 12.30/14 - 17 Uhr, April - Juni/September - Anfang November Mo - Sa 10 - 12.30/14 - 18 Uhr, manchmal So, Juli/Aug. Mo - Sa 9.30 - 13/14.30 - 18.30 Uhr, So/Feiertage 10 - 13 Uhr, Place de l'Orée du Bois, Telefon 0240243444, de.labaule-guerande.com).*

(317) Offizieller WOMO-Stellplatz: Mesquer Aire du Parc de la Lande

GPS: N 47°23'34.9" W 02°27'54.5", Route de Campzillon.
Max. WOMOs: 20.
Öffnungszeit: Ganzjährig.
Ausstattung: Strom (unter Umständen sehr langes Kabel erforderlich, Bauarbeiten legen die Vermutung nahe, dass eventuell mehr Stromanschlüsse verlegt werden), V/E etwa 300 m weiter an der D52 gelegen Müllbehälter.
Beschreibung: Der Wiesenplatz wird teilweise von Bäumen beschattet und liegt am Ortsrand. Das Ortszentrum ist etwa 1 Kilometer entfernt und die Gegend empfiehlt sich für schöne Radtouren.
Preise: €. **Zufahrt:** Von der D52 aus östlicher Richtung am ersten Kreisel Richtung Piriac-Sur-Mer/Quimiac fahren und nach ca. 400 m links dem WOMO-Piktogramm folgen.
Hinweis: Maximaler Aufenthalt 72 Stunden.

(318) Offizieller WOMO-Stellplatz: Quimiac – Aire de la Bôle de Merquel

GPS: N 47°24'53.2" W 02°28'06.1", Route de la Bôle de Merquel.
Max. WOMOs: 15. **Öffnungszeit:** Ganzjährig.
Ausstattung: Tische und Bänke, Müllbehälter.
Beschreibung: Der einfache, meist schattenlose Parkplatz am Straßenrand liegt außerhalb des Ortes, etwa 200 m vom Strand entfernt. Auch von hier empfehlen sich Rad- und Wanderausflüge und nur wenige hundert Meter westlich bietet das Strandrestaurant **Le P'tit Caboulot** ausgezeichnete Speisen von Meeresfrüchten, über Salate und Burgern an. Die Aussicht und der Apéro sind beliebt und beim Sonnenuntergang setzt sich die Strandkulisse geschickt in Szene *(Juli/August Di - So ab 9 Uhr, April - Juni/September/Oktober Do - So, www.le-ptit-caboulot.fr)*. Östlich des Platzes, am Port de Kercabellec befinden sich weitere Restaurants, in denen unter anderem die Austern aus der nahen Bucht verkostet werden können.
Preise: €.
Zufahrt: Wie zum vorgenannten Stellplatz, jedoch weiter in den Ort etwa 2 km bis zum am Ortsausgang rechts gelegenen einfachen Parkplatz fahren.
Hinweis: Maximaler Aufenthalt 48 Stunden.

Entlang der Küste tingeln wir weiter und notieren an der zu **Piriac-sur-Mer** gehörenden **Plage de Toulport** einen **offiziellen WOMO-Stellplatz**. Der einfache, teils schräge und schattenlose Parkplatz ist lediglich durch die Straße vom Strand getrennt und gehört zur Betreibergesellschaft Camping-Car Park [**319**: N 47°23'46.6" W 02°30'47.2", Avenue du Général de Gaulle, V/E, ganzjährig geöffnet, Preis €€].

Plage de Sorlock in Quimiac

In Piriac gibt es einen Stellplatz, den man nach Entrichten der Gebühr nach Belieben verlassen und wieder aufsuchen kann. Wenn man den Ort allerdings nur stundenweise besuchen möchte, kann, mit ein wenig Glück, an der D99 auf Höhe des Campingplatzes zentrumsnah am Straßenrand geparkt werden. Die übrigen Parkplätze sind mit Höhenbalken versehen.

(320) Offizieller WOMO-Stellplatz: Piriac-sur-Mer Camping-Car Park Aire de La Tranchée

GPS: N 47°22'43.3" W 02°32'32.5", Rue de la Tranchée. **Max. WOMOs:** 18.

Öffnungszeit: Ganzjährig.

Ausstattung: V/E, Müllbehälter.

Beschreibung: Der einfache, teils schattige und schräge Platz liegt auf Schotter und etwas Wiese im Ort und ist mit Schranke gesichert. In der Saison erscheint der Bäckerwagen Sa/So/Feiertage um 8.15 Uhr und das Ortszentrum rund um den Hafen ist nach etwa 500 m erreicht.

Preise: €€.

Zufahrt: An der Kreuzung D452/D333 Richtung Meer halten und an der nächsten Kreuzung rechts bis zum Stellplatz fahren.

Piriac-sur-Mer

Das kleine historische Städtchen gehört zu den **Petite Cités de Caractère** und besticht durch seine typisch bretonische Architektur.

Rosen und Hortensien zieren die Gassen und schon die Schriftsteller Zola und Daudet ließen sich von der Anziehungskraft des Ortes herlocken. Die Postkartenidylle des alten Piriac rund um die Kirche lädt zum Flanieren, Bummeln und Verweilen in einem der zahlreichen kleinen Boutiquen oder Cafés sowie Restaurants ein. Die schönen Strände und versteckten Buchten locken Badegäste in den Ort, der außerhalb des Altstadtkerns von Ferienhäusern geprägt ist. Ein Spaziergang zur Pointe du Castelli oder eine ausgedehnte **Wander- oder Radtour** könnten auf dem Programm stehen und wem dies alles noch nicht reicht, der fin-

det weitere Anregungen im **Office de Tourisme** *(Januar - März Di - Sa 10 - 12.30/14 - 17.30 Uhr, April - 6 Juli/September - 4. November Mo - Sa 10 - 12.30/14 - 18 Uhr, So 10 - 13 Uhr, 7. Juli - Aug. Mo - Sa 9.30 - 19 Uhr , So/Feiertage 10 - 13/15 - 18 Uhr, 7 Rue des Cap-Horniers, Telefon 0240243444, de.labaule-guerande.com).*

Im Ortsteil **Lérat** gibt es einen etwas größeren **offiziellen WOMO-Stellplatz** der Betreibergesellschaft Camping-Car Park nahe der **Plage de Lérat** [**321:** N 47°22'02.6" W 02°31'54.7", Avenue Louis Clément, V/E, ganzjährig geöffnet, Preis €€, teils unter Bäumen]. Ein kurzer Spaziergang führt uns schräg gegenüber dem Stellplatz entlang des kleines Hafens bis zur Landspitzen von der sich ein hübscher Blick über die Anse de Lérat bietet.

Auf direktem Weg gelangen wir nach La Turballe, ein langgestrecktes Fischerstädtchen mit Jachthafen und regem Badebetrieb.

(322) Offizieller WOMO-Stellplatz: La Turballe Camping-Car Park Centre Ville

GPS: N 47°20'55.1" W 02°30'27.8", Rue Alphonse Daudet.
Max. WOMOs: 20.
Öffnungszeit: Ganzjährig.
Ausstattung: V/E, Strom, Müllbehälter.
Beschreibung: Der mit einer Schranke gesicherte einfache Parkplatz ist geschottert, nicht schattig und befindet sich im Ort, etwa 500 m vom Zentrum und den Stränden entfernt. Bei Vollbelegung sehr eng und dann eher nur für Fahrzeuge bis 7,50 m Länge zu empfehlen.
Preise: €€.
Zufahrt: Von der D99 von Westen kommend Richtung Guérande rechts den WOMO-Piktogrammen folgen.

(323) Offizieller WOMO-Stellplatz: La Turballe Camping-Car Park Clos Mora

GPS: N 47°21'05.6" W 02°30'18.7", Rue du Clos Mora. **Max. WOMOs:** 23.
Öffnungszeit: Ganzjährig.
Ausstattung: V/E, Strom, WiFi, Müllbehälter.
Beschreibung: Der mit einer Schranke gesicherte einfache Parkplatz ist geschottert, wenig schattig und befindet sich im Ort, etwa 800 m vom Zentrum und den Stränden entfernt. Bei Vollbelegung sehr eng.
Preise: €€ - €€€.
Zufahrt: Von der D99 von Westen kommend Richtung Guérande links den WOMO-Piktogrammen folgen.

(324) Offizieller WOMO-Stellplatz: La Turballe Camping-Car Park Grande Falaise

GPS: N 47°19'51.9" W 02°29'57.0", Boulevard de la Grande Falaise.
Max. WOMOs: 20.
Öffnungszeit: Ganzjährig.
Ausstattung: V/E, WiFi, Müllbehälter.
Beschreibung: Dieser mit Schranke gesicherte, schattenlose, geschotterte, einfache Parkplatz liegt außerhalb der Ortschaft nahe dem **Camping Les Chardons Bleus***** (Anfang/Mitte April - September, www.tohapi.fr). Der Strand ist etwa 250 m entfernt und Rad- und Wanderwege laden zur Erkundung der Umgebung ein.

Preise: €€€.
Zufahrt: Im Ort den Hinweisen Richtung Pen-Bron und dem WOMO-Piktogramm folgen.

La Turballe

Wie es sich für einen beliebten Badeort gehört, wird zur Unterhaltung der Gäste eine Menge geboten. **Bootsausflüge**, Fahrten mit der **Petit Train**, **Besichtigungen der Salzgärten** oder der Besuch der **Criée**, der computergesteuerten Fischversteigerung und vieles andere mehr werden vom **Office de Tourisme** am Hafen vermittelt *(April - Juni/September Mo - Sa 10 - 12.30/14 - 18.30 Uhr, Juli/Aug. Mo - Sa 10 - 19 Uhr, So 10 - 13/14 - 18 Uhr, Anfang November - Anfang April Di - Sa 10 - 12.30/14 - 17.30 Uhr, Place Charles de Gaulle, Telefon 0240243444, de.labaule-guerande.com)*.

In unmittelbarer Nähe befindet sich das **Musée La Maison de la Pêche**, welches sich ausschließlich mit der Thematik rund um Fische und die Fischerei beschäftigt *(Mitte April - Juni Di - Sa 10 - 12.30/14 - 17 Uhr, Juli/August Mo - Sa 9.30 - 12.30/14 - 18 Uhr, Eintritt)*.

Plage de Pen Bron

Im Süden der Stadt münden die feinsandigen Strände in der **Pointe de Pen Bron**. Ein kleines Paradies zwischen Pinien und Dünen, das auf der einen Seite von Salzgärten und auf der anderen Seite vom Atlantik begrenzt wird. Wer zum Beispiel nicht vom letztgenannten Stellplatz oder von weiter her zur Landspitze wandern möchte, der findet einen kleinen, tagsüber zu nutzenden Parkplatz am Ende des Waldes (N 47°18'50.6" W 02°30'06.3").

Gegenüber der Landspitze liegt **Le Croisic**, das von hier aus mit der **Navette Pen-Bron-Le Croisic** (Personenfähre) erreicht werden kann und zur Stadtbesichtigung einlädt *(21. April - 1. Mai tägl. 10 - 12.30/13.45 - 18 Uhr, Mai/Juni/September Sa/So/Feiertage 10 - 12.30/13.45 - 18 Uhr, Juli/Aug. Mo - Sa 9 - 12.30/13.45 - 19 Uhr, So 11 - 12.30/13.45 - 19 Uhr, Gebühr. Abfahrt am Anleger unterhalb vom Hotel e Pen Bron)*.

Oder die Bootsüberfahrt wird in eine **Rad- oder Wanderrundtour** auf gut markierten Wegen eingebettet, die beispielsweise von den Stellplätzen um beziehungsweise durch das Marais Salants (siehe weiter unten) führen kann. Die kürzeste Variante beträgt ungefähr 20 Kilometer Länge, weitere Vorschläge gibt es im Office de Tourisme.

Nur noch ein kurzes Stück des Weges und wir sind in **Guérande**, der „Hauptstadt des Salzes“ angekommen. In den Sommermonaten ist das Parken auf dem Parkplatz am Complexe Sportif während der Schulferien freigegeben (N 47°19'50.3" W 02°25'09.9) und wer etwas näher an den Altstadtkern heran möchte, der kann sein Parkglück am Kino (*Cinéma*) an der Avenue Anne de Bretagne versuchen. Wenn das nicht funktioniert, dann bleibt nur die Fahrt zum Stellplatz.

(325) Offizieller WOMO-Stellplatz: Guérande – Aire de Camping-Car

GPS: N 47°20'00.5" W 02°25'13.0" Avenue de la Brière. **Max. WOMOs:** 40.
Öffnungszeit: Ganzjährig.
Ausstattung: V/E, Tische und Bänke, Müllbehälter.
Beschreibung: Der einfache, meist schattenlose, asphaltierte Parkplatz liegt am Ortsrand nahe der Straße und ist tagsüber laut. Die Entfernung zur Altstadt beträgt etwa 800 Meter.
Preise: €.
Zufahrt: Am Kreisel kurz hinter dem westlichen Ortseingang geradeaus (Toutes Directions), später Richtung Saint Lyphard fahren und dem WOMO-Piktogramm folgen.
Hinweis: Direkt neben dem Parkplatz weisen Schilder einer Firma darauf hin, dass WOMOs bis 8.30 Uhr das Privatgelände zum Übernachten nutzen dürfen.

Guérande, das Marais Salants und die Salzgewinnung

Die Lieblingsstadt der Herzöge der Bretagne liegt zwischen dem Pays Blanc, dem weißen Land des Salzes, und dem Pays Noir, dem schwarzen Land des Torfes und dem Naturpark von Brière.

Die Bewohner der einstigen Hauptstadt des Pays Blanc gewannen bereits vor 1.000 Jahren Salz aus den Sümpfen der Umgebung. Der Reichtum lockte Begehrlichkeiten bei kriegerischen Normannen sowie Spaniern und auch der bretonische Erbfolgekrieg hinterließ Spuren. Diesmal waren es jedoch positive und eine Zeit des Friedens und des Wohlstands begann. Im 14./15. Jahrhundert wird eine wuchtige Stadtmauer, die **Remparts**, errichtet, die noch heute die kreisrunde Altstadt umgibt und zum Teil von Wassergräben umzogen ist.

Wir betreten die ansehnliche Stadt durch die am östlichen Teil der Stadtmauer gelegene **Porte Saint-Michel**, einem der vier Stadttore, das von zwei mächtigen Türmen flankiert wird und in dem das **Musée du Château de Guérande** über die Region informiert *(April - September Di - So 10 - 12.30/14.30 - 19 Uhr, Oktober Mo - So 14.30 - 18 Uhr, Eintritt)*. Innerhalb der Mauern bestimmen schmale Gässchen, kleine Plätze und malerische Häuser die Ville Close. Deren Hauptgeschäftsstraße ist die Rue Saint-Michel und am Schnittpunkt der vier „Torstraßen" befindet sich die **Collégiale Saint Aubin** aus dem 12. bis 16. Jahrhundert. Die südliche Vorhalle zeigt sich im spätgotischen Flamboyantstil und die hübschen Buntglasfenster aus dem 14. bis 18. Jahrhundert sind sehenswert. Im Juli und August kommen Besucher in den Genuss von kostenfreien Orgelkonzerten und ganzjährig findet rund um die Kirche der Markt statt.

Hier finden sich auch etliche Crêperien und Restaurants, doch wer die Beschaulichkeit eines Teesalons sucht, der ist an der **Porte de Sallé**, dem südlichen Stadttor, richtig. Im **Salon de Thé Gout'Thé** gibt es neben Tee auch Kuchen sowie Törtchen und andere essbare Kleinigkeiten. Besonders schön sitzt man vor der begrünten Fassade unter einem Schatten spendenden Baum.

Von geführten Touren durch das mittelalterliche Städtchen, über das **mittelalterliche Festival** im Juni oder das **keltische** im August bis hin zu den vielen anderen Freizeitmöglichkeiten informiert das **Office de Tourisme** am Platz vor der Porte Saint-Michel, das auch jede Menge Info-Material über die gesamte Gegend parat hält *(Juli/August 9.30 - 19 Uhr, April - Juni/September 10 - 12.30/14 - 18 Uhr, So/Feiertage 10 - 13/15 - 17 Uhr, 7. November - Anfang April Mo - Sa 10 - 12.30/ 14 - 18 Uhr, 1 Place du Marché au Bois, Telefon 0240243444, de.labaule-guerande.com)*. Unterhaltsam und interessant ist die Fahrt mit der **Petit Train** aus der Stadt heraus und in die Salzgärten hinein *(April - September, Buchung und Tickets beim Office de Tourisme)*.

Südwestlich der Stadt erstreckt sich das **Marais Salants**. Die Salzgärten umfassen fast 2.000 Hektar und wirken wie ein riesiges Schachbrett, auf dem seit Jahrhunderten das nahezu unveränderte Handwerk der Salzgewinnung praktiziert wird. Nachdem bereits in der Eisenzeit Salz gewonnen wurde, entwickelte sich ab dem 9. Jahrhundert die heutige sonnenabhängige Technik.

Die Arbeit eines **Paludier** (Salzbauer) erstreckt sich über das ganze Jahr. Im Winter und im Frühling müssen die Salinen erhalten werden

und die Vorbereitung auf die sommerliche Ernte von Juni bis September beginnt. Gezeitenabhängig werden die Salzfelder über ein kompliziertes Schleusen- und Kanalsystem mit Wasser versorgt. Während der Verdampfungszeit lässt der Paludier alle 15 Tage weiteres Wasser in das erste Becken, damit es von dort von Becken zu Becken in die Mitte der Saline läuft. Hierbei sinkt die Wasserhöhe stetig ab und das Niveau des Beckenbodens steigt. Durch den Verdunstungseffekt wird das Wasser immer salzhaltiger und im letzten Becken ist die Lake schließlich so konzentriert, dass das Salz kristallisiert.

Vor allem bei Ostwind bilden feinste Kristalle große Schollen auf der Wasseroberfläche, die als **Fleur de Sel** (Blume des Salzes) mit einem speziellen Werkzeug vorsichtig geerntet werden. Bei schönstem Wetter sind das maximal drei bis fünf Kilo pro Saline und Tag. Vom **Gros Sel** (grobes Salz) oder vom **Sel Gris** (graues Salz), welche sich auf dem Salinenboden ablagern, werden pro Saline am Tag etwa 50 bis 70 Kilogramm gehoben. Nach der Ernte wird das Salz an den Rand der Salzfelder gebracht, um dort zu trocknen, anschließend gereinigt und Ende September zu den Verkaufsstellen oder in große Salzspeicher (*Salorge*) gebracht zu werden.

Im kleinen Ort **Saillé** südlich von Guérande befindet sich an der Kirche die **Maison des Paludiers** (Haus der Salzarbeiter), in dem ein zum Thema passendes kleines Museum untergebracht ist *(Saline Anfang April - Anfang Juli/September 10.30/15.15 Uhr, Anfang Juli/Au-*

gust 10.20/14.15/15.15/16.15 Uhr. Museum April/September 10 - 12.30/ 14.30 - 17.30 Uhr, Mai - August 10 - 12.30/14 - 18 Uhr, Oktober Mo - Sa 14.40 - 17.30 Uhr, letzter Einlass eine Stunde vor Schließung, Eintritt. Hunde in der Saline nicht gestattet! www.maisondespaludiers.fr).

Die Anfahrt mit dem WOMO ist insofern problematisch, da es unter Umständen (besonders am Wochenende und in der Hauptsaison) mit dem Parken eng werden kann. Etwas mehr Spielraum haben wir im südlich gelegenen kleinen Ort **Pradel**, in dem sich inmitten der Salzgärten das Besucherzentrum **Terre de Sel** befindet. Neben einer Ausstellung werden Führungen von 45 Minuten bis 2 Stunden Dauer in die Salzfelder angeboten. Eine Boutique, in der Salz, Kräutermischungen und lokale Produkte erworben werden können, rundet das Programm ab *(Januar 10 -12.30/14 - 17 Uhr, Februar/März 10 - 18 Uhr, April - Juni/September - Oktober 10 - 18.30 Uhr, Juli/August 9 - 19.30 Uhr, November/ Dezember 10 - 17.30 Uhr, Eintritt, im Sommer Führungen in deutscher Sprache. Hunde nicht gestattet! www.terredesel.com).*

Beide Museen sind von der D774 Richtung Le Croisic gut ausgeschildert und nicht zu verfehlen. Auch das Office de Tourisme vermittelt ickets für terminlich passende Führungen und in der Hauptsaison können vorzeitige Buchungen lange Wartezeiten vermeiden. Das Salz aus Guérande und Umgebung kann auch an den kleinen Verkaufsstellen der Direktvermarkter am Straßenrand zu günstigen Preisen erworben werden.

Marais Salants de Guérande

Wir verlassen die Stadt südwärts, um Le Croisic anzufahren. Alternativ kann man vom Besucherzentrum Terre de Sel weiterfahren. Die Straße ist für Fahrzeuge bis 5,5 Tonnen Gesamtgewicht freigegeben, jedoch sollte man beachten, dass die Strecke teilweise sehr schmal und ohne Ausweichstellen ist.

Nachdem wir die Salzgärten hinter uns gelassen haben, landen wir zunächst in **Batz-sur-Mer**. Wer hier beispielsweise bei einer Wander- oder Radtour Station macht, sollte unbedingt auf den Kirchturm von **Saint-Guénolé** emporsteigen. Der Aufwand wird mit einem **360-Grad-Panorama** über die Salzgärten und das Meer belohnt. Im alten Ortskern reihen sich die ehemaligen Behausungen der Salzbauern eng aneinander und nur wenig entfernt ist das **Musée des Marais Salants** natürlich dem Salz gewidmet *(außerhalb der Schulferien Di - So 10 - 12.30/14 - 17 Uhr, in den Ferien/Juni/September Di - So 10 - 12.30/14 - 18 Uhr, Juli/August täglich 10 - 19 Uhr, Eintritt, www.museedesmaraissalants.fr)*.

In **Le Croisic** gibt es fünf **Campingplätze** von einfach bis luxuriös und vier **offizielle WOMO-Stellplätze**. Ob die letztgenannten schön sind, sei dahingestellt und liegt sicher im Auge des Betrachters. Sie sind allerdings auch die einzigen Möglichkeiten, um das Wohnmobil legal und geschickt nachts von 20 bis 9 Uhr abzustellen. Der maximale Aufenthalt ist auf allen WOMO-Stellplätzen auf 48 Stunden limitiert.

Beginnen wir also am Supermarkt Intermarché, an dem es kurz hinter dem östlichen Ortseingang an der D245 eine Übernachtungsmöglichkeit samt **V/E-Station** gibt [**326:** N 47°17'06.6" W 02°30'15.6"]. Folgt man der Straße in den Ort, gelangt man nach rund 600 Metern an den Bahnhof (*Gare du Croisic*). Dort befindet sich der nächste Stellplatz am Busbahnhof, der sich auch als Tagesparkplatz anbietet [**327:** N 47°17'23.9" W 02°30'20.3", Rue des Courlis. V/E, ganzjährig geöffnet, Preis €€]. In einer Seitenstraße nur wenige Meter vom Océarium entfernt findet sich der dritte WOMO-Stellplatz [**328:** N 47°17'56.6" W 02°31'19.8", Chemin du Lingorze, V/E, ganzjährig geöffnet Preis €€] und ums Eck an einem Geschäft für Seefahrerbedarf ein weiterer [**329:** N 47°17'55.3" W 02°31'11.9", Rue de Kerdavid, ganzjährig geöffnet, Preis €€]. An der Südküste unweit der Pointe du Croisic liegt der vierte WOMO-Stellplatz [**330:** N 47°17'21.5" W 02°32'14.6", D45/ Avenue de la Pierre Longue, ganzjährig geöffnet, Preis €€]. Für alle Stellplätze gilt, dass man nicht nur in der Saison dicht an dicht steht und mit WOMOs über sieben Metern Länge ein zusätzliches Platzproblem hat. Einzig die Aussicht vom letztgenannten Stellplatz konnte uns überzeugen und die Busanbindung in den Ort.

Le Croisic

Schon immer war Le Croisic ein bedeutender Fischereihafen und auch wenn die Fangquote seit Mitte des 19. Jahrhunderts zurückgegangen ist, so ist die **Petit Cité de Caractère** immer noch eng mit dem Ozean verbunden.

Ein besonderes Erlebnis ist es, wenn man vom weit ins Meer reichenden Damm zum Leuchtturm **Phare du Tréhic** die Rückkehr der Fischerboote beobachtet. Bei der schräg gegenüberliegenden Landspitze handelt es sich um die Pointe de Pen Bron, die wir vor einiger Zeit bereits kennengelernt haben. Als der Fischfang abflaute, war es die erst kleine Schar von Badegästen, die die jodhaltige Luft zu schätzen wusste und deren Anzahl kontinuierlich gestiegen ist. Heute sorgt die bunte Mischung aus Fischern und Touristen für eine locker-lebhafte Atmosphäre an der **Hafenpromenade**, die mit Geschäften und Restaurants gespickt ist. Hinter dem Quai gruppieren sich alte Reeder- und Kapitänshäuser aus dem 16./17. Jahrhundert um die **Église Notre-Dame-de-Pitié** aus dem 14./15. Jahrhundert mit einigen Statuen aus dem 15. bis 17. Jahrhundert.

Ein guter Ratgeber für alles Wissenswerte rund um den Urlaub in dieser Gegend ist das **Office de Tourisme** *(Oktober - Juni Mo - Sa 10 - 12/ 14 - 17.30 Uhr, September So auch 110.30 - 12.30/14 - 17 Uhr, Juli/Aug. Mo - Sa 9 - 19 Uhr, So 10 - 17 Uhr, 6 Rue du Pilori. Telefon 0240230070, www.tourisme-lecroisic.fr)*. Wenn man dann genug von den **Sandstränden** und dem Hafenleben hat, sollte unbedingt der Besuch im bestens ausgeschilderten **Océarium** auf dem Programm stehen. 4.000 Meeresbewohner aus den Ozeanen der Welt schwimmen hier um die Wette und über unseren Köpfen ziehen Haie ihre Bahnen. Wir schauen Tauchern bei der Fütterung zu und die Pinguinkolonie sorgt für putziges Leben *(Mitte Februar - Anfang April/einige Tage Ende Dezember 10 - 18 Uhr, Mitte April - Anfang Juli/September - Mitte November 10 - 19 Uhr, Mitte Juli/August 10 - 20 Uhr, Mitte November - 23. Dezember 14 - 18 Uhr, Eintritt. www.ocearium-croisic.fr)*.

Nicht unbedingt ruhiger, aber naturverbundener und wilder geht es an der Küste südlich der Stadt zu. Die Felsen an der **Côte Sauvage** ragen zackig nach oben in den Himmel und nach unten fallen sie teilweise steil ins Meer hinab. Dazwischen liegen lauschige Sandbuchten und auf dem **Küstenwanderweg** stößt man immer wieder auf schöne Fotomotive.

An der Côte Sauvage

An der **Côte Sauvage** gelangen wir wieder nach **Batz-sur-Mer** und folgen dort der südlichen Küstenstraße durch den Ort. Links der Straße steht einer der größten Bunker des ehemaligen Atlantikwalls und als Soldaten verkleidete Schaufensterpuppen vermitteln im **Le Grand Blockhaus** einen Eindruck des Bunkerlebens *(Anfang Februar - Mitte November 10 - 19 Uhr, Eintritt. www.grand-blockhaus.com)*. Wenig später notieren wir oberhalb der **Plage de la Govelle** hinter dem Campingplatz und an einem Kreisverkehr einen ebenfalls engen, mit Schranke gesicherten **offiziellen WOMO-Stellplatz** [**331:** N 47°16'02.8" W 02°27'13.7", Route de Govelle, V/E, ganzjährig geöffnet, Preis €€, November - März kostenfrei].

Nur drei Kilometer trennen uns vom nächsten Stellplatz im Badeort **Le Pouliguen**, der mit einer netten Promenade an der feinsandigen **Plage du Nau** und gepflegten Anwesen um den **Bois du Pouliguen** aufwarten kann.

(332) Offizieller WOMO-Stellplatz: Le Pouliguen – Le Cléin

GPS: N 47°16'19.4" W 02°25'58.5", Avenue de l'Océan. **Max. WOMOs:** 26.

Öffnungszeit: Ganzjährig.
Ausstattung: V/E, Strom, Müllbehälter. Der Stellplatz liegt hinter dem **Camping du Cléin** (Mitte April - Mitte/Ende September, www.lepouliguen.fr).
Beschreibung: Der mit Schranke gesicherte, geschotterte, teils schattige Platz liegt im Ort ist einer der wenigen Plätze, die kleine Rasenflächen zwischen den WOMOs bieten. Das macht ihn natürlich sehr beliebt und in der Saison muss man schon viel Glück haben, um einen freien Platz zu ergattern. Das Ortszentrum mit Restaurants sowie Bäckerei ist etwa 600 Meter, das lebendige Gebiet um den Hafen mit weiteren gastronomischen Angeboten und Geschäften rund 900 Meter entfernt. Zum Strand sind es etwa 800 Meter.
Preise: €€€.
Zufahrt: Im Ort von der D45 an einem Kreisel zunächst dem Hinweis zum Campingplatz bis zum nächsten Kreisel folgen. Dort links nach dem WOMO-Piktogramm Camping du Cléin richten.
Hinweis: Der maximale Aufenthalt beträgt 72 Stunden.

Mit **La Baule** haben wir das bekannteste und beliebteste Seebad der Region erreicht. Eine endlos lange Strandpromenade, Ferienvillen im Kolonialstil, gepflegtes Grün hinter hohen Mauern und Zäunen, elegante Hotels der Belle Époque, edle Boutiquen sowie schicke Restaurants oder angesagte Bars. Sogar der Sandstrand, der für Hunde flächendeckend verboten ist, scheint hier noch ein wenig feinkörniger und weißer als in anderen Buchten zu sein. Spontancamper haben es hier schwer, denn die durchweg guten **Campingplätze** liegen abseits des Meeres und sind im Sommer fast immer ausgebucht. Bleibt noch der **offizielle WOMO-Stellplatz** der Betreibergesellschaft Camping-Car Park zu nennen, der an der Brücke über den Grand Étier du Pouliguen auf einem Parkstreifen am Sportboothafen in **La Baule Escoublac** liegt [**333:** N 47°16'56.7" W 02°25'26.8", Boulevard Guy de Champsavin, V/E, Strom, ganzjährig geöffnet, Preis €€€].

Wie bereits erwähnt, befinden wir uns verwaltungspolitisch nicht mehr in der Bretagne und wer mehr vom Pays de la Loire kennenlernen möchte, kann mit uns und unserem **WOMO-Reiseführer Band 64 Tal der Loire und Paris** dort auf Entdeckungstour gehen. Die Strecken durch den **Parc Naturel Régional de Brière** überschneiden sich ein wenig, aber danach bestimmt die Loire den weiteren Weg.

Von La Baule gelangen wir also zunächst nach **Saint-André-des-Eaux** und selbstverständlich werden wir auf den folgenden Kilometern einige übernachtungstaugliche Parkplätze nennen. Da sie jedoch alle in einem Naturpark mit einer außergewöhnlichen Flora und Fauna liegen, bezeichnen wir lediglich zwei von ihnen als WOMO-Stellplätze. Bei den übrigen Parkplätzen appellieren wir an unsere Leserinnen und Leser, damit sie von Fall zu Fall selbst entscheiden, ob ein längeres Verweilen, selbstverständlich ohne Campingverhalten, tatsächlich angebracht ist. Als Ausgangspunkt für Ausflüge in die Brière eignen sich die Parkplätze jedoch allemal und die genannten Restaurants bieten eine gepflegte Einkehr in einer außergewöhnlichen Naturlandschaft.

(334) WOMO-Parkplatz: Saint-André-des-Eaux Port de la Chaussée Neuve

GPS: N 47°20'21.7" W 02°17'12.3", La Chau Neuve. **Max. WOMOs:** 5.
Öffnungszeit: Nur während der Zeiten der Boots- und Kutschfahrten!
Ausstattung: Infotafeln, Müllbehälter.
Beschreibung: Der einfache, meist schattenlose Wiesenparkplatz liegt außerhalb des Ortes und muss mit Pferden und Gänsen geteilt werden. Von hier kann man zu Rad- und Wandertouren aufbrechen. Es ist selbstverständlich, dass die Wiese nur zur Übernachtung genutzt wird, wenn man mit dem Eigentümer der Wiese auch zur Boots- oder Kutschfahrt aufbricht *(www.promenade-briere.com)*. Kinder werden sich über das angebotene Ponyreiten freuen. In unmittelbarer Nähe befindet sich das **Restaurant La Loge Briéronne** *(Mittags- und Abendmenü, Mi/Do/So nur bis 17 Uhr)*, weiteres Restaurant ca. 1 km vorher an der Zufahrt. **Preise:** €.
Zufahrt: Im Ort den Hinweisen zum Port de la Chaussée Neuve folgen.
Hinweis: Bitte unbedingt am Kassenhäuschen Promenades en Brière bei J.S. Crusson vorher nachfragen, ob eine Übernachtung gestattet ist! Eventuell kann man außerhalb der Saison auf dem befestigten Parkplatz parken.

(335) WOMO-Campingplatz: Saint-André-des-Eaux Camping Les Chalands Fleuris***

GPS/Kontakt: N 47°19'15.4" W 02°18'28.7", Rue du Stade, Telefon 0240012140, www.leschalandsfleuris.com.
Öffnungszeit: Anfang April - Mitte/Ende September.
Ausstattung: Snackbar, im Juli/August werden Backwaren angeboten, Supermarkt und Bäckerei etwa 1 Kilometer entfernt, In- und Outdoor-Pool, Waschmaschine, Wäschetrockner, WiFi, Basketballplatz, Animationsprogramm, Streichelzoo, Kinderspielplatz.
Beschreibung: Die recht groß bemessenen Parzellen auf Wiese sind teils schattig und der gepflegte Campingplatz ist bei Familien mit Kindern sehr beliebt. **Preise:** €€ - €€€.
Zufahrt: Im Ort den Hinweisen zum Campingplatz folgen.

(336) WOMO-Parkplatz: Kerhinet – Maison du Parc

GPS: N 47°21'47.1" W 02°21'02.4", La Petite Île. **Max. WOMOs:** 2 - 3.
Ausstattung: Infotafeln, Müllbehälter.
Beschreibung: Der einfache, teils schattige Parkplatz ist asphaltiert und ein perfekter Ausgangspunkt zum Besuch des Museumsdorfes sowie für Rad- und Wandertouren.
Zufahrt: Von der D47 den Hinweisen nach Kerhinet folgen
Hinweis: Die Übernachtung wird bisher auf dem Parkplatz toleriert – bitte kein Campingverhalten!

(337) WOMO-Campingplatz: Saint-Lyphard Camping Fleur de Brière***

GPS/Kontakt: N 47°23'48.3" W 02°18'05.7" Route d'Herbignac, Telefon 0687107616, www.campingfleurdebriere.com.
Öffnungszeit: Mitte März - Mitte November.
Ausstattung: Grillmöglichkeit, Bouleplatz, Spielplatz, Tischtennis, Pool (Mitte Juni - Mitte September), Snackbar.
Beschreibung: Der einfache, freundliche Campingplatz liegt am Ortsrand unter Bäumen und die recht großen Parzellen sind von Hecken getrennt. In der Nähe gibt es einen Supermarkt und im wenige Minuten entfernten Ortszentrum eine Bäckerei. Von hier sind Rad- und Wandertouren möglich.
Preise: €€.
Zufahrt: Von der D47 den Hinweisen zum Campingplatz folgen.
Hinweis: Vor dem Campingplatz liegt eine freizugänglich **V/E-Station**.

WOMO-Parkplatz: Bréca – Port de Bréca

GPS: N 47°21'43.2" W 02°18'56.3", Bréca.
Ausstattung: Tische und Bänke, WC in der Nähe, Müllbehälter.
Beschreibung: Hier findet sich ein wunderbarer Einstieg in Rad- sowie Wandertouren und während der Saison werden Boots- und Kutschtouren ins Marais angeboten *(www.faunebrieronne.fr)*. Im **Restaurant Auberge de Bréca** kann man hervorragend in gediegener und freundlicher Atmosphäre und jedoch nicht günstig speisen *(Di - Sa 12 - 14/19 - 21 Uhr, So nur mittags, www.auberge-breca.com)*, während in der nahen **Crêperie** Altbewährtes lecker und kostengünstiger auf den Teller kommt.
Zufahrt: Von der D47 dem Hinweis nach Bréca folgen.

WOMO-Parkplatz: Saint-Lyphard Port de la Pierre Fendue

GPS: N 47°23'22.4" W 02°17'46.7", Le Clos d'Orange.
Ausstattung: Müllbehälter.
Beschreibung: Hier findet man einen wunderbaren Einstieg in Rad- sowie Wandertouren und während der Saison werden Boots- und Kutschtouren ins Marais angeboten *(www.briereevasion.wixsite.com)*. Von hier sind wir zur weiter unten beschriebenen Kurzwanderung aufgebrochen.

Zufahrt: Von der D47 an einem Kreisel zum Port de la Pierre Fendue abbiegen.

(338) Offizieller WOMO-Stellplatz: Saint-Joachim – Île de Fédrun

GPS: N 47°22'29.0" W 02°12'35.2", Fedrun. **Max. WOMOs:** 3.
Öffnungszeit: Ganzjährig.
Ausstattung: Infotafel, Tische und Bänke, WC, Info-Point La Chaumière Brièronne, Müllbehälter.
Beschreibung: Der einfache geschotterte Parkplatz ist meist sonnig und wird auch als Buswendeschleife genutzt. Er liegt am Ortsrand und ist ein prima Ausgangspunkt für Rad- und Wandertouren.
Zufahrt: Von der D50 zur Île de Fédrun abbiegen und bis zum ausgeschilderten Parkplatz fahren.
Hinweis: Auch wenn der Parkplatz nicht als offizieller Stellplatz markiert ist, wird er auf der Seite des Office de Tourisme von Saint-Nazaire als solcher geführt (Stand 2022).

(339) Offizieller WOMO-Stellplatz: Rozé – Port de Rozé

GPS: N 47°21'36.0" W 02°11'09.0", An der D50. **Max. WOMOs:** 2.
Öffnungszeit: Ganzjährig.
Ausstattung: Tisch und Bänke, Müllbehälter.
Beschreibung: Die beiden ausgewiesenen Stellplätze liegen am Rand eines Parkplatzes am Ortsrand und sind meist sonnig. Die nahe Straße sorgt für Unruhe, die abends lang anhält und morgens früh beginnt. Von hier kann man zu Rad- und Wandertouren aufbrechen. Auf der anderen Straßenseite können Fahrräder entliehen oder zu einer Kahnfahrt durch die Sümpfe abgelegt werden. Etwa 1 Kilometer entfernt befindet sich die Vogelbeobachtungsstation Pierre-Constant.
Zufahrt: Der Parkplatz ist am Kreisverkehr/D50 in Rozé nicht zu verfehlen.
Hinweis: Der maximale Aufenthalt beträgt 24 Stunden.

Parc Naturel Régional de Brière

Nach der Camargue ist La Grand Brière mit 50.000 Hektar Ausdehnung die **zweitgrößte Sumpflandschaft Frankreichs**. Um die einzigartige Natur und die traditionellen Dörfer mit reetgedeckten Häusern zu erhalten, wurde das Gebiet im Jahr 1970 zum **Parc Naturel** erklärt.

Schon früh erkannten die Menschen den wirtschaftlichen Nutzen des Sumpfes, legten ihn trocken und begannen Torf zu stechen, der als Brennmaterial und Düngemittel zu einem lukrativen Geschäft wurde.

Auf der Île de Fedrun

Daneben lebten die Bewohner vom Fischfang sowie der Jagd und heute ist es der Tourismus, der als Haupterwerbszweig angesehen werden kann. Die landschaftlichen Schönheiten auf den Kanälen des „Schwarzen Landes", wie das Hochmoor gern genannt wird, lässt sich am besten mit dem Boot entdecken. An diversen Stationen warten *Chalands*, Lastenkähne mit und ohne Eigenantrieb, oder *Blins*, flache Kähne, die mit einer Stange durchs Wasser gestakt werden, auf Besucher, die dann zwischen weißen Seerosen, gelben Iris und durch unendlich viele verschiedene Grüntöne der übrigen Pflanzenwelt gleiten dürfen.

Bei den **ruhigen Kahnfahrten**, aber auch bei **ausgedehnten Wanderungen oder Radtouren** verschiedener Längen auf gut markierten Wegen lassen sich zahlreiche Vogelarten sowie die übrige und sehr spezifische Fauna und Flora beobachten. Zudem werden **Kutschfahrten** oder Kombinationen von allem angeboten und es können Fahrräder sowie Kanus zum eigenständigen Erkunden des Gebietes gemietet werden. Einzigartig wie die Landschaft, ist bis heute der rechtliche Status der Brière, der aus dem 15. Jahrhundert stammt und besagt, dass das Gebiet unteilbares Eigentum aller 21 Gemeinden samt deren Bewohner ist und von diesen gemeinsam verwaltet wird. Eine tolle Übersicht mit allen Freizeitmöglichkeiten, von der Kahnfahrt, über teilweise auch geführte Wandervorschläge bis hin zu Rad- sowie MTB-Runden, bietet die Internetseite *www.parc-naturel-briere.com.*

Von unserem Wiesenstellplatz in **Saint-André-des-Eaux** sind wir zu einer **Kahnfahrt** gestartet, konnten unsere bootserfahrenen Hunde mitnehmen und blicken auch im Nachhinein auf ein ganz besonderes Naturerlebnis zurück.

Im Weiler **Kerhinet** darf der Besuch des ganzjährig geöffneten und freizugänglichen **Museumsdorfs** nicht fehlen. Fürs leibliche Wohl sorgt die **Auberge de Kerhinet** mit Spezialitäten wie beispielsweise frische Aale oder Froschschenkel aus der Brière *(Di - Sa 12 - 22 Uhr, So 12 - 18 Uhr, Telefon 0240913236, www.aubergedekerhinet.com).* Achtzehn Chaumières wurden vom Naturpark erworben und im Stil der früheren Dörfer in Kerhinet aufgebaut und restauriert. Zwischen den Scheunen

und Stallgebäuden, die zum Teil besichtigt werden können, befindet sich das Infozentrum **Maison du Parc** *(Führungen auch in deutscher Sprache, im Sommer Do Markt mit lokalen Produkten)*. Viele der Wander-und Radtouren durch die Brière starten hier und es gibt ausführliche Wegbeschreibungen und Kartenmaterial.

Im weiteren Verlauf unserer Runde erreichen wir auf der D47 nun **Saint-Lyphard**. Im dortigen **Office de Tourisme** erhalten wir jede Menge Informationen über die nahe Umgebung wie auch über die in nur kurzer Zeit zu erreichenden Salzgärten von Guérande und die Badeorte im nördlichen Verlauf der Atlantikküste *(April - Okt. Mo - Sa 10 - 12.30/14 - 18 Uhr, So/Feiertage 10 - 13 Uhr, Juli/August. Mo - Sa 9.30 - 13/14.30 - 18.30 Uhr, So/Feiertage 10 - 13 Uhr, November - März Di - Sa 10 - 12.30/14 - 17 Uhr, Place de l'Église, Telefon 0240243444, www.saint-lyphard.com)*. Nahe dem Office de Tourisme können nach der dortigen Anmeldung rund 130 Stufen bis zur Aussichtsplattform des rosafarbenen Kirchturms erklommen werden, um aus luftiger Höhe einen Blick über die Umgebung bis nach Guérande zu riskieren.

In **Saint-Joachim**, dem größten Ort des Sumpflandes, steuern wir die zur Gemeinde gehörende **Île de Fedrun** an, die ihre traditionell runde Anlage erhalten hat. Bei einem Spaziergang entlang der Dorfstraße kommen wir an etlichen reetgedeckten, meist weiß gekalkten Katen vorbei. Dahinter schließen sich Obst- und Gemüsegärten an, die an den ringförmig umfließenden Kanal stoßen. Über diesen wird die Fracht transportiert und Ziegen sowie Schafe aus den Ställen auf die trockenen Weideflächen im Torfmoor „verschifft". In der **Maison de la Mariée** (Haus der Braut) sind typische Brautgeschenke und Brautschmuck der Region aus den Jahren um 1900 ausgestellt. Zum Schmuck gehören beispielsweise Wachsblumen, die in Saint-Joachim bis in die 1980er-Jahre hergestellt wurden, und Hochzeits-Glasglocken. Diese dienten zur Aufbewahrung des Brautkranzes und im Laufe der Jahre kamen andere Erinnerungsstücke dazu *(Führungen müssen über den Regionalpark gebucht werden)*.

Auch wenn auf der Île de Fedrun immer mehr der reetgedeckten *Chaumières* restauriert werden, denken wir, dass in den kleinen Orten am

westlichen Rand des Sumpflandes nach unserem Empfinden viel mehr dieser wunderschönen traditionellen Reetdachhäuser in blühenden Gärten zu finden sind. Die ursprünglich bescheidenen Häuser wurden aus Stein, Holz, Erde und Stroh gebaut. Ihre Strohdeckung ist mit Sumpfpflanzen durchmischt und etwa 35 Zentimeter dick. Seit der Zunahme von Zweitwohnsitzen wandeln sich die einfachen Katen zu luxuriösen Residenzen, die allerdings nicht minder reizvoll wirken.

Vom Stellplatz in **Rozé** ist das Vogelreservat Pierre-Constant leicht zu Fuß zu erreichen. Im Sommer werden hier Führungen angeboten und je nach Jahres- oder Tageszeit können von der Aussichtsterrasse und mehreren Beobachtungsstationen Enten, Reiher, Bachstelzen und Sumpfammern beobachtet werden.

Grand Brière im Zeitraffer

Vom Parkplatz am Port de la Pierre Fendue gehen wir ein Stück zurück und folgen dem nächsten Radweg rechts auf einer asphaltierten Straße. In der Verlängerung sowie einem großen Rechtsbogen wechseln wir auf einen Wiesenpfad, der nach rechts biegt, und über eine Weide mit friedlichen Pferden und Kühen wandern wir zwischen Hecken und dem Sumpfland zur Linken bis zurück zum Parkplatz. In knapp einer Stunde haben wir die Brière *en miniature* von einer ihrer schönsten Seiten erleben dürfen.

Vom nördlichen Rand der Brière steuern wir über die N165 **La Roche-Bernard**. Hier sind wir nicht nur in einer **Petit Cité de Caractère**, sondern auch wieder im **Département Morbihan** und damit in der „offiziellen" Bretagne angekommen.

(340) WOMO-Campingplatz: La Roche-Bernard – Camping du Pâtis***

GPS/Kontakt: N 47°31'09.8" W 02°18'19.9", 3 Chemin du Pâtis, Telefon 0299906013, www.laroche-bernard.com.
Öffnungszeit: Mitte März - Mitte Oktober.
Ausstattung: Waschmaschine und Wäschetrockner, WiFi, Boule-Platz.
Beschreibung: Der kleine Platz bietet durch Hecken geteilte Parzellen, die teilweise unter Bäumen liegen und **18 separate WOMO-Stellplätze**, die jedoch bei Vollbelegung sehr eng bemessen sind. Wir bevorzugen den Aufenthalt auf dem nicht wesentlich teureren Campingplatz, der etwa 300 m entfernt vom Ortszentrum und direkt an der Vilaine liegt. Eventuell kann es zu einer Geräuschbelästigung durch die D765 kommen.
Preise: €€ - €€€.
Zufahrt: Im Ort den Hinweisen Centre Ville/Port de Plaisance und den Hinweisen zum Campingplatz folgen. Hinter dem Friedhof streifen wir einen Parkplatz, der sich für den Tagesbesuch eignet (N 47°31'03.4" W 02°17'52.9", Rue de Nantes) und biegen vor der Kirche rechts ab. An der nächsten Kreuzung links Richtung Pénestin und dann den Hinweisen zum Campingplatz folgen. Hört sich komplizierter an als es ist. Die Streckenführung ist jedoch angeraten, da die Innenstadtstraßen teilweise sehr eng sind.

La Roche-Bernard

Auf einem steilen Felssporn über der Vilaine stehen noch heute Kanonen, die die Flussmündung zum Atlantik bewachten. Auf diesem Felsvorsprung errichteten die Wikinger einen ersten befestigten Wohnturm und in den späteren Jahren erblühten Hafen und Stadt dank ihrer Lage an exponierter Stelle. Der Handel mit Salz und Wein, aber auch die Kontrolle der Flussschifffahrt sowie der Schiffsbau waren sehr lukrativ.

Dort, wo wir heute auf dem Campingplatz die Füße entspannt hochlegen, entstand im Auftrag von Kardinal Richelieu im 17. Jahrhundert auf einer Werft das erste Dreideckschiff, das ein Jahrhundert über die Weltmeere segelte. In den steil abfallenden Gässchen über dem heutigen Jachthafen schmiegen sich kleine Häuser neben schönen Stadtvillen an die Felsen und zeugen genau wie die einstigen Salzspeicher vom vergangenen Wohlstand. Der ließ nämlich nach dem Bau der ersten Flussbrücke nach und noch heute rauscht so mancher auf der hohen Brücke über die Vilaine an der netten kleinen Stadt vorbei.

Ein Spaziergang durch die schnuckelige Altstadt führt durch das Gewirr alter Gassen mit verschwiegenen Treppen zu herrlichen Aussichtspunkten und in den Häusern des 16./17. Jahrhunderts haben sich einige Künstler und Kunsthandwerker niedergelassen, deren Ateliers einen Besuch lohnen. Über die Promenade du Ruicard kommen wir zum **Musée de la Vilaine Maritime**, das in einer kleinen, aber feinen Ausstellung der maritimen Geschichte der Stadt nachspürt. Auch wenn es nur englisch- und keine deutschsprachigen Erklärungen gibt, ist der Besuch im ehemaligen Château des Basse-Fosses ein kurzweiliges und erfreuliches Erlebnis *(Mitte Juni - Mitte September 10.30 - 12.30/14.30 - 18.30 Uhr, Eintritt)*.

An der zentralen Place du Bouffay kann man einfach nur einen Kaffee oder in der **L'Auberge des Deux Magots** ein schmackhaftes Menü zu sich nehmen *(Mittagsmenüs Di - So, Telefon 0299906075, www.aubergedesdeuxmagots.fr)*. Ganz anders gestaltetet sich die Einkehr in einem alten Lagerhaus aus dem 16./17. Jahrhundert am Ende des Hafens. Im trendigen **Kantine-Bar-Cabaret-Mix Le Sarah B.** ist echt was los und die Burger oder Salate können sich sehen als auch schmecken lassen. Unbedingt eine Sünde wert ist der Café Gourmand, der am besten noch auf der Terrasse genossen wird *(Mittags- und Abendmenüs, 9 Quai Saint-Antoine, Telefon 0299909460 www.lesarahb.fr,)*.

Ein recht beliebter Zeitvertreib ist eine **Bootsfahrt** auf der Vilaine, die zum Beispiel zum bereits beschriebenen Staudamm von Arzel führt. Die Buchung erfolgt im Hafen bei Vedettes Jaunes (www.vedettesjaunes.com) oder im **Office de Tourisme** *(Mitte Januar - Juni/September - Dezember Mo - Sa 9.30 - 12/14 - 17.30 Uhr, Feiertage 10 - 12.30 Uhr, Juli/August Mo - Sa 9.30 - 13/14 - 18.30 Uhr, So 9.30 - 13/14 - 18 Uhr 14 Rue du Docteur Cornudet, Telefon 0297411132, www.damgan-larochebernard-tourisme.com)*. Hier kann man beispielsweise eine Rundfahrt mit dem **Petit Train** buchen und dann auf sieben Kilometer Länge La Roche-Bernard „erfahren“ *(Anfang April - Mitte September, Gebühr)*.

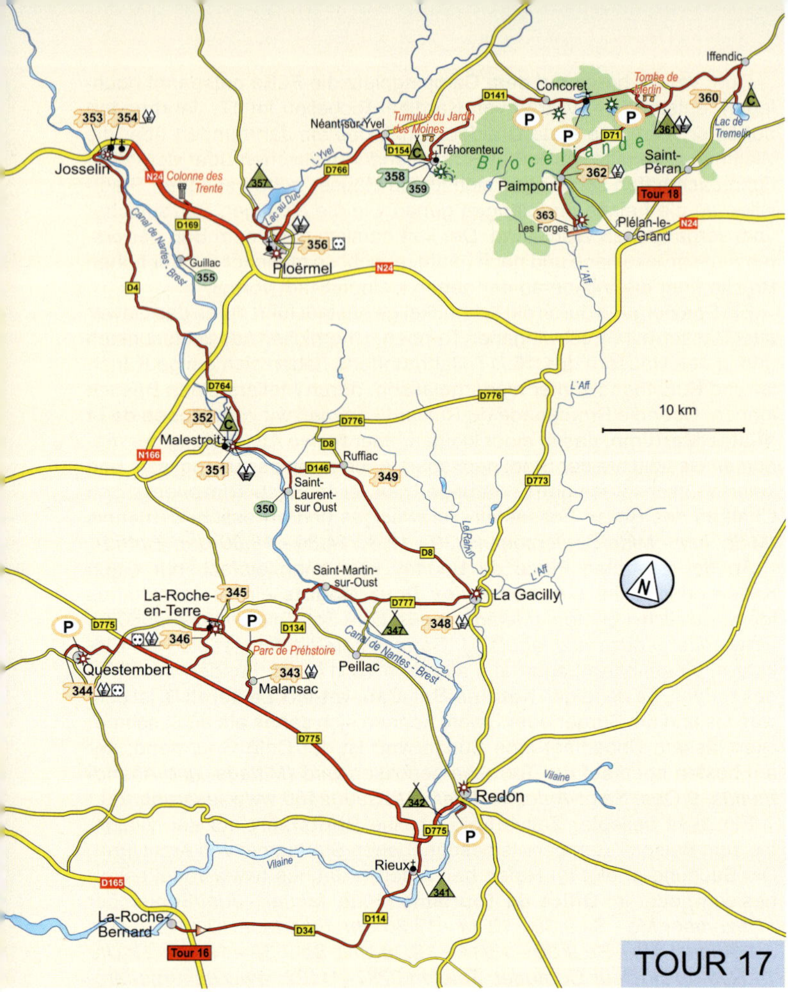

Tour 17 260 km

Redon – Rochefort-en-Terre – La Gacilly – Malestroit Josselin – Ploërmel – Paimpont

Stellplätze: Malansac, Questembert, Rochefort-en-Terre, La Gacilly, Ruffiac, Saint-Laurent-sur-Oust, Malestroit, Josselin, Guillac, Ploërmel, Tréhorenteuc, Iffendic, Paimpont.

Campingplätze: Rieux Camping Municipal, Redon Camping Municipal, Saint-Martin-sur-Oust Camping Municipal, Peillac Camping du Pont d'Oust, Tupont Camping au Lac, Saint-Malon-sur-Mel Camping Municipal.

Besichtigen: Redon Église Saint-Sauveur; Rochefort-en-Terre Altstadt, Naïa-Museum, Notre-Dame-de-la Tronchaye, Parc de Préhistoire; La Gacilly Maison Yves Rocher, Jardin Botanique; Malestroit Altstadt; Josselin Altstadt, Château Josselin, Musée des Poupées, Église Notre-Dame-du-Roncier; Ploërmel Église Saint-Armel, Horloge

Astronomique; Tréhorenteuc Église Sainte Onenne; Concoret Tumulus du Jardin des Moines, Le Chêne de Guillotin, Château de Comper; Iffendic Excalibur Paimpont Tombe de Merlin, Fontaine de Jouvence, Les Forges.

Wandern/ Radfahren: Saint-Laurent-sur-Oust, Guillac, Ploërmel, Tréhorenteuc, Saint-Malon-sur-Mel, Paimpont.

Baden: Tupont.

Essen: Rochefort-en-Terre Hotel-Restaurant Pelican, Restaurant L'Ancolie; Malestroit Crêperie La Grange à Louise; Josselin Restaurant La Table d'O.

Märkte: Rieux Mi, Redon Mo/Mi/Fr, Malansac Di/Sa, Questembert Mo, La Gacilly Sa, Malestroit Do, Josselin Sa, Ploërmel Fr.

Die letzte Tour haben wir in einer hübschen Kleinstadt beendet und auf den folgenden Kilometern gen Norden werden wir einige weitere ansehnliche sowie gemütliche Ortschaften besuchen. Zudem werden wir auf den Spuren von König Arthur und Merlin wandeln, deren Legende im Zauberwald von Brocéliande ihren Anfang nahm.

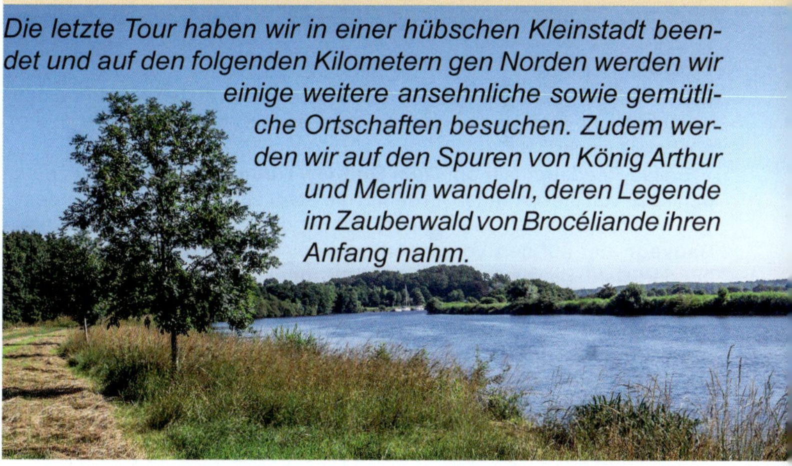

Die bretonische Küste in all ihrer Vielfältigkeit haben wir nun endgültig verlassen und wenden uns dem am Schnittpunkt der Vilaine und des Nantes-Brest-Kanals gelegenen Stadt Redon zu. Wir befinden uns im **Dreiländereck der Départements Loire-Atlantique, Morbihan und Ille-et-Vilaine** und die Vilaine sowie die Oust bilden streckenweise die Grenzen (Foto oben).

Inmitten von weiten Wiesen, die von Entwässerungskanälen durchzogen sind, und an der breit mäandernden Vilaine stoppen wir in **Rieux** mit der auffallenden, neoromanischen **Église Sainte-Melaine**, die erst in den 1950er-Jahren auf den Fundamenten einer alten Priorei aus dem 16. Jahrhundert errichtet wurde, und einem schön gelegenen, gut geführten Campingplatz.

(341) WOMO-Campingplatz:
Rieux – Camping Municipal**

GPS/Kontakt: N 47°35'52.7" W 02°06'00.0", Rue de Château, Telefon 0299919785, www.campingderieux.com.

Öffnungszeit: April - Oktober.
Ausstattung: Waschmaschine, Wäschetrockner, Grillmöglichkeit.
Beschreibung: Ansprechende terrassenförmige, teils schattige Anlage oberhalb des Hafens mit Anschluss an den Fluss-Radweg. Das Ortszentrum mit Crêperie, Épicerie und Bäckerei ist etwa 500 m entfernt. Gegenüber befindet sich ein Kinderspielplatz und in der Nähe liegt ein Freizeitzentrum mit Kajak-, Paddel- und Fahrradverleih.
Preise: €€. **Zufahrt:** Im Ort den Hinweisen zum Campingplatz folgen.

In **Redon** haben wir für den Tagesbesuch Platz auf einem Parkstreifen an der Vilaine gefunden (N 47°38'39.6" W 02°05'22.0", Quai Jean Bart) und für den längeren Aufenthalt empfiehlt sich der abgelegene, einfache **Camping Municipal**** am Zusammenfluss von Vilaine und L'Oust in einem Industriegebiet [**342 :** N 47°38'02.4" W 02°05'54.7", Rue de la Goule d'eau, Telefon 0299724792, www.tourisme-pays-redon.com, geöffnet Mitte Juni - Mitte September, Preis €€].

Redon

Durch seinen Flusshafen hatte Redon bereits im 18. Jahrhundert eine wirtschaftliche Bedeutung, die nach dem Bau des Nantes-Brest-Kanals nochmals wuchs.

Einige Reederhäuser am **Quai Duduay-Trouin** am Vilaine-Ufer zeugen noch von diesen Tagen, in denen die Stadt als Vorhafen von Rennes galt. Aus dem 11./12. Jahrhundert stammt der Turm der **Église Saint-Sauveur**, der auf den Vorgängerbauten einer Abtei aus dem 9. Jahrhundert steht. Bis zu einem Brand im 18. Jahrhundert war das Gebäude eine gut besuchte Wallfahrtsstätte, von der heute nur noch Reste und der alleinstehende Turm erhalten sind. An der Südseite des neuen Kirchenschiffs liegt das heutige Kollegiumsgebäude mit einem Kreuzgang. Uns gefiel die maritime Atmosphäre um den Hafen recht gut und wer sich über die **Kanal- und Flussschifffahrten** informieren möchte, ist im **Office de Tourisme** genau richtig *(Oktober - März Mo/Mi/Fr 9.30 - 12.30/ 14 - 18 Uhr, Sa 9.30 - 12.30 Uhr, April - Juni/September Mo - Fr 9.30 - 12.30/ 14 - 18 Uhr, Sa 10 - 12.30/14 - 17 Uhr, Juli/August. Mo - Sa 9.30 - 13/14 - 18.30 Uhr, So/Feiertage 10 - 12.30/15 - 17.30 Uhr, Place de la République, Telefon 0299710604, www.tourisme-pays-redon.com).*

Im Gegensatz zu unseren Fahrten an der Küste, legen wir jetzt im Inland längere Strecken zurück. In **Malansac** bietet sich die Möglichkeit, die Fahrerei zu unterbrechen und einen ruhigen Stellplatz anzufahren.

(343) Offizieller WOMO-Stellplatz: Malansac Aire de Camping-Car

GPS: N 47°40'41.2" W 02°17'58.6", Rue Saint-Fiacre. **Max. WOMOs:** 5.
Öffnungszeit: Ganzjährig.
Ausstattung: V/E, Tische und Bänke, Bouleplatz.
Beschreibung: Der einfache, asphaltierte, beinahe schattenlose Platz liegt im Ort und verspricht Ruhe. Etwa 400 m entfernt befindet sich an der Kirche eine Bäckerei. **Zufahrt:** Im Ort dem WOMO-Piktogramm folgen.

Wer Wert auf den Anblick der ältesten **Markthalle** der Bretagne und einer der ältesten Frankreichs legt, steuert **Questembert** an. Das Markttreiben findet immer am Montagvormittag unter der interessanten Holzkonstruktion zwischen Häusern aus dem 15./16. Jahrhundert statt.

Der Parkplatz Centre Ville (N 47°39'45.0" W 02°27'13.1", Place de la Tour Belmond) bietet sich für den Kurzaufenthalt an und wer am Ortseingang den Hinweisen zum **Municipal Étang de Célac** folgt, wird mit einem richtig schön gelegenen **offiziellen WOMO-Stellplatz** der Betreibergesellschaft AirePark im Grünen und an einem kleinen See belohnt [**344:** N 47°39'44.6" W 02°28'07.5", D1C A coté de l'étang de Célac, V/E, Strom, ganzjährig geöffnet, Preis €€].

Mit **Rochefort-en-Terre** erwartet uns **ein reizendes, kleines Städtchen mit Charakter**, dessen Besuch sich immer wieder lohnt und das in der **Weihnachts- und Adventszeit** besonders schön illuminiert wird.

(345) Offizieller WOMO-Stellplatz: Rochefort-en-Terre – Parking Camping Car

GPS: N 47°41'59.0" W 02°20'00.9", Rue du Souvenir. **Max. WOMOs:** 30.

Öffnungszeit: Ganzjährig.
Ausstattung: Müllbehälter.
Beschreibung: Der einfache, teils schattige Parkplatz verteilt sich auf drei Ebenen und ist asphaltiert, geschottert oder liegt auf einem schrägen Wiesenareal, das bei Nässe nicht genutzt werden sollte. Der Ort mit Geschäften, Bäckerei und Restaurants befindet sich in unmittelbarer Nähe.
Preise: €.
Zufahrt: **1.** Aus südlicher Richtung kommend kurz hinter der Zufahrt zum nachstehend beschriebenen Stellplatz abbiegen und dem WOMO-Piktogramm etwa 5 km großräumig um den Ort herum bis zum Parkplatz folgen, da die Ortsdurchfahrt für Wohnmobile nicht geeignet und zum Teil auch gesperrt ist. **2.** Von der D21 aus Malansac kommend ca. 400 m hinter dem westlichen Ortseingang zum Parkplatz abbiegen.
Hinweis: Maximaler Aufenthalt 72 Stunden.

Ein weiterer zur Betreibergesellschaft AirePark gehörender **offizieller WOMO-Stellplatz** befindet sich etwa 800 Meter südwestlich des Orts [**346:** N 47°41'45.0" W 02°20'50.9", 2 Chemin de Bogeais, V/E, Strom, ganzjährig geöffnet, Preis €€€]. In dessen Nähe verspricht der Freizeitpark **Moulin Neuf Aventure** am Etang du Moulin Neuf mit einer Vielzahl von Wassersport-, Natur- und anderen Erlebnisaktivitäten sowie einem Escape Game eine Menge Unterhaltungsprogramm für die ganze Familie *(April - Juni 13.30 - 18.30 Uhr, Juli/August 13.30 - 19.30 Uhr, September/Oktober 13.30 - 17.30 Uhr, Eintritt, www.moulin-neuf-aventure.bzh).*

Rochefort-en-Terre

In dem von den Römern über tiefen Tälern gegründeten Ort ließ die Familie Rochefort im 12. Jahrhundert eine erste Befestigungsanlage errichten. Die **Burg** hielt etlichen kriegerischen Auseinandersetzungen stand, bis sie schließlich gegen Ende des 18. Jahrhunderts zerstört wurde. Anfang des 20. Jahrhunderts war es der amerikanische Maler Alfred Klots, der

Place du Puits

sich in den Ort verguckte und mit der Restaurierung der Ruine begann.

Heute beherbergen die alten Mauern das **Naïa-Museum**, in welchem Werke des amerikanischen Gönners, aber auch solche von international bekannten, modernen Künstlern zu sehen sind *(Hauptsaison 10.30 - 18.30 Uhr, Nebensaison 11 - 18 Uhr, zwischenzeitliche Schließungen möglich, Eintritt, www.naiamuseum.com)*. Klots überzeugte zudem die Einwohner davon, ihre alten, dunklen Granithäuser mit Blumen zu schmücken und rief damit 1911 die Auszeichnung „Village Fleuri" ins Leben – das bretonische Dorfidyll Rochefort-en-Terre ist damit das erste **Blumendorf** Frankreichs und seit 2016 zudem **eines der schönsten Dörfer** der Grande Nation.

An der zentralen **Place des Halles** fanden seit dem 17. Jahrhundert Märkte sowie Messen statt und heute residiert im linken Flügel der Hallen das **Office de Tourisme** *(Februar/März/Oktober - Dezember Mo - Sa 14 - 17.30 Uhr, April -Juni/September Mo - So 10 - 13/14 - 17.30 Uhr, Juli/August. Mo - So 10 - 13/14 - 18.30 Uhr, Telefon 0297265600, www.rochefortenterre-tourisme.bzh)*. Besonders charmant präsentiert sich im weiteren Verlauf der Straße die angrenzende **Place de Puits** mit ihren Schiefer- und Granithäusern aus dem 16./17. Jahrhundert und einem blumengeschmückten Brunnen. Etwas entfernt ragt die **Wallfahrtskirche Notre-Dame-de-la-Tronchaye** mit einem viereckigen Turm aus dem 12. Jahrhundert empor, die in ihrem Inneren eine Marienstatue aufbewahrt. Auf dem Kirchvorplatz sehen wir den aus dem 16. Jahrhundert stammenden Calvaire. Wir lassen uns weiter durch die Gassen mit kleinen Kunsthandwerkerläden treiben, schlürfen hier einen Espresso, schlecken dort ein Eis und stellen fest, dass die beste Zeit für einen Bummel durch den Ort der zeitige Morgen oder späte Nachmittag ist, wenn sich die meisten Tagesbesucher bereits wieder verabschiedet oder noch gar nicht eingefunden haben. Crêperien sowie Cafés gibt es zuhauf und wer es etwas gediegener mag, den verweisen wir auf das **Hotel-Restaurant Pelican** an der Place des Halles (Telefon 0297434848) oder das **Restaurant L'Ancolie** gleich am Beginn der Rue Saint-Michel (Telefon 0297433309).

Etwa zwei Kilometer östlich Richtung Malansac begibt man sich auf eine prähistorische Zeitreise mit Dinosaurier- und Menschennachbildungen in Lebensgröße (N 47°42'03.6" W 02°18'34.3"). Der Spaziergang durch den **Parc de Préhistoire** beginnt vor 500.000 Jahren und endet um 2.000 vor Christus bei den Megalithikern *(April - Juni 11 - 19 Uhr, Juli/August 10 - 19.30 Uhr, September Di - So 13 - 19 Uhr, Oktober Sa/So 13 - 18 Uhr, letzter Einlass jeweils zwei Stunden vor Schließzeit, Eintritt. www.prehistoire.com)*.

Auf unserem weiteren Weg bieten sich in **Saint-Martin-sur-Oust** der recht einfache **Camping Municipal** (Mai - September, www.broceliande-vacances.com) oder der **Camping du Pont d'Oust**** mit kleinem Außenpool in **Peillac** als Startpunkte für eine geruhsame Radtour am Fluss an [**347:** N 47°43'36.7" W 02°12'48.3", Le Pont d'Oust, Telefon 0299913933 oder 0665206521, geöffnet April - September, Preis €€].

In **La Gacilly** kann man sich anschließend in die Geheimnisse der Kosmetikherstellung einweihen lassen und obwohl der Firmengründer bereits 2009 verstorben ist, pilgern viele der Stadtbesucher auf der Suche nach dem kosmetischen Jungborn zuerst zur **Maison Yves Rocher** mit Museum, Restaurant und Boutique *(die Öffnungszeiten variieren und sind auf der Internetseite www.maisonyvesrocher.fr ersichtlich, Eintritt)*.

Der hübsche kleine Ort zieht aber auch alljährlich im Sommer die Besucher des **Fotografie-Festivals** an und wird dann zum Freiluft-Atelier, das ohne Eintritt auskommt. In der **Weihnachts- und Adventszeit** ist es auch hier die feierliche Illumination, die auf so viele Menschen anziehend wirkt. Über alle weiteren Freizeitaktivitäten berät das **Office de Tourisme** nahe der Brücke über den Aff *(Juni - September Mo - So 10.30 - 18 Uhr, Mitte April - Mai/Allerheiligenferien/Winterferien Di - Sa 9.30 - 12.30/14 - 18 Uhr, Telefon 0299092175, www.broceliande-vacances.com)*.

Fehlt nur noch ein **offizieller WOMO-Stellplatz**, den wir im Ort und ebenfalls nahe dem Fluss finden [**348:** N 47°45'33.9" W 02°07'50.9", Rue de l'Aff. V/E, Müllbehälter].

In **Ruffiac** gilt es, einen sehr einfachen **offiziellen WOMO-Stellplatz** zu erwähnen [**349:** N 47°49'05.6" W 02°17'02.9", Rue Biard] und wenig später einen kleinen Parkplatz am L'Oust anzufahren. Der Fluss, der südwestlich von

Bummel durch La Gacilly

Der Canal de Nantes à Brest bei Saint-Laurent-sur-Oust

Saint-Brieuc entspringt und zwischen Rohan bis Redon kanalisiert als Teil des **Canal de Nantes à Brest** schiffbar ist, wird hier vorwiegend von Sport- und Hausbooten genutzt. Der rund 360 Kilometer lange Kanal fließt durch eine Reihe charmanter Orte, von denen wir als nächstes die kleinen charaktervollen Orte Malestroit sowie Josselin besuchen werden, und vorbei an jahrhundertealten Abteien wie beispielsweise Bon-Repos, der wir bereits in Tour 5 unsere Aufwartung gemacht haben. Parallel der historischen Wasserstraße verläuft der **Fahrradweg**, der größtenteils mit dem **Eurovelo 1** identisch und fast ohne Steigungen ist. Naturnah fährt man im Schatten alter Eichen von Schleuse zu Schleuse, entdeckt kleine Kapellen, gut erhaltene Herrenhäuser und erkundet malerische Dörfer. Wanderer kommen selbstverständlich auch auf ihre Kosten und wer nicht nur am Wasser entlanggehen möchte, der findet hier den Einstieg in die etwa **13 Kilometer lange Wanderung** auf dem **Sentier du Houssa**, der jedoch auch für Radfahrer gut zu fahren ist.

(350) WOMO-Parkplatz: Saint-Laurent-sur-Oust – Kanal Nantes-Brest

GPS: N 47°47'36.5" W 02°19'34.4", Rue du Clos des Chalands.
Max. WOMOs: 2.
Ausstattung: Infotafel Tische und Bänke, Müllbehälter.
Beschreibung: Der einfache, asphaltierte, schattenlose Parkplatz liegt etwa 500 m außerhalb des Ortes mit einer Gaststätte direkt am Kanal. Hier ist der ideale Ausgangspunkt für Rad- und Wandertouren.
Zufahrt: Von der D146 nach Saint-Laurent-sur-Oust abbiegen und ca. 1,6 km in den Ort fahren. An der Kirche rechts dem Hinweis zum Kanal ca. 500 m auf schmaler Straße folgen.
Hinweis: Nur für Wohnmobile bis maximal 7,50 Länge.

Mit dem Fahrrad, zu Fuß und auch mit dem Wohnmobil ist nach rund fünf Kilometern die **Petite Cité de Caractère Malestroit** erreicht. Kurz hinter dem östlichen Ortseingang befindet sich eine **V/E-Station** und ein Parkplatz, der nur tagsüber zu nutzen ist

(N 47°48'32.8" W 02°22'35.3", Rue de Narvik). Vor dem ausgeschilderten **Camping Municipal**** befindet sich auf einem Schotterplatz ein **offizieller WOMO-Stellplatz** [**351:** N 47°48'30.4" W 02°22'44.4", Rue des Tanneurs, maximaler Aufenthalt 48 Stunden. Foto links]. Weitaus schöner ist ein weiterer **offizieller WOMO-Stellplatz** an der Schleuse, der wiederum am Canal de Nantes à Brest liegt und von dem das Ortszentrum im Nu zu erreichen ist [**352:** N 47°48'47.7" W 02°23'01.1", L'Écluse].

Ende August/Anfang September wird es auf den ohnehin vollen Stellplätzen noch voller, denn dann zieht es besonders die französischen Vertreter der Wohnmobil-Szene zum **Pardon des Camping-Carists** nach Malestroit (www.pardondescampingcaristes.fr).

Malestroit

In einer weiten Flussschleife des Oust entstand der Ort im Schutz eines bereits bestehenden Burghügels im 11. Jahrhundert auf einer kleinen Insel inmitten zweier Flussarme. Durch die Errichtung wuchtiger Stadtmauern im 15. Jahrhundert, die teilweise heute noch zu erkennen sind, wurde Malestroit zu einer der neun befestigten Reichslehen der Bretagne. Die im 16. Jahrhundert angelegten Schleusen sorgten für eine Verbindung nach Redon und ermöglichten die weitere Entwicklung der Stadt.

Die alten Fachwerk- und Granithäuser um die **Place du Bouffay** zeugen von diesen glorreichen Zeiten und zeigen wundervolle Schnitzereien sowie behauenen Stein. Wer genau hinschaut, entdeckt einen im Holz verewigten Hasen, der den *Biniou* (bretonischer Dudelsack) spielt oder einen Pelikan, aber auch hölzerne Gesichter schauen den Stadtbesuchern hinterher. Über allem wacht die **Église Saint-Gilles**, die vom 12. Jahrhundert bis 16. Jahrhundert entstand, und die am Südportal einige Skulpturen vorzuweisen hat. Diese sollen im Sommer gegen 15 Uhr einen Schattenriss zeigen, der dem Profil Voltaires ähnelt. Wir haben es uns jedoch längst ohne den Schriftsteller im Gärtchen der **Crêperie La Grange à Louise** bequem gemacht *(ab 11 Uhr geöffnet, Mo geschlossen, Telefon 0297722174, 4 Rue aux Anglais)*.

Place du Bouffay und Église Saint-Gilles

Mit einem großen Schritt geht es in die nächste **Petite Cité de Caractère** und damit nach **Josselin**. In früheren Jahren haben wir meist auf der nördlich der Altstadt gelegenen Place Saint Martin geparkt, die am besten durch eine großzügige Ortsumfahrung erreicht wird. Seit längerem gibt es einen weiteren **offiziellen WOMO-Stellplatz** auf einer Wiese am Kanal und ebenfalls unweit der Altstadt gelegen **[353:** N 47°57'11.6" W 02°33'18.0", Chemin Glatinier].

(354) Offizieller WOMO-Stellplatz: Josselin – Place Saint-Martin

GPS: N 47°57'21.7" W 02°32'59.9", Place Saint-Martin. **Max. WOMOs:** 20.
Öffnungszeit: Ganzjährig.
Ausstattung: V/E, Tische und Bänke, Infotafel, Müllbehälter.
Beschreibung: Der einfach, geschotterte, teils schattige Parkplatz befindet sich im Ort und etwa 400 m vom Zentrum der Altstadt entfernt.
Zufahrt: Am Kreisel vor der Stadt der Lkw-Strecke nach Josselin, später immer dem Hinweis Vers N24 folgen. Kurz vor Erreichen der N24 rechts auf der D724 Richtung Ploërmel und dem Hinweis zum Parkplatz und den WOMO-Piktogrammen folgen.
Hinweis: Die Zufahrt durch den Ort ist zwar kürzer, für größere WOMOs unter Umständen aber sehr eng! Samstags von 9 bis 14 Uhr ist der Parkplatz aufgrund dem stattfindenden Markt für Wohnmobile gesperrt!

Josselin

Trutzig, fast abweisend liegt der Blickfang von Josselin über dem Nantes-Brest-Kanal. Die Rede ist von der mächtigen Wehrseite von **Château Josselin**, dessen drei hohen Türme sich dennoch fotogen im Fluss Oust spiegeln und noch nichts von der reich dekorierten Fassade des Wohntraktes ahnen lassen.

Die Geschichte des Schlosses derer von Rohan ist eng mit der Geschichte der Stadt verbunden. Mit dem Bau der Burg Anfang des 11. Jahrhunderts ging die Stadtgründung einher und nachdem der englische König Heinrich II. Plantagenet den Befestigungsbau zerstörte, wurde dieser Ende des 12. Jahrhunderts wieder auf- und später ausgebaut. Gleichzeitig erhielt Josselin stärkere Festungsmauern, doch die Stürme der Zeit hinterließen weiterhin ihre zerstörerischen Spuren und erst zu

Château Josselin

Beginn des 16. Jahrhunderts erhielt das Schloss seine dem Fluss abgewandte, prunkvolle Fassade mit zarten Ornamenten und hübschen Vorbauten. Von der ehemaligen nördlichen Befestigung steht nur noch der einstige Gefängnisturm, von dem man die ganze Pracht bewundern kann

Da die Familie Rohan noch heute hier wohnt, ist nur ein Teil des Erdgeschosses und des Gartens zur Besichtigung freigegeben. Im ehemaligen Stallgebäude des Schlosses ist das **Musée des Poupées** untergebracht, in dem hunderte wertvoller Puppen aus den letzten Jahrhunderten auf kleine sowie große Besucher warten. Spannung und Kombinationsvermögen verlangt den Besuchern dann das Escape Game ab *(Schloss und Puppenmuseum: Ende März/Anfang April - Juni/September 14 - 18 Uhr, Juli - August 10 - 18 Uhr, Oktober Sa/So 14 - 18Uhr, Eintritt. www.chateaudejosselin.com).*

Der Spaziergang durch die zwischen dem 15. und 18. Jahrhundert durch Leinenwebereien, Gerbereien und Jahrmärkten zu Wohlstand gekommene Stadt gestaltet sich sehr reizvoll. Die vielen alten Fachwerkhäuser sind mit sehenswerten Holzskulpturen verziert und wer das anheimelnde Gassengewirr der Altstadt von oben betrachten möchte, der besteigt den Turm der **Église Notre-Dame-du-Roncier.** Der Bau der Basilika ist dem Fund einer Marienstatue um das 9. Jahrhundert zu verdanken, die in den Wirren der französischen Revolution verloren ging. Ein kleines Stück wurde dennoch gerettet, wird in einem Reliquienschrein aufbewahrt und noch heute verehrt.

Wer vom Kopfsteinpflastertreten genug hat, der schaut im **Office de Tourisme** vorbei und lässt sich kostenlose Karten für lohnende **Wanderungen oder Radtouren** aushändigen *(April - September Mo - Sa 10 - 12.30/14 - 18 Uhr, Juli/August 10 - 18 Uhr, Oktober Fr - Mi 14 - 17 Uhr, 1 Rue Georges Le Berd, Telefon 0297223643, www.broceliande-vacances.com).*

Wir spazieren einfach ein Stückchen am Kanal westwärts bis zum Schleusenwärterhäuschen. Über die Schleusentore gelangen wir zur kleinen Île de Beaufort und genießen die Abgeschiedenheit, ehe wir zurück in die Stadt gehen und in zweiter Reihe oberhalb des Kanals das **Restaurant La Table d'O** aufsuchen Die Aussicht ist perfekt und die Speisen sowie der freundliche Service ebenso (*Mittags- und Abendmenüs Mo/So geschlossen, 9 Rue Glatinier, Telefon 0297706139, www.latabledo.eatbu.com).* Wem eher der Sinn nach feinen Galettes oder Crêpes steht, dem sei die **Crêperie de la Marine** in der ersten Reihe am Kanal empfohlen *(Mittags- und Abendmenüs Di - So, Juli/August auch Mo, 8 Rue de Canal, Telefon 02972221298).*

Auf kürzestem Weg fahren wir Richtung Ploërmel, aber nur, um etwa fünf Kilometer später den Hinweis auf einen weiteren, kleinen Parkplatz am **Canal de Nantes à Brest** zu geben.

(355) WOMO-Parkplatz: Guillac – Écluse de Guillac

GPS: N 47°54'19.9" W 02°28'19.2", L´Écluse de Guillac.
Max. WOMOs: 2 - 3.
Ausstattung: Tische und Bänke, Müllbehälter
Beschreibung: Der einfache Parkplatz ist befestigt und bietet kaum Schatten. In seiner Nähe befindet sich ein Spielplatz und der Treidel-

pfad am Kanal lädt zu Rad- und Wandertouren ein. Im etwa 1 km entfernten, hübschen Ort finden sich eine Crêperie und eine Bäckerei.
Zufahrt: Von der N24 in den Ort fahren und dort den Hinweisen zur Écluse de Guillac folgen.
Hinweis: Nur für bis Wohnmobile bis 7,50 Meter Länge.

Bevor wir die Fahrt fortsetzen, schauen wir noch flott an der ausgeschilderten **Colonne des Trente** vorbei.

Die Schlacht der Dreißig

Die *Colonne des Trente*, einen 13 Meter hoher Granitobelisken, ließ Ludwig XVIII. zu eigenem Ruhm 1819 errichten.

Gleichzeitig wird an dieser Stelle auch an die „Schlacht der Dreißig" erinnert, die während des bretonischen Erbfolgekrieges hier tobte. Um das stetige Gemetzel endgültig zu beenden, kamen die Gegner 1351 überein, jeweils 30 Recken in einen letzten Kampf zu schicken. Um es kurz zu machen: Der Kampf war mitnichten der letzte, der Erbfolgekrieg dauerte noch weitere 15 blutige Jahre, bis schlussendlich der französische König gewann. Trotzdem ranken sich Legenden um diese Begebenheit und in einer soll der aus zahlreichen Wunden blutende bretonische Kempe Beaumanoir um ein Getränk gebeten haben, worauf der Kampfgefährte geantwortet haben soll: Sauf dein Blut Beaumanoir, und dein Durst wird vergehen."

Auf der N24 haben wir anschließend **Ploërmel** schnell erreicht und können folgende Aufenthaltsmöglichkeiten nennen.

(356) Offizieller WOMO-Stellplatz: Ploërmel – Aire de Camping-Car

GPS: N 47°55'59.4" W 02°23'44.4", Boulevard Laennec. **Max. WOMOs:** 4.
Öffnungszeit: Ganzjährig. **Ausstattung:** Strom, Müllbehälter.
Beschreibung: Der einfache, asphaltierte, schattenlose Parkplatz liegt im Ort unweit diverser Restaurants und Geschäfte. Eine **V/E** und eine weitere Möglichkeit zum Parken findet sich bei (N 47°56'01.5" W 02°24'24.4", Place de l'ancienne Gare).
Zufahrt: Im Ort dem WOMO-Piktogramm folgen.

(357) WOMO-Campingplatztipp: Tupont – Camping au Lac**

GPS/Kontakt: N 47°56'56.3" W 02°25'17.0", Lieu-dit Les belles rives, Telefon 0297740122, www.camping-lac-au-duc.fr.
Öffnungszeit: April - Mitte Oktober. **Ausstattung:** Waschmaschine,

Lac au Duc

Trockner, WiFi, Bar, Brotverkauf im Juli/August.
Beschreibung: Der einfache, unter Bäumen liegende Campingplatz befindet sich direkt am See neben der Base Nautique. Von hier lässt sich prima zu am Rad- und Wandertouren aufbrechen.
Preise: €€. **Zufahrt:** Im Ort den Hinweisen zum Campingplatz folgen.

Ploërmel

Nördlich der Stadt liegt der **Lac au Duc**, der im 12. Jahrhundert von Mönchen angelegt wurde. 250 Hektar Wasserfläche auf rund fünf Kilometer Länge mit naturbelassenen Ufern und Feuchtgebieten sind ein Rückzugsort für allerlei Pflanzen und Getier.

Angler dürfen ihre Ruten auswerfen und **Wassersportler** können sich auf eine Menge Abwechslung freuen. Spielwiese und Badestrand fehlen ebenso wenig und **Radler** sowie **Wanderer** finden ein großes Betätigungsfeld und können auf einer **15 Kilometer langen Route** den See umrunden. Am südöstlichen Rand des Sees sei ein Golfplatz genannt und angrenzend verläuft der **Circuit des Hortensias**. Anfang Juli bis Ende September bieten 5.500 Hortensien in 550 verschiedenen Varianten einen atemberaubenden Rahmen für den drei Kilometer langen Spazierweg und es werden zweimal pro Woche Führungen durch die herrlichen rosa, blauen, roten und weißen Blütenkugeln der bretonischen Nationalblume angeboten. Auskunft erteilt das **Office de Tourisme** in Ploërmel *(April - September Di - Sa 10 - 12.30/14 - 18 Uhr, Juli/August 10 - 13/14 - 18 Uhr, Oktober Mo - Fr 10 - 12.30, Do geschlossen, 5 Rue du Val, Telefon 0297223643, www.broceliande-vacances.com)*. Hier ist auch Informationsmaterial für die Brocéliande erhältlich, die wir anschließend besuchen werden.

Die Stadt wurde im 6. Jahrhundert durch den Mönch Armel, einem der Gründungsheiligen der Bretagne, gegründet und später zur Residenz der Herzöge der Bretagne ausgebaut. Nach einem Brand im 17. Jahrhundert ist nicht mehr viel von der alten Bausubstanz vorhanden, doch die **Maison des Marmousets** aus dem 16. Jahrhundert zeigt noch immer eine geschnitzte Holzfassade und auch die gegenüberstehende **Maison des Ducs de Bretagne** stammt aus derselben Zeit. Beide Häuser sind in der Rue Beaumanoir zu finden und stehen nördlich der **Église Saint-Armel** aus dem 15./16. Jahrhundert. Sehenswert ist das skulpturengeschmückte Nordportal und die restaurierten Kirchenfenster, von denen eines die Wurzel Jesse zeigt und aus der Mitte des 16. Jahrhundert stammt. Nicht weit entfernt befindet sich das **Musée La Mennais**, das dem Begründer der Bruderschaft von Ploërmel gewidmet ist und zusätzlich eine naturwissenschaftliche Abteilung besitzt *(April - Juni/ September Sa/So 10 - 12/14.30 - 17.30 Uhr Di - Fr nachmittags, Juli/ August. Mo Mittag - Sa 9.30 - 12 /14.30 - 18 Uhr, Oktober - März Sa/So*

Place Saint-Armel und Église Saint-Armel

14.30 - 17.30 Uhr, Eintritt). Im frei zugänglichen Innenhof des Gebäudekomplexes schützt ein Glaskasten ein Gewirr aus Gewichten, Schrauben und Zahnrädern, das zur **Horloge Astronomique** gehört. Der Naturwissenschaftler und Mathematiker Bruder Bernardin schuf 1850 bis 1855 diese astronomische Uhr mit zehn Ziffernblättern, die Ortszeit, Tag und Monat, Jahr und Jahrhundert, Sonnenauf- und -untergang, Tierkreiszeichen, den Stand der Planeten in Bezug auf die Stadt sowie die Weltzeiten zeigen *(9.30 - 18 Uhr, April - Oktober bis 20 Uhr, mehrsprachiges, auch deutschsprachiges Präsentationsvideo)*.

Wir verlassen die Stadt in nordöstliche Richtung und befinden uns nun auf dem Weg in eine der geheimnisvollsten und sagenumwobensten Gegenden der Bretagne

Bisher sind wir immer einmal wieder durch Baumansammlungen und kleinere Wälder gefahren, doch wer genau hinschaut, wird feststellen, dass sich das Bild langsam, aber stetig verändert. Die Waldflächen scheinen sich miteinander zu verbinden, werden größer und wir nähern uns dem größten zusammenhängenden Waldgebiet der Bretagne.

Brocéliande und die Legende von König Arthur

Der **Forêt de Paimpont**, der Wald von Paimpont, der nicht nur in den Legenden als **Brocéliande** bezeichnet wird, erstreckt sich über eine Fläche von etwa 7.000 Hektar und bedeckte vor seiner Rodung beinahe die ganze Bretagne. Das Wort *Brocéliande* stammt wohl aus dem Bretonischen und kommt von den Worten *brec'h* (Hügel) oder *bro* (Land, Heimat). Frei übersetzt befinden wir uns geografisch betrachtet im hügeligen Moorland oder, die spirituelle Seite betrachtend, im Land der anderen Welt.

In diesem Zauberwald, zwischen Heide und Weihern, wo noch heute der Farn mannshoch wächst und die Sonnenstrahlen zwischen dem dichten Blätterdach der Eichen kaum hindurchscheinen und doch rätselhafte Schattenrisse zeichnen, genau dort nimmt die Legende von König Arthur ihren Lauf.

Arthur, Sohn von König Uther, bestieg mithilfe des Zauberers Merlin den Thron von Britannien ... tja, da fängt schon das Rätselraten an, denn wir sind ja, wie unschwer zu bemerken ist, nicht in Britannien, sondern in der Bretagne unterwegs. Einigen wir uns einfach darauf, dass sich im Laufe der Jahrhunderte viele Dichter sowie Geschichtenschreiber der

Lac de Trémelin - Schwert Excalibur

Artus- oder Arthursage angenommen haben. Es wurde hier ein wenig dazu genommen, dort ein wenig weggelassen oder verändert, es kamen Personen hinzu, andere verschwanden, und wir wollen uns tatsächlich im „Klein, Klein" der großen Sagen- und Legendenwelt üben? Einigen wir uns doch einfach darauf, dass (Groß)Britannien und die Bretagne keltische Wurzeln haben, beide im Zweifelsfall mit „B" beginnen und wir König Arthur dazu nicht mehr befragen können. Die Legende ist einfach zu schön und es ist schlussendlich egal, wo wir uns real gerade befinden ...

...also: **Arthur** bestieg mithilfe des Zauberers Merlin einen Thron und streckte mit dem Zauberschwert **Excalibur** Eindringlinge nieder, brachte seinem Land viele Jahre des Friedens und war glücklich mit **Guinevra** verheiratet. **Merlin**, nicht alternder Sohn des Teufels und einer liebreizenden Jungfrau, ist mit **Viviane** verbandelt, die ihrerseits Fee und die Herrin vom See ist. Der See ist übrigens jener, aus dem Arthur Excalibur zog. Nachdem Merlin den kreisrunden Tisch an Arthurs Hof gebracht hat, versammelt dieser auf Merlins Geheiß elf Ritter plus sich selbst an der **Tafelrunde**. Einzeln, aber auch gemeinsam bestehen sie eine Menge Abenteuer, retten Jungfrauen, töten Drachen und kämpfen schlicht um ihre eigene Ehre und Tugend. Ach ja, fast hätten wir es vergessen, den **Gral** suchen sie auch noch. Der wird später von **Galahad** gefunden, der seines Zeichens als letzter und 13. Ritter die Tafelrunde komplettiert und damit eine Reihe wirklich unschöner Ereignisse auslöst. **Ritter Lancelot** kann sich nicht zwischen der Treue zu seinem Herrn und der Liebe zu dessen Frau entscheiden und verschwindet lieber. Der König begibt sich auf einen Feldzug, auf dem einige der Ritter ihr Leben verlieren und zu Hause nimmt ihm sein Neffe **Mordred** den Thron und zudem auch noch die Frau weg. Dumm gelaufen, möchte man meinen, doch es kommt noch schlimmer, da der schnellstens heimkehrende Arthur nicht nur seine letzte Schlacht, sondern auch noch fast sein Leben verliert. Schwer verletzt bringt Merlin ihn zu seiner Halbschwester **Morgan** nach Avalon. Nun wäre es zu einfach, wenn Arthur jetzt nur gesunden würde und fortan unter Apfelbäumen wartet, bis seine Zeit erneut reif ist. Stattdessen lehrt uns die Sage, dass Morgan natürlich eine Fee ist, die vom Liebhaber betrogen, alle untreuen Ritter mit einem Bann belegt und diese ins **Tal ohne Wiederkehr** abschiebt. Irgendwann erscheint der mächtig verknallte Lancelot, der ein Ziehsohn Vivianes ist, wieder auf dem Plan, und da er immer nur an Guinevra dachte, gelingt es ihm, die mehr oder weniger edlen, aber untreuen Ritter aus dem Tal zu befreien.

Soweit die Erzählung aus dem Reich der Sagen und Legenden und nun ab in die Realität und hinein in den Wald von Paimpont.

In **Néant-sur-Yvel** grüßt uns König Artus höchstpersönlich vom **La Table Ronde des Nouveaux Chevaliers de Brocéliande**, bevor wir vorbei am schönen **Camping Brocéliande** (April - Ende Oktober/Anfang November, www.campingdebroceliande.fr) nach **Tréhorenteuc** gelangen. Hier empfängt uns ein einfacher, kleiner **offizieller WOMO-Stellplatz** empfängt [**358:** N 48°00'32.3" W 02°17'17.7", Rue de Brocéliande, ganzjährig geöffnet].

(359) WOMO-Parkplatz:
Tréhorenteuc – Parking Forêt de Broceliande

GPS: N 48°00'21.2" W 02°17'11.2", Rue Neuve **Max. WOMOs:** 5.
Ausstattung: Tische und Bänke, Müllbehälter.
Beschreibung: Der einfache, geschotterte, leicht schattige Parkplatz liegt am Ortsrand und ist Ausgangspunkt für Rad- und Wandertouren. Im etwa 400 m entfernten Ortsmittelpunkt befinden sich Cafés und Restaurants.
Zufahrt: Im Ort den Hinweisen Richtung Ploërmel auf der D141 folgen. Sobald die letzten Häuser passiert sind, liegt der erste Parkplatz auf der linken Straßenseite. Ein weiterer Parkplatz befindet sich ca. 200 m weiter.

Tréhorenteuc und das Tal ohne Wiederkehr

Mittelschwere Wanderung von etwa vier Kilometer Länge mit schönen Ausblicken und einer nicht unerheblichen Kletterpartie, Trittsicherheit erforderlich. Die Wanderung kann auf zwei Kilometer verkürzt werden. Bei Nässe nicht zu empfehlen!

Vom zweiten Parkplatz folgen wir dem Fußweg rund 500 Meter in den Wald. Nach knapp 100 Meter führt ein Weg links zum **Arbre d'Or**, dem Goldenen Baum, der nichts Mystisches an sich hat, sondern an einen aus Unachtsamkeit verursachten Brand im Jahr 1990 erinnert (Foto unten). Damals brannte es auch im Tal ohne Wiederkehr und die fast verkohlte, mit Goldpapier umwickelte Kastanie symbolisiert die Verletzlichkeit, Kostbarkeit und Wiedergeburt der Natur. Fünf weitere verkohlte Eichen stehen für die Verwüstung durch den Brand und den Mut der Feuerwehrmänner.

Wir sind aber auch am **Miroir des Fées**, dem Feenspiegel-See, in dessen Wasserspiegel die tagsüber im Farn verborgenen Feen des Nachts ihr Antlitz bewundern. Wer am Goldenen Baum die steile Felswand emporsteigen möchte, wird schon jetzt mit einem prächtigen Ausblick belohnt und erreicht nach etwa 300 Metern den **Siège de Merlin** und über einen Pfad gegenüber der Felsformation einen weiteren Weg, der links hinab ins Dorf führt.

Wir folgen jedoch dem Weg entlang des Waldsees weiter, befinden uns mal rechts, mal links eines Bächleins und gehen leicht bergauf immer weiter hinein ins **Val sans Retour**. Über Dämme und Holzstege gelangen wir an einen weiteren See, an dessen Ende wir uns links halten und bald sehr steil nach oben klettern müssen. Der Weg wird schmaler, wir kraxeln über Steinstufen, „kämpfen" uns durch Stechginster und betreten bald ein Plateau hoch über dem Tal ohne Wiederkehr.

Von hier haben wir eine grandiose Aussicht, durchqueren zwei felsige, abschüssige Bereiche und haben auch auf diesem Weg bald den **Siège de Merlin** vor uns. Gegenüber den gezackten Felsen folgen wir dem Pfad bis zu einem breiteren Querweg, der uns bergab und ziemlich unspektakulär zum ersten Parkplatz bringt.

Von hier ist es nicht weit bis ins Dorf und der **Église Sainte Onenne**. In der kleinen Dorfkirche gibt es eine Verquickung aus keltischem Mythos und christlichem Glauben zu entdecken, die vermutlich nirgends sonst so hinreichend bebildert wiedergegeben wird. Dem kunstbeflissenen Abbé Henri Gillard ist es zu verdanken, dass das aus dem 17. Jahrhundert stammende kleine Kirchlein unter der Beteiligung von zwei deutschen Kriegsgefangenen in den Jahren zwischen 1942 und 1963 zur sogenannten **Kapelle des Graals** wurde und damit bis heute internationale Beachtung findet. Die Kirchenfenster erzählen vom Heiligen Gral und der Tafelrunde, auf Mosaiken entdecken wir das Val sans Retour und ein weißer Hirsch symbolisiert eine Erscheinung, die Lancelot an der Quelle von Barenton hatte.

Direkt nebenan befindet sich das **Office de Tourisme**, in dem unter anderem eine kleine Broschüre mit den wichtigsten Erklärungen zum Zauberwald und zur Artus-Sage sowie mit Wandervorschlägen in deutscher Sprache erhältlich ist *(April - September 10 - 12.30/14 - 18 Uhr, Juli/August 10 - 18 Uhr, Place Abbé Gillard, Telefon 0297930512, www.broceliande-vacances.com)*.

Außer auf diversen Wanderungen und Radtouren auf gut markierten Wegen, kann man den Zauberwald auch mit dem Wohnmobil auf dem **Circuit de Brocéliande** kennenlernen und alle interessanten Ziele direkt ansteuern. Wir werden diese Touristenroute immer mal wieder kreuzen, aber dennoch unsere eigene kleine Runde drehen, die uns auf der D141 Richtung Mauron zunächst am **Tumulus du Jardin des Moines** vorbeiführt. Klar, im Brocéliande handelt es sich natürlich nicht nur um ein altes Hügelgrab, sondern hier sollen es gleichsam Mönche sein, die wegen ihres üblen Verhaltens versteinert wurden.

Die Landstraße verschwenkt nach Concoret und etwa vier Kilometer später lockt eine Eiche mit einem riesigen hohlen Stamm Besucher an. **Le Chêne de Guillotin** bot einem Abt namens Guillotin auf seiner Flucht während der Französischen Revolution Unterschlupf. Als man ihn fast schon gefunden hatte, verschloss ein intaktes Spinnennetz den Eingang und der Kirchenmann war in Sicherheit (N 48°03'26.6" W 02°13'34.3").

In **Concoret** erreichen wir das **Château de Comper** (N 48°04'13.7" W 02°10'24.6"). Das Schloss soll bereits

Le Chêne de Guillotin

im 9. Jahrhundert von König Salomon bewohnt gewesen sein und erlebte in den kommenden Jahrhunderten ein ganz normales Burgenschicksal mit Befestigung, Zerstörung und Wiederaufbau. Interessant wird es durch eine weitere Brocéliande-Legende, in der es heißt, dass die Fee Viviane hier zu Hause war. Zu jener Zeit lag das Schloss aber noch auf dem Grund des Weihers und Merlin schaute von Zeit zu Zeit bei seiner Geliebten vorbei. Grund genug, um in der „Jetztzeit" ein Zentrum der Artussage aufzubauen. Das **Centre de l'Imaginaire** zeigt eine Ausstellung zum Thema Merlin, Artus und Co und veranstaltet Führungen durch den Sagenwald *(März - Juni/September/Oktober Mi - So 10 - 17.30 Uhr, Juli/August. 10 - 19 Uhr, Eintritt. Hunde im Schlosspark an der Leine gestattet, kleine Hunde auf dem Arm auch in den Innenräumen, www.centre-arthurien-broceliande.com)*.

Bisher befanden wir uns einmal mehr im Grenzgebiet der Départements Morbihan und Ille-et-Vilaine, doch nun überschreiten wir die grüne Grenze endgültig und werden uns bis zum Ende unserer Reise im Département mit der Ordnungsnummer 35 aufhalten. Kurz nachdem wir den Wald verlassen, zweigt rechts die mit dem **Circuit de Brocéliande** markierte Straße ab und nach knapp zwei Kilometern parken wir rechts auf dem ziemlich unvermittelt auftauchenden Parkplatz (N 48°04'39.2" W 02°07'08.0").

Tombe de Merlin

Wir überqueren die Straße und vertrauen uns dem Eichenblatt-Piktogramm an, um auf verschlungenem Pfad im Umkreis von 300 Metern erst auf Merlins Grab, **Tombe de Merlin**, und dann auf eine kleine, etwas halbherzig eingefasste Quelle zu stoßen, die als **Jungbrunnen**, als **Fontaine de Jouvence**, durchgehen soll. Um das, was wir etwas respektlos beschreiben, zu verstehen, muss man seine Fantasie schon sehr bemühen, um andachtsvoll an diesen heiligen Stätten zu verweilen. Das ursprünglich zwölf Meter lange Steingrab aus dem Neolithikum wurde im 19. Jahrhundert geplündert sowie zerstört und Merlin hat es nun sehr viel schwerer, auf den verbliebenen zwei aufgerichteten Steinplatten ein Plätzchen zu finden und die Wünsche der Menschen zu erhören. Um ganz sicher zu gehen, dass Merlin die Wünsche auch vernimmt, hat der eine oder die andere verschriftliche Wunschzettel hinterlassen und manchmal sind auch Blumengaben zu finden. Der Jungbrunnen hat nun gar nichts mit Merlin und den Seinen zu tun und geht vielmehr auf einen Treffpunkt der Druiden zur Sommersonnenwende zurück. Damals wurden bei dieser Zusammenkunft die Neugeborenen des Jahres gezählt und die, die nicht anwesend waren, wurden im folgenden Jahr erfasst und somit „verjüngt“. Mystisch und geheimnisvoller wirken die aufgeschichteten Steinmännchen sowie die aus Steinen gelegten geometrischen Figuren am Wegesrand, die an keltische Symbole erinnern.

Ein richtiges Arthur-Erlebnis erwartet uns hingegen bei einem Abstecher zum **Lac de Trémelin** in **Iffendic**. Neben zahlreichen Freizeitaktivitäten zu Wasser und auf dem Land, sind ein **Campingplatz** sowie ein **offizieller WOMO-Stellplatz** vorhanden [**360**: N 48°06'08.3" W 02°01'59.0", Wasser/Strom, nur während der Saison geöffnet, €€]. Wir sind jedoch wegen **Excalibur** an den See gekommen und versuchen nun mit vereinten Kräften und dennoch vergeblich, das magische Schwert aus dem Felsen zu ziehen.

Zurück an Merlins imaginären Grab möchten wir noch schnell den realen, inmitten des Waldes an einem See mit **Angelmöglichkeit** sowie **Rad-** und **Wanderwegeanschluss** gelegenen, einfachen **Camping Municipal Marette**** von **Saint-Malon-sur-Mel** erwähnen [**361:** N 48°04'49.4" W 02°06'39.4", Telefon 0299075722, www.saintmalonsurmel.fr, frei zugängliche V/E, geöffnet Mitte Juni - Mitte September, Preis €€].

Ein letztes Mal fahren wir in den Zauberwald und mit **Paimpont** nicht nur in seinen zentralen Ort, sondern mitten hinein in das Herz der Brocéliande. Zum einen kann auf dem **Camping Municipal** genächtigt werden (April - September, camping-paimpont-broceliande.com) und zum anderen kann zwischen zwei Parkplätzen gewählt werden.

(362) Offizieller WOMO-Stellplatz: Paimpont – Aire de Camping-Car

GPS: N 48°01'21.8" W 02°10'15.3", Rue de lÉnchanteur Merlin.
Max. WOMOs: 20. **Öffnungszeit:** Ganzjährig.
Ausstattung: V/E, Müllbehälter.
Beschreibung: Der einfache Parkplatz ist meist schattenlos und liegt auf Schotter und Rasen direkt neben dem Stadion am Salle Polyvalente am Ortsrand. Er kann auch als Tagesparkplatz zum Besuchs des Ortes genutzt werden.
Preise: €. **Zufahrt:** Im Ort dem WOMO-Piktogramm folgen.

(363w) WOMO-Parkplatz: Paimpont – Les Forges

GPS: N 47°59'36.0" W 02°08'32.9", An der D773. **Max. WOMOs:** 3-5
Öffnungszeit: Ganzjährig.
Beschreibung: Der einfache, geschotterte Privatparkplatz liegt außerorts, nahe der Straße. In Zusammenhang mit dem Besuch des Hüttenwerks und auf Nachfrage (!) darf der Parkplatz gegen Gebühr auch zum Übernachten genutzt werden. **Preise:** €€€.
Zufahrt: Im Ort den Hinweisen Les Forges und zum Parkplatz folgen.

Paimpont

Der ruhige Ort ist der perfekte Startpunkt für ausgedehnte **Wander- und Radtouren** durch die Brocéliande. Umfangreiches Informationsmaterial ist im **Office de Tourisme** neben der Abtei erhältlich *(Mai - 3. Juli 9.30 - 12.30/ 14 - 18 Uhr, 4. Juli - August 9.30 - 12.30/13.30 - 19 Uhr, Place du Roi Saint-Judicael, Telefon 0299078423, www.tourisme-broceliande.bzh)*.

Die an einem See gelegene und im 7. Jahrhundert durch König Judicael gegründete Abtei wurde im 13. Jahrhundert vom heutigen Bau abgelöst und bis zur Revolution von Benediktinern betrieben. Heute dienen die Räumlichkeiten als Verwaltungsgebäude und in der restaurierten Kirche sind Fresken aus dem 13. Jahrhundert erhalten.

Südöstlich des Ortes liegt das als **Les Forges** bezeichnete alte Hüttenwerk. Hier wurde das in der Gegend geförderte Eisenerz im 19. Jahrhundert bearbeitet und an die Werften nach Brest, Nantes und Lorient geliefert. Der dörfliche Charakter mit Häusern aus dem 18. Jahrhundert, Herrensitzen am Ufer eines Sees und einer Kapelle aus dem 16. Jahrhundert blieb erhalten und können besichtigt werden *(Öffnungszeiten laut www.forgesdepaimpont.fr, Eintritt)*.

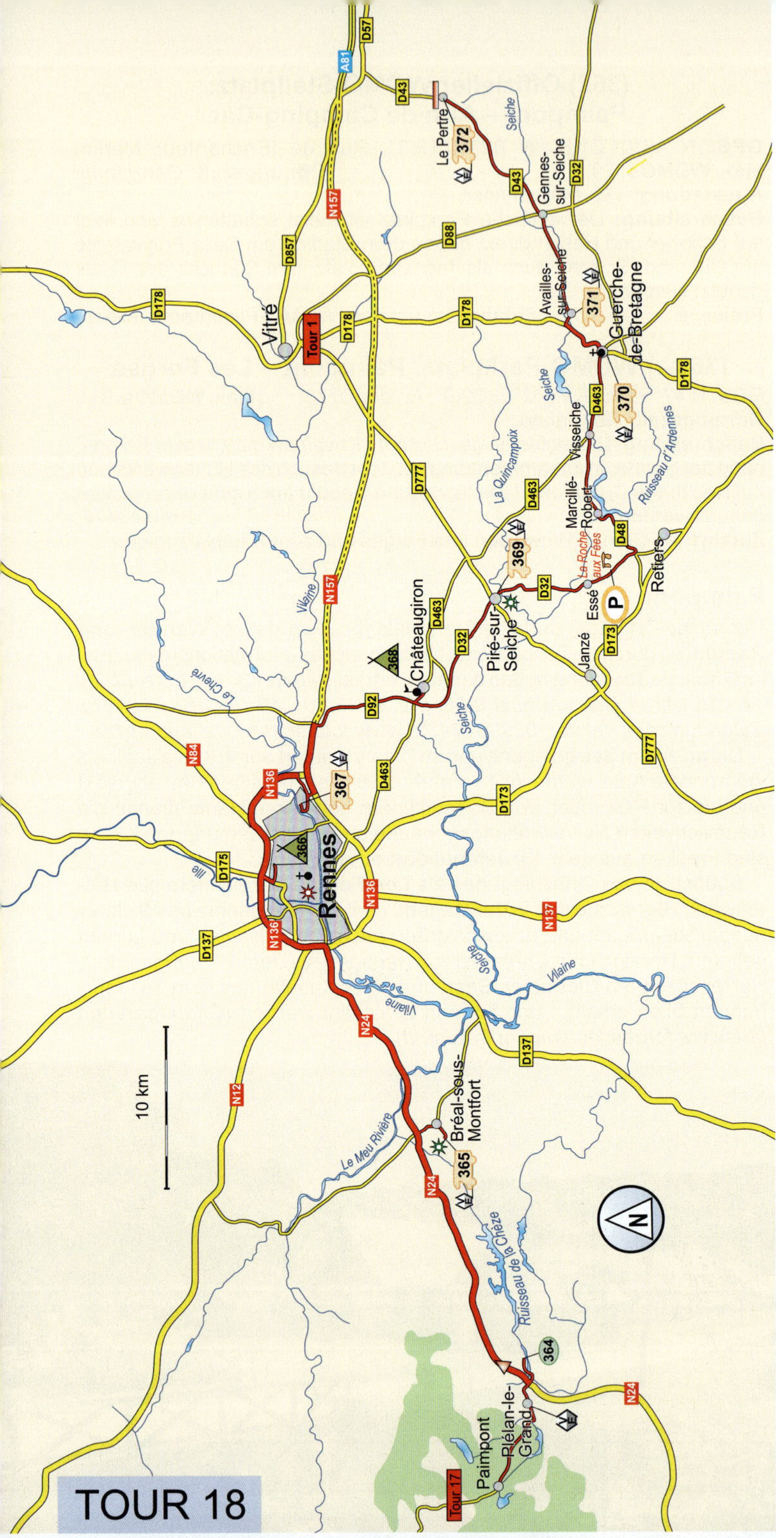

Rennes
Vitré
Tour 1
Tour 17
Le Pertre
Gennes-sur-Seiche
Availles-sur-Seiche
Guerche-de-Bretagne
Visseiche
Marcillé-Robert
La Roche aux Fées
Retiers
Essé
Janzé
Piré-sur-Seiche
Châteaugiron
Bréal-sous-Montfort
Paimpont
Plélan-le-Grand
372
371
370
369
368
367
366
365
364
A81
D57
D43
D32
D88
D857
D178
N157
D777
D463
D48
D173
D92
N136
N84
D175
D137
N137
N24
N12
Seiche
Vilaine
La Quincampoix
Ruisseau d'Ardennes
Le Chevré
Ille
Le Meu Rivière
Ruisseau de la Chèze
10 km
N

TOUR 18

Tour 18 145 km

Trégu – Rennes – Piré-sur-Seiche
La Guerche-de-Bretagne – Le Pertre

Stellplätze: Trégu, Bréal-sous-Montfort, Rennes, Piré-sur-Seiche, La Guerche-de-Bretagne, Availles-sur-Seiche, Le Pertre.

Campingplätze: Rennes Camping des Gayeulles, Châteaugiron Camping Municipal Les Grands Bosquets.

Besichtigen: Bréal-sous-Montfort Jardins de Brocéliande; Rennes Stadtbild, Cathédrale Saint-Pierre, Musée des Beaux-Arts, Musée de Bretagne; Essé La Roche-aux-Fées; Piré-sur-Seiche Château des Pères; La Guerche-de-Bretagne Basilique Notre-Dame.

Essen: Rennes Restaurant Le Saint-Sauveur, Piré-sur-Seiche Restaurant Le Temps qu'il faut, La Guerche-de-Bretagne Restaurant Les Marchands.

Märkte: Plélan-Le-Grand So; Rennes verschiedene Märkte, jedoch ist der Wochenmarkt Sa Vormittag auf der Place des Lices besonders sehens- und erlebenswert; Châteaugiron Do; La Guerche-de-Bretagne Di.

Bald wird sich der Kreis unserer Reise durch die Bretagne schließen und wir sind wieder in der östlichsten Region zwischen Ille und Vilaine angekommen. Diesmal werden wir der Hauptstadt der Bretagne einen Besuch abstatten, um uns danach langsam von dieser wundervoll abwechslungsreichen und besonderen Region in Frankreich zu verabschieden.

Von Paimpont steuern wir Plélan-Le-Grand an. Obwohl rund um den Ort nicht mehr viel Wald zu sehen ist, gilt er als größte Gemeinde der Brocéliande. Außer einer romanischen Kapelle aus dem 12./13. Kapelle ist besonders der kleine See etwas außerhalb für uns von Interesse.

(364) WOMO-Parkplatz: Trégu – Etang de Trégu

GPS: N 48°00'15.1" W 02°04'09.1", An der D 238. **Max. WOMOs:** 2.
Ausstattung: Tische und Bänke, **V/E** in Plénan-Le-Grand am Super U, Müllbehälter.

Beschreibung: Der einfache, geschotterte, schattenlose Parkplatz befindet sich außerorts und kann Ausgangspunkt für Wander- und Radtouren sein. Gegebenenfalls ist mit Geräuschen von der Nationalstraße zu rechnen.
Zufahrt: In Plénan-Le-Grand von der D224 Richtung Rennes/Lorient und nach dem Überqueren der N24 nach Trégu abbiegen. Der Parkplatz liegt an einem kleinen See östlich des Ortes.

Nicht weit von der N24 befinden sich auch die **Jardins de Brocéliande**, die für uns den Abschluss der Tour durch das mystische und verzauberte Waldgebiet darstellen. Auf 24 Hektar grünt und blüht es in verschiedenen Themengärten und gleichzeitig werden alle Sinne beim Barfußgehen oder bei wechselnden Ausstellungen oder verschiedenen kulturellen Programmen angesprochen. Eine Mischung aus Gartenanlage und Freizeitpark, die die ganze Familie anspricht. Zusätzlich wird ein WOMO-Stellplatz am Rand von Feldern geboten, sodass sich die Anfahrt in doppelter Hinsicht lohnen könnte *(April - Oktober Di - Sa 13.30 - 18 Uhr, So/Feiertage 13.30 - 19 Uhr, Juli/August 11 - 19 Uhr, Eintritt. Hunde an der Leine gestattet. www.jardinsdebroceliande.fr).*

(365) Offizieller WOMO-Stellplatz: Bréal-sous-Montfort – Jardins de Brocéliande

GPS: N 48°03'11.5" W1° 53'27.4", Les Mesnils. **Max. WOMOs:** 10.

Öffnungszeit: Ganzjährig.
Ausstattung: V/E, Tische und Bänke, Müllbehälter.
Beschreibung: Der einfache, befestigte Parkplatz befindet sich außerhalb des Ortes am Rande der Großparkplätze. Tagsüber herrscht viel Unruhe, doch nachts ist es ruhig.
Zufahrt: Von der N24 nach Bréal-Sous-Montfort abfahren und den Hinweisen zu den Jardins De Brocéliande folgen.

Von hier ist es nun wirklich nur noch ein kurzes Stück bis zu den ersten Vororten von **Rennes**.

Um die Park- und Stellplatzsituation ist es für Wohnmobile in der Stadt schlecht bestellt. Selbst an einem Sonntagvormittag hatten wir ein Problem, unser Fahrzeug gut unterzubringen. Seitdem bevorzugen wir den Campingplatz im Norden von Rennes, der ruhig in einem großen bewaldeten Park liegt und von dem wir durch eine gute Busanbindung entspannt und zügig in die Altstadt gebracht werden. Der offizielle WOMO-Stellplatz im Südosten der Stadt verfügt zwar auch über eine Busverbindung, sagt uns persönlich jedoch nicht zu.

Wenn wir dann an der zentralen Place de la République aus dem Bus steigen, sind wir mitten im Geschehen und wer mag, sucht das von hier etwa 600 Meter nördlich gelegene **Office de Tourisme** auf, um sich mit den aktuellsten Informationen oder einer deutschsprachigen Broschüre beziehungsweise einem Stadtplan zu versorgen *(September - Juni Mo 14 - 18 Uhr, Di - Sa 10 - 18 Uhr, Juli/August Mo - Sa 9 - 19 Uhr, So/Feiertage 10 - 13/14 - 17 Uhr, 1 Rue Saint-Malo, Telefon 0891673535, www.tourisme-rennes.com).*

(366) WOMO-Campingplatz: Rennes – Camping des Gayeulles***

GPS/Kontakt: N 48°08'07.3" W 01°38'42.7", Rue du Professeur Maurice Audin, 0299369122, www.camping-rennes.com.
Öffnungszeit: Ganzjährig.
Ausstattung: V/E, kleiner Shop, Waschmaschine, Wäschetrockner, Verleih von Elektrogrillgeräten, Spielplatz, WiFi, während der Sommermonate sind Brotbestellungen und die Einnahme von Frühstück möglich.
Beschreibung: Der ordentliche Campingplatz mit separaten WOMO-Stellplätzen liegt am Stadtrand. Die einzelnen Plätze sind geschottert, parzelliert und meist schattenlos. Eine Bushaltestelle ist ca. 600 m entfernt (Linie C3 fährt alle 15 - 20 Minuten zur Place de la République) und in der Nähe befinden sich Schwimmbad, Eishalle, Hochseilgarten und Wander- als auch Radwege.
Preise: Campingplatz €€ - €€€,
9 separate WOMO-Stellplätze für 1 Nacht (17 - 11 Uhr) ohne Strom- und Wasseranschluss, aber mit Zugang zu den Sanitäranlagen €€.
Zufahrt: Die Rocade Nord/N136 der Ausfahrt 14 Porte de Maurepas verlassen, den Hinweisen Les Gayeulles und später den Campingplatz-Piktogrammen 3 Kilometer folgen.

(367) Offizieller WOMO-Stellplatz: Rennes – Cesson-Sévigné

GPS: N 48°07'05.8" W 01°35'27.7", Route de la Valette. **Max. WOMOs:** 10
Öffnungszeit: Ganzjährig. **Ausstattung:** V/E, Infotafel, Müllbehälter.
Beschreibung: Der einfache, asphaltierte, meist schattenlose Parkplatz liegt außerhalb von Rennes am Rand des Vorortes nahe der Vilaine. An der Hauptstraße Route de Paris befindet sich ca. 900 m entfernt eine Bushaltestelle (Linie C6 fährt alle 15 - 20 Minuten zur Place de la République)
Zufahrt: 1. Die Rocade Sud/N136 in östliche Richtung an der Ausfahrt 2 Porte de La Valette verlassen und den Hinweisen Cesson-Centre folgen. Später dem Hinweis Bois de Laval und dem WOMO-Piktogramm folgen.
2. Die Rocade Nord/N136 in westliche Richtung an der Ausfahrt Porte de La Rigoudière verlassen und Richtung Cesson Centre fahren. Später dem Hinweis Bois de Laval rechts und dem WOMO-Piktogramm folgen.

Rennes

Am Zusammenfluss von Ille und Vilaine bildete sich schnell ein Knotenpunkt, den erst der Stamm der Redoner, die der Stadt ihren Namen gaben, dann die Römer, später die Goten und die Franken für sich entdeckten.

Nach dem üblichen Hin und Her zwischen Briten und Franzosen waren es dann die Herzöge der Bretagne, die Rennes zu ihrer Hauptstadt machten. In der Kathedrale ließen sie sich krönen und die Stadt wuchs und gedieh. Auch die junge **Anne de Bretagne** wird, nachdem sie die bevorstehende

Place du Champ Jacquet

Zwangsehe mit dem in der Ferne lebenden Maximillian von Österreich ignorierte und den französischen König Karl VIII. ehelichte, in Rennes zur Herzogin der Bretagne und zur Königin von Frankreich gekrönt. Die Titel blieben ihr übrigens auch, als ihr Gemahl recht jung verstirbt, und sie laut Ehevertrag den Bruder und nachfolgenden König Ludwig XII. heiratet.

Doch zurück nach Rennes, das dank dieser Heiraten nun zur französischen Krone gehörte, weiter prosperierte und Sitz des bretonischen Parlaments als auch politische Hauptstadt wurde. Durch die Stempelpapierrevolte geriet dies alles ins Wanken, Rennes verlor seinen Status als Hauptstadt und als dann auch noch 1720 ein großer Brand nahezu 1.000 Häuser zerstörte, ist das alte glorreiche Rennes verloren. Bis Mitte des 18. Jahrhunderts entstanden großrahmige, klassizistische Villen und Verwaltungsgebäude, breite Straßen dominierten das schachbrettartige Stadtbild. Die Französische Revolution hinterließ kaum Schäden, während der Zweite Weltkrieg arge Verwüstungen mit sich brachte. Die Nachkriegsbebauung beinhaltete einen kleinen mittelalterlichen Rest und manifestierte den klassizistischen als auch den modernen Stil, sodass wir in den gradlinigen Straßenzügen die große Menge der ansonsten so typischen, verwinkelten Altstadtgassen der übrigen Bretagne fast schon vermissen. Trotz dieser zerstörerischen Vergangenheit findet man in der lebendigen Universitätsstadt immer noch eine mittelalterliche Atmosphäre in einigen der vom Brand verschont gebliebenen Gassen rund um die Kathedrale.

Wir spazieren also nördlich der unterirdisch fließenden Vilaine, die sich nur durch die Straßenbezeichnung *Quai* in Erinnerung bringt, und finden beispielsweise in der **Rue des Dames**, die dem Verlauf der ehemaligen Stadtmauer folgt, einige mittelalterliche Häuser. Vorbei an der vom Ende des 15. Jahrhundert stammenden **Kapelle Saint-Yves** gelangen wir zur parallel verlaufenden Rue du Chapitre, in der sich die windschiefen Fachwerkerker mit geschnitzten Verzierungen genauso einander entgegenneigen wie in den weiter nördlich liegenden Gassen rund um die **Place des Lices**.

Hier findet in und um die zwei Markthallen am Samstagvormittag der **zweitgrößte Wochenmarkt Frankreichs** statt. Dazwischen erhebt sich die **Cathédrale Saint-Pierre**, die 1787 bis 1844 an Stelle des 1762 eingestürzten Vorgängerbaus errichtet wurde. Kolossal, irgendwie überdimensioniert und innen düster wirkt das Gotteshaus, dessen pracht-

volle Ausmalung und ein vergoldeter flämischer Schnitzaltar von 1520 dennoch erwähnenswert sind.

Am östlichen Ende der **Rue du Chapitre** mit dem wuchtigen **Hôtel de Blossac**, das stattliche Anwesen eines einstigen Staatsdieners, werden die Straßen merklich breiter. Bald sind wir an der **Place de la Mairie** mit repräsentativen Bauten wie dem barocken Rathaus und dem klassizistischen Opernhaus. Vom nördlichen Ende des Platzes rechts erreichen wir das historisch wichtige **Palais du Parlement**, das Anfang bis Mitte des 17. Jahrhunderts errichtet wurde und von eleganten Häusern aus dem 17. und 18. Jahrhundert umgeben ist. Während oder nach dem Bummel durch das kopfsteingepflasterte Herz und über die repräsentativen Plätze der Stadt laden unzählige Crêperien, Brasserien und Restaurants mit Angeboten der verschiedensten Länder zur Einkehr ein. Eine sehr gute, preislich angemessene und mittags durchaus erschwingliche Küche haben wir im **Restaurant Le Saint-Sauveur** in einem kleinen, alten Fachwerkhaus direkt östlich der Kathedrale genossen *(Mittags- und Abendmenüs, Mo/So geschlossen, Telefon 0299793256, 6 Rue Saint-Sauveur)*.

Südlich der selten zu Tage tretenden Vilaine und der als Quais bezeichneten Straßen findet sich das **Musée des Beaux-Arts** im einstigen Universitätsgebäude. Das Museum der Schönen Künste beherbergt archäologische Schätze genauso wie Gemälde von da Vinci, Botticelli, Rubens oder Michelangelo und ist eines der bedeutendsten Kunstmuseen der Bretagne *(Di - Fr 10 - 18 Uhr, Eintritt. mba.rennes.fr)*. Noch ein wenig südlicher, auf halben Weg zum Bahnhof, befindet sich der Kulturkomplex Les Champs Libres, in dem die Stadtbücherei, ein Planetarium und das überaus gut ausgestattete **Musée de Bretagne** untergebracht sind *(Di - Fr 12 - 19 Uhr, Sa 14 - 19 Uhr, Juli/August 13 - 19 Uhr, Eintritt. www.musee-bretagne.fr)*.

Natürlich ist das nur ein kleiner Ausschnitt aus dem reichhaltigen Angebot der dynamischen Universitäts- und Kulturstadt, mit dem wir zwei Tage beschäftigt waren. Wer zusätzlich ein ausgedehntes Shoppingerlebnis in edlen Läden und kleinen Boutiquen einbinden oder in den Antiquitätengeschäften stöbern möchte, der kann getrost weitere Stunden des Besuchs einplanen. Vielleicht sollten wir noch auf ein Großereignis Anfang/Mitte Juli hinweisen, wenn die Stadt ihr großes Kulturereignis **Les Tombées de la Nuit** mit einer Vielzahl von Musik- und Theateraufführungen in der Altstadt feiert *(www.lestombeesdelanuit.com)*.

Place du Parlement-de-Bretagne

Über die Rocade N136, der weiträumigen Umfahrung der Innenstadt, gelangen wir auf die N157 Richtung Laval/Le Mans und verlassen diese bald schon wieder nach **Châteaugiron**.

Auf der D92 erreichen wir die letzte **Petite Cité de Caractère** dieser Reise, die für einen Aufenthalt den an einem kleinen See gelegenen **Camping Municipal Les Grands Bosquets**** am Ortsrand offeriert [**368:** N 48°02'55.6" W 01°29'45.3", La Roche, Telefon 0299378902, www.tourisme-paysdechateaugiron.bzh, geöffnet Juni - Mitte September, Preis €€].

Châteaugiron

Im 11. Jahrhundert erhielt ein Ritter vom Herzog der Bretagne an dieser Stelle Ländereien und das Recht, ein Schloss zu errichten, das er nach seinem Sohn Giron benannte. Wie die Festungsstädte Fougères, Vitré und Combourg, die wir zu Beginn unserer Reise besuchten, gehörte auch Châteaugiron über Jahrhunderte zu jenem Festungsgürtel, mit dem die Herzöge der Bretagne ihr Territorium und die Hauptstadt Rennes im Osten gegen Frankreich sicherten. Hinter den hohen Mauern und wuchtigen Türmen des Schlosses wuchs die Stadt, die noch heute ein kleines hübsches und einheitliches Zentrum mit Fachwerkhäusern aus dem 6. bis 19. Jahrhundert zu bieten hat (www.tourisme-paysdechateaugiron.bzh).

Zu dem Festungsring, der das Gebiet der bretonischen Herzöge sicherte, gehörte im späten Mittelalter auch La Guerche-de-Bretagne, das wir von hier direkt erreichen könnten.

Wir wollen uns jedoch noch ein wenig südöstlich von Rennes aufhalten und gelangen in den überschaubaren, aber properen Ort **Piré-sur-Seiche**.

(369) Offizieller WOMO-Stellplatz:
Piré-sur-Seiche – Aire de Camping-Car

GPS: N 48°00'26.1" W 01°25'41.4" Rue de Boistrudan/D32.

Max. WOMOs: 7.
Öffnungszeit: Ganzjährig.
Ausstattung: V/E, Rad- und Wanderwege, ca. 300 m in den Ort mit einem Bäcker, Müllbehälter/Ortsrand.
Beschreibung: Der teils schattige, einfache, geschotterte Parkplatz liegt am Ortsrand nahe der Straße und etwa 300 Meter vom Zentrum mit einer Bäckerei und dem empfehlenswerten **Restaurant Le Temps qu'il faut** mit einem super Pizza-Angebot auch zum Mitnehmen *(Mittags- und Abendmenüs Di – Sa, Mo/Sa mittags/So geschlossen, 19 Rue de Temple, Telefon 0299442451, www.letempsquilfaut.fr).*
Zufahrt: Im Ort den WOMO-Piktogrammen folgen.

Ein Spaziergang kann zum etwa zwei Kilometer entfernten **Château des Pères** aus dem 18. Jahrhundert führen, dessen Schlosspark freizugänglich ist und Kunstwerken einen außergewöhnlichen Rahmen bietet *(in den Sommermonaten 10 - 19 Uhr, im Winter 10 - 18 Uhr)*. Im Park laden Tische und Bänke zum Picknick, das man sich auf Wunsch sogar im Voraus, aus feinen Zutaten bestehend und nicht ganz preisgünstig bestellen kann *(Sa/So mittags, etwa 30 €/Person, 24 Stunden vorher reservieren unter 0223080008, www.chateaudesperes.fr).*

Im südlich gelegenen **Essé** ist der Feenfelsen ausgeschildert, der uns in die tiefe bretonische Provinz gelockt hat. Dieses Unterfangen lohnt sich besonders für die an Megalithen Interessierten unter uns, denn wir werden in Kürze an den größten Dolmen Frankreichs gelangen (N 47°56'09.1" W 01°24'13.4", An der D341).

La Roche-aux-Fées

An der Straße befindet sich in einem Eichen- und Kastanienwäldchen ein kleiner Hügel mit dem vor rund 2.000 Jahren in der Jungsteinzeit errichteten Langgrab.

Es beeindruckt mit einer Länge von knapp zwanzig Metern, einer Breite von sechs Metern und einer Höhe von vier Metern. Wenn man zusätzlich bedenkt, dass die Anlage aus 42 von zum Teil über 40 Tonnen schweren

Steinen besteht, die zudem auch noch aus mehreren Kilometern Entfernung herbeigeschafft wurden, dann kommt schnell die Frage nach dem „Wie wurden die denn transportiert?" auf. Definitiv gab es keine heute bekannten Maschinen, starke Riesen waren gerade aus und irgendwie ist schwer vorstellbar, wie die Steine auf rollenden Baumstämmen und nur durch menschliche Muskelkraft bewegt wurden.

Schön, dass wir immer noch in der Bretagne und damit im Reich der Sagen und Legenden sind! Die Brocéliande ist nicht weit weg und in den altvorderen Zeiten dehnte sie sich bis hierher aus. Kein Wunder also, dass die Fee Viviane samt ihrer starken, für den Bau zuständigen Feen für die Errichtung des Hügelgrabes verantwortlich zeichnet. Betritt man die Begräbnisstätte, gelangt man über einen Gang in vier Kammern, deren Bedeutung aus Mangel an Knochenfunden oder Grabbeilagen bis heute nicht bekannt ist.

Wenn wir schon ins Reich der Rätsel und alten Bräuche abgedriftet sind, so wollen wir noch berichten, dass sich früher Liebende unter den Bäumen trafen. Die Damen gingen rechts um die Steine, die Herren links und wenn sie sich nach der Umrundung trafen und die gleiche Anzahl Steine gezählt hatten, dann stand ihnen eine gemeinsame strahlende Zukunft bevor. Wenn nicht ... na ja, darüber decken wir einfach mal den Mantel des Schweigens, lassen die Paare unter sich und ziehen uns diskret zurück!

Eine weitere Besonderheit ist zur Wintersonnenwende zu beobachten, wenn die aufgehende Sonne mit den Megalithen eine gerade Linie bildet – also doch keine Begräbnisstätte, sondern eine keltische Kultstätte? Wie auch immer, wenn man Glück hat, und den Felsen der Feen allein besuchen kann, dann hört man vielleicht ein leises Kichern und weiß, dass es doch die Feen waren, die die Steine bewegten.

Von diesem mystischen und prähistorischen Monument folgen wir der Straße und erreichen schon bald **La Guerche-de-Bretagne** mit einem wenig magischen Stellplatz.

(370) Offizieller WOMO-Stellplatz: La Guerche-de-Bretagne – Aire de Camping-Car

GPS: N 47°56'30.7" W 01°13'58.5", Place du Champ de Foire.
Max. WOMOs: 3 - 5.
Öffnungszeit: Ganzjährig.

Ausstattung: V/E, Müllbehälter.
Beschreibung: Der einfache, asphaltierte und schattenlose Parkplatz liegt mitten im Ort und ist eher als zweckdienlich zu bezeichnen. Der große Vorteil ist die Nähe zu den Restaurants und Geschäften.
Zufahrt: Auf der D463 in den Ort fahren und den Hinweisen Centre Ville bzw. dem WOMO-Piktogramm bis zum großen, zentralen Parkplatz folgen.
Hinweis: Dienstags ist Markt und das Parken auf dem Platz nicht gestattet.

La Guerche-de-Bretagne

Dass die Stadt im Mittelalter zum Befestigungsring der östlichen Bretagne gehörte, ist ihr nicht mehr anzusehen. Allerdings sind es einige alte Fachwerkhäuser aus dem 16. bis 18. Jahrhundert, die mit ihren von Pfeilern gestützten Vorbauten die überschaubare Altstadt gemütlich machen. In einem der alten Fachwerkhäuser lässt es sich im **Restaurant Les Marchands** bei solider französischer Küche gut einkehren *(Mittagsmenüs Di - So, Abendmenüs Do - Sa, Place Charles de Gaulle, Telefon 0299964503, www.restaurant-les-marchands.com)*.

Wer zum Abschluss unserer Bretagne-Reise noch einmal ganz ausgiebig ein buntes Markttreiben erleben möchte, ist hier genau richtig! Die Handelstradition der Stadt blieb durch den seit 1121 jeden Dienstagvormittag auf dem Marktplatz und den umliegenden Straßen stattfindenden **Wochenmarkt** erhalten. Auf dem quirligen und größten Markt der Region kommen 200 bis 300 Händler zusammen und bieten neben Obst, Gemüse, Fisch sowie lebenden Tieren auch handwerkliche Erzeugnisse und Haushaltswaren an. Über all dem wacht die **Basilique Notre-Dame**, deren Ursprungsbau eine schlichte Stiftskapelle aus dem Jahr 1206 war. Deren kleiner schiefergedeckter Turm ist noch heute erhalten. Der 75 Meter hohe Glockenturm stammt hingegen aus dem 19. Jahrhundert und zeigt sich im gotischen Stil. Im Inneren des Kirchenschiffs aus dem 16. Jahrhundert bestechen aufwendige Schnitzarbeiten am Chorgestühl und die Mosaike der bunten Glasfenster.

Einen ruhigeren und freundlicheren Aufenthaltsort finden wir nur wenige Kilometer entfernt im kleinen Örtchen **Availles-sur-Seiche**, aus dem man durch die Felder bequem mit dem Fahrrad zum Markttag nach La Guerche radeln kann (Streckenbeschreibung im Stellplatz-Kasten).

(371) Offizieller WOMO-Stellplatz: Availles-sur-Seiche – Aire de Camping-Car

GPS: N 47°57'44.8" W 01°11'56.2", An der D 106. **Max. WOMOs:** 5.
Öffnungszeit: Ganzjährig.
Ausstattung: V/E, Tische und Bänke, Bouleplatz, Fitnessparcours, Spielplatz, WC, Müllbehälter.

Beschreibung: Der kleine, einfache Parkplatz ist geschottert und liegt ohne Schatten am Ortrand nahe der träge dahinfließenden Seiche. Von hier kann man zu Wanderungen oder Radtouren aufbrechen. Folgt man dem Weg entlang des Spielplatzes und der Sportgeräte, stößt man wenig später auf eine Straße, der man rechts durch die Felder bis nach La Guerche-de-Bretagne folgen kann.
Zufahrt: Direkt am nördlichen Ortseingang an der D106 gelegen.

Langsam heißt es Abschied nehmen, und auf dem Weg zur Autobahn beenden wir in der nordöstlich gelegenen Kleinstadt **Le Pertre** unsere Reise.

(372) Offizieller WOMO-Stellplatz:
Le Pertre – Camping-Car Park Le Chardonneret

GPS: N 48°01'58.6« W 01°02'22.8«, 3 Rue de Chardonneret.
Max. WOMOs: 29. **Öffnungszeit:** Ganzjährig.
Ausstattung: V/E, Tische und Bänke, WiFi, Sanitärgebäude während der Sommermonate geöffnet.
Beschreibung: Der mit einer Schranke gesicherte, ehemalige Campingplatz verfügt über teils schattige Wiesenplätze, die durch Hecken getrennt sind. Im etwa 400 Meter entfernten Ortszentrum gibt es einige Geschäfte für den täglichen Bedarf, zwei Bäckereien sowie einen kleinen Supermarkt und der Platz bietet sich als Ausgangspunkt für Rad- und Wandertouren in die Umgebung an.
Preise: € - €€€.
Zufahrt: Im Ort dem Hinweis zum Campingplatz und dem WOMO-Piktogramm folgen.
Hinweis: In den Sommermonaten auch für Wohnwagen und Zelte zugelassen.

Nach einer ruhigen Nacht werden wir am nächsten Morgen über die A81 und beinahe genau an dem Punkt den Heimweg nach Deutschland antreten, an dem wir zu Beginn dieses Reiseberichtes gestartet sind.

Eine abwechslungsreiche Fahrt liegt hinter uns, bei der wir einen großen, jedoch immer noch nicht vollständigen Ausschnitt der Bretagne erleben durften. Die vielfältige Region hat von den Küsten mit bizarren Felsformationen, langen Sandstränden und versteckten Buchten bis ins grüne Hinterland oder zu den vielen charmanten Ortschaften noch so viel mehr landschaftlich sowie kulturell Schönes und Interessantes zu bieten, sodass wir bestimmt bald wiederkommen werden.

Wir verabschieden uns in der Hoffnung, dass es Ihnen mit uns gefallen hat, wünschen eine gute Weiterreise und sagen:

Auf Wiedersehen und bis bald!

Au revoir et à bientôt!

Kenavo ha ar wech all!

Adressen und Telefonnummern für den Notfall

Für den Fall, dass Ihnen Ihre Ausweispapiere verloren gegangen sind, Sie bestohlen wurden oder Sie aus irgendwelchen anderen Gründen in Frankreich in eine Notsituation geraten, helfen Ihnen die diplomatischen Vertretungen weiter. Bei Pannen, Unfällen und Erkrankungen können die unten angegebenen Telefonnummern hilfreich sein.

- **Botschaft der Bundesrepublik Deutschland**
13/15 Avenue Franklin D. Roosevelt, 75008 Paris,
Telefon +33 1 53 83 45 00, www.allemagneenfrance.diplo.de

Das **Auswärtige Amt Berlin** bietet Ihnen zusätzlich die Möglichkeit, vor Reiseantritt oder während der Reise aktuelle Informationen über Ihr Urlaubsland in Erfahrung zu bringen. Alle Infos für eine sichere Auslandsreise sind auch in der **Reise-App** des Auswärtigen Amtes für Android Smartphones und Tablets sowie für iPhone und iPad zusammengefasst. Weitere Infos unter www.auswaertiges-amt.de.

- **Botschaft der Republik Österreich**
6 Rue Fabert, 75007 Paris, Telefon +33 1 40 63 30-63
www.amb-autriche.fr
- **Ambassade de Suisse**
142 Rue de Grenelle, 75007 Paris, Telefon +33 1 49 55 67 00
www.eda.admin.ch
- **Notrufe und Notfallnummern:**
Notruf Auswärtiges Amt Deutschland Telefon +49 30 5000-0.
Allgemeiner Notruf 112
Polizei (*police secours*) 17
Feuerwehr (*sapeurs-pompiers*) 18
Rettungsdienst 15
AIT-Assistance (Pannenhilfedienst) 00145004295
ADAC-Auslandsnotruf, München +49 89 222222 (bei Fahrzeugschaden) oder +49 89 767676 (bei Erkrankung/Verletzung)
ÖAMTC-Schutzbrief-Nothilfe +43 1 2512000 (bei Fahrzeugschaden) oder + 41 (1) 2512020 (Medizinische Notfälle)
ACS-Assistance-Nummer +41 (0) 442833377

Ärztliche Versorgung/Apotheken

Wir empfehlen dringend eine günstige Auslandskrankenversicherung abzuschließen, die für jeden Wohnmobilreisenden eine Selbstverständlichkeit sein sollte.

Wer sich dazu nicht entschließen kann, benötigt für Frankreich eine europäische **Krankenversichertenkarte** (EHIC). Diese kann direkt bei Ärzten und in Kliniken vorgelegt werden. Die Ausstellung der Karte ist kostenfrei und muss, falls nicht sowieso vorhanden, bei der eigenen Krankenkasse beantragt werden. Gewährt werden bei Vorlage alle notwendigen Leistungen allerdings zu den Bedingungen, die vor Ort gültig sind. Wer die EHIC nicht vorweisen kann, wird zu entsprechenden Tarifen als Privatpatient behandelt und muss in Vorleistung treten. Gegen Rechnungsvorlage wird in der Heimat möglicherweise ein Teil wiedererstattet. Adressen deutschsprachiger **Ärzte** erhält man bei den Konsulaten oder beispielsweise vom ADAC, München (Telefon +49 89 222222), aber auch in den örtlichen Touristenbüros oder beim Campingplatzverwalter.

Wenn Sie einen Arzt benötigen, fragen Sie nach einem *Docteur* oder *Médicin*, der Zahnarzt heißt *Dentiste*.

Im schlimmsten aller schlimmen Fälle werden Sie, Ihre Familie und das Wohnmobil, wenn Sie einen Auslandsschutzbrief haben, kostenlos nach Hause transportiert.

Französische **Apotheken** (*Pharmacies*) erkennen Sie an einem blinkenden grünen Kreuz. Sie haben nicht einheitlich geöffnet, vor allem montags sind die meisten Apotheken geschlossen. Normalerweise müsste dann ein gut sichtbares Schild auf die diensthabende Apotheke hinweisen (*Pharmacie de Garde*).

Baden/Wassersport

Bei einer Küste von über 2.700 Kilometer Länge kann die Bretagne mit unzähligen Stränden punkten. An der Nordküste sind die meisten Sandstrände in kleineren und größeren Buchten zu finden, im Westen mischen sich oft Kiesstrände dazwischen und die Südküste wartet meist mit langen, flachen Sandstränden auf.
Leider werden die Badefreuden durch die Wassertemperaturen selbst im Hochsommer örtlich zur „Zitterpartie", denn die Temperaturen des Meerwassers übersteigen auch im August selten die 20 Grad-Marke. Wärmere Temperaturen finden sich in Seen oder in den Schwimmbädern. Manchmal sind die Strände bei Flut nur wie „ein Handtuch breit" und bei Ebbe kann es schon einmal einen ordentlichen Fußmarsch erfordern, um ans Wasser zu gelangen.
Baden/Schwimmen: Aufgrund starker Strömungen, scharfkantiger Riffe unter Wasser und einer schnell hereinbrechenden Flut sollte man sich sowohl an den Strandabschnitten am Ärmelkanal als auch an jenen am Atlantischen Ozean grundsätzlich mit Vorsicht in die Fluten stürzen, und an beaufsichtigten Stränden auf jeden Fall die Beflaggung beachten:
Rot: Badeverbot
Orange: Baden gefährlich, aber überwacht
Grün: Baden überwacht, keine besonderen Gefahren
Keine Flagge: Strand nicht bewacht. Gefährliche Küstenabschnitte sind deutlich als solche gekennzeichnet und die entsprechenden Hinweise sollten unbedingt beachtet werden!
FKK: Freundinnen und Freunde der Freikörperkultur gibt es in Frankreich häufig, allerdings finden sich nur wenige ausgewiesene Stellen in der Bretagne, an denen man alle „Hüllen" sorglos fallen lassen kann. „Oben ohne" ist nirgends verboten, ansonsten sollte man sich am Verhalten der „Strandnachbarn" orientieren. Einen guten Überblick über entsprechende Strände, aber auch Campingplätze finden sich unter www.naturisme.fr
Kanu/Kajak: Die bretonische Küste, aber auch die Flüsse, Seen und Stauseen bieten viele Möglichkeiten für diese Sportart. Wer nicht mit dem eigenen Boot unterwegs ist, kann an einer der zahlreichen Verleihstationen ein Kajak oder Kanu mieten.
Angeln und Fischen: Das Fischen im Meer bedarf keiner besonderen Erlaubnis. Wer jedoch seine Angel in einem der vielen Flüsse oder Seen auswerfen möchte, der muss bei den Gemeinden oder der *Association de Pêche et Pisciculture* des jeweiligen Départements einen Angelschein erwerben. Besonders beliebt ist an der bretonischen Küste das Pêche à pied, das Fußfischen (vgl. Tour 2, Seite 46).

Segeln/Kitesurfen/Surfen/Windsurfen: Die guten Winde an der bretonischen Küste eignen sich hervorragend für diese Sportarten. Zahlreiche Segelschulen bilden Anfänger aus und wer sein Surf-, Fun- oder Kitebrett zu Hause gelassen hat, der wird bei einer örtlichen Verleihstation fündig *(www.station-nautique.com).*

Tauchen: Die bretonische Unterwasserwelt birgt eine spannende Flora und Fauna, aber auch Schiffswracks, die besichtigt werden können. Gezeiten und Strömungen sorgen jedoch für viele Gefahren, sodass man sich ortskundigen Führern anschließen sollte *(www.ffessm.fr).*

Campingplätze/Offizielle Wohnmobil-Stellplätze

Campingplätze:

Wir haben zahlreiche Campingplätze beschrieben und weisen in den Tourenkarten und im Tourentext auf weitere hin. Die in ihrer Qualität sehr unterschiedlichen Plätze eignen sich für einen längeren Aufenthalt und bieten teilweise viele Freizeitangebote an.

Oft verfügen sie über separate Stellplätze für Reisemobile, immer über eine Ver- und Entsorgungsmöglichkeit. Da wir an den Strecken jedoch ausreichend Stationen zum Ver- und Entsorgen aufführen, dürfte es in diesem Punkt ohnehin keine Defizite geben.

Wer häufig Campingplätze anfährt, kann sich den grünen Michelin-Führer, Camping Caravaning France oder den ADAC-Campingführer in gebundener Form oder als App zulegen. Alternativ ist *www.campingfrance.com*, auf der registrierte Campingplätze aufgeführt sind, zu nennen.

Die französischen Campingplätze sind mittels Sternchen in Kategorien eingeteilt. Die Anzahl der Symbole kennzeichnet den Standard der Ausstattung und sagt nichts über Flair oder Lage des jeweiligen Platzes aus.

Die sanitären Ausstattungen sind unterschiedlich. Am einfachsten sind sie in der Regel auf den städtischen Plätzen (*Camping Municipal*), die aber auch wiederum die preiswertesten sind und meist recht zentral liegen. Größere und private Campingplätze haben dagegen mehr Komfort, eine aufwändigere Ausstattung, verfügen teils über ein Schwimmbad und bieten ein Animationsprogramm. Hier gilt: Je aufwändiger und komfortabler, desto teurer. Grundsätzlich kann davon ausgegangen werden, dass die Preise in der Hochsaison emporschnellen, während sie in der Nebensaison deutlich darunterliegen. Oft gibt es Pauschaltarife für Wohnmobile einschließlich zwei Personen (*forfait camping-car*).

Meist verfügen die Plätze über Waschmaschinen und Wäschetrockner. Sollte das nicht der Fall sein und Ihr Vorrat an sauberer Wäsche geht zur Neige, bieten sich die **Waschmaschinen und Trockner an den Supermärkten** für die notwenige Auffrischung an. Meist befinden sie sich auf dem Supermarktparkplatz in der Nähe der Tankstellen und sind nicht zu übersehen.

Mit einem Reisemobil schätzen wir wohl alle unsere Flexibilität, doch während der Hauptsaison empfehlen wir Ihnen dringend, den gewünschten Campingplatz vorab zu reservieren. Für diesen Fall geben wir im Text die Telefonnummern sowie in den meisten Fällen die Webseite an, auf der Sie einen Platz per E-Mail vorbestellen können. Sinnvoll ist das Mitführen des Campingausweises *Camping Card International*, der eine Camping-Haftpflichtversicherung einschließt. Auf Vorlage der *ADAC Camp Card* oder der *ACSI Card* werden auf etlichen Campingplätzen, meist außerhalb der Hauptsaison, Nachlässe gewährt.

Je früher am Tag Sie den Campingplatz anfahren, umso größer sind die Chancen auf Einlass. **Die beste Zeit ist vormittags zwischen 11 und 12 Uhr, wenn andere Leute gerade aufgebrochen sind.** Während der Mittagszeit ist vielerorts eine Anmeldung auf dem Campingplatz nicht möglich und Sie müssen warten, bis die Rezeption wieder geöffnet ist. Da die Ruhezeiten variieren, haben wir auf diese Angabe verzichtet.

Die meisten Campingplätze sind von Ende März/Anfang April bis September/Oktober geöffnet, in der Nähe von großen Städten meist das ganze Jahr. Wir haben die aktuellen Öffnungszeiten für Sie notiert, können jedoch nicht garantieren, ob diese sich nicht verändern. Manchmal kommt es auch vor, dass ein Platz in der Nebensaison mangels Nachfrage vorzeitig schließt. Viele Campingplätze bieten behindertengerechte Einrichtungen und auf offiziellen Stellplätzen stehen gelegentlich ausgewiesene, breitere Parkbuchten für Wohnmobile von Menschen mit Handicap zur Verfügung.

Hunde sind im Allgemeinen an der Leine erlaubt, doch auch in diesem Fall hat der Platzbetreiber das letzte Wort und kann beispielsweise in der Hauptsaison ein Hundeverbot beschließen. Manche Campingplätze akzeptieren nur einen Hund pro Fahrzeug, auf anderen Campingplätzen sind zwei und mehr Hunde gestattet. Im Zweifelsfall sollte man vor der Anreise telefonisch nachfragen oder sich auf der Internetseite informieren.

In Zeiten, in denen die internationale Reisemobil-Flotte immer größer wird, freie Stellplätze zunehmend gesperrt werden oder aus anderen Gründen wegfallen und man sich auf offiziellen Stellplätzen dicht an dicht auf Asphalt oder im staubigen Schotter drängelt, präferieren wir die von den Gemeinden betriebenen **Camping Municipal**. Meist haben diese eine wunderbare Lage, sind oft naturbelassen und verfügen über ausreichend Platz. Auch wenn die Plätze sehr einfach ausgestattet sind, werden sie unseren persönlichen Ansprüchen als Wohnmobilisten (wir haben schließlich WC und Dusche an Bord) gerecht und sind zudem preisgünstig beziehungsweise nur wenig oder gar nicht teurer als ein Stellplatz. Leider trennen sich mittlerweile viele Gemeinden von ihren Anlagen und Stellplatz-Gesellschaften werden in diesem Bereich zunehmend aktiv. Wer also keinen besonderen Luxus sucht und enge, Sardinendosen gleichende Stellplätze scheut, für den stellen die Camping Municipal eine Alternative dar *(www.camping-municipal.org)*.

Offizielle WOMO-Stellplätze:
Unser Reisegebiet ist auf Wohnmobilreisende eingerichtet und heißt sie willkommen! Allerdings sind die Park- und Übernachtungsmöglichkeiten oft reglementiert. Dies bedeutet nicht, dass Wohnmobile verboten sind, sondern dass diese an den dafür vorgesehenen Stellen abgestellt werden müssen.

Wenn wir im Text die Zufahrten zu Stellplätzen beschreiben, benutzen wir häufig die Formulierung „WOMO-Piktogramm". Dieses kann sehr unterschiedlich ausfallen. Vom bekannten WOMO-Symbol mit oder ohne Ver- beziehungsweise Entsorgungszeichen über Schriftzüge von *Camping-Cars* bis *Aire de Camping* oder *Aire de Service* in unterschiedlichen Farben und Formen auf Holz- oder Blechschildern.

Die offiziellen Wohnmobil-Stellplätze reichen vom separaten Wohnmobil-Bereich auf einem profanen, wir bezeichnen dies als „einfachen", Parkplatz bis zum voll ausgestatteten Stellplatz mit Ver- und Entsorgung, Strom, Sanitärbereich, Abfallbehälter und meist Platz für Tisch und Stühle (klappstuhlgeeignet) vor oder neben dem WOMO.

Die **kommunalen Stellplätze** sind zumeist kostenlos, für die Ver- und Entsorgung sowie Strom müssen Sie jedoch in den meisten Fällen bezahlen. Die Gebühren hierfür (1 bis 5 €) sind genauso unterschiedlich wie die Art der Bezahlung, und man sollte immer etwas Bargeld wie auch eine Kredit- oder EC-Karte mit sich führen.

Das gilt auch für **privat betriebene Stellplätze**, deren Gesamtkosten ebenfalls in der Höhe sehr unterschiedlich ausfallen.

Manche Stellplätze setzen auf Jetons, die man in nahen Geschäften oder dem Office de Tourisme erwerben kann, oder favorisieren den Einwurf von Euromünzen, andere sind nur per Kreditkarte zahlbar. Auf einigen, mittlerweile sehr wenigen Plätzen erscheint der Platzwart zum Kassieren, bei den nächsten gibt es einen schlichten Parkscheinautomat, der entweder mit Münzen gefüttert werden möchte oder nur die Kreditkartenzahlung akzeptiert. Es gibt Schranken, freie Zufahrten, Ketten zum Ab- und wieder Einhängen und Poller, die nach Bezahlung und Einfahrt im Boden versinken und wieder hochfahren. Alle genannten Möglichkeiten sind zudem variabel, sodass wir darauf verzichtet haben, sie für die jeweiligen Stellplätze anzugeben. Letztendlich können wir Ihnen nur empfehlen, immer 1- und 2-Euro-Münzen und gebenenfalls etwas Bargeld in Form von Scheinen sowie unbedingt eine Kredit- und EC/Maestrokarte dabei zu haben.

Zusätzlich gilt, wie bei den Campingplätzen in der Hauptsaison, den gewünschten Stellplatz nie zu spät anzufahren, damit tatsächlich noch ein Plätzchen für Sie frei ist.

Immer häufiger werden Sie WOMO-Stellplätze der Betreibergesellschaft **Camping-Car Park** vorfinden. Dort muss man bei der Einfahrt auf die mit einer Schranke gesicherten Stellplätze zusätzlich zur Stellplatzgebühr **einmalig eine aufladbare Zugangskarte** *Carte PASS'ÉTAPES* für 5 € (Stand 2022) erwerben. Dafür sind jedoch Handynummer, Vor- und Nachname und gegebenenfalls die E - Mail-Adresse anzugeben. Die Karte gilt lebenslang, ist in der App, am heimischen Computer oder vor Ort am Automaten aufladbar, berechtigt den Inhaber zur Nutzung etlicher über ganz Frankreich verteilter Stellplätze dieses Betreibers und inkludiert in den meisten Fällen die Ver- und Entsorgung wie auch den Strom – ein entsprechendes Kartenguthaben vorausgesetzt. Die Menüführung der Automaten wird auch in deutscher Sprache angeboten und über die Internetseite/App kann man sich vorab über freie Kapazitäten des jeweiligen Stellplatzes informieren und ihn gegebenenfalls reservieren. Außerdem ist auf einigen Stellplätzen das temporäre Parken von bis zu fünf Stunden möglich *(www.camping-car-park.com).*

Während der sehr frühen oder sehr späten Nebensaison, aber auch in den Wintermonaten kann die Ver- und Entsorgung schwierig werden, da V/E-Anlagen möglicherweise geschlossen sind. Zusätzlich möchten wir darauf hinweisen, dass einige der beschriebenen Stell- und Parkplätze bei Veranstaltungen und Festen gesperrt sein können, ohne dass wir dafür einen Hinweis an Sie weitergeben können.

Häufig gibt es auf den Stellplätzen nur einen Stromanschluss direkt an der V/E-Station, der zudem nicht mit Bargeld, sondern mit Jetons betrieben wird. **Zur Stromversorgung sollte immer ein ausreichend langes Kabel dabei sein**, das unter Umständen über den halben Platz zum Wohnmobil verlegt werden muss. Wer besonders viel Pech hat, der wird die wenigen verfügbaren Steckdosen belegt vorfinden.

Außerdem gibt es auf **Stell- und Campingplätzen** hin und wieder immer noch **Stromanschlüsse**, in die nicht die dicken, blauen CE-Stecker passen, sondern haushaltsübliche Stecker, die in Frankreich allerdings mit einem Loch ausgestattet sein müssen, da das Gegenstück für den Schutzleiter einen Stift entgegenstreckt. Diese Stecker erhält man bei uns in jedem Baumarkt. Notfalls funktionieren auch – allerdings ohne Schutzleiter – sogenannte Reisestecker, die gegebenenfalls auch auf einem Campingplatz notwendig sind.

Einreise- und Zollbestimmungen

Frankreich ist Mitglied der Europäischen Union, sodass Bürger aus der Bundesrepublik Deutschland, aus Österreich und aus der Schweiz für die Einreise einen gültigen Reisepass oder Personalausweis beziehungsweise eine Identitätskarte benötigen. Kinder müssen ein eigenes Ausweisdokument vorweisen. Für Aufenthalte über drei Monate ist eine Aufenthaltsgenehmigung zu beantragen.

Als Wohnmobilfahrer haben Sie natürlich einen europäischen Führerschein und den Fahrzeugschein dabei. Zu erwähnen ist, dass die deutsche Fahrerlaubnis mit 17 Jahren in Frankreich nicht gilt.

Angesichts der weltweiten COVID-19-Pandemie ändern sich die Einreisebestimmungen mit der Pandemielage gegebenenfalls. Bitte informieren Sie sich über die aktuellen Bestimmungen auf den Seiten des Auswärtigen Amts der Bundesrepublik Deutschland und zusätzlich auf der Webseite des französischen Außenministeriums *(www.auswaertiges-amt.de oder www.diplomatie.gouv.fr/de/neuigkeiten/)*

EU-Bürger dürfen Gegenstände und Güter auf Reisen und für den privaten Gebrauch so viel einkaufen und mitnehmen wie sie möchten, sofern die Waren für den persönlichen Bedarf und nicht für den Weiterverkauf bestimmt sind. Einschränkungen gibt es bei folgenden Produkten: 800 Zigaretten oder 400 Zigarillos oder 200 Zigarren oder 1 Kilogramm Rauchtabak, 10 Liter hochprozentige Spirituosen, 20 Liter mit Alkohol angereicherter Wein, 90 Liter Wein (davon höchstens 60 Liter Schaumwein), 110 Liter Bier, 10 Kilogramm Kaffee, 20 Liter Treibstoff im Ersatzkanister *(www.europa.eu, Stand 2023).*

Essen und Trinken/Restaurants

Zunächst sei erwähnt, dass Frankreich als Land der Gourmets bekannt ist! Diese Erkenntnis beinhaltet, dass in Lebensmittelgeschäften, Bäckereien, auf Märkten und in großen Supermärkten alles angeboten wird, was der Mensch zum Überleben benötigt, und alles, was Herz, Seele und Magen zusätzlich begehren.

Es gibt fast nichts, was es nicht gibt, und das Preisgefüge ähnelt dem in Deutschland, vielleicht liegt es in den Tourismushochburgen und in der Hauptsaison geringfügig höher.

Außer in den großen **Supermärkten**, die meist an den Ortsrändern der Ortschaften zu finden sind, erhält man Backwaren und feine Konditoreierzeugnisse in der ***Boulangerie-Pâtisserie***, Fleisch- und Wurstwaren in der ***Boucherie/Charcuterie***, Meeresprodukte in der ***Poissonerie*** und das mit der Bezeichnung ***Épicerie*** geführte Geschäft lässt sich am besten mit einem minimalistischen „Tante-Emma-Laden“ vergleichen.

Ein besonderes Einkaufsvergnügen bieten natürlich die ***Marchés*** (Wochenmärkte), die sowohl in der Stadt als auch auf dem Land zu finden sind. Kleinere Märkte bestehen manchmal nur aus einer Handvoll weißer Transportwagen, aus denen die Waren, meist Lebensmittel regionaler Anbieter, heraus verkauft werden. Größere Märkte finden unter vielen bunten Marktschirmen oder noch in mittelalterlichen Markthallen statt und es wird so ziemlich alles für den täglichen Bedarf angeboten: Obst, Gemüse, Fleisch, Käse, Fisch, Blumen, Haushaltsartikel, Kleintiere und Kleidung. Traditionell hält jede kleinere oder größere Stadt wenigstens einmal in der Woche einen Markttag ab und es ist immer wieder ein wunderbares Erlebnis, wenn uns die Düfte von reifen Käsesorten, Kräutern sowie frischem Brot in die Nase steigen oder der Anblick von Meeresfrüchten einem das Wasser im Munde zusammenlaufen lässt. Zu Beginn unserer Touren haben wir jeweils eine Auswahl von Märkten an der betreffenden Reisestrecke angegeben

Die Aufzählung hat keinen Anspruch auf Vollständigkeit, doch bei den örtlichen Office de Tourisme oder unter *www.jours-de-marche.fr* (nach Départements und Postleitzahlen geordnet) sind ziemlich umfassende Verzeichnisse erhältlich.

Haben wir früher noch Vollkornbrot auf Reisen mitgenommen, so versorgen wir uns heute damit ab und zu auf den Märkten, um eine zusätzliche Abwechslung zum ansonsten großen Angebot der verschiedensten Brotsorten zu erhalten. Dabei geht nach wie vor nichts über ein frisches französisches Baguette oder herrlich luftige und trotzdem vor Butter strotzende Croissants!

Die bretonische Küche ist nicht so raffiniert wie in manch anderen Landesteilen Frankreichs, doch gerade ihre Bodenständigkeit ist es, die nach einem Tag an der frischen Seeluft besonders gut mundet.

In einer Region, die beinahe vollständig vom Meer umspült wird, spielen fangfrischer **Fisch** *(Poisson)* sowie erlesene **Meeresfrüchte** *(Muscheln = Coquillages, Krustentiere = Crustacés)* eine große Rolle. Die frische Ware kommt direkt in der Fischauktionshalle *(Crieé)*, den Markthallen *(Halle de marché* oder *Les Halles)*, aber auch aus den bestens sortierten Supermarktabteilungen in den Einkaufskorb und anschließend auf den Tisch. Fast überall sind die für deutsche Verhältnisse preisgünstigen und hervorragenden Austern *(Huîtres)* zu genießen (vgl. Tour 2). Auch die Preise für Miesmuscheln *(Moules)*, Garnelen *(Crevettes)*, Taschenkrebse *(Tourteau)*, Jakobsmuscheln *(Coquilles Saint-Jacques,* vgl. Tour 4*)*, Hummer *(Homard)* und andere Schalentiere sind, ob im Wohnmobil zubereitet oder im Restaurant genossen, günstiger als in Deutschland. Wobei Hummer und Langusten *(Langouste)* auch in der Bretagne preislich ganz oben rangieren. Die vielen anderen Fischarten wie Seezunge *(Sole)*, Rochen *(Raie)*, Petersfisch *(Saint-Pierre)*, Steinbutt *(Turbot)* oder Makrele *(maquereau)* werden in leckeren mit Sahne, Créme fraîche oder Cidre verfeinerten Saucen serviert, die mit Speck, Lauch oder Kapern eine herzhafte Note bekommen können.

Die bäuerlichen Wurzeln finden sich in den kräftigen **Fleischgerichten** die vom feinen Salzwiesenlamm *(agneau pré salé)*, über in Cidre geschmortes Huhn bis zum *Kig Ha Fars* reichen. Zu diesem deftigen Eintopf mit Ochsenschwanz, Schweinebauch sowie Rindfleisch gehört ein Weizen- oder Buchweizenmehlkloß. Gemüse und Brühe werden meist separat gereicht. **Gemüse** wie Artischocken *(Artichauts)*, Blumenkohl *(Chou-fleur)* oder Zwiebeln *(Oignons)* stammen meist aus dem „Golden Gürtel“ zwischen Roscoff und Morlaix und Erdbeeren *(Fraises)* gedeihen vorzüglich auf der Halbinsel Plougastel.

Viele Speisen bekommen durch den „guten Stich“ Butter erst den richtigen Pfiff, der natürlich auch in vielen Süßspeisen nicht fehlen darf. Neben dem ***Far Breton***, einem Kuchen, der zwar ohne Butter, dafür aber mit vielen Eiern, getrockneten Pflaumen, reichlich Zucker und Milch gebacken wird, ist es der Sandkuchen ***Gateau Breton***, der mit Apfel- oder Pflaumenmus gefüllt ist und vor Butter nur so trieft. Die Krönung der bretonischen (Butter-)Kuchen ist jedoch der ***Kouign Amann*** (gesprochen „kwien amon“). Für das üppige Hefegebäck gilt die Faustregel „1 Pfund Butter, nochmals 1 Pfund Butter, etwas Zucker und Mehl und wenigstens 1 Pfund auf den Hüften“ und es schmeckt nach einem ausgedehnten Spaziergang mit einer Tasse Kaffee oder Tee einfach köstlich.

Die bekanntesten bretonischen Spezialitäten sind aber wohl die hauchdünnen Pfannkuchen. Die **salzige *Galette*** wird in der Regel aus dunklem Buchweizenmehl *(Sarrazin* oder *Blé Noir)* hergestellt und mit Käse, Schinken, Gemüse und vielem mehr belegt, während die **süße *Crêpe*** aus hellem Weizenmehl besteht und mit Marmelade *(Confiture)*, Honig *(Miel)*, Schokolade *(Chocolat)*, Eis *(Glace)* oder der sündhaft guten *Crème Caramel au Beurre Salé* (gesalzene Karamellcreme) serviert wird.

Rezepte für Galettes und Crêpes gibt es wie Sand am Meer, aber wir haben uns im Wohnmobil nie die Mühe mit dem Anrühren eines frischen Teigs gemacht. Vielmehr konnten wir oft auf den Märkten fertig gebackene, meist erkaltete helle oder dunkle Pfannkuchen erstehen oder haben uns im Supermarkt mit der eingeschweißten Varianten eingedeckt.

Rezept für die WOMO-Küche:

Galette Complète:
1 vorgebackene Galette, 1 Scheibe gekochter Schinken, 1 aufgeschlagenes Ei, 2 - 3 Esslöffel geriebener Käse. Galette mit etwas Fett in der Pfanne mit Schinken, Ei und Käse erwärmen, bis das Ei stockt und der Käse schmilzt.

Crêpes roulées au Crème Caramel au Beurre Salé:
1 vorgebackene Crêpe, entweder Crème Caramel au Beurre Salé im Glas beziehungsweise in der Flasche fix und fertig kaufen oder für das Karamell 70 g Zucker in einem Topf erhitzen bis er goldgelb und flüssig wird. Vom Herd nehmen, 10 cl flüssige Sahne, 40 g Butter und 2 Prisen Fleur de Sel unter Rühren zugeben und bei kleiner Flamme in etwa 2 Minuten zu einer glatten, cremigen Sauce rühren (die Mengenangabe für das Butterkaramell müsste für 4 Portionen reichen). Crêpes mit etwas Fett in der Pfanne erhitzen, mit der Karamellsauce bestreichen und zusammenrollen.

Im Allgemeinen reicht eine Galette zum Hauptgang und danach eine Crêpe als Dessert pro Person – der Suchtfaktor ist jedoch groß und diese köstliche Verführung gehört in unsere persönlichen **Top Ten.**

In den meisten Restaurants steht mindestens ein vegetarisches, vielleicht auch ein veganes Gericht auf der Karte. Besonders in den größeren Städten finden sich Restaurants mit internationaler Küche und die Einkehr in Crêperien oder Bistros enttäuscht fast nie. Wen zwischendurch der kleine Hunger überkommt, der findet Sandwiches im Supermarkt, Pizza oder Quiche aus der Bäckerei, Kuchen und kleine Gerichte wie *Croque Monsieur*, überbackenes Weißbrot mit gekochtem Schinken und Käse, im Salon de Thé.

Seit 2010 gehört die französische Küche zum **immateriellen Weltkulturerbe** der UNESCO. Dabei ist nicht die Küche pauschal beurteilt worden, sondern unter anderem die Verwendung von vorzugsweise lokalen Produkten, die gekonnte Auswahl der Speisen, die die Vielfalt der französischen Regionen widerspiegelt, die Ästhetik der Tafel und die Speisefolge. Diese besteht aus einem Ritual, das mit einem Aperitif beginnt und mit einem Digestif endet. Dazwischen gibt es mindestens drei oder vier Gänge: Vorspeise *(Entrée)*, Hauptspeise *(Plat)*, Käse *(Fromage)*, Dessert *(Dessert)*. Auch wenn die Bretagne nicht zu den klassischen Weinbauregionen Frankreichs gehört, darf auch ein Glas Wein zu einem guten Essen nicht fehlen. Wer möchte, kann natürlich auch ein Bier, etwas Antialkoholisches oder den für die Region typischen ***Cidre*** ordern. Der spritzige, leicht schäumende Apfelwein passt vorzüglich zu *Galettes* und *Crêpes* und wird aus einer bauchigen Keramikschale *(bol)* getrunken. Nach der Normandie ist die Bretagne die zweitgrößte Cidre-Region Frankreichs und aus etwa 50 Cidre-Apfelsorten stellen die Cidre-Bauern den apfelsaftähnlichen *Cidre doux* mit bis zu 2,5 Prozent Alkohol, den herberen *Cidre brut* mit bis zu 5 Prozent Alkohol und den als Flaschengärung angebotenen *Cidre bouché* her. Als ***Kir Breton***, mit schwarzem Johannisbeerlikör gemixt, eignet sich der Cidre als Aperetif und destilliert wird er unter der Bezeichnung ***Lambig***, einem normannischen Calvados ähnlich, als Digestif getrunken.

Bei einem **Restaurantbesuch** schlägt ein durchschnittliches 3-Gänge-Menü mit mindestens 15 bis 40 Euro pro Nase zu Buche. Hierbei ist zu erwähnen, dass diese Angabe in den meisten Fällen für ein Mittagsmenü gilt. Im Allgemeinen ist das abendliche Menü teurer und ein edleres Ambiente sorgt für einen weiteren Preisaufschlag. Dann können Sie locker das Doppelte und in Gourmetrestaurants mit einer nach oben fast offenen Preisskala rechnen. Das Preisgefüge liegt in den touristisch gut erschlossenen Orten erwartungsgemäß insgesamt höher als in den ruhigeren Regionen oder aber auch in den größeren Städten, in denen mittags von den Büroangestellten bis zu den Studierenden viele außer Haus essen gehen. Zusätzlich möchten wir erwähnen, dass auch auf dem Land viele Einheimische oftmals während der Mittagszeit in Gaststätten einkehren. Dort, wo beispielsweise viele Handwerkerwagen vorzufinden sind, wird im Allgemeinen eine preiswerte Hausmannskost angeboten. Schrauben Sie Ihre Ansprüche allerdings nicht zu hoch, denn manchmal kann das Mittagsmahl auch zum wenig ansprechenden *menu surprise* werden.

Selbstverständlich wird kein Gast zu einem Menü gezwungen, doch ein *À-la-carte*-Essen lohnt nur, wenn es unter dem Strich tatsächlich günstiger als ein vollständiges Menü ausfällt und das passiert äußerst selten. Eine „abgespeckte" und entsprechend leicht günstigere Menü-Alternative bieten viele Lokale zur Mittagszeit, in dem zum Beispiel Vorspeise und Hauptgericht oder Hauptgericht und Nachspeise kombinierbar sind.

Wir möchten darauf hinweisen, dass unsere Restaurantempfehlungen nicht unbedingt die günstigsten Angebote beinhalten oder auf die größten Mengen auf dem Teller hinweisen, sondern vielmehr die Qualität der angebotenen Speisen beurteilen. Vermutlich gibt es preisgünstigere Einkehrmöglichkeiten, aber wir gehen lieber einmal weniger essen und geben dafür etwas mehr Geld aus, können uns aber dafür ziemlich sicher sein, dass wir eine vernünftige und vor allen Dingen dem Preis angemessene Mahlzeit in einer angenehmen Atmosphäre erhalten.

Ein wenig sparen können Sie, wenn Sie es den Franzosen nachmachen und anstatt einer Flasche Mineralwasser einfach eine Karaffe Wasser ordern (*une carafe d'eau, s'il vous plaît*). Sie bekommen dann lediglich das örtliche Leitungswasser kredenzt, schonen jedoch je nach persönlichem Konsum und Mineralwassermarke Ihre Urlaubskasse beträchtlich.

Ein richtiger Lichtblick ist die Kinderfreundlichkeit, denn viele Gastronomen bieten ein günstiges Menü für Kinder an, wenn diese gerade mal nicht auf Pommes oder Crêpes stehen.

Sollten Sie nicht gleich mit Öffnung des Restaurants am Tisch sitzen wollen, dann empfiehlt sich unbedingt eine **Reservierung**. Wenn Sie der französischen Sprache nicht mächtig sind, dann reservieren Sie einfach

über die Webseite der entsprechenden Lokalität. Die Internetadressen der von uns genannten Restaurants haben wir, soweit sie uns bekannt sind, angegeben, oder Sie nutzen die Möglichkeit der Michelin-App. Diese kann auch offline genutzt werden und im online-Modus den Weg zum gewünschten Restaurant aufzeigen sowie eine Tischreservierung aus dem Programm heraus möglich machen.

In Frankreich ist die Bedienung im Preis inbegriffen, doch zwischen fünf und zehn Prozent Trinkgeld sind je nach Zufriedenheit durchaus angemessen. Wir haben dies nach unseren Restaurantbesuchen gern zurückgelassen, wurden wir doch in unseren Erwartungen an Küche und Service meist nicht enttäuscht. Bis auf wenige Ausnahmen hat uns alles geschmeckt, aber die unglaubliche Vielfalt der Zubereitungsarten und das Arrangement der Speisen hat uns jedes Mal überrascht.

Fest- und Feiertage

Banken, Behörden und die meisten Geschäfte, aber auch fast alle Sehenswürdigkeiten und Museen haben an lokalen Festtagen sowie an folgenden Tagen geschlossen:

1. Januar Neujahr *(Jour de l'an)*, Ostermontag *(Lundi de Pâques)*, 1. Mai Tag der Arbeit *(Fête du travail)*, 8. Mai Tag des Waffenstillstandes 1945 *(Armistice 1945)*, Christi Himmelfahrt *(Ascension)*, Pfingstsonntag und -montag *(Dimanche-/ Lundi de Pentecôte)*, 14. Juli Nationalfeiertag *(Fête Nationale)*,15. August Maria Himmelfahrt *(Assomption)*, 1. November Allerheiligen *(Toussaint)*, 11. November Tag des Waffenstillstandes 1918 *(Armistice 1918)*, 25. Dezember 1. Weihnachtsfeiertag *(Noël).*

Karfreitag und der 2. Weihnachtsfeiertag gehören nur im Elsass zu den Feiertagen, der 6. Januar (Heilige Drei Könige) und Fronleichnam sind in Frankreich keine Feiertage.

Freies Übernachten/Parken

Das einmalige Übernachten auf öffentlichen Plätzen ist in Frankreich erlaubt. **Natürlich sind örtliche Einschränkungen zu beachten und ein campingähnliches Verhalten, wie beispielsweise Markise ausfahren, Tisch und Stühle aufstellen, Grillen und Wäsche aufhängen, zu unterlassen.**

Soweit die Theorie – in der Praxis stellt sich eher die Frage, ob Sie von der örtlichen Obrigkeit behelligt oder gar zur Kasse gebeten werden. Uns ist das allerdings nicht ein einziges Mal passiert! Die generelle Legalität spielt in der Praxis also keine Rolle. Nach unseren Erfahrungen kann man mit etwas Sensibilität dort stehen, wo es nicht ausdrücklich verboten ist

Die Thematik der klassischen **freien (kostenfreien) Stellplätze**, die in diesem Reiseführer als WOMO-Parkplätze bezeichnet werden, wird allerdings in Zeiten zunehmender Wohnmobilkolonnen immer schwieriger und man sollte bei der Auswahl „seines" Platzes schon ein gewisses Maß an Fingerspitzengefühl an den Tag legen! So kann es vorkommen, dass einige der von uns genannten Parkplätze an Sehenswürdigkeiten oder in Städten je nach aktueller Situation nicht nur zum Parken, sondern gegebenenfalls durchaus auch einmal zum Übernachten, also als WOMO-Parkplatz, geeignet sind. Sollten Sie unsicher sein oder sich der Parkplatz zum Beispiel auf privatem oder kommunalem Grund befinden, dann sorgt eine kurze Nachfrage vor Ort meist für Klarheit.

Wir haben bei der Angabe von **Max. WOMOs** bei den freien Plätzen stets die Anzahl angegeben, die wir für verträglich halten, um niemanden durch eine zu große Ansammlung von Reisemobilen zu verärgern oder zu stören. Nichtsdestotrotz werden sie auf Örtlichkeiten treffen, wo gerade in der Hauptsaison sehr viel mehr Wohnmobile anzutreffen sind, weil die Aussicht, der Strand und das übrige Drumherum einfach zu schön sind.

Aber mal ganz ehrlich, wenn wir uns jetzt einfach dazustellen, womöglich auch noch in zweiter Reihe oder dicht an den Nachbarn gequetscht, dann ist der Sinn und vor allem der Reiz des freien Stellplatzes nun wirklich verschwunden und noch schlimmer, die favorisierte Stellplatzmöglichkeit wird über kurz oder lang von offizieller Stelle verboten werden! In solchen Fällen fahren wir weiter und suchen den nächsten Stell- oder Campingplatz auf. **Für längere Aufenthalte über zwei Nächte empfehlen wir ohnehin die offiziellen Stell- und Campingplätze.**

Fahren Sie nach einer oder mehrerer der inzwischen fast obligatorischen Stellplatz-Apps? Wir tun das selbstverständlich ebenfalls und orientieren uns an dem schier unerschöpflich erscheinenden Angebot. Wir studieren Fotos, Koordinaten und die Kommentare der Nutzer – vermutlich genau wie Sie. Aber wir wählen zusätzlich für Sie aus! Wir trennen die Spreu vom Weizen, schauen nach, ob es nicht vielleicht doch eine Höhenbarriere gibt oder die Zufahrt zu eng, zu lang, zu schlecht und schlammig sein könnte. Passt das Umfeld, wie ist der Untergrund oder gibt es vielleicht doch eine unerwähnte Einschränkung? Soweit es sich um anderweitig veröffentlichte Plätze geht, haben wir nur diejenigen in dieses Buch aufgenommen, die wir tatsächlich für geeignet halten, und warnen Sie gegebenenfalls auch einmal vor einem bestimmten Platz. Nichtdestotrotz können auch diese Angaben bei der nächsten Reise schon wieder überholt sein. Zudem gibt es, zumindest vorübergehend, noch Plätze, die Sie nur bei uns finden.

Wir haben die Plätze im Allgemeinen sauber sowie ordentlich vorgefunden und diese auch so wieder verlassen. Es wäre schön, wenn das so bliebe und wir bitten deshalb alle Leser und vor allen Dingen die Nutzer der freien Stellplätze ganz herzlich, sich so zu verhalten, dass niemand uns Alt- und Neucampern, Vanlifern, Kastenwagenfahrern, Pkw-Fahrern mit Zeltdach, kurz gesagt, der gesamten Wohnmobilisten-Community mit und ohne Klo von ganz kleinen bis ganz großen Fahrzeugen zürnen kann! Es wäre schade, wenn Reisemobile jeglicher Couleur in Zukunft auf freien Stellplätzen in der Bretagne und in allen anderen Regionen nicht mehr gern gesehen würden.

Manchmal sind wir auf Schilder mit der Aufschrift *Camping interdit* (Camping verboten), *Camping et caravaning interdit* (Camping und Caravaning verboten) oder *Camping sauvage interdit* (Wildes Camping verboten) gestoßen und sind uns nicht sicher, ob damit auch Wohnmobile gemeint sind und/oder lediglich die Nutzung von Sitzmöbeln, Markisen, Keilen, Grillen gemeint ist. Französische Reisemobilisten ignorieren dieses Verbot im Allgemeinen, von dem sie meinen, dass es nur Zelte beträfe, und scheinen damit (noch) Erfolg zu haben. Wir haben es ihnen von Zeit zu Zeit in der Nebensaison und mit einem kleinen schlechten Gewissen nachgemacht, müssen aber auch eindeutig sagen, dass wir ein leider häufiger anzutreffendes Verbot für Wohnmobile (*Camping-Cars interdit*) immer akzeptiert haben.

Bei einigen der genannten Parkplätze werden Sie bemerken, dass das Parken nur für Pkw zulässig beziehungsweise für Lkw verboten ist. Auf Nachfrage bei den zuständigen Stellen haben wir regelmäßig die Auskunft erhalten, dass mit den jeweiligen Schildern lediglich das Abstellen von Lkw unterbunden werden soll und Wohnmobile dort parken dürfen (siehe auch unter „Straßenverkehr"). Das beruhigte uns sehr, denn sonst hätten wir den einen oder anderen Ort mit dem Wohnmobil gar nicht besuchen können! Wir empfehlen denjenigen, die diese Auskunft als zu vage oder nicht gesetzeskonform ansehen, bei den entsprechenden Fremdenverkehrsbüros gezielt nachzufragen und sich zu vergewissern, ob das Parken mit dem Wohnmobil erlaubt ist.

Generell sollten Sie an allen Orten (auch auf offiziellen Stell- und Campingplätzen sowie Parkplätzen) so einparken, dass Sie nicht zugeparkt werden und den Parkplatz ohne Rangiermanöver und im besten Fall vorwärts verlassen können.

Diesen Hinweis möchten wir Ihnen insbesondere nach den **Wald- und Flächenbränden** im Jahr 2022 in allen Teilen Frankreichs und Europas unbedingt ans Herz legen. Die Polizei schreitet in feuergefährdeten Bezirken ohnehin gegen „wildes" Campieren ein. Aber auch wenn Sie nicht vertrieben werden, stellen Sie sich niemals so, dass sie keine Fluchtmöglichkeit haben. Aus eigener leidvoller Erfahrung wissen wir, wie schnell ein Wohnmobil nur durch die immense Hitzeentwicklung eines nahen Flammenherdes in Brand geraten kann und wie schnell vom mobilen zweiten Zuhause nichts mehr übrig ist. Sollten Sie während extremer Trocken- oder Regenperioden in der Nähe der Flussufer parken, achten Sie bitte auf heranziehende Unwetter, damit sie nicht von eventuell auftretenden **Überschwemmungen** überrascht werden.

Es kann sein, dass sich ein Stellplatz im Sommer anders darstellt als in den übrigen Jahreszeiten. Da wir uns in der freien Natur aufhalten, **sind Unterlegkeile zum Ausgleich von Bodenunebenheiten hilfreich!**

Lassen Sie sich nicht von der Nähe einiger unserer Plätze zu den Straßen abschrecken! Meist ruht der Straßenverkehr nachts völlig und wir haben dort störungsfreie Nächte verbringen können. Sollte eine Geräusch- oder Geruchsbelästigung soweit uns bekannt nicht auszuschließen sein, weisen wir im Text gesondert darauf hin.

Gas/Tanken

Mittlerweile verfügen fast alle Wohnmobile über zwei 11 kg-Gasflaschen, mit denen man, ohne zu heizen beinahe einen ganzen Sommer lang verreisen kann.

Bei Gasknappheit hilft eine französische Gasflasche. Der einfache Tausch einer deutschen Gasflasche, wie wir ihn in Deutschland beispielsweise bei einem Camping-Zubehörgeschäft regelmäßig vornehmen, gegen eine französische Flasche ist nicht möglich.

Stattdessen haben wir, nachdem uns bei längeren Frankreich-Aufenthalten das Gas ausging, verschiedene Gasflaschen von verschiedenen Anbietern ausprobiert und möchten Sie an unseren Erfahrungen teilhaben lassen. In den Gasflaschenauszug unseres vorherigen Wohnmobils passten **silber-blaue 13 kg-Gasflaschen** der Firma *Butagaz* als auch **lilafarbene 11 kg-Gasflaschen** der Firma *Clairgaz*, die nicht häufig und wenn, dann vorwiegend bei E. Leclerc angeboten werden (Stand Mitte 2022 etwa 32 €). Bei der lilafarbenen Flasche ist unter Umständen der Umfang des Metallkragens am oberen Ende der Flasche zu berücksichtigen. Die Flaschen enthalten Propangas und sind beispielsweise an den Tankstellen vieler Supermärkte zu finden. Zur Nutzung der **silber-blauen Flasche wird auf jeden Fall der Euro-Adapter Nr. 4**, ein spezielles Anschlussstück, benötigt. **Lilafarbene Flaschen sind ohne Adapter** zu nutzen.

Am besten erwirbt man ein Euro-Adapter-Set schon zu Hause, da es in Frankreich nicht immer vorrätig ist und man sich zusätzlich bereits vor Antritt der Reise mit der Handhabung vertraut machen kann. Da das Set aus mehreren Adaptern besteht, deckt man gleich noch die Anschlussfrage für andere europäische Länder ab. Wenn die französische Gasflasche leer ist, kann sie innerhalb Frankreichs, wie auch bei unserem deutschen Tauschsystem, gegen eine volle Flasche getauscht werden, oder man gibt sie überall dort ab, wo die Marke der zuvor erworbenen Flasche angeboten wird. Nach dieser positiven Erfahrung fahren wir auch in der kühleren Jahreszeit sehr viel entspannter nach Frankreich!

Außerdem gibt es die blauen 2,75 und 5 kg-Gas Campingaz Flaschen, die auf vielen Campingplätzen sowie in Supermärkten erhältlich sind und in Ihren Gasflaschenkasten passen sollten. Zudem ist an fast allen Tankstellen, in Supermärkten und in Baumärkten eine große Auswahl weiterer Gasflaschen erhältlich. In diesem Fall können wir Ihnen jedoch nicht mit eigenen Erfahrungen behilflich sein und müssen uns auf „Hörensagen" beschränken. Danach benötigen auch all diese Flaschen einen entsprechenden Adapter und man sollte bei der Rückgabe der Flaschen aufpassen, da angeblich nicht jede Supermarktkette die Gasflaschen der anderen Kette zurücknimmt oder tauscht. Auf jeden Fall sollten der Kassenbeleg für die Füllung und das Flaschenpfand gut aufgehoben werden, da ohne den Bon bei der Rückgabe gar nichts laufen soll.

Zu erwähnen ist, dass viele Flaschen mit Butangas (zum Beispiel rotfarbene Flasche von *Clairgaz butane*) gefüllt sind, während wir im Sommer in Deutschland meist Propangas verwenden.

Besitzer von Wohnmobilen mit festem **Gastank** oder mit **Gastankflasche** sind in Frankreich vergleichsweise gut dran, da das Gas-Tankstellennetz relativ dicht ist. Auch hier ist für das Betanken ein Adapter notwendig, der bereits zu Hause im Campingfachhandel erworben werden kann. Gas-Tankstellen sind am Schild G. L. P. zu erkennen.

Nach dem 1.1.2007 erstmals zugelassene Fahrzeuge müssen in der EU mit einer Schlauchbruchsicherung oder dem Strömungswächter Monocontrol oder Duocontrol CS, beide von Truma und Nachfolger von SecuMotion, ausgerüstet sein und serienmäßig eine Schlauchbruchsicherung beziehungsweise einen Crashsensor enthalten. Dieser Regler ist am Fahrzeug montiert, und Sie benötigen, falls Sie eine ausländische Gasflasche einsetzen, passende Anschlussschläuche *(www.truma.com)*.

Das französische **Tankstellennetz** ist unterschiedlich dicht. Beachten sollte man, dass viele Tankstellen an Sonn- und Feiertagen geschlossen haben und an denen mit dem „24/24"- Zeichen nur per Automat und mit Kreditkarte getankt werden kann. Häufig werden EC/Maestro-, aber hin- und wieder auch Kreditkarten nicht akzeptiert (siehe auch unter „Geld") und allein schon deswegen, sollte man nie „mit dem letzten Tropfen" zur Tankstelle fahren!

Das Preisgefüge zwischen einzelnen Tankstellen schwankt gewaltig. So ist das Tanken an der Autobahn am teuersten, während die normalen Tankstellen im Schnitt zehn Cent günstiger sind und die Zapfsäulen an großen Supermärkten den Dieselpreis (*gazole*) nochmals um rund zehn Cent unterbieten.

Geld

Offizielles Zahlungsmittel in Frankreich ist der Euro. Es gibt überall Geldautomaten, an denen Sie, unter Umständen gegen eine Gebühr, mit der Giro- (auch V-Pay) oder Kreditkarte Bargeld abheben können. In Frankreich ist es üblich, auch kleinere Geldbeträge mit der Kreditkarte zu zahlen, vorwiegend mit der VISA-Card, da diese die größte Akzeptanz besitzt.

Vorsicht ist bei dem Begriff *carte bancaire* geboten, denn oft meinen die Franzosen mit dieser Bezeichnung die Kreditkarte und nicht die GiroCard. Ein weiterer Unterschied besteht darin, dass französische Kreditkarten mit einem Chip versehen sind (so wie die GiroCard). Eigentlich sollten mittlerweile alle deutschen Kreditkarten auf dieses System umgestellt worden sein, doch einige besitzen diesen Chip noch immer nicht und daher können beim Zahlen mit Kreditkarte ohne Chip Probleme auftreten. Wir haben schon an Tankstellen die Kredit- und Girokarten aller Mitfahrenden ausprobiert, bis schließlich eine den ersehnten Diesel in den Tank sprudeln ließ.

Mit der GiroCard können Sie inzwischen recht häufig Ihre Zeche im Restaurant oder Ihren Einkauf in verschiedenen Geschäften begleichen, Ihren Dieseltank füllen und in seltenen Fällen sogar die Autobahnmaut bezahlen. Dummerweise funktioniert sie aber nicht flächendeckend, weshalb wir Ihnen unbedingt zu einer VISA-Karte raten.

Streng genommen ist die VISA-Card für Frankreich unverzichtbar, weil Sie zahlreiche Zahlungsvorgänge sonst gar nicht (beispielsweise an Stellplätzen) oder nur schlecht (an Autobahnen) vornehmen können!

In der Regel werden beim Abheben von Bargeld am Automaten zwei Prozent des Betrages beziehungsweise mindestens fünf Euro Gebühr berechnet. Genauere Auskünfte erhalten Sie bei Ihrem Kreditinstitut.

Für den Fall, dass Ihre Giro- oder Kreditkarte abhandenkommt, melden Sie den Verlust umgehend telefonisch bei der kartenausgebenden Bank und lassen Sie die Karte sperren. In Deutschland gibt es zudem für Kartensperrungen eine zentrale **Sperrhotline**, die für fast alle deutschen Banken zuständig ist. Unter der Telefonnummer +49 116116 können Sie Tag und Nacht anrufen und den Verlust somit umgehend melden. Das ist insofern wichtig, weil nur dann die im Kredit- oder Giro-Kartenvertrag enthaltene Versicherung zahlt, falls ein Spitzbube mit ihrer Karte Missbrauch betreibt *(www.sperr-notruf.de)*.

Geschichte

Auf unserer Reise durch die Bretagne werden wir oft an ihre Geschichte erinnert. Für den besseren Überblick führen wir nachstehend die wichtigsten Daten und Ereignisse auf:

• **200.000 v. Chr.** Erste Spuren menschlichen Lebens.

• **Um 4.500 - 2.000 v. Chr.** Erste Jäger werden sesshaft und die Zeit der Megalith- Kultur beginnt mit der Errichtung von Dolmen, Menhiren sowie Cairns und erreicht in dieser Zeit ihren Höhepunkt.

• **Um 2.000 - 800 v. Chr.** In der Bronzezeit werden die Megalithbauten aufgegeben und Hügelgräber erhalten Beigaben aus Bronze oder Kupfer.

• **Um 600 v. Chr.** In der Eisenzeit wandern die Kelten auf der bretonischen Halbinsel ein und nennen das Land *Ar Mor* oder *Armorika*, das Land am Meer. Sie prägen den Landstrich mit ihrer blühenden Kultur, befestigen ihre Fluchtstätten und sorgen für Handel-, Handwerks- und Verwaltungszentren. Die Kultstätten ihrer Priester, der Druiden, liegen in Wäldern sowie an Quellen und Reste ihres spirituellen Kultes verschmelzen später mit dem Christentum. Der keltische Stamm der Redoner siedelt um Rennes, die Veneter bei Vannes im Süden, die Osismier bei Carhaix im Nordwesten, die Coriosoliter im Norden und die Namneter bei Nantes. Die Veneter bilden die mächtigste Volksgruppe, sie kontrollieren die Minen, die Verkehrsadern sowie die Seefahrt und stehen an der Spitze der keltischen Stämme, als die Römer Gallien erobern.

• **58 - 56 v. Chr.** Die Veneter leisten erbitterten Widerstand und können erst nach zwei Jahren von den kampferprobten Legionen unter Gaius Julius Cäsar im Golf von Morbihan vernichtend geschlagen werden. Fast 400 Jahre prägt die römische Kultur das Land und erst nach den Einfällen verschiedener Barbaren- und Piratengruppen verliert das Römische Imperium an Macht und zieht sich aus der Provinz zurück.

• **450 - 650** Ab 450 n. Chr. fliehen christianisierte Kelten aus Irland und dem Südwesten Britanniens über den Ärmelkanal. Ihr Ziel ist *Armorika*, das sie wegen der Ähnlichkeit zu ihrer Heimat als Klein-Britannien bezeichnen – die Bretagne ist geboren! Unter den Flüchtenden befinden sich viele Mönche, von den sieben zu den Gründungsheiligen gehören und die römisch geprägten Gallier zum Christentum bekehrten (vgl. Tour 6 u. 8). Aus dieser Zeit stammen viele Ortsnamen mit Silben wie *Plou* (Pfarrgemeinde), *Tré* (Pfarrei) und *Lan* (Einsiedelei), die mit den Namen der Missionare oder Gründungsväter ergänzt werden. Gleichzeitig ernennt die bretonische Bevölkerung erste Bischöfe und erhebt sowohl diese als auch andere Priester zu Heiligen.

- **Um 600** Gründung eines ersten bretonischen Königreichs durch König Gradlon.
- **799** Eroberung der Bretagne durch Karl den Großen.
- **826** Karls Nachfolger Ludwig der Fromme ernennt Nominoë, den Grafen von Vannes, zum Herzog der Bretagne. Wie sich herausstellt, ein folgenreicher Fehler, denn Nominoë probt den Aufstand gegen den Frankenkönig.
- **845** Die Frankenherrschaft wird beendet, Nominoë etabliert die Ostgrenze der Bretagne und gründet die erste bretonische Herrscherdynastie.
- **851** Sohn Erispoë ernennt sich zum König und schlägt den fränkischen König Karl den Kahlen, der seinerseits die Bretagne im Vertrag von Angers als unabhängiges Königreich anerkennt.
- **Bis 939** Nach der Ermordung Erispoë erlebt das Land unter König Salomon eine Blütezeit bis die heidnischen Normannen kommen und die Bretagne plündern und verwüsten.
- **952** König Alain Barbe-Torte verjagt die Normannen und stirbt als letzter bretonischer König. Danach zersplittert die Bretagne und einzelne Grafen streiten um die Vormachtstellung. Mal ist Rennes der Herrschaftssitz, mal Nantes und sowohl England als auch Frankreich mischen sich in die Konflikte ein.
- **1341 - 1365 und danach** Herzog Jean III. stirbt kinderlos, es kommt zu Streitereien um die Nachfolge. Unter den Eindrücken des Hundertjährigen Krieges unterstützen die Großmächte England und Frankreich die Kontrahenten Jean de Montfort und Charles de Blois. Der blutige Bretonische Erbfolgekrieg dauert bis zur Schlacht von Auray. Montfort wird neuer Herzog der Bretagne und unter ihm sowie seinen Nachkommen erblüht die Bretagne von Neuem.
- **1488 - 1492** Herzog Franz II. wird beim Kampf um die Unabhängigkeit der Bretagne geschlagen, stirbt wenig später und seine 12-jährige Tochter Anne de Bretagne besteigt den Thron. Das Mädchen ist dem österreichischen Kaiser versprochen, heiratet jedoch den französischen König Karl VIII. und wird 1492 zur Herzogin der Bretagne als auch zur Königin von Frankreich gekrönt. Nur wenige Jahre später stirbt Karl und Anne muss laut Ehevertrag den königlichen Nachfolger Ludwig XII. heiraten. Auch in dieser Verbindung bleibt die Bretagne souveränes Herzogtum.
- **1532** Annes Tochter Claude ist mit König Franz I. verheiratet und tritt das Herzogtum an Frankreich ab. Die Provinz ist einem Pariser Gouverneur unterstellt, aber immer noch autonom.
- **1561** Rennes wird Sitz des bretonischen Parlaments.
- **1598** Mit dem Edikt von Nantes wird der Kampf zwischen Katholiken und Hugenotten beendet. Es sichert den Protestanten Religionsfreiheit zu.
- **1675** Aufstand gegen das Stempelpapier, eine Art indirekte Steuer, der jedoch niedergeschlagen wird und das Ende der autonomen Provinz bedeutete.
- **1685** Das Edikt von Nantes wird als ungültig erklärt, die Hugenotten fliehen und der Niedergang der größtenteils von ihnen betriebenen Textilindustrie beginnt. Trotzdem entwickelt sich die Bretagne durch den Fischfang, die Handelsschifffahrt, die Freibeuterei sowie den Schmuggel zu einer reichen Seeprovinz – zumindest in den Küstenregionen.
- **1789** Bei Ausbruch der Französischen Revolution stellen sich die Bretonen zunächst auf die Seite der Revolutionäre. Als jedoch die Bretagne in Départements aufgeteilt sowie die Autonomie noch weiter beschnitten und die bretonische Sprache verboten wird, wendet sich das Blatt.
- **1793 - 1806** Aufstände der königstreuen Chouans gegen die Revolutionsgarden, die jedoch blutig niedergeschlagen werden.

• **1832** Letzter Aufstand der Royalisten.
• **1840** Eröffnung des Nantes-Brest-Kanals. Beginn der Industrialisierung in Frankreich, Künstler und Schriftsteller sowie erste Touristen entdecken die Schönheit der Bretagne. Der wirkliche Fortschritt zieht jedoch an der Bretagne vorbei und eine Abwanderung der Bevölkerung setzt ein.
• **1914 - 1918** Erster Weltkrieg.
• **1940 - 1945** Zweiter Weltkrieg, deutsche Truppen besetzen die Bretagne. Die Häfen Saint-Nazaire, Saint-Malo, Lorient und Brest werden zu U-Boot-Stützpunkten ausgebaut und von den Alliierten besonders bombardiert. Am Ende des Krieges sind sie nahezu zerstört.
• **1951** Gründung eines Komitees zur Förderung der Interessen der Bretagne.
• **1964 bis zur Gegenwart** Bildung der Wirtschaftsregion Bretagne, durch eine Gebietsreform geht das Département Loire-Atlantique der Bretagne verloren. Rennes wird zur Hauptstadt der Bretagne erklärt.
Auch wenn die bretonischen Bauern von Zeit zu Zeit gegen die Agrarpolitik der EU auf die Barrikaden gehen, unzufriedene Fischer gegen Billigimporte und Quoten rebellieren, verschiedene Streiks das öffentliche Leben lahmlegen oder immer mal wieder politische Strömungen Autonomiebestrebungen verfolgen, sind die Zeiten friedlicher geworden. Heute präsentiert sich die Bretagne mit dem Slogan ***Be Breizh***, was wohl am besten mit „Fühl' Dich in der Bretagne wohl!" ins Deutsche übersetzt werden kann.
Die bretonische Kultur wird wiederbelebt und viele Bretonen, auch junge Leute, sprechen noch oder wieder Bretonisch, die letzte lebende, keltische Sprache in Europa. An Sportstätten, Rathäusern, aber auch vor Crêperien oder Privathäusern flattert die ***Gwenn ha du*** (Weiß und Schwarz) im Wind. Die fünf schwarzen Streifen der bretonischen Flagge verkörpern die fünf einstigen Bistümer der Basse-Bretagne Rennes, Nantes, Dol, Saint-Malo sowie Saint-Brieuc und die vier weißen Streifen stehen für die Bistümer der Haute-Bretagne Léon, Cornouaille, Vannes und Tréguir. Die kleinen schwarzen Symbole auf weißem Grund stellen Hermelinschwänze dar, die die Herzöge der alten Bretagne als Symbol der Macht ansahen.
Ein Zeichen der bretonischen Identität ist das keltische ***Triskell***, dessen dreiarmiges, ineinander übergehendes Symbol für Feuer, Erde und Wasser steht sowie die drei Buchstaben *BZH*, die als Abkürzung für *Breizh* (bretonisch für Bretagne) benutzt werden und an vielen Autos oder Schiffen zu finden sind.

GPS/Navigation

Die Navigation per GPS-Gerät gehört zum Alltag und wird nahezu in jedem Wohnmobil genutzt. Auf unseren Recherchetouren haben uns zum einen die Garmin-Navigationsgeräte, aber auch das im Wohnmobil festverbaute Radio-Navigationsgerät sicher zu unseren Zielen geführt. Zum anderen nutzen wir ein Android-Tablet und navigieren beispielsweise mit Google-Maps oder VIAMICHELIN online.

Wenn wir unterwegs nicht online sein können oder sein möchten, dann leisten uns unter anderem die Apps von maps.me, OsmAnd oder Sygic GPS Navigation im Offline-Modus gute Dienste. Entsprechende Karten müssen vorher online heruntergeladen werden.

Wir empfehlen trotz aller Technik, bei der gelegentliche Ungenauigkeiten einkalkuliert werden müssen, die Mitnahme einer guten Straßenkarte oder bei Bedarf einer Wanderkarte.

Die GPS-Koordinaten aller Plätze haben wir in der Schreibweise Grad° Minuten' und Sekunden", z. B. N 50°36'38.2" E 10°07'55.6" angegeben und Sie können sie manuell in jedwede Art von Navigationsgerät und -möglichkeit eingeben. Gegebenenfalls muss das Eingabeformat in den Grundeinstellungen Ihres Gerätes verändert werden, sonst weicht die anvisierte Örtlichkeit deutlich vom eigentlichen Ziel ab.

Die GPS-Daten zu diesem WOMO-Reisefüher können Sie auf der Seite des WOMO-Verlags kostenfrei herunterladen. Den **Download-Link** und die **Zugangsdaten** finden Sie auf der letzten Buchseite.

Hunde

Wenn Ihr Hund oder Ihre Katze Sie in den Urlaub begleiten sollen, beachten Sie bitte, dass diese vor allem wegen des Impfstatus nicht jünger als drei Monate sein dürfen, mittels eines Mikrochips und durch einen Europäischen Heimtierausweis (Ausstellung bis zum 29.12.2014 gem. EU-Entscheidung Nr. 2003/803 – Ausstellung nach dem 28.12.2014 gem. EU-Verordnung Nr. 577/2013) identifizierbar sein müssen. Vor dem 3.7.2011 tätowierte Tiere dürfen auch weiterhin einreisen. Die 3 Jahre gültige Tollwutimpfung wird auch in Frankreich, soweit der Impfstoff explizit angegeben ist, anerkannt. Ansonsten gelten die für Deutschland gesetzlich vorgeschriebenen Impfregelungen.

Sowohl die Mitnahme als auch die reine Durchreise von Kampfhunden der 1. Kategorie ist verboten und wird als Straftat bewertet. Gleiches gilt für Hunde der 2. Kategorie (hierzu zählen auch Rottweiler), bei deren Einreise zahlreiche Bedingungen erforderlich sind , die einen kurzen Aufenthalt in Frankreich quasi unmöglich machen, da Hund und Halter die verschiedenen Eignungsnachweise, Verhaltensbegutachtungen und Besitzgenehmigungen (diese sind mit einem Wohnsitz in Frankreich verbunden) in Frankreich erwerben müssen. Hunde der Rassen (und nicht des Typs) Dobermann, Deutsche Dogge und Staffordshire Bull Terrier gehören nicht zu der 1. oder 2. Kategorie und ihre Mitnahme ist erlaubt.

Das Tragen eines Maulkorbes und die Leinenführung durch eine volljährige Person werden aber empfohlen. Hunde der 1. und 2. Kategorie sind auf den meisten Campingplätzen nicht erlaubt! Für alle anderen Rassen wird unter Umständen die Vorlage des Heimtier-Ausweises verlangt.

In öffentlichen Verkehrsmitteln müssen Hunde angeleint sein und man sollte einen Maulkorb für Hunde dabeihaben. Je nach Größe des Tieres muss ein Ticket zum halben Preis gelöst werden.

Alle Katzen und Hunde, die länger als drei Monate in Frankreich bleiben, müssen identifiziert und in ein innerstaatliches Register (I-CAD) eingetragen werden.

Erfreulicherweise gestatten zunehmend immer mehr Schlösser den Besuch von Hunden in ihren Gärten oder Parks. Selbstverständlich sollten die Vierbeiner immer an der Leine, in den Innenräumen an der kurzen Leine, geführt werden. Manche Schlösser gestatten die Mitnahme nur, wenn es sich um kleine Hunde handelt, die in einer Tasche oder einem Korb getragen werden können. Unsere beiden Golden Retriever Hündinnen haben uns auch schon bei einer Kahnfahrt durch die Brière oder bei einer Kutschfahrt begleitet.

Grundsätzlich dürfen Hunde in Frankreich überall dort frei laufen, wo es nicht explizit verboten ist, solange der Hund abrufbar ist und in der Nähe bleibt. Sollte er eine Distanz von 100 Meter überschreiten, handelt es sich um eine Ordnungswidrigkeit und er darf von öffentlicher Stelle eingesammelt und in eine Auffangstation gebracht werden. Ähnliches gilt für Herumstreunen. Während der Brut- und Setzzeit vom 15. April bis 30. Juni muss

der Hund in Feld, Wald und Flur an der Leine bleiben und zudem dürfen wir gemeinsam noch nicht einmal den Weg verlassen. Bei Nichteinhaltung droht in allen Fällen eine nicht unerhebliche Geldstrafe. In Natur- und Vogelschutzgebieten herrscht ohnehin Leinenpflicht.

An den Stränden und im Landesinneren haben wir mit unseren Hunden unterschiedliche Erfahrungen gemacht, da es keine allgemeine und verbindliche Regelung gibt und jede Stadt/Gemeinde individuell entscheidet. Während der Hauptsaison sind Hunde an den Stränden verboten oder dürfen nur am Morgen bis 9 Uhr und abends ab 19 Uhr ans Wasser, außerhalb der Hauptsaison sind unsere vierbeinigen Freunde jedoch an vielen Stränden gestattet. Da es in jedem Ort andere Vorschriften gibt, sollten Sie nach entsprechenden Schildern in Strandnähe Ausschau halten. Am Strand muss der Hund an der Leine gehalten werden, doch auch das wird vielfach missachtet.

Im Allgemeinen haben wir im Text erwähnt, wenn die Mitnahme von Hunden gestattet ist. Im Zweifelsfall sollten Sie sich beim Office de Tourisme oder am Eingang einer Sehenswürdigkeit erkundigen.

Unsere Hunde haben in Frankreich immer ausreichend Auslauf gehabt, aber immer dann, wenn sich andere Menschen oder Tiere durch die beiden hätten belästigt fühlen können, haben wir sie angeleint. Für die Hinterlassenschaften der Hunde gibt es zahlreiche „Beutel-Spender" und ansonsten hat man so ein Beutelchen eigentlich immer in der Hosen- oder Jackentasche dabei – aber das wissen Sie als erfahrener Hundebesitzer schließlich selbst!

Insgesamt haben wir festgestellt, dass die Franzosen Hunden in der Regel aufgeschlossen begegnen und auch die Mitnahme unserer vierbeinigen, wohlerzogenen Begleiterinnen in ein Restaurant bis auf wenige Ausnahmen nicht verwehrt wurde *(www.ambafrance-de.org/Haustiere-Einreisebestimmungen).*

Internet/Telefon

Internet:

Für eine zeitweilige Nutzung Ihrer SIM-Karte im europäischen Ausland informieren Sie sich bitte bei Ihrem Mobilfunkanbieter über aktuelle Gebühren beziehungsweise spezielle Auslandspakete. Dies wird insbesondere wichtig, falls Sie sich länger im EU-Ausland aufhalten und Ihr Datenverbrauch nicht ausreichend durch Roaming abgedeckt ist. In diesem Fall bietet sich aber auch der Kauf einer günstigen Prepaid-Karte im Ausland an. Diese werden beispielsweise von den französischen Providern free *(www.mobile.free.fr)* und Réglo Mobile *(www.reglomobile.de.fr)* angeboten und sind im Allgemeinen in den Supermärkten von E. Leclerc oder in den Bar-Tabac-Läden erhältlich. Dort wird die SIM-Karte an einem Automaten gezogen, registriert und freigeschaltet.

In Frankreich spricht man übrigens nicht von WLAN, sondern von WiFi. Dieses bieten viele Restaurants, Cafés, Fast-Food-Ketten sowie Fremdenverkehrsbüros oft kostenlos an. Auf Campingplätzen kann ebenfalls gegebenenfalls kostenlos in der Nähe der Rezeption gesurft werden. Auf Plätzen, die mit ihrem WiFi auch die hinterste Nische versorgen, ist die Nutzung meist kostenpflichtig.

Telefon:

Für **Anrufe nach Frankreich** wählen Sie bitte die Auslandsvorwahl 0033 und die 9-stellige Nummer Ihres Gesprächspartners (ohne die 0 am Anfang). **Innerhalb Frankreichs** wählen Sie – auch mit Mobiltelefon – die 10-stellige Rufnummer, die stets mit einer 0 beginnt. Sie müssen im französischen Netz keine Ländervorwahl verwenden.

Für **Anrufe aus Frankreich** nach Deutschland wählen Sie die Auslandsvorwahl 0049, für Österreich die 0043 und für die Schweiz die 0041 und dann die Nummer Ihres Gesprächspartners.

Kartenmaterial/Literatur/Informationen

Die unseren Touren vorangestellten Karten ersetzen keine Straßen- oder Wanderkarten und sollen Ihnen lediglich bei der Orientierung helfen.

Dieser WOMO-Reiseführer kann zudem keinen umfassenden Reiseführer für die gesamte Region ersetzen, zu verschieden sind die Interessen und Ambitionen hinsichtlich Kultur, Architektur, Freizeitaktivitäten und vieler weiterer Interessen eines jeden Einzelnen.

Für Ihre Planung zu Hause oder für die Reise empfehlen wir Ihnen folgende Karten und Lektüren:

Michelin: Bretagne, Karte 513 1 : 200.000
Michelin: Bretagne Ost, Karte 304 1 : 150.000
Michelin: Bretagne West, Karte 303 1 : 150.000
Institut Géografique National: Wanderkarten 1 : 25.000
Bergverlag Rother: Wanderführer Bretagne
Michael Müller Verlag: Bretagne Reiseführer

Für speziell auf Frankreich abgestimmte Informationen greifen wir zusätzlich gerne auf die in Buchform unter dem Titel **Frankreich-Mobil-Erleben** erhältlichen oder online abrufbaren, zuverlässig zusammengestellten Tipps und Anleitungen von Claus Schöttle zurück *(www.frankreich-mobil-erleben.de)*.

Damit Sie die Reiselust auf Frankreich und insbesondere auf die Bretagne richtig erwischt, nutzen Sie dafür doch einfach die anregende und reizvolle Möglichkeit auf der Webseite **Mein Frankreich** von Hilke Maunder *(www.meinfrankreich.com)*.

Für unterwegs empfiehlt sich die App von **VIAMICHELIN** und für die Planung zu Hause die klassische Webseite *(www.viamichelin.de)*.

In den **Offices de Tourisme** (Fremdenverkehrsbüros) vor Ort und auf den entsprechenden Internetseiten gibt es zusätzlich eine Fülle von Broschüren, Prospekten und Vorschlägen für die Freizeitgestaltung.

Nachstehend einige Tourismusverbände und Web-Adressen, die zum Teil auch in deutscher Sprache informieren.

Atout France – Französische Zentrale für Tourismus
Deutschland: Postfach 100128, D-60001 Frankfurt am Main, *de.france.fr/de.*
Österreich: Prinz-Eugen-Straße 72/2.3 1040 Wien, *at.france.fr.*
Schweiz: *ch.france.fr/de.*
Tourisme Bretagne
www.tourismebretagne.com oder *www.bretagne-reisen.de*
Regionale Websites mit Broschüren zum Download:
www.ille-et-vilaine-tourisme.bzh *www.cotesdarmor.com*
www.morbihan.com *www.toutcommenceenfinistere.com*
Weitere Internetauftritte sind im Text zu finden.

Für Smartphone-Nutzer werden für verschiedene Regionen und Aktivitäten nützliche Apps im Apple- oder Android-Store angeboten.

Fans von **Kriminalromanen** finden mit den Fällen von Kommissar Dupin von Jean-Luc Bannalec eine spannende Lektüre, die in die authentische Bretagne führt.

Reisezeit/Klima

Genauso wenig wie es nur die eine Bretagne gibt, so gibt es auch nicht das eine Wetter in der Bretagne – gerade noch scheint die Sonne und sorgt für traumhafte Lichtreflexe, im nächsten Augenblick ziehen dunkle, schwere Regenwolken auf, aber nur, um vom nächsten ordentlichen Windstoß weggeblasen zu werden und die Wetterkapriolen von vorn beginnen zu lassen! Der Einfluss der Gezeiten und die Lage der Bretagne in Bezug auf die Polarfront führen zu diesen raschen Wetteränderungen. Das bretonische

Klima wird fast das ganze Jahr über vom warmen Golfstrom und damit von milden Temperaturen geprägt. Meist fallen im Landesinneren mehr Niederschläge als an der Küste und die Temperaturen liegen im Inland höher als am Meer.

Im **Winter** gibt es für gewöhnlich wenige Frosttage und nur selten Schnee. Auch wenn diese Zeit nicht ohne Reiz ist, so sind die Monate zwischen Frühjahr und Spätherbst die angenehmere Reisezeit.

Das **Frühjahr**, wenn die Wiesen sich im saftigsten Grün zeigen und Ginster gelbe Farbakzente setzt, ist leider oftmals auch von extremen Wetterwechseln bestimmt. Die Tagestemperaturen können schon an die 20 Grad reichen, doch das Bad im Meer ist nur etwas für die ganz Mutigen. Dafür eignet sich die Jahreszeit perfekt für Spaziergänge und Wanderungen oder Radtouren an der Küste sowie im Hinterland.

Die beständigsten Wetterbedingungen herrschen in den **Sommermonaten** Juli und August, wenn auch die Franzosen Urlaub machen. Natürlich sind die Camping- und Stellplätze sowie die Küstenbadeorte dann übervoll und auch im Hinterland ist ordentlich was los. Die Tagestemperaturen liegen durchschnittlich bei 24 Grad und erreichen sogar 30 Grad, extreme Hitzeperioden gibt es durch den beständigen Westwind selten und die Wassertemperatur knackt die 20 Grad-Marke. Jetzt ist Strandleben angesagt oder eine Wanderung unter schattigen Bäumen. Nach dem Ende der französischen Schulferien Mitte August, spätestens Anfang September beginnen sich die Ferienorte zu leeren und die Zeit der ausgedehnten Wanderungen am Strand oder auf dem Küstenpfad kann wieder beginnen.

Der **Herbst** lockt mit bunten Farben und einem reduziertem Freizeitangebot, das nicht nur das Hinterland, sondern auch die Strände teilweise menschenleer macht und damit ein exklusives Natur- und Urlaubserlebnis bei teilweise schon heftigen Herbststürmen ermöglicht. Ab Mitte Oktober, manchmal auch schon im September schließen etliche Campingplätze, sodass man sich im Vorfeld erkundigen sollte, auf welchem man noch einchecken kann.

Getreu dem Motto „Es gibt kein schlechtes Wetter, nur schlechte Kleidung" und aufgrund der unvorhersehbaren Wetterwechsel sollten Sie von der Bade- und Sommerbekleidung über die Wind- und Regenjacke, bis zum warmen Pullover alles dabeihaben. Für Wattwanderungen und das Fußfischen empfehlen wir die Mitnahme von Gummistiefeln.

Über die Wetteraussichten können Sie sich beispielsweise mittels einer Wetter-App informieren. Wir nutzen Apps von WetterOnline und Météo-France, wobei die französischen Wetterberichte eine Spur genauer und weniger optimistisch scheinen. Vor allem kann man sich dort ausgezeichnet über Unwettervorhersagen und drohende Überschwemmungen informieren.

Sehenswürdigkeiten/Öffnungszeiten

In die Bretagne fährt man in erster Linie wohl aufgrund der herrlichen Küstenabschnitte, an denen es sich so wunderbar „urlauben" lässt.

Wir bringen Sie aber auch zu einer Vielzahl von Sehenswürdigkeiten, deren Öffnungszeiten wir genannt haben. Trotzdem kann es sein, dass sich

die Zeiten verändern oder einzelne Abteilungen der Museen vorübergehend geschlossen sind. In den **Sehenswürdigkeiten** und **Museen** haben meist alle Personen unter 18 Jahren sowie alle EU-Bürger unter 26 Jahren freien Eintritt.

Viele Sehenswürdigkeiten und Museen haben an einem Tag der Woche, meist Montag oder Dienstag, aber auch manchmal an Feiertagen geschlossen.

Es gibt einige **Kombitickets**, die eine Ermäßigung des Eintritts beim Besuch mehrerer Sehenswürdigkeiten, Museen oder bei Schifffahrten in unterschiedlicher Zusammenstellung ermöglichen. Sie können meist vor Ort bei einer der entsprechenden Liegenschaften oder in den örtlichen Offices de Tourisme erworben werden. Die Variationen sind recht abwechslungsreich, sodass wir darauf verzichtet haben, sie in aller Ausführlichkeit aufzuschreiben. Sie werden sehen, dass die Vergünstigungen meist im Kassenbereich der Sehenswürdigkeiten durch einen Aushang ersichtlich sind und nach Ihren persönlichen Vorlieben zusammengestellt werden können.

In einigen Burgen und anderen Sehenswürdigkeiten werden vermehrt die in den letzten Jahren immer beliebter werdenden **Escape Games** meist in französischer und englischer Sprache angeboten. Hierbei stürzen sich die Teilnehmer gemeinsam in ein spannendes Abenteuer, um die Lösung eines Rätsels und den Ausweg aus einem geschlossenen Raum in einem bestimmten Szenario und einer bestimmten Umgebung zu finden. Dabei werden die Mitspieler häufig mithilfe von Dekorationen, Klanginstallationen und Kostümen in die Vergangenheit „gebeamt".

In Frankreich gibt es kein Ladenschlussgesetz wie in Deutschland. Man kann jedoch davon ausgehen, dass die meisten **Geschäfte** zwischen 9 und 12 Uhr sowie zwischen 14.30 und 19 Uhr geöffnet haben. Die Mittagspause wird strikt eingehalten. In größeren Städten sind die Läden in der Regel von 9 bis 19 Uhr geöffnet und die großen **Supermärkte** schließen teilweise erst um 21 oder 22 Uhr. Manche Geschäfte haben montags ganz oder am Vormittag geschlossen, aber dafür am Sonntagvormittag geöffnet. Dies gilt besonders für **Bäckereien**, die häufig sieben Tage in der Woche öffnen.

Einige **Banken** sind ganztägig geöffnet, viele schließen in der Mittagszeit. Allgemein ist zu sagen, dass sie von montags bis freitags von 9 bis 12 und von 14 bis 17 Uhr geöffnet sind. Ähnlich verhält es sich mit den **Postämtern**.

Sicherheit

Wir haben uns bisher in der Bretagne immer sicher gefühlt. Aber wie überall auf der Welt, ist man besonders in Großstädten nie vor bösen Buben gefeit, die es auf Geld, Kreditkarten, Mobiltelefone oder anderes abgesehen haben. Bewahren Sie diese Dinge so am Körper oder in einer Tasche auf, dass sie vor einem schnellen, unbefugten Zugriff sicher verwahrt sind.

Grundsätzlich gilt, dass man sein Wohnmobil niemals nur mit dem Autoschlüssel in der Hand für längere Zeit oder auch nur für einen kurzen Einkauf, verlassen sollte. Womöglich beobachtet gerade das der potenzielle Dieb und vermutet fette Beute im Reisemobil.

Das Wohnmobil kann mit einer Alarmanlage gesichert werden, die einen Höllenkrach macht und den Einbrecher beim Eindringen zumindest erst einmal stört und im besten Fall verscheucht. Einfache Wohnmobilschlösser knackt jeder Einbruchwillige in Sekunden – zusätzliche Aufbauzylinderschlösser, Zusatzbügel über den Türen oder andere mechanische Hürden sind eine Hemmschwelle und erschweren den Zugriff. Der WOMO-Verlag bietet beispielsweise den WOMO-Knacker-Schreck an, der in die Vordertüren eingehakt wird und diese zusätzlich verriegelt (funktioniert jedoch nicht bei vollintegrierten Mobilen).

Wenn es Sie trotz aller Vorsichtsmaßnahmen doch einmal erwischt haben sollte und Ihr Fahrzeug aufgebrochen wurde, benötigen Sie unbedingt eine polizeiliche Bestätigung der Anzeige, damit Ihre Kaskoversicherung und gegebenenfalls auch die Reisegepäck- oder Inhaltsversicherung bezahlen.

Souvenirs

Neben den vielen wundervollen Erinnerungen und schönen Momenten einer Reise sind es beispielsweise Alkoholika wie *Cidre*, *Pommeau de Bretagne* oder bretonischer Whisky sowie bretonisches Bier, die als nicht verderbliche Mitbringsel geeignet sind. Aus dem Lebensmittelbereich sind Meersalz, grob oder als *Fleur de Sel*, bretonische Butterkekse, die als *Galettes* oder *Gâteau* angeboten werden und in den verschiedensten Biscuiterien erhältlich sind , Ölsardinen in bunten Dosen, Salzbutterkaramell *(Caramel au Beurre Salé)* als Creme oder Bonbon und Produkte aus der Algenküche zu nennen. Die Wurstspezialität Andouille oder Austern halten sich gekühlt und gut verpackt etwa eine Woche.
Handbemalte Tassen, die *bols breton*, und andere Keramik aus der Bretagne finden sich in den Geschäften in beinahe jedem Ort und auch *Fayencen* aus Quimper können den heimischen Haushalt verschönern. Kunstliebhaber werden zum Beispiel in Pont-Aven bei handgemalten Bildern in Öl oder Aquarell fündig und last but not least ist die Seemannsbekleidung im Streifenlook ein beliebtes Mitbringsel, das es in vielen Boutiquen und Bekleidungsgeschäften zu erstehen gibt. Von jeher trugen die bretonischen Fischer blau-weiß-gestreifte Pullover, da sich diese gegen das dunkle Wasser des Atlantiks am besten abheben. Jede Fischerfamilie hatte einst ihre eigenen blauen Streifen, die nur durch die Anzahl variierten. Seit 1858 vereinheitlichte die französische Marine das Design mit 21 Streifen, die für jeden Sieg Napoléons stehen. Obwohl der kleine Ort *Saint-James* zur Normandie gehört, stehen die dort produzierten Kleidungsstücke mit den typischen Streifen insbesondere für einen Look, der wie kein anderer die Bretagne prägt und wohl in so manchem Koffer oder WOMO-Kleiderschrank seinen Weg in die heimatlichen Gefilde der Käuferinnen und Käufer findet.

Sprache

Die Bretagne liegt in Frankreich und somit ist die Amtssprache Französisch. Durch die geografische Nähe zu Großbritannien ist man in der Bretagne jedoch auch auf die englische Sprache eingestellt.

Deutsch wird bis auf Ausnahmen eher nicht gesprochen, in den Sehenswürdigkeiten und Museen, in Restaurants und an der Campingplatzrezeption Englisch hingegen häufiger. Speisekarten sind manchmal zweisprachig in Englisch und Französisch gehalten und Audioguides wie auch Broschüren werden immer öfter in deutscher Sprache für die Besichtigung angeboten.

Ein paar Worte Französisch können niemals schaden und Bretonen wie auch Franzosen freuen sich, wenn sie in ihrer Landessprache mit einem freundlichen *Bonjour* (Guten Tag) begrüßt werden.

Außerdem erleichtert ein gewisses Maß an Grundwortschatz den Einkauf in der Bäckerei oder in anderen Geschäften. Pluspunkte sammelt man auch, wenn man der Begrüßung oder der Verabschiedung *au revoir* (Auf Wiedersehen) ein *Madame* (Frau) oder *Monsieur* (Herr) folgen lässt und häufig die Vokabeln *Merci* (Danke) und *S'il vous plaît* (Bitte) benutzt. Wer eine Auskunft erhalten möchte, sollte höflichkeitshalber ein *pardon* (Entschuldigung) nicht vergessen. Mit dem Satz *Parlez-vous anglais/allemand?* (Sprechen Sie Englisch/Deutsch?) kann man schnell herausfinden, ob sein Gegenüber Englisch oder Deutsch spricht. Es kommt durchaus vor, dass man auf Franzosen trifft, die Deutsch sprechen. Sie sind jedoch meist sehr zurückhaltend, was nicht boshaft gemeint ist, sondern sie eher vor der eigenen Blamage schützen soll.

In einigen Fremdenverkehrsbüros gibt es deutschsprachige Berater und häufig sind Internetpräsenzen auch in deutscher Sprache abrufbar.

Eine gute sprachliche Unterstützung samt Aussprachenhilfe erhält man beispielsweise durch die Apps LEO Wörterbuch oder Google Übersetzer.

Die Besonderheit der Bretagne liegt auch in ihrer Sprache. Bretonisch ist kein Dialekt, sondern eine eigenständige Sprache, die sich in vier Hauptdialekte gliedert. Straßenschilder und offizielle Hinweise sind meist zweisprachig ausgeführt.

Ohne auf die Feinheiten des Bretonischen einzugehen, möchten wir Ihnen nachstehend eine kleine Wortauswahl auf den Weg mitgeben. Wir haben uns sagen lassen, dass man die Wörter am besten so ausspricht, wie sie geschrieben werden und mehrsilbige Worte auf der vorletzten Silbe betont:

Willkommen	*Degemer mat*	Guten Tag	*Demat*
Auf Wiedersehen	*Kenavo*	Wie geht's?	*Mat an traoú?*
Was ist los?	*Petra zo?*	Bitte	*Mar plij*
Danke	*Trugarez*	Ja	*Ya*
Nein	*Nann*	Zum Wohl!	*Yech Mad/Gut mad!*

Wenn es mit der Sprache überhaupt nicht klappen sollte, gibt es immer noch Mimik sowie Gestik und das eigene Lächeln, das bekanntlich mehr als tausend Worte sagt!

Straßenverhältnisse/Verkehr/Umweltzone

Frankreich verfügt über ein gut ausgebautes Straßennetz. Die Straßen im ländlichen Bereich sind häufig schmal und kurvig, aber fast ausnahmslos auch für breite Wohnmobile passierbar. Neben dem Navigationsgerät sollte auf aktuelles Kartenmaterial nicht verzichtet werden. **N**ationalstraßen, die *Routes Nationales*, ähneln unseren Bundesstraßen. **D**épartementstraßen sind oft gut ausgebaut, können aber auch nur als schmales Sträßchen das Land durchziehen. Kommunalstraßen *Routes Communales* verbinden meist Orts- oder Stadtteile und sind mit einem **C** sowie der Straßennummerierung gekennzeichnet.

Wenn einmal ein Verkehrsschild das Befahren einer Straße für Wohnmobile generell verbietet, können Sie sicher sein, dass dies seinen Grund hat. Mit dem Aufstellen von Verbotsschildern ist man in Frankreich in diesem Fall zurückhaltender als bei uns und sie können davon ausgehen, dass die Straßen dann tatsächlich zu eng sind oder es eine andere Einschränkung gibt.

Vornehmlich in Ortschaften sind Strecken für Fahrzeuge mit einem Gesamtgewicht von mehr als 3,5 Tonnen gesperrt. Das hat meist nichts mit der Straßenbreite oder dem Straßenzustand zu tun, sondern soll Lkw fernhalten. Wohnmobile über 3,5 Tonnen Gesamtgewicht sind unabhängig ihrer sonstigen Größe trotzdem davon betroffen, obwohl die Durchfahrt physikalisch möglich wäre, häufig praktiziert und so gut wie nie kontrolliert wird. Auf Nachfrage erhielten wir bei den Fremdenverkehrsbüros regelmäßig die Auskunft, dass wir mit unserem über 3,5 Tonnen schweren Wohnmobil selbstverständlich die Ortsdurchfahrten nutzen dürfen und die Verbotsschilder gegen Lkw im Transitverkehr gerichtet sind. Wir beschreiben hier allerdings keine juristisch fundierte Aussage, für die wir haftbar sind. Wem das also alles zu wage erscheint, möge diese Strecken meiden oder selbst bei den entsprechenden Stellen nachfragen.

Entgegen der deutschen Straßenverkehrsordnung gelten in Frankreich die Schilder, die das Überholen durch Lkw oder die Durchfahrt von Lkw verbieten, nicht für Wohnmobile. Voraussetzung ist natürlich, dass kein zusätzlicher Vermerk das Fahrverhalten von Wohnmobilen beschränkt.

Wenn wir eine Durchfahrt im Hinblick auf die Unversehrtheit des Wohnmobils und seiner Insassen tatsächlich für bedenklich halten, dann raten wir Ihnen im Tourentext vom Befahren der Strecke ab.

Wohnmobile **über 3,5 Tonnen Gesamtgewicht** benötigen drei (magnetisch oder klebende) Warntafeln, die Zweiradfahrer und Fußgänger vor den Toten Winkeln (***Angles morts***) warnen sollen. Eine Tafel wird rechts am Heck (Höhe zwischen 90 Zentimeter und 150 Zentimeter) und je eine auf den beiden Seiten im Bereich der Türen (Höhe wie am Heck, 100 Zentimeter von der Vorderfront entfernt) angebracht.

In Deutschland besteht bei unserer Anreise derzeit in **Aachen** eine **Umweltzone** und für die Zufahrt zum Stellplatz wird die grüne Umweltplakette benötigt. Zusätzlich verweisen wir auf die aktuellen Entwicklungen in Deutschland, die unter *www.umweltbundesamt.de* nachzulesen sind.

Auch in **Belgien** gibt es in bisher drei Städten, Brüssel, Gent und Antwerpen, Umweltzonen (Stand Anfang 2023), die uns bei der Durchreise im Normalfall nicht berühren. Sollten Sie die belgischen Autobahnen dennoch einmal verlassen und das Land bereisen wollen, empfehlen wir Ihnen den Blick auf folgende Internetseiten: *https://bruessel.diplo.de/bede/-/2287542* und *www.les-belgium.be*

Anfang Juli 2016 wurden in Frankreich Umweltzonen und die dazugehörige **Umwelt- oder Feinstaub-Plakette Crit'Air** eingeführt. Auch Fahrzeuge, die nicht in Frankreich zugelassen sind, das heißt Fahrzeuge von Touristen, müssen diese Plakette ab dem 1. April 2017 vorweisen.

Es gibt insgesamt sechs verschiedene Kategorien, dargestellt durch sechs verschiedenfarbige Plaketten, in die die Fahrzeuge je nach Abgaswerten (nach europäischer Abgasnorm EURO) oder Jahr der Erstzulassung eingeteilt werden. Wohnmobile unter 3,5 Tonnen zulässigem Gesamtgewicht werden als Pkw eingestuft, Wohnmobile mit einem zulässigen Gesamtgewicht von mehr als 3,5 Tonnen gelten als Lkw.

Umweltzonen gibt es mittlerweile in vielen französischen Städten, Regionen und Départements. Dabei wird nach permanenten Umweltzonen **ZFE** *(zone à faible emmision),* **ZCR** *(zone de circulation retrainte),* temporären Umweltzonen **ZPA** *(zone de protection de l'air)* und **ZPAd** *(zone de protection de l'air departementale)* unterschieden.

Alle Umweltzonen können je nach Luftverschmutzung kurzfristig in Kraft gesetzt werden. Dies bedeutet, dass unter Umständen zuvor einfahrberechtigte Vignettenkategorien plötzlich (innerhalb von 24 Stunden) nicht mehr einfahren dürfen.

Da auch weiterhin mit einer Ausweitung der Umweltzonen und einer Verschärfung der Regelungen zu rechnen ist und wir im Vorfeld nicht wissen, welche unserer Reiserouten durch Frankreich für uns von Fahrverboten betroffen sein könnten, haben wir uns zum Kauf einer Vignette entschlossen. Damit wissen wir genau, in welche Kategorie unser Wohnmobil eingestuft wird und nach welchen Kriterien wir uns zu richten haben.

Der **Erwerb einer Vignette ist bisher nicht zwingend erforderlich**, gestaltet sich jedoch recht einfach und strapaziert das Urlaubsbudget für Bürger der EU und der Schweiz mit einmalig 4,51 € (Stand Anfang 2023) nicht wesentlich.

Auf der Internetpräsenz **www.certificat-air.gouv.fr/de** wird man deutschsprachig durch das Menü bis zum Absenden der Bestellung geführt und etwa zehn Tage später – in der Hauptreisezeit möglicherweise länger – liegt die Plakette im heimischen Briefkasten.

Achtung: Bitte nutzen Sie nur die gerade von uns genannte Internetadresse, da es andere Webseiten gibt, auf denen die Vignetten zu einem wesentlich höheren Preis als in den Vorschriften vorgeschrieben ausgestellt werden!

Über tägliche und aktuelle Veränderungen sowie Einfahrbestimmungen informiert im Web die Seite **Green-Zones** *(www.green-zones.eu)* beziehungsweise die entsprechende App für das Smartphone.

Besonderheiten für Paris:

Innerhalb des Stadtautobahnrings und in Paris ist die Umweltplakette ein Muss!

Fahrzeuge mit der Crit'Air Vignette der **Kategorie 4, 5 und Fahrzeuge ohne Vignette** dürfen von Montag bis Freitag von 8 bis 20 Uhr **NICHT** mehr ins Stadtzentrum fahren. Für Lkw (also auch Wohnmobile über 3,5 Tonnen Gesamtgewicht) der Kategorien 4, 5 und ohne Vignette gilt diese Regelung 7 Tage die Woche. Nur Fahrzeuge der Kategorie 1 bis 3 können uneingeschränkt ins Stadtzentrum fahren. Es ist im Gespräch, dass alle Dieselfahrzeuge bis 2024, egal welche Plakette sie haben, vom Fahrverbot betroffen sind. Innerhalb des Autobahnrings A86 befindet sich eine wetterbedingte Umweltzone. Eine alles umfassende Umweltzone **ZFE**, in der ständige, feste Regeln gelten, befindet sich im Großraum Paris.

In Frankreich müssen **Warnweste** und **Warndreieck** mitgeführt werden. Bei einem Unfall auf Autobahnen, kann auf das Aufstellen des Warndreiecks verzichtet werden, wenn sich der Fahrer dadurch in Gefahr begibt. Auf Landstraßen und innerorts ist das Aufstellen jedoch Pflicht! Fahrzeuge **über 3,5 Tonnen Gesamtgewicht** benötigen zwei Warndreiecke.

Ein **Alkoholtestgerät** muss auf Verlangen vorgezeigt werden, das Nichtmitführen wird jedoch nicht bestraft. Im Zweifelsfall sind Alkohol-Einwegtests in Frankreich in Apotheken oder an Autobahn-Raststätten erhältlich.

Die **Promillegrenze** liegt bei 0,5 mg/ml und bei 0,2 mg/ml für Fahranfänger (bis 3 Jahre nach Erhalt des vorläufigen Führerscheins oder bis 2 Jahre auf das begleitete Fahren).

Das **Telefonieren** ist nur unter Verwendung einer Freisprecheinrichtung erlaubt. Kopfhörer, Ohrstöpsel oder Headsets sind verboten.

Für das Fahren in Frankreich benötigen Sie einen gültigen **EU-Führerschein**. Führerscheine, die in Deutschland bereits mit 16 oder 17 Jahren erworben wurden, werden in Frankreich nicht anerkannt.

Eine **grüne Versicherungskarte** ist für Frankreich wie auch für die Transitländer nicht erforderlich, sie wird aber allgemein empfohlen.

Die **Höchstgeschwindigkeit** beträgt in Frankreich innerorts 50 km/h.

Auf **Straßen außerorts ohne bauliche Trennung der Gegenspuren** (insbesondere durch Mittelleitplanken – ein weißer Strich reicht nicht) gilt seit Juli 2018 ein Tempolimit von 80 km/h. In einigen Départements ist diese Regelung wieder zurückgenommen worden. Achten Sie bitte auf die entsprechende Beschilderung.

Bei **zwei in jeder Richtung und baulich durch Mittelstreifen getrennten Fahrbahnen** gilt ein Limit von 110 km/h.

Auf **Autobahnen** gelten 130 km/h (110 km/h bei Nässe) und bei Fahrzeugen **über 3,5 Tonnen Gesamtgewicht** immer 110 km/h.

Winterreifenpflicht besteht für unser Reisegebiet nicht, kann aber bei entsprechenden Witterungsverhältnissen kurzfristig durch Beschilderung vorgeschrieben werden.

Fahrzeuge **über 3,5 Tonnen Gesamtgewicht oder 7 Meter Länge** dürfen im **Kreisverkehr** nur die rechte Spur benutzen. Wir empfehlen, bei einem Verbleiben im Kreisverkehr zusätzlich links zu blinken, um den übrigen Verkehrsteilnehmern dies Vorhaben zu signalisieren.

Um Raser auszubremsen, greifen viele Gemeinden auf **Bodenschwellen** zurück. Diese sind manchmal erst auf den letzten Metern oder überhaupt nicht zu erkennen und zudem unter Umständen sehr hoch. Fahren Sie vorsichtig – Ihr Geschirr in den Schränken und die Unterbodenwanne oder sonstiges tiefhängendes Zubehör Ihres Wohnmobils werden es Ihnen danken!

Folgende französische **Verkehrsregeln** sind für uns ungewohnt:

- **Gelbe Randsteine oder Linien** bedeuten Halte- (bei durchgezogener Farbe) oder Parkverbot (bei unterbrochenem gelben Strich).
- In der *Zone Bleue* oder im Bereich **blauer Linien am Randstein** darf man nur mit Parkscheibe parken.
- **Absolutes Parkverbot** besteht vor Krankenhäusern, Polizeistationen und Postämtern. Parken auf oder teilweise auf dem Bürgersteig ist verboten,sofern keine Markierung auf eine Parkfläche hinweist.
- **Vorfahrtstraßen** enden an den Ortsschildern.
- Häufiger als bei uns gilt **rechts vor links**.
- Ein **gelber blinkender Pfeil** erlaubt bei Ampeln das Abbiegen in Pfeilrichtung, der Querverkehr hat aber trotzdem Vorfahrt!!
- Ein **Rotlicht in Kreuzform** auf der gegenüberliegenden Straßenseite bedeutet, dass der entgegenkommende Verkehr „rot“ hat.
- In Frankreich müssen alle **Radfahrer** außerhalb geschlossener Ortschaften bei Nacht, in der Dämmerung sowie auch tagsüber bei schlechten Sichtverhältnissen (Nebel, Regen) eine **Warnweste in Neongelb** tragen, sonst droht ein Bußgeld.

Die in Deutschland bekannten Verkehrsschilder gelten auch in Frankreich. Zusätzlich sind folgende Schilder erwähnenswert:

- **Blaue Richtungsschilder** führen zur Autobahn, **grüne** zu Fernstraßen.
- ***Déviation*** = Umleitung. Oft mit dem Zusatz **P.L.** (*Poid Lourd*) für den Schwerverkehr mit Angabe des zulässigen Gesamtgewichts oder mit dem Zusatz **V.L.** (*Véhicule Léger*) für den Leichtverkehr.
- ***Toutes (Autres) Directions*** = alle (anderen) Richtungen
- ***Sortie*** = Ausfahrt
- ***Chaussée Deformée*** = schlechte Fahrbahn
- ***Ralentir*** = langsam Fahren
- ***Rappel*** = Wiederholung, Erinnerung
- ***Sauf Camping-Car*** = ausgenommen Wohnmobile

Alle Angaben ohne Gewähr, Änderungen sind möglich. In Frankreich sind die Geldbußen bei Geschwindigkeitsüberschreitungen saftig und meist sehr viel höher als in Deutschland!

Unfall/Panne

Bei einer Panne können Sie den Pannenhilfedienst oder über den Polizeinotruf und die Notrufsäulen an den Autobahnen Hilfe anfordern (Telefonnummern siehe oben).

Sollte eine Reparatur Ihres Wohnmobils notwendig sein, schauen Sie bitte im internationalen Kundendienstverzeichnis Ihres Fahrzeug- und Aufbauherstellers nach. Dort werden Ihnen im Allgemeinen örtliche Vertragswerkstätten genannt. Hilfreich kann auch hier ein Auslandsschutzbrief sein. Nach einer Panne und damit verbundener Reparatur wurden in unserem Fall die anfallenden Kosten für Übernachtung im Hotel sowie für einen gemieteten Pkw während des Werkstattaufenthaltes unseres Wohnmobils übernommen. Hierzu haben wir nach der Rückkehr nach Deutschland die entsprechenden Rechnungsbelege beim Aussteller des Schutzbriefs eingereicht.

Wenn Sie das Schicksal ereilt und Sie trotz aller Vorsicht in einen Unfall verwickelt worden sind, bewahren Sie als erstes so viel Ruhe wie möglich! Dann denken Sie daran, dass Sie vorerst auf sich allein gestellt sind und rufen Sie, falls ein Personenschaden eingetreten ist, den Notarzt!

Wenn Sie einen Unfallgegner haben, notieren Sie sich Versicherungsgesellschaft und Versicherungsnummer. Diese sind meist auf einer Plakette an der Windschutzscheibe französischer Autos angebracht (bei Motorrädern am vorderen Schutzblech). Es ist schwierig, nur anhand des Kennzeichens den Haftpflichtversicherer zu ermitteln.

Dokumentieren Sie das Unfallgeschehen so präzise wie möglich. Machen Sie Fotos von Kennzeichen und Versicherungsplakette, den Unfallendständen, den Verkehrszeichen, Spuren und der Gesamtsituation. Achten Sie darauf, dass in den Unfallbogen, dem sogenannten *Constat amiable*, den fast alle Franzosen haben, nur solche Daten aufgenommen werden, die unstreitig sind.

Unterschreiben Sie auf gar keinen Fall einen Text, den Sie nicht verstehen. Schon gar nicht eventuelle Schadenszusagen!

Formblätter für die Unfallaufnahme gibt es auch bei den Automobilklubs ADAC, ÖAMTC und ACS. Lassen Sie sich bei größeren Unfällen von Ihrer Rechtsschutzversicherungsgesellschaft sofort einen deutschsprachigen Anwalt nennen.

Die Polizei kommt im Allgemeinen nur bei schweren Sachschäden, oder wenn Personen verletzt wurden, hinzu.

Falls der Unfallgegner keine Polizei möchte und Sie eindeutig schuld sind (die Verkehrsregeln sind im Wesentlichen die gleichen wie bei uns), falls niemand schwer verletzt worden ist, können Sie auch mit Ihrem Kontrahenten Formalitäten austauschen, ohne die Polizei zu rufen. Dann ersparen Sie sich mit hoher Wahrscheinlichkeit ein nicht geringes Bußgeld oder gar eine Kautionszahlung. Ihr Haftpflichtversicherer wird den Schaden auch regulieren, wenn Sie ohne Zuhilfenahme der Polizei über den Unfall wahrheitsgemäß berichten. Nur unverzüglich, das heißt so schnell Sie können, also spätestens am nächsten Tag, sollten Sie die Haftpflichtversicherung telefonisch informieren und Weisungen zu weiteren Verhaltensmaßnahmen entgegennehmen. Einzelheiten können Sie meistens in der Heimat nach der Rückkehr aus dem Urlaub nachreichen.

Auch wenn wir uns wiederholen: Unterschreiben Sie nichts, was Sie nicht verstehen und lassen Sie sich nicht von gegnerischen Mitfahrern oder Passanten beeinflussen!

Der EU-Gesetzgeber hat Ihnen die Regulierung von Unfallschäden leicht gemacht: Wenn sich der Schaden in einem EU-Staat ereignet hat oder wenn der Unfallgegner aus der EU stammt, kann der Schaden von zu Hause aus in deutscher Sprache reguliert werden.

Beim Zentralruf der Autoversicherer nennt man Ihnen (Telefon 0800 250260 0 innerhalb Deutschlands, +49 40 300 330 00 aus dem Ausland), falls Sie das Kfz-Kennzeichen und möglichst auch die Versicherung des Unfallverursachers angegeben haben, einen Regulierungsbeauftragten, meist ein anderes Versicherungsunternehmen (leider wissen wir nicht, ob es eine entsprechende Stelle auch für unsere Leserinnen und Leser aus Österreich oder aus der Schweiz gibt). Dort melden Sie Ihre Ansprüche an. Es gilt aber das Schadensrecht des Unfallortes (also die dortigen Verkehrsregeln und auch die dortige Gesetzgebung über Schmerzensgeld, Rentenansprüche etc.). Informationen finden Sie auch unter *www.adac.de/Auslandsunfall*.

Inzwischen können deutsche Bürger Schadensersatzansprüche aus einem in Frankreich von einem Franzosen verursachten Verkehrsunfall auch in Deutschland vor deutschen Gerichten, aber nach französischem Recht, einklagen. Das ist wesentlich besser als früher, aber immer noch so kompliziert, dass wir Ihnen weiterhin eine Rechtsschutzversicherung dringend empfehlen.

Da Sie für Ihr Wohnmobil vermutlich sowieso eine Vollkaskoversicherung abgeschlossen haben, müssen wir diese Empfehlung für den Auslandsaufenthalt nicht gesondert erwähnen.

Sie haben ein Wohnmobil gemietet? Fragen Sie Ihren Vermieter vor Abschluss des Mietvertrages, ob das Fahrzeug vollkaskoversichert ist und eine Rechtsschutzversicherung besteht. Prüfen Sie, ob eine Ihrer eigenen Versicherungen bei einem eventuellen Schaden eintritt.

Zum Abschluss dieses Kapitels wünschen wir Ihnen, dass Sie die genannten Ratschläge niemals anwenden müssen!

Ver- und Entsorgung

Das **Ver- und Entsorgen** gestaltet sich grundsätzlich problemlos. Anlagen finden sich an den ausgewiesenen Wohnmobilstellplätzen und sind in den meisten Fällen frei zugänglich. Wenn nicht, weisen wir im Text daraufhin.

Wenn wir **öffentliche Toiletten** nennen, geschieht das nicht, um Ihnen einen Tipp zur Entleerung der Bordkassette zu geben, sondern es dient vielmehr als Hinweis an die Leserinnen und Leser, die ihren Bedürfnissen nicht in den eigenen vier WOMO-Wänden nachgehen. Sie werden sehen, es gibt genug Möglichkeiten, um die Chemietoilette an den dafür vorgesehenen Stellen zu entleeren.

Die **Wasseraufnahme** gestaltet sich mithilfe eines 10 Meter langen Schlauchs im Allgemeinen problemlos, denn die meisten Wasserhähne sind mit ½ Zoll und ¾ Zoll Schlauchanschlüssen ausgestattet. Für diese und andere Größen führen wir eine Reihe von Steckanschlüssen mit unterschiedlichen Gewindegrößen und Adapter mit uns.

Wenn es mal nicht passen sollte, bedienen wir uns einer sauberen Gießkanne oder eines Wasserkanisters, mit denen wir das Wasser ins Wohnmobil befördern. Auch wenn wir das Trinkwasser natürlich nicht auf seine Qualität hin überprüft haben, ist es als gut einzustufen. Trotzdem kann es bei Bedarf sinnvoll sein, das Wasser mit einem im Handel erhältlichen Zusatz zu konservieren.

Wandern, Radfahren und weitere Sportarten

Wandern:

Die Bretagne kann man beim Wandern auf rund 5.000 Kilometern und auf sehr unterschiedliche Weise kennenlernen. Beschaulich und ohne größere Erhebungen können grüne Wälder und Weidelandschaften im Landesinneren erkundet werden. Dabei durchquert der GR37 *(Sentiers de Grande Randonnée)* die Region von Vitré durch den Wald von Brocéliande und über die Monts d'Arrée bis zur Halbinsel Crozon. Der GR38 verbindet Redon mit Douarnenez, während sich der GR39 entlang der Vilaine vom Mont Saint-Michel bis nach Guérande schlängelt. Zudem locken die Trei-

delpfade am Nantes-Brest-Kanal und eine Unmenge lokaler Wanderwege. Felsige Landspitzen, wilde Küsten, Dünen, Strände und kleine Buchten offenbart der Königsweg der Bretagne, der Küstenwanderweg GR34, mit unzähligen Postkartenmotiven und einer Flora und Fauna, die ihresgleichen sucht.
Anregungen für weitere Wandervorschläge sind vor Ort bei den Offices de Tourisme erhältlich und können teilweise von den entsprechenden Seiten als GPX-Track aufs Handy geladen werden. Hilfreich können auch die **blauen Wanderkarten des *Institut Géographique National*** (IGN) sein. Sie haben einen Maßstab von 1:25.000 und es sind sogar kleinere Trampelpfade eingezeichnet. Die Kartenlegende ist in französischer und englischer Sprache abgefasst. Man kann diese Karten in Frankreich in jedem Buchladen, oft auch in Tabak- oder Souvenirläden, erstehen oder bereits zu Hause im Buchhandel oder über das Internet erwerben.

Wir bestellen unsere Karten, auch die zuvor genannten Michelin-Karten, portofrei und immer zuverlässig innerhalb Deutschlands beim **Reisebuchladen Heidelberg/Karlsruhe** *(www.reisebuchladen-heidelberg.de).* Übrigens ist diese Adresse auch für uns die erste Wahl, wenn wir neue Reiseliteratur benötigen.

Es gibt mittlerweile eine große Anzahl von **Wanderapps** für den mobilen Gebrauch. Nicht jede hat sich für uns persönlich als nutzerfreundlich erwiesen und da wir annehmen, dass es Ihnen ähnlich ergehen könnte, möchten wir Sie in diesem Fall auf die jeweiligen Angebote in den Shops Ihrer Smartphone-Systeme verweisen. Auch wenn die dortigen Vorschläge unter Umständen nur in französischer und englischer Sprache gehalten sind, besteht auf den sehr gut markierten GR-Wegen kaum eine Möglichkeit zum Verlaufen. Die *Grande Randonée* sind immer mit rot-weißer Farbe gekennzeichnet und warnen mit gekreuzten Strichen vor dem Abweichen in die falsche Richtung.
Die von uns ausgesuchten Strecken sind meist ohne besondere Anstrengungen mit der gesamten Familie zu bewältigen. Neben der der Witterung angepassten Kleidung sollte festes Schuhwerk nie fehlen, und vor allen Dingen bei den An- und Abstiegen an den Klippen oder an den Abbruchkanten muss man Vorsicht walten lassen! Außerdem verweisen wir im Text auf weitere ausgeschilderte Wanderungen und können zusätzlich den Rother-Wanderführer „Bretagne“ empfehlen.

Radfahren:

Über 2.000 Kilometer Radwege durchziehen die Bretagne auf Bahntrassen, Treidelpfaden, Waldwegen, ruhigen Nebenstraßen, aber beispielsweise auch durch die Monts d’Arrée mit größeren Höhenunterschieden, die MTB-Liebhaber herausfordern. Wer kein eigenes Fahrrad dabei hat, dem kann an etlichen Verleihstationen *(Locations des Vélos)* geholfen werden. Entlang unserer Touren finden sich viele beschilderte Radwege, und weiterführende Auskünfte sind bei den Fremdenverkehrsbüros erhält-

lich. Informationen und Tourenvorschläge mit genauer Angabe der Länge und des Schwierigkeitsgrades finden Interessierte zusätzlich zum Beispiel auf den französischsprachigen Internetpräsenzen *(www.voiesvertes.com oder www.af3v.org, aber auch unter rando.tourisme-bretagne.com).*

Die Bretagne ist ein wahres Paradies für **weitere sportliche Aktivitäten**. Neben den bereits erwähnten Wassersportangeboten warten beispielsweise **Golfplätze** oder **Reitanlagen** auf ambitionierte Gäste. Außerdem gibt es **Kletterparks** und **Hochseilgärten** sowie **Paragliding-Zentren** für Menschen, die hoch hinauswollen. Thalassozentren bieten sich für **Kur- und Wellnessaufenthalte** an und auf den zahlreichen **Bouleplätzen** kann man schnell mit Bretonen ins Gespräch kommen.

Sie werden viel unterwegs sein und reichlich Programm haben, bis Sie alle Sport- und Freizeitvorschläge „abgearbeitet" haben! Viel Vergnügen!

Bildnachweise:

©M.studio-stock.adobe.com S.5 unterstes Foto; ©kateafter-stock.adobe.com S. 73; ©Haras Nationale S.88 unten; © bbsferrari-stock.adobe.com S. 222; ©ClipClap/Musée Bigouden S.262; ©Anaïs Ballanger/Destination Brocéliande S. 354.

Alle anderen Fotos von den Autoren.

Unser Dank gilt den verantwortlichen Personen der von uns besuchten Sehenswürdigkeiten und den Mitarbeiterinnen sowie Mitarbeitern der Fremdenverkehrsbüros.

Stichwortverzeichnis

Aber Wrac'h 206
Adressen u. Telefonnummern 371
Apotheken 371
Ardevon 33
Arradon 309 ff.
Arzon 315
Ärztliche Versorgung 371
Assérac 321
Audierne 247
Auray 306 f.
Availles-sur-Seiche 369

***B**aden 372*
Barrage d'Arzal 318
Batz-sur-Mer 330
Musée des Marais Salantes 330
Beauvoir 31
Belle-Isle-en-Terre 102
Belz 296
Berné 291
Beuzec-Cap-Sizun 243
Bildnachweise 398
Binic 110
Musée des Arts et Traditions 111
Binic-Étables-sur-Mer 111
Bourbriac 100

Bréal-sous-Montfort 362
Bréca 334
Bréhand 89
Bréhec 118
Brennilis 172
Brest 220 ff.
Musée des Beaux-Arts 222
Musée National de la Marine 222
Océanopolis 222
Brignogan-Plage 198

Camaret-sur-Mer 229 f.
Campingplätze: 373
Cancale 49 ff.
Musée des Arts et Traditions Populaires 51
Carantec 185 ff.
Carnac 302 ff.
Maison des Mégalithes 303
Musée de Préhistoire 303
Carnoët 167 f.
La Vallée des Saints 168
Châteaugiron 366
Châtelaudren 107
Châtillon-en-Vendelais 22
Cléden-Cap Sizun 247
Cléder 190 f.
Clohars-Carnoët 281
Combourg f. 37 f.
Château de Combourg 38
Commana 174 f.
Concarneau 268 ff.
Le Marinarium 271
Musée de la Pêche 271
Concoret 356
Château de Comper 356
Le Chêne de Guillotin 356
Corseul 70 f.
Centre Patrimoine-Coriosolis 71
Côte de Granit Rose 147 ff.
Courtils 26

Damgan 317
Daoulas 224
Dinan 66 ff.
Maison de la Rance 69
Musée de Château 68
Dinard 63 f.
Dol-de-Bretagne 41 f.
Le Catédraloscope 42
Douarnenez 239 ff.
Port-Musée 241

***E**inreise- u. Zollbestimmungen 375*
Erdeven 298 f.
Erquy 83 ff.
Essé 367
Essen und Trinken 376

Étel 297 f.
Musée des Thoniers 297

***F**est- und Feiertage 379*
Fougères 23 ff.
Atelier-Musée de l'Horlogerie 24
Château Fougères 24
Fréhel 76 ff.
Freies Übernachten 379

***G**as 381*
Gâvres 295 f.
Geld 383
Geschichte 383
Gezeiten 29
Goulven 194
GPS 385
Guérande 326 ff.
Maison des Paludiers 328
Musée du Château 327
Terre de Sel 329
Guidel 282 f.
Guillac 350
Guimilliau 181
Guingamp 104 f.
Guissény 202
Gurunhuel 101

Halbinsel Sizun *236, 241 ff.*
Haustiere 386
Hennebont 291 f.
Haras National 292
Musée d'Hennebont 292
Hirel 47
Hôpital-Camfrout 225
Huelgoat 169 ff.
Huisnes-sur-Mer 33

Iffendic 358
Île de Bréhat 129
Île Grande 151
Informationen 388
Internet 387

Josselin 349 f.
Château mit Museum 350

***K**artenmaterial 388*
Kerascoët 274
Kercanic 274
Keremma 192 ff.
Kerhinet 334 f.
Kérity 257
Kerlouan 202
Kermagen 133
Kermaria 112 f.
Kermouster 131
Kernascléden 290
Kervel Isella 239
Klima 389

L´Arcouest 127 f.
La Baule 332
La Baule Escoublac 333
La Fontenelle 27
La Fôret-Fouesnant 268
La Gacilly 346
Maison Yves Rocher 346
La Guerche-de-Bretagne 368
La Martyre 176
Lamballe 87 ff.
Haras National 89
Musée d'Arts et Traditions 88
Musée Mathurin-Méheut 88
Lampaul-Guimiliau 180
Lampaul-Plouarzel 211
Lampaul-Ploudalmézau 208
Landéda 207
Landerneau 178
Landévennec 226
Abbaye Saint Gwénolé 226
Landevisiau 180
Lanester 293
Lanildut 211
Lanloup 117
Lannilis 205
Lannion 153 f.
Lanvéoc 227
L'Armor-Pleubian 131
Maison du Littoral 133
La Roche-Bernard 338 f.
Musée de la Vilaine Maritime 339
La Roche-Derrien 136
La Roche-Maurice 179
La Turballe 324 ff.
Musée Maison de la Pêche 325
Le Chatellier 21
Parc Floral de Ht. Bretagne 21
Le Conquet 214 f.
Le Croisic 330 f.
Océarium 331
Le Diben 158
Le Faou 225
Le Faouët 288
Musée du Faouët 289
Le Folgoët 194
Musée Notre-Dame 195
Le Fret 228
Le Grouanec 204
Le Guilvinec 258
Haliotika - La Cité de la Pêche 259
Léhon 67
Le Minou 220
Le Pertre 370
Le Pouldu 281
Le Pouliguen 332
Le Prajou 156
Musée Rural du Trégor 156
Le Quillio 91
Lérat 324
Le Roaliguen 314
Lesconil 241
Les Jardins de Kerdalo 129
Le Vivier-sur-Mer 45
Lézardrieux 130
Lilia 205
Literatur 388
Loc-Envel 102
Locmariaquer 304 f.
Site des Mégalithes 305
Locquirec 155 f.
Locronan 237 ff.
Loctudy 260
Logonna-Daoulas 224
Lorient 283 f.
Cité de la Voile Éric Tabarly 284
Musée Sous-Marin 284
Musée Sous-Marin Flore-S645 284
Louannec 145
Louargat 103
Luitré-Dompierre 22

Malansac 343
Malestroit 347 f.
Meneham 200
Chaumières des Meneham 201
Ménez-Hom 236
Mesquer 321 f.
Moncontour 90
Musée Théâtre du Costume 91
Montagne Saint-Michel 173
Mont Dol 43
Mont-Saint-Michel 28 ff.
Morgat 231 f.
Morlaix 160 f.
Maison à Pondalez 161
Maison de la Duchesse Anne 161
Musée de Morlaix 161
Mougau-Bihan 175
Mousterlin 268
Mûr-de-Bretagne 93
Muzillac 318

***N**avigation 385*
Néant-sur-Yvel 355
Nestavel-Braz 172
Névez 273 f.

***O**ffizielle WOMO-Stellplätze: 374*
Öffnungszeiten 390

Paimpol 120 ff.
Abbaye de Beauport 121
Musée de la Mer 122
Paimpont 358
Les Forges 359
Palus Plage 112

Panne 395
Parc Naturel Régional de Briére 335 ff.
Freilichtmuseum 336
Maison de la Mariée 337
Maison du Parc 337
Parken 379
Peillac 346
Pencran 178
Pénestin 319 f.
Penhors 253
Musée de l'Amiral 253
Penmarc'h 257
Phare d'Eckmühl 258
Penvins 317
Perros-Guirec 145 ff.
Musée Histoire et Traditions 147
Piré-sur-Seiche 366
Piriac-sur-Mer 322 ff.
Pleine-Fougères 37
Pléneuf-Val-André 85 f.
Plestin-les-Grèves 155
Pleubian 134
Pleudaniel 134
Pleudihen-sur-Rance 66
Musée de la Pomme et du Cidre 66
Pleumeur-Bodou 152
Cité des Télécoms 153
Parc du Radôme 153
Planetarium 153
Village Gaulois 153
Plévenon 76
Cap Frehel 77
Fort la Latte 77
Ploërmel 351 f.
Musée La Mennais 352
Ploëzal 134
Château la Roche Jagu 134
Plogoff 243
Plomeur 255, 283
Plomodiern 237
Plonévez-Porzay 237
Ploubalay 72
Ploubazlanec 126 f.
Centre de Decouverte Maritime 126
Plouescat 191 f.
Plouézec 119 f.
Plougasnou 157
Plougastel-Daoulas 223
Musée de la Fraise 224
Plougonvelin 218
Musée Mémoires 39 - 45 218
Plougonven 166
Plougonver 102
Plougrescant 140 f.
Plouguerneau 203 ff.
Écomusée Goémoniers et Algue 203
Phare de l'Île Vierge 205
Plouha 115 f.
Plouharnel 300
Plouhinec 251
Centre Archéologique 252
Ploumanac'h 147 ff.
Maison Littoral 149
Ploumoguer 214
Plounéour-Trez 198
Plovan 253
Plozévet 253
Pont-Aven 276 ff.
Musée de Pont-Aven 278
Paul Gauguin 277
Pont-Croix 248
Marquisat 249
Pont-l'Abbé 261
Manoir de Kerazan 261
Musée Bigouden 261
Pontorson 31
Pontrieux 135
Porsmilin 219
Porspoder 210
Port-Blanc 144
Port Louis 293 ff.
Musée de la Compagnie des Indes 295
Musée National de la Marine 294
Port Manac´h 276
Portsall 209
Musée L'Ancre An Eor 209
Poullaouen 169
Presqu'île de Crozon 227
Presqu'île de Guérande 318 ff.
Presqu'île de Plougastel 223 f.
Presqu'île de Quiberon 301 ff.
Presqu'île de Rhuys 315 f.
Château de Suscinio 316
Primel-Trégastel 157

Querrien 287
Questembert 343
Quiberon 300 ff.
Quimiac 321 f.
Quimper 262 ff.
Cathédrale Saint-Corentin 264
Fayence-Werkstatt 264
Musée de la Faïence 264
Musée Départemental Breton 264
Musée des Beaux-Arts 264
Quimperlé 284 f.
Quintin 98
Château de Quintin 99

***R**adfahren u. weitere Sportarten 397*
Redon 342
Reisezeit 389
Rennes 362 ff.
Cathédrale Saint-Pierre 364
Musée de Bretagne 365
Musée des Beaux-Arts 365
Restaurants 376

Riec-sur-Bélon 279 f.
Rieux 341
Rochefort-en-Terre 343 ff.
Naïa-Museum 345
Parc de Préhistoire 345
Rosbras 281
Roscoff 188 ff.
Maison des Johnnies 189
Rospico 275
Rothéneuf 56 ff.
Musée Jacques Cartier 57
Rochers à Rothéneuf 57
Rozé 335
Ruffiac 346

Sains 37
Saint-Aignan 94 f.
Forges des Salles 96
Musée de l´Électricité 95
Saint-André-des-Eaux 333 ff.
Saint-Brice-en-Coglès 26
Saint-Brieuc 108
Musée d'Art et d'Histoire 109
Saint-Cado 296
Saint-Cast-le-Guildo 73 ff.
Saint Colombier 314
Saint-Connan 99
Musée de la Résistance en Argoat 99
Saint-Coulomb 56
Sainte-Marie-du-Ménez-Hom 237
Saint-Gelven 97
Abbaye de Bon Repos 97
Saint-Germain-de-la-Mer 75
Saint-Germain-en-Coglès 25
Saint-Gildas-des-Rhuys 314
Saint-Guénolé 256
Saint-Herbot 171
Saint-Jacut-de-la-Mer 72
Saint-Jean-du-Doigt 157
Saint-Joachim 335
Saint-Laurent-de-la-Mer 109
Saint-Laurent-sur-Oust 347
Saint-Lyphard 334 f.
Saint-Malo 58 ff.
Grand Aquarium Saint-Malo 65
Cathédrale Saint-Vincent 63
Mémorial 39/45 60
Saint-Marguerite 207
Saint-Martin-sur-Oust 346
Saint-Michel-en-Grève 154
Saint-Pabu 208
Saint-Pierre-Quiberon 300
Saint-Pol-de-Léon 187 f.
Kathedrale 187
Saint-Renan 212
Saint-Rivoal 174
Saint-Thégonnec 182
Sarzeau 314
Sehenswürdigkeiten 390
Sicherheit 390
Sizun 176
Maison de la Rivière Parc Naturel 176
Souvenirs 391
Sprache 391
Straßenverhältnisse 392
Surzur 317

***T**anken 381*
Telefon 387
Telgruc-sur-Mer 233
Tournemine 110
Trégastel 149 f.
Aquarium Marin de Trégastel 149
Trégnanton 97
Trégu 361
Tréguier 137 ff.
Cathédrale Saint-Tugdual 138
Maison Ernest Renan 139
Trégunc 271 f.
Tréhorenteuc 355 f.
Trélévern 145
Trémazan 209
Tremblay 27
Trévou-Tréguignec 144
Trézien 213
Tronoën 244
Tupont 351

***U**mweltzone 392*
Unfall 395

Vannes. 311 ff
Cathédrale Saint-Pierre 313
Musée des Beaux-Arts 313
Musée d'Histoire et Archéologique 313
Verkehr 392
Ver- und Entsorgung 397
Vitré 20 f.
Musée du Château 21
Musée Saint-Nicolas 22

***W**andern 397*
Wassersport 372
Wissenswertes in aller Kürze:
7.777 Heilige 166
Austern 47
Bocage 101
Brocéliande u. König Arthur 353
Enclos Paroissiaux 164
Gezeiten 29
Jakobsmuscheln 84
Kommissar Dupin 269
Marais Salants, Salzgewinnung 326
Menhire, Dolmen, Steinkreise 39
Pardon 114
Pêche à Pied – Fußfischen 46
Seealgen und Tang 131

Der WOMO® Online-Service

Nutzen Sie auch das Angebot unseres Online-Shops!
Unter **www.womo.de** finden Sie nicht nur alle Reiseführer, sondern weitere wertvolle Anregungen und Zusatzinformationen – von der Gesamtübersicht aller Touren eines WOMO-Reiseführers bis zu weiterführendem Material.
Dazu gehören:

- die **besten Autokarten**, die garantiert die komplette Reiseroute abdecken
- und die **passenden Rother-Wanderführer** mit den schönsten Wanderregionen Ihres Reiselandes.

Einfach sicher unterwegs.

Sichern Sie Ihr Wohnmobil ab: mit unserer **exklusiven**, universellen und **sofort sichtbaren** Einbruchssperre. Sie wird **ganz einfach** in die beiden Tür-Armlehnen eingehängt, zusammengeschoben und abgeschlossen.

Der WOMO® Knackerschreck

- Passend für Ducato, Peugeot, Renault Master, MB Sprinter bis 2018 und VW (alle Typen)
- Krallen aus **10 mm massivem**, einbrennlackiertem, also nahezu unverwüstlichem Stahl

und nur bei **www.womo.de**

Alle WOMO® Reiseführer auf einen Blick

Albanien, Ulrike und Frank Staub
Allgäu, Heiner Newe
Andalusien, Christina und Christian Winkler
Auvergne, Esther Vergenz
Baden-Württemberg, Heiner Newe
Baltikum, Stefanie Holtkamp und Andrea Bergmann
Bayern Der Nordosten, Heiner Newe
Bayern Der Südosten, Christina und Christian Winkler
Bayern Der Nordwesten, Heiner Newe
Belgien/Luxemburg, Ulrike und Frank Staub
Bretagne, Anette Scharla-Dey und Franz Peter Tschauner Neu 2023
Burgund, Ralf Gréus
Dänemark, Anke Globi
Elsass, Ralf Gréus
England Der Süden, Christina und Christian Winkler
England Der Norden, Christina und Christian Winkler
Finnland, Uwe und Annegret Rohland
Französische Alpen, Heiner Newe Neu 2023
Französische Atlantikküste Der Norden, Esther Vergenz
Französischer Jura, Heiner Newe
Griechenland, Waltraud Roth-Schulz und Reinhard Schulz Neu 2023
Harz, Heiner Newe
Hessen Der Norden, Anette Scharla-Dey und Franz Peter Tschauner
Hessen Mitte und Süden, Anette Scharla-Dey und Franz Peter Tschauner
Hunsrück/Mosel/Eifel, Anette Scharla-Dey und Franz Peter Tschauner
Irland, Uwe und Annegret Rohland
Island, Jutta und Alexander Ramin Neu 2023
Korsika, Waltraud Roth-Schulz und Reinhard Schulz
Kroatien, Silvia Sussmann und Peter Simm
Languedoc-Roussillon, Ralf Gréus
Ligurien, Ralf Gréus Neu 2023
Lothringen, Friedrich Riehl
Lüneburger Heide, Heiner Newe
Marokko, Ulrike und Frank Staub
Mecklenburg-Vorpommern Teil 1, Stefanie Holtkamp und Andrea Bergmann
Mecklenburg-Vorpommern Teil 2, Stefanie Holtkamp und Andrea Bergmann
Mittel-Italien, Friedrich Riehl
Münsterland, Regina Stockmann
Namibia, Ute Nast-Linke und Frank Linke
Neuseeland Der Norden, Andrea Lossen und Dieter Giesen
Neuseeland Der Süden, Andrea Lossen und Dieter Giesen
Niederlande, Friedrich Riehl
Normandie, Anette Scharla-Dey und Franz Peter Tschauner
Norwegen Der Süden, Waltraud Roth-Schulz und Reinhard Schulz
Norwegen Der Norden, Waltraud Roth-Schulz und Reinhard Schulz
Österreich Der Osten, Christina und Christian Winkler
Österreich Der Westen, Christina und Christian Winkler

Ostfriesland, Heiner Newe
Pfalz, Ralf Gréus
Piemont und Aostatal, Ralf Gréus
Peloponnes, Waltraud Roth-Schulz und Reinhard Schulz
Polen Der Norden, Nicola Kluftinger
Portugal Der Norden, Stephanie Seufert
Portugal Der Süden, Stephanie Seufert
Provence Der Westen, Ralf Gréus
Provence Der Osten, Ralf Gréus
Pyrenäen, Stefanie Holtkamp und Andrea Bergmann Neu 2023
Rumänien, Christina und Christian Winkler
Sachsen, Anette Scharla-Dey und Franz Peter Tschauner
Sardinien, Waltraud Roth-Schulz und Reinhard Schulz
Schleswig-Holstein und Hamburg, Heiner Newe
Schottland, Uwe und Annegret Rohland
Schwarzwald, Ralf Gréus
Schweden Der Norden, Uwe und Annegret Rohland Neu 2023
Schweden Der Süden, Waltraud Roth-Schulz und Reinhard Schulz
Schweiz Der Osten, Stefanie Holtkamp und Andrea Bergmann
Schweiz Der Westen, Stefanie Holtkamp und Andrea Bergmann
Sizilien, Christina und Christian Winkler
Slowakei, Ulrike und Frank Staub
Slowenien, Silvia Sussmann und Peter Simm
Spanien Der Norden, Waltraud Roth-Schulz und Reinhard Schulz Neu 2023
Spanien Der Osten, Waltraud Roth-Schulz und Reinhard Schulz
Süditalien Der Osten, Waltraud Roth-Schulz und Reinhard Schulz
Süditalien Der Westen, Waltraud Roth-Schulz und Reinhard Schulz
Südafrika Krügernationalpark, Ute Nast-Linke und Frank Linke
Südwestfrankreich, Stefanie Holtkamp und Andrea Bergmann
Südtirol, Waltraud Roth-Schulz und Reinhard Schulz
Tal der Loire und Paris, Anette Scharla-Dey und Franz Peter Tschauner Neu 2023
Thüringen, Katja Eisenschmidt
Toskana und Elba, Ralf Gréus Neu 2023
Trentino, Silvia Sussmann und Peter Simm
Tschechien, Eva und Steffen Peuker
Umbrien und Marken, Ralf Gréus Neu 2023
Ungarn, Silvia Sussmann und Peter Simm
Venetien und Friaul, Christina und Christian Winkler Neu 2023
Wales, Christina und Christian Winkler
Zentralspanien Der Osten, Ulrike und Frank Staub Neu 2023
Zentralspanien Der Westen, Ulrike und Frank Staub Neu 2023

Außerdem im Programm:
Die gordische Lüge – Reiseroman, Ralf Gréus
Allgemeines Wohnmobil Handbuch, Reinhard Schulz
Allgemeines Wohnmobil Kochbuch, Waltraud Roth-Schulz
Heitere Wohnmobil Geschichten, Silvia Sussmann und Peter Simm

Ihr WOMO® Stellplatz-Dienst

Wir führen Sie zu den **schönsten Orten**, die unsere erfahrenen Autoren **selbst besucht und getestet** haben. Die GPS-Daten ihrer Stell- und Campingplatz-Empfehlungen finden Sie im Online-Shop unter **www.womo.de**

Mehr erfahren. Mehr erleben.

womo.de ist der **Spezialist** für Ihren entspannten **Erlebnisurlaub auf vier Rädern**. Profitieren Sie für Ihre Reisevorbereitung und -planung von unserer **jahrzehntelangen Erfahrung**.
Seit 2022 arbeiten wir daran, Bewährtes noch besser zu machen: Dazu gehört die **moderne Optik** unserer neu gestalteten und **neu aufgelegten** Reiseführer.

Selbstverständlich werden unsere WOMO-Reiseführer permanent auf einen **aktuellen inhaltlichen Stand** gebracht. Jeder einzelne bietet eine Fülle an Ideen, Inspiration und Information **für Ihren Erlebnisurlaub**.

Wenn Sie persönliche Anregungen oder **konkrete Fragen zu Ihrer Reiseplanung haben**, dann schreiben Sie uns gern unter: **verlag@womo.de**

Den kostenlosen Download-Link für die **GPS-Daten** zu diesem WOMO-Reiseführer finden Sie im Shop unter:
www.womo.de
Ihr Passwort lautet:
Br8mpA

WOMO®
Der Wohnmobil-Verlag
An der Liethe 4
36452 Kaltennordheim
Telefon: 036946 20691
www.womo.de